Jens Rahbentein

WOLFGANG KALLWASS PRIVATRECHT

Privatrecht

Ein Basisbuch

von

Dr. jur. Wolfgang Kallwass

12. Auflage

Verlag U. Thiemonds
Porz am Rhein
1983

Anschrift des Verfassers:
Joseph-Stelzmann-Straße 58
5000 Köln 41 (Lindenthal)

ISBN 3-921514-04-5
© 1983 Verlag U. Thiemonds Porz am Rhein
Druck: Kürzl Druck München
Bindearbeit: Conzella München

Vorwort zur 12. Auflage

Dieses Buch war ursprünglich nur für Wirtschaftsstudenten gedacht. Seit ein paar Jahren ist es außerdem zu einem »Geheimtip« für Rechtsstudenten geworden – interessanterweise für Rechtsstudenten in *höheren* Semestern. Offenbar besteht bei diesem Leserkreis ein Bedürfnis, dem dieses Buch sehr entgegenkommt: Rechtsstudenten in höheren Semestern machen oft die Feststellung, daß sie zwar im Laufe ihres Studiums differenzierte Kenntnisse auf bestimmten Einzelgebieten des Privatrechts erworben haben, daß ihnen aber eine zusammenhängende Grundlage fehlt, in die sie ihr Einzelwissen integrieren können.

Das Buch erfüllt somit zwei Funktionen:

1. Für den Wirtschaftsstudenten enthält es den gesamten Prüfungsstoff des bürgerlichen Rechts, des Handels- und Gesellschaftsrechts sowie die Grundzüge des Zivilprozeßrechts und Konkursrechts.

2. Für den Rechtsstudenten ist das Buch als eine Art »basic book« des deutschen Privatrechts zu verstehen. Es soll ihm eine solide Basis von Examenswissen und Klausurtechnik vermitteln, ehe er in die letzte Phase der Examensvorbereitung mit den dazugehörenden Spezialbüchern und -skripten eintritt.

Der Wissensstoff ist nicht nach dem äußeren Aufbau der Gesetze, sondern nach Sach- und Problemkreisen geordnet. Bei wissenschaftlichen Streitfragen wird im Text fast ausschließlich der Standpunkt der Rechtsprechung dargestellt; abweichende Ansichten und Kritik an der Rechtsprechung finden sich fast nur in den Fußnoten. Die Darstellung der einzelnen Rechtsgebiete beginnt jeweils mit einer einführenden Übersicht und endet mit einer Zusammenfassung in der Form eines Klausurschemas für die Lösung eines praktischen Falles. Der Wissensstoff wird also jeweils zusammen mit der Klausurtechnik in einem integrierten Arbeitsgang vermittelt. In einem Anhang sind die einzelnen Schemata in zwei großen Klausurschemata zusammengefaßt, die in hochkonzentrierter Form den wesentlichen Inhalt dieses Buches, das Kernwissen für die Prüfung im Fach Privatrecht, enthalten.

Die hier vorliegende 12. Auflage enthält eine große Zahl didaktischer Verbesserungen und Neubearbeitungen von Einzelgebieten. Ich danke sehr herzlich Herrn Dr. Wolfgang Wegner, auf dessen Kritik und Ideen diese Änderungen zurückzuführen sind.

W. K.

Gebrauchsanweisung für dieses Buch

Dem Leser, der im Umgang mit wissenschaftlichen Büchern noch nicht sein eigenes, einigermaßen bewährtes System entwickelt hat, empfehle ich für die Durcharbeitung dieses Buches folgendes:

1. Lesen Sie möglichst langsam! Die Juristen sind Leute, die manchmal großen Wert auf ein einzelnes Wort legen. Sie sparen deshalb keine Zeit, wenn Sie hastig arbeiten, weil Sie dann zu viel überlesen und zu oft wiederholen müssen.

2. Um die Lesegeschwindigkeit herabzusetzen und die Konzentration zu erhöhen, greifen viele Studenten zu Kugelschreiber und Buntstiften und unterstreichen, was sie für wichtig halten. Für dieses Buch ist eine solche Arbeitstechnik sinnvoll, wenn Sie alles rot unterstreichen, was in GROSS-BUCHSTABEN, und alles schwarz unterstreichen, was in *Kursivschrift* gesetzt ist. Alle weiteren Unterstreichungen beeinträchtigen die Übersichtlichkeit. Außerdem droht die Gefahr, daß man sich zu sehr auf Fingerarbeiten konzentriert und für verstanden hält, was nur unterstrichen ist.

3. Streichen Sie aber alles an, was Sie nicht verstehen oder was Ihnen mißfällt, und sparen Sie nicht mit kräftigen Randbemerkungen. Genieren Sie sich nicht, im Buch herumzuschmieren, vielen Studenten fällt dadurch das Arbeiten leichter.

4. Versuchen Sie, so gut es geht, das Auswendiglernen zu lassen. Man erwartet in einer Prüfung nicht, daß Sie Ihr Wissen hersagen, sondern daß Sie damit arbeiten können. Falls Sie glauben, ein schlechtes Gedächtnis zu haben (fast alle Studenten glauben das), dann arbeiten Sie, wenn Sie im Buch ein längeres Stück gelesen haben, noch einmal die einführende Übersicht und die Zusammenfassung durch und versuchen Sie zu verstehen, ohne dabei ständig an Ihr schlechtes Gedächtnis zu denken. Was man wirklich verstanden hat, vergißt man nicht so leicht. Ausnahmsweise zum Einpauken bestimmt ist die Zusammenstellung der wichtigsten Rechtsbegriffe unter § 8. Diese müssen Sie aber auch wirklich einpauken!

5. Falls Sie *noch mehr* für Ihr Gedächtnis tun wollen, dann konzentrieren Sie sich, nachdem Sie dieses Buch halbwegs gründlich durchgearbeitet haben, auf die beiden großen Schemata im Anhang (§§ 125, 126). Die beiden Schemata enthalten in äußerst knapper Form den wesentlichen examensrelevanten Inhalt dieses Buches, sie dienen insofern der *Generalwiederholung*. Da sie außerdem fast alle anderen Schemata dieses Buches in sich vereinigen, sind sie gleichzeitig eine *Generalhilfe für die Fallbearbeitung*. Sie haben also einen doppelten Vorteil, wenn Sie sich die beiden Schemata einprägen! (Das »Einprägen« geht übrigens leichter, wenn man den ganzen Text auf Tonband spricht und mehrmals abhört.)

6. Wenn Sie meinen, daß diese Empfehlungen für Sie nicht geeignet sind, und glauben, daß Sie es besser wissen, dann bleiben Sie bei Ihrem System und lassen Sie sich nicht beirren. Nur einen Rat bitte ich Sie unbedingt anzunehmen, denn da weiß ich es wirklich besser: Lesen Sie – mit Ausnahme des achten Abschnitts über das Prozeßrecht, der nur für die mündliche Prüfung bestimmt ist – jeden Paragraphen im Gesetz nach, den ich im Buch zitiere. Das ist etwas lästig, aber wenn Sie ohne Gesetz arbeiten, verschwenden Sie nur Ihre Zeit.

Viel Erfolg!

Inhalt

Erster Abschnitt: Einführung

§ 1.	Die Arbeit des Juristen	1
§ 2.	Privatrecht und öffentliches Recht	17
§ 3.	Zur Geschichte des Privatrechts	19
§ 4.	Das Bürgerliche Gesetzbuch	22
§ 5.	Das Handelsgesetzbuch	29
§ 6.	Das Grundgesetz	31
§ 7.	Sonstige Rechtsquellen	33
§ 8.	Die wichtigsten Rechtsbegriffe	35

Zweiter Abschnitt: Rechtsgeschäfte

1. Kapitel: Die Privatautonomie und ihre Grenzen

§ 9.	Privatautonomie und Rechtsgeschäft	45
§ 10.	Die Vertragsfreiheit	47
§ 11.	Die Form des Rechtsgeschäfts	52
§ 12.	Die Rechtsstellung der Minderjährigen	55

2. Kapitel: Der objektive Teil der Willenserklärung

§ 13.	Die Kundmachung des Willens	58
§ 14.	Die Auslegung der Erklärung	60
§ 15.	Der Vertrag insbesondere. Konsens und Dissens	63
§ 16.	Allgemeine Geschäftsbedingungen	65

3. Kapitel: Der subjektive Teil der Willenserklärung

§ 17.	Übersicht	67
§ 18.	Erklärung und Geschäftswille	71
§ 19.	Erklärung und Motiv. Täuschung und Drohung	75
§ 20.	Erklärung und Wirklichkeit. Der Eigenschaftsirrtum	76
§ 21.	Geschäftsgrundlage	80
§ 22.	Zusammenfassung	82

4. Kapitel: Das Wirksamwerden der Erklärung

§ 23.	Übersicht	82
§ 24.	Empfangsbedürftige Erklärungen	83

5. Kapitel: Abstrakte Rechtsgeschäfte

§ 25.	Übersicht	88
§ 26.	Einzelfälle	93
§ 27.	Abstrakte Verpflichtungsgeschäfte	96

6. Kapitel: Stellvertretung

§ 28.	Die allgemeinen Regeln	97
§ 29.	Prokura und Handlungsvollmacht	105
§ 30.	Ähnliche Fälle. Abgrenzung	107

7. Kapitel: Rechtsschein und faktische Verhältnisse

§ 31.	Vorbemerkung	110
§ 32.	Rechtsschein	111
§ 33.	Fehlerhafte Verhältnisse	116

8. Kapitel. Zusammenfassung und Klausurschema: Rechtsgeschäfte

§ 33 a.	Das Zustandekommen eines Vertrages	120

Dritter Abschnitt: Vertragsverletzung und unerlaubte Handlung

§ 34.	Übersicht	123

1. Kapitel: Unerlaubte Handlung und Gefährdungshaftung

§ 35.	Enumerations- und Verschuldensprinzip	126
§ 36.	Die Haftung der juristischen Personen	133
§ 37.	Gefährdungshaftung	136
§ 38.	Rechtspflichten zum Handeln	139
§ 39.	Kausalität und Adäquanz. Der Ersatzanspruch	141
§ 40.	Zusammenfassung und Anspruchsschema	144

2. Kapitel: Vertrag und Vertragsverhandlung

§ 41.	Unmöglichkeit und Unvermögen	145
§ 42.	Schuldnerverzug	157
§ 43.	Positive Forderungsverletzung	161
§ 44.	Erweiterungen der vertraglichen Haftung	163
§ 45.	Zusammenfassung und Anspruchsschema	165

3. Kapitel: Das Problem des Drittschadens

§ 46.	Vertragsband und Enumerationsprinzip	168
§ 47.	Schadensliquidation im Drittinteresse	169

4. Kapitel: Die Haftung für Rechtsmängel beim Kauf

§ 48.	Der Rechtsmangel	170
§ 49.	Die Rechte des Käufers	171

5. Kapitel: Die Haftung für Sachmängel beim Kauf

§ 50.	Übersicht	173
§ 51.	Die Voraussetzungen der Sachmängelhaftung	175
§ 52.	Die Rechte des Käufers	182
§ 53.	Verjährung. Ausschluß der Mängelhaftung	190
§ 54.	Viehkauf	194
§ 55.	Konkurrenzfragen	195
§ 56.	Zusammenfassung und Anspruchsschema: Sachmängelhaftung	199

6. Kapitel. Anhang: Geschäftsführung ohne Auftrag als vertragsähnliches Schuldverhältnis

§ 56 a.	Voraussetzungen und Rechtsfolgen der GoA	202

7. Kapitel. Zusammenfassung und Klausurschemata: Vertrag und unerlaubte Handlung

§ 56 b.	Fälle mit Schwerpunkt im Schuldrecht	205
§ 57.	Anspruchsschema: Schadensersatz (und andere Sekundäransprüche)	209

Vierter Abschnitt: Sachen, Sachenrechte, Kreditsicherungen

1. Kapitel: Die Grundbegriffe

§ 58. Der Sachbegriff 215
§ 59. Bestandteile und Zubehör 216
§ 60. Allgemeine Grundsätze über dingliche Rechte 222
§ 61. Der Besitz 224

2. Kapitel: Erwerb und Verlust des Eigentums an beweglichen Sachen

§ 62. Übereignung von beweglichen Sachen 226
§ 63. Verbindung, Vermischung, Verarbeitung 228
§ 64. Aneignung und Eigentumsaufgabe. Fund 229

3. Kapitel: Sicherheiten an beweglichen Sachen und Forderungen

§ 65. Übersicht. Der Realkredit 231
§ 66. Pfandrechte 234
§ 67. Sicherungsübereignung und Sicherungszession 236
§ 68. Der Eigentumsvorbehalt 245
§ 69. Zusammenfassung und Aufbauschema: Rechtsbehelfe Dritter in der Zwangsvollstreckung und im Konkurs 250

4. Kapitel: Der Gutglaubensschutz bei beweglichen Sachen und Forderungen

§ 70. Übersicht 253
§ 71. Gutgläubiger Erwerb des Eigentums 259
§ 72. Gutgläubiger Erwerb des Pfandrechts 262
§ 73. Gutgläubig-lastenfreier Erwerb des Eigentums 263

5. Kapitel: Dingliche Rechte an Grundstücken

§ 74. Traditionsprinzip und Eintragungsgrundsatz 266
§ 75. Das Grundbuch 267
§ 76. Hypothek, Grundschuld, Rentenschuld 269

6. Kapitel. Zusammenfassung und Klausurschema: Sachenrecht

§ 77.	Fälle mit Schwerpunkt im Sachenrecht	272
§ 78.	Herausgabeansprüche aus Eigentum und ungerechtfertigter Bereicherung	274
§ 79.	Anhang. Der sachenrechtliche Abwehranspruch	279

7. Kapitel: Personalkredit

§ 80.	Übersicht	280
§ 81.	Bürgschaft und bürgschaftsähnliche Schuldverhältnisse	284
§ 82.	Zusammenfassung und Aufbauschema: Haftung für Verbindlichkeiten Dritter kraft Vertrages	289

Fünfter Abschnitt: Kaufleute und Handelsgeschäfte

§ 83.	Vorbemerkung	291

1. Kapitel: Kaufleute

§ 84.	Übersicht	291
§ 85.	Die Kaufleute im einzelnen	294
§ 86.	Zusammenfassung und Klausurschema	299

2. Kapitel: Handelsgeschäfte

§ 87.	Anwendungsbereich	300
§ 88.	Grundzüge	302

Sechster Abschnitt: Wertpapiere

§ 89.	Einführung	307

1. Kapitel: Der Wechsel

§ 90.	Die Ausstellung des Wechsels	310
§ 91.	Die Annahme des Wechsels	312

§ 92.	Die Übertragung des Wechsels	313
§ 93.	Die Verpflichtung aus dem Wechsel im einzelnen	315
§ 94.	Die Leistungsverweigerungsrechte des Wechselschuldners (persönliche Einreden)	318
§ 95.	Rechtmäßige Inhaberschaft und formelle Legitimation	320
§ 96.	Vollmacht, Ermächtigung	321
§ 97.	Wechselfälschung und Wechselverfälschung	323
§ 98.	Der Blankowechsel	326
§ 99.	Zusammenfassung und Klausurschema: der Fall im Wechselrecht	327

2. Kapitel: Der Scheck

| § 100. | Der Scheck als Zahlungspapier | 329 |
| § 101. | Das Verhältnis zwischen Aussteller und Bank | 330 |

3. Kapitel: Die anderen Wertpapiere

§ 102.	Übersicht	333
§ 103.	Einfache (schlichte) Liberationspapiere	334
§ 104.	Namenspapiere (Rektapapiere)	335
§ 105.	Orderpapiere	336
§ 106.	Inhaberpapiere	337

Siebenter Abschnitt: Gesellschaften und Vereine

| § 107. | Vorbemerkung | 340 |

1. Kapitel: Die Ordnungsgesichtspunkte

§ 108.	Gesellschaften und Vereine	341
§ 109.	Personen- und Kapitalgesellschaften	351
§ 110.	Handelsgesellschaften	355
§ 111.	Arten der Vermögensbindung	356

2. Kapitel: Die wichtigsten Fragen

| § 112. | Geschäftsführung und Vertretung | 357 |

§ 113. Haftung. Beitrags- und Nachschußpflicht 368
§ 114. Gründung 373
§ 115. Auflösung und Abwicklung 380
§ 116. Verschmelzung und Umwandlung 381

Achter Abschnitt: Zivilprozeß und Konkurs (f. d. mdl. Prüfung)

§ 117. Übersicht 386
§ 118. Die Gerichte im Zivilprozeß 389
§ 119. Das Erkenntnisverfahren 390
§ 120. Die Zwangsvollstreckung 398
§ 121. Der Konkurs 403
§ 122. Der Vergleich 410

Neunter Abschnitt: Anhang. Die juristische Klausur

§ 123. Die juristische Aufbautechnik 412
§ 124. Zusammenstellung der Falltypen und Klausurschemata . . 419
§ 125. Das große Grundschema 420
§ 126. Sonderschema: Haftung für Verbindlichkeiten Dritter . . 434

Sachregister 439
Paragraphenregister 453

Abkürzungen

Paragraphen mit der Bezeichnung »oben« (o.) oder »unten« (u.)
sind solche dieses Buches

a. A.	anderer Ansicht
a. a. O.	am angegebenen Ort
AbzG	Abzahlungsgesetz vom 16. 5. 1894
AcP	Archiv für die civilistische Praxis
a. E.	am Ende
AG	Aktiengesellschaft; in Verbindung mit Ortsnamen: Amtsgericht
AGBG	Gesetz zur Regelung des Rechts der Allgemeinen Geschäftsbedingungen vom 9. 12. 1976
Anm.	Anmerkung
Baumbach-Duden-Hopf HGB	Kommentar zum HGB, 25. Auflage
Baumbach-Hefermehl	Kommentar zum Wechselgesetz und Scheckgesetz, 13. Auflage
BB	Der Betriebs-Berater, Jahr, Seite
bestr.	bestritten
BGB	Bürgerliches Gesetzbuch vom 18. 8. 1896
BGH	Bundesgerichtshof; auch amtl. Sammlung der Entscheidungen des Bundesgerichtshofs in Zivilsachen, Band, Seite
BGH Warn	Rechtsprechung des Bundesgerichtshofs in Zivilsachen, begründet von Warneyer, Jahr, Nummer
BImSchG	Bundes-Immissions-Schutzgesetz vom 15. 3. 1974
Boehmer, Einführung	Einführung in das bürgerliche Recht, 2. Auflage
Boehmer, Grundlagen	Grundlagen der bürgerlichen Rechtsordnung, 1950/52, Band, Halbband, Seite
BVerfG	Amtliche Sammlung der Entscheidungen des Bundesverfassungsgerichts, Band, Seite
cic	culpa in contrahendo
DB	Der Betrieb, Jahr, Seite
Düringer-Hachenburg HGB	Kommentar zum HGB, 3. Auflage
eG	eingetragene Genossenschaft
Enneccerus-Lehmann	Recht der Schuldverhältnisse, 15. Bearbeitung
Enneccerus-Nipperdey	Allgemeiner Teil des bürgerlichen Rechts, 15. Auflage

e. V.	eingetragener Verein
EVO	Eisenbahnverkehrsordnung
FGG	Gesetz über die Angelegenheiten der freiwilligen Gerichtsbarkeit vom 17. 5. 1898
Flume, Allg. Teil II	Allgemeiner Teil des Bürgerlichen Rechts, Zweiter Band: Das Rechtsgeschäft, 3. Auflage
Flume, Eigenschaftsirrtum	Eigenschaftsirrtum und Kauf, 1948
GbR	Gesellschaft bürgerlichen Rechts
Gierke, Handelsrecht	Handelsrecht und Schiffahrtsrecht, 8. Auflage
GenG	Gesetz betr. Erwerbs- und Wirtschaftsgenossenschaften vom 1. 5. 1889
GG	Grundgesetz für die Bundesrepublik Deutschland vom 23. 5. 1949
GmbHG	Gesetz betr. die Gesellschaften mit beschränkter Haftung vom 20. 4. 1892
GVG	Gerichtsverfassungsgesetz vom 27. 1. 1877
Heck, Schuldrecht	Grundriß des Schuldrechts, 1929
HGB	Handelsgesetzbuch vom 10. 5. 1897
h. L.	herrschende Lehre
h. M.	herrschende Meinung
JW	Juristische Wochenschrift, Jahr, Seite
JZ	Juristenzeitung, Jahr, Seite
KAGG	Gesetz über Kapitalanlagegesellschaften in der Bekanntmachung vom 14. 1. 1970
KG	Kommanditgesellschaft
KO	Konkursordnung vom 10. 2. 1877
KommAG	Kommanditgesellschaft auf Aktien
Larenz, Schuldrecht I	Lehrbuch des Schuldrechts, I. Band: Allgemeiner Teil, 13. Auflage
Larenz, Schuldrecht II	Lehrbuch des Schuldrechts, II. Band: Besonderer Teil, 12. Auflage
Lehmann-Hübner	Allgemeiner Teil des BGB, 16. Auflage
LG	In Verbindung mit Ortsnamen: Landgericht
LM	Lindenmaier-Möhring, Nachschlagewerk des Bundesgerichtshofs
Mitteis	Deutsches Privatrecht, 5. Auflage

Motive	Motive zu dem Entwurfe eines BGB für das Deutsche Reich, 1888, Band, Seite
NJW	Neue Juristische Wochenschrift, Jahr, Seite
Oertmann	Kommentar zum BGB, 5. Auflage (Schuldrecht) 1927/29
OHG	offene Handelsgesellschaft
OLG	In Verbindung mit abgekürztem Ortsnamen: Oberlandesgericht; auch Sammlung der Rechtsprechung der Oberlandesgerichte, Band, Seite
Palandt	Kommentar zum BGB, 42. Auflage
pFV	positive Forderungsverletzung
Radbruch-Zweigert, Einführung	Einführung in die Rechtswissenschaft, 11. Auflage
RG	Reichsgericht; auch amtl. Sammlung der Entscheidungen des Reichsgerichts in Zivilsachen, Band, Seite
RGRK	Kommentar zum BGB, herausgegeben von Reichsgerichtsräten und Bundesrichtern, 12. Auflage
Seuffert Arch.	Seufferts Archiv für Entscheidungen oberster Gerichte
Sohm-Mitteis-Wenger	Institutionen, Geschichte und System des römischen Privatrechts, 17. Auflage
SchG	Scheckgesetz vom 14. 8. 1933
Schlegelberger	Kommentar zum HGB, 5. Auflage
Staudinger	Kommentar zum BGB, 11. Auflage (teilweise 12. Auflage
stG	stille Gesellschaft
str.	strittig
st. Rspr.	ständige Rechtsprechung
VAG	Versicherungsaufsichtsgesetz
VglO	Vergleichsordnung vom 26. 2. 1935
WG	Wechselgesetz vom 21. 6. 1933
ZIP	Zeitschrift für Wirtschaftsrecht und Insolvenzpraxis, Jahr, Seite
ZPO	Zivilprozeßordnung vom 30. 1. 1877

ERSTER ABSCHNITT

Einführung

§ 1. Die Arbeit des Juristen

I. Vorbemerkung

1. Der Jurist unterscheidet sich vom Nichtjuristen weniger durch bestimmte Einzelkenntnisse als dadurch, daß er eine besondere Arbeitstechnik beherrscht: Er kann mit Gesetzen umgehen, mit solchen, deren Inhalt er kennt, und, wenn er ein guter Jurist ist, auch mit unbekannten. Der Unterschied liegt also mehr in der METHODE, wenn man dieses anspruchsvollere Wort gebrauchen will. Ich will einiges von dieser Methode in kurzen Worten darlegen und auf die Schwierigkeiten und Fehlerquellen hinweisen, mit denen derjenige zu rechnen hat, der sie erlernen will. Da man meist an den Richter denkt, wenn man von Juristen spricht, gehe ich von seiner spezifischen Arbeitsweise aus. Er hat in einem Rechtsstreit zweierlei Prüfungen vorzunehmen:

a) Er muß den *Sachverhalt* erforschen, d. h. die einzelnen, von den Parteien vielleicht umstrittenen *Tatsachen* feststellen. Für diese Tätigkeit enthält die Prozeßordnung Grundsätze. Bei den unteren Gerichten entfällt auf die Klärung von Tatsachenfragen die meiste richterliche Arbeit.

b) Außerdem muß der Richter durch eine *rechtliche* Prüfung des Sachverhaltes die *Rechtslage* feststellen.

Diese beiden Prüfungsarten sind streng voneinander zu trennen. Interessant und für den Nichtjuristen zunächst überraschend ist, daß der Richter im Prozeß *zuerst rechtlich* und dann tatsächlich prüft, um eine Beweiserhebung über umstrittene, aber für die rechtliche Entscheidung unerhebliche Tatsachen zu vermeiden.

2. Da der Student in der Klausur fast durchweg Fälle zu bearbeiten hat, in denen die Tatsachen feststehen, kann ich mich auf die _rechtliche_ Prüfung beschränken. Sie erfolgt im Weg der sog. SUBSUMTION:

   a) Man nimmt die in Betracht kommende Rechtsvorschrift, die an einen abstrakt beschriebenen _Tatbestand_ eine Rechtsfolge knüpft, als Obersatz.

   b) Dann stellt man den zur Beurteilung stehenden konkreten Lebensvorgang, den _Sachverhalt,_ darunter und prüft, ob jedes einzelne Tatbestandsmerkmal der Rechtsvorschrift durch die Einzelheiten des Sachverhalts ausgefüllt ist. Das ist eine lästige Kleinarbeit, aber man muß sie genauestens ausführen, weil sonst Fehler unterlaufen können, sei es, daß man ein Tatbestandsmerkmal übersieht, sei es, daß man etwas in den Sachverhalt hineinphantasiert, um ihn für den Obersatz »passend« zu machen (der Fachjargon spricht dann von »Tatbestandsquetsche«).

   c) Je nach dem Ergebnis der Prüfung zieht man den Schluß, daß die in der Rechtsvorschrift abstrakt angegebene Rechtsfolge in dem konkreten Falle eintritt oder nicht eintritt.

3. Bekanntlich ist die Lösung eines praktischen Falles nicht so einfach, wie es nach diesem Schema aussieht. Um subsumieren zu können, muß man zunächst eine ANSPRUCHSNORM haben, die eine _mögliche_ Rechtsgrundlage für den zur Entscheidung stehenden Anspruch ist. Wie kommt man an eine solche Anspruchsnorm? Der Weg des geringsten geistigen Widerstandes ist der, daß man im voraus alle oder die wichtigsten Anspruchsnormen aus dem Bürgerlichen Gesetzbuch heraussucht (oder sich heraussuchen läßt) und auswendig lernt. Aber ein solches Verfahren ist nicht nur zeitraubend und langweilig, sondern auch unzuverlässig, es bietet keinerlei Sicherheit über die Grenzen dieses einen Gesetzbuches hinaus. Nach einem vielzitierten Satz braucht der Jurist nichts auswendig zu wissen, er muß nur wissen, »wo es steht«. Das ist natürlich übertrieben, aber es enthält ein gutes Stück Wahrheit. Der sicherste und schnellste Weg ist ein gründliches Studium des AUFBAUS DES GESETZES. Wenn man weiß, wie das Gesetz aufgebaut ist, weiß man auch im voraus, an welcher Stelle man für eine bestimmte Frage den entscheidenden Paragraphen finden kann. Die Übungen in den §§ 4, 5 dieses Buches dienen diesem Zweck.

4. Nun kommt der zweite Schritt, und der ist etwas schwerer. Unser Privatrechtssystem hat die Eigentümlichkeit, daß zur Entscheidung eines Falles ein einzelner Paragraph selten ausreicht. Meist müssen weitere Paragraphen herangezogen werden, die die Anspruchsnorm ergänzen, außerdem kann die Wirkung einer Anspruchsnorm durch eine andere Norm ganz oder teilweise aufgehoben werden. Ein Beispiel: A hat dem B in der Wirtschaft versehentlich sein Bier über den Anzug gegossen, wobei eine gewisse Unachtsamkeit des B mitgewirkt hat. Wenn B nun von A Ersatz der Reinigungskosten verlangt, so ist die in Betracht kommende Anspruchsnorm § 823 I. Diese Vorschrift verwendet das Wort »fahrlässig«. Was das bedeutet, steht in § 276 I S. 2. Außerdem gibt § 823 I nur allgemein an, *daß* der »daraus entstandene Schaden« zu ersetzen ist. Die Frage, *wie* Ersatz zu leisten ist (nämlich in Geld), wird unter Heranziehung des § 249 S. 2 entschieden. Schließlich wird das Mitverschulden des B in § 254 berücksichtigt*.

Der Obersatz, der für die Subsumtion benötigt wird, muß also erst aus verschiedenen Einzelvorschriften *zusammengebaut* werden. Dafür reicht die Kenntnis vom äußeren Aufbau des Gesetzes nicht mehr aus, es kommt jetzt auf den INNEREN ZUSAMMENHANG DER NORMEN an. Dieser innere Zusammenhang macht einen Großteil des »Geheimnisses« der Jurisprudenz aus, und der Anfänger ist immer tief beeindruckt, wenn der fortgeschrittene Jurist bei der Lösung eines Falles Paragraphen aus den verschiedensten Ecken des Gesetzbuches hervorzaubert und virtuos zu einer Gedankenkette ordnet. Was der Anfänger zunächst nicht sieht, ist die Tatsache, daß es in den meisten Rechtsfällen immer wieder dieselben Paragraphen und Paragraphenketten sind, die zum Einsatz kommen, während die große Masse der übrigen Paragraphen ein ruhiges Reservistendasein führt, und daß es verhältnismäßig leicht ist, sich die Kenntnis der wichtigsten Querverbindungen anzueignen. Im Vorwort zu diesem Buch habe ich darauf hingewiesen, daß der Stoff nicht nach dem äußeren Aufbau des Gesetzes, sondern nach Sach- und Problemkreisen geordnet ist. Außerdem findet der Leser die Sondergesetze zum Bürger-

---

* In diesem Buch sind Paragraphen ohne nähere Bezeichnung solche des Bürgerlichen Gesetzbuchs. Absätze werden mit römischen Ziffern, Sätze mit »S.« und arabischen Ziffern bezeichnet.

lichen Gesetzbuch, insbesondere das Handelsgesetzbuch, nicht an einer Stelle gesondert behandelt, sondern über das ganze Buch verteilt: Die Sonderregeln erscheinen jeweils zusammen mit den Grundregeln, auf denen sie aufbauen. Dies alles dient dem Zweck, dem Leser mit dem Rechtsstoff gleichzeitig die Kenntnis der Querverbindungen zu vermitteln.

Das beste Mittel, Normenzusammenhänge zu erkennen, ist und bleibt allerdings die Übung im BEARBEITEN PRAKTISCHER FÄLLE. Der alte Spruch »Am Fall zeigt sich der Jurist« ist voll berechtigt. Ich möchte dem Leser raten, sich so häufig wie möglich in der Anfertigung juristischer Fallgutachten zu üben. Der korrekte Aufbau des Gutachtens bereitet gewisse Anfangsschwierigkeiten, die aber nicht allzu groß sind. Man neigt am Anfang zum *historischen Aufbau:* der Fall wird nacherzählt, dabei wird jede Einzelheit juristisch gewürdigt. Der Nachteil dieser Methode ist, daß man sich leicht in rechtliche Erörterungen verliert, die für das Ergebnis bedeutungslos sind. Ökonomischer ist der *systematische Aufbau*, der, wenn es sich um einen Streitfall handelt, von einer Anspruchsnorm ausgeht. Am besten schreibt man gleich im ersten Satz, *wer von wem was woraus* verlangt. In unserem obigen Bierfall beginnt man also: »Der Anspruch des B gegen den A auf Ersatz der Reinigungskosten kann aus § 823 I BGB begründet sein.« Dann untersucht man, ob die Voraussetzungen für die Anspruchsnorm einschließlich der heranzuziehenden Ergänzungsnormen gegeben sind, prüft, ob die Voraussetzungen für eine Gegennorm vorliegen und bringt *am Ende* das Ergebnis. Als Hilfe für die Anfertigung juristischer Gutachten gibt es vorgefertigte *Aufbauschemata*, die unter Studenten sehr beliebt sind. Solche Schemata sind durchaus brauchbar, man sollte aber ihren Wert nicht überschätzen. Allzu gläubig gehandhabt, können sie leicht zu einer einseitigen Einstellung führen, die nur vom Gesetz zum Fall hin denkt und den Fall zuweilen etwas gewaltsam in einen starren Rahmen pressen will. Das führt dann zur Unfähigkeit, gewisse Fälle, z. B. solche, in denen der Parteiwille eine Rolle spielt, angemessen zu beurteilen. Der Leser möge sich dieser Gefahr bewußt sein, wenn er feststellt, daß er die Zusammenfassungen, die er in diesem Buch hin und wieder am Ende eines Abschnittes oder Kapitels findet, gleichzeitig als Aufbauschemata verwenden kann. Die gleiche Vorsicht ist bei der Verwendung des großen Anspruchsschemas im Anhang geboten.

5. Eine weitere Schwierigkeit, die der Anfänger zu überwinden hat, ist das Erlernen der juristischen FACHSPRACHE. Jede Wissenschaft braucht ihre eigenen Fachausdrücke, damit die Fachleute sich schneller miteinander verständigen können. Die meisten Wissenschaften bilden ihre Ausdrücke aus »internationalen« Sprachen: aus dem Lateinischen und Griechischen, neuerdings auch aus dem Englischen. Die deutschen Juristen sind hier eher national gesinnt: Sie bevorzugen Wörter aus der deutschen Umgangssprache und haben eine gewisse Abneigung gegen den Gebrauch von Fremdwörtern. (So haben sie z. B. das Kunststück fertig gebracht, für die 2385 Paragraphen des BGB mit sieben Fremdwörtern auszukommen.) Für den Anfänger hat das den großen Vorteil, daß er sich schnell einarbeiten kann; es bringt aber auch einige Tücken mit sich. Die deutschen Juristen gebrauchen nämlich ihre Fachausdrücke manchmal in einem von der Umgangssprache *abweichenden Sinn.* Der Leser tut deshalb gut daran, die Zusammenstellung der wichtigsten Rechtsbegriffe in § 8 dieses Buches gründlich durchzuarbeiten, bevor er an die Lösung von Fällen herangeht.

6. Wenn der Student den Aufbau des Bürgerlichen Gesetzbuches und des Handelsgesetzbuches kennt und ungefähr weiß, »wo etwas steht«, wenn er außerdem weiß, wie die wichtigsten Normen innerlich zusammenhängen, und auch gelernt hat, ein Gutachten halbwegs anständig aufzusetzen, kann er fürs erste mit sich zufrieden sein. Er muß aber wissen, daß die Professoren das, was er gelernt hat, nur als »Technik« bezeichnen, und daß er nun versuchen muß, sich vom Rechtstechniker ein klein wenig zum Rechts*wissenschaftler* hin zu entwickeln. Auf Fragen rechtswissenschaftlichen Charakters ist er schon öfters bei der Bearbeitung von Fällen aus dem täglichen Leben gestoßen.

   a) Betrachten wir noch einmal den erwähnten § 823 I: was sollen wir eigentlich unter einem »sonstigen Recht« verstehen? Ist ein »sonstiges Recht« z. B. eine Kaufpreisforderung? ein Patent? ein Warenzeichen? Ist ein »sonstiges Recht« verletzt, wenn jemand meine Stimme heimlich auf Tonband nimmt? wenn mich jemand ohne meine Einwilligung auf der Straße photographiert? wenn jemand den Bundeskanzler photographiert? Hier müssen wir offenbar erst den genauen Geltungsbereich der Rechtsnorm klarstellen, ehe wir mit der Subsumtion anfangen können: die Norm bedarf der AUSLEGUNG.

b) In einigen (sehr seltenen) Fällen kann sich sogar herausstellen, daß für den zu beurteilenden Fall das Gesetz _überhaupt_ keine Regelung oder eine Regelung getroffen hat, die zu einem _unannehmbaren_ Ergebnis führt. Hier kann die Auslegung nicht mehr helfen, es muß die RECHTSFORTBILDUNG einsetzen.

Natürlich wäre ein Student in der Prüfung überfordert, wenn man von ihm erwarten würde, daß er selbständig schwierige Auslegungsprobleme löst oder gar Vorschläge für die Rechtsfortbildung macht. Immerhin erwartet man aber von ihm gewisse Minimalkenntnisse über die Auslegung einiger wichtiger Paragraphen und über die wichtigsten Fälle der Rechtsfortbildung. Darüber hinaus muß er eine gewisse Ahnung von der METHODE der Rechtsfindung haben. Die Frage »Was ist der Sinn dieses Paragraphen?« ist eine beliebte Prüfungsfrage.

Ich werde im folgenden versuchen, die Methode der die Gegenwart beherrschenden sog. Interessenjurisprudenz möglichst kurz und so leicht verständlich wie möglich darzustellen. Um ihre Eigenart besser herauszuheben, gehe ich vorher auf die Methode der sog. Begriffsjurisprudenz und der sog. Freirechtsschule ein. Dann werde ich das Problem des juristischen Positivismus und des Naturrechts streifen. Schließlich zeige ich die Arbeitsweise der Interessenjurisprudenz bei der Auslegung und der Rechtsfortbildung. Da ich mit Beispielen etwas sparsam umgehe, rate ich dem Leser, nach der Lektüre der ersten Hälfte dieses Buches den ganzen ersten Abschnitt noch einmal zu lesen. Manches wird dann für ihn anschaulicher sein.

II. Methoden

1. Die (von ihren Gegnern später so bezeichnete) BEGRIFFSJURISPRUDENZ hängt eng mit dem juristischen POSITIVISMUS des vorigen Jahrhunderts zusammen, der infolge seiner Gleichsetzung von Gesetz und Recht die juristische Dogmatik auf die rein technische Bearbeitung und Systematisierung des vorhandenen positiven Rechtsstoffes beschränkte. Die Begriffsjurisprudenz erreichte ihren Höhepunkt in der Mitte des 19. Jahrhunderts. Ihre Ausläufer reichen bis tief in die Gegenwart.

§ 1. Die Arbeit des Juristen

Auf eine einfache Formel gebracht, läßt sich die Arbeitsweise der Begriffsjurisprudenz mit Induktion und Deduktion charakterisieren. Man stieg von den einzelnen vorhandenen Normen zu allgemeinen Begriffen auf, bildete dazu Oberbegriffe und verband sie durch weitere Oberbegriffe zu einem großen Begriffssystem. Diesem System und seinen »Rechtskörpern« wurde nun eine eigengesetzliche, von den Normen, aus denen es induktiv gewonnen war, unabhängige Existenz zugeschrieben. Tauchte eine Lücke im Gesetz auf, so leitete man die Entscheidung des zur Beurteilung stehenden Falles im Wege logischer Deduktion aus dem Begriff ab, ohne den Sachverhalt an den Wertvorstellungen des Gesetzes zu wägen [1].

Die Wende wurde durch einen der letzten großen Vertreter der Begriffsjurisprudenz, Rudolf v. Jhering, eingeleitet, der gegen seine früheren Anschauungen im Jahre 1865 schrieb: »Jener ganze Götzenkultus des Logischen, der die Jurisprudenz zu einer Mathematik des Rechts hinaufzuschrauben gedenkt, ist eine Verirrung und beruht auf einer Verkennung des Wesens des Rechts. Das Leben ist nicht der Begriffe, sondern die Begriffe sind des Lebens wegen da. Nicht was die Logik, sondern was das Leben, der Verkehr, das Rechtsgefühl postuliert, hat zu geschehen, möge es logisch deduzierbar oder unmöglich sein [2].«

2. In der Folgezeit ging man mehr und mehr von der rein logischen Konstruktionsmethode ab. Am radikalsten war darin die kurz nach der Jahrhundertwende entstandene FREIRECHTSSCHULE, die sich selbst auch freirechtliche Bewegung nannte. Die Freirechtsschule lehnte alle logischen Kunstgriffe als Verfälschung des Rechtsfindungsvorganges ab und ersetzte sie durch die persönliche Entscheidung des Richters, der — nun gingen die Meinungen allerdings auseinander — intuitiv nach seinem Gerechtigkeitsgefühl vorgehen sollte, unter Berücksichtigung der Bedürfnisse der Gegenwart, der im Volke wurzelnden Anschauungen, sowie der Interessenlage des Einzelfalles und dessen typischer Struktur [3]. Nur in den wenigen Fällen, wo das Gesetz so klar und eindeutig ist, daß es sich ohne jegliche Auslegungskünste anwenden läßt, sollte eine Bindung an das Gesetz bestehen.

---

[1] Boehmer, Grundlagen II 1 S. 72 ff.
[2] Der Geist des römischen Rechts III, 5. Aufl. S. 318.
[3] Staudinger, Einleitung Anm. 76.

Der Rechtsphilosoph *Gustav Radbruch*[4] hat die freirechtliche Bewegung »das kräftigste Lebenszeichen der deutschen Rechtswissenschaft seit Jhering« genannt. Das hinderte die meisten Rechtswissenschaftler nicht, den Freirechtlern mit harter Kritik zu begegnen. »Diese Gegner einer begrifflich entwickelten Rechtswissenschaft«, schreibt *Nipperdey*[5], »übersehen völlig, daß mit dem Mangel begrifflicher Entwicklung gerade bei hochstehender Kultur und immer komplizierter werdenden Lebens- und Rechtsverhältnissen notwendig auch der schwerste Schaden, der Schaden der RECHTSUNSICHERHEIT (Hervorhebung von mir, W. K.), verbunden wäre und entweder unerträgliche Ungewißheit oder im besten Falle banausischer Präjudizienkult eintreten müßte... Es ist Selbsttäuschung, wenn man meint, die unübersehbar mannigfaltigen Erscheinungen des Rechtslebens ohne begriffliche Zusammenfassung und Gliederung verstehen und mit einem allgemeinen Billigkeitsgefühl auskommen zu können.« Zudem, meint *Nipperdey*[6], wäre eine »freie« Rechtsprechung mit unserer heutigen Verfassung unvereinbar. Sie würde gegen Art. 20 III GG verstoßen, wonach der Richter an »Gesetz und Recht« gebunden ist, und außerdem den Grundsatz der Dreiteilung der Gewalten (Art. 20 II GG) verletzen, da sie sich Machtbefugnisse anmaßen würde, die der Gesetzgebung zustehen.
Die freirechtliche Bewegung wurde lange Zeit als »anrüchig« empfunden, heute gilt sie als abgetan. Aber sie hat viel frischen Wind in die deutsche Rechtswissenschaft gebracht, sie hat manche Vorgänge bei der richterlichen Entscheidung, die vorher unbewußt waren, ins allgemeine Bewußtsein gehoben, und der Vorwurf der Gefährdung der Rechtssicherheit verliert manches von seiner Schwere, wenn man den Vorschlag einiger Freirechtler berücksichtigt, den Richter nach angelsächsischem Vorbild an Präjudizien, d. h. an die früheren Entscheidungen höherer Gerichte zu binden. Ob das ein Rückschritt wäre, wie *Nipperdey* meint[7], mag dahinstehen. Man sollte aber nicht übersehen, welche Wirkung auch bei uns die Entscheidungen der höheren Gerichte auf die Rechtsprechung der un-

---

[4] Radbruch-Zweigert, S. 167.
[5] Enneccerus-Nipperdey, § 23 Fußnote 10.
[6] a. a. O., § 59 I 1.
[7] a. a. O., § 59 Fußnote 7.

teren Gerichte haben, obwohl diese — im Gegensatz zum angelsächsischen Rechtskreis — rechtlich nicht gebunden sind.

3. Die meisten Rechtswissenschaftler der Gegenwart stehen mehr oder weniger auf dem Boden der INTERESSENJURISPRUDENZ. Diese Richtung hat einen *soziologischen* Ausgangspunkt. Sie sieht das Recht in erster Linie als eine Regelung der in einer Gesellschaft entstehenden Interessenkonflikte an, wobei sie das Wort »Interesse« in einem sehr weiten Sinne versteht, der z. B. auch ideelle Interessen umfaßt. Die einzelnen Normen innerhalb des Rechtssystems regeln jeweils *typische Interessenlagen,* sie haben jeweils einen bestimmten *Zweck.* Damit ist der Übergang von der logischen Methode zur *teleologischen* vollzogen. Aber wenngleich die Interessenjurisprudenz ein um die praktischen Folgen unbesorgtes logisches Operieren mit Begriffen ablehnt, so erkennt sie doch an, daß die Rechtswissenschaft Systematik und feste Begriffe nicht nur bilden kann, sondern auch bilden muß, wenn sie nicht in ein Chaos von Einzelentscheidungen zerfallen soll.

III. Naturrecht, Relativismus, Positivismus

Nun ist aber die Rechtsanwendung nicht nur ein logisches und zugleich teleologisches, sondern außerdem ein *wertendes* Verfahren. Der Richter wird deshalb in Zweifelsfällen nicht nur den Sinn und Zweck der einzelnen Norm erforschen, sondern auch auf die in dem Gesetz, den anderen Gesetzen und der Verfassung enthaltenen allgemeinen Wertmaßstäbe zurückgreifen müssen. Die Frage ist — und damit betreten wir rechtsphilosophischen Boden — ob es darüber hinaus ÜBERGESETZLICHE, ABSOLUTE MASSSTÄBE gibt, an die der Richter bei der Auslegung des Gesetzes und bei der Ausfüllung von Lücken gebunden ist, die ihn sogar — in krassen Fällen — veranlassen können, ein Gesetz für *Unrecht* zu erklären und dessen Anwendung zu verweigern. Diese Frage, die Frage nach dem Naturrecht, dem richtigen Recht, dem Recht, das in den Sternen steht, ist eine der ältesten, schwierigsten und zugleich populärsten der Rechtswissenschaft. Sie hat die großen Denker des Abendlandes beschäftigt, seitdem die Sophisten sie als wissenschaftliche Frage entdeckt haben, und nach vielen Versuchen, das Naturrecht aus der Natur, aus göttlicher Offenbarung, menschlicher Vernunft, dem objektiven Zeitgeist, der Natur der Sache und vielem anderen zu begründen, haben sich vor allem zwei Hauptprobleme herausgestellt, deren Bewältigung noch aussteht.

a) Die eine Schwierigkeit betrifft die *Beweisbarkeit.* Wer Allgemeinverbindlichkeit anstrebt, muß wenigstens ein Minimum an Beweis erbringen. Deshalb sind Naturrechtstheorien, die einen *metaphysischen,* d. h. nicht empirisch überprüfbaren Ausgangspunkt haben, immer problematisch. Wenn man das feststellt, ist man nicht notwendig ein Nihilist, man fragt nur, ob die eigene Überzeugung ausreicht, um z. B. einen anderen ins Gefängnis zu schicken. Es gibt eine Reihe naturrechtlicher Theorien mit *empirischer* Basis, aber hier liegt das Problem darin, aus dem, was *ist,* einen allgemeinverbindlichen Schluß zu ziehen auf das, was *sein soll.*

b) Das zweite große Problem ist das der *Konkretisierung,* d. h. des Ableitens konkreter, praktikabler Normen aus den allgemeinen Prinzipien. Es fehlt nicht an Versuchen dieser Art in der Geschichte. Aber bisher haben sich die konkreten Normen nur als Abdruck der damaligen Rechts- und Gesellschaftsverhältnisse erwiesen.

Angesichts der ungeheuren Denkschwierigkeiten fragt man sich, ob der Richter nicht, statt sich zu übernehmen, es bei den Rechts- und Moralanschauungen belassen soll, die die Gesellschaft vertritt, die ihn zum Richter bestellt hat. Ein solcher RELATIVISMUS enthält viel Resignation, aber auch echte Bescheidenheit. Leider ist er nicht ganz ungefährlich, denn man muß sich fragen, was geschehen soll, wenn es plötzlich mit den herrschenden Moral- und Rechtsanschauungen so bergab geht wie in den Jahren nach 1933. Besser ist es wohl, den Kreis zeitlich zu erweitern und auch räumlich, nämlich auf Europa und »die westliche Welt«. Aber das ist schon wieder vage, denn allzu weit zurück darf man nicht gehen, und man muß, je nachdem, was man gerade begründen will, selbst für die Gegenwart gewisse Länder ausschließen.
Wenn das alles so schwierig ist — wäre es dann nicht das Beste, wenn wir uns wieder auf den Gesetzestext zurückziehen und den Philosophen das weite Feld des Naturrechts überlassen würden? Der POSITIVISMUS, der im vorigen Jahrhundert nach Hegel die Herrschaft über die deutsche Rechtswissenschaft antrat, hat das getan. Für den Positivismus ist Recht jeweils das, was ein zur Gesetzgebung befugtes staatliches Organ auf ordnungsmäßigem Wege

als Recht verkündet hat. Aber erstens ist auch das wieder eine Theorie, die zu begründen wäre, und zweitens hätte der Positivismus heute für uns eine fatale Konsequenz: Wir müßten alle Terrorgesetze Hitlers, die auf ordnungsmäßigem Wege erlassen wurden, als »Recht« anerkennen. Dieser Rückzug ist uns endgültig versperrt.

Ich nehme an — und hoffe sogar —, daß der junge Leser nun, was die Frage des Naturrechts betrifft, im Stadium des scio me nescire angelangt ist. Es ist sein gutes Recht, in diesem Stadium eine Zeitlang zu verweilen. Dem Richter ist das nicht vergönnt. Natürlich kommen selten Fälle vor das Gericht, in denen die Frage des Naturrechts akut wird. Aber wenn sie kommen, darf der Richter nicht wegen einer »gedanklichen Auswegslosigkeit« den Prozeß auf unbestimmte Zeit vertagen — er muß sich entscheiden, und zwar binnen kurzer Zeit, die »Rechtsverweigerung« ist ihm verboten.

Bei der Eröffnung des Bundesgerichtshofs im Jahre 1950 sagte dessen damaliger Präsident, *Hermann Weinkauff*[8]: »In der Bildung der Rechtsbegriffe war das Reichsgericht fortgeschritten von der sogenannten reinen Begriffsjurisprudenz, die aus einem logisch übergeordneten und daher inhaltsleereren Rechtsbegriff ohne weiteres inhaltlich erfüllte Rechtssätze bilden zu können glaubte, zu der sogenannten Interessenjurisprudenz, die die Rechtsbegriffe als zweckgerichtete Begriffe auffaßte, die sich inhaltlich danach bestimmten, wie die in der fraglichen Rechtseinrichtung geordneten verschiedenen Interessen gegeneinander abzuwägen seien. Die Entwicklung drängt dahin, darüber hinaus künftig bei der Begriffsbildung und bei der Rechtsfortbildung dem Gesichtspunkt des richtigen Rechts, des Gerechten und des aus der Natur der Sache heraus Gesollten ein stärkeres, ja, das ausschlaggebende Gewicht einzuräumen.

Ob und wie der Bundesgerichtshof zu der unsere Zeit bewegenden ... Frage: Rechtspositivismus und Naturrecht Stellung nehmen wird, läßt sich noch nicht vorhersagen. Nach meiner persönlichen Meinung hat wohl keine Generation die Grenzen einer rein positivistischen Begründung des Rechtes schärfer und schmerzhafter gefühlt als die unsere, die nur allzugut weiß, wie man gröbstes Unrecht in die Form gesetzten Rechts kleiden kann. Es wäre eine schöne, wenn auch sehr schwere Aufgabe für den Bundesgerichtshof, sich auf die metaphysische Grundlage des Rechts zurückzubesinnen und im Verein

---

[8] NJW 1950, S. 817.

mit den übrigen hohen Gerichten, mit der Wissenschaft und mit den kulturtragenden Kräften im Volk in besonnener Kühnheit den Versuch zu machen, diejenigen wenigen, inhaltlich erfüllten, aus sich selbst heraus geltenden, allgemeinen Rechtssätze wieder zu erarbeiten, die jedem positiven Recht bindend vorausliegen und die jedermann, auch den Gesetzgeber, verpflichten.«

Einige Jahre später hat der Bundesgerichtshof eindeutig Stellung bezogen. So hat er z. B. in einer strafrechtlichen Entscheidung[9] den »inhaltlosen Relativismus« abgelehnt, »der zerstörend wirkt, weil ihm nichts anderes als die soziale Wirklichkeit ohne jede Bewertung zur Richtschnur dient«, und sich zu einem absoluten Sittengesetz bekannt. »Normen des Sittengesetzes gelten aus sich selbst heraus; ihre (starke) Verbindlichkeit beruht auf der vorgegebenen und hinzunehmenden Ordnung der Werte und der das menschliche Zusammenleben regierenden Sollenssätze; sie gelten unabhängig davon, ob diejenigen, an die sie sich mit dem Anspruch auf Befolgung wenden, sie wirklich befolgen und anerkennen oder nicht; ihr Inhalt kann sich nicht deswegen ändern, weil die Anschauungen über das, was gilt, wechseln.«
In der Entscheidung ging es um die Frage, ob der Beischlaf auch unter ernsthaft Verlobten »Unzucht« sei. Der Bundesgerichtshof hat diese Frage grundsätzlich bejaht: Das Sittengesetz wolle, daß sich der Verkehr der Geschlechter in der Einehe vollziehe, »weil der Sinn und die Folge des Verkehrs das Kind ist«[9]. Diese Ausführungen zeigen deutlich die ganze Problematik einer naturrechtlichen Argumentation auf metaphysischer Grundlage. Natürlich kann man einen solchen »Willen« des Sittengesetzes – zumal mit ewiger Gültigkeit – nicht beweisen. Was der Bundesgerichtshof hier vorgetragen hat, ist ein *Glaubensbekenntnis*, dem man sogleich ein anderes Glaubensbekenntnis entgegensetzen könnte, und man muß fragen, ob ein Gericht in einer pluralistischen Gesellschaft überhaupt berechtigt ist, seine Glaubensbekenntnisse für allgemein verbindlich zu erklären.
Ich breche hier ab. Ein großer deutscher Jurist hat einmal die Rechtswissenschaft die komplizierteste der Wissenschaften genannt. Vielleicht hat auch der Leser davon etwas gespürt, bei allen Auslassungen und Vergröberungen, die ich auf den vorangegangenen Seiten vorgenommen habe. Ich beginne nun mit den Einzelfragen der Rechtsanwendung und Rechtsfindung.

---

[9] BGHSt 6, 46 ff = NJW 1954, 766.

IV. Ermittlung und Anwendung des Rechts im einzelnen. Auslegung und Rechtsfortbildung

Die Auslegung unterscheidet sich von der Rechtsfortbildung dadurch, daß sie nur zur _Klarstellung_ des Inhalts einer vorliegenden Rechtsnorm dient und eine _unmittelbare_, nicht eine _entsprechende_ Anwendung darstellt.

Daß die Ergebnisse nicht _logisch_ zwingend sind, ist selbstverständlich, da, wie wir oben festgestellt haben, die Rechtswissenschaft keine exakte Wissenschaft wie die Mathematik und die Rechtsanwendung ein zwar logisches, aber _zugleich_ zweckgerichtetes (teleologisches) und wertendes Verfahren ist.

1. Auslegung

Wir müssen uns bei der Auslegung zunächst eine grundsätzliche Frage stellen: Soll man von dem _Willen des Gesetzgebers_ ausgehen, der im Gesetz einen, wenngleich vielleicht unvollkommenen, Ausdruck gefunden hat und sich durch das Studium der Gesetzesmaterialien (beim BGB insbes. der »Motive« und »Protokolle") sowie durch die Betrachtung der sonstigen, in der _Vergangenheit_ liegenden Verhältnisse erforschen läßt — _oder_ soll man das Gesetz lediglich _aus sich selbst,_ aus dem gegebenen Wortlaut im Zusammenhang mit anderen Gesetzen und nach seinem Sinn und Zweck für die _Gegenwart_ auslegen? Früher neigte man mehr zur ersten Auffassung (SUBJEKTIVE THEORIE), wogegen die letzte Auffassung (OBJEKTIVE THEORIE) gegenwärtig immer mehr an Boden gewinnt. Der Bundesgerichtshof [10] neigt zur objektiven Theorie, ebenso das Bundesverfassungsgericht [11], das als maßgebend den in der Vorschrift zum Ausdruck gelangten _objektiven_ Willen des Gesetzgebers bezeichnet, so wie er sich aus dem Wortlaut der Vorschrift und dem Sinnzusammenhang ergibt, in den die Vorschrift hineingestellt ist. Die subjektive Vorstellung der am Gesetzgebungsverfahren beteiligten Organe von der Bedeutung der Bestimmung ist danach nicht entscheidend; der Entstehungsgeschichte einer Vorschrift kommt für deren Auslegung nur insoweit Bedeutung zu, als sie die Richtigkeit einer nach den angegebenen Grundsätzen erhaltenen Auslegung bestätigt oder Zweifel behebt, die auf dem angegebenen Weg allein nicht ausgeräumt werden können.

Im einzelnen verfährt man bei der Auslegung folgendermaßen:

---

[10] BGH 23, 390.
[11] BVerfG 1, 312.

a) Man beginnt mit der GRAMMATISCHEN AUSLEGUNG, d. h. man geht zunächst vom Wortlaut aus und versucht, diesen unter Beachtung der Regeln der Grammatik und des allgemeinen oder des gesetzlichen Sprachgebrauchs klarzustellen.

b) Hinzu kommt die SYSTEMATISCHE AUSLEGUNG. Sie berücksichtigt die Stellung im Gesetz, das Verhältnis der Norm zu den anderen Normen und das Verhältnis des Gesetzes zu anderen Gesetzen. Dabei gilt als Grundsatz, daß die spezielle Norm der allgemeineren, die jüngere Norm der älteren vorgeht.

c) Der dritte Gesichtspunkt ist die TELEOLOGISCHE AUSLEGUNG. Sie fragt nach der ratio legis, d. h. nach dem Sinn und Zweck, dem GRUNDGEDANKEN der Vorschrift.

d) In manchen Fällen wird es notwendig sein zu prüfen, ob das bisher gefundene Ergebnis auch mit ÜBERGEORDNETEN PRINZIPIEN übereinstimmt. Dazu gehören in erster Linie die grundsätzlichen Wertentscheidungen, die im Grundgesetz, insbesondere in den Grundrechten, getroffen worden sind und nicht nur Programm, sondern *unmittelbar geltendes* Recht sind (Art. 1 III GG). Außerdem gehören dazu die Grundanschauungen unseres Kulturkreises über den Menschen, die Gesellschaft und das Recht, wobei unter Recht nicht nur die Gerechtigkeit im Sinne der Billigkeit, sondern ein oberstes Prinzip zu verstehen ist, das in sich drei Prinzipien vereinigt: GERECHTIGKEIT, RECHTSSICHERHEIT und ZWECKMÄSSIGKEIT. Ob der Richter sich auch von einer *absoluten* Rechtsidee leiten lassen soll, ist, wie oben angedeutet, eine schwierige Frage.

Der Leser wird nun wissen wollen, welcher der vier Gesichtspunkte im Zweifelsfall den Ausschlag gibt. Die Sache wäre einfach, wenn es hier verläßliche, für alle denkbaren Fälle gültige Grundsätze gäbe. Gäbe es sie, so könnte man daran denken, das gesamte Recht in Computern zu speichern und Rechtsfragen durch Computer lösen zu lassen. Aber so etwas gibt es nicht. Natürlich ist der erste der oben genannten Gesichtspunkte das unterste, der letzte das oberste Prinzip, aber — je höher, desto unbestimmter ist das Prinzip, und je unbestimmter das Prinzip, desto schwieriger ist es, daraus eine konkrete Aussage überzeugend abzuleiten. »Die wahre Kunst der Auslegung«, schreibt der große Rechtsgelehrte _Nipperdey_[12], »beruht auf einer richtigen Abwägung _aller_ Auslegungsgesichtspunkte«. Und _Nipperdey_ tut gut daran, von der _Kunst_ der Auslegung zu sprechen, denn die Rechtswissenschaft ist keine exakte Wissenschaft. Den schlechten Juristen erkennt man meist daran, daß er nach höheren Prinzipien, nach »Treu und Glauben« und der Gerechtigkeit greift, ehe er die Möglichkeiten ausgeschöpft hat, die ihm die grammatische, systematische und teleologische Auslegung bieten.

2. Rechtsfortbildung

Die Rechtsfortbildung durch den Richter schafft _neues_ Recht — allerdings nur _für diesen Einzelfall_, auch wenn es sich um eine Entscheidung eines obersten Bundesgerichtes handelt. In einem neuen Fall sind die unteren Gerichte und selbst das oberste Bundesgericht nicht an die frühere Entscheidung gebunden. Erst wenn sich ein fester Gerichtsgebrauch gebildet hat, der die Billigung der Allgemeinheit findet, entsteht auch für die Allgemeinheit neues Recht: Gewohnheitsrecht.

Gehen wir nun auf die drei Möglichkeiten ein, die sich bei der Frage ergeben, wie eine Lücke zu schließen ist: Analogie, Umkehrschluß und richterliche Wertung aus dem Geist des Gesetzes.

    a) Die ANALOGIE ist der ausdehnenden Auslegung verwandt. Während aber die ausdehnende Auslegung die Rechtsnorm auf einen bestimmten Fall anwendet, _weil_ die Rechtsnorm den Fall deckt, wendet die Analogie der Norm an, _obwohl_ sie den Fall nicht mehr deckt. Man spricht hier von »entsprechender« oder »rechtsähnlicher« Anwendung.

    Bei der Frage, _ob_ man die Analogie vornehmen kann und soll, sind alle Gesichtspunkte zu berücksichtigen, die auch für die Auslegung entscheidend sind, insbesondere ist unter dem teleologischen Gesichtspunkt zu prüfen, erstens, ob die _Interessenlage_ des vorliegenden Falles die gleiche ist wie des von der Norm geregelten Falles, und zweitens, ob der _Zweck der Norm_ eine Anwendung auf den vorliegenden Fall gibietet. Nehmen wir ein Beispiel. Die Satzung einer Badeanstalt enthält die Bestimmung, daß Schüler nur die Hälfte des normalen Eintrittspreises

---

[12] Enneccerus-Nipperdey, § 56 IV

zahlen. Gilt diese Regelung auch für *Studenten*, die in der Satzung nicht erwähnt sind? Die Entscheidung hängt davon ab, was der *Zweck* der Vergünstigungsnorm ist. Wenn die Vergünstigung den Schülern gewährt werden soll, weil diese zum Nutzen der Gesellschaft eine längere Ausbildungszeit ohne Einkommen durchmachen, so ist es richtig, die Norm analog auf Studenten anzuwenden.

In technischer Hinsicht kann man unterscheiden zwischen der GESETZESANALOGIE, bei der *eine* Rechtsnorm analog angewendet wird, und der RECHTSANALOGIE, bei der aus *mehreren* Normen ein allgemeiner Rechtsgedanke gewonnen wird.

b) Die »*Nicht-Analogie*« ist der UMKEHRSCHLUSS (argumentum e contrario). Der Umkehrschluß ist angemessen, wenn eine Regelung vorliegt, die infolge ihrer engen Fassung einen bestimmten Fall nicht mitdeckt, und die Prüfung der Interessenlage und des Normzweckes sowie der anderen in Betracht kommenden Gesichtspunkte ergibt, daß die Rechtsfolge, die aus der vorliegenden Norm folgt, für den von ihr nicht gedeckten Fall gerade *nicht* eintreten darf. Hier zeigt sich besonders die Stärke der Interessenjurisprudenz, die die Interessenlage und den Normzweck in den Vordergrund stellt. Denn rein *logisch* gesehen sind meist weder der Umkehrschluß noch die Analogie zwingend. Nehmen wir noch einmal das Beispiel von der Badeanstalt: Können sich auch *Arbeitslose*, die ebensowenig wie die Studenten in der Satzung erwähnt sind, auf die Verbilligungsvorschrift für Schüler berufen? Die Arbeitslosen haben kein oder nur ein geringes Einkommen, *insoweit* sind sie in einer ähnlichen Lage wie die Schüler. Die Arbeitslosen werden aber nicht von dem *Zweck* der Vorschrift erfaßt, wenn die Vorschrift nicht Ausdruck allgemeiner Mildtätigkeit ist, sondern eine Vergünstigung für solche Personen schaffen soll, die zum Nutzen der Gesellschaft einen *freiwilligen* Konsumverzicht leisten. Deshalb ist hier nicht die Analogie, sondern der Umkehrschluß geboten.

c) WERTUNG AUS DEM GEIST DER RECHTSORDNUNG. Als im Jahre 1953 die bis dahin suspendierte Gleichberechtigung der Geschlechter nach dem Grundgesetz in Kraft trat (Art. 3 II, 117 GG), ohne daß der Gesetzgeber für die vielen, vor allem im Familienrecht sich ergebenden Fragen ein Anpassungsgesetz zustande gebracht hatte (das Gleichberechtigungsgesetz wurde erst 1957 verabschiedet und trat 1958 in Kraft), mußte die Rechtsprechung eine Gesetzeslücke von gewaltigem Ausmaß durch eigene Rechtsschöpfung schließen. Ähnliche Probleme, wenngleich in kleinerem Rahmen, ergeben sich häufig für die Rechtsprechung, wenn eine Gesetzeslücke von vornherein besteht, die der Gesetzgeber vielleicht bewußt gelassen hat – z. B. durch die Generalklauseln – oder wenn eine Lücke durch Restriktion oder durch eine Änderung der wirtschaftlichen Verhältnisse entstanden ist und Einzelvorschriften, an die man bei der Schließung der Lücke anknüpfen könnte, fehlen. Wenngleich hier der Spielraum, den der Richter hat, sehr groß sein kann, ist die Ausfüllung der Lücke ein *objektives* Verfahren. Der Richter muß eine Lösung finden, die nicht nur mit den übrigen Einzelvorschriften, sondern auch mit den grundsätzlichen Wertentscheidungen des einzelnen Gesetzes und der gesamten Rechtsordnung sowie den Wertvorstellungen seines Kulturkreises harmoniert, und er muß sorgsam abwägen zwischen den Prinzipien der *Gerechtigkeit*, der *Rechtssicherheit* und der *Zweckmäßigkeit*. Kraft Gewohnheitsrechts gilt auch für den deutschen Richter der berühmte Art. 1 des Schweizerischen Zivilgesetzbuches:

»Das Gesetz findet auf alle Rechtsfragen Anwendung, für die es nach Wortlaut oder Auslegung eine Bestimmung enthält.

Kann dem Gesetz keine Vorschrift entnommen werden, so soll der Richter nach Gewohnheitsrecht und, wo auch ein solches fehlt, nach der Regel entscheiden, die er als Gesetzgeber aufstellen würde.

Er folgt dabei bewährter Lehre und Überlieferung.«

§ 2. Privatrecht und öffentliches Recht

Ehe ich den Leser an den eigentlichen Rechtsstoff heranführe, muß ich ihm mitteilen, daß dieses Buch die Beschränkung auf das Privatrecht, die sein Titel verspricht, nicht genau einhält, da es einen kurzen Abriß des Gerichtsverfassungs- und Zivilprozeßrechts enthält. Diese Feststellung ist wichtig, da der deutsche Jurist, römischem Denken folgend (jus privatum, jus publicum), streng zwischen privatem und öffentlichem Recht unterscheidet[14].

Das PRIVATRECHT regelt die Beziehungen der einzelnen Bürger zueinander und die Verhältnisse der *nicht hoheitlichen Gemeinschaften* (Ehe, Familie, Gesellschaften) als solcher, zueinander und zu ihren Gliedern. Es wird vom Grundsatz der GLEICHBERECHTIGUNG beherrscht. Außerdem sind die Rechtsbeziehungen der öffentlichen Gemeinwesen insoweit zum Privatrecht zu rechnen, als die Gemeinwesen *nicht hoheitlich auftreten* (sog. fiskalische Tätigkeit).

Der Begriff des bürgerlichen Rechts (Zivilrechts) wurde früher mit dem Begriff des Privatrechts gleichgesetzt. Seit Inkrafttreten des Bürgerlichen Gesetzbuches hat sich die Übung ergeben, nur noch den Teil des Privatrechts als bürgerliches Recht zu bezeichnen, der auf dem BGB und seinen Nebengesetzen (dem Abzahlungsgesetz, Ehegesetz, der Erbbauverordnung usw.) beruht. Das bürgerliche Recht ist demnach nur der *Kern* des Privatrechts, und die in ihm enthaltenen Regeln gelten nur insoweit, als nicht in Sondergesetzen abweichende Vorschriften bestehen. Andererseits bedürfen die Sondergesetze häufig der Ergänzung durch das bürgerliche Recht, sind meist ohne dieses überhaupt nicht zu verstehen, weshalb das Studium des Privatrechts stets mit dem bürgerlichen Recht beginnen muß.

Die wichtigsten privatrechtlichen Sondergebiete sind

1. das *Handelsrecht* (das Sonderrecht der Kaufleute) mit den dazugehörigen oder eng verwandten Gebieten des Aktienrechts, des Rechts der GmbH und der Genossenschaft, des Konzernrechts, des Wertpapierrechts (das nur teilweise im BGB geregelt ist), des Bank- und Börsenrechts sowie des Versicherungsrechts;

2. das sog. *Wirtschaftsrecht* (das Sonderrecht der gewerblichen Wirtschaft), welches insbes. das Gewerberecht und das Wettbewerbsrecht zusammenfaßt (manche fassen den Begriff weiter und verstehen unter Wirtschaftsrecht die für die Wirtschaft relevanten Teile des Privatrechts, vgl. § 5 der Prüfungsordnung für Wirtschaftsprüfer);

3. das *Immaterialgüterrecht,* insbes. das Urheberrecht sowie die verwandten

---

[14] Die Frage nach den Unterscheidungskriterien ist sehr umstritten. Ich folge im wesentlichen Enneccerus-Nipperdey, § 1 I und § 34.

Gebiete des Gewerblichen Rechtsschutzes: das Patent- und Gebrauchsmusterrecht, das Geschmacksmusterrecht und das Verlagsrecht;
4. das *Arbeitsrecht* (das Sonderrecht der abhängigen Arbeitnehmer), das nur zu einem sehr geringen Teil in den §§ 611 ff. BGB geregelt ist;
5. das *Verkehrsrecht*.

Das ÖFFENTLICHE RECHT regelt die Rechtsverhältnisse der dem Bürger übergeordneten *hoheitlichen* Rechtsgemeinschaften (Staat, Gemeinden, Kirchen usw.) *als solcher,* das Verhältnis dieser Rechtsgemeinschaften *zueinander* sowie das Verhältnis der Gemeinschaften *zu ihren Gliedern.* Soweit es sich um das Verhältnis der Gemeinwesen zu ihren Gliedern handelt, herrscht grundsätzlich ÜBER- UND UNTERORDNUNG oder doch Schutz und Fürsorge. Zum öffentlichen Recht gehören insbesondere das Staats- und Verwaltungsrecht, das Kirchenrecht und das Völkerrecht, das Strafrecht, das gesamte Prozeßrecht einschließlich Zwangsvollstreckungs- und Konkursrecht, das Recht der freiwilligen Gerichtsbarkeit, das Steuerrecht.

Das ständige Anwachsen der staatlichen Aufgaben und Machtbefugnisse hat in den letzten Jahrzehnten ein starkes *Anschwellen des öffentlichen Rechts*, insbes. des Verwaltungsrechts, zur Folge gehabt. In den Gesetzen der neueren Zeit finden sich öffentliches und privates Recht oft bunt durcheinandergemischt. Dies gilt in besonderem Maße von den angegebenen Sondergebieten, die demnach als privatrechtliche nur insoweit anzusehen sind, als sie Vorschriften privatrechtlicher Natur enthalten. Aber selbst im BGB findet sich öffentliches Recht, z. B. in § 795, wo bestimmt wird, daß die Ausgabe von Inhaberschuldverschreibungen der staatlichen Genehmigung bedarf.

§ 3. Zur Geschichte des Privatrechts

Ich hoffe, daß ich die Geduld meines Lesers nicht überstrapaziere, wenn ich noch einen geschichtlichen Rückblick vornehme, ehe ich an die Behandlung des Bürgerlichen Gesetzbuches und der anderen Rechtsquellen gehe. Ich verspreche, mich sehr kurz zu fassen und mich im wesentlichen auf den Vorgang der sog. Rezeption und seine Folgen zu beschränken. Man versteht manches im deutschen Privatrecht leichter, wenn man eine Ahnung von dem geschichtlichen Hintergrund hat, vor dem es erscheint. Ich rate deshalb, das Folgende wenigstens *einmal* durchzulesen.

Das GERMANISCH-DEUTSCHE RECHT hatte seine Hochblüte im Mittelalter. Wir finden es in den großen Rechtsbüchern, dem Sachsenspiegel und Schwabenspiegel, vor allem aber in den verschiedenen Stadtrechten, den »Pionieren des Verkehrsrechts«, wo damals das Handelsrecht seine stärkste Entwicklung hatte. Bei aller Rechtszersplitterung hatten die einzelnen Rechte gemeinsame Züge: konkreten, volkstümlichen Ausdruck, Hochschätzung der altüberlieferten Formen sowie die Betonung des Gemeinschaftsgeistes und damit in Zusammenhang einen starken Vertrauensschutz. Es fehlte jedoch an einer Zentralgewalt, die die verschiedenen einheimischen Stammes- und Stadtrechte hätte vereinheitlichen und eine technische Durchformung, den Übergang vom traditionalen zum rationalen Rechtsdenken, hätte begünstigen können. So ergab sich gegen Ende des Mittelalters angesichts des Aufkommens des Frühkapitalismus mit seinen verwickelten Tatbeständen die Übernahme des römischen Rechts als Ausweg aus der Not.

Das RÖMISCHE RECHT war nach einer über tausendjährigen Entwicklung im Jahre 534 unter dem oströmischen Kaiser Justinian zu der großen Kodifikation des Corpus juris civilis zusammengefaßt, aber in der Folgezeit nur in kümmerlichen Kurzausgaben verwendet, in seiner Gesamtheit vergessen worden. Im 11. Jahrhundert in Oberitalien wiederentdeckt, wurde es von den dortigen Rechtsgelehrten systematisiert und für den praktischen Gebrauch überarbeitet. Das Ebenmaß des antiken Rechts, seine Durchsichtigkeit und die einleuchtende Kraft seiner Begriffe waren wohl geeignet, die in Italien studierenden deutschen Juristen der damaligen Zeit für sich zu gewinnen. »Die römische Jurisprudenz kam, sah und siegte«[15] über das naiv-schwerfällige Heimatrecht der Deutschen. Eine Reihe historischer Momente (die Idee des Heiligen Römischen Reiches Deutscher Nation, die Interessen der Landesfürsten) begünstigten den Vorgang.

Gegenstand der REZEPTION, die sich schrittweise vollzog und im 16. Jahrhundert ihren äußeren Abschluß erreichte, waren im einzelnen das römisch-byzantinische Recht in seiner Bearbeitung durch die italienischen Juristen, das kanonische Recht und das langobardische Lehnsrecht. Dieses rezipierte Recht, das in der Folgezeit von der deutschen Rechtswissenschaft weiter bearbeitet wurde, galt als sog. gemeines Reichsrecht, dem das von den Landesherrn geschaffene Recht vorging (»Landesrecht bricht Reichsrecht«). Auf die

---

[15] Sohm-Mitteis-Wenger, § 1.
[16] Mitteis, S. 7.

Dauer wurde die deutsche Rechtseinheit trotz der Rezeption nicht gewonnen, da mit der Zeit in vielen Teilen Deutschlands Partikularrechte entstanden. Teilweise widerstand auch das einheimische Recht von Anfang an der Überfremdung, so vor allem auf dem Gebiet des Handelsrechts und des Bodenrechts. Unwiederbringlich verloren ging jedoch infolge der VERWISSENSCHAFTLICHUNG des Rechtsstoffes und der dadurch verursachten Verdrängung der Schöffen (Laien) aus der Gerichtsbarkeit die Volksnähe des deutschen Rechts. »Das Recht«, schreibt der Rechtshistoriker *Mitteis*[16], »galt nicht mehr als Besitz des Volkes, es ... wurde zur Geheimwissenschaft in der Hand bürokratischer Fachleute. So öffnet sich ein Abgrund von Mißtrauen zwischen Volk und Recht, Volk und Juristen; dieser hat sich bis heute noch nicht geschlossen, und die Rechtsfremdheit des deutschen Volkes ist das unselige Erbe des Rezeptionszeitalters geblieben.«

In den folgenden Jahrhunderten kam es infolge des Anwachsens der Partikulargesetzgebung erneut zu einer starken Rechtszersplitterung. Nachdem die Landesherrn zunächst nur für einzelne Teile des Rechts eigene Gesetze erlassen hatten, begann mit dem Ausgang des 18. Jahrhunderts die Zeit der landesrechtlichen *Kodifikationen*, d. h. der gesetzlichen Neugestaltungen des Rechts oder eines großen Rechtsteils als *Ganzem*. Die wichtigsten Kodifikationen bis zum Ende des 19. Jahrhunderts waren:

1. das Allgemeine Landrecht für die preußischen Staaten (ALR), verkündet 1794, das aber nur in den östlichen Provinzen, in der Provinz Westfalen, einigen niederrheinischen Kreisen und sonstigen kleinen Teilgebieten Preußens galt (17 000 Paragraphen!),
2. der Code civil von 1804, der bis 1900 in allen linksrheinischen Gebieten, außerdem in den rechtsrheinischen Teilen des ehemaligen Herzogtums Berg galt,
3. das badische Landrecht von 1809, das im wesentlichen eine Übersetzung des Code civil darstellt,
4. das sächsische Bürgerliche Gesetzbuch von 1863.

Die Bestrebungen nach einem, wir würden heute sagen: gesamtdeutschen Gesetzbuch setzten schon im 17. Jahrhundert ein (Leibniz). Mit dem Aufkommen nationaler Bestrebungen im 19. Jahrhundert, besonders nach den Napoleonischen Kriegen, gewann diese Forderung neue Kraft. Der DEUTSCHE BUND (1815–1866) hatte zwar keine Gesetzgebungsbefugnis – er war ein *Staatenbund*, kein Bundesstaat –, er konnte aber durch seinen Bundestag Gesetze beschließen, zu deren Erlaß die Mitgliederstaaten dann verpflichtet waren (sog. Parallelgesetzgebung). Auf diese Weise sind zwei hervorragende Gesetze entstanden, die deutsche Wechselordnung (1848) und das Allgemeine deutsche Handelsgesetzbuch (1861). Der NORDDEUTSCHE BUND war nach seiner Verfassung vom Jahre 1867 zwar ein Bundesstaat mit einer einheitlichen Zentralgewalt und dem Recht unmittelbarer Gesetzgebung, seine Gesetzgebungskompetenz beschränkte sich aber, was das Privatrecht anging, auf das Obligationsrecht (Schuldrecht), Handelsrecht und Wechselrecht. Auch die REICHSVERFASSUNG von 1871 enthielt zunächst diese Einschränkung der Reichsgesetzgebung. Erst nach langen Kämpfen wurde im Jahre 1873 die Kompetenz des Reiches auf das gesamte bürgerliche Recht erweitert. Damit war der Weg für die Schaffung einer deutschen privatrechtlichen Kodifikation freigegeben.

§ 4. Das Bürgerliche Gesetzbuch

I. Entstehungsgeschichte. Geist, Form und Fassung

Das Bürgerliche Gesetzbuch hat sich trotz seiner Mängel bis auf den heutigen Tag als Kernstück des deutschen Privatrechts bewährt. Man gedenkt der Zeiten, in denen es noch möglich war, lange Jahre an einem Gesetz für Generationen zu arbeiten.

Im Jahre 1874 wurde — nach kurzen Vorarbeiten durch eine Vorkommission — eine Kommission von Juristen eingesetzt, die in dreizehnjähriger Arbeit einen Gesetzentwurf samt 5 Bänden »Motiven« herstellte. Die scharfe Kritik an dem Entwurf — es wurden vor allem die doktrinäre Form, die schlechte Sprache, die Überzahl von Verweisungen und die soziale Rückständigkeit gerügt — hatte zur Folge, daß mit den weiteren Arbeiten eine zweite Kommission betraut wurde, zu der nun auch Nationalökonomen und Vertreter von Interessengruppen aus dem Bürgertum gehörten[16a]. Die Arbeiterschaft war ausgeschlossen. Der zweite Entwurf nebst »Protokollen« wurde dem Bundesrat, dann dem Reichstag zugeleitet und erfuhr hierbei noch einige Abänderungen, ehe er — gegen die Stimmen der Sozialdemokraten — angenommen wurde.

[16a] Als Nichtjuristen gehörten der Kommission an: zwei Rittergutsbesitzer, ein Gutsbesitzer, ein Brauereidirektor, ein Oberforstmeister, ein Geheimer Bergrat, ein Bankdirektor, ein Professor der Nationalökonomie.

§ 4. Das Bürgerliche Gesetzbuch

Im Jahre 1896 wurde das Bürgerliche Gesetzbuch verkündet. Es trat am 1. 1. 1900 in Kraft.
Die Entstehungsgeschichte des BGB liegt an einem Wendepunkt der gesellschaftlichen Entwicklung Deutschlands. Im BGB ist davon nur sehr wenig zu spüren. Der Jurist neigt in seinem Denken mehr zum Konservativ-Traditionalen als zum Fortschrittlich-Revolutionären. Als das BGB geschaffen wurde, hatten die sozialen Umwälzungen noch keinen wesentlichen Einfluß auf das privatrechtliche Denken ausgeübt. Das BGB war deshalb, wie fast alle großen Kodifikationen, mehr ein Abschluß des historisch Gegebenen als der kühne Anfang eines neuen Zeitalters, mehr Endprodukt des 19. als Auftakt des 20. Jahrhunderts. So finden wir im BGB überwiegend eine bürgerlich-liberale, romanistisch-individualistische Grundauffassung. »Die ganze Rechtswelt wird als ein Gewebe freiwillig eingegangener gegenseitiger Verpflichtungen freier Verträge aufgefaßt, als ein einziger großer Markt, auf dem alles zur Ware werden kann. Die *Vertragsfreiheit* ist der eine Grundgedanke des Vermögensrechts, der andere die *Eigentumsfreiheit*, mit seinem Eigentum nach Belieben zu schalten — bei Lebzeiten sowohl wie über den Tod hinaus *(Testierfreiheit)*«[17]. Soweit soziale Gedanken berücksichtigt sind, haben sie häufig patriarchalischen Charakter (vgl. § 618). Modern in sozialer Hinsicht mutet höchstens § 829 an, den man etwas übertreibend den »einzigen Tropfen sozialen Öls im BGB« genannt hat. Manche Vorschriften atmen noch kleinstädtischen Geist (vgl. § 98 Nr. 1), in manchen weht Landluft (vgl. § 98 Nr. 2).
Auch in seiner Form, Sprache und Fassung ist das Bürgerliche Gesetzbuch ein Kind des 19. Jahrhunderts. »Es entstand unter der Herrschaft des Rechtspositivismus, der an die Lückenlosigkeit des gemeinrechtlichen Systems und an die Möglichkeit glaubte, nach dessen Muster ein entsprechendes System auf dem Wege der Gesetzgebung aufstellen zu können«[20]. Um dieses Ziel zu erreichen, suchte man durch abstrakt gefaßte, begrifflich scharf fixierte Normen eine möglichst große Zahl von Einzelentscheidungen vorwegzunehmen, an die der Richter gebunden sein sollte. Scharfe, folgerichtige Dogmatik und eine im ganzen klare, übersichtliche Systematik, das sind die Hauptvorzüge

---

[17] Radbruch-Zweigert, S. 101.
[20] Staudinger-Brändl (11. Aufl.), Allg. Teil, Einleitung Anm. 25.

des BGB. Es ist, wie _Isele_[21] es einmal ausdrückte, »Filigranarbeit von außerordentlicher Präzision.« Aber es ist kein Volksbuch.

II. Inhalt und äußerer Aufbau

Die folgenden Ausführungen sollen dem Leser einen ersten, groben Überblick über den Inhalt und den äußeren Aufbau des BGB verschaffen. Ich rate, diese Ausführungen _sehr gründlich, am besten zweimal_, durchzuarbeiten.

o Bitte schlagen Sie das Inhaltsverzeichnis zum BGB auf. Lesen Sie die Überschriften der fünf Bücher.

1. _Allgemeiner Teil_

Im Allgemeinen Teil hat man, um fortwährende Wiederholungen zu vermeiden, Regeln zusammengestellt, die, vor die Klammer gezogen, für die übrigen vier Bücher und für alle Sondergesetze zum BGB (also z. B. auch für das HGB) gelten. Der Allgemeine Teil ist demnach gleichzeitig _der Allgemeine Teil des deutschen Privatrechts,_ d. h. er gilt für das gesamte deutsche Privatrecht, es sei denn, daß in den anderen vier Büchern des BGB oder in den Sondergesetzen Sonderregeln bestehen, die den allgemeinen Regeln des Allgemeinen Teils vorgehen.

2. _Ordnung nach der formalen juristischen Struktur: Schuldrecht und Sachenrecht_

Um den Unterschied zwischen dem Schuldrecht und dem Sachenrecht, den Materien des zweiten und dritten Buches, klarzumachen, muß ich etwas ausholen.

Die Unterscheidung hat ihr Vorbild in der Unterscheidung des römischen Rechts zwischen dem _jus in personam_ und dem _jus in rem_.

Das _Schuldrecht_ regelt die einzelnen Rechte und Pflichten, die in einem Schuldverhältnis bestehen. Was ein Schuldverhältnis ist, bringt § 241 in allgemeiner Form zum Ausdruck (bitte lesen). Ein Schuldverhältnis ist demnach ein Verhältnis von Rechten und Pflichten zwischen zwei oder mehreren Personen. Der Berechtigte wird Gläubiger, der Verpflichtete wird Schuldner genannt. Das Schuldverhältnis entsteht in der Regel durch einen Vertrag (bitte

---

[21] Ein halbes Jahrhundert deutsches Bürgerliches Gesetzbuch. AcP 150, 6.

lesen Sie § 305), es erlischt in der Regel durch Erfüllung (bitte lesen Sie § 362 I). Der Regelfall sieht also so aus:

$$\S\,305 \rightarrow \S\,241 \rightarrow \S\,362\,\text{I}$$

Nehmen wir einen konkreten Fall: K hat in dem Geschäft des V eine wertvolle alte Vase besichtigt. Später ruft er den V an, und die beiden einigen sich auf einen Preis von 1000 DM. Ist K dadurch Eigentümer der Vase geworden? Nein. Der fernmündlich zwischen den beiden geschlossene Kaufvertrag ist ein *Verpflichtungsgeschäft*, d. h. er hat nur zur Folge, daß zwischen den Parteien ein *Schuldverhältnis* entsteht: V ist *verpflichtet*, dem K Eigentum und Besitz an der Vase zu verschaffen, K ist *verpflichtet*, dem V den Kaufpreis zu zahlen. Dies steht in § 433, der konkret, auf den Kaufvertrag bezogen, ausdrückt, was § 241 in allgemeiner Form sagt. Die Rechte, die V und K durch den Kaufvertrag erworben haben, sind RELATIVE Rechte (jura in personam), da sie nur gegenüber dem Partner des Schuldverhältnisses (inter partes), nicht gegenüber dritten Personen, bestehen. Mit solchen relativen Rechten aus Schuldverhältnissen, die auch *Forderungen* oder *obligatorische* Rechte genannt werden, haben wir es im Schuldrecht zu tun.

Betrachten wir nun die Fortsetzung des Falles, die uns ins Sachenrecht führt: K geht am nächsten Tag in das Geschäft des V, läßt sich die Vase geben und bezahlt mit zehn Hundertmarkscheinen. Juristisch ausgedrückt, ist folgendes geschehen:

a) V hat dem K durch einen *sachenrechtlichen* Vertrag, nämlich durch Einigung und Übergabe gem. § 929 S. 1, Besitz und Eigentum an der Ware verschafft. Damit ist seine schuldrechtliche Verkäuferpflicht erloschen (§ 362 I).

b) K hat dem V – ebenfalls durch einen sachenrechtlichen Übertragungsvertrag gem. § 929 S. 1 – die zehn Hundertmarkscheine übereignet. Damit hat er seine Käuferpflicht erfüllt (§ 362 I).

Das Eigentum, das jeder erlangt hat, unterscheidet sich insofern von den schuldrechtlichen Ansprüchen, als es *gegenüber jedermann* (contra omnes) wirkt. Man nennt deshalb das Eigentum ein ABSOLUTES RECHT (bitte lesen Sie § 903). Auch die anderen im dritten Buch geregelten Sachenrechte, z. B. die Hypothek und die Grundschuld, sind absolute Rechte. Die Sachenrechte werden auch *dingliche* Rechte genannt (jura in rem).

Der Unterschied zwischen den relativen Rechten des Schuldrechts und den absoluten Rechten des Sachenrechts führt im *Insolvenzrecht* (Konkurs und Vergleich) zu weitreichenden Konsequenzen. Nehmen wir einmal an, K hätte in unserem Beispiel etwas voreilig den Kaufpreis überwiesen und wäre einige Tage später bei V erschienen, um sich die Vase abzuholen. Dabei hätte er erfahren, daß über das Vermögen des V das Konkursverfahren eröffnet worden sei. In einem solchen Falle wäre K in einer sehr unangenehmen Lage. Sein schuldrechtlicher Erfüllungsanspruch würde nämlich in eine Geldforderung umgewandelt und quotenmäßig oder, bei zu geringer Masse, überhaupt nicht befriedigt. Ganz anders wäre die Situation, wenn V dem K die Vase im Laden ausgehändigt, K diese dem V für ein paar Tage zur Aufbewahrung zurückgegeben hätte und V *danach* in Konkurs gefallen wäre. Dann nämlich wäre K im Laden gem. § 929 S. 1 *Eigentümer* geworden, er hätte jetzt ein absolutes Recht, das jeder, auch die Konkursgläubiger, respektieren müßte, und er könnte vom Konkursverwalter die Herausgabe der Sache verlangen.

Ebenso deutlich zeigt sich der Unterschied im *Kreditsicherungsrecht*. Wenn z. B. G dem S ohne Sicherheiten ein Darlehen gibt und S später in Konkurs fällt, nimmt G mit seiner Darlehensforderung als einfacher Konkursgläubiger am Verfahren teil und erhält nur die Quote. Denn die Darlehensforderung ist ein schuldrechtlicher Anspruch, also ein *relatives*, nur gegen S wirkendes Recht. Hat aber S dem G eine *Hypothek* an seinem Grundstück bestellt, so ist die Lage anders. G hat dann ein *Sachenrecht*, d. h. ein *absolutes*, auch gegen die anderen Konkursgläubiger wirkendes Recht und wird bevorrechtigt aus dem Grundstück befriedigt.

Ich fasse zusammen: Die im Schuldrecht geregelten (obligatorischen) Rechte, die auch Forderungen genannt werden, haben relative Wirkung: sie bestehen nur zwischen den Partnern des Schuldverhältnisses (bitte *noch einmal* § 241 lesen). Dagegen wirken die im Sachenrecht geregelten (dinglichen) Rechte gegenüber jedermann, sie sind absoluter Natur (bitte noch einmal § 903 lesen). Die Unterscheidung zwischen Schuld- und Sachenrecht beruht also auf der unterschiedlichen *formalen juristischen Struktur*.

Schuldrecht	Sachenrecht
O ——→ O	§ 903
§ 241	

§ 4. Das Bürgerliche Gesetzbuch

Wir kehren nun zum äußeren Aufbau des BGB zurück.

a) Das zweite Buch (SCHULDRECHT) ist in einen allgemeinen Teil und einen besonderen Teil gegliedert. Der allgemeine Teil ist hier wiederum vor die Klammer gezogen, er enthält also Regeln, die für alle Schuldverhältnisse gelten, es sei denn, daß im besonderen Teil für ein einzelnes Schuldverhältnis eine Sonderregel besteht. Wichtig für uns sind im allgemeinen Teil vor allem die Vorschriften über die Leistungsstörungen, d. h. über die Fälle, in denen der Schuldner die Leistung nicht oder nicht rechtzeitig oder nicht ordnungsgemäß erbringt. Der Ausdruck »Allgemeiner Teil« wird im zweiten Buch des BGB nicht erwähnt. Der allgemeine Teil setzt sich aus den Abschnitten 1—6 zusammen.
- o Bitte schlagen Sie das Inhaltsverzeichnis des BGB auf. Lesen Sie die Überschriften der Abschnitte 1—6 des zweiten Buches.

Im 7. Abschnitt, dem besonderen Teil, sind eine Reihe von _einzelnen_ Schuldverhältnissen mit ihren Sonderregeln zusammengefaßt.
- o Bitte lesen Sie im Inhaltsverzeichnis die einzelnen Titelüberschriften des 7. Abschnitts.

Das Gesetz stellt hier mehrere Vertragstypen auf, die den Parteien zur Wahl stehen. Allerdings sind die Parteien an diese Typen nicht gebunden. Sie können durch entsprechende Vereinbarung den Typ abwandeln oder einen im Gesetz überhaupt nicht vorgesehenen Typ schaffen, denn im Schuldrecht gilt der Grundsatz der _Vertragsfreiheit_ (Gestaltungsfreiheit). Von dieser Möglichkeit macht man in der Praxis häufig Gebrauch. Größere Unternehmen verwenden heute durchweg _Allgemeine Geschäftsbedingungen_, die den Inhalt der mit ihnen geschlossenen Verträge bestimmen und oft erheblich von der gesetzlichen Regelung (zugunsten dieser Unternehmen) abweichen.

b) Der äußere Aufbau des dritten Buches (SACHENRECHT) ist für uns weniger wichtig.
- o Bitte schlagen Sie noch einmal das Inhaltsverzeichnis des BGB auf. Lesen Sie die Überschriften der Abschnitte des dritten Buches.

Im 1. Abschnitt ist der Besitz (die _tatsächliche_ Gewalt über die Sache) geregelt. Im 2. Abschnitt ist der allgemeine Teil des Grundstücksrechts zusammengefaßt. Die Abschnitte 3—9 enthalten die _7 Sachenrechte:_ Eigentum (die volle _rechtliche_ Gewalt über die Sache) und die sog. beschränkten dinglichen Rechte: Erbbaurecht (die Regelung im BGB ist inzwischen aufgehoben und ersetzt durch die Erbbaurechtsverordnung); Dienstbarkeiten; Vorkaufsrecht; Reallasten; Hypothek, Grundschuld, Rentenschuld (die sog. Grundpfandrechte); Pfandrechte an beweglichen Sachen. Es ist nicht erforderlich, daß man alle diese Ausdrücke auswendig lernt, wichtig ist nur, daß man sich die Zahl »7« merkt. Im Sachenrecht besteht nämlich nicht Vertragsfreiheit (Gestaltungsfreiheit) wie im Schuldrecht, sondern TYPENZWANG (*numerus clausus*), d. h. die Parteien haben nur die Wahl zwischen den erwähnten 7 Typen, sie können keinen neuen Typ schaffen. Der Typenzwang dient der Übersichtlichkeit, er soll verhindern, daß die Parteien durch die Schaffung atypischer dinglicher Rechte die sachenrechtliche Lage unübersichtlich machen. Übersichtlichkeit ist aber erforderlich angesichts der absoluten Wirkung der dinglichen Rechte. Was gegenüber jedermann wirken soll, muß auch gegenüber jedermann erkennbar sein.

3. Ordnung nach der sozialen Realität: Familienrecht und Erbrecht

Das vierte und das fünfte Buch des BGB (Familienrecht und Erbrecht) werden in diesem Buch nicht näher behandelt. Für das Verständnis des BGB ist es aber sehr wichtig zu wissen, daß die beiden letzten Bücher des BGB nach einem *anderen Ordnungsprinzip* geschaffen wurden als das zweite und das dritte Buch. Während nämlich die Unterscheidung zwischen Schuldrecht und Sachenrecht auf Verschiedenheiten in der formalen juristischen Struktur beruht (relative und absolute Rechte), ist man beim Familienrecht und Erbrecht von bestimmten Ausschnitten des *sozialen Lebens* ausgegangen, die man wegen ihrer gegenständlichen Geschlossenheit zusammenfassend regeln wollte. Im Aufbau des BGB besteht insoweit ein systematischer *Bruch*[22]: Schuld- und Sachenrecht einerseits, Familienrecht und Erbrecht andererseits sind Unterscheidungen auf ganz verschiedenen Ebenen. Infolgedessen finden sich im Familienrecht und Erbrecht Normen mit schuldrechtlicher und sachenrechtlicher Struktur oft bunt durcheinander.

---

[22] Boehmer, Einführung, S. 71 ff.

a) im *Familienrecht* ist der Familienverband geregelt: die *Ehe* einschließlich Verlöbnis und Scheidung, die *Verwandtschaft*, insbesondere die Sorge der Eltern für ihre Kinder, und der Ersatz der elterlichen Sorge durch *Vormundschaft* und *Pflegschaft*.

b) Auch das *Erbrecht* erfaßt einen geschlossenen Lebenskreis: Es regelt die privatrechtlichen Wirkungen des *Todes* eines Menschen.

§ 5. Das Handelsgesetzbuch

I. Vorgeschichte, systematische Einordnung

Das Handelsgesetzbuch vom 10. 5. 1897, in Kraft seit dem 1. 1. 1900, die zweitwichtigste Rechtsquelle des deutschen Privatrechts, ist stark vom Allgemeinen Preußischen Landrecht und vom französischen Code de Commerce (1807) beeinflußt. Römisches Recht hat hier weniger seinen Eingang gefunden als deutsches und italienisches. (*französisches*)
Das HGB ist das Sonderrecht der Kaufleute. Allerdings gelten gewisse Regeln über die Handelsgeschäfte gleichmäßig für beide Teile, auch wenn nur ein Teil Kaufmann ist. (Bitte lesen Sie § 345 HGB.) Die Sonderregelung des HGB ist nicht für sich abgeschlossen und selbständig, sondern baut auf den Grundregeln des BGB auf. Für die Entscheidung eines Falles im Handelsrecht müssen fast immer Vorschriften aus dem BGB herangezogen werden. Das Handelsrecht kann deshalb nur verstehen, wer das bürgerliche Recht kennt. (Bitte lesen Sie Art. 2 des Einführungsgesetzes zum HGB.)

II. Inhalt und äußerer Aufbau

Das HGB zerfällt in vier Bücher. *fünf Bücher*
○ Bitte schlagen Sie das Inhaltsverzeichnis zum HGB auf. Lesen Sie die Überschriften der Bücher.

1. Erstes Buch. Handelsstand

Im ersten Buch ist zunächst festgelegt, wer überhaupt Kaufmann im Sinne des HGB ist. Es folgen Vorschriften über das Handelsregister, die Handelsfirma und die Handelsbücher, die der Kaufmann zu führen hat. Außerdem sind geregelt die besondere Stellvertretung des Kaufmanns (Prokura und Handlungsvollmacht) sowie die unselbständigen Hilfspersonen (Handlungsgehilfen) und die selbständigen Hilfspersonen des Kaufmanns (Handelsvertreter und Handelsmakler).

o Bitte lesen Sie im Inhaltsverzeichnis des HGB die Überschriften der Abschnitte des ersten Buches.

2. Zweites Buch. Handelsgesellschaften und stille Gesellschaft

Im zweiten Buch waren ursprünglich die Gesellschaften des Handelsrechts zusammengefaßt. Später ist die Aktiengesellschaft herausgenommen und in einem Sondergesetz geregelt worden (AktG), außerdem entstanden außerhalb des HGB die Gesetze über die Gesellschaft mit beschränkter Haftung und über die Genossenschaft (GmbHG, GenG). Im HGB verblieben sind die Vorschriften über die offene Handelsgesellschaft, die Kommanditgesellschaft und die stille Gesellschaft.

o Bitte lesen Sie im Inhaltsverzeichnis des HGB die Überschriften der Abschnitte des zweiten Buches.

3. Drittes Buch. Handelsgeschäfte

Das dritte Buch regelt die Handelsgeschäfte, es ist besonders eng mit dem zweiten und dritten Buch des BGB verbunden, da es zum großen Teil aus Sonderregeln besteht, die man den Regeln des Schuldrechts und des Sachenrechts des BGB aufgesetzt hat. Es beginnt mit einem (wiederum vor die Klammer gezogenen) allgemeinen Teil, während die Abschnitte 2–7 besonderer Teil sind: Handelskauf, Kommissions-, Speditions-, Lager- und Frachtgeschäft sowie das Beförderungsrecht der Eisenbahnen.

o Bitte lesen Sie im Inhaltsverzeichnis des HGB die Überschriften des dritten Buches.

4. Viertes Buch. Seehandel

Das Seerecht ist in den meisten Gesetzesausgaben überhaupt nicht abgedruckt. Wir können es übergehen.

§ 6. Das Grundgesetz

I. Grundgesetz und Privatrecht

Das Grundgesetz für die Bundesrepublik Deutschland vom 23. Mai 1949 (GG), das nach seiner Präambel und seinem Schlußartikel bestimmt ist, »dem staatlichen Leben für eine Übergangszeit eine neue Ordnung zu geben«, gehört zwar im wesentlichen zum Staatsrecht und damit zum öffentlichen Recht; es ist aber auch für das Privatrecht von großer Wichtigkeit. Das Grundgesetz ist das Gesetz mit höchstem Rang, welches allen anderen Gesetzen vorgeht. Der Richter hat bei der Anwendung der Gesetze das Recht, diese auf ihre Verfassungsmäßigkeit zu prüfen. Kommt er zu der Auffassung, daß das Gesetz gegen das Grundgesetz verstößt, so hat er das Verfahren auszusetzen und die Entscheidung des Bundesverfassungsgerichts, des »Hüters der Verfassung«, einzuholen (sog. konkrete Normenkontrolle des Bundesverfassungsgerichts, Art. 100 GG). Darüber hinaus ist das Grundgesetz als Grundlage der gesamtstaatlichen Ordnung (vgl. Präambel) für die _Auslegung der Gesetze,_ auch der privatrechtlichen, richtungweisend; es darf, wie das Bundesverfassungsgericht[27] es ausdrückte, »keine bürgerlich-rechtliche Vorschrift ... im Widerspruch zu ihm stehen, jede muß in seinem Geiste ausgelegt werden«.

Ich möchte dem Leser raten, sich auf jeden Fall ein neueres Exemplar des Grundgesetzes zu beschaffen und alle im folgenden angegebenen Artikel nachzulesen.

II. Die Wirkung der Grundrechte

Das Grundgesetz beginnt nach der Präambel mit einem Katalog von Grundrechten, die nicht nur – darin liegt ihre Bedeutung – als Programmpunkte zu verstehen sind, sondern Gesetzgebung, vollziehende Gewalt und Rechtsprechung als _unmittelbar_ geltendes Recht binden (Art. 1 III GG). Einschränkungen von Grundrechten dürfen nur durch ein Gesetz oder auf Grund eines Gesetzes und nur dann vorgenommen werden, wenn dies für das jeweilige Grundrecht _nach dem Grundgesetz_ zulässig ist. Auf keinen Fall darf ein Grundrecht in seinem Wesensgehalt angetastet werden (Art. 19 II GG). Diese

---

[27] BVerfG NJW 1958, 257

Schranke gilt auch für verfassungsändernde Gesetze (Art. 79 III GG).
o Bitte lesen Sie Art. 1—19 GG.

Zum Schutze des einzelnen werden die Hauptgrundsätze des Rechtsstaates ausdrücklich festgelegt, so insbes. die Teilung der Gewalten (Art. 20 II GG), die Bindung der Gesetzgebung an die verfassungsmäßige Ordnung, die Bindung der vollziehenden Gewalt und der Rechtsprechung an Gesetz und Recht (Art. 20 III GG) und die Rechtsweggarantie für jeden, der durch die öffentliche Gewalt in seinen Rechten verletzt worden ist (Art. 19 IV GG).
Historisch gesehen sind die Grundrechte als eine Zusicherung des Staates an den Bürger entstanden, bei der Ausübung der Staatsgewalt eine gewisse »staatsfreie« Sphäre des Individuums zu respektieren. So betrachtet, haben sie nur Bedeutung für das Verhältnis des einzelnen und der von ihm gegründeten Gemeinschaften zum Staat. Das Recht auf Freiheit und Menschenwürde wird aber in der heutigen industriellen Massengesellschaft nicht nur durch den Staat, sondern auch durch die »anonymen Mächte«, durch Großunternehmen und Verbände bedroht. Seit den Zeiten der Verkündung der Menschenrechte haben sich die gesellschaftlichen Verhältnisse grundlegend geändert. Dem muß die Rechtsordnung Rechnung tragen, wenn sie sich nicht dem Vorwurf der Realitätsblindheit aussetzen will. _Nipperdey_ [28] hat deshalb die Ansicht vertreten, daß die Grundrechte nicht nur für das Verhältnis zum Staat, sondern auch im Verhältnis der einzelnen und ihrer Gemeinschaften _zueinander_ gelten (sog. _absolute Wirkung_ oder _Drittwirkung_ der Grundrechte). Das Bundesarbeitsgericht ist dieser Ansicht gefolgt, ebenso der Bundesgerichtshof in einigen Entscheidungen [29]. Dagegen neigt das Bundesverfassungsgericht zu der Auffassung, daß die Wertentscheidungen des Grundgesetzes eher auf dem Wege über die Generalklauseln (Treu und Glauben, gute Sitten, vgl. §§ 242, 138, 826) Eingang in das BGB finden sollen [30].

III. Wirtschaftsverfassung

Eine schwierige Aufgabe für die Rechtsfortentwicklung wird es sein, die _Gewichtsverhältnisse_ der einzelnen Grundrechte zueinander und zu den anderen

---

[28] Enneccerus-Nipperdey, § 15 II 4.
[29] BAG NJW 1955, 606; 1957, 1688; 1962, 1981; BGH 6, 366; 13, 338; 24, 76; 33, 150.
[30] BVerfG NJW 1958, 257.

Verfassungsnormen zu bestimmen. Das gilt vor allem für Art. 2 I GG, wonach jeder das Recht auf freie Entfaltung seiner Persönlichkeit hat, »soweit er nicht die Rechte anderer verletzt und nicht gegen die verfassungsmäßige Ordnung oder das Sittengesetz verstößt«.

Mit diesem Problem hängt sehr eng die Frage zusammen, ob wir im Grundgesetz eine verfassungsmäßige Entscheidung für eine bestimmte Wirtschaftsordnung zu sehen haben. Das Grundgesetz bekennt sich zu einer staatlichen Ordnung, in deren Mittelpunkt die Würde und Freiheit der Entfaltung des Menschen stehen (Art. 1 und 2 GG). Eigentum und Erbrecht werden gewährleistet (Art. 14 I GG). Die Bundesrepublik Deutschland ist aber nicht nur ein freiheitlicher und demokratischer (Art. 18, 21 II), sondern auch ein SOZIALER RECHTSSTAAT (Art. 20 I, 28 I). Die Freiheit der Persönlichkeitsentfaltung (Art. 2), der auf privatrechtlichem Gebiet die Privatautonomie und die Vertragsfreiheit entsprechen (s. u. § 9 *), erhält dadurch eine erhebliche Modifizierung. Beim Eigentum (das hier im weitesten Sinne von Privatvermögen zu verstehen ist) wird die sog. Sozialbindung bereits durch Art. 14 II GG betont: »Eigentum verpflichtet. Sein Gebrauch soll zugleich dem Wohle der Allgemeinheit dienen.« Im Schrifttum [31] wird teilweise die Ansicht vertreten, daß das Grundgesetz unter Ablehnung der extremen Formen der zentral gelenkten Verwaltungswirtschaft (Planwirtschaft) und der freien Marktwirtschaft (ökonomischer Liberalismus) eine verfassungsrechtliche Entscheidung für die Wirtschaftsverfassung der *sozialen Marktwirtschaft* getroffen habe. Diese Ansicht ist allerdings mit größter Vorsicht aufzunehmen. Die Auslegung, die ihr zugrunde liegt, ist alles andere als zwingend. Zu leicht erliegt man der Versuchung, das, was gegenwärtig *ist,* für das zu halten, was rechtens so sein *muß*. Die Geschichte des Naturrechts ist voll von solchen Selbsttäuschungen.

§ 7. Sonstige Rechtsquellen

I. Gesetz und autonome Satzung

In Deutschland wie in fast allen kontinentaleuropäischen Staaten ist die wichtigste Rechtsquelle das *Gesetz im materiellen Sinne*, d. h. die von einem staatlichen Organ im Rahmen seiner Zuständigkeit auf dem dafür vorgeschriebenen Wege erlassene Rechtsnorm, sei es, daß die Rechtsnorm auf dem

---

* Paragraphen mit dem Zusatz »o.« oder »u.« sind Paragraphen dieses Buches.
[31] Enneccerus-Nipperdey, § 15 II 3.

regelmäßigen Wege unter Mitwirkung der Volksvertretung zustande gekommen ist (Gesetz im *formellen* Sinne), sei es, daß sie auf Grund einer Ermächtigung von einem Regierungsorgan ohne die Mitwirkung der Volksvertretung erlassen wurde (sog. *Rechtsverordnung*). Die für das Privatrecht wichtigsten Gesetze (Grundgesetz, BGB, HGB) wurden bereits erwähnt.

Die *autonome Satzung* ist eine Sonderart des gesetzten Rechts. Sie beruht auf der Rechtsetzungsbefugnis, die gewissen innerstaatlichen Verbänden (Religionsgesellschaften oder sonstigen Körperschaften oder Anstalten des öffentlichen Rechts) zusteht. Ihre Hauptbedeutung liegt auf dem Gebiet des öffentlichen Rechts.

II. Gewohnheitsrecht

Das Gewohnheitsrecht ist die historisch älteste und heute noch nach dem Gesetzesrecht wichtigste Gesetzesquelle. Es entsteht durch ständige praktische Übung und allgemeine Rechtsüberzeugung bei den Beteiligten. Das Grundgesetz erkennt das Gewohnheitsrecht ausdrücklich an, indem es bestimmt, daß die vollziehende Gewalt und die Rechtsprechung an Gesetz »und Recht« gebunden sind (Art. 20 III GG). Nach Art. 2 des Einführungsgesetzes zum BGB ist unter »Gesetz«, soweit dieses Wort im BGB vorkommt, »jede Rechtsnorm«, also (trotz der Sprachwidrigkeit) auch das nichtgesetzte Gewohnheitsrecht zu verstehen. Das Gewohnheitsrecht hat nicht nur gleichen Rang wie das Gesetzesrecht, es ist sogar imstande, das Gesetzesrecht zu verdrängen; denn für das Verhältnis von (sonst gleichrangigen) Normen zueinander gilt, daß das besondere Gesetz (lex specialis) dem allgemeinen (lex generalis), das spätere Gesetz dem früheren Gesetz vorgeht (lex posterior derogat legi priori).

III. Verkehrssitte und Handelsbrauch

Keine unmittelbare Rechtsquelle sind die Verkehrssitte und der Handelsbrauch. Es handelt sich hier um eine den Verkehr beherrschende tatsächliche Übung, deren rechtsverbindliche Kraft durch das Gesetz angeordnet (vgl. §§ 157, 242 BGB, § 346 HGB), also *abgeleitet* ist und die den Willen der Parteien ergänzt, auch wenn diese davon keine Kenntnis haben. Sie kann allerdings durch Parteivereinbarung ausgeschlossen werden[32]. Häufig bildet die Verkehrssitte eine Vorstufe des Gewohnheitsrechts.

---

[32] RG 114, 12.

IV. Gerichtsgebrauch

In neuerer Zeit ist das Wort »Richterrecht« in die Diskussion gekommen. Dieser Ausdruck ist etwas irreführend. Zwar sind die deutschen Gerichte, insbesondere der Bundesgerichtshof, nicht nur zur reinen Recht*sprechung*, d. h. zur Anwendung des bereits vorhandenen Rechts auf einen Einzelfall, sondern, was § 137 GVG für den Bundesgerichtshof ausdrücklich bestätigt, auch zur Recht*sfortbildung* berufen; die Urteile der höchsten deutschen Gerichte binden aber in einem neuen Fall — im Gegensatz zum englischen Präjudizienrecht — weder diese höchsten Gerichte selber noch die unteren Gerichte. Eine Ausnahme gilt für das Bundesverfassungsgericht, dessen Entscheidungen die Verfassungsorgane des Bundes und der Länder sowie alle übrigen Gerichte und Behörden binden und in den wichtigsten Fällen Gesetzeskraft haben (Art. 94 II GG, § 31 BVerfGG). Dennoch hat der Gerichtsgebrauch, die »ständige Rechtsprechung« für die juristische Praxis enorme Bedeutung. Wenn, was häufig geschieht, die Rechtsprechung allgemein oder jedenfalls weit überwiegend anerkannt wird, erstarkt sie zum Gewohnheitsrecht.

V. Rechtslehre

Auch die Rechtslehre kann nicht unmittelbar Recht schöpfen, obwohl sie neben der Rechtsprechung den stärksten Einfluß auf die Fortentwicklung des Rechts hat. Ihr Widerspruch gegen den Gerichtsgebrauch kann aber die Bildung von Gewohnheitsrecht verhindern.

VI. Staatsverträge und Völkerrecht

Staatsverträge sind unmittelbare Rechtsquelle, wenn sie vom innerdeutschen Gesetzgeber gebilligt und ordnungsgemäß verkündet worden sind. Nach Art. 25 GG sind außerdem die *allgemeinen Regeln des Völkerrechts* unmittelbar geltendes Recht.

§ 8. Die wichtigsten Rechtsbegriffe

Ich schließe den Einführungsabschnitt mit der Zusammenstellung einiger Rechtsbegriffe, die man genau kennen muß, wenn man sich im deutschen Privatrecht zurechtfinden will. Ich rate dem Leser, diese Zusammenstellung während der Lektüre dieses Buches *mehrmals* durchzuarbeiten, und zwar so lange und gründlich, bis er alle Begriffe souverän beherrscht. Das mag ein wenig mühsam sein, es führt aber auf lange Sicht zu ganz erheblichen Zeiteinsparungen.

Ich gehe in der Weise vor, daß ich zuerst die *Subjekte* und dann die *Objekte* des Privatrechts vorstelle. Danach gebe ich kurz die Terminologie an, die die Juristen gebrauchen, wenn sie sagen wollen, daß ein Subjekt die *rechtliche Herrschaft* über ein Objekt hat. Schließlich gehe ich auf die verschieden *Arten rechtlich erheblichen Verhaltens* ein.

I. Personen (Rechtssubjekte)

Wer Träger von Rechten und Pflichten sein kann, ist ein Rechtssubjekt. Das Gesetz nennt die Rechtssubjekte *Personen*. Man unterscheidet natürliche und juristische Personen.

1. Natürliche Personen

Natürliche Personen sind alle Menschen. Die Rechtsfähigkeit *beginnt* mit der Geburt (§ 1). Es kann also schon ein Säugling (z. B. infolge einer Erbschaft) Eigentümer von Sachen, Gläubiger von Forderungen, Schuldner von Verbindlichkeiten sein. Die Rechtsfähigkeit *endet* mit dem Tod. Tote haben nichts und schulden nichts: sie sind keine Personen.

2. Juristische Personen

Juristische Personen sind Personengemeinschaften oder Sacheinrichtungen, die eigene Rechtsfähigkeit besitzen. Es gibt juristische Personen des Privatrechts und des öffentlichen Rechts.

A. juristische personen des privatrechts sind die Vereine und Stiftungen.

    a) *Vereine* sind *Personenvereinigungen* mit *Selbstverwaltung* (Autonomie) durch die Mitglieder und die von diesen gewählten Organe. Rechtsfähige Vereine sind der im BGB geregelte eingetragene Verein (e. V.) und die Vereine des Handelsrechts: die Aktiengesellschaft (AG), die Kommanditgesellschaft auf Aktien (KommAG), die Gesellschaft mit beschränkter Haftung (GmbH) und die eingetragene Genossenschaft (e. G.). Diese Vereine erlangen die Rechtsfähigkeit durch Eintragung in ein Register (Vereinsregister, Handelsregister, Genossenschaftsregister). Außerdem gibt es den Versicherungsverein auf Gegenseitigkeit (VVaG), der Rechtsfähigkeit durch staatliche Verleihung erlangt.

b) *Stiftungen* sind *Sacheinrichtungen* mit eigener Rechtspersönlichkeit. Der Zweck der Stiftung wird (heteronom) durch den Willen des Stifters bestimmt, der in der Stiftungsurkunde festgelegt worden ist. Insoweit hat die Stiftung *keine Selbstverwaltung*. Das unterscheidet sie vom Verein.

B. JURISTISCHE PERSONEN DES ÖFFENTLICHEN RECHTS sind einerseits die Körperschaften, andererseits die Anstalten und Stiftungen des öffentlichen Rechts.

a) Die *Körperschaften* sind Personenvereinigungen mit *Selbstverwaltung* (Autonomie), sie sind die öffentlich-rechtliche Parallele zu den Vereinen. Die wichtigsten Körperschaften sind die sog. Gebietskörperschaften (die Gemeinden, Kreise, Länder, die Bundesrepublik), außerdem die (meist auf Zwangsmitgliedschaft beruhenden) berufsständischen Organisationen (Innungen und Kammern). Oft gründen Gebietskörperschaften zur Erreichung bestimmter Zwecke übergeordnete Organisationen, die wiederum als (rechtsfähige) Körperschaften eingerichtet werden. Im Inland sind dies z. B. die Boden- und Wasserverbände, im internationalen Bereich die zwischenstaatlichen (UNO) und überstaatlichen (Montanunion, EG) Staatenverbindungen.

b) *Anstalten und Stiftungen des öffentlichen Rechts* sind Sacheinrichtungen oder Vermögensmassen, die eigene Rechtspersönlichkeit besitzen, aber *von außen* gelenkt werden, also *keine Selbstverwaltung* besitzen (z. B. die Rundfunkanstalten und die kommunalen Sparkassen). Sie stellen die Parallele zur Stiftung des Privatrechts dar.

II. Gegenstände (Rechtsobjekte)

Den Gegensatz zu den Rechts*subjekten* bilden die Rechts*objekte*, die am Rechtsverkehr nur passiv teilnehmen. Sie werden vom Gesetz als *Gegenstände* bezeichnet. Man unterscheidet zwischen körperlichen und unkörperlichen Gegenständen.

1. Sachen

Die körperlichen Gegenstände sind die _Sachen_ (§ 90 BGB). Man kann die Sachen wiederum unterteilen in

a) bewegliche Sachen,
b) Grundstücke.

2. Rechte

Die unkörperlichen Gegenstände sind die _Rechte_. Es gibt absolute und relative Rechte.

a) Die _absoluten Rechte_ wirken gegenüber jedermann. Absolute Rechte sind das Eigentum und die anderen sechs dinglichen Rechte, außerdem die Ausschließlichkeitsrechte des Handelsrechts und des Urheberrechts: Firma, Warenzeichen, Patent, Gebrauchsmuster, Geschmacksmuster und die Urheberrechte der Literatur, Wissenschaft und Kunst.

b) Die _relativen Rechte_ bestehen nur zwischen bestimmten Personen. Zu den relativen Rechten gehören vor allem die schuldrechtlichen (obligatorischen) Ansprüche, die auch _Forderungen_ genannt werden.

III. Berechtigter

Wenn eine Person über einen Gegenstand die volle rechtliche Herrschaft besitzt, wird sie — in Bezug auf diesen Gegenstand — als Berechtigter bezeichnet.

1. Eigentümer

Der Berechtigte bezüglich einer _Sache_ ist der Eigentümer.

2. Rechtsinhaber

Für den Berechtigten bezüglich eines _Rechts_ gibt es keinen allgemein gebrauchten Ausdruck. Man kann ihn zur Not als _Rechtsinhaber_ bezeichnen Handelt es sich bei dem Recht um einen Anspruch, so nennt man den Berechtigten _Gläubiger_.

IV. Rechtlich erhebliches Verhalten

1. Rechtsgeschäfte

Nicht jedes menschliche Verhalten führt zu rechtlichen Konsequenzen. Wenn z. B. Fräulein F den Studenten S zu einer Plauderstunde in ihre Wohnung eingeladen hat, so hat sie sich rechtlich nicht gebunden. Sie kann die Einladung jederzeit frei widerrufen. Anders ist die Lage, wenn sie mit dem S verabredet hat, daß sie ihm in ihrer Wohnung Unterricht in Statistik gegen Entgelt erteilen soll. Dann haben beide erklärt, daß sie bestimmte Rechtsfolgen herbeiführen, nämlich eine beiderseitige Bindung im Sinne des § 611 eingehen wollen. Ein solches _Verhalten, in dem sich der Wille kundtut, bestimmte Rechtsfolgen herbeizuführen_, wird von den Juristen als _Rechtsgeschäft_ bezeichnet.

Rechtsgeschäfte kann nur vornehmen, wer _geschäftsfähig_ ist. Die volle Geschäftsfähigkeit tritt mit 18 Jahren ein. Jugendliche sind ab 7 Jahren _beschränkt geschäftsfähig_, d. h. sie können Rechtsgeschäfte mit Zustimmung ihres gesetzlichen Vertreters (Eltern, Vormund) vornehmen (§§ 106, 107). Kinder unter 7 Jahren sind _geschäftsunfähig_, ihre Erklärungen sind nichtig (§§ 104 Nr. 1, 105 I).

a) Einseitige und mehrseitige Rechtsgeschäfte

Nach dem Tatbestand kann man zwischen _einseitigen_ und _mehrseitigen_ Rechtsgeschäften unterscheiden.

Bei den _einseitigen_ Rechtsgeschäften treten die Rechtswirkungen bereits durch die Erklärung _einer_ Partei ein. Wenn z. B. der Student S seiner Zimmerwirtin den Mietvertrag fristgemäß kündigt, endet der Mietvertrag mit dem Ablauf der Kündigungsfrist, auch wenn die Zimmerwirtin erklärt hat, sie »nehme die Kündigung nicht an«. Denn die Kündigung ist ein einseitiges Rechtsgeschäft. Einseitige Rechtsgeschäfte sind selten. Eine wichtige Gruppe bilden die Erklärungen, die zu der _Aufhebung_ oder _Beendigung_ einer rechtlichen Bindung führen. Dazu gehören außer der erwähnten Kündigung die Anfechtung und der Rücktritt (§§ 143 I, 349). Auch die Rechtsgeschäfte, durch die jemand einem anderen die Befugnis erteilt, ihn rechtlich zu binden oder über Gegenstände seines Vermögens zu verfügen, sind einseitige Rechtsgeschäfte: die _Bevollmächtigung_ und die _Ermächtigung_ (§§ 167 I, 185 I). Außerdem sieht das BGB in der _Auslobung_ einen Fall vor, in dem durch einseitige (öffentliche) Erklärung eine _Verpflichtung_ des Erklärenden entsteht (§ 657).

Die große Masse der Rechtsgeschäfte wird von den _mehrseitigen_ Rechtsgeschäften gebildet. Bei diesen treten die Rechtswirkungen erst durch die einverständlichen Erklärungen *mehrerer* Personen ein. Dies ist einleuchtend, wenn man bedenkt, daß die meisten Rechtsgeschäfte in irgendeiner Art in die Sphäre einer Person eingreifen. Die wichtigsten mehrseitigen Rechtsgeschäfte sind die VERTRÄGE, außerdem die *Beschlüsse*, durch die mehrere Mitglieder eines Vereins oder einer Gesellschaft einen einheitlichen Willen kundtun.

b) Verpflichtungsgeschäfte und Verfügungsgeschäfte

Nach den Rechtswirkungen kann man die Rechtsgeschäfte einteilen in *Verpflichtungsgeschäfte* und *Verfügungsgeschäfte*.

a) Rechtsgeschäfte, die ein *Schuldverhältnis*, d. h. ein Verhältnis von Rechten und Pflichten zwischen den Parteien begründen, werden *Verpflichtungsgeschäfte* genannt. Mit einer Ausnahme (Auslobung) sind alle Verpflichtungsgeschäfte *Verträge* (§ 305).
Innerhalb der durch Verpflichtungsgeschäfte geschaffenen Schuldverhältnisse kann man nun eine Unterscheidung vornehmen, die sich danach richtet, ob nur *eine* Partei oder ob *beide* Parteien verpflichtet werden. Die beiden extremen Gruppen sind die *streng einseitigen* Schuldverhältnisse einerseits, die *gegenseitigen* Verträge andererseits. Eine Mittelstellung nehmen die *nicht streng einseitigen* oder *unvollkommen zweiseitigen* Schuldverhältnisse ein. Wenn der Anfänger diese Unterscheidung kennenlernt, gerät er leicht in Verwirrung, da er sie mit der Unterscheidung zwischen einseitigen und mehrseitigen *Rechtsgeschäften* durcheinander bringt. Zur Klarstellung weise ich nochmals darauf hin: die Unterscheidung zwischen einseitigen und mehrseitigen Rechtsgeschäften geht von der Frage aus, ob bestimmte Rechtswirkungen durch die *Willenserklärungen* einer oder mehrerer Parteien eintreten. Die Unterscheidung zwischen den verschiedenen Arten der *Schuldverhältnisse* richtet sich danach, ob eine Partei oder ob beide Parteien *verpflichtet* werden.

Beim *streng einseitigen Schuldverhältnis* wird die eine Seite *nur verpflichtet*, nicht berechtigt, die andere Seite *nur berechtigt*, nicht verpflichtet. Streng einseitige Schuldverhältnisse sind sehr selten. Das wichtigste Beispiel ist die Bürgschaft, die durch den Bürgschaftsvertrag zwischen Gläubiger und Bürgen zustande kommt und den Gläubiger *nur berechtigt*, den Bürgen *nur verpflichtet* (§ 765).

Der *gegenseitige Vertrag* ist das andere Extrem: beide Parteien sind gleichzeitig Schuldner *und* Gläubiger; die eine Leistung wird um der anderen willen erbracht, jede Leistung wird von den Parteien als *Äquivalent* für die andere Leistung betrachtet. (Bitte lesen Sie §§ 433, 535, 581, 611, 631.)

Eine Mittelstellung bilden die *nicht streng einseitigen* oder *unvollkommen zweiseitigen* Schuldverhältnisse, die grundsätzlich die eine Seite nur verpflichten, die andere nur berechtigen, die aber unter gewissen Umständen auch den Gläubiger verpflichten, den Schuldner berechtigen können. Beispiele sind die Aufwendungsersatzansprüche bei Verträgen, die auf eine unentgeltliche Leistung gerichtet sind. Wenn z. B. Fräulein F für einen Monat verreist und der Student S sich bereit erklärt, ihren Hund unentgeltlich in Pflege zu nehmen, so wird zwischen den beiden das Schuldverhältnis der *unentgeltlichen Verwahrung* begründet, Fräulein F ist nur berechtigt, S ist nur verpflichtet (§ 688). Natürlich kann S nach der Rückkehr der F verlangen, daß diese ihm die Kosten für das Spezialfutter und die Tierarztkosten ersetzt, die infolge einer Erkrankung des Hundes entstanden sind (§ 693). Dadurch wird aber das Schuldverhältnis noch *nicht* ein *gegenseitiges*, denn die Erstattung der Kosten ist *nicht* das *Äquivalent* für die Tierverwahrung: Die Tierverwahrung ist und bleibt unentgeltlich.

b) Während die Verpflichtungsgeschäfte ein Schuldverhältnis zur Entstehung bringen, liegt die Eigenart der *Verfügungsgeschäfte* oder *Verfügungen* darin, daß sie auf ein *bereits bestehendes Recht*[32] (schuldrechtlicher oder sachenrechtlicher Art) *unmittelbar einwirken*, sei es, daß das Recht (aus der Sicht des Berechtigten)

- (1) *übertragen* wird (man spricht statt von Übertragung auch von *Veräußerung*, Beispiele: Eigentumsübertragung, Forderungsabtretung),

- (2) *belastet* wird (Beispiele: Belastung des Eigentums an einer beweglichen Sache mit einem Pfandrecht, Belastung des Eigentums an einem Grundstück mit einer Hypothek),

- (3) *in seinem Inhalt geändert wird* (Beispiel: Umwandlung einer Hypothek in eine Grundschuld und umgekehrt),

---

[32] Flume, Allg. Teil II § 11, 5a; Staudinger-Dilcher, Einl. §§ 104–185 Rnr. 44.

(4) *aufgehoben* wird (Beispiele: Einziehung oder Erlaß einer Forderung)³³.

---

³³ Zusätzliche Anmerkungen für Leser, die es *noch* genauer wissen wollen:
1. Der Paradefall für die Unterscheidung zwischen Verpflichtungsgeschäft und Verfügung ist natürlich der Gegensatz Kaufvertrag—Übereignungsvertrag. Nach meiner Erfahrung führt dieser Paradefall aber leicht zu einem Mißverständnis: Man glaubt, das Verpflichtungsgeschäft sei *stets* ein schuldrechtliches, die Verfügung sei *stets* ein sachenrechtliches Rechtsgeschäft. Das ist falsch, wie das Beispiel der Forderungsabtretung zeigt (§ 398): diese ist ein schuldrechtliches Rechtsgeschäft und gleichzeitig eine Verfügung. Um den Unterschied auf eine prägnante Formel zu bringen:
   a) Das *Verpflichtungsgeschäft* bringt ein Schuldverhältnis hervor. Es ist *stets* ein schuldrechtliches Rechtsgeschäft.
   b) Bei der *Verfügung* muß man unterscheiden. Das bestehende Recht, auf das sie einwirkt, kann ja (seiner Struktur nach) sachenrechtlich *oder* schuldrechtlich (d. h. eine Forderung) sein.
      (1) Verfügungen über *Sachenrechte* sind *sachenrechtliche* Rechtsgeschäfte.
      (2) Entsprechend sind Verfügungen über *Forderungen schuldrechtliche* Rechtsgeschäfte. Es gibt hier aber zwei interessante Ausnahmen: die Bestellung eines *Nießbrauchs* und eines *Pfandrechts* an einer Forderung sind sachenrechtliche Rechtsgeschäfte. Das mutet etwas verwirrend an, erklärt sich aber daraus, daß Nießbrauch und Verpfändung die beiden Fälle sind, in denen kuriorserweise ein schuldrechtliches (relatives) Recht mit einem (absoluten) Sachenrecht belastet werden kann. (Die weitere rechtliche Einordnung dieses *schuldrechtlich-sachenrechtlichen Huckepacks* ist — wie nicht anders zu erwarten — sehr umstritten, Literaturübersicht bei Staudinger-Riedel-Wiegand Vorbem. §§ 1273 ff. Rnr. 4 ff.).
2. Die Verfügungen werden oft auch *dingliche Rechtsgeschäfte* genannt. Dieser Sprachgebrauch fördert die mißverständliche Gleichsetzung von Verfügung und sachenrechtlichem Rechtsgeschäft, da die Sachenrechte allgemein als »dingliche Rechte« bezeichnet werden. Man sollte deshalb von dinglichen Rechtsgeschäften nur bei der Untergruppe der sachenrechtlichen Verfügungen sprechen (Flume, Allg. Teil II § 11, 2).
3. Die Definition der Verfügung ist stets *aus der Blickrichtung des Rechtsinhabers* zu verstehen. Das wird bei den Übertragungsgeschäften besonders deutlich: sie sind für den Veräußerer Verfügungsgeschäfte, für den Erwerber *Erwerbsgeschäfte*.
4. Man kann nur über *Rechte* verfügen. Das klingt vielleicht selbstverständlich, kommt aber im Gesetz nicht immer klar zum Ausdruck, weil im Gesetz statt vom *Eigentum an der Sache* oft verkürzt von der *Sache* gesprochen wird. Korrekt ist die Ausdrucksweise des § 929 S. 1 (bitte genau lesen), nachlässig dagegen die Formulierung der §§ 1204, 1113 (bitte lesen): Belastet wird beim Pfandrecht das *Eigentum* an der beweglichen Sache, bei der Hypothek das *Eigentum* am Grundstück.

2. Realakt (Tathandlung)

In einigen seltenen Fällen treten die Rechtswirkungen bereits aufgrund des rein äußerlichen Geschehens ohne Rücksicht auf den erklärten Willen des Handelnden ein. In solchen Fällen spricht man von Realakten (Tathandlungen). Die wichtigsten Realakte sind Verbindung, Vermischung und Verarbeitung (bitte lesen Sie §§ 946—948, 950). Die Rechtsänderung erfolgt hier, um die sinnlose Zerstörung wirtschaftlicher Werte zu verhindern. Wer sein Eigentum durch einen Realakt verloren hat, kann deshalb nicht die Wiederherstellung des ursprünglichen Zustandes verlangen. Er wird durch einen schuldrechtlichen Anspruch gegen den Bereicherten entschädigt (§ 951 I).
Für die Realakte gelten nicht die Regeln über die Rechtsgeschäfte. Realakte können deshalb auch wirksam von Geschäftsunfähigen vorgenommen werden, es gelten auch nicht die sonstigen Regeln über die Nichtigkeit und Anfechtbarkeit von Rechtsgeschäften.

3. Rechtsgeschäftsähnliche Handlungen

Die dritte Gruppe rechtlich erheblichen Verhaltens steht zwischen den Rechtsgeschäften und den Realakten. Unter dem Sammelbegriff rechtsgeschäftsähnliche Handlungen[34] werden alle MITTEILUNGEN zusammengefaßt, an die das Gesetz bestimmte Rechtsfolgen knüpft, ohne daß in der Mitteilung ein Wille zum Ausdruck kommen muß, der auf diese Rechtsfolge gerichtet ist – darin liegt der Unterschied zu den Rechtsgeschäften. Meist handelt es sich um die Unterrichtung des Partners eines Rechtsverhältnisses über bestimmte Tatsachen, wobei die Unterrichtung noch mit einer Aufforderung und einer Fristsetzung verbunden sein kann. Ein wichtiger Fall ist die Mahnung (§ 284 I S. 1). Bitte lesen Sie außerdem die Beispiele § 326 I S. 1 (Aufforderung mit Fristsetzung und Ablehnungsdrohung), § 170 (Anzeige).
Für die rechtgeschäftsähnlichen Handlungen gibt es keine zusammenfassende Regelung im Gesetz. Es werden deshalb einige Regeln über die Rechtsgeschäfte analog angewendet, insbes. die Regeln über die Geschäftsfähigkeit (§§ 104 ff.), die Stellvertretung (§§ 164 ff.) und das Wirksamwerden (§ 130).

---

[34] Flume, Allg. Teil § 9, 2b; Staudinger-Dilcher, Einl. §§ 104—185 Rnr. 18.

4. Vertragsverletzung und unerlaubte Handlung

Die vierte Gruppe rechtlich erheblichen Verhaltens bilden gewisse _rechtswidrige Handlungen,_ die zum Schadenersatz verpflichten. Man unterscheidet zwischen der schuldhaften Verletzung von Pflichten aus einem Schuldverhältnis (Vertragsverletzung) und der rechtswidrigen und schuldhaften Verletzung fremder Rechtsgüter unabhängig von einem Schuldverhältnis (unerlaubte Handlung, Delikt). Den beiden Fällen ist gemeinsam, daß die Rechtsfolge – die Verpflichtung zum Schadenersatz – unabhängig vom Willen des Handelnden eintritt: wer einem anderen mit der Zigarette fahrlässig ein Loch in den Anzug brennt, muß Schadenersatz leisten, auch wenn er diese Rechtsfolge nicht wollte. Voraussetzung ist allerdings, daß der Handelnde _verschuldensfähig_ ist.

a) Bei der unerlaubten Handlung ist _Deliktsfähigkeit_ erforderlich. Sie tritt – wie die Geschäftsfähigkeit – mit 18 Jahren ein. Von 7 Jahren an ist der Jugendliche _beschränkt deliktfähig,_ d. h. seine Verantwortlichkeit hängt von seiner Einsicht im Zeitpunkt der Tat ab (§ 828 II). Kinder unter 7 Jahren sind _deliktsunfähig_ (§ 828 I).

b) Die Fähigkeit, sich durch Vertragsverletzungen schadensersatzpflichtig zu machen (auch hierfür gibt es keinen allgemein gebrauchten Terminus), ist wie die Deliktsfähigkeit geregelt. Um unnötige Wiederholungen zu vermeiden, verweist das Gesetz in § 276 I S. 3 auf die Vorschriften über die Deliktsfähigkeit.

ZWEITER ABSCHNITT

Rechtsgeschäfte

1. Kapitel. Die Privatautonomie und ihre Grenzen

§ 9. Privatautonomie und Rechtsgeschäft

In gewissen Grenzen gesteht die deutsche Rechtsordnung dem einzelnen das Recht zu, seine Rechtsverhältnisse selbständig und ohne Einmischung durch den Staat zu gestalten: Es herrscht der Grundsatz der Privatautonomie, der die Grundanschauung unseres Kulturkreises vom Menschen als einem selbständig handelnden Wesen wiedergibt und in der Verfassung durch das Grundrecht der freien Persönlichkeitsentfaltung (Art. 2 I GG) garantiert ist.

I. Das Rechtsgeschäft

Die Gestaltung der Rechtsverhältnisse erfolgt durch sog. *Rechtsgeschäfte*: bestimmte äußerliche Verhaltensweisen, in denen sich der *Geschäftswille*, d. h. der auf die Herbeiführung eines bestimmten Rechtserfolges gerichtete Wille einer oder mehrerer Personen offenbart. Manche Rechtserfolge treten manchmal schon durch das Verhalten einer einzelnen Person ein — man spricht dann von *einseitigen* Rechtsgeschäften (Testament, Anfechtung, Rücktritt, Kündigung u. a.) — die meisten können nur durch *mehrseitige* Rechtsgeschäfte, d. h. durch gemeinsames Handeln mehrerer Personen, insbesondere durch den Abschluß von *Verträgen*, herbeigeführt werden. Die Rechtsgeschäfte können schuldrechtliche sein (z. B. Kaufvertrag, Werkvertrag, Dienstvertrag) oder sachenrechtliche (z. B. Übereignung einer Sache, Bestellung einer Hypothek), sie können den Bereich des allgemeinen Güter- und Handelsverkehrs betreffen oder den der familiären Beziehungen (z. B. bei der Vereinbarung eines besonderen ehelichen Güterstandes), sie können, wie die Juristen sagen, »unter Lebenden« (dieser und der folgende etwas merkwürdige Ausdruck beruhen auf einer allzu wörtlichen Übersetzung von _inter vivos_ und _mortis causa_), sie können auch »von Todes wegen« vorgenommen werden: Durch das erbrechtliche Rechtsgeschäft kann der einzelne noch über seinen Tod hinaus die sein Vermögen betreffenden Rechtsverhältnisse nach seinem Willen gestalten, er kann Personen als Erben einsetzen oder enterben, Teilungsanordnungen treffen und die Erben mit Vermächtnissen und Auflagen belasten. Für alle diese Rechtsgeschäfte wurden gemeinsame Regeln aufgestellt und im Allgemeinen Teil des BGB unter der Überschrift »Rechtsgeschäfte« (3. Abschnitt, §§ 104—185) zusammengefaßt. Diese Regeln sollten demnach auf alle Rechtsgeschäfte angewandt werden, für die nicht an anderer Stelle Sonderregeln bestehen.

Die zusammenfassende abstrakte Regelung so verschiedenartiger Lebensvorgänge, die unter den Oberbegriff »Rechtsgeschäft« fallen, ist in der Literatur häufig kritisiert worden. Wir wollen hier auf diese Kritik nicht näher eingehen und uns damit begnügen, festzustellen, daß hauptsächlich im Handelsrecht, insbesondere im Gesellschaftsrecht sowie im Arbeitsrecht und im Eherecht teils durch richterliche Rechtsfortbildung, die zur Bildung von Gewohnheitsrecht führte, teils durch die spätere Gesetzgebung Sonderregeln entstanden sind, die von den Vorschriften des Allgemeinen Teils des BGB stark abweichen.

II. Rechtsgeschäft und Willenserklärung

Wir wollen das Rechtsgeschäft definieren als das dem einzelnen von der Rechtsordnung zur Verfügung gestellte Mittel zur Herbeiführung von Rechtserfolgen nach seinem Willen und wollen dabei ein Merkmal besonders hervorheben: Es ist der im Rechtsgeschäft ZUM AUSDRUCK GELANGTE WILLE, der die Rechtsfolgen bestimmt, _die Rechtswirkungen treten ein, weil sie als gewollt erklärt sind_. Der Wille kann und braucht sich zwar nicht auf sämtliche Rechtsfolgen zu erstrecken, denn meist haben die Parteien bei der Vornahme des Rechtsgeschäfts gar keine genaue Vorstellung von den einzelnen Folgen der von ihnen geschlossenen Kaufverträge, Dienstverträge, Mietverträge usw. Die Parteien wollen in erster Linie einen _wirtschaftlichen_ Erfolg. Bei einem Kaufvertrag z. B. wollen sie, daß der eine die vereinbarte Sache, der andere die vereinbarte Kaufpreissumme erhalten soll. Sie wollen diesen Erfolg aber _auf rechtlichem Wege_ erreichen, sie sind sich bewußt, daß ihr Verhalten rechtliche Wirkungen hat und somit zur Rechtssphäre gehört. Dieser Wille macht ihr Verhalten zum Rechtsgeschäft und löst die im Gesetz vorgesehenen einzelnen Rechtsfolgen aus, er unterscheidet ihr Verhalten von rein gesellschaftlichen Akten, etwa einer Einladung zum Essen oder zur Teilnahme an einer Jagd, den sog. Gefälligkeitszusagen, die ohne rechtliche Bindungen und deshalb frei widerruflich sind.

Die Kundmachung des rechtsgeschäftlichen Willens, die demnach Hauptmerkmal und notwendiger Bestandteil eines jeden Rechtsgeschäfts ist, wird vom Gesetz als Willenserklärung bezeichnet. In den meisten Fällen, z. B. beim Kaufvertrag, Werkvertrag, Dienstvertrag, der Anfechtung, Aufrechnung, Kündigung usw. machen die Willenserklärungen das gesamte Rechtsgeschäft aus. Das hat dazu geführt, daß die Begriffe Rechtsgeschäft und Willenserklärung im Gesetz und in der Literatur häufig gleichgesetzt wurden. Es gibt aber eine Reihe von Rechtsgeschäften, zu deren Vornahme außer den Willenserklärungen noch eine rein *tatsächliche* Handlung erforderlich ist; z. B. gehört zu dem Rechtsgeschäft der Übereignung gemäß § 929 außer der Einigung durch zwei einander entsprechende Willenserklärungen die *Übergabe der Sache*.

§ 10. Die Vertragsfreiheit

Beim Vertrage, der, wie wir gesehen haben, das wichtigste privatrechtliche Gestaltungsmittel ist, stellt sich die Privatautonomie in Form der sog. Vertragsfreiheit dar. Unter Vertragsfreiheit versteht man zweierlei, nämlich Freiheit bezüglich der Frage, *ob* und *mit wem* man abschließen will (Abschlußfreiheit), und Freiheit bezüglich der näheren *inhaltlichen Ausgestaltung* der angestrebten Rechtsfolgen (Gestaltungsfreiheit). Wie weit die Freiheit geht, läßt sich am besten negativ bestimmen.

I. Kontrahierungszwang

Der Kontrahierungszwang ist das Gegenteil der Abschlußfreiheit.

1. Durch besondere gesetzliche Regelung sind öffentliche Verkehrs- und Versorgungsunternehmen wegen ihrer monopolistischen Stellung und wegen ihres öffentlichen Versorgungsauftrags zum Abschluß entsprechender Verträge verpflichtet, so die Eisenbahnen (§ 453 HGB), Beförderungsunternehmen (§ 22 Personenbeförderungs-Ges. v. 1961), Energieversorgungsunternehmen (§ 6 Energiewirtschafts-Ges. v. 1935), nach landesgesetzlichen

Vorschriften auch Schlachthäuser, Apotheken, Taxis, Gepäckträger an Bahnhöfen u. dgl. [1]

2. Außerdem kann sich praktisch ein Kontrahierungszwang ergeben, wenn dem Antragenden durch die Verweigerung in einer gegen die guten Sitten verstoßenden Weise ein Schaden zugefügt würde (§ 826) [2]. Hier folgert man also den Kontrahierungszwang aus § 826: Wer die Schadensersatzpflicht vermeiden will, muß das Angebot annehmen. Deshalb darf, wer eine Monopolstellung innehat, den Abschluß eines Vertrages nicht willkürlich und grundlos verweigern. Auch ein Arzt darf die Behandlung eines Kranken nur bei triftigen Gründen ablehnen. Dagegen besteht grundsätzlich kein Kontrahierungszwang für Rechtsanwälte, Steuerberater und Wirtschaftsprüfer.

II. Beschränkungen der Gestaltungsfreiheit

Der Kontrahierungszwang ist nach dem Obigen als eine verhältnismäßig seltene Ausnahme anzusehen. Inhaltliche Beschränkungen der Vertragsfreiheit kommen viel häufiger vor.

1. Zwingendes Recht. Typenzwang

Im _Schuldrecht_ können die Parteien ihre Rechtsbeziehungen zueinander beliebig ausgestalten; die gesetzlichen Regeln sind grundsätzlich _dispositiv_, d. h. abdingbar, sie gelten nur insoweit, als die Parteien nichts Abweichendes vereinbart haben. Die Parteien können sogar einen neuen Vertragstypus schaffen, der im Besonderen Teil überhaupt nicht vorgesehen ist, es herrscht der Grundsatz der _Gestaltungsfreiheit_. Diese Weitherzigkeit des Schuldrechts ist unbedenklich, da durch den schuldrechtlichen Vertrag in der Regel nur Rechte und Pflichten _zwischen den Vertragschließenden, sog. obligatorische Rechte_ berührt werden. Die obligatorischen Rechte wirken nur _relativ_ (inter partes): nach § 241 kann der Gläubiger _nur vom Schuldner_ die Leistung fordern.

Anders ist die Lage im _Sachenrecht_. Das Sachenrecht regelt die sog. _dinglichen_ Rechte, die _ABSOLUT_ sind, d. h. gegen jedermann wirken (vgl. § 903). Wenn

---

[1] Enneccerus-Nipperdey, § 162 IV 2.
[2] Diese Ansicht stammt von _Nipperdey_, vgl. Enneccerus-Nipperdey, a. a. O.

die dinglichen Rechte einer Person demzufolge von jedermann respektiert werden müssen, muß das Gesetz auch dafür sorgen, daß die sachenrechtlichen Verhältnisse für jedermann _erkennbar_ sind. Um diese Erkennbarkeit für Dritte zu ermöglichen, läßt das Gesetz bei den sachenrechtlichen Geschäften nur die Wahl zwischen 7 scharf umrissenen dinglichen Rechten, es herrscht _Typenzwang_. Darüber hinaus können die Parteien auch _einzelne_ Vorschriften des Sachenrechts grundsätzlich nicht abändern, diese sind _zwingendes_ Recht.

Eine Mittelstellung nehmen das _Gesellschaftsrecht_ und das Recht der _ehelichen Güterstände_ ein: Zwar herrscht aus Gründen der Übersichtlichkeit in diesen Gebieten _Typenzwang_ — die Gesellschafter müssen sich also bei der Gründung einer Gesellschaft für einen der gesetzlich vorgesehenen Gesellschaftstypen entscheiden, die Eheleute haben nur die Wahl zwischen dem gesetzlichen Güterstand der Zugewinngemeinschaft und den vertraglichen Güterständen der Gütertrennung und der Gütergemeinschaft — _innerhalb_ der Typen aber gibt es eine mehr oder weniger große Bewegungsfreiheit für vom Gesetz abweichende Vereinbarungen; es ist also nicht jede einzelne Norm zwingendes Recht.

2. *Gesetzliches Verbot*

Für _alle_ Rechtsgeschäfte gilt § 134, wonach ein Rechtsgeschäft, das gegen ein gesetzliches Verbot verstößt, nichtig ist, »wenn sich nicht aus dem Gesetz ein anderes ergibt«. »Ein anderes« kann sich aus der sprachlichen Fassung des Gesetzes ergeben, z. B. wenn das Gesetz die Worte »soll nicht« gebraucht. Gleiches gilt für die meisten Fälle des »darf nicht«, es sei denn, daß die Nichtigkeit des Geschäfts besonders angegeben wird. Die Gültigkeit des Geschäfts kann sich ferner aus dem _Zweck_ des Verbots ergeben, das sich vielleicht nur gegen das Verhalten _eines_ Geschäftspartners richtet. So sind z. B. alle Hehlergeschäfte nichtig, ebenso unzulässige Kartellverträge, nicht aber Geschäfte nach Ladenschluß, durch die sich nur der Ladeninhaber strafbar macht.

3. *Gute Sitten*

Über § 134 hinausgehend ist jedes Rechtsgeschäft nichtig, das gegen die guten Sitten verstößt. § 138 ist wie § 242 eine »Einbruchsstelle« im Rechtssystem, durch die die geltenden Moralanschauungen unmittelbar einströmen können. Allerdings ist nur der Teil der sittlichen Anschauungen zu berücksichtigen, der auch _tatsächlich geübt_ wird — das Gesetz spricht von _Sitte_, nicht von Sitt-

lichkeit. Andererseits darf die Bezugnahme auf die tatsächliche Übung nicht zur Anerkennung von Unsitten (Schmiergelderwirtschaft) führen, selbst wenn diese sich schon weit verbreitet haben — das Gesetz spricht zwar von Sitten, aber eben von _guten_ Sitten. Hier zeigt sich besonders deutlich, daß nicht nur das Recht einseitig von der gesellschaftlichen Entwicklung beeinflußt wird, sondern in Wirklichkeit eine Wechselwirkung zwischen beiden besteht.
Wann liegen nun im Einzelfall die Voraussetzungen des § 138 vor? Das läßt sich nicht so leicht sagen. Ein Verstoß gegen die guten Sitten wird häufig als eine »Verletzung des Anstandsgefühls aller gerecht und billig Denkenden« definiert, wodurch im Grunde die eine Formel gegen eine andere ausgetauscht wird. Es handelt sich bei § 138 um eine Generalklausel, die erst einer Konkretisierung durch den Richter bedarf. Bei grober Einteilung lassen sich zwei Fallgruppen unterscheiden:

a) Der Sittenverstoß kann in dem schädigenden Verhalten _des einen Teils gegenüber dem anderen Teil_ liegen, z. B. wenn sich ein Kreditgeber überhöhte Zinsen versprechen oder übermäßige Sicherheiten geben läßt oder in anderer Weise seine Machtstellung bewußt mißbraucht. § 138 II weist auf den _Wucher_ besonders hin.

b) Der Sittenverstoß kann auch darin liegen, daß beide Vertragspartner bewußt einen _Dritten_ schädigen oder gegen gewisse »ungeschriebene Gesetze der Gesellschaft« verstoßen. Deshalb sind z. B. alle _Schmiergeldversprechen_ nichtig, ebenso die _Abwerbungsverträge_ mit Angestellten fremder Unternehmen, falls dadurch die Angestellten zum _Vertragsbruch_ gegenüber ihren derzeitigen Arbeitgebern verleitet werden. Nichtig sind auch Verträge, die auf eine Belohnung oder Förderung der »Unzucht« gerichtet sind.

4. Treu und Glauben

Schließlich sind auch die sich aus dem Grundsatz von Treu und Glauben (§ 242) ergebenden Schranken der Vertragsfreiheit zu beachten, und zwar unter Berücksichtigung der im Grundgesetz getroffenen Wertentscheidungen. Wenn nach Art. 2 I GG jeder das Recht auf freie Entfaltung seiner Persönlichkeit hat, »soweit er nicht die Rechte anderer verletzt und nicht gegen die verfassungsmäßige Ordnung und das Sittengesetz verstößt«, so ergibt sich daraus eine Garantie, aber gleichzeitig eine Grenze für die Privatautonomie und deren wichtigsten Bestandteil, die Vertragsfreiheit. Das Grundgesetz gilt, wie das Bundesverfassungsgericht festgestellt hat, als verfassungsmäßige Grundentscheidung für _alle_ Bereiche des Rechts, »keine bürgerlichrechtliche Vorschrift darf in Widerspruch zu ihm stehen, jede muß in seinem Geiste ausgelegt werden« (s. o. § 6 I).

Unter diesem Gesichtspunkt gewinnen die dispositiven Normen des Privatrechts, inbes. des Schuldrechts, als vom Gesetzgeber wohlerwogene Regelungen typischer Interessenlagen neue Bedeutung. Die Parteien können nach wie vor von diesen nachgiebigen Rechtssätzen abgehen. Aber es müssen dann sachliche Gründe, namentlich Abweichungen von der dem Gesetzgeber vorschwebenden typischen Sach- und Interessenlage, vorliegen, und der vom Gesetz abweichende Vertrag muß den Interessen _beider_ Teile hinreichend Rechnung tragen, nicht nur einseitig die Interessen des wirtschaftlich Stärkeren berücksichtigen, er muß »fair« sein [3], andernfalls wird ihm die Rechtsordnung ihre Anerkennung insoweit versagen.

5. Das sog. selbstgeschaffene Recht der Wirtschaft

Die hier angegebenen Grenzen der Gestaltungsfreiheit sind vor allem für das sog. »selbstgeschaffene Recht der Wirtschaft« von Bedeutung. Hier hat sich zu oft gezeigt, daß der wirtschaftlich Stärkere die Gestaltungsfreiheit für sich allein in Anspruch nahm und den wirtschaftlich Schwächeren unter das Diktat seiner vorweg fixierten Vertragsbedingungen stellte. Die Gerichte haben gegen den Mißbrauch der Gestaltungsfreiheit einen jahrzehntelangen Kampf geführt, in dem sie nicht immer Sieger blieben. So mußte der Gesetzgeber durch die Schaffung von _zwingendem Recht_ in die Gestaltungsfreiheit des Schuldrechts eingreifen.

a) Die ersten Eingriffe erfolgten im _Arbeitsrecht,_ wo die gröbsten Mißstände herrschten. Das Arbeitsrecht wurde zunehmend unter Sondergesetze gestellt, es ist heute nur noch zu einem geringen Teil im Dienstvertragsrecht des BGB geregelt (§§ 611 ff.).

b) Dagegen erfolgte die Neuregelung des _Mietrechts_ vorwiegend durch Veränderungen einzelner Vorschriften im BGB (§§ 535 ff.).

---

[3] Enneccerus-Nipperdey, § 49 III.

c) Außerdem gab es drei große Eingriffe, die in erster Linie dem Konsumentenschutz dienten:
   (1) Das Abzahlungsgesetz wurde schon 1894 erlassen. Es ist in der Folgezeit erheblich erweitert worden und besteht heute noch als Sondergesetz neben dem BGB (Einzelheiten s. u. § 68 V).
   (2) Die größten Veränderungen brachte das Gesetz zur Regelung des Rechts der Allgemeinen Geschäftsbedingungen von 1976 (AGBG). Es ist ein Sondergesetz (Einzelheiten s. u. § 16).
   (3) Mißstände auf dem Gebiet des Massentourismus führten 1979 zur Regelung des Rechts des Reisevertrags im BGB (§§ 651 a ff.).

§ 11. Die Form des Rechtsgeschäfts

1. Grundsatz

Im BGB gilt der Grundsatz der Formfreiheit. Die von den Parteien vorgenommenen Rechtsgeschäfte sind »formlos«, d. h. ohne Beachtung einer der unten aufgezählten Formen gültig.

2. Gesetzliche Formen

Nur wenn das Gesetz es ausdrücklich vorschreibt, ist die Einhaltung einer bestimmten Form notwendig, das Rechtsgeschäft im Falle des Formverstoßes nichtig (§ 125). In einigen besonders erwähnten Fällen kann der Formmangel durch Erfüllung des Rechtsgeschäftes geheilt werden.
Wichtig in diesem Zusammenhang ist § 167 II: Soll ein formbedürftiges Geschäft durch einen Stellvertreter vorgenommen werden, so bedarf die Bevollmächtigung zu diesem Geschäft nicht der Form.

Die wichtigsten gesetzlichen Formen sind

a) Schriftform: Die Erklärung muß schriftlich (nicht unbedingt handschriftlich) aufgesetzt und von dem Aussteller »eigenhändig« unterzeichnet werden (§ 126). Unterzeichnung durch einen Stellvertreter ist zulässig; der Stellvertreter kann sogar – dies entspricht ständiger Rechtsprechung[7] – mit dem Namen des Vertretenen unterzeichnen. Somit ist das Wort »eigenhändig« überhaupt nicht mehr in seinem ursprünglichen Sinne zu

§ 11. Die Form des Rechtsgeschäfts

verstehen. Seine Bedeutung ist durch die Gerichtspraxis zu einem bloßen Faksimile- und Schreibhilfeverbot abgeschwächt worden. Wichtige Fälle der gesetzlichen Schriftform sind

die Bürgschaftsübernahme (Heilung möglich gem. § 766 S. 2, bei Vollkaufleuten Formfreiheit gem. §§ 350, 351 HGB),

das abstrakte Schuldversprechen und -anerkenntnis (§§ 780, 781; bei Abrechnung und Vergleich Formfreiheit gem. § 782, bei Vollkaufleuten Formfreiheit gem. §§ 350, 351 HGB),

Miet- und Pachtverträge, die länger als ein Jahr gelten sollen (§§ 566, 581, Verstoß hat keine Nichtigkeit, sondern nur schwächere Wirkung des Vertrages zur Folge);

b) *öffentliche Beglaubigung:* Die Echtheit einer Unterschrift wird von einem Notar beglaubigt (§ 129). Öffentliche Beglaubigung ist insbesondere für die Anmeldungen zum Handelsregister (§ 12 HGB) erforderlich;

c) *notarielle Beurkundung:* Der Gesamttext der Urkunde wird vom Notar beurkundet. Hauptfälle sind

der Vertrag, durch den sich jemand zur Veräußerung oder zum Erwerb eines Grundstücks verpflichtet (§ 313, Heilung möglich gem. § 313 S. 2),

das Schenkungsversprechen (§ 518; Heilung möglich gem. § 518 II).

3. Rechtsgeschäftlich bestimmte Formen

Ein Formzwang kann auch durch Parteiabrede begründet werden, etwa durch den Vermerk in der Vertragsurkunde, daß mündliche Nebenabreden unwirksam seien, oder daß Kündigungen oder Mängelrügen schriftlich oder durch eingeschriebenen Brief erfolgen müssen. Im Zweifel gelten dann die Vorschriften über die gesetzliche Schriftform (§ 127 S. 1) mit zwei Erleichterungen:

a) Es genügt telegraphische Übermittlung.

b) Bei einem Vertrage genügt Briefwechsel, also die Unterzeichnung inhaltlich einander ergänzender Urkunden. (Zur Wahrung der gesetzlichen

---

[7] RG 74, 70.

Schriftform müssen die Parteien _dieselbe_ Urkunde oder wenigstens _gleichlautende_ Urkunden unterzeichnen, § 126 II.)

Die Nichtbeachtung der »gewillkürten« Form hat nur _im Zweifel_ Nichtigkeit zur Folge. Die Parteien können nachträglich auf die Wahrung der anfangs vereinbarten Form verzichten, z. B. durch formlosen Abschluß in Kenntnis der Formabrede und Erfüllung der übernommenen Verpflichtungen.

4. Berufung auf Formmängel

Grundsätzlich hat jeder das Recht, sich auf die Nichtigkeit des Rechtsgeschäfts wegen Formmangels zu berufen, selbst wenn beide Parteien bewußt gegen die gesetzliche Formvorschrift verstoßen haben[8]. Doch ist zu beachten, daß dieses Recht wie jedes andere nur in den Grenzen von Treu und Glauben ausgeübt werden kann. Wird diese Grenze überschritten, so stellt sich die Geltendmachung des Formmangels als unzulässige Rechtsausübung dar (§ 242). Auf die Nichtigkeit kann sich deshalb nicht berufen, wer den anderen durch sein Verhalten schuldhaft von der Einhaltung der Form abgehalten hat, oder wer zwar den Formverstoß nicht veranlaßt, aber längere Zeit die Vorteile des formwidrigen Geschäfts genossen hat und sich nun mit der Berufung auf die Nichtigkeit des Rechtsgeschäfts der Gegenleistung entziehen will; denn in diesen Fällen würde er sich durch die Geltendmachung des Formmangels zu seinem eigenen früheren Verhalten in einen unerträglichen Widerspruch setzen (sog. venire contra factum proprium)[9].

5. Umdeutung

Schließlich gibt es bei nichtigen Rechtsgeschäften die Möglichkeit der Umdeutung in ein anderes Rechtsgeschäft (§ 140).

---

[8] RG JW 26, 1811.
[9] BGH NJW 57, 1276. Einen Überblick über die (in der Anwendung des § 242 sehr weitgehende) Rechtsprechung des RG gibt Lehmann-Hübner § 31 VIII 4; vgl. hierzu die Kritik bei Boehmer, Grundlagen II 2 S. 99; vgl. auch Enneccerus-Nipperdey, § 154 III 4.

§ 12. Die Rechtsstellung der Minderjährigen

I. Übersicht

Wenn wir in unserem Kulturkreis vom Menschen als einer autonomen Persönlichkeit sprechen, die ihre Rechtsverhältnisse selbständig gestaltet, denken wir an einen Erwachsenen. Das Kind hat bei uns wie überall auf der Welt einen Sonderstatus. Im Deutschland ist das Kind bis zur Vollendung des 7. Lebensjahres delikts- und geschäftsunfähig, d. h. es kann sich weder durch die Verletzung fremder Rechtsgüter (sog. unerlaubte Handlungen, Delikte) schadensersatzpflichtig machen noch durch rechtsgeschäftliche Erklärungen binden (§§ 828 I, 104 Nr. 1. 105 I). Von der Vollendung des 7. Lebensjahres an ist das Kind beschränkt deliktsfähig, d. h. es haftet, falls es bei der Tat die zur Erkenntnis der Verantwortlichkeit erforderliche Einsicht hatte (§ 828 II), außerdem ist es beschränkt geschäftsfähig, d. h. es kann grundsätzlich Geschäfte abschließen, wenn sein gesetzlicher Vertreter zustimmt (§§ 106, 107). Die volle Deliktsfähigkeit und die volle Geschäftsfähigkeit treten mit 18 Jahren ein.

In gewissen Grenzen hat der Staat das Recht, einen Erwachsenen im Wege der Entmündigung einem Kind oder einem Jugendlichen gleich zu stellen. Die Entmündigung wegen Geisteskrankheit führt zur Geschäftsunfähigkeit (§§ 6 Nr. 1, 104 Nr. 3), die Entmündigung wegen Geistesschwäche, Verschwendung oder Trunksucht führt zur beschränkten Geschäftsfähigkeit (§§ 6, 114. Der Unterschied zwischen Geisteskrankheit und Geistesschwäche ist nur als ein gradueller zu verstehen.). Außerdem ist ohne Entmündigung geschäftsunfähig, »wer sich in einem die freie Willensbestimmung ausschließenden Zustande krankhafter Störung der Geistestätigkeit befindet«, falls dieser Zustand seiner Natur nach nicht ein vorübergehender ist (§ 104 Nr. 2).

II. Geschäftsfähigkeit und Prozeßfähigkeit

Unter Geschäftsfähigkeit versteht man die Fähigkeit, Rechtsgeschäfte mit wirksamer Kraft abzuschließen. Die prozeßrechtliche Parallele ist die PROZESSFÄHIGKEIT, d. h. die Fähigkeit, Prozeßhandlungen wirksam vorzunehmen: Anträge zu stellen, Rechtsmittel einzulegen, die Klage zurückzuziehen usw.

Das Gesetz definiert die Geschäftsfähigkeit nur negativ, d. h. es regelt nur die Fälle, in denen einer Person die volle Geschäftsfähigkeit fehlt.

1. Geschäftsunfähigkeit

In § 104 BGB wird bestimmt, wer geschäftsunfähig ist. Der Geschäftsunfähige ist unfähig, eine Erklärung abzugeben oder entgegenzunehmen (§ 105 I, 131 I). Ihm wird bezüglich der _Abgabe_ der Erklärung derjenige gleichgestellt, der vorübergehend bewußtlos ist (z. B. wegen Volltrunkenheit, Gehirnerschütterung, § 105 II). Eine Gleichstellung bezüglich der _Entgegennahme_ erfolgte nicht, da eine empfangsbedürftige verkörperte Erklärung mit dem Zugang wirksam wird (§ 130) und außergewöhnliche Ereignisse wie vorübergehende Abwesenheit oder Bewußtlosigkeit zu Lasten des Empfängers gehen (s. u. § 24 I).

2. Beschränkte Geschäftsfähigkeit

Wer das 7. Lebensjahr vollendet hat, ist bis zur Vollendung des 18. Lebensjahres beschränkt geschäftsfähig (§ 106). Ihm ist (bezüglich der _Geschäftsfähigkeit)_ gleichgestellt, wer wegen Geistesschwäche, Verschwendung oder Trunksucht entmündigt und wer unter vorläufige Vormundschaft gestellt ist (§ 114).
Im Unterschied zum Geschäftsunfähigen sind die Rechtsgeschäfte des beschränkt Geschäftsfähigen nicht unheilbar nichtig, sondern von der Einwilligung bzw. Genehmigung des gesetzlichen Vertreters abhängig (§ 107, sog. schwebende Unwirksamkeit). Die Mitwirkung des Vertreters reicht nicht in allen Fällen für die Wirksamkeit des Rechtsgeschäftes aus. Für gewisse Rechtsgeschäfte muß noch die Genehmigung des Vormundschaftsgerichts eingeholt werden. Für den Vormund gelten die §§ 1821, 1822. Für die Eltern, denen die Vertretung gemeinsam zusteht (§ 1629 I), gilt § 1643.
Ausnahmsweise ist ein Rechtsgeschäft auch ohne Mitwirkung des Vertreters wirksam, wenn es dem beschränkt Geschäftsfähigen »_lediglich einen rechtlichen Vorteil_« bringt. Der Ausdruck »rechtlicher Vorteil« ist _streng formaljuristisch, nicht wirtschaftlich zu verstehen_. Wenn z. B. ein beschränkt Geschäftsfähiger eine Sache zu einem sehr günstigen Preise kauft, so ist das zwar _wirtschaftlich_ vorteilhaft. _Juristisch_ gesehen bringt der Vertrag dem beschränkt Geschäftsfähigen nicht nur einen Vorteil (Anspruch auf die Sache),

§ 12. Die Rechtsstellung der Minderjährigen

sondern auch einen Nachteil (Verpflichtung zur Zahlung), der Vertrag ist deshalb genehmigungspflichtig. Wird der (schwebend unwirksame) Vertrag erfüllt, so ist die Übereignung des Geldes genehmigungspflichtig, die Übereignung der Sache dagegen wirksam, da der beschränkt Geschäftsfähige durch den Erwerb des Eigentums – die Übereignung ist ein abstraktes Rechtsgeschäft – nur einen rechtlichen Vorteil erlangt. Allerdings ist er dann um das Eigentum und den Besitz an der Sache ungerechtfertigt bereichert, und der Verkäufer kann die Herausgabe der Bereicherung verlangen (§ 812). Zur Rückübereignung ist die Mitwirkung des Vertreters erforderlich, da sie dem beschränkt Geschäftsfähigen nicht einen rechtlichen Vorteil bringt.

Nach seiner Fassung ist § 110 (Taschengeldparagraph) eine Ausnahme zu §§ 107, 108. Die Eigenart dieser Vorschrift liegt darin, daß die Verträge erst wirksam werden sollen, wenn der Minderjährige sie erfüllt (hat). In Wirklichkeit liegt, wenn der Vertreter dem Minderjährigen die Mittel zu einem bestimmten Vertrag oder zu freier Verfügung überläßt, eine entsprechende Einwilligung des Vertreters zum Vertragsschluß vor, der Vertrag ist also gem. § 107 von Anfang an wirksam. § 110 hat demnach eher Bedeutung als Auslegungsvorschrift: Wenn der Vertreter dem Minderjährigen Mittel überläßt, so ist darin im Zweifel nicht eine Einwilligung zur Eingehung von Kreditgeschäften zu sehen.

Echte Ausnahmen zu §§ 107, 108 sind §§ 112, 113, da hier der Minderjährige für einen bestimmten Kreis von Geschäften unbeschränkt geschäftsfähig wird (ausgenommen die Geschäfte, für die der Vertreter die Genehmigung des Vormundschaftsgerichts braucht).

III. Deliktsfähigkeit

Streng zu unterscheiden von der Geschäftsfähigkeit ist die in den §§ 827–829 geregelte Deliktsfähigkeit, d. h. die Fähigkeit, sich durch unerlaubte Handlungen schadensersatzpflichtig zu machen. Die volle Deliktsfähigkeit tritt mit 18, die beschränkte mit 7 Jahren ein.

Der Unterschied zwischen der Geschäfts- und Deliktsfähigkeit zeigt sich besonders deutlich im Falle der Entmündigung. Da die Entmündigten nur bezüglich der Geschäftsfähigkeit den Minderjährigen gleichgestellt sind (vgl. § 114), ist die Frage, ob sie aus einer unerlaubten Handlung haften, nicht aus § 828, sondern ausschließlich aus § 827 zu entscheiden.

Die §§ 827–829 sind auch im Rahmen des § 254 von Bedeutung: wenn der Geschädigte seinen eigenen Schaden mitverursacht hat, aber deliktsunfähig ist, kann ihm dies nicht als Mitverschulden angerechnet werden. Denn wer verschuldensunfähig ist, ist auch mitverschuldensunfähig.

Andererseits ist die Frage der Deliktsfähigkeit ohne Bedeutung in den Fällen der Gefährdungshaftung (§ 833 S. 1 BGB, § 7 StVG): Wenn die Haftung kein Verschulden voraussetzt, ist auch keine Verschuldensfähigkeit erforderlich.

2. Kapitel. Der objektive Teil der Willenserklärung

§ 13. Die Kundmachung des Willens

Wer eine Willenserklärung abgeben will, muß seinen rechtsgeschäftlichen Willen erkennbar zum Ausdruck bringen. Hierbei steht ihm grundsätzlich jedes Verständigungsmittel zur Verfügung, er kann schreiben, sprechen, nikken, er kann auch stumm auf die gewünschte Ware zeigen und das Geld hinlegen — wichtig ist nur, daß sein Verhalten *schlüssig* ist, d. h. den Schluß auf einen bestimmten rechtsgeschäftlichen Willen zuläßt.

I. Ausdrückliche und stillschweigende Erklärungen

Das Gesetz und teilweise auch die Lehre unterscheiden zwischen ausdrücklichen und stillschweigenden Erklärungen. Diese Unterscheidung läßt sich in Wirklichkeit gar nicht durchführen, da jedes Verhalten unter Berücksichtigung der gesamten Umstände des Einzelfalles verstanden werden muß. Oft geben die Umstände dem gesprochenen Wort, z. B. der bloßen Bejahung, überhaupt erst einen eindeutigen Sinn. Allerdings lassen sich bei einer Erklärung verschiedene *Grade der Eindeutigkeit* unterscheiden. Wo das Gesetz, z. B. in § 48 HGB für die Prokurabestellung, eine ausdrückliche Erklärung voraussetzt, ist deshalb grundsätzlich jede Willenskundgabe ausreichend. Diese muß nur *völlig eindeutig* auf einen bestimmten Willen hinweisen [10].

II. Schweigen im Rechtsverkehr

Was für das Tun gilt, hat auch für die rechtliche Beurteilung des Nichttuns Bedeutung: für das Schweigen schlechthin. Es muß, wenn es wie die Erklä-

---

[10] vgl. Lehmann-Hübner § 30 II.

rung eines bestimmten rechtsgeschäftlichen Willens behandelt werden soll, _schlüssig_ sein, d. h. die Umstände müssen so liegen, daß nach Verkehrssitte oder Vereinbarung sowie nach Treu und Glauben (§ 157) anzunehmen ist, der Schweigende würde sich positiv geäußert haben, wenn er den fraglichen rechtsgeschäftlichen Willen _nicht_ gehabt hätte. Das ist nur ausnahmsweise der Fall. Grundsätzlich gilt Schweigen im Rechtsverkehr _nicht_ als Zustimmung[11].

1. Das _BGB_ enthält einige Ausnahmeregeln. So ist z. B. Schweigen beim Schenkungsangebot (§ 516 II) und im Falle des § 416 I S. 2 bei der befreienden Schuldübernahme als Zustimmung anzusehen. Gleiches kann sich nach Treu und Glauben mit Rücksicht auf die Verkehrssitte (§ 157) zwischen Parteien ergeben, die miteinander in vertraglichen Beziehungen stehen oder solche anbahnen.

2. Auch im _Handelsverkehr_ gilt Schweigen grundsätzlich nicht als Zustimmung, wenngleich hier mehr Ausnahmen vorkommen als im sonstigen Rechtsverkehr, da der Handelsverkehr auf schnelle Verständigung besonders angewiesen ist.

   a) Nach § 362 HGB muß ein Kaufmann, dessen Gewerbebetrieb die Besorgung von Geschäften für andere mit sich bringt (z. B. der Kommissionär, Spediteur, Treuhänder), unverzüglich antworten, wenn ihm ein Antrag zur Besorgung von jemandem zugeht, mit dem er in Geschäftsverbindung steht. »Sein Schweigen gilt als Annahme des Antrags« (§ 362 I S. 1 HGB). Gleiches gilt, wenn ihm ein solcher Antrag von jemandem zugeht, dem gegenüber er sich zur Besorgung solcher Geschäfte ausdrücklich erboten hat (§ 362 I S. 2 HGB).

   b) Außerdem kann sich aus den Handelsbräuchen (§ 346 HGB) die Bewertung des Schweigens als Zustimmung ergeben. So gilt nach einer feststehenden Rechtsprechung regelmäßig die Nichtbeantwortung eines _Bestätigungsschreibens_ als Zustimmung, es sei denn, daß das Bestätigungsschreiben von dem Vereinbarten kraß abweicht oder daß der Bestätigende arglistig handelt[12]. Allerdings ist jeweils sorgfältig zu prüfen, ob es sich wirklich um ein Bestätigungsschreiben handelt, d. h. um die inhaltliche Zusammenfassung eines Vertrages, der wirk-

---

[11] vgl. Lehmann-Hübner § 30 III.
[12] BGH 40, 44.

lich oder zumindest nach der Auffassung des Bestätigenden _bereits zustande gekommen_ ist. Man darf nämlich das Bestätigungsschreiben nicht verwechseln mit der »Auftragsbestätigung«, d. h. der schriftlichen Annahme eines Vertragsangebots (der »Bestellung«). Diese »Auftragsbestätigung« geht nicht davon aus, daß der Vertrag bereits geschlossen ist, sie soll den Vertrag erst _zustande bringen_. (Die Terminologie geht in der kaufmännischen Praxis etwas durcheinander. Entscheidend ist, was nach dem erkennbaren Inhalt gewollt war[13].) Wenn eine »Auftragsbestätigung« von der »Bestellung« abweicht (sog. »modifizierte Auftragsbestätigung«), bleibt es bei den allgemeinen Grundsätzen[14]: Es gilt § 150 II, das Schweigen des anderen auf diese Auftragsbestätigung ist keine Annahme.

§ 14. Die Auslegung der Erklärung

In dem letzten Paragraphen wurde die Frage erörtert, inwieweit ein bestimmtes menschliches Verhalten als Willenserklärung angesehen werden kann. Dabei wurde das Merkmal der Schlüssigkeit besonders hervorgehoben. Strenggenommen handelt es sich um zwei Fragen,

1. ob eine Willenserklärung _überhaupt_ vorliegt, und, bejahendenfalls,
2. welchen _Inhalt_ diese Erklärung hat.

Beide Fragen sind letztlich nicht voneinander zu trennen, sie erhalten gemeinsam ihre Antwort durch die Auslegung.

Die Auslegung von Erklärungen hat im gesamten Privatrecht und sogar im öffentlichen Recht große Bedeutung. Sie ist, wie die Auslegung von Gesetzen, kein logisches Rechenexempel, sondern ein wertendes Verfahren, das einen gerechten Interessenausgleich anstrebt.

I. Die Auslegungsgrundsätze

Die Auslegung kann nicht einseitig von dem Willen des Erklärenden ausgehen – das würde das Schutzinteresse des Erklärungsgegners mißachten, zudem eine unerträgliche Unsicherheit in den Rechtsverkehr bringen – sie

---

[13] BGH DB 1971, 2302.
[14] BGH 18, 215; DB 1970, 1777.

kann auch nicht den Inhalt zugrunde legen, den jeweils der Erklärungsgegner verstanden hat. Sie muß versuchen, einen objektiven Standpunkt zu beziehen. Deshalb wird das Verhalten des Erklärenden zwar vom Gegner her betrachtet, da die Erklärung ja an ihn gerichtet war, aber vom Standpunkt eines *unbefangenen Beobachters* aus, der alle Umstände *kennt,* die dem Gegner *erkennbar* sind. Auf diese Weise wird ein *objektiver Erklärungswert* gewonnen.

1. Alle Auslegung fängt mit dem *konkreten Verhalten* des Erklärenden, insbes. mit dem Wortlaut seiner Erklärung an.

2. Sie darf aber beim Wortlaut nicht stehenbleiben. Nach § 133 ist bei der Auslegung nicht am buchstäblichen Sinne des Ausdrucks zu haften, sondern der wirkliche Wille zu erforschen. Diese vom Anfänger oft mißverstandene Vorschrift ist zu ergänzen: »soweit der Wille einen Ausdruck gefunden hat«. Daß die bloße, nicht betätigte Willensbildung nicht berücksichtigt wird, wurde ja bereits festgestellt. Der wirkliche Wille wird unter Zuhilfenahme der *Umstände* erforscht, und zwar derer, die dem Gegner erkennbar gewesen sind.

3. Als weitere Auslegungsregeln kommen noch § 157, der sich wörtlich nur auf Verträge bezieht, aber entsprechend für jede Erklärung gilt, sowie — unter Kaufleuten — § 346 HGB hinzu. *Verkehrssitte* und *Handelsbrauch* sind ergänzend heranzuziehen, auch wenn beide Parteien diese nicht kannten; denn mit Verkehrssitte und Handelsbrauch muß jeder rechnen.

4. Schließlich steht die gesamte Auslegung unter dem Grundsatz von *Treu und Glauben* (§ 157). Auch § 157 wird insofern häufig mißverstanden, als darin eine Möglichkeit gesehen wird, den Fall nach dem »Gerechtigkeitsgefühl« schlechthin zu lösen. »Treu und Glauben« bedeutet, daß jeder in »Treue« zu seinem gegebenen Wort, zu seinem gesamten Verhalten stehen und das Vertrauen (»Glauben«), das die unerläßliche Grundlage aller menschlichen Beziehungen bildet, nicht enttäuschen oder mißbrauchen soll[15]. Außerdem ist die Auslegung nach Treu und Glauben »mit Rücksicht auf die Verkehrssitte« durchzuführen.

---

[15] Larenz, Schuldrecht I § 10 I.

II. Mehrdeutige Äußerungen

Auslegungsprobleme ergeben sich vor allem, wenn die Willensäußerung nur sehr dürftig ist und deshalb zunächst *mehrdeutig* erscheint oder wenn eine — sonst ausführliche — Erklärung in sich einen *Widerspruch* enthält (z. B. zwei verschiedene Preisangaben). Man versucht dann, mit Hilfe der Auslegungsregeln den wirklichen Willen zu erforschen, soweit er einen, wenngleich unzulänglichen Ausdruck in der Erklärung gefunden hat; im Falle eines Widerspruchs muß man versuchen, festzustellen, bei welcher der verschiedenen Aussagen der Schwerpunkt liegt. Läßt sich die Mehrdeutigkeit oder der Widerspruch auch durch Auslegung nicht beheben, so fehlt es an einer Erklärung überhaupt, das Verhalten ist *nicht schlüssig*. Auf eine kurze Formel gebracht: der Erklärende äußert nicht den eindeutigen Willensinhalt »A«, sondern

a od. b

III. Ergänzung und Berichtigung

Manchmal ergibt sich in Verträgen eine *Lücke*, weil Fragen auftauchen, an die die Parteien bei Vertragsschluß nicht gedacht haben. Dann kann von der Erforschung des wirklichen (zum Ausdruck gelangten) Willens gem. § 133 nicht mehr die Rede sein. Hier greift die sog. *ergänzende* Vertragsauslegung ein, die ihre rechtliche Grundlage in § 157 findet und die Lücke nach Maßgabe dessen ausfüllt, was die Parteien nach Treu und Glauben, d. h. als redliche Geschäftspartner, Kaufleute usw. vereinbart hätten, wenn sie an diese Möglichkeit gedacht hätten. Es ist sogar eine *berichtigende Auslegung* möglich, wenn der Erklärende oder die Parteien infolge fehlender Rechtskenntnisse ungeschickte oder unrichtige Bezeichnungen verwenden, das ihnen vorschwebende Ziel, der wirkliche Wille, aber hinreichend zum Ausdruck gekommen ist; z. B. wenn im Vertrage von »Verpfändung« die Rede ist, aber offensichtlich Sicherungsübereignung gewollt war, oder wenn der Erblasser in seinem Testament »die Mutter« als Alleinerbin einsetzt und damit seine Ehefrau meint. Alle Auslegung, auch die ergänzende und berichtigende, findet aber ihre Grenze an dem *wirklichen erklärten* Willen des Erklärenden bzw. der Parteien. Diesen erklärten Willen darf sie nicht »umbiegen«!

§ 15. Der Vertrag insbesondere. Konsens und Dissens

Der Vertrag bedarf als mehrseitiges Rechtsgeschäft mindestens zweier einander entsprechender Willenserklärungen. Häufig sind noch Tathandlungen (Realakte) erforderlich, so ist z. B. beim Übereignungsvertrag gem. § 929 außer der Einigung die Übergabe der Sache erforderlich. Der Vertrag kommt dadurch zustande, daß der eine Teil ein Angebot (einen Antrag) macht und der andere Teil hierzu sein Einverständnis erklärt. (Bitte lesen Sie zunächst §§ 145–157).

I. Angebot

Das Angebot muß dem anderen den Vertrag in seinen wesentlichen Bestandteilen derartig darbieten, daß der Vertragsschluß durch bloße Bejahung zustande kommen kann. Außerdem muß aus der Erklärung der Bindungswille des Anbietenden hinreichend deutlich hervorgehen. Preislisten (z. B. von Versandhäusern), Zeitungsanzeigen, Schaufensterauslagen sowie Speisen- und Getränkekarten sind in der Regel keine Angebote, sondern nur Aufforderungen zur Abgabe von Angeboten, da der Auffordernde im Regelfalle nur einen begrenzten Vorrat besitzt und sich deshalb die Möglichkeit vorbehalten will, ein Angebot abzulehnen. Dagegen stellen die Verkaufsautomaten echte Angebote dar.

II. Annahme

Liegt ein echtes Angebot vor, so ist der Anbietende zunächst an sein Angebot gebunden (§ 145), der andere Teil kann nun den Vertrag zustande bringen, indem er seinen Annahmewillen objektiv kundtut.

a) Erfolgt die Antwort in Form einer bloßen Bejahung (»ja«, »einverstanden«, »angenommen«, »in Ordnung«), so ist der Vertrag nach Maßgabe des objektiven Inhalts der Offerte geschlossen.

b) Hat der Empfänger seine Entgegnung in anderer Weise formuliert, so ist, gegebenenfalls unter Heranziehung der Auslegungsgrundsätze, zu prüfen, ob sich seine Erklärung mit dem Angebot deckt. Decken sich die Erklärungen, so ist der Vertrag geschlossen, es liegt Konsens vor.
Der Konsens läßt sich demnach auf die Formel bringen: Die eine Partei erklärt »A«, die andere erklärt sich mit »A« einverstanden:

$$A \longrightarrow A$$

III. Dissens

Kommt es nicht zur Einigung, so spricht man von Dissens. Der Dissens kommt in zwei Fällen vor:

a) wenn das Verhalten der einen oder der anderen Partei oder beider Parteien _objektiv mehrdeutig_ ist, wenn also die Äußerung einer Partei lautet:
$$a \text{ od. } b$$

b) wenn das Verhalten der Parteien zwar eindeutig ist, die Erklärungen aber _einander objektiv nicht entsprechen_, d. h. wenn eine Partei »A« erklärt, die andere aber mit »A« nicht einverstanden ist, also »B« erklärt:
$$A \text{———} B$$

Ob Konsens oder Dissens vorliegt, ist also (entgegen dem ursprünglichen Wortsinn) nicht eine Frage der inneren Einstellung, sondern des _objektiven Verhaltens!_

Man kann zwischen offenem und verstecktem Dissens unterscheiden, je nachdem ob sich die Parteien des Dissens bewußt sind oder nicht. Die Unterscheidung hat praktische Bedeutung für die Fälle, in denen der Dissens nur einen Nebenpunkt des Vertrages betrifft.

a) Bei _offenem Dissens_ über einen Punkt, über den nach der Erklärung auch nur einer Partei eine Vereinbarung getroffen werden sollte, ist im Zweifel der gesamte übrige Vertrag nicht bindend, selbst wenn das Vereinbarte schon schriftlich fixiert worden ist (§ 154 I).

b) Beim _versteckten Dissens_ ist die Interessenlage eine andere. Hier haben die Parteien zunächst angenommen, sie seien sich in allen Punkten einig, und sich entsprechend eingerichtet. Wenn sich später herausstellt, daß bezüglich eines einzelnen Punktes, über den eine Vereinbarung getroffen werden sollte, in Wirklichkeit keine objektive Einigung vorliegt, so gilt das übrige Vereinbarte, sofern nach den gesamten objektiven Umständen des Falles »anzunehmen ist, daß der Vertrag auch ohne eine Bestimmung über diesen Punkt geschlossen sein würde« (§ 155). Es handelt sich dann also wieder um eine Auslegungsfrage.

• Bitte lesen Sie noch einmal §§ 145–157.

§ 16. Allgemeine Geschäftsbedingungen

I. Die AGB als Vertragsbestandteil

Die AGB sind oft als »private Rechtsordnungen« bezeichnet worden, denen sich der Kunde beim Vertragsschluß »unterwerfe«. Das ist insoweit richtig, als diese formularmäßigen Bedingungen eine gewisse Ähnlichkeit mit Gesetzen haben, da sie generellen Charakter besitzen und den Inhalt der zu schließenden Verträge im voraus festlegen. Die Gerichte gehen deshalb bei der Auslegung und der richterlichen »Richtigkeitskontrolle« von den typischen Fällen aus, die durch diese Bedingungen geregelt werden sollen, nicht von den Zufälligkeiten des gerade zu beurteilenden Falles. Im übrigen ist die Bezeichnung »private Rechtsordnung« irreführend. Nach der Definition des Gesetzes zur Regelung des Rechts der AGB (AGBG) sind AGB »vorformulierte Vertragsbedingungen, die eine Vertragspartei (Verwender) der anderen Vertragspartei bei Abschluß eines Vertrages stellt« (§ 1 AGBG). Sie gelten gegenüber der anderen Partei also nur, wenn und soweit sie *Bestandteil des Vertrages werden*. Bestandteil des Vertrages werden sie, wenn sie Bestandteil des *Angebots* des Verwenders sind und die andere Partei sich mit ihrer Geltung einverstanden erklärt. Bestandteil des Angebots werden sie grundsätzlich nur dann, wenn der Verwender *ausdrücklich* auf sie hinweist — dies bestimmt § 2 AGBG. Außerdem muß die andere Partei die Möglichkeit haben, sich in zumutbarer Weise von dem Inhalt der AGB Kenntnis zu verschaffen. Klauseln, mit denen die andere Partei nicht zu rechnen brauchte (die berüchtigten »Überraschungsklauseln« der Praxis) werden nicht Vertragsbestandteil (§ 3 AGBG). Die Unwirksamkeit einzelner Klauseln berührt nicht die Wirksamkeit des übrigen Vertrages (§ 6 AGBG).

II. Die Klauselverbote des AGBG

Das AGBG enthält drei sehr wichtige Vorschriften über unwirksame Klauseln. Zunächst sind nach der *Generalklausel* des § 9 AGBG Bestimmungen unwirksam, wenn sie die andere Vertragspartei entgegen den Geboten von Treu und Glauben unangemessen benachteiligen. Außerdem enthält § 10 AGBG einen Katalog von einzeln aufgezählten verbotenen Klauseln, wobei es sich allerdings um Verbote *mit Wertungsmöglichkeit* handelt: die Klauseln sind nur dann unwirksam, wenn sie außerdem bestimmte Merkmale wie

»unangemessen« oder »unzumutbar« aufweisen – der Richter hat hier also noch einen Wertungsspielraum. Schließlich sind in § 11 AGBG die Klauselverbote ohne Wertungsmöglichkeit zusammengefaßt: die einzelnen dort aufgezählten Bestimmungen sind immer und ohne zusätzliche Wertungsmerkmale unwirksam. Im praktischen Falle muß man die Reihenfolge umkehren: zuerst wird § 11 AGBG geprüft. Liegt dieser nicht vor, so prüft man § 10 AGBG. Nur wenn auch dieser nicht gegeben ist, kommt die Anwendung der Generalklausel des § 9 AGBG als Lückenausfüller in Betracht!

III. Die AGB-Kontrollklage

Um die drei erwähnten Vorschriften in der Praxis besser durchzusetzen, hat man in §§ 13 ff AGBG die *AGB-Kontrollklage* eingeführt: Verbraucherverbände, gewerbliche Interessenverbände, die Industrie- und Handelskammer und die Handwerkskammern können, wenn AGB gegen §§ 9–11 AGBG verstoßen, gegen den Verwender auf Unterlassung klagen. Im Falle der Empfehlung der AGB durch einen Wirtschaftsverband kann außerdem gegen diesen Verband auf Widerruf der Empfehlung geklagt werden. Klage und Urteil werden dem Bundeskartellamt zur Eintragung in ein öffentliches Register mitgeteilt.

IV. Einschränkungen

Das AGBG soll in erster Linie den Verbraucher schützen, deshalb ist der persönliche Anwendungsbereich einiger Vorschriften eingeschränkt. Das oben erwähnte Gebot des ausdrücklichen Hinweises (§ 2 AGBG) und die beiden Verbotskataloge (§§ 10, 11 AGBG) gelten nicht, wenn der Verwender die AGB gegenüber der öffentlichen Hand oder gegenüber einem Kaufmann benutzt (§ 24 AGBG). Es gilt aber auch in solchen Fällen die Generalklausel des § 9 AGBG!

Auch in sachlicher Hinsicht ist der Geltungsbereich beschränkt. Das Gesetz gilt nicht bei Verträgen auf dem Gebiet des Arbeits-, Erb-, Familien- und Gesellschaftsrechts.

3. Kapitel. Der subjektive Teil der Willenserklärung

§ 17. Übersicht

I. Der Fragenkreis im allgemeinen

Bei der Definition des Rechtsgeschäftes wurde als Wesensmerkmal der in der Erklärung zum _Ausdruck_ gebrachte, auf einen bestimmten Rechtserfolg gerichtete _Wille_ hervorgehoben (o. § 9). Wenn wir nun auf den subjektiven Teil der Willenserklärung eingehen, werden wir feststellen, daß die obige objektiv-subjektive Begriffsbestimmung nur den _Regelfall_ deckt, daß man also aus ihr nicht den Schluß ziehen darf, rechtsgeschäftliche Wirkungen könnten _überhaupt_ nur eintreten, wenn ein bestimmter _Geschäftswille_ einen entsprechenden _Ausdruck_ gefunden hätte. Es taucht dann die Frage auf, ob für die Rechtsfolgen letztlich das Objektive oder das Subjektive ausschlaggebend ist. Die Beantwortung der Frage hängt letztlich davon ab, wessen Interesse wir höher bewerten wollen. Das spätrömische, mehr individualistisch orientierte Recht gab grundsätzlich dem Subjektiven den Vorzug, wogegen das germanische Recht, auf Gemeinschaftsgeist und Vertrauensschutz aufbauend, das Objektive in den Vordergrund stellte:»Ein Mann, ein Wort.« Das BGB hat beide Extreme vermieden und die Entscheidung mehr auf bestimmte typische Sachlagen abgestellt. Wir finden deshalb beide Alternativen vor. Außerdem wird ein weiterer Ausgleich durch die Gewährung von Schadensersatzansprüchen versucht. In einem praktischen Fall wird der ganze Fragenkomplex in drei Etappen behandelt:

1. Man prüft zuerst, ob überhaupt die _objektiven Voraussetzungen_ für eine Erklärung vorliegen.
2. Dann geht man, wenn der Fall Veranlassung gibt, näher auf das _Subjektive_ ein.
3. Schließlich stellt man fest, ob noch ein Ausgleich durch _Schadensersatzansprüche_ in Betracht kommt.

Diese Reihenfolge muß in jedem Fall genau eingehalten werden. Es ist zwar gerade im Gebiet der Willenserklärung und der Willensmängel eine gerechte Interessenbewertung und eine billige Risikoverteilung das höchste Ziel. Aber der Gesetzgeber hat im BGB gewisse Wertungen getroffen, die respektiert werden müssen. Versuchen Sie deshalb auf keinen Fall mit Treu und Glauben zu »schmieren«, wo eine saubere, nach dem Gesetz durchgeführte Lösung am Platze ist.

II. Unser Vorgehen im einzelnen

1. Wir prüfen demnach zunächst, ob die Äußerung _objektiv eindeutig_ ist, bei einem Vertrag, ob die Erklärungen sich objektiv decken. Notfalls greifen wir zur Auslegung
   a) nach den Umständen (§ 133),
   b) nach Verkehrssitte (§ 157) und Handelsbrauch (§ 346 HGB),
   c) nach Treu und Glauben (§ 157).

2. Im Bereich des _Subjektiven_ ist zu unterscheiden:

   a) Der HANDLUNGSWILLE, d. h. der auf eine _tatsächliche_ Veränderung der Außenwelt gerichtete Wille (der Wille zu schreiben, zu sprechen, zu nicken) ist die Mindestvoraussetzung für ein zurechenbares Handeln überhaupt. Wer keinen Handlungswillen hatte, _hat überhaupt nicht gehandelt_, es liegt _keine Willenserklärung_ vor. Der Handlungswille fehlt, wenn z. B. jemand in einer Auktion eingeschlafen ist und ihm sein Nebenmann, um ihm einen Streich zu spielen, die Hand hochhebt und damit ein Höherangebot »macht«. Der Schlafende hat keine Erklärung abgegeben. Gleiches gilt z. B. bei gewaltsamem Führen der Hand.

   b) Überwiegend wird angenommen, daß der Handelnde auch das ERKLÄRUNGSBEWUSSTSEIN besitzen muß: der Handelnde muß wissen, daß er durch sein Verhalten _irgend etwas_ Erhebliches erklärt [17] oder daß zumindest andere sein Verhalten als rechtsgeschäftliche Äußerung auffassen _können_ [18]. Fehlt das Erklärungsbewußtsein, so liegt nicht etwa eine nichtige oder anfechtbare Willenserklärung, sondern _überhaupt_ keine Willenserklärung vor.
   Eine _Ausnahme_ gilt infolge überwiegender anderer Interessen für das _Schweigen,_ soweit es wie eine zustimmende Erklärung behandelt wird (s. o. § 13 II). Hier ist der Schweigende gebunden, auch wenn er sich nicht bewußt war, daß man aus seinem Schweigen _überhaupt_ einen Schluß auf einen rechtsgeschäftlichen Willen ziehen könnte [19].

---

[17] Lehmann-Hübner § 24 IV 2 b.
[18] Enneccerus-Nipperdey, § 145 II Anm. 4.
[19] Enneccerus-Nipperdey, § 153 IV B.

§ 17. Übersicht

Das Erklärungsbewußtsein fehlt, wenn z. B. jemand in einer Auktion einem Bekannten zuwinkt und nicht weiß, daß das Handheben in dieser Auktion als Höherangebot angesehen wird. In dem alten Schulfall, wo der Professor einen von ihm akzeptierten Wechsel als Anschauungsbeispiel durch die Reihen seiner Hörer gehen läßt und der Wechsel von einem Studenten zur Bank gebracht wird, dürfte dagegen das Erklärungsbewußtsein zu bejahen sein: Der Professor war sich darüber im klaren, daß andere, z. B. die Bank, den Wechsel als rechtsgeschäftliche Äußerung auffassen _könnten_.

c) Vom Erklärungsbewußtsein unterscheidet sich der GESCHÄFTSWILLE dadurch, daß er auf einen _konkreten_ rechtsgeschäftlichen Erfolg gerichtet ist. Wer z. B. in einer Auktion die Hand hebt, um eine alte Brosche zu kaufen, aber dann zu seiner Überraschung feststellt, daß er einen alten Kavalleriesäbel ersteigert hat, war sich bewußt, daß er _überhaupt_ etwas erklärte, besaß also das Erklärungsbewußtsein. Sein konkreter rechtlicher Wille (Kauf einer Brosche) wich aber von der Erklärung (Kaufangebot für den Säbel) ab. Es fallen hier Erklärung und _Geschäftswille_ auseinander. In einem solchen Falle liegt eine wirksame Erklärung vor, der Erklärende kann aber die Erklärung wegen Irrtums gem. § 119 I anfechten. Mit dem Geschäftswillen müssen wir uns eingehender beschäftigen; _ihn meine ich auch, wenn ich in diesem Buch vom »Willen« oder dem »Gewollten« spreche_ (s. u. § 18).

d) Schließlich ist vom Geschäftswillen der Beweggrund für die Entstehung des Geschäftswillens und damit des ganzen Geschäfts, DAS MOTIV, zu unterscheiden. Das Motiv ist aus dringenden Gründen des Verkehrsschutzes _grundsätzlich unbeachtlich_. Um bei den Beispielen zu bleiben: Wer eine alte Brosche ersteigert, die er seiner Verlobten bei der Hochzeit schenken will, kann den Kauf der Brosche nicht rückgängig machen, wenn die Hochzeit nicht stattfindet.

e) Stark vereinfacht, läßt sich zusammenfassen:
1) _Handlungswille:_ Ich will schreiben, sprechen, den Arm heben usw.
2) _Erklärungsbewußtsein:_ Ich erkläre _irgend etwas_ rechtlich Erhebliches.
3) _Geschäftswille:_ Ich will _dies_.
4) _Motiv:_ Ich will dies, _weil_.

3. Schließlich kommen die AUSGLEICHENDEN SCHADENSERSATZANSPRÜCHE in Betracht.

   a) In den Fällen des § 118 (der sowohl Fälle fehlenden Erklärungsbewußtseins wie Fälle fehlenden Geschäftswillens erfaßt) und im Falle der Irrtumsanfechtung gem. §§ 119, 120 hat der Erklärende dem anderen den VERTRAUENSSCHADEN (das negative Interesse) zu ersetzen. Er muß den anderen so stellen, wie dieser stehen würde, wenn vom Vertrag *nie die Rede* gewesen wäre. Hierzu gehören insbesondere die Transportkosten. Auch der Schaden, der dadurch entstand, daß man im Vertrauen auf die Gültigkeit der Erklärung ein anderes Angebot ausgeschlagen hat, gehört hierher. Die Geltendmachung des Vertrauensschadens wird aber begrenzt durch die Höhe des ERFÜLLUNGSINTERESSES (positiven Interesses), d. h. der andere darf nicht besser gestellt werden, als er stehen würde, wenn der Vertrag ordnungsgemäß erfüllt worden wäre.

   Der Anspruch aus § 122 setzt *kein* Verschulden voraus, er beruht auf dem VERANLASSUNGSPRINZIP: Der Schaden soll von demjenigen getragen werden, der ihn durch sein Verhalten veranlaßt hat. (Beachten Sie aber § 122 II und die Legaldefinition von »kennen müssen«.)

   b) Über § 122 hinausgehend hat man im Wege der Rechtsfortbildung den allgemeinen Rechtsgedanken entwickelt, daß durch die Anbahnung von Vertragsverhandlungen und unabhängig vom Zustandekommen des Vertrages zwischen den Parteien ein vertragsähnliches Vertrauensverhältnis entsteht, das ihnen eine Reihe von Sorgfaltspflichten auferlegt, deren schuldhafte Verletzung als CULPA IN CONTRAHENDO (Verschulden bei der Vertragsverhandlung) schadensersatzpflichtig macht. Der Gedanke der culpa in contrahendo kommt in einer Reihe von Einzelvorschriften zum Ausdruck, in einem Gutachten kann man sich aber mit dem Hinweis auf das Gewohnheitsrecht begnügen und die umständliche Aufzählung einzelner Vorschriften zum Zwecke einer Rechtsanalogie weglassen.

§ 18. Erklärung und Geschäftswille

I. Geschäftsirrtum und falsche Übermittlung

Der wichtigste Fall unter den Willensmängeln ist der Geschäftsirrtum. Wenn ein Geschäftswille vorliegt, der von der Erklärung abweicht, ohne daß dies dem Erklärenden bewußt ist, so ist die Erklärung zwar zunächst wirksam, kann aber gem. § 119 I mit rückwirkender Kraft angefochten werden (§ 142). Die Anfechtung muß unverzüglich nach Entdeckung des Irrtums, spätestens innerhalb 30 Jahren erfolgen. (Achten Sie auf die Legaldefinition von »unverzüglich« in § 121!) Das Schutzinteresse des Gegners wird durch § 122 berücksichtigt. Im einzelnen bestimmt § 119 I, daß eine Erklärung anfechtbar ist,

a) wenn der Erklärende »eine Erklärung dieses Inhalts überhaupt nicht abgeben wollte«. Diese Formulierung erfaßt die Fälle des Versprechens, Verschreibens und Vergreifens. In diesen Fällen weicht schon der Handlungswille vom äußeren Verhalten ab, infolgedessen stimmen auch Geschäftswille und Erklärung nicht überein;

b) wenn der Erklärende bei der Abgabe der Willenserklärung »über deren Inhalt im Irrtum war«. Hier war das äußere Verhalten zwar in dieser Gestalt gewollt, der Handlungswille deckt sich also mit der äußeren Handlung, der Erklärende war sich aber über die rechtliche Bedeutung, die inhaltliche Tragweite[21] seines Verhaltens, nicht im klaren. Wer z. B. versehentlich in eine Roßschlächterei gerät und dort »ein Filet« kauft[22], hat zwar _gesagt:_ »ein Filet« und _wollte_ dies auch sagen. Handlung und Handlungswille stimmen also überein. Er hat aber _erklärt:_ »ein _Pferde_filet« — denn anders kann man eine Bestellung in einer Roßschlächterei nicht auffassen — _wollte_ dagegen ein _Rinder_filet kaufen. Erklärung und Geschäftswille fallen also auseinander.

Die beiden Varianten des § 119 I werden häufig als 1. Erklärungsirrtum und 2. Inhaltsirrtum bezeichnet. Die genauere Abgrenzung dieser beiden Irrtumsarten ist schon angesichts des nicht sehr deutlichen Gesetzeswortlauts in manchen Einzelfällen recht schwierig, in der Literatur auch streitig, für die praktische Anwendung aber bedeutungslos, da sich in beiden Fällen die gleiche

---

[21] Lehmann-Hübner § 34 III 1 c.
[22] Beispiel von Brauer, Der Eigenschaftsirrtum, 1941, S. 23.

Rechtsfolge ergibt: Anfechtbarkeit aus § 119 I. Deshalb ist es für uns zweckmäßiger, auf eine genaue Unterscheidung zu verzichten und eher das Gemeinsame der beiden Irrtumsvarianten hervorzuheben. Dann können wir feststellen: Der Fall des § 119 I, den wir einheitlich als Geschäftsirrtum bezeichnen wollen, liegt vor, wenn jemand etwas erklärt, was er nicht will. Im praktischen Fall stellen wir die Fragen:

a) Was hat der Erklärende objektiv erklärt?
b) Was wollte der Erklärende?

Fallen die Antworten verschieden aus, so ist Anfechtbarkeit gem. § 119 I gegeben, falls anzunehmen ist, daß der Erklärende »bei Kenntnis der Sachlage und verständiger Würdigung des Falles« die Erklärung nicht abgegeben hätte. Von dieser Begriffsbestimmung aus läßt sich eine klare Abgrenzung zum Dissens sowie zum geschäftlichen Eigenschaftsirrtum und zum Motivirrtum finden. Wir wollen hier zunächst vom Dissens unterscheiden: Beim *Dissens* decken sich die Erklärungen der Parteien *schon objektiv nicht*, im Falle des Geschäftsirrtums decken sich zwar die Erklärungen, doch fallen bei einer Partei Erklärung und Geschäftswille auseinander. Wenn wir in einer Formel die Erklärung »A« über den Strich, den Geschäftswillen »B« unter den Strich setzen, sieht der Fall des § 119 I so aus:

$$\frac{A}{B} \quad\quad \frac{A}{A}$$

Da sich bei einer übermittelten Erklärung der objektive Erklärungswert nach dem Inhalt richtet, wie er sich dem Empfänger der Erklärung darstellt, wird nach § 120 der Fall der unrichtigen Übermittlung dem des Irrtums gem. § 119 gleichgestellt. Dies gilt aber nur bei *irrtümlich* falscher Übermittlung. Hat der Bote die Erklärung *bewußt* verfälscht, so handelt es sich überhaupt nicht um eine Erklärung des Absenders, das vom Boten Ausgerichtete ist für den Absender unverbindlich [23].

---

[23]) RGRK, § 120 Anm. 3; Lehmann-Hübner § 34 III 1 d; Enneccerus-Nipperdey, § 167 III 2.

II. Geheimer Vorbehalt

Wer bewußt etwas anderes erklärt, als er wirklich will, wird an seiner Erklärung festgehalten: das Schutzinteresse des vertrauenden Gegners geht vor, der geheime Vorbehalt verdient keinen Schutz (§ 116 S. 1).
Die Lage ändert sich, wenn der Gegner den Erklärenden durchschaut. Jetzt hat der *Gegner* kein schutzwürdiges Interesse, er kann deshalb den Erklärenden nicht an der Erklärung festhalten: der erkannte geheime Vorbehalt macht das Geschäft nichtig (§ 116 S. 2).

Der geheime Vorbehalt läßt sich auf die Formel bringen:

$$\frac{A}{B} \quad\text{———}\quad \frac{A}{A}$$

Es fällt auf, daß diese Formel mit der Formel für den Geschäftsirrtum genau übereinstimmt. In beiden Fällen erklärt jemand etwas, was er nicht will. Beim Geschäftsirrtum ist dies dem Erklärenden *nicht bewußt*, beim geheimen Vorbehalt *bewußt*.

III. Scherzgeschäft

Wer überhaupt keinen Geschäftswillen hat und eine Erklärung in der Erwartung abgibt, der andere werde den Mangel der Ernstlichkeit erkennen — oft fehlt dann sogar das Erklärungsbewußtsein —, wird an der Erklärung nicht festgehalten: Das »Scherzgeschäft« ist nichtig. Der »Spaßvogel« ist aber aus § 122 zum Ersatz des Vertrauensschadens verpflichtet.
Wenn man hier von Spaßvögeln reden will, so kann man eigentlich drei Arten unterscheiden:

a) Der »*normale Spaßvogel*« bringt seinen Scherz so heraus, daß kein vernünftiger Mensch auf einen rechtsgeschäftlichen Willen schließen kann (Beispiel: Jemand singt auf der Bühne »Zehntausend Taler!«). Hier fehlt es schon an den objektiven Voraussetzungen für eine Erklärung, § 118 ist überhaupt nicht anwendbar.

b) Der »*ungeschickte Spaßvogel*« verhält sich so, daß der Schluß auf einen rechtsgeschäftlichen Willen immerhin möglich ist. Beispiel: Jemand bestellt in einer Wirtschaft »Ein Schappi, ein Bier!« Die Kellnerin bringt auf einem Teller das geöffnete Hundefutter, sie hat nicht bemerkt, daß der

Gast nur »scherzen« wollte. Diesen Fall trifft § 118. Der Spaßvogel wird von der Erklärung frei, muß aber gem. § 122 Ersatz leisten. Allzu Begriffsstutzige werden allerdings in ihrem Vertrauen auf die Gültigkeit der Erklärung nicht geschützt (§ 122 II).

c) Der *böse Spaßvogel* macht sich bewußt einen »Scherz« auf Kosten des anderen: er will, daß der andere den Mangel der Ernstlichkeit *gerade nicht* erkennt. Solche Späße macht das Gesetz nicht mit; der Spaßvogel muß geradestehen (§ 116 S. 1).

IV. Scheingeschäft

Aus dem gleichen Grunde ist das Scheingeschäft nichtig (§ 117 I). Der Unterschied zu § 116 S. 2 liegt darin, daß hier der Gegner den Erklärenden nicht nur durchschaut, sondern sich beide im Willen einig sind. Dann haben die Parteien an dem Erklärten höchstens insoweit Interesse, als sie dadurch einen Dritten täuschen wollen (z. B. das Finanzamt). Ein solches Interesse verdient keinen Schutz.

Waren sich die Parteien über ein bestimmtes Geschäft einig, haben sie aber übereinstimmend etwas anderes erklärt (z. B. aus steuerlichen Gründen), so ist das *verdeckte Geschäft* maßgebend (§ 117 II). In einer Formel sieht das so aus:

$$\frac{A}{B} \quad\text{———}\quad \frac{A}{B}$$

Beide *erklären* übereinstimmend »A«, beide *wollen* übereinstimmend »B«.

V. Falsa demonstratio

Ein wichtiger Fall, in dem infolge fehlenden Schutzinteresses das Gewollte statt des Erklärten gilt, ist die falsa demonstratio. Sie liegt vor, wenn die Erklärung mehrdeutig oder sonstwie mißlungen ist, der Gegner aber den Erklärenden *richtig verstanden* hat, weiterhin, wenn die Parteien sich im Willen einig sind, aber versehentlich beide übereinstimmend einen falschen Ausdruck verwenden: *falsa demonstratio non nocet!* Dieser Fall ist im Gesetz nicht geregelt, läßt sich aber mit Hinweis auf § 117 II rechtfertigen. Auch dort sind die Parteien subjektiv einig, erklären aber übereinstimmend etwas anderes: das Gewollte entscheidet.

$$\frac{A}{B} \qquad \frac{A}{B}$$

Der Unterschied zwischen § 117 II und der falsa demonstratio liegt darin, daß das Auseinanderfallen von Wille und Erklärung den Parteien im ersteren Falle bewußt, im letzteren Falle nicht bewußt ist.

§ 19. Erklärung und Motiv

I. Grundsatz

Stimmen Erklärung und Geschäftswille überein, so ist die Erklärung grundsätzlich voll wirksam. Der Beweggrund, das Motiv für die Abgabe der Erklärung, ist aus dringenden Gründen des Verkehrsschutzes grundsätzlich unbeachtlich.

$$\frac{A}{A} \qquad \frac{A}{A}$$

Das ist vor allem für die in der Praxis häufigen KALKULATIONSIRRTÜMER wichtig: Wer einen verbindlichen Kostenanschlag abgegeben hat, kann sich später nicht darauf berufen, daß ihm bei der Berechnung der angesetzten Summe ein Irrtum unterlaufen ist, denn er hat erklärt, was er erklären wollte: der Irrtum liegt bei der Frage, warum der Erklärende diese Erklärung abgeben wollte, also im Motiv, und ist deshalb unbeachtlich. Anders ist die Lage, wenn der Kalkulationsirrtum auch in der Erklärung zum Ausdruck gelangt ist, z. B. wenn die Einzelposten richtig eingesetzt, aber falsch addiert worden sind. Dann handelt es sich nicht um einen bloßen Motivirrtum, sondern um eine Äußerung mit einem inneren Widerspruch, also um ein Auslegungsproblem (s. o. § 14 II).

II. Gemeinsamer Motivirrtum

Das fehlgeschlagene Motiv ist grundsätzlich auch dann ohne Bedeutung, wenn es dem anderen Vertragsteil bekannt war. Wer, um das Beispiel mit der Brosche noch einmal aufzunehmen, eine Brosche beim Juwelier kauft, um sie seiner Braut zur Hochzeit zu schenken, muß die Brosche, wenn die Hochzeit nicht stattfindet, behalten; es ist gleichgültig, ob er seine Motive dem Juwelier mitgeteilt oder verschwiegen hat.

Diese Sachlage ist allerdings eine andere, wenn es sich um gemeinsame Vorstellungen oder Erwartungen handelt, die die *Grundlage des ganzen Geschäfts* bilden, so daß anzunehmen ist, daß die Partner, jedenfalls als redliche Leute, das Geschäft ohne diesen Irrtum überhaupt nicht geschlossen hätten. Hier wird man, falls durch *Auslegung* des Vertrages nicht Abhilfe geschaffen werden kann, auf die Grundsätze über die *Geschäftsgrundlage* zurückgreifen müssen (Näheres u. § 21).

III. Täuschung und Drohung

Das Gesetz durchbricht den Grundsatz der Unbeachtlichkeit des Motivs — abgesehen von dem (hier nicht zu erörternden) Ausnahmefall des § 2078 — nur für den Fall der Beeinflussung der Motivation durch arglistige Täuschung oder widerrechtliche Drohung (§ 123). Es genügt für die Anfechtbarkeit, daß die Täuschung oder Drohung für die Abgabe der Willenserklärung *ursächlich* war, d. h. daß die Erklärung ohne die Täuschung oder Drohung gar nicht oder nicht so oder nicht zu dieser Zeit abgegeben worden wäre.

Während es für die Anfechtung wegen Drohung gleichgültig ist, *wer* den Erklärenden bedroht hat, schließt § 123 II die Anfechtung wegen Täuschung aus, wenn die Täuschung durch einen *Dritten* verübt wurde und der Erklärungsgegner die Täuschung weder kannte noch kennen mußte. *Dritter* ist z. B. der bloße Vermittler des Erklärungsgegners, nicht dagegen der Vertreter des Erklärungsgegners oder ein sonstiger Gehilfe, der den Vertragsschluß weitgehend vorbereitet hat.

Die Anfechtung gem. §§ 123, 142 muß innerhalb eines Jahres von der Kenntnis bzw. Beendigung der Zwangslage an erfolgen (§ 124).

Im *praktischen Fall* stellt man die Fragen:
a) Was hat der Erklärende erklärt?
b) Ist die Erklärung durch eine arglistige Täuschung oder widerrechtliche Drohung bestimmt worden?

§ 20. Erklärung und Wirklichkeit. Der Eigenschaftsirrtum

I. Vereinbarung von Eigenschaften

Bei dem Versuch, § 119 II systematisch einzuordnen, ist davon auszugehen, daß die Vorstellung von den Eigenschaften der Person oder Sache, auf welche sich das Rechtsgeschäft bezieht, nicht immer bloßes Motiv bleibt, sondern vom rechtsgeschäftlichen Willen mit umfaßt werden kann und dann Bestandteil der Willenserklärung wird. Die Vereinbarung über die Eigenschaft, die auf diese Weise zwischen den Parteien zustande kommt, hat zum Inhalt, daß diese Person oder diese Sache bestimmte Eigenschaften haben soll[24]. Wir wollen in solchen Fällen kurz von »vereinbarten Eigenschaften« sprechen. _Welche_ Eigenschaften vereinbart werden, ist Auslegungsfrage im Einzelfall. Es werden jedoch in der Regel diejenigen Eigenschaften vereinbart sein, die im Verkehr als wesentlich angesehen werden. § 119 II ist insoweit als Auslegungsregel zu verstehen[25].

II. Geschäftlicher und außergeschäftlicher Irrtum

Von dieser Grundlage ausgehend, können wir nun zwischen dem geschäftlichen Eigenschaftsirrtum, der von § 119 II erfaßt wird, und dem unbeachtlichen außergeschäftlichen Eigenschaftsirrtum unterscheiden.

1. Ein _geschäftlicher Eigenschaftsirrtum_ liegt vor, wenn die _vereinbarten_ und die _wirklichen_ Eigenschaften der Sache nicht übereinstimmen. Dies ist kein Motivirrtum, es ist auch kein Geschäftsirrtum, denn dieser setzt voraus, daß Erklärung und _Geschäftswille_ auseinanderfallen. Hier aber stimmen gewollte und erklärte Eigenschaften überein. Sie stehen nur mit der _Wirklichkeit_ nicht in Einklang. Wenn jemand einen Edelstein als Topas verkauft, der sich später als gelber Diamant herausstellt, so hat er in Übereinstimmung mit dem Käufer »Topas« erklärt und _wollte_ dies auch erklären. Der Stein hat aber in _Wirklichkeit_ nicht die Eigenschaft, die er nach der Vereinbarung haben sollte, und der Verkäufer kann deshalb gem. § 119 II anfechten. In einer Formel ausgedrückt: Die Parteien

---

[24] Die hier skizzierte, im wesentlichen von Flume, Eigenschaftsirrtum und Kauf 1948, begründete Auffassung hat sich in der Literatur weitgehend durchgesetzt; vgl. Kegel (Besprechung), AcP 150, 356 ff.; Enneccerus-Nipperdey, § 168 I; v. Caemmerer in Festschrift für M. Wolff 1952. Auch der BGH vertritt die Auffassung, daß § 119 II nur solche Eigenschaften erfaßt, die »zum Vertragsinhalt erhoben worden« sind, BGH 16, 57 f. Die ältere Lehre sieht in § 119 II den Fall eines beachtlichen Motivirrtums, vgl. Schmidt, Lehrbuch I, S. 102.
[25] Kegel, a. a. O. S. 360.

haben erklärt, daß die Sache die Eigenschaft »A« (Topas) haben soll. In Wirklichkeit hat die Sache die Eigenschaft »B« (gelber Diamant).

$$A \left[\begin{array}{c} \textit{Wirklichkeit:} \\ B \end{array} \right] A$$

2. Ein *außergeschäftlicher Eigenschaftsirrtum* liegt vor, wenn eine Partei irrige Vorstellungen von den Eigenschaften einer Sache hatte, diese aber nicht zum Bestandteil ihres rechtsgeschäftlichen Willens und damit zum Bestandteil ihrer Erklärung gemacht hat. Fehlt eine solche Eigenschaft, so ist lediglich die *Motivation* dieser Partei fehlgeschlagen, es liegt ein unbeachtlicher Motivirrtum vor. Damit entfällt von selbst die Möglichkeit einer Anfechtung bei Ramschkäufen und bei Geschäften mit spekulativem Einschlag: Wenn z. B. jemand ein Bild als Kopie kauft, während er es insgeheim für ein Original hält, kann er sich auf seinen Irrtum nicht berufen, wenn er später feststellt, daß er wirklich nur eine Kopie gekauft hat. Denn er hat sich mit dem Verkäufer auf die Eigenschaft »Kopie« (»A«) geeinigt, und diese Eigenschaft lag auch in Wirklichkeit vor[26]:

$$A \left[\begin{array}{c} \textit{Wirklichkeit:} \\ A \end{array} \right] A$$

III. Eigenschaften der Sache

1. Das Wort »Eigenschaften« in § 119 II ist weit auszulegen. Eigenschaften sind außer der natürlichen Beschaffenheit alle tatsächlichen und rechtlichen Verhältnisse, die nach der Verkehrsanschauung infolge ihrer Beschaffenheit und vermutlichen Dauer einen Einfluß auf die Wertschätzung

---

[26] Hier zeigt sich die Leistungsfähigkeit der neuen Auffassung. Folgt man nämlich der älteren Lehre, wonach § 119 II ein Fall des Motivirrtums ist, so kommt man zu dem Ergebnis, daß die Voraussetzungen des § 119 II vorliegen, und muß mit allgemeinen Erwägungen (Treu und Glauben) begründen, daß *trotzdem* die Anfechtung unzulässig ist.

der Sache besitzen, also praktisch alle wertbildenden Faktoren, nicht aber der *Wert*, der Kurswert oder der Marktpreis als solcher[27]. Diese weite Ausdehnung des Eigenschaftsbegriffs ist ungefährlich, da es letzten Endes immer darauf ankommt, was vereinbart ist.

2. § 119 II gilt nicht nur für Sachen im Sinne des § 90, sondern für jeden Gegenstand eines Rechtsgeschäfts, z. B. auch für Forderungen.
3. Wenn beim Kaufvertrag eine vereinbarte Eigenschaft fehlt, kann es zu einem Konkurrenzproblem kommen, falls das Fehlen der Eigenschaft gleichzeitig ein Sachmangel im Sinne des § 459 ist. In einem solchen Falle geht die Sachmängelhaftung als ausschließliche Sonderregelung vor, die Anfechtung gem. § 119 II ist unzulässig. Nach § 477 unterliegen nämlich die Rechte des Käufers wegen eines Sachmangels einer sehr kurzen Verjährung (6 Monate bei beweglichen Sachen, 1 Jahr bei Grundstücken). Wenn daneben noch die Anfechtung zulässig wäre, könnte man die Verjährungsvorschrift bei später entdeckten Mängeln leicht umgehen, denn die Anfechtung ist 30 Jahre lang möglich, sie muß nur unverzüglich nach Aufklärung des Irrtums erfolgen (§ 121).

IV. Eigenschaften der Person

1. Ein Irrtum über Eigenschaften der Person kann sich auf deren körperliche oder geistige Beschaffenheit, aber auch auf deren tatsächliche oder rechtliche Verhältnisse beziehen. Zur Anfechtung aus § 119 II berechtigen z. B. in der Regel: völlige Kreditunwürdigkeit bei Kreditgeschäften (nicht bei Bargeschäften), Vorstrafen bei bestimmten Dauerverträgen, fehlende Vertrauenswürdigkeit bei einer Beschäftigung als leitender Angestellter, ausnahmsweise die Konfession bei bestimmten Tendenzbetrieben[27a].
2. Schließlich kann der Vertrag auch ergeben, daß ein Irrtum über persönliche Eigenschaften eines *Dritten* sich als geschäftlicher Eigenschaftsirrtum darstellt, z. B., wenn vereinbart ist, daß eine vertragliche Leistung besonderer Art durch diesen Dritten ausgeführt werden soll.

---

[27] So jedenfalls die h. M. und st. Rspr., RG 98, 292; BGH 16, 57. Dagegen Flume, a. a. O. S. 119 Fußnote 21. Enneccerus-Nipperdey, § 168 II 3. Kegel, a. a. O. S. 361 will sogar jeden vereinbarten *Tatumstand* gelten lassen.
[27a] Staudinger-Dilcher, § 119 Rnr. 53.

V. Zur praktischen Anwendung

Bei starker Vereinfachung ergeben sich für die Prüfung *im praktischen Fall* die Fragen:
1. Welche Eigenschaften sollte die Person oder Sache *nach der Vereinbarung* der Parteien besitzen?
2. Welche Eigenschaften besitzt die Person oder Sache *in Wirklichkeit?*

Weicht die vereinbarte Beschaffenheit von der wirklichen ab, so kann der Irrende anfechten, falls anzunehmen ist, daß er die Erklärung bei Kenntnis der Sachlage und verständiger Würdigung des Falles nicht abgegeben hätte.

§ 21. Geschäftsgrundlage

Das Rechtsinstitut der Geschäftsgrundlage, eine konkrete Ausgestaltung des Gedankens von Treu und Glauben (§ 242), ist im Wege der Rechtsfortbildung für gewisse außergewöhnliche Fälle geschaffen worden, die von den gesetzlichen Einzelvorschriften nicht mehr erfaßt werden. Obwohl gedankliche Vorläufer schon im 19. Jahrhundert bestanden, setzte die eigentliche Entwicklung erst in den Zeiten der durch den Ersten Weltkrieg hervorgerufenen wirtschaftlichen Umwälzungen ein. Wesen und Umfang der Geschäftsgrundlage sind im einzelnen bis auf den heutigen Tag *umstritten.*

Man versteht unter Geschäftsgrundlage bestimmte Vorstellungen über das Vorhandensein oder Fortbestehen von Umständen, die zwar nicht zum *Inhalt* des Vertrages gemacht wurden (z. B. als Bedingung), die aber bei *beiden* Parteien bestanden oder, wenn sie nur bei *einer* Partei vorlagen, der anderen Partei *erkennbar* waren, und die für die Willensbildung von so grundlegender Bedeutung waren, daß die Parteien, redliche Denkungsweise vorausgesetzt, ohne diese Vorstellungen den Vertrag überhaupt nicht oder zumindest nicht mit diesem Inhalt geschlossen hätten.

Ein solcher Fall ist z. B. gegeben, wenn jemand ein Fenster zur Besichtigung des Karnevalszuges mietet und sich später herausstellt, daß der Zug an dem Fenster überhaupt nicht vorbeiführt, oder wenn bei einem Wertpapierkauf von beiden Parteien ein falscher Tageskurs zugrunde gelegt wird. Ein gesetzlich geregelter Fall ist § 779.

Ein *Wegfall der Geschäftsgrundlage* liegt außerdem vor, wenn sich bei einem gegenseitigen Vertrage das Wertverhältnis von Leistung und Gegenleistung *völlig verschiebt* (sog. Äquivalenzstörung) oder wenn der mit dem Geschäft nach dem Willen beider Parteien angestrebte *Zweck* nicht erreicht werden kann *(Unmöglichkeit der Zweckerreichung)*, z. B. wenn eine Apothekenkonzession verkauft und später die unbeschränkte Niederlassungsfreiheit für Apotheker eingeführt wird[28], so daß die Erfüllung des Vertrages sinn- und zweckwidrig ist.

Eine wichtige Frage für die Wirtschaft ist, ob die Geldentwertung bei langfristigen Verträgen zur Berufung auf die Geschäftsgrundlage berechtigt. Zu dieser Frage hat der Bundesgerichtshof in den berühmten *Kaligeldfällen* Stellung genommen. Es handelte sich um die Vergütung, die von den Bergwerksbesitzern an die Grundstückseigentümer für die Ausbeutung der Kalilager auf deren Grundstücken zu zahlen war. Die Verträge waren um die Jahrhundertwende geschlossen worden, und die Grundstückseigentümer (genauer: deren Erben) verlangten in den Fünfziger Jahren eine Erhöhung ihres Entgelts, da die Kaufkraft auf ein Drittel abgesunken war. Der Bundesgerichtshof stellte in mehreren Entscheidungen[29] fest: Die Geldentwertung ist kein Fall der Geschäftsgrundlage — jede andere Entscheidung würde dazu führen, daß praktisch jeder langfristige Vertrag stillschweigend mit einer Währungsgleitklausel geschlossen wäre, und das würde dem Grundgedanken der Währungsgesetzgebung zuwiderlaufen. Ausnahmen gelten nur,

1. wenn das Entgelt Versorgungscharakter hat (z. B. als Altersversorgung) oder
2. wenn der *innere Wert* einer Leistung erheblich steigt (wenn Kali *im Verhältnis zu anderen Wirtschaftsgütern* teurer wird) oder
3. wenn eine umstürzende Geldabwertung eintreten würde.

Die Berufung auf die Geschäftsgrundlage ist nur in *ganz seltenen* Ausnahmefällen zulässig. Sie kann nur eingreifen, wo das Festhalten am Vertrage zu untragbaren Ergebnissen führen würde. Ein zu großzügiges Handhaben dieses Rechtsinstituts würde zu einer Aushöhlung des Grundsatzes der Vertragstreue führen, die als Gegenstück zur Vertragsfreiheit das Fundament der Privatautonomie darstellt. Der Grundsatz »pacta sunt servanda« gilt grundsätzlich auch dann, wenn die Erfüllung den Schuldner unverschuldetermaßen in nicht voraussehbare oder vorausgesehene Schwierigkeiten bringt. Auch unverschuldeter Vermögensverfall befreit den Schuldner nicht. »Für den Fall der Zahlungsunfähigkeit ist das Konkursverfahren da« (Larenz).

---

[28] Diesen Fall hatte der BGH zu entscheiden, LM § 242 Bb Nr. 33.
[29] BGH NJW 59, 2203; 61, 499; 66, 105; DB 75, 2220.

§ 22. Zusammenfassung

Unsere Formelsammlung sieht nun folgendermaßen aus:

	Bewußt	Nicht bewußt
a oder b	Mehrdeutige Äußerung. Überhaupt keine Erklärung, falls auch durch Auslegung keine Eindeutigkeit zu erzielen. Wirksame Erklärung aber dann, wenn der Erklärungsgegner die Äußerung richtig verstanden hat (falsa demonstratio).	
A — B	Offener Dissens, § 154	Versteckter Dissens, § 155
$\frac{A \quad A}{B \quad A}$	Geheimer Vorbehalt, § 116	Geschäftsirrtum, § 119 I
$\frac{A \quad A}{B \quad B}$	Scheingeschäft, § 117	Gemeinsame falsche Bezeichnung (falsa demonstratio)
$\frac{A \quad A}{A \quad A}$	Motivirrtum (unbeachtlich. Ausnahme: § 123)	
A [B] A	Eigenschaftsirrtum, § 119 II	

4. Kapitel. Das Wirksamwerden der Erklärung

§ 23. Übersicht

Bis jetzt hat uns die Frage beschäftigt, *ob* und *mit welchem Inhalt* eine Erklärung gilt. Wir wollen uns nun der Frage zuwenden, zu *welchem Zeitpunkt* die Erklärung wirksam wird.

Den Ausgangspunkt bildet der uns bereits geläufige Gedanke, daß die *subjektive Willensbildung allein* noch keine Rechtswirkungen entfalten kann: es ist stets eine *Willensäußerung* erforderlich, d. h. eine erkennbare Betätigung des rechtsgeschäftlichen Willens.

I. Empfangsbedürftige Willenserklärungen

Die Regel bilden die Erklärungen, die den Rechtskreis einer bestimmten Person betreffen und die im Interesse dieser Person empfangsbedürftig sind: sie sind »einem anderen gegenüber abzugeben«.

II. Nicht empfangsbedürftige Willenserklärungen

Die Willensäußerung reicht aus, ohne daß sie _einer bestimmten Person_ erkennbar zu sein braucht, wenn sich die Erklärung nicht an eine bestimmte Person, sondern an einen unbestimmten Personenkreis richtet. Ein Empfang durch eine andere Person ist dann nicht erforderlich: ein Testament z. B., das der Erblasser in aller Heimlichkeit errichtet, wird mit der Unterschrift wirksam. Auch die Auslobung ist nicht empfangsbedürftig (§ 657).

Systematisch den nicht empfangsbedürftigen Erklärungen zuzuordnen sind auch die beiden Fälle des _§ 151,_ obwohl sich hier die Erklärungen an eine bestimmte Person richten. § 151 wird vom Anfänger meist falsch angewendet. Der Fehler kommt dadurch zustande, daß man diese Vorschrift falsch liest.

o Bitte lesen Sie _laut_ § 151. Sie haben ihn _falsch_ gelesen, wenn Sie das Wort »erklärt« betont haben. Bitte lesen Sie § 151 noch einmal und betonen Sie jetzt »dem Antragenden gegenüber«.

Es ist nämlich auch bei § 151 eine Annahmeerklärung, d. h. die _objektive Kundmachung_ des Annahmewillens erforderlich, nur ist es unnötig, daß die Erklärung _dem Antragenden gegenüber_ erfolgt. § 151 hat Bedeutung

1. bei Bestellungen nach Katalog und bei Eilbestellungen (Vertragsschluß durch Absendung der Ware, auch wenn diese nicht ankommt),
2. bei Zusendung unbestellter Ware (Vertragsschluß durch Ingebrauchnahme der Ware).

§ 24. Empfangsbedürftige Erklärungen

Das mit der Abgabe einer empfangsbedürftigen Willenserklärung erstrebte Ziel ist die Kenntnisnahme des Inhalts durch den Empfänger. Der Erklärende würde aber mit einem zu großen Risiko belastet, falls die Wirksamkeit seiner

Erklärung stets erst dann einträte, wenn der Erklärungsgegner auch wirklich den Inhalt zur Kenntnis genommen hat. Zu einem bestimmten Zeitpunkt muß sich der Erklärende darauf verlassen dürfen, daß der Erklärungsgegner nunmehr den Inhalt kennt.

Den Ausgleich zwischen den Interessen des Erklärenden und des Erklärungsgegners kann hier nur ein objektiver, an der Verkehrsanschauung orientierter Standpunkt bringen: empfangsbedürftige Willenserklärungen werden grundsätzlich dann wirksam, <u>wenn der Verkehr unter normalen Umständen mit der Kenntnisnahme durch den Erklärungsgegner rechnen darf</u>.

Von diesem Grundsatz ausgehend wollen wir die einzelnen Fälle betrachten.

I. Erklärungen unter Abwesenden

Für die Erklärungen unter Abwesenden gilt § 130: die abgegebene Erklärung wird wirksam im Zeitpunkt des Zugangs.

1. Zugang

Eine Erklärung ist zugegangen, <u>wenn sie derart in den Machtbereich des Empfängers gelangt ist, daß nach der Verkehrsanschauung unter normalen Verhältnissen mit der Kenntnisnahme durch den Empfänger gerechnet werden darf</u>. Im einzelnen ergibt sich daraus folgendes:

a) Es genügt der Einwurf in den Briefkasten des Empfängers (jedoch nicht zur Nachtzeit: Zugang dann im Zeitpunkt der nächsten Postzustellung) oder Einlage in das Postfach des Empfängers (jedoch nicht außerhalb der Geschäftsstunden). Dagegen liegt noch kein Zugang vor, wenn die Post dem Empfänger wegen Abwesenheit auf seine Anweisung hin nachgesandt wird oder wenn der Postbote einen Einschreibebrief wegen Abwesenheit wieder mitnimmt, da in diesen Fällen die Erklärung noch nicht in den Machtbereich des Empfängers gelangt ist.

b) Ist die Erklärung aber einmal in den Machtbereich des Empfängers gelangt, so schadet es nicht, wenn der Empfänger durch in seiner Sphäre liegende außergewöhnliche Umstände (Abwesenheit, Krankheit, Trunkenheit) an der Kenntnisnahme verhindert ist; denn der Verkehr darf bezüglich der <u>Kenntnisnahme</u> von normalen Verhältnissen ausgehen.

2. Abgabe

Eine Erklärung unter Abwesenden kann nur dann durch Zugehen wirksam werden, wenn sie vorher »abgegeben« (§ 130) worden ist. Zur Abgabe gehört außer der Willensäußerung, d. h. der Niederschrift, auch die Entäußerung[30]: die Erklärung muß mit dem Willen des Erklärenden aus dessen Machtbereich gelangt sein, andernfalls ist eine Erklärung überhaupt nicht zustande gekommen. Gibt z. B. der Angestellte irrtümlich einen Brief zur Post, den der Chef noch zurückhalten wollte und auf seinem Schreibtisch hatte liegen lassen, so ist der Chef, wenn der Brief dem Empfänger zugeht, mangels einer wirksamen Erklärung an den Inhalt des »abhanden gekommenen« Schreibens nicht gebunden. Er ist aber verpflichtet, dem Empfänger den Vertrauensschaden zu ersetzen, § 122 gilt analog.

II. Erklärungen unter Anwesenden

Über die Erklärungen unter Anwesenden schweigt das Gesetz. Wir müssen hier zwischen verkörperten und nicht verkörperten Erklärungen unterscheiden.

1. *Für die verkörperten Erklärungen* gilt § 130 entsprechend. Entscheidend ist demnach der Zugang. Kenntnis ist nicht erforderlich, Aushändigung reicht aus.

   a) Dagegen genügt nicht die Unterzeichnung der Erklärung in Gegenwart des Empfängers[31] oder bloßes Vorzeigen, da dann die Erklärung noch nicht in den Machtbereich des Empfängers gelangt ist.

   b) Entreißt der Empfänger dem Erklärenden die Niederschrift oder nimmt er sie ihm heimlich weg, so ist sie zwar in den Machtbereich des Empfängers, aber nicht willentlich aus dem Machtbereich des Erklärenden gelangt und wegen fehlender »Abgabe« (s. o.) nicht zustande gekommen.

2. *Bei nicht verkörperten Erklärungen* kann man sich nicht sicher darauf verlassen, daß der Empfänger die Erklärung vernommen hat. »Das gesprochene Wort verhallt«[33]. Aus diesem Grunde werden nicht verkör-

---

[30] Enneccerus-Nipperdey, § 159 I.
[31] Lehmann-Hübner § 32 III.
[33] Lehmann-Hübner § 32 II 3.

perte Erklärungen unter Anwesenden erst mit der Vernehmung wirksam. Hat also der Empfänger die Erklärung nicht vernommen, etwa weil er taub oder schwerhörig ist, so ist die Erklärung nicht wirksam geworden. Diese Regelung kann manchmal zu gewissen Härten gegenüber dem Erklärenden führen, sie ist ihm aber zumutbar, da er die Möglichkeit hat, sich durch eine Rückfrage über die Vernehmung zu vergewissern.

Wichtig in diesem Zusammenhang ist, daß auch die Übermittlung durch Fernsprecher nach herrschender Ansicht als Erklärung unter Anwesenden anzusehen ist.

III. Erklärungen an Mittelspersonen

Wird die Erklärung an eine andere Person als den Empfänger abgegeben, so ist zu unterscheiden:

1. Ist diese Person *Stellvertreter im Empfang* gemäß § 164 III, so treten die gleichen Wirkungen ein wie bei der Abgabe an den Vertretenen selber (§§ 164 III, 164 I), es kommen also die Grundsätze über Erklärungen unter Anwesenden zur Anwendung: verkörperte Erklärungen werden bei Zugang, nicht verkörperte bei Vernehmung wirksam. Der Vertreter im Empfang unterscheidet sich vom Empfangsboten durch eine gewisse Selbständigkeit.

2. Erfolgt die Abgabe gegenüber anderen Personen, die zur Sphäre des Empfängers gehören (Familienangehörige, Personal), so kommt es darauf an, ob der Erklärende darauf vertrauen durfte, daß diese Personen zur Weiterleitung von Erklärungen geeignet und befugt waren.

    a) Durfte er darauf vertrauen, so sind die Personen als *Empfangsboten* anzusehen: mit der Entgegennahme der verkörperten oder der Vernehmung der nicht verkörperten Erklärung durch den Empfangsboten ist die Erklärung dem Empfänger zugegangen. *Das Risiko der Weiterleitung trifft also den Empfänger.*

    b) Konnte der Erklärende nicht darauf vertrauen, daß die Person geeignet und befugt war (bei Kindern, betrunkenen Hausangestellten), so ist die Erklärung mit Entgegennahme durch diese Person dem Erklärungsgegner noch nicht zugegangen. Die Person kann dann aber als *Erklärungsbote* des Erklärenden fungieren: *das Risiko der Übermittlung trägt dann der Erklärende.*

§ 24. Empfangsbedürftige Erklärungen

Ich kann mir vorstellen, daß Ihnen die Aufteilung und die verschiedenen Rechtsfolgen etwas kompliziert vorkommen. Sie können sich aber das _Verständnis wesentlich erleichtern_, wenn Sie den anfangs aufgestellten _Grundsatz im Auge behalten,_ daß die Erklärung wirksam wird, wenn man nach der Verkehrsanschauung mit der Kenntnisnahme rechnen darf, und wenn Sie außerdem berücksichtigen, daß bei mündlichen Erklärungen von Person zu Person Vernehmung erforderlich ist, da man bei der Abgabe mündlicher Erklärungen nicht sicher mit Vernehmung rechnen darf.

IV. Hindernisse in der Empfängersphäre

1. Wird das Wirksamwerden der Erklärung durch Umstände _verspätet_, die in der Sphäre des Empfängers liegen (z. B. Abwesenheit, s. o. I 1 a), so darf sich der Empfänger auf die Verspätung nicht berufen. Er würde sich sonst zu seinem eigenen früheren Verhalten in einem gegen Treu und Glauben verstoßenden Widerspruch setzen (sog. venire contra factum proprium).
2. Wird das Wirksamwerden der Erklärung _überhaupt_ verhindert, kommt z. B. ein Brief zurück, weil der Empfänger verzogen ist, so ist der Absender verpflichtet, den Erklärungsversuch unverzüglich nach Beseitigung des Hindernisses zu wiederholen. Notfalls muß er zur öffentlichen Zustellung gem. § 132 II übergehen. Auch hier ist die Berufung des Empfängers auf die Verspätung ausgeschlossen.

V. Zusammenfassung

Bei starker Vereinfachung läßt sich folgende Übersicht aufstellen:

1. Die _Willensbildung_ allein führt noch keine Rechtswirkungen herbei.
2. Die _Willensäußerung_ als solche genügt bei nicht empfangsbedürftigen Erklärungen. Nicht empfangsbedürftig sind das privatschriftliche Testament, die Auslobung und die Annahmeerklärung in den Fällen des § 151.
3. Bei den anderen Erklärungen ist eine Willensäußerung _gegenüber dem Empfänger_ erforderlich. Die Erklärungen werden also erst wirksam, wenn ihr Inhalt dem Empfänger _erkennbar_ geworden ist, und zwar
   a) bei schriftlichen Erklärungen mit dem _Zugang_ (§ 130),
   b) bei mündlichen Erklärungen mit der _Vernehmung_ (im Gesetz nicht geregelt).

5. Kapitel. Abstrakte Rechtsgeschäfte

§ 25. Übersicht

I. Das Trennungsprinzip

Wenn im täglichen Leben jemand sagt, er habe eine Sache »gekauft«, so meint er damit, daß sie jetzt ihm gehört. Zwischen einem Kaufvertrag und einer besonderen Übereignung macht der Verkehr keinen Unterschied, jedenfalls dann nicht, wenn die Sache sogleich übergeben wird. Das deutsche Recht macht aber einen solchen Unterschied: Wir haben das Trennungsprinzip.

1. Durch den Abschluß des Kaufvertrages wird zwischen den Vertragschließenden ein _Schuldverhältnis_ begründet (vgl. § 241): der Verkäufer wird zur Übergabe und Übereignung, der Käufer zur Zahlung des Kaufpreises verpflichtet (§ 433). Der Kaufvertrag ist demnach das _Verpflichtungsgeschäft_.

2. Nun folgt das Erfüllungsgeschäft, genauer: es folgen _die Erfüllungsgeschäfte_.
   a) Der Verkäufer verschafft dem Käufer durch Einigung und Übergabe gem. § 929 Besitz und Eigentum an der Sache. Damit erlischt seine Verkäuferpflicht (§ 362 I).
   b) Der Käufer übereignet gem. § 929 das Geld. (Wir nehmen der Einfachheit halber Barzahlung an.) Damit erlischt seine Käuferpflicht (§ 362 I).

Wenn man also z. B. eine Streichholzschachtel kaufen will, müssen insgesamt drei Verträge, nämlich ein schuldrechtlicher und zwei sachenrechtliche, geschlossen und insgesamt sechs Willenserklärungen abgegeben werden!

II. Die Abstraktheit der Verfügungsgeschäfte

Betrachten wir nun die Einigung bei der Übereignung gem. § 929 S. 1 etwas genauer: worüber einigen sich die Parteien? Sie einigen sich nur darüber, »daß das Eigentum übergehen soll«, das bewirkt zusammen mit der Übergabe den Übergang des Eigentums. Eine Angabe darüber, _warum_ das Eigentum übergehen soll, welcher Vertrag z. B. damit erfüllt werden soll, kurz: eine Angabe des dem Geschäft zugrunde liegenden _Rechtsgrundes_ (der sog. causa), gehört offenbar nicht in den Übertragungsvertrag hinein. Das sieht zunächst wie eine Kleinigkeit aus, hat aber weittragende Konsequenzen.

Wenn sich nämlich nach der Übereignung herausstellt, daß der Kaufvertrag gar nicht zustande gekommen ist, z. B. weil versteckter Dissens hinsichtlich des Preises vorliegt, dann fehlt der Übereignung zwar jeglicher Rechtsgrund, aber die Parteien sind sich über den Übergang des Eigentums einig geworden, und das reicht für § 929 aus: die Übereignung ist wirksam. Diese Verselbständigung des Übereignungsvertrages, sein völliges Ablösen vom Kaufvertrag, nennen wir Abstraktheit. *Abstraktheit* bedeutet, strenggenommen, zweierlei:

1. Die Einigung richtet sich ausschließlich auf die unmittelbar angestrebte Rechtsfolge und bezieht sich nicht auf den Rechtsgrund.
2. Die durch die Einigung herbeigeführte Rechtsfolge ist von dem Vorliegen eines Rechtsgrundes unabhängig.

Das Abstraktionsprinzip kann man danach *das auf die Spitze getriebene Trennungsprinzip* nennen. Es gilt bei allen Übertragungsgeschäften, z. B. bei der Abtretung von Forderungen, der Übereignung von beweglichen Sachen und Grundstücken (§§ 398, 929, 873 I).

III. Der Ausgleich. Bereicherungsrecht und Rücktrittsrecht

Sie werden sich vielleicht schon gefragt haben, wie denn der Fall juristisch weitergeht, wenn ein wirksamer Rechtsgrund fehlt, aber das Erfüllungsgeschäft infolge seiner Abstraktheit gültig ist. Natürlich darf der Empfänger diese Bereicherung nicht behalten. Für den Rückerstattungsanspruch des Entreicherten kommen zwei »Rückbeförderungsinstitute« in Betracht.

1. Das *allgemeine* Institut ist das der ungerechtfertigten Bereicherung (§ 812 I S. 1, 1. Alt.). Wenn z. B. der Kauf nichtig, die Übereignung wirksam ist, hat der Käufer »*etwas*«, nämlich Besitz und Eigentum an der Sache »*durch Leistung*« des Verkäufers erlangt (Leistungskondiktion). Da der ganze Vorgang »*ohne Rechtsgrund*« erfolgte, ist der Käufer zur Herausgabe der Bereicherung, hier also zur Rückgabe und Rückübereignung gem. § 929 verpflichtet.

Die Bereicherungshaftung ist sehr milde ausgestaltet worden, der Bereicherte soll nur die Bereicherung herausgeben und nicht in sein übriges Vermögen eingreifen müssen. Deshalb entfällt die Verpflichtung, wenn die Bereicherung (mit oder ohne Verschulden des Bereicherten) weggefallen ist (§ 818 III). Beim Wegfall der Bereicherung ist aber sorgfältig zu prüfen, ob der Bereicherte *Aufwendungen erspart* hat. Ist die Bereicherung infolge _Verschenkens_ weggefallen, so haftet der Beschenkte an Stelle des frei gewordenen Bereicherten gem. § 822.

Vom Zeitpunkt der _Rechtshängigkeit_ (Klageerhebung) und vom Zeitpunkt der _Kenntnis_ vom Fehlen des Rechtsgrundes an unterliegt der Bereicherte einer _verschärften_ Haftung, er haftet für jedes Verschulden auf Schadensersatz, §§ 819 I, 818 IV, 292 (Rechtsfolgenverweisung), 989.

Oft enthält eine Vorschrift im BGB eine Verweisung auf die §§ 812 ff., weil die Interessenlage einen Ausgleich fordert, der am besten durch die §§ 812 ff. erreicht wird. Beispiele sind § 323 III (Rechtsfolgenverweisung) und § 951 I (Rechtsgrundverweisung).

2. Ein »Sonderrückbeförderungsinstitut«, das, wenn es zur Anwendung kommt, als _Sonderregelung_ das Bereicherungsrecht ausschließt, sind die Vorschriften über das vertraglich vereinbarte Rücktrittsrecht (§§ 346 ff.). Diese Vorschriften sind so wichtig, weil das Gesetz auf sie sehr häufig verweist. (Bitte lesen Sie §§ 325 I S. 1, 327 S. 1; §§ 462, 467 S. 1.) Sie sind strenger als die Bereicherungsregeln (§§ 347, 989).

IV. Der Grund der Abstraktheit

Eine Frage ist ganz offen geblieben: warum haben wir eigentlich das Abstraktionsprinzip, das doch unserem wirtschaftlichen Denken so widerspricht? Dafür werden vielerlei Gründe geltend gemacht, insbes. soll die Überschaubarkeit der Rechtsverhältnisse erleichtert werden, wenn z. B. der Eigentumsübergang an ein besonderes Rechtsgeschäft gebunden ist, das zu seiner Gültigkeit einen für andere erkennbaren Vorgang, nämlich die Übergabe (§ 929) oder Eintragung (§ 873) voraussetzt. Alle diese Gründe sind nicht zwingend, wie die romanischen Rechte zeigen, die grundsätzlich ohne das Abstraktionsprinzip auskommen. Auch das Übergabe- und Eintragungsprinzip wäre ohne die Abstraktheit denkbar. Man muß das Abstraktionsprinzip wohl in erster Linie historisch erklären. Nach heutigem deutschem Recht kann man Eigentum erwerben, auch wenn der Veräußerer kein Eigentümer war. Man muß nur _gutgläubig_ sein (§ 932). Diese, auf das germanische Recht zurückgehende Regel (Vertrauensschutz!) wurde vom gemeinen Recht nicht anerkannt. Man stand auf dem alten römischen Standpunkt, daß keiner mehr Rechte übertragen könne, als er selbst habe (nemo plus juris transferre potest quam ipse habet), man hielt den gutgläubigen Erwerb für einen Widerspruch in sich. Das bedeutete aber für den Rechtsverkehr eine große Gefahr. Nehmen wir folgenden Fall: A verkauft und übereignet an B eine Sache, B veräußert die Sache an C weiter. Nun stellt sich heraus, daß der Kaufvertrag zwischen A und B nichtig ist. Soll etwa C die Sache an A herausgeben müssen? Durch eine solche Regelung würde in den Rechtsverkehr eine unerträgliche Unsicherheit gebracht. C muß deshalb die Sache behalten dürfen. Er darf sie auch behalten, wenn die Nichtigkeit des Kaufvertrages zwischen A und B die Übereignung nicht berührt, denn dann hat er vom _Eigentümer_ B erworben. Durch diese Gedankenoperation brachte man es fertig, den Rechtsverkehr vor dem ärgsten zu bewahren, ohne den Grundsatz »nemo plus juris...« anzutasten.

V. Versuche zur Einschränkung des Abstraktionsprinzips

Wenn wir nun aufgrund dieser (wie ich zugebe, _sehr_ vereinfachenden und auch einseitigen) Erklärung das Abstraktionsprinzip im heutigen Recht als einen Atavismus ansehen, so ist zu überlegen, ob wir nicht durch eine entsprechende _Auslegung_ der in Frage stehenden Bestimmung zu einer Überwindung oder jedenfalls zu einer Einschränkung dieses lebensfremden Grundsatzes kommen können. Das wird schwer sein. Das Abstraktionsprinzip geht aus den Gesetzesstellen, die der Leser (hoffentlich) gelesen hat, deutlich hervor, und das ganze Rechtssystem ist darauf aufgebaut. Deshalb sind die in der Literatur von zwei Gesichtspunkten aus unternommenen Einschränkungsversuche mit Vorsicht aufzunehmen.

1. Die eine Richtung — wir wollen sie die BEDINGUNGSTHEORIE nennen — geht von den gesetzlichen Bestimmungen der §§ 158 ff. aus. (Bitte lesen Sie wenigstens § 158.) Danach können die Parteien durch die Vereinbarung einer Bedingung die Folgen eines Rechtsgeschäfts von dem Eintritt oder Nichteintritt eines zukünftigen, ungewissen Ereignisses abhängig machen. Das gilt, wie die Stellung der §§ 158 ff. im Gesetz zeigt und durch § 455 bestätigt wird, auch für die abstrakten Geschäfte, soweit nicht zwingende Sondervorschriften bestehen (z. B. § 925 II für die Grundstücksübereignung, Art. 1 Nr. 2 WG für den Wechsel). Man kann — das Gesetz steht dem nicht entgegen — die Rechtsfolgen auch an das Vorliegen oder Nichtvorliegen _gegenwärtiger_ oder _vergangener_ Ereignisse knüpfen, über die man im ungewissen ist (sog. unechte Bedingungen). Eine solche Vereinbarung kann, wie alle Vereinbarungen, ausdrücklich oder stillschweigend getroffen werden. Die Bedingungstheorie nimmt an, daß, wenn das Ver-

pflichtungs- und Erfüllungsgeschäft zeitlich zusammenfallen, stillschweigend eine (unechte) Bedingung als vereinbart anzusehen ist, welche die Wirksamkeit des Erfüllungsgeschäftes von der Wirksamkeit des Verpflichtungsgeschäftes abhängig macht.

2. Die andere Richtung — wir nennen sie EINHEITSTHEORIE — stützt sich auf § 139 BGB. Bei »vernünftiger, sich von älterer Begriffsjurisprudenz freimachender Auslegung der Parteierklärung« soll sich oft der — rechtlich beachtliche — Wille ergeben, beide Geschäfte zu _einem einheitlichen juristischen, nicht nur wirtschaftlichen Ganzen_ zu verbinden, so daß, da beide Geschäfte nur als Ganzes gewollt seien, die Nichtigkeit des Grundgeschäfts auch die Nichtigkeit des anderen Geschäfts zur Folge habe. Das soll wie bei der Bedingungstheorie vor allem dann möglich sein, wenn Verpflichtungs- und Erfüllungsgeschäft in einem einheitlichen Willensakt zusammenfallen, wie z. B. Kauf und Übereignung beim Handkauf des täglichen Lebens.

3. Die angeführten Theorien sind gewiß lebensnahe und verwirklichen in vernünftiger Weise den Parteiwillen. Man muß aber bedenken, daß die Parteien _fast immer_ das Vollzugsgeschäft als vom Grundgeschäft bedingt oder beide als rechtliche Einheit ansehen, und daß das Gesetz insoweit den Parteiwillen eben _nicht_ anerkennt, es sei denn, daß eine _besondere_ Verabredung getroffen wird. Wenn man einmal mit dem Gedanken der stillschweigenden Verbindung anfängt, droht die Gefahr, daß man das ganze Abstraktionsprinzip aufrollt. Das aber wäre gegen das Gesetz.

VI. Zusammenfassung

1. Die Verfügungsgeschäfte sind im deutschen Recht abstrakt ausgestaltet. Die Folge ist, daß häufig Vermögensverschiebungen ohne wirksamen Rechtsgrund vorgenommen werden. Der Ausgleich erfolgt durch das Bereicherungsrecht.

2. Abstraktheit heißt zweierlei:
   a) _Merkmal Nr. 1:_ Das abstrakte Rechtsgeschäft beinhaltet nur die unmittelbar angestrebte Rechtsfolge (z. B. Übergang der Forderung bei

der Abtretung gem. § 398, Übergang des Eigentums bei der Übereignung gem. §§ 929, 873 I).
b) _Merkmal Nr. 2:_ Das abstrakte Rechtsgeschäft ist in seinem Bestand von dem Grundgeschäft unabhängig.

3. Wenn in einem _praktischen Fall_ Nichtigkeits- oder Anfechtbarkeitsgründe zu prüfen sind, geht man folgendermaßen vor:

a) Man untersucht zunächst, ob der Nichtigkeits- oder Anfechtbarkeitsgrund beim Grundgeschäft vorliegt.
b) Bejahendenfalls stellt man dann fest: Dadurch wird das abstrakte Verfügungsgeschäft nicht _automatisch_ nichtig (Merkmal Nr. 2).
c) Danach prüft man, ob der Nichtigkeits- oder Anfechtbarkeitsgrund auch beim abstrakten Geschäft vorliegt, wobei man berücksichtigen muß, daß zum Inhalt des abstrakten Geschäfts nur die in diesem Geschäft unmittelbar angestrebten Rechtsfolgen gehören (Merkmal Nr. 1).

§ 26. Einzelfälle

I. Vorbemerkung

Nach meinen Erfahrungen bereitet das Verständnis des Abstraktionsprinzips dem Studenten große Schwierigkeiten, weil es jedem wirtschaftlichen Alltagsdenken genau entgegengesetzt ist. In meinen Kursen pflege ich deshalb dieses Prinzip vorsichtig in Etappen zu entwickeln und dann immer wieder an Einzelfällen zu demonstrieren. Ich möchte dem Leser raten, noch einmal genau zu lesen, was ich in dem vorhergehenden Paragraphen geschrieben habe, ehe er an die im folgenden behandelten Einzelfälle mit ihren sehr unterschiedlichen Rechtsfolgen herangeht. Ich habe die allgemeine Darstellung in § 25 sehr ausführlich gehalten, weniger, damit sich der Leser solche Ausdrücke wie Bedingungs- und Einheitstheorie merkt, als um die Sache von möglichst verschiedenen Seiten zu zeigen und dadurch ihr Verständnis zu erleichtern.

II. Sittenverstoß

Liegt ein Verstoß gegen die guten Sitten, gegen das »Anstandsgefühl aller billig und gerecht Denkenden« vor, so ist das Grundgeschäft zwar gem. § 138 I nichtig, nach der Rechtsprechung bleibt aber das Erfüllungsgeschäft wirksam, da es infolge seiner Abstraktheit nur die unmittelbare Rechtsänderung beinhalte und deshalb nichts Unsittliches enthalten könne. Diese Begründung klingt recht formalistisch und wird auch teilweise im Schrifttum abgelehnt; eine andere Auffassung ist aber angesichts des Wortlauts der §§ 398, 929, 873 kaum möglich.

1. Wenn also z. B. der Fabrikant F seiner Geliebten G einen Sportwagen schenkt, so ist der Schenkungsvertrag gem. § 138 I nichtig, wenn er nach dem unausgesprochenen, aber objektiv erkennbaren Willen der Parteien auf eine Entlohnung der bisherigen und eine Sicherung der zukünftigen »Unzucht« gerichtet ist. Dagegen ist der (gleichzeitig geschlossene) Übereignungsvertrag wirksam, da sich der Inhalt *dieses* Vertrages in der bloßen Einigung über den Eigentumsvorgang erschöpft. Die G ist also um das Eigentum an dem Sportwagen ungerechtfertigt bereichert. Allerdings kann F nicht aus § 812 die Rückübereignung verlangen, da das Gesetz den Rückerstattungsanspruch ausschließt, falls der Leistende gegen die guten Sitten verstoßen hat (§ 817 S. 2).

2. Anders ist nach der Rechtsprechung zu entscheiden, wenn der sittenwidrige Zustand erst durch das abstrakte Vollzugsgeschäft *hergestellt* wird. Dann ist ausnahmsweise auch das abstrakte Geschäft nichtig[35]. Dieser Gedanke hat im Kreditsicherungsrecht große Bedeutung. Wenn z. B. ein Gläubiger sich übermäßige Sicherheiten geben läßt und dadurch dem Schuldner die Möglichkeit nimmt, bei anderen Gläubigern Kredit zu erhalten, wird der sittenwidrige Zustand (die übermäßige Bindung des Schuldners an den Gläubiger) erst durch die Übertragung der Sicherheiten an den Gläubiger hergestellt. Hier sind also auch die Übertragungsgeschäfte nichtig.

3. Außerdem ist das Übertragungsgeschäft *immer* nichtig, wenn die besonderen Voraussetzungen des § 138 II (Wucher!) vorliegen, da die Nichtigkeit nach dieser Vorschrift nicht nur das »Versprechen«, sondern auch das »*Gewähren*« erfaßt.

---

[35] RG 145, 154.

III. Geschäftsirrtum

Beim Irrtum gem. § 119 I ist besondere Vorsicht geboten. Wir müssen stets beim Grundgeschäft und _außerdem_ beim abstrakten Geschäft die Fragen stellen:
»Was hat der Erklärende objektiv _erklärt?_ – Was hat er gewollt?«

1. In den meisten Fällen wird sich dann ergeben, daß _nur das Grundgeschäft_ anfechtbar ist: nennt der Verkäufer beim Kaufabschluß versehentlich einen falschen Preis, so hat er _bezüglich des Kaufvertrags_ etwas erklärt, was er _nicht_ wollte, und kann den Kaufvertrag gem. § 119 I anfechten. Wenn er den Irrtum nicht bemerkt und deshalb beim Erfüllungsgeschäft erklärt, er wolle übereignen, so hat er _hier_ etwas erklärt, was er auch _wollte_. Die Frage, _warum_ er wollte, ist, wie wir wissen, uninteressant (Motivirrtum!). Die Übereignung ist wirksam.

2. Wenn wir unsere Irrtumsfragen bei beiden Rechtsgeschäften stellen, wird sich manchmal zeigen, daß _beide_ Geschäfte anfechtbar sind: will jemand ein Buch verleihen mit den Worten »Nimm es dir mit«, sagt er dies aber in einer Lage, in der ein vernünftiger Mensch in der Situation des Erklärungsgegners diese Worte nur als Schenkungsofferte und die Übergabe nur als Übereignung gem. § 929 auffassen kann, so hat er beim Grundgeschäft _erklärt:_ »Ich schenke dir dieses Buch«, ohne dies zu wollen. Aber auch die aus den Umständen sich objektiv ergebende Erklärung: »Ich übereigne dieses Buch« hat er nicht gewollt. Er kann deshalb den Schenkungs- _und_ den Übereignungsvertrag anfechten.

3. Es kommen sogar Fälle vor, in denen _nur das abstrakte Geschäft_ anfechtbar ist, das Grundgeschäft aber wirksam bleibt, z. B. dann, wenn eine Sache wirksam verkauft ist, der Verkäufer sich aber bei der Übergabe der Sache vergreift und eine andere Sache übereignet.

IV. Täuschung und Drohung

Da in den beiden Fällen des § 123 ein Auseinanderfallen von Erklärtem und Gewolltem nicht erforderlich ist, sondern Kausalität zwischen Täuschung bzw. Drohung und der Willenserklärung genügt, kann _immer_ das abstrakte Geschäft angefochten werden.

§ 27. Abstrakte Verpflichtungsgeschäfte

Es gibt im deutschen Recht auch einige abstrakte Verpflichtungsgeschäfte. Ihr Abschluß hat zur Folge, daß neben der Verpflichtung des Schuldners aus dem Grundgeschäft noch eine zweite, abstrakte Verbindlichkeit begründet wird, die dem Gläubiger ein leichteres Vorgehen gegen den Schuldner ermöglicht, da er vor Gericht nicht alle Einzelheiten des Grundgeschäftes, sondern nur den Abschluß des abstrakten Verpflichtungsvertrages beweisen muß. Das BGB regelt zwei Arten von abstrakten Verpflichtungsgeschäften, die sich nur in der äußeren Form unterscheiden und auf den gleichen Rechtserfolg hinauslaufen, nämlich das abstrakte Schuld_versprechen_ (der Schuldner verspricht eine bestimmte Leistung) und das abstrakte Schuld_anerkenntnis_ (der Schuldner erkennt an, eine bestimmte Leistung zu schulden). Wenn man §§ 780 bis 782 genau liest (das tun Sie doch, nicht wahr?), findet man das Wort »selbständig«. Das heißt abstrakt. Abstrakt sind auch alle Wechsel- und Scheckverbindlichkeiten (näheres im Wertpapierrecht).

Daß das abstrakt, aber rechtsgrundlos geleistete _Schuldanerkenntnis_ auch »etwas« im Sinne von § 812 I S. 1, 1. Alt. ist, wird (überflüssigerweise) in § 812 II bestätigt. Der Schuldner der abstrakten Verbindlichkeit hat hier einen Anspruch auf Erlaß (§ 397). Kommt ihm der Gläubiger zuvor, indem er ihn aus der abstrakten Verbindlichkeit verklagt, so kann der Schuldner nicht einwenden, daß die Verbindlichkeit _nicht bestehe._ Es wäre aber unsinnig, den Schuldner zur Zahlung aus dem abstrakten Versprechen und in einem zweiten Prozeß den Gläubiger zur Rückzahlung aus § 812 zu verurteilen. Einen solchen Leerlauf kann die Rechtsordnung nicht wollen. Wer aufgrund eines formalen Rechtes etwas verlangt, was er sogleich wieder zurückgeben müßte, verstößt gegen Treu und Glauben (dolo agit qui petit quod statim redditurus est). Der Schuldner kann deshalb den Angriff des Gläubigers abwehren, indem er die _Einrede der Bereicherung_ erhebt.

6. Kapitel. Stellvertretung

§ 28. Die allgemeinen Regeln

I. Die Voraussetzungen des § 164 I S. 1

Wenn in einem praktischen Fall die Frage auftaucht, ob ein Rechtsgeschäft von einem Vertreter bindend für den Vertretenen vorgenommen worden ist, führt der Lösungsweg immer über § 164 I S. 1. Diese Vorschrift setzt zweierlei voraus.

1. Der Vertreter muß IM FREMDEN NAMEN AUFTRETEN, d. h. er muß den Willen, für einen anderen zu handeln, hinreichend deutlich machen. § 164 I S. 2 gibt nur an, was ohnehin selbstverständlich ist. Kommt der Wille des Vertreters, im fremden Namen zu handeln, nicht deutlich zum Ausdruck, so treten die Rechtswirkungen für und gegen den Vertreter selber ein, sein von der Erklärung abweichender Wille wird aus Gründen des Verkehrsschutzes nicht berücksichtigt. Das sagt § 164 II, wenngleich in völlig mißglückter Fassung.

   § 164 II hat vor allem bei Kreditgeschäften große Bedeutung. Er verliert aber seine innere Berechtigung und bleibt deshalb außer Anwendung, wenn es — wie bei den Barkäufen des täglichen Lebens — dem Geschäftsgegner gleichgültig ist, ob der Handelnde im eigenen oder fremden Namen handeln will. Hier schließt der Geschäftsgegner das Geschäft mit dem ab, den es angeht, d. h. er überläßt es dem Handelnden, ohne äußere Kundmachung zu entscheiden, ob er die Wirkungen des Geschäftes bei sich oder bei einem Dritten eintreten lassen will (sog. GESCHÄFT WEN ES ANGEHT).

2. Der Vertreter muß im Rahmen der ihm zustehenden VERTRETUNGSMACHT handeln. Er muß also *überhaupt* Vertretungsmacht besitzen und sich außerdem in den *Grenzen* der Vertretungsmacht halten. Liegt Gesamtvertretungsmacht vor, so muß der Vertreter mit einem oder mehreren anderen Vertretern zusammenwirken.

   a) Die Vertretungsmacht kann auf Gesetz beruhen, der Vertreter ist dann *gesetzlicher Vertreter*. Gesetzliche Vertreter sind die Eltern, die zur gemeinsamen Vertretung des Kindes berufen sind (§ 1629 I), außerdem der Vormund (§§ 1773, 1896) sowie der Pfleger, der im Gegensatz zum Vormund nur für einen bestimmten Kreis von Geschäften oder nur für ein einzelnes Rechtsgeschäft bestellt wird. (Bitte lesen Sie kurz durch §§ 1909–1914.) Auch die Schlüsselgewalt des Ehegatten ist gesetzliche Vertretungsmacht (§ 1357).

b) Als *gesetzliche Vertreter im weiteren Sinne* werden von der Rechtsprechung[36] auch die *organschaftlichen* Vertreter verstanden. Es handelt sich hierbei um die vertretungsberechtigten Gesellschafter von *Personenhandelsgesellschaften* (OHG und KG) und die vertretungsberechtigten Organe (Vorstandsmitglieder, Geschäftsführer) von *juristischen Personen* (e.V., AG, KommAG, GmbH, eG). Hierbei gilt eine Besonderheit für die Personenhandelsgesellschaften und die juristischen Personen des *Handelsrechts* (AG, KommAG, GmbH, eG): Deren organschaftliche Vertreter haben eine *unbeschränkte* und *unbeschränkbare* Vertretungsmacht. Das ist eine große Erleichterung für Außenstehende, die mit den organschaftlichen Vertretern verhandeln, aber gleichzeitig eine große Gefahr für die vertretene Gesellschaft, die sich deshalb in der Regel schützt, indem sie *Gesamtvertretung* vorsieht: die Gesamtvertretung ist keine Beschränkung des *Umfangs* der Vertretungsmacht (Beispiel OHG: §§ 125 I, II; 126 I, II HGB).

c) Die Vertretungsmacht kann auch durch eine *Vollmachtserklärung*, also durch ein besonderes Rechtsgeschäft, erteilt werden (§ 167), der Vertreter ist dann *Bevollmächtigter*. Wir wollen zunächst auf diese Bevollmächtigung näher eingehen.

II. Erteilung der Vollmacht

Für die Vollmachtserklärung stehen gem. § 167 I zwei Möglichkeiten offen:

1. Die Vollmacht kann durch Erklärung *gegenüber dem zu Bevollmächtigenden*, d. h. gegenüber dem Vertreter, erteilt werden. Dies ist der Regelfall. Die Erklärung kann, wie jede andere Erklärung, *ausdrücklich* oder *stillschweigend* abgegeben werden, es reicht aus, daß der Wille, Vollmacht zu erteilen, irgendwie im Verhalten zum Ausdruck kommt und daß auch die Grenzen der Vollmacht erkennbar sind. Oft entsteht oder erweitert

---

[36] BGH 33, 108.

sich eine Vollmacht dadurch, daß der Vertreter eigenmächtig in einem bestimmten Bereich für den Vertretenen tätig wird, und der Vertretene, dem das recht ist, das Verhalten des Vertreters duldet, ohne sein Einverständnis besonders mitzuteilen. Man spricht dann von DULDUNGSVOLLMACHT.

2. Die Vollmacht kann durch Erklärung _gegenüber einem Dritten_ erteilt werden. In einem solchen Falle genießt der Dritte einen besonderen Vertrauensschutz: widerruft der Vertretene später die Vollmacht durch Erklärung gegenüber dem _Vertreter_, so gilt die Vollmacht dem _Dritten_ gegenüber solange als fortbestehend, bis ihm das Erlöschen der Vollmacht durch den Vollmachtgeber angezeigt wird (§ 170). Dieser Schutz entfällt, wenn der Dritte das Erlöschen der Vollmacht kennt oder kennen muß (§ 173). (Wissen Sie noch, was »kennen müssen« heißt? Sonst lesen Sie noch einmal § 122 II.)

III. Scheinvollmacht

1. Der Vertrauensschutz greift darüber hinaus in einigen Fällen ein, wo die Vollmacht zwar durch Erklärung gegenüber dem Vertreter erteilt wurde, der Vollmachtgeber dann aber einen besonderen _Vertrauenstatbestand_ geschaffen hat: durch Mitteilung an einen Dritten, durch öffentliche Bekanntmachung oder durch Aushändigung einer Vollmachtsurkunde an den Vertreter. Hier kann der Vollmachtgeber, solange der _Rechtsschein_ der Vollmacht besteht, sich gegenüber dem bzw. den Dritten auf das Erlöschen der Vollmacht nicht berufen, er kann auch die an den bzw. die anderen gerichteten Mitteilungen nicht wegen Irrtums mit rückwirkender Kraft anfechten, diese Regeln sind also insoweit Sonderregeln zu § 142 I. Bei Kenntnis oder fahrlässiger Unkenntnis des Dritten entfällt der Schutz. (Bitte lesen Sie §§ 171–173.)

2. In diesen Zusammenhang gehört auch § 370. Wenn der Gläubiger eine von ihm im voraus ausgestellte _Quittung_ verliert und ein anderer damit als Inkassobevollmächtigter auftritt und die Leistung in Empfang nimmt, wird der Schuldner frei, »sofern nicht die dem Leistenden _bekannten_ Umstände der Annahme einer solchen Ermächtigung entgegenstehen«. Natürlich muß die Quittung (wie auch die Vollmachtsurkunde im Falle des § 172) _echt_, d. h. vom Gläubiger oder dessen _wirklichem_ Vertreter ausgestellt und unterzeichnet sein.

3. Auch § 56 HGB gehört hierher. Wer in dem _Laden_ oder dem _offenen Warenlager_ eines Kaufmanns angestellt ist, gilt als bevollmächtigt zu Verkäufen und Empfangnahmen, die in einem derartigen Laden oder Warenlager gewöhnlich geschehen. Als »angestellt« ist jeder anzusehen, der mit Wissen und Willen des Inhabers kaufmännisch tätig ist, z. B. auch ein Familienmitglied oder jemand, der aus Gefälligkeit aushilft, nicht aber Vorführdamen, Putzfrauen oder Packer; jedoch gilt § 56 HGB analog, wenn der Inhaber fahrlässig deren Tätigwerden ermöglicht[37]. Der Kunde wird nicht geschützt, wenn er die Einschränkung oder das Fehlen der Vollmacht kannte oder kennen mußte (§ 54 III HGB gilt analog). Der Inhaber muß sich also durch Schilder mit der Aufschrift »Feste Preise«, »Unverkäufliches Ausstellungsstück«, »Zahlung nur an der Kasse« gegen eigenmächtige Handlungen seiner Angestellten schützen, falls solche Einschränkungen nicht schon aus anderen Gründen für den Kunden ersichtlich sind.

4. Über die hier erwähnten Einzelfälle hinaus ist im Wege der Rechtsfortbildung in Analogie zu §§ 170 ff. BGB, § 56 HGB (Rechtsanalogie) der _allgemeine Gedanke der Scheinvollmacht_ entwickelt worden, der sich am besten in zwei Sätzen ausdrücken läßt:

    a) Wer den Anschein erweckt, daß ein anderer für ihn Vertretungsmacht hat, kann sich nicht darauf berufen, daß die Vertretungsmacht fehlt oder einen geringeren Umfang hat.

    b) Gleiches gilt, wenn der Rechtsschein zwar nicht von dem Vertretenen veranlaßt wurde, der Vertretene aber den Rechtsschein _pflichtwidrig_ und _schuldhaft_ nicht beseitigt.

Der letzte Satz gilt vor allem dann, wenn ein Angestellter eigenmächtig tätig wird und der Inhaber infolge ungenügender Organisation oder Beaufsichtigung von den Eigenmächtigkeiten nichts erfährt. Hier zeigt sich der Unterschied zur Duldungsvollmacht (s. o. II 1.): Die Duldungsvollmacht entsteht, _weil_ der Vertretene es so will, die Scheinvollmacht entsteht, _obwohl_ der Vertretene es nicht so will.

---

[37] Baumbach-Duden, HGB § 56 Anm. B.

IV. Außen- und Innenverhältnis. Erlöschen der Vollmacht

1. Die Vertretungsmacht gibt dem Vertreter die Möglichkeit, den Vertretenen durch Erklärungen zu binden; sie wirkt nach _außen_. Nur für diese Außenwirkungen enthalten die §§ 164 ff. eine Regelung.

2. Davon zu unterscheiden sind die verschiedenen in Betracht kommenden Rechtsverhältnisse zwischen Vertreter und Vertretenem, die nach _innen_ wirken und auf denen die Vertretungsmacht beruht (z. B. Auftrag, Dienst- bzw. Geschäftsbesorgungsvertrag, Gesellschaftsvertrag, auch reine Gefälligkeitszusagen). Diese Verhältnisse sind vorwiegend im Schuldrecht geregelt.

3. Allerdings hat das Innenverhältnis für die Vollmacht insoweit Bedeutung, als das _Erlöschen_ der Vollmacht sich nach dem Grundverhältnis bestimmt. Es kann aber die Vollmacht schon vor Beendigung des Grundverhältnisses widerrufen werden, es sei denn, daß die Vollmacht als unwiderruflich erteilt war (§ 168).

V. Selbstkontrahieren und Mißbrauch der Vertretungsmacht

1. § 181 verbietet grundsätzlich den Abschluß von Verträgen mit sich selbst, d. h. das Wirken einer Person AUF BEIDEN SEITEN des Vertrages, nicht dagegen das Auftreten _im eigenen und fremden Namen zugleich auf einer Seite_ des Vertrages. Das unzulässige Insichgeschäft hat trotz des Gesetzeswortlauts (»kann nicht«) keine Nichtigkeit, sondern nur schwebende Unwirksamkeit zur Folge, der Vertrag kann durch Genehmigung des Vertretenen bzw. der beiden Vertretenen voll wirksam gemacht werden (§§ 177, 184). § 181 enthält zwei Ausnahmen:

   a) _Gestattung_ durch den bzw. die Vertretenen. In der Praxis wird in solchen Fällen meist die Vollmacht »unter Befreiung von § 181« erteilt. Eine solche Befreiung liegt nicht in der Erteilung einer Prokura, auch die sog. Generalvollmacht befreit nicht ohne weiteres von § 181.

   b) _Erfüllung einer Verbindlichkeit_. Wenn z. B. der Kassierer die für ihn bestimmte Lohntüte in die Tasche steckt, hat er wirksam mit sich selbst kontrahiert.

   Zwei weitere Ausnahmen sind durch die Rechtsprechung geschaffen worden.

a) Das Selbstkontrahieren ist zulässig, wenn es dem Vertretenen _nur einen rechtlichen Vorteil_ bringt, da in diesem Falle _typischerweise_ (d. h. nicht nur im Einzelfalle) ein Interessenkonflikt fehlt und die Rechte Dritter nicht berührt werden[38]. Diese Ausnahme kann in den Fällen wichtig werden, in denen Eltern ihren _geschäftsunfähigen_ Kindern Schenkungen machen. Früher mußte nämlich wegen § 181 für das Kind ein _Ergänzungspfleger_ bestellt werden, der dann die Schenkung im Namen des Kindes annahm (§ 1909 I S. I). Dagegen hat die Ausnahme keine Bedeutung für Schenkungen der Eltern an _beschränkt geschäftsfähige_ Kinder, da solche Kinder eine Schenkung ohnehin ohne Mitwirkung ihre Vertreters annehmen können (§ 107).

b) Außerdem ist § 181 nicht anzuwenden auf _Beschlüsse_ in einer Gesellschaft (außer wenn es sich um gesellschaftsvertragsändernde Beschlüsse handelt)[38a]. Auch diese Entscheidung ist für das Verhältnis der Eltern zu ihren Kindern von Bedeutung. Wenn Eltern oder Elternteile und deren Kinder Gesellschafter sind, können die Eltern in der Gesellschafterversammlung im Namen der Kinder und außerdem im eigenen Namen das Stimmrecht ausüben.

2. Eine umstrittene Frage ist, ob § 181 _analog_ anzuwenden ist, wenn sich der Vertreter bei der Vornahme des Rechtsgeschäfts in einem _Interessenkonflikt_ befindet, insbes., wenn er die Vollmacht _mißbraucht_. (Paradebeispiel: Vertreter nimmt im eigenen Namen Kredit auf und gibt im Namen des Vertretenen eine Bürgschaftserklärung ab.) Die Frage ist wohl zu verneinen. Zwar ist der Zweck des § 181 die Verhinderung von Interessenkonflikten. Man würde aber eine allgemeine Rechtsunsicherheit heraufbeschwören, wollte man in allen Fällen, in denen ein Vertreter die Vertretungsvollmacht mißbräuchlich verwendet, den Verträgen in Analogie zu § 181 die volle Wirksamkeit absprechen. Es ist besser, die beiden Fälle des § 181 zwar als die vom Gesetz geregelten _typischen_ Fälle der Interessenkollision anzusehen, aus Gründen der Klarheit der Rechtsverhältnisse aber die Anwendung des § 181 ausschließlich auf die _äußere_ Vornahme des Rechtsgeschäfts abzustellen. In groben

---

[38] BGH 59, 236.
[38a] BGH DB 1975, 2174.

Fällen ist auf das allgemeine, aus dem Grundsatz von Treu und Glauben entwickelte Rechtsinstitut der _unzulässigen Rechtsausübung_ zurückzugreifen. Solche Fälle liegen vor, wenn der Vertreter _vorsätzlich_ zum Nachteil des Vertretenen handelt und der Geschäftsgegner den Mißbrauch der Vertretungsmacht _kennt_ oder wenn die Umstände jedenfalls so sind, daß sich ihm der Verdacht eines Mißbrauchs »geradezu aufdrängt«[38b].

VI. Vertreter ohne Vertretungsmacht

1. Handelt der Vertreter ohne eine entsprechende Vertretungsmacht, so ist, wenn es sich um ein _einseitiges_ Rechtsgeschäft handelt, dieses grundsätzlich nichtig. (Bitte lesen Sie die Einzelheiten in § 180 nach.) Ein _Vertrag_ ist schwebend unwirksam und kann vom Vertretenen genehmigt werden (§§ 177, 178, 184 BGB; wichtig §§ 75 h, 91 a HGB).

2. Wird die Genehmigung verweigert, so gilt § 179.

    a) Der Vertreter haftet, wenn er den Mangel der Vertretungsmacht kannte, dem Gegner nach dessen Wahl auf Erfüllung oder auf Schadensersatz in Geld. In dem letzteren Falle muß der Vertreter den Gegner durch Geldzahlung so stellen, wie wenn der Vertrag durch den Vertretenen ordnungsgemäß erfüllt worden wäre: der Vertreter hat das _Erfüllungsinteresse (positive Interesse)_ zu ersetzen (§ 179 I).

    b) Kannte der Vertreter den Mangel der Vertretungsmacht _nicht,_ so haftet er ohne Rücksicht auf Verschulden oder Nichtverschulden auf Ersatz des _Vertrauensschadens_ (des _negativen Interesses):_ er hat den Gegner so zu stellen, wie wenn vom Vertrage nie die Rede gewesen wäre. Die Geltendmachung des Vertrauensschadens wird durch die Höhe des Erfüllungsinteresses beschränkt (§ 179 II).

    c) Kannte der Gegner den Mangel der Vertretungsmacht oder mußte er ihn kennen, so entfällt der Anspruch, eine Schadensteilung findet nicht statt (§ 179 III S. 1). Der Vertreter haftet überhaupt nicht aus § 179, wenn er nur beschränkt geschäftsfähig war, es sei denn, daß die Zustimmung seines gesetzlichen Vertreters vorlag (§ 179 III S. 2).

[38b] BGH DB 1976, 1278; ähnlich Staudinger-Dilcher, § 167 Rnr. 95 ff.

VII. Übersicht

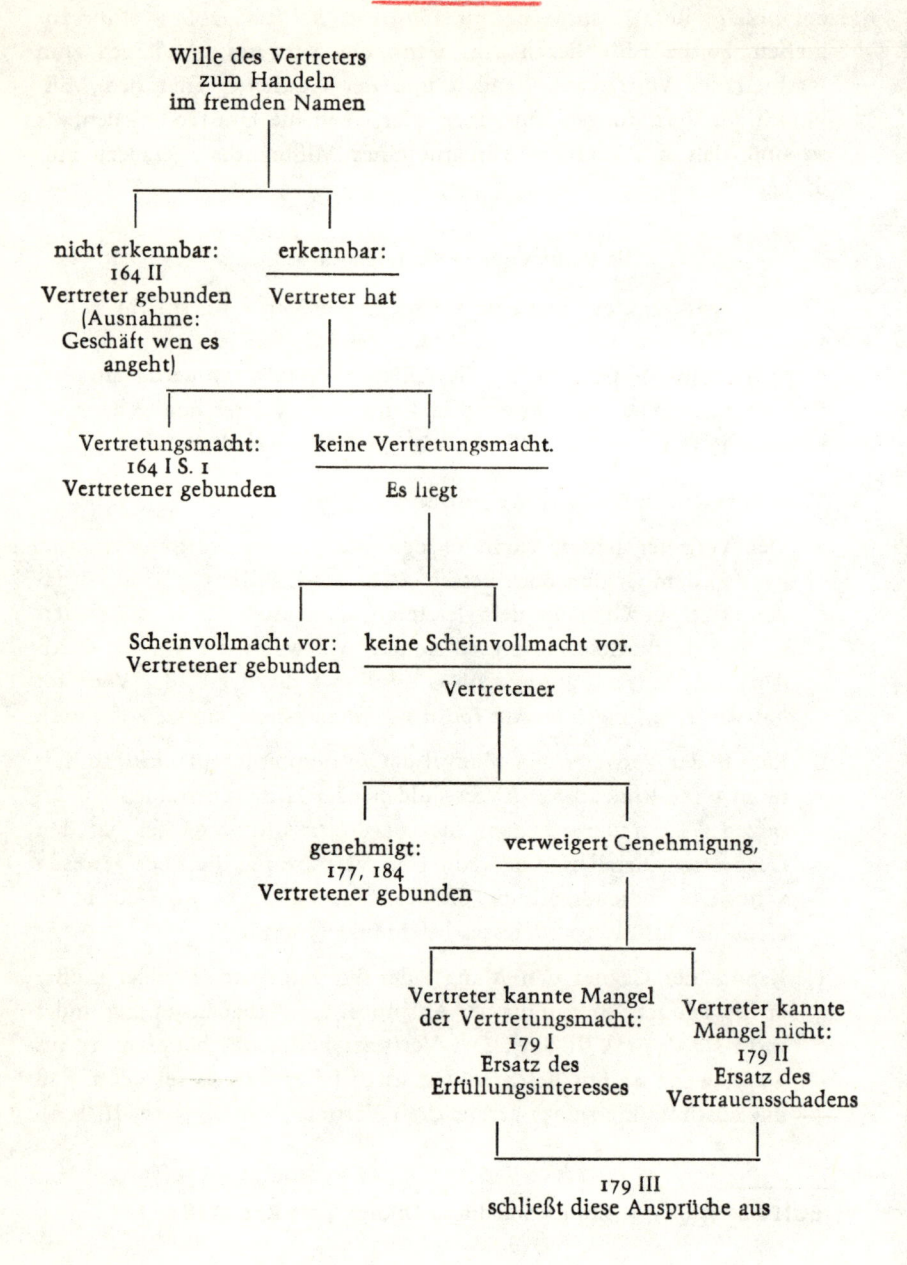

```
                   Wille des Vertreters
                      zum Handeln
                    im fremden Namen
                           │
          ┌────────────────┴────────────────┐
  nicht erkennbar:                   erkennbar:
     164 II                          ─────────────
  Vertreter gebunden                 Vertreter hat
     (Ausnahme:
     Geschäft wen es
     angeht)
                           │
              ┌────────────┴────────────┐
      Vertretungsmacht:            keine Vertretungsmacht.
         164 I S. 1                ─────────────────────
      Vertretener gebunden               Es liegt
                                            │
                           ┌────────────────┴────────────────┐
                  Scheinvollmacht vor:              keine Scheinvollmacht vor.
                  Vertretener gebunden              ──────────────────────────
                                                          Vertretener
                                                             │
                                         ┌───────────────────┴───────────────────┐
                                    genehmigt:                           verweigert Genehmigung,
                                     177, 184
                                 Vertretener gebunden
                                                                                 │
                                                              ┌──────────────────┴──────────────────┐
                                                     Vertreter kannte Mangel           Vertreter kannte
                                                     der Vertretungsmacht:              Mangel nicht:
                                                            179 I                          179 II
                                                          Ersatz des                      Ersatz des
                                                      Erfüllungsinteresses            Vertrauensschadens
                                                              └──────────────────┬──────────────────┘
                                                                              179 III
                                                                     schließt diese Ansprüche aus
```

§ 29. Prokura und Handlungsvollmacht

Die §§ 48 ff. HGB enthalten einige Sonderregeln über die Prokura und die Handlungsvollmacht, die auf den §§ 164 ff. aufbauen. Soweit eine Sonderregelung nicht besteht, sind also die allgemeinen Regeln des BGB anzuwenden, im praktischen Fall ist auch hier stets von § 164 I S. 1 BGB auszugehen. Um die Unterschiede deutlich zu machen, werden die Regeln über Prokura und Handlungsvollmacht jeweils nebeneinander gestellt. Bitte lesen Sie zunächst §§ 48–58 HGB.

I. Erteilung

1. Die Prokura kommt nur bei einem VOLLKAUFMANN in Betracht (§ 4 HGB).
2. Die Prokura kann nur vom Inhaber oder seinem GESETZLICHEN Vertreter erteilt werden (§ 48 I HGB).
3. Die Prokura muß AUSDRÜCKLICH (d. h. durch ganz unzweideutige Erklärung) erteilt werden (§ 48 I HGB).

1. Die Handlungsvollmacht kommt auch bei einem MINDERKAUFMANN in Betracht.
2. Die Handlungsvollmacht kann durch JEDEN Vertreter, der entsprechende Vollmacht hat, insbes. durch einen Prokuristen erteilt werden.
3. Die Handlungsvollmacht kann wie jede andere auch STILLSCHWEIGEND, insbes. durch Duldung erteilt werden.

II. Umfang

1. Die Prokura ist starr festgelegt: Sie bevollmächtigt zu allen Arten von gerichtlichen und außergerichtlichen Geschäften und Rechtshandlungen, die der Betrieb EINES Handelsgewerbes mit sich bringt. Der Prokurist kann demnach nicht nur *außergewöhnliche*, sondern sogar branchenfremde Geschäfte abschließen, er kann aber nicht das Handelsgeschäft einstellen (das

1. Die Handlungsvollmacht richtet sich jeweils nach dem zugeteilten GESCHÄFTSKREIS (Generalhandlungsvollmacht, Artvollmacht, Spezialvollmacht), sie erstreckt sich auf alle Geschäfte und Rechtshandlungen, die der Betrieb eines DERARTIGEN Handelsgewerbes (bei der Generalhandlungsvollmacht) oder die Vornahme DERARTIGER Geschäfte (bei Art- und Spezialvollmacht)

gehört nicht mehr zum »Betrieb«), § 49 HGB.

2. Die Prokura gibt keine Befugnis zur _Veräußerung oder Belastung von Grundstücken_ (§ 49 II HGB). Diese Einschränkung gilt auch für die entsprechenden Verpflichtungsverträge, andernfalls könnte der Zweck des § 49 II HGB (keine Bindung des Inhabers) leicht umgangen werden. § 49 II HGB gilt nicht für die Vermietung und Verpachtung, auch nicht für den Erwerb eines Grundstücks und die anschließende Eintragung einer Restkaufpreishypothek, da dies gegenüber dem (zulässigen) Erwerb eines bereits belasteten Grundstücks nur eine _andere Erwerbsart darstellt_.

3. Weitere BESCHRÄNKUNGEN sind nach AUSSEN UNWIRKSAM, binden den Prokuristen nur im Innenverhältnis. Ausnahme: Filialprokura (§ 50 III HGB).

gewöhnlich mit sich bringt (§ 54 I HGB). Erläuterungen zu § 54 I HGB sind
a) § 55 HGB, der weitere Einzelheiten für den mit Handlungsvollmacht ausgestatteten _Handelsvertreter (Abschlußvertreter_, § 84 HGB) und den _angestellten Handlungsbevollmächtigten_ im _Außendiens_t enthält;
b) § 56 HGB, der für den _Ladenangestellten_ gilt.

2. Von der Handlungsvollmacht sind eine Reihe »gefährlicher« Geschäfte ausgenommen. (Bitte lesen Sie § 54 II HGB.) Der Handlungsbevollmächtigte braucht hier also eine Sondervollmacht.

3. Jede weitere BESCHRÄNKUNG der Handlungsvollmacht ist ZULÄSSIG, doch braucht der Dritte sie nur gegen sich gelten zu lassen, wenn er sie kennt oder kennen

Beschränkungen im Innenverhältnis sind auch dann nach außen unwirksam, wenn der Dritte diese _kennt_. Der Dritte kann sich aber auf die Prokura nicht berufen, wenn der Prokurist _vorsätzlich_ zum Nachteil des Inhabers handelt und der Dritte dies _weiß_ oder wenn sich ihm ein entsprechender Verdacht »geradezu aufdrängt« (unzulässige Rechtsausübung).

4. Die Prokura kann als GESAMTPROKURA erteilt werden (§ 48 II HGB). Dies ist keine Beschränkung des _Umfangs_ der Prokura.

muß (vgl. § 54 III HGB, der auch für § 55 und § 56 gilt).

4. Auch die Handlungsvollmacht kann als Gesamtvollmacht erteilt werden (nicht ausdrücklich geregelt).

III. Erlöschen

Das Erlöschen der Prokura richtet sich nach § 168 BGB. Allerdings erlischt die Prokura nicht durch den Tod des Inhabers (§ 52 III HGB), sie ist auch jederzeit frei widerruflich (§ 52 I HGB).

Das Erlöschen der Handlungsvollmacht richtet sich nach § 168 BGB. Die Handlungsvollmacht kann, wie jede andere Vollmacht, grundsätzlich unwiderruflich sein.

IV. Eintragung

Die Erteilung und das Erlöschen der Prokura sind in das Handelsregister einzutragen (§ 53 HGB).

Die Handlungsvollmacht ist eintragungsunfähig.

§ 30. Ähnliche Fälle. Abgrenzung
I. Bote

Dem Stellvertreter ist der Bote ähnlich. Der Unterschied liegt in erster Linie im äußeren Verhalten: der Stellvertreter tritt zwar im fremden Namen auf, gibt aber eine _eigene_ Erklärung ab, der Bote überbringt eine _fremde_ Willenserklärung, er soll lediglich eine räumliche Entfernung überbrücken. In Zweifelsfällen zieht man als weiteres Unterscheidungsmerkmal den Rahmen der Bewegungsfreiheit hinzu: der Bote überbringt _immer_ eine fertige Erklärung, der Vertreter hat in der Regel einen gewissen Spielraum. Während der Vertreter wenigstens _beschränkt_ geschäftsfähig sein muß (die volle Geschäftsfähigkeit ist nicht nötig, da er ja nur den Vertretenen binden will), kann der Bote _geschäftsunfähig sein:_ wenn ich die Erklärung einem Hund anvertrauen kann, den ich mit einem Zettel zum Metzger schicke, kann ich die Erklärung auch einem sechsjährigen Kind aufgeben.

II. Mittelbare Stellvertretung. Ermächtigung

1. Wo das Gesetz von Stellvertretung spricht, ist nur die unmittelbare Stellvertretung im Sinne von § 164 gemeint. Von mittelbarer Stellvertretung spricht man, wenn jemand im eigenen Namen, aber für fremde Rechnung handelt. Der wichtigste mittelbare Stellvertreter ist der Kommissionär (§ 383 HGB).

   a) Wenn der Kommissionär im eigenen Namen für Rechnung des Kommittenten _einkauft,_ erwirbt er das Eigentum. Er muß es durch einen weiteren Übereignungsvertrag an den Kommittenten übertragen.

   b) Übergibt der Kommittent dem Kommissionär Waren, die dieser _verkaufen_ soll, so überträgt er ihm damit in der Regel nicht das Eigentum gem. § 929. Er erteilt ihm nur die Ermächtigung gem. § 185 I, über diese Waren (»Gegenstände«) als Nichteigentümer (»Nichtberechtigter«) _im eigenen Namen_ zu verfügen. Der _Kaufvertrag,_ den der Kommissionär mit dem Käufer abschließt, verpflichtet allerdings nur den Kommissionär, nicht den Kommittenten, denn er ist vom Kommissionär im eigenen Namen geschlossen worden, und § 185 I ermächtigt NUR ZUR VERFÜGUNG über Gegenstände des Berechtigten, nicht zu dessen _Verpflichtung._

2. Die Verfügungsermächtigung kann nicht nur Sachen, sondern auch Rechte, insbes. Forderungen betreffen. § 185 I spricht ganz allgemein von einem »Gegenstand«. So kann z. B. der Gläubiger einer Forderung einem anderen die Ermächtigung erteilen, die Forderung im eigenen Namen einzuziehen. Wenn der Ermächtigte vom Schuldner die Leistung in Empfang nimmt und damit das Erlöschen der Forderung bewirkt (§§ 362 II, 185 I), hat er im eigenen Namen als Nichtberechtigter (Nichtgläubiger) über

einen Gegenstand (die Forderung) eine Verfügung getroffen. (Bitte lesen Sie jetzt noch einmal § 185 I.)

III. Treuhand im juristischen Sinne

Der Eigentümer einer Sache, der Gläubiger einer Forderung kann noch einen Schritt weiter gehen: er kann den Gegenstand auf den anderen _übertragen_ und mit ihm _schuldrechtlich_ vereinbaren, daß der andere diesen Gegenstand nur zu treuen Händen haben soll. Diese sog. Treuhand kann den verschiedensten Zwecken dienen.

1. Sie kann als Sicherungsübereignung oder Abtretung von Forderungen zur Sicherheit der _Kreditsicherung_ dienen: das Eigentum bzw. die Forderung wird auf den Kreditgeber übertragen. Die Parteien vereinbaren in dem schuldrechtlichen Vertrag, der dem Übertragungsvertrag zugrunde liegt (nicht in dem Übertragungsvertrag selber: Abstraktionsprinzip!), daß der Kreditgeber (Treuhänder) mit diesen Rechten nicht nach Belieben verfahren, sondern sie nur zu seiner Befriedigung im Falle der Zahlungsunfähigkeit des Schuldners (Treugebers) haben soll. Da die treuhänderische Übertragung hier dem Sicherungsinteresse des Treuhänders dient, spricht man von _eigennütziger_ Treuhand (Sicherungstreuhand).
2. In manchen Fällen werden die Gegenstände auf den Treuhänder zu _Verwaltungszwecken_ übertragen (Verwaltungstreuhand). Eine solche Übertragung erfolgt vorwiegend im Interesse des Treugebers und wird deshalb _uneigennützige_ Treuhand genannt.
3. Die Sicherungstreuhand kann auch in der Weise begründet werden, daß die Gegenstände im Einverständnis zwischen dem Schuldner und einem oder mehreren Gläubigern auf einen _Dritten_ zu treuen Händen übertragen werden, der die Verwaltung und Verwertung durchführt. Dann spricht man von _doppelseitiger_ Treuhand.

IV. Zusammenfassung: Stellvertretung, Ermächtigung, Treuhand

Ich möchte die zuletzt behandelten Rechtsinstitute wegen ihrer Wichtigkeit für das Verständnis des Kreditsicherungsrechts kurz gegenüberstellen. Es sei noch einmal darauf hingewiesen, daß das Wort »_Gegenstand_« ein Oberbegriff ist, der Sachen und Rechte umfaßt und soviel wie _Rechtsobjekte_ bedeutet, während das Wort »_Berechtigter_« den rechtlichen _Inhaber_ solcher Rechtsobjekte bezeichnet.

1. Der Stellvertreter tritt IM FREMDEN NAMEN auf. Wenn er verfügt, tut er dies als NICHTBERECHTIGTER.
2. Der Ermächtigte tritt IM EIGENEN NAMEN auf. Er verfügt als NICHTBERECHTIGTER.
3. Der Treuhänder tritt IM EIGENEN NAMEN auf. Er ist BERECHTIGTER, wenngleich schuldrechtlich gebunden.

7. Kapitel. Rechtsschein und fehlerhafte Verhältnisse

§ 31. Vorbemerkung

Die Lehre von den Willenserklärungen und Willensmängeln ist im deutschen Recht vorwiegend *psychologisch* orientiert; wir unterscheiden Handlungswille, Erklärungsbewußtsein, Geschäftswille und Motiv. Das hat gewisse Nachteile. So macht z. B. § 119 keinen Unterschied, ob dem Erklärenden der Irrtum schuldlos oder fahrlässig unterlaufen ist, ob der Gegner sich mit seinen ganzen weiteren Geschäftsplänen oder überhaupt noch nicht auf die Erklärung eingelassen hat. Die Anfechtung hebt das Rechtsgeschäft rückwirkend auf, gleichgültig, was inzwischen geschehen ist (§ 142 I). Der Ersatz des Vertrauensschadens erfolgt ganz oder gar nicht, eine Schadensteilung, die manchmal angebracht wäre, wird durch § 122 ausgeschlossen.

Durch die neuere Rechtsentwicklung bahnt sich demgegenüber eine gewisse Akzentverschiebung an. Auf der einen Seite hat man den Schutz des Erklärenden erweitert, indem man mit dem Institut der Geschäftsgrundlage subjektive Vorstellungen erfaßte, die strenggenommen im Bereich der Motivation liegen. Auf der anderen Seite sind die Wirkungen der Nichtigkeits- und Anfechtungsregeln, insbesondere der Geltungsbereich des § 142 I mehr und mehr eingeschränkt worden, teils durch die neuere Gesetzgebung, teils durch richterliche Rechtsfortbildung (Restriktion).

Ich will im folgenden eine Zusammenstellung der wichtigsten Regeln und Grundsätze vornehmen, die bei der Einschränkung dieser Regeln des Allgemeinen Teils des BGB in Betracht kommen. Der Vollständigkeit halber werden auch lang eingeführte Rechtsinstitute, wie z. B. das Handelsregister, mit erwähnt. Der ganze Stoff wird in zwei Gebiete aufgeteilt.

§ 32. Rechtsschein

Bei der Behandlung des einen Gebietes müssen wir noch einmal von dem Gedanken ausgehen, daß sich im Falle einer mit Mängeln behafteten Erklärung zwei Interessen gegenüberstehen: das Interesse des Erklärenden, der sich darauf beruft, daß er sich geirrt habe, daß er getäuscht, bedroht worden sei, und das Interesse des Gegners, oft auch das Interesse des gesamten Rechtsverkehrs, der sich an die Tatsachen halten muß, die ihm erkennbar sind. Wenn das Gesetz dem Erklärenden in vielen Fällen die Möglichkeit gibt, sich auf die Nichtigkeit seiner Erklärung zu berufen oder die Erklärung mit rückwirkender Kraft anzufechten, wird selbstverständlich eine gewisse Unsicherheit in den Rechtsverkehr gebracht, die um der gerechten Beurteilung des Einzelfalles willen hingenommen werden muß. Es gibt aber bestimmte Arten von Erklärungen, Kundmachungen und sonstigen Verhaltensweisen, nach denen der Gegner, oft auch ein größerer Personenkreis, sein Verhalten ganz besonders einrichtet und bei denen deshalb der VERTRAUENSGEDANKE stärkeres Gewicht hat. In solchen Fällen kann sich der Erklärende nicht mit Wirkung für die *Vergangenheit* auf Anfechtungs- und Nichtigkeitsgründe berufen. Er kann nur für die *Zukunft* die Folgen seines Verhaltens abwenden, indem er den Rechtsschein beseitigt, den er veranlaßt hat. Ich habe das ganze Prinzip bereits am Beispiel der Scheinvollmacht demonstriert (o. § 28 III). Wir wollen die hier in Betracht kommenden Fälle zusammenfassend als das Gebiet des Rechtsscheins bezeichnen, obwohl der Bedeutungsumfang dieses Wortes eigentlich viel weiter reicht, z. B. auch den gutgläubigen Erwerb im Sachenrecht umfaßt.

I. Handelsregister

Das Handelsregister soll die wichtigsten Rechtsverhältnisse eines kaufmännischen Unternehmens offenkundig machen. Das HGB enthält keine zusammenfassende Regelung der Frage, welche einzelnen Tatsachen einzutragen sind, die Vorschriften hierüber sind im ganzen HGB verstreut und finden sich außerdem in den gesellschaftsrechtlichen Sondergesetzen (GmbHG, AktG, Umwandlungsgesetz). Einzutragen sind vor allem die Firma des Unternehmens, der jeweilige Inhaber, die jeweiligen Gesellschafter bei der OHG und KG, die jeweiligen Geschäftsführer bzw. Vorstandsmitglieder bei den juristischen Personen (GmbH, AG, KommAG), die Übertragung, Verschmelzung, Umwandlung, die Auflösung und die Beendigung des Unternehmens. Außerdem sind die Erteilung und das Erlöschen der Prokura (nicht der Handlungsvollmacht!) einzutragen (§ 53 HGB).

Grundsätzlich soll das Handelsregister nur Tatsachen kundmachen, die bereits _entstanden_ sind, die Eintragungen sind insoweit nur _deklaratorisch_ (rechtsverkündend. Beispiel: Erteilung und Erlöschen der Prokura). In vielen Fällen, z. B. bei der Eintragung der Firma eines Einzelkaufmanns gem. §§ 2, 3 II HGB und bei der Eintragung der juristischen Personen wird die Tatsache jedoch durch die Eintragung erst _geschaffen_; die Eintragung ist dann _konstitutiv_ (rechtsbegründend).

Das Handelsregister wird von den Amtsgerichten geführt. Die Eintragungen werden im Bundesanzeiger und mindestens einem anderen Blatt bekannt gemacht. (Bitte lesen Sie §§ 8–12, 14 HGB.) Die Bekanntmachung hat für den Rechtsverkehr noch größere Bedeutung als die Eintragung. Der Eintragungspflichtige kann nämlich eine neue Tatsache, solange sie nicht eingetragen _und_ bekanntgemacht worden ist, einem Dritten nicht entgegenhalten, es sei denn, daß der Dritte die Tatsache _positiv kennt_. Ein Beispiel: Der Kunsthändler K hat seinen Prokuristen Brause bei einer Betrügerei ertappt und fristlos entlassen. Ehe das Erlöschen der Prokura amtlich bekanntgemacht wird, geht Brause zu dem Kunsthändler V, kauft im Namen des K Bilder für insgesamt 120 000,– DM und verschwindet mit den Bildern. Folge: K muß den Kaufpreis zahlen, er kann dem V nicht entgegenhalten, daß Brauses Prokura bei Vertragsschluß bereits erloschen war (§ 15 I HGB).

Andererseits gibt das Gesetz dem Eintragungspflichtigen die Gewißheit, daß er neue Tatsachen (z. B. das Erlöschen der Prokura) voll gegen Dritte geltend machen kann, wenn Eintragung und Bekanntmachung einmal erfolgt sind (§ 15 II S. 1 HGB). Eine Ausnahme gilt gem. § 15 II S. 2 HGB nur für Rechtshandlungen innerhalb von 15 Tagen nach der Bekanntmachung, sofern der Dritte beweist, daß er die Tatsache weder kannte noch kennen mußte (d. h. bei der Unkenntnis nicht fahrlässig war). Diesen Beweis kann aber ein Kaufmann nur sehr selten führen, da er die amtlichen Bekanntmachungen verfolgen muß.

Durch den 1969 eingefügten § 15 III HGB ist die Vertrauenswürdigkeit der amtlichen Bekanntmachung noch weiter gesteigert worden. Wenn eine Tatsache _unrichtig_ bekanntgemacht worden ist, kann sich der Dritte dem Eintragungspflichtigen gegenüber auf die (unrichtig) bekanntgemachte »Tatsache« berufen, es sei denn, daß er die Unrichtigkeit _positiv kannte._ Dies gilt selbst dann, wenn die Eintragung richtig und nur die _Bekanntmachung_ unrichtig war. Ein Beispiel: Der Kunsthändler K hatte eine Zeitlang die ungleichen Brüder Wilhelm und Alexander Brause beschäftigt. Leider mußte Wilhelm entlassen werden, da er völlig versagte. Dem Alexander dagegen wurde Prokura erteilt. Die Prokura des Alexander wird richtig eingetragen. Bei der Mitteilung an die Tageszeitung unterläuft jedoch der Rechtspflegerin R, die Wilhelm privat kennt, eine Fehlleistung: sie schreibt »Wilhelm« statt »Alexander«. Entsprechend erfolgt eine falsche Bekanntmachung. Wilhelm nutzt die Situation und tätigt mehrere Käufe im Namen des K. Folge: K muß die bekanntgemachte »Tatsache« gegen sich gelten lassen und zahlen. Er kann allerdings wegen der Amtspflichtverletzung der R Regreß nehmen (§ 839 BGB, Art. 34 GG).

Durch § 15 I, III HGB wird ein _abstrakter Vertrauensschutz_ geschaffen: Der Dritte braucht nicht konkret nachzuweisen, daß er auf die Richtigkeit (§ 15 III HGB) oder die Noch-Richtigkeit des Registers (§ 15 I HGB) vertraut und _deshalb_ den Vertrag mit dem Scheinprokuristen geschlossen hat.

II. Scheinkaufmann

1. Ist die Firma eines Gewerbetreibenden im Handelsregister eingetragen, ohne daß der Gewerbetreibende die Voraussetzungen für die Eintragung erfüllt, so ist der Gewerbetreibende ein sog. Scheinkaufmann. Es kann gegenüber demjenigen, der sich auf die Eintragung beruft, nicht geltend gemacht werden,

    a) daß das unter der Firma betriebene Gewerbe überhaupt kein Handelsgewerbe sei oder

    b) daß es zwar ein Handelsgewerbe sei, aber zu den in § 4 (Minderkaufmann) bezeichneten Betrieben gehöre.

    Dabei ist es gleichgültig, ob die Eintragung von Anfang an zu Unrecht erfolgt ist oder erst später, z. B. infolge einer Verkleinerung des Betriebes, ihre Rechtfertigung verloren hat.

    Die Eintragung wirkt für und gegen alle[39]:

    a) Sie wirkt gegenüber »demjenigen, der sich auf die Eintragung beruft.« »Derjenige« kann auch der Eingetragene selbst sein, die Eintragung

---

[39] Baumbach-Duden, HGB § 5 Anm. I F.

wirkt also auch zu seinen _Gunsten,_ außer wenn er die Eintragung _erschlichen_ hat (dann Einwand der unzulässigen Rechtsausübung).

b) In § 5 HGB steht nichts von einem guten Glauben. Es kann sich also auch derjenige auf die Eintragung berufen, der positiv wußte, daß der Eingetragene nicht in das Register gehört. § 5 HGB geht somit in seinen Wirkungen über § 15 HGB hinaus.

Es ist aber erforderlich, daß wenigstens ein GEWERBE betrieben wird (vgl. den Wortlaut des § 5 HGB), d. h. daß eine erkennbar auf Dauer angelegte, auf Gewinnerzielung gerichtete Tätigkeit vorliegt. Ist z. B. der Betrieb eingestellt worden und wird der frühere Inhaber nur noch _gelegentlich_ tätig, so scheidet § 5 HGB aus, es kommt aber noch der Schutz Dritter nach § 15 I HGB in Betracht.

2. Als _Scheinkaufmann_ bezeichnet man _außerdem_ denjenigen, der unter den allgemeinen Grundsatz fällt, der in ANALOGIE ZU § 5 HGB (Gesetzesanalogie) gebildet worden ist: wer durch sein Verhalten den Anschein eines Kaufmanns erweckt, muß sich Gutgläubigen gegenüber wie ein Kaufmann behandeln lassen.

Dieser Grundsatz gilt nur _zu Ungunsten_ des Scheinkaufmanns und nur zu Gunsten _gutgläubiger_ Dritter. Ist der Schein der Kaufmannseigenschaft nicht durch öffentliche Kundgebung (Zeitungsanzeigen, Rundschreiben, Unterhaltung eines Unternehmens), sondern durch das Verhalten gegenüber Einzelnen begründet worden, so werden die Einzelnen nur geschützt, wenn sie ihr Verhalten auf diesen Schein eingerichtet haben.

III. Inhaber- und Orderpapiere

Das Rechtsscheinprinzip ist besonders stark bei den auf den Inhaber ausgestellten oder durch Indossament übertragbaren Wertpapieren, den sog. _Umlaufpapieren,_ ausgeprägt. Wer ein Inhaberpapier ausgestellt oder seine Unterschrift auf ein Orderpapier (z. B. einen Wechsel) gesetzt hat, kann sich gegenüber einem gutgläubigen Erwerber nicht auf Nichtigkeits- oder Anfechtungsgründe berufen. Erforderlich ist nur, daß die Unterschrift überhaupt von ihm stammt (also nicht gefälscht ist), und daß er wenigstens den Handlungswillen und das Erklärungsbewußtsein besaß (also z. B. nicht nur ein Autogramm geben wollte). Im Wertpapierrecht gehen wir auf nähere Einzelheiten ein.

IV. Scheinvollmacht

Der Vollständigkeit halber werden die Regeln über die Scheinvollmacht noch einmal aufgeführt.
1. Das Gesetz enthält die Vorschriften der §§ 170—173, 370 BGB, § 56 HGB.
2. In Analogie zu §§ 170 ff. BGB, § 56 HGB gelten die Sätze:
   a) Wer den Anschein erweckt, daß ein anderer für ihn Vertretungsmacht habe, kann sich nicht darauf berufen, daß die Vertretungsmacht fehlt oder einen geringeren Umfang hat.
   b) Gleiches gilt, wenn der Rechtsschein nicht von dem Vertretenen veranlaßt wurde, der Vertretene aber den Rechtsschein *pflichtwidrig* und *schuldhaft* nicht beseitigt hat.

V. Einschränkungen

Bei den Grundsätzen über den Rechtsschein sind drei Einschränkungen zu beachten:
1. Der Rechtsschein hat eine Fiktion zur Folge: der den Rechtsschein Erzeugende wird so behandelt, wie wenn der Schein der Rechtswirklichkeit entspräche. Das bedeutet aber auch, daß die Fiktion nicht weiter gehen darf als der Rechtsschein selber. Wenn z. B. ein Kaufmann den Anschein erweckt oder schuldhaft nicht beseitigt, daß ein Angestellter Generalhandlungsvollmacht habe, muß er alle Geschäfte gegen sich gelten lassen, die von einer echten Generalhandlungsvollmacht gedeckt würden, also alle *gewöhnlichen* Geschäfte, nicht aber außergewöhnliche oder gar branchenfremde (dazu wäre *Prokura* erforderlich, vgl. § 54 I HGB einerseits, § 49 I HGB andererseits).
2. Das Festhalten an dem veranlaßten Rechtsschein findet seine Rechtfertigung in dem Gedanken, daß gutgläubige Dritte ihr Verhalten nach dem Rechtsschein eingerichtet haben und deshalb schutzwürdig sind. Zwar braucht die Ursächlichkeit des Rechtsscheins für das Verhalten nicht nachgewiesen zu werden, wenn der Rechtsschein durch Handelsregistereintragungen oder sonstige Erklärungen an die Öffentlichkeit entstanden ist; es muß aber eine solche Ursächlichkeit wenigstens *möglich* sein. Deshalb gelten die Rechtsscheingrundsätze nur für den rechtsgeschäftlichen Verkehr, NICHT FÜR UNERLAUBTE HANDLUNGEN im weiteren Sinne (§§ 823 ff, Gefährdungshaftung): Im guten Glauben an das Handelsregister läßt sich niemand überfahren!

3. Die Rechtsscheingrundsätze gelten auch nicht, wenn es sich um die Erklärung eines MINDERJÄHRIGEN oder eines ihm rechtlich Gleichgestellten handelt. Hier verbleibt es bei den §§ 104 ff., die den besonderen Schutz dieser Personengruppe, notfalls auf Kosten der Allgemeinheit, zum Ausdruck bringen.

§ 33. Fehlerhafte Verhältnisse

In das zweite Gebiet gehören gewisse Dauerverhältnisse (Ehe, Arbeitsverhältnis, Gesellschaft), bei denen die Tatsache, daß nach diesen Verhältnissen tatsächlich gelebt wurde, stärker wiegt als alle juristische Konstruktion[40].

I. Ehe

Im Eherecht bedarf es keiner weiteren Begründung, daß ein Ehemann nicht nach 10 Jahren seine Ehe wegen eines erst jetzt entdeckten Irrtums über wesentliche Eigenschaften seiner Ehefrau gem. §§ 119 II, 142 I anfechten, damit die bisherige Ehe zu einer wilden und seine 10 Kinder zu unehelichen machen kann. Ein bestimmtes Zusammenleben und die Folgen daraus lassen sich nun einmal nicht rückwirkend aus der Welt schaffen.

Nach dem Ehegesetz von 1946 darf sich niemand auf die Nichtigkeit einer Ehe berufen, solange nicht die Ehe durch gerichtliches Urteil für nichtig erklärt worden ist. Nur die schweren Mängel der Eheschließung (schwere Formverstöße, Geschäftsunfähigkeit, Bewußtlosigkeit, Doppelehe, Verwandtenehe) werden überhaupt als »Nichtigkeitsgründe« bezeichnet. Das Nichtigkeitsurteil hat zwar für die Ehegatten, nicht aber für die Kinder rückwirkende Kraft: diese gelten auch weiterhin als ehelich. Die sonstigen beachtlichen Mängel (Geschäftsbeschränktheit, Irrtum, Täuschung, Drohung) werden nur als »Aufhebungsgründe« zusammengefaßt. Das Aufhebungsurteil hat die gleiche Wirkung wie ein Scheidungsurteil: Es wirkt nur für die Zukunft. Bei den meisten Nichtigkeits- und Anfechtungsgründen ist außerdem noch eine spätere Heilung möglich. Dann ist die Klage auf Nichtigkeitserklärung bzw. Aufhebung ausgeschlossen.

II. Arbeitsrecht

Auch beim Arbeitsverhältnis, welches gegenüber den sonstigen Dienstverhältnissen u. a. durch die Gehorsamspflicht des Arbeitnehmers und das Wei-

---

[40] So für das Gesellschaftsrecht Enneccerus-Lehmann, § 176 III 3.

sungsrecht des Arbeitgebers gekennzeichnet ist, würden die Nichtigkeitsregeln des BGB zu groben Unbilligkeiten führen, die angesichts der sozialen Bedeutung des Arbeitsverhältnisses untragbar wären: der Arbeitnehmer, der sich in die Betriebsgemeinschaft eingegliedert und die ihm zugewiesenen Arbeiten eine Zeitlang verrichtet hat, könnte im Falle der Nichtigkeit des Arbeitsvertrages streng genommen nur den sehr schwachen Bereicherungsanspruch auf Herausgabe ersparter Aufwendungen, eventuell noch Ansprüche aus unerlaubter Handlung oder culpa in contrahendo geltend machen. Die Einsicht in diese Unbilligkeit war der Ausgangspunkt verschiedener von der Lehre entwickelter Konstruktionen, die alle den gleichen Zweck verfolgen: zu begründen, daß dem Arbeitnehmer die tarifmäßige Vergütung zustehe. Es setzte sich schließlich eine Auffassung durch, die im Einklang mit den im Ehe- und Gesellschaftsrecht entwickelten Gedanken steht: Anfechtungs- und Nichtigkeitsgründe, auch Geschäftsunfähigkeit, Sitten- (§ 138) und Gesetzesverstoß (§ 134) können nur für die Zukunft im Wege der fristlosen Kündigung geltend gemacht werden.

III. Gesellschaftsrecht

Im Gesellschaftsrecht sind die Folgen der Nichtigkeits- und Anfechtungsgründe in den Einzelheiten noch umstritten. Wir wollen uns darauf beschränken, nur die Grundgedanken herauszuarbeiten. Dazu müssen wir zunächst scharf das Außenverhältnis vom Innenverhältnis trennen.

1. Im INNENVERHÄLTNIS, d. h. im Verhältnis der Gesellschafter zueinander oder zur Gesellschaft ist zu unterscheiden:

   a) Befindet sich die Gesellschaft erst im Gründungsstadium, sind also noch keine Ausführungshandlungen vorgenommen worden, so kommen die allgemeinen Regeln über die Nichtigkeit und Anfechtbarkeit voll zur Anwendung.

   b) Ist aber die Gesellschaft einmal in Gang gesetzt, insbesondere ein Gesellschaftsvermögen gebildet worden, so ist die Berufung auf Gründungsmängel mit rückwirkender Kraft nicht mehr möglich. Die Gründungsmängel berechtigen nur zur Auflösung der Gesellschaft mit Wirkung für die Zukunft. Die Nichtigkeits- und Anfechtbarkeitsgründe werden bei der Gesellschaft bürgerlichen Rechts und bei der stillen Gesellschaft durch Kündigung aus wichtigem Grunde (§ 723 BGB,

§ ~~339 I S. 2~~ HGB), bei den Personenhandelsgesellschaften (OHG und KG) durch Klage auf Auflösung aus wichtigem Grunde geltend gemacht (§§ 133, 161 II HGB). Dabei ist von dem Grundsatz auszugehen, daß _jeder_ Nichtigkeits- und Anfechtungsgrund im Sinne des BGB ein wichtiger Grund zur Kündigung bzw. Auflösungsklage ist[41]. Die _Grundsätze über die fehlerhafte Gesellschaft_ gelten _nicht_, d. h. die Gesellschaft ist als von Anfang an nichtig anzusehen, wenn die rechtliche Anerkennung des bisherigen tatsächlichen Zustandes mit wichtigen Interessen der Allgemeinheit in Widerspruch treten würde[42], z. B. im Falle des _Gesetzesverstoßes_ gem. § 134 BGB (verbotene Kartellverbände, Rauschgifthändlerringe, RAF, Graue Wölfe) oder des _Sittenverstoßes_ gem. § 138 BGB (Vereinigungen zur Förderung der gemeinsamen Unzucht). Gleiches gilt bei der Beteiligung eines _Minderjährigen_ ohne vormundschaftsgerichtliche Genehmigung (§§ 1822 Nr. 3, 1643 I BGB), denn der Schutz der Minderjährigen darf nicht durch die Anerkennung der fehlerhaften Gesellschaft eine Einbuße erleiden[43]. (Eine fehlerhafte Gesellschaft kann aber unter den übrigen Gesellschaftern bestehen.)

Bei den Personengesellschaften beruhen die Regeln über die fehlerhafte Gesellschaft auf Gewohnheitsrecht. Bei den _handelsrechtlichen Vereinen_, d. h. den Kapitalgesellschaften und der Genossenschaft, sind die Regeln im Gesetz fixiert. Diese Regeln gehen in dem Streben nach Erhaltung des Vereins trotz mangelhaften Gründungsaktes weit über die für die Personengesellschaften entwickelten Grundsätze hinaus. Bei einer eingetragenen Kapitalgesellschaft ist die Nichtigkeitsklage nur dann zulässig, wenn entweder eine Angabe über das _Nennkapital_ (Stammkapital, Grundkapital) fehlt oder die Bestimmung über den _Gegenstand_ des Unternehmens fehlt oder nichtig ist. Außerdem können die Mängel durch satzungsändernden Beschluß _geheilt_ werden, soweit sie die Bestimmungen über den Gegenstand des Unternehmens betreffen. _Unheilbar_ ist nur das Fehlen einer Bestimmung über das Nennkapital. Die Nichtigkeitsklage führt zur Nichtigkeitserklärung durch das Gericht und damit zur Auflösung, hat also

---

[41] BGH NJW 1952, 97; einschränkend noch RG 165, 207.
[42] BGH a. a. O.
[43] BGH DB 1983, 762.

keine rückwirkende Kraft. Daneben besteht gem. § 144 FGG die Möglichkeit der Löschung von Amts wegen.
Bei der Genossenschaft gibt es überhaupt keinen unheilbaren Mangel, da die Genossenschaft kein festes Kapital besitzt. Dafür ist der Kreis der Satzungsbestimmungen, deren Fehlen zur Nichtigkeitsklage oder Löschung von Amts wegen führen kann, erheblich größer.

2. In bezug auf das AUSSENVERHÄLTNIS, d. h. das Verhältnis der Gesellschaft und der Gesellschafter zu Dritten, hat das Reichsgericht zunächst das Rechtsscheinprinzip vertreten: durch die Eintragung in das Handelsregister oder durch das Auftreten der Gesellschaft im Rechtsverkehr wird der Öffentlichkeit gegenüber erklärt, daß eine Gesellschaft mit einem bestimmten Stammkapital entstanden sei, bei den Personengesellschaften erklären die persönlich haftenden Gesellschafter außerdem, daß sie für alle Verbindlichkeiten der Gesellschaft einstehen. Wenn der Rechtsverkehr im Vertrauen darauf sein Verhalten eingerichtet hat, kann ihm im Falle der Nichtigkeit des Gesellschaftsvertrages nicht die Vertrauensgrundlage, nämlich das Stammkapital oder die persönliche Haftung entzogen werden. Es muß deshalb eine Haftung nach Maßgabe der abgegebenen Erklärung eintreten.
Da diese Frage für die AG, GmbH und Genossenschaft später ausdrücklich geregelt worden ist, bedarf es bei diesen Vereinigungen nicht mehr der Berufung auf das allgemeine Rechtsscheinprinzip. Aber auch bei den Personengesellschaften ist nach Anerkennung der fehlerhaften Gesellschaft eine Begründung aus veranlaßtem Rechtsschein für die meisten Fälle entbehrlich, wenn man davon ausgeht, daß die zur fehlerhaften Gesellschaft entwickelten Grundsätze sowohl für das Innenverhältnis wie für das Außenverhältnis[44] anzuwenden sind. Der Unterschied ist nicht nur ein theoretischer: während nach Rechtsscheingrundsätzen nur gutgläubige Außenstehende geschützt werden, gilt die fehlerhafte Gesellschaft bis zur Auflösung grundsätzlich auch solchen Dritten gegenüber als rechtlich bestehend, die den Nichtigkeits- oder Anfechtbarkeitsgrund kannten[45].

Lesen Sie bitte §§ 275 III, 23 III, 276, 277 AktG.

---

[44] vgl. BGH NJW 1954, 1562.
[45] Baumbach-Duden, HGB § 105 Anm. 8 G.

8. Kapitel. Zusammenfassung und Prüfungsschema: Rechtsgeschäfte

§ 33 a. Das Zustandekommen eines Vertrages

Fragen aus dem Gebiet »Rechtsgeschäfte« tauchen vor allem dann auf, wenn das Zustandekommen eines Vertrages zu prüfen ist. Die Hauptfragen sind:

1. Liegt überhaupt KONSENS vor, d. h. haben sich die Parteien durch einander entsprechende Erklärungen (Angebot und Annahme) *objektiv* geeinigt?
    a) Erklärungen müssen wirksam *abgegeben,* verkörperte Erklärungen müssen *zugegangen* sein (§ 130. Ausnahme: § 151).
    b) *Schweigen* auf ein Vertragsangebot ist grundsätzlich *keine* Annahme (wichtigste Ausnahme: Schweigen auf ein Bestätigungsschreiben unter Kaufleuten).
    c) Bei unklaren Äußerungen ist *Auslegung* erforderlich (§§ 133, 157). Auslegung geht vom *Empfängerhorizont* aus.
    d) Unklare Äußerungen schaden nicht, wenn Parteien sich trotzdem verständigt haben und im Willen einig sind. Es gilt dann das Gewollte (sog. falsa demonstratio).

2. Ist der vereinbarte Vertrag INHALTLICH ZULÄSSIG? Nichtigkeit oder Teilnichtigkeit (§ 139 beachten) kann sich ergeben durch
    a) Verstoß gegen *zwingendes Recht,*
    b) Verstoß gegen *gesetzliches Verbot* (§ 134),
    c) Verstoß gegen die *guten Sitten* (§ 138).
    Außerdem kann die Berufung auf den Vertrag oder auf einzelne Vertragsteile wegen Verstoßes gegen *Treu und Glauben* unzulässig sein (§ 242). Bei Verwendung von AGB sind §§ 11, 10, 9 AGBG zu prüfen (in dieser Reihenfolge). Nichtigkeit von einzelnen Klauseln läßt die Gültigkeit des übrigen Vertrages unberührt, § 6 I AGBG ist insoweit Sonderregel zu § 139 BGB.

3. Sind etwaige FORMVORSCHRIFTEN beachtet? (§§ 313, 518, 566, 766, 780, 781, 782). Bei Verstoß gegen gesetzliche Formschrift ist Rechtsgeschäft nichtig (§ 125). Allerdings ist zu beachten:
    a) *Vollkaufleute* (und Scheinvollkaufleute) sind bei der Bürgschaftserklärung, dem abstrakten Schuldversprechen und Schuldanerkenntnis auch ohne Schriftform gebunden (§§ 350, 351 HGB).

§ 33a. Das Zustandekommen eines Vertrages

b) Formmangel kann in einigen Fällen *durch Erfüllung geheilt* werden (§§ 313 S. 2, 518 II, 766 S. 2).
c) Berufung auf Formmangel kann in Ausnahmefällen gegen *Treu und Glauben* verstoßen (z. B. wegen venire contra factum proprium). *
d) Nichtiges Rechtsgeschäft kann manchmal in anderes (wirksames) Rechtsgeschäft *umgedeutet* werden (§ 140).

4. Ist einer der Vertragschließenden MINDERJÄHRIG?
   a) Die Erklärung eines *Geschäftsunfähigen* ist unheilbar nichtig, er muß deshalb *immer* vertreten werden (§§ 105 I, 104).
   b) Die Erklärung eines *beschränkt Geschäftsfähigen* ist wirksam, wenn sie ihm lediglich einen *rechtlichen* (nicht nur wirtschaftlichen) Vorteil bringt, andernfalls ist sie genehmigungsbedürftig (§§ 107, 106, 114).
   c) Bei Minderjährigen sind stets die §§ 1821, 1822, 1643 zu beachten (Genehmigung durch das *Vormundschaftsgericht*). Bei Rechtsgeschäften der Eltern mit ihren Kindern muß außerdem wegen § 181 *Ergänzungspfleger* bestellt werden, falls die Kinder nicht nur einen rechtlichen Vorteil erlangen. (§ 1909 I ?)

5. Falls ein VERTRETER am Vertragschluß teilgenommen hat:
   a) Ist Vertreter *im fremden Namen* aufgetreten? (sonst gilt § 164 II).
   b) Hatte Vertreter *Vertretungsmacht?* Hat er die *Grenzen* seiner Vertretungsmacht eingehalten? (sonst gelten §§ 177 I, 179). Gegebenenfalls Scheinvollmacht und § 15 HGB prüfen!
   c) Liegt *Selbstkontrahieren* vor? (§ 181).
      (1) Selbstkontrahieren ist nach § 181 zulässig bei Gestattung durch den Vertretenen und bei Erfüllung einer Verbindlichkeit.
      (2) Selbstkontrahieren ist außerdem nach der Rechtsprechung zulässig **bei Geschäften, die dem Vertretenen lediglich einen rechtlichen Vorteil bringen, und bei Beschlüssen in einer Gesellschaft.**

6. Liegen ANFECHTUNGSGRÜNDE vor? Die wichtigsten Fälle sind
   a) *Irrtum* gem. § 119 I: Die Erklärung weicht vom Geschäftswillen ab; der Erklärende erklärt, was er nicht will. (Im Falle der Anfechtung Ersatz des negativen Interesses gem. § 122).

* venire contra factum proprium = Zuwiderhandlung gegen das eigene frühere Verhalten

b) *Täuschung und Drohung* (123). Anfechtbar sind _alle_ auf Täuschung oder Drohung zurückzuführenden Rechtsgeschäfte (auch die abstrakten Rechtsgeschäfte!).

Die Anfechtung hat rückwirkende Kraft (§ 142 I), außer bei Arbeitsverhältnissen und Gesellschaftsverträgen (sog. fehlerhafte Verhältnisse).

7. Fehlt die GESCHÄFTSGRUNDLAGE? Vorsicht! Arbeiten Sie nur in ganz extremen Ausnahmefällen mit diesem Rechtsbehelf! Der Grundsatz der Vertragstreue darf nicht ausgehöhlt werden!

Dieses Schema ist eine konzentrierte Zusammenfassung der wichtigsten Bestimmungen aus dem Gebiet »Rechtsgeschäfte«. Es ist außerdem ein Prüfungsinstrument, das Sie davor bewahrt, bei der Lösung eines Falles eine wichtige Frage zu übersehen. Prägen Sie sich deshalb dieses Schema gut ein!

Es versteht sich, daß Sie das Schema bei der Lösung eines Falles immer nur _selektiv_ einsetzen, d. h. daß Sie nur insoweit auf die einzelnen Fragen eingehen, als der Fall dazu Veranlassung gibt.

DRITTER ABSCHNITT

Vertragsverletzung und unerlaubte Handlung

§ 34. Übersicht

I. Die vier Leistungsstörungen

In dem vorangegangenen Abschnitt hat uns die Frage beschäftigt, wann ein Rechtsgeschäft vorliegt, insbes. wann ein Vertrag wirksam zustande gekommen ist. Wir nehmen nun diejenigen Verträge heraus, die ein _Schuldverhältnis_, d. h. ein Verhältnis von Rechten und Pflichten zwischen zwei oder mehreren Personen begründen. Diese Verträge werden in der Fachliteratur (nicht im Gesetz) als _Schuldverträge_ bezeichnet, ihre Rechtswirkungen sind im zweiten Buch des BGB, dem _Schuldrecht_ (Recht der Schuldverhältnisse) geregelt. Die Rechtswirkungen werden im Gesetz manchmal aus der Sicht des Gläubigers (»Der Gläubiger ist berechtigt«), manchmal aus der Sicht des Schuldners dargestellt (»Der Schuldner ist verpflichtet«). Welche Sichtweise das Gesetz wählt, ist grundsätzlich gleichgültig.

○ Bitte lesen Sie §§ 241, 242.

§ 241 geht von der Sicht des Gläubigers, § 242 von der Sicht des Schuldners aus. Man hätte § 241 S. 1 ohne Änderung des sachlichen Inhalts auch formulieren können: »Kraft des Schuldverhältnisses ist der Schuldner dem Gläubiger gegenüber zur Bewirkung einer Leistung verpflichtet.«

Die Pflichten (Ansprüche), die sich aus einem Schuldvertrag ergeben, kann man einteilen in _Primärpflichten_ (Primäransprüche) und _Sekundärpflichten_ (Sekundäransprüche). Jeder Schuldvertrag ist zunächst auf die Erfüllung bestimmter _Primärpflichten_ gerichtet, die Art der Primärpflichten geben dem Vertrag sein eigentliches Gepräge (Kaufvertrag, Mietvertrag usw.).

○ Bitte lesen Sie die Primäranspruchsnormen §§ 433, 535, 536, 556 I, 598, 604 I, 607 I, 611, 630, 631, 662, 666, 670, 688, 693, 695.

Im Normalfalle kommt der Schuldner seinen Primärpflichten nach; das Schuldverhältnis erlischt dann durch _Erfüllung_ (§ 362 I). Werden die Primärpflichten nicht oder nicht rechtzeitig oder nicht ordnungsgemäß erfüllt, so liegt eine _Leistungsstörung_ vor, die zur Entstehung von _Sekundärpflichten,_ insbesondere zu _Schadenersatzpflichten_ führen kann. Die Regelung der Leistungsstörungen, d. h. die Regelung der Frage, wann eine Sekundärpflicht neben oder an die Stelle einer Primärpflicht treten kann, bildet das Kernstück des Schuldrechts. Es gibt vier Arten von Leistungsstörungen, die man sich am besten an Fallbeispielen klar macht.

1. Wenn V dem K ein wertvolles Bild verkauft, dieses Bild aber vor der Übereignung an K durch einen Brand vernichtet wird, liegt UNMÖGLICHKEIT vor: es ist nicht erfüllt worden, es kann auch nicht mehr erfüllt werden, die Leistung ist _nicht nachholbar._

2. Ist das Bild nicht verbrannt, hat V es aber schuldhaft versäumt, das Bild zu dem vereinbarten Termin zu liefern, so liegt VERZUG vor: es ist nicht erfüllt worden, es kann aber noch erfüllt werden, die Leistung ist _nachholbar._

3. Wenn V dem K das Bild rechtzeitig geliefert hat, aber sich dann herausstellt, daß das als echter Picasso verkaufte Bild eine Fälschung ist, so liegt ein SACHMANGEL vor: die verkaufte Sache ist zwar geliefert worden, sie hat aber einen _Fehler._

4. Wenn das Bild echt ist und dem K auch rechtzeitig übereignet wird, V aber bei der Übergabe im Laden mit dem Bild so ungeschickt hantiert, daß er es dem K vor den Kopf stößt und K einen Zahn verliert, liegt weder Unmöglichkeit noch Verzug noch ein Sachmangel vor. V hat aber den Vertrag verletzt, denn er war dem K gegenüber nicht nur zur Übergabe und Übereignung des Bildes, sondern darüber hinaus ganz allgemein zur Sorgfalt verpflichtet. Solche Fälle erfaßt der Sammelbegriff der POSITIVEN FORDERUNGSVERLETZUNG (auch positive Vertragsverletzung oder Schlechterfüllung genannt).

II. Die unerlaubte Handlung

Zum Schadensersatz verpflichtet nicht nur die schuldhaft herbeigeführte Leistungsstörung, sondern auch die schuldhafte Verletzung fremder Rechtsgüter _unabhängig_ vom Bestehen oder Nichtbestehen eines Schuldverhältnisses. Man spricht dann von einer unerlaubten Handlung. Wenn z. B. in einer Wirtschaft der Gast A dem Gast B versehentlich sein Bier über den Anzug gießt, kann von einer Leistungsstörung keine Rede sein, denn zwischen A und B bestand vor diesem Ereignis kein Schuldverhältnis. A haftet aber dem B gem. § 823 I, denn er hat das Eigentum des B widerrechtlich und fahrlässig verletzt.

III. Vertrag und unerlaubte Handlung

Häufig kann der Geschädigte aus Vertragsverletzung _und_ aus unerlaubter Handlung vorgehen. Ein solcher Fall ist der oben erwähnte, in dem V dem K das Bild vor den Kopf stößt: durch dieses Verhalten hat V seine Sorgfaltspflicht aus dem _Vertrag_ schuldhaft verletzt, K kann deshalb aus positiver Forderungsverletzung gegen ihn vorgehen. V aber hat auch den _Körper_ des K widerrechtlich und schuldhaft verletzt, K hat deshalb außerdem den Anspruch aus § 823 I. Die beiden Ansprüche schließen einander nicht aus, sie stehen zueinander in ANSPRUCHSKONKURRENZ.[1]

In einem Gutachten muß man darauf achten, daß Vertrag und unerlaubte Handlung säuberlich voneinander getrennt behandelt werden, da die beiden Rechtsinstitute verschiedene Voraussetzungen haben und teilweise auch zu verschiedenen Rechtsfolgen führen:

1 Beim Vertrag führt grundsätzlich jede schuldhafte Leistungsstörung zu einer Schadensersatzpflicht. Bei der unerlaubten Handlung gibt es nicht eine so allgemeine Regelung. Nur ganz bestimmte, im einzelnen beschriebene schädigende Handlungen verpflichten zum Schadensersatz: es gilt das sog. ENUMERATIONSPRINZIP.

2 Der wichtigste Unterschied besteht bei der Haftung für Gehilfen. Der Schuldner einer vertraglichen Pflicht haftet für das Verschulden seiner ERFÜLLUNGSGEHILFEN wie für eigenes Verschulden (§ 278 S. 1). Bei der unerlaubten Handlung ist eine Haftung für die VERRICHTUNGSGEHILFEN nur _grundsätzlich_ vorgesehen (§ 831 I S. 1), der Geschäftsherr kann sich von der Haftung befreien, indem er den Entlastungsbeweis (Exkulpationsbeweis) gem. § 831 I S. 2 führt. Wenn in dem oben erwähnten Beispiel nicht V persönlich, sondern dessen Ladenangestellter dem K das Bild vor den Kopf stößt, haftet V ohne weiteres dem K aus positiver Forderungsver-

---

[1] So jedenfalls die herrschende Lehre. In Wirklichkeit liegt nur _ein_ Anspruch vor, der mehrfach _begründet_ ist, vgl. Larenz, Schuldrecht II § 69.

letzung, weil _insoweit_ der Angestellte als Erfüllungsgehilfe des V anzusehen ist und V für dessen Verschulden nach § 278 einzustehen hat. Ob V dem K außerdem aus unerlaubter Handlung haftet, ist dagegen zweifelhaft, denn _diese_ Frage ist aus § 831 I zu entscheiden: der Angestellte wird _insoweit_ als Verrichtungsgehilfe betrachtet, und V hat die Möglichkeit der Exkulpation gem. § 831 I S. 2.

3. Unterschiedlich ist auch die Regelung beim sog. SCHMERZENSGELD. Wer eine unerlaubte Handlung begangen hat, ist unter den Voraussetzungen des § 847 auch zum Ersatz von Nichtvermögensschäden in Geld verpflichtet. Aus der Verletzung einer _vertraglichen_ Pflicht dagegen kann ein solcher Anspruch nicht hergeleitet werden. Das BGB kennt nämlich nur zwei Fälle, in denen Nichtvermögensschäden in Geld ersetzt werden: den Fall der unerlaubten Handlung gem. § 847 und den Fall der verlassenen Braut gem. § 1300 (sog. Kranzgeld). In allen anderen Fällen ist ein solcher Anspruch ausgeschlossen (vgl. § 253: »nur in den durch das Gesetz bestimmten Fällen«).

IV. Unser Vorgehen im einzelnen

In den folgenden Kapiteln werde ich zuerst die unerlaubte Handlung und die Gefährdungshaftung und danach die einzelnen vertraglichen Leistungsstörungen behandeln. Ich wähle diese Reihenfolge aus didaktischen Gründen, da manche Einzelheiten beim Vertrag erst verständlich werden, wenn man die Einzelheiten (und Unzulänglichkeiten) der unerlaubten Handlung kennt. Im Gutachten dagegen muß man _stets_ die vertragliche Haftung _vor_ der unerlaubten Handlung prüfen! In dem großen Anspruchsschema am Ende dieses Abschnitts wird dies noch einmal deutlich gemacht.

1. Kapitel. Unerlaubte Handlung und Gefährdungshaftung

§ 35. Enumerations- und Verschuldensprinzip

I. Allgemeines. Die drei Elemente der unerlaubten Handlung

1. _Generalklausel und Enumerationsprinzip_

Das deutsche Deliktsrecht kennt keine Generalklausel etwa des Inhalts: »Wer durch widerrechtliches und schuldhaftes Verhalten einem anderen einen

Schaden zufügt, ist ihm zum Ersatz dieses Schadens verpflichtet.« Eine solche Generalklausel hat man bei der Schaffung des BGB bewußt vermieden, weil man eine _uferlose Ausweitung_ der deliktischen Haftung befürchtete. Statt dessen wurden einzelne Tatbestände aufgezählt, bei deren Vorliegen eine Schadensersatzpflicht entsteht. Es gilt das Enumerationsprinzip.

2. Rechtswidrigkeit

Gemeinsam ist den §§ 823 ff. das Erfordernis der Rechtswidrigkeit. Ist ein Rechtsgut verletzt, so ist der herbeigeführte Erfolg rechtswidrig, wenn nicht _ausnahmsweise_ ein Rechtfertigungsgrund vorliegt. Im praktischen Fall muß man deshalb _stets erwähnen,_ daß die Handlung rechtswidrig ist, man braucht dies aber nicht näher zu _begründen._ Ausnahmefälle, die einen Rechtfertigungsgrund darstellen, sind z. B. Notwehr (§ 227), Defensivnotstand (§ 228), Aggressivnotstand (§ 904), Selbsthilfe (§§ 229, 230) und die Einwilligung des Inhabers des verletzten Rechtsgutes.[2]

3. Verschuldensprinzip

Mit einer Ausnahme (§ 833 S. 1) setzen die §§ 823 ff. _Verschulden_ voraus: der rechtswidrige Erfolg muß vorsätzlich oder fahrlässig herbeigeführt worden sein. Vorsätzlich handelt, wer die rechtswidrige Rechtsgüterverletzung _will,_ fahrlässig handelt, wer die im Verkehr erforderliche Sorgfalt außer acht läßt (§ 276 I S. 2). Die Fahrlässigkeit ist demnach _objektiv_ zu bestimmen. Allerdings setzt das Verschulden voraus, daß der Handelnde überhaupt _verschuldensfähig_ ist (§§ 827, 828). Nur ausnahmsweise kommt unter den Voraussetzungen des § 829 die Haftung eines Verschuldensunfähigen unter dem Gesichtspunkt der Billigkeit in Betracht.

Hat ein Verschulden des Verletzten mitgewirkt, so ist zwar der Tatbestand der unerlaubten Handlung gegeben, es wird aber der Schadensersatzanspruch entsprechend herabgesetzt (§ 254).

II. Die Grundtatbestände

Das deutsche Deliktsrecht hat drei Grundtatbestände: Schadenszufügung durch schuldhafte Verletzung eines _absoluten_ Rechtes (§ 823 I), Schadenszu-

---

[2] vgl. BGH NJW 1958, 811.

fügung durch schuldhafte Verletzung eines _Schutzgesetzes_ (§ 823 II) und vorsätzliche Schadenszufügung in einer gegen die _guten Sitten_ verstoßenden Weise (§ 826). Sondertatbestände, die in diesem Buch nicht näher erörtert werden, sind §§ 824, 836, 837.

1. Verletzung eines absoluten Rechtsgutes

§ 823 I setzt voraus, daß der Schaden infolge der rechtswidrigen und schuldhaften Verletzung eines bestimmten Rechtsgutes oder Rechtes eingetreten ist.

Verletzung des _Lebens_ bedeutet Tötung; Verletzung des _Körpers_ ist jeder Eingriff in die körperliche Unversehrtheit, Verletzung der _Gesundheit_ jede erhebliche Störung der inneren (körperlichen und seelischen) Lebensvorgänge. Unter Verletzung der _Freiheit_ ist eine Beeinträchtigung der körperlichen (nicht der gewerblichen oder wirtschaftlichen) Bewegungsfreiheit zu verstehen. Eine Verletzung des _Eigentums_ liegt nur bei einer Einwirkung auf die Sache vor, z. B. bei Zerstörung, Beschädigung, Entziehung, Veräußerung.

Schwierigkeiten bereitet die Frage, was ein _sonstiges Recht_ ist. Einigkeit besteht darüber, daß nicht _jedes_ Recht darunter fallen kann, sonst würde § 823 I zu einer Generalklausel, und der Zweck des Enumerationsprinzips – Vermeidung der Uferlosigkeit der deliktischen Haftung – würde verfehlt. Im Hinblick auf die vorher in § 823 I aufgezählten Rechtsgüter werden als sonstige Rechte nur ABSOLUTE Rechte verstanden, d. h. Rechte, die gegen _jedermann_ wirken.

a) Absolute Rechte sind insbes. die sieben _dinglichen_ Rechte sowie der _Besitz_, außerdem das _Namensrecht_ und die Ausschließlichkeitsrechte des Handels- und Urheberrechts: Firma, Warenzeichen, Patent, Gebrauchsmuster, Geschmacksmuster und die Urheberrechte der Literatur, Wissenschaft und Kunst.

Vor Jahrzehnten wurde von der Rechtsprechung _das Recht am eingerichteten und ausgeübten Gewerbebetrieb_ anerkannt, doch sah man auch hier die Gefahr der Entstehung einer Generalklausel und entschloß sich zu einer Einschränkung: Der Eingriff muß _unmittelbar_ gegen den Gewerbebetrieb als solchen gerichtet (»betriebsbezogen«) sein wie z. B. im

Falle eines Aufrufs zum Boykott, bei unzulässigem Streik, Bedrohung von Kunden, unsachlicher Kritik.

Die im Schrifttum noch umstrittene Frage, ob neben den in § 823 I aufgezählten Persönlichkeitsrechten ein *allgemeines Persönlichkeitsrecht* als »sonstiges Recht« anzuerkennen ist, hat der Bundesgerichtshof im Hinblick auf Art. 1, 2 GG in mehreren Entscheidungen, insbes. in dem berühmten Herrenreiterfall bejaht[3]. Man hat dabei in Kauf genommen, daß mit dem allgemeinen Persönlichkeitsrecht eine Generalklausel entstanden ist, die noch einer genaueren Konkretisierung, insbes. einer sorgfältigen Güter- und Interessenabwägung bedarf (Pressefreiheit!).

b) Keine Rechte im Sinne von § 823 I sind die RELATIVEN Rechte, insbes. die Forderungen (Ansprüche aus einem Schuldverhältnis), die nur gegen eine *bestimmte* Person gerichtet sind. Auch das VERMÖGEN ALS GANZES ist kein absolutes Recht, sondern ein Sammelbegriff, der die sämtlichen, einer Person zustehenden, in Geld ausdrückbaren absoluten *und* relativen Rechte umfaßt. Wollte man das Vermögen als Recht im Sinne von § 823 I anerkennen, so würde man auf einem Umwege doch noch jedes relative Recht schützen, die zuvor durchgeführte Beschränkung auf die absoluten Rechte wäre im Ergebnis wirkungslos.

Ein Beispiel für das sich bei § 823 I auswirkende Enumerationsprinzip ist der *Filmschauspielerfall:* Durch schuldhaft falsches Überholen auf der Autobahn führt der Kraftfahrer K einen Verkehrsunfall herbei, bei dem der Filmschauspieler F so schwer verletzt wird, daß er jahrelang arbeitsunfähig ist. Hier hat F gegen K den Anspruch aus § 823 I. Der Unfall hat aber noch weitere Folgen. So hat z. B. ein Filmproduzent einen Film mit F in der Hauptrolle zur Hälfte fertiggedreht, sein Schaden geht in die Millionen. Dieser Schaden ist aber nicht infolge der Verletzung eines *absoluten* Rechts des Produzenten eingetreten: Der Produzent hatte zwar gegen F einen Anspruch aus dem Dienstvertrag (§ 611), und auf diesen Anspruch hat der Kraftfahrer K eingewirkt. Dieser Anspruch ist aber ein *relatives* Recht. Auch auf sein Recht am eingerichteten Gewerbebetrieb kann der Produzent sich

---

[3] BGH 26, 349 = BB 58, 351. Die Beklagte hatte ein Werbeplakat für das Kräftigungsmittel »Okasa« mit der Abbildung eines Turnierreiters (des Klägers) ohne dessen Einwilligung verbreitet.

nicht berufen, da der Eingriff nicht unmittelbar erfolgte. Ergebnis: Der Produzent hat nicht den Anspruch aus § 823 I.

2. Verletzung eines Schutzgesetzes

§ 823 II setzt eine Schadenszufügung durch rechtswidrige und schuldhafte Verletzung eines Gesetzes voraus, das den Schutz »eines anderen« bezweckt. Es gibt sehr viele Schutzgesetze in diesem Sinne, z. B. große Teile des Strafgesetzbuches, aber auch viele Gebote und Verbote des Straßenverkehrsrechts und des Lebensmittel-, Arznei- und Pflanzenschutzrechts. Allerdings gelten zwei Einschränkungen:

a) Bei dem Schutzgesetz muß es sich um eine Norm handeln, die einzelne Personen oder Personengruppen vor Schaden bewahren und nicht nur die Allgemeinheit schützen soll wie z. B. die Strafvorschriften über Hochverrat, Steuerhinterziehung oder Devisenvergehen.

b) Der Schutzzweck der Norm ist zu beachten: Schadensersatz kann nur derjenige verlangen, zu dessen Schutz die Norm erlassen wurde, und nur wegen des Schadens, den die Schutznorm verhindern sollte.

Dies wird an dem oben erwähnten Filmschauspielerfall deutlich: Der Schauspieler kann seinen Schadensersatzanspruch auch aus §§ 823 II, 5 StVO begründen. Dagegen kann der Produzent nicht aus § 823 II vorgehen, da der das Überholen regelnde § 5 StVO nur die Teilnehmer am Straßenverkehr schützen soll.

3. Sittenwidrige vorsätzliche Schadenszufügung

Auch für § 826 hat die Unterscheidung zwischen absoluten und relativen Rechten keine Bedeutung. Statt dessen wird vorausgesetzt, daß das Verhalten des Schädigers gegen die guten Sitten verstößt. Außerdem muß der Schädiger dem anderen den Schaden vorsätzlich zugefügt haben. Zumindest ist Eventualvorsatz notwendig. (Die Schädigung wird zwar nicht als sicher, aber als möglich gesehen und in Kauf genommen.)

Um den Filmschauspielerfall zum Abschluß zu bringen: Der Kraftfahrer haftet dem Produzenten schon deshalb nicht aus § 826, da er die Schädigung des Produzenten nicht vorsätzlich, nicht einmal mit Eventualvorsatz, herbeigeführt hat.

III. Haftung für Verrichtungsgehilfen

Sehr problematisch ist im deutschen Recht die Haftung des Geschäftsherrn für die unerlaubten Handlungen seiner Verrichtungsgehilfen ausgestaltet worden. Zu einer Preisgabe des Verschuldensprinzips, d. h. zu einer Haftung des Geschäftsherrn ohne eigenes Verschulden, konnte sich der Gesetzgeber nicht entschließen. So entstand ein gemischter Tatbestand, der als Regel die Haftung gem. § 831 I S. 1, als Ausnahme die Nichthaftung des Geschäftsherrn vorsah (§ 831 I S. 2). Die vom Gesetz vorgesehene Ausnahme ist aber in der Praxis die Regel.

1. Das Vorliegen der Voraussetzungen des § 831 I S. 1 hat der Geschädigte zu beweisen.

   a) Der Gehilfe muß zu *einer Verrichtung bestellt* sein, d. h. es muß ihm eine Tätigkeit übertragen worden sein, bei deren Ausführung er von den Weisungen des Geschäftsherrn mehr oder weniger abhängig ist. Selbständige Bauunternehmer und Handwerksmeister sind in der Regel keine Verrichtungsgehilfen des Bauherrn.

   b) Die Handlung des Gehilfen muß in *Ausführung* der Verrichtung, nicht nur bei deren *Gelegenheit* begangen worden sein, d. h. die Handlung muß noch in den allgemeinen Kreis der Maßnahmen fallen, die eine Ausführung der Verrichtung darstellen, muß mit der Verrichtung in einem *inneren Zusammenhang* stehen. Deshalb fallen Diebstähle in der Regel nicht unter § 831. Es kann in solchen Fällen aber eine Haftung des Geschäftsherrn direkt aus § 823 I vorliegen, z. B. wenn er einem wegen Diebstahl Vorbestraften durch die Verrichtung Gelegenheit zu neuen Diebstählen gegeben hat.

   c) Der Gehilfe muß eine unerlaubte Handlung im Sinne der §§ 823 ff. *widerrechtlich* begangen haben. Ein Verschulden des Gehilfen wie überhaupt Verschuldensfähigkeit (Deliktsfähigkeit) ist nicht erforderlich, es sei denn, daß der Tatbestand der unerlaubten Handlung Vorsatz voraussetzt (z. B. der Betrug bei § 823 II sowie jeder Fall des § 826).

2. Liegen die Voraussetzungen des § 831 I S. 1 vor, so ist grundsätzlich von der Haftung der Geschäftsherrn auszugehen. Die Nichthaftung gem. § 831 I S. 2 ist nach der Stellung im Gesetz eine Ausnahme, deren Vorliegen zu beweisen hat, wer sich auf sie beruft. Der Geschäftsherr muß

also den EXKULPATIONSBEWEIS führen, wenn er sich von der Haftung befreien will.

a) Er muß beweisen, daß er bei der *Auswahl der Person* die im Verkehr erforderliche Sorgfalt beachtet hat. Das Maß der Sorgfalt richtet sich nach der Art der Verrichtung, es ist z. B. bei einem angestellen Kraftfahrer größer als bei einem Bauhilfsarbeiter. Da der Gehilfe im Zeitpunkt der *Schadenszufügung* sorgfältig ausgewählt sein muß, reicht Sorgfalt bei der Einstellung nicht aus. Der Geschäftsherr muß sich auch später vergewissern, daß der Gehilfe noch zu der Verrichtung befähigt ist. Dadurch ergibt sich bei Dauerbeschäftigungen eine gewisse Aufsichtspflicht.

Bei Großbetrieben kann und muß unter Umständen die Auswahl und Überwachung der Gehilfen einem höheren Angestellten übertragen werden. Dann muß dieser Angestellte mit Sorgfalt ausgewählt und außerdem durch eine ausreichende *Organisation* die ordnungsgemäße Auswahl und Beaufsichtigung der Gehilfen gesichert sein.

b) Waren vom Geschäftsherrn *Vorrichtungen* oder *Gerätschaften* zu beschaffen, so muß er nachweisen, daß er auch hierbei die erforderliche Sorgfalt beachtet hat.

c) Eine *Leitungspflicht* obliegt dem Geschäftsherrn nur bei außergewöhnlichen Tätigkeiten, für den Regelfall scheidet sie aus.

d) Statt den Nachweis der Sorgfalt zu erbringen, kann sich der Geschäftsherr auch auf den Nachweis beschränken, daß der Schaden auch bei Anwendung aller erforderlichen Sorgfalt von seiner Seite entstanden sein würde, d. h. daß seine Sorgfaltsverletzung für den angerichteten Schaden *nicht ursächlich* gewesen ist, z. B. daß der Schaden auch bei Bestellung einer zuverlässigen Person entstanden sein würde.

3. Die Regelung des § 831 I ist unbefriedigend. In der Praxis ist der Exkulpationsbeweis die Regel. Der Geschädigte wird in einem solchen Fall versuchen, sich gem. § 831 II an den Betriebsführer oder Bauführer oder Werkmeister zu wenden, der durch Vertrag die Aufsicht über den Gehilfen übernommen hat. Aber auch hier muß er mit dem Exkulpationsbeweis rechnen. So bleibt ihm oft nur der Anspruch gegen den Gehilfen

selber, wenn dieser schuldhaft gehandelt hat. Der Gehilfe aber ist in der Regel vermögenslos[5].

Eine Ausnahme zu dem hier Gesagten enthält § 3 des Haftpflichtgesetzes von 1871. Danach haftet, wer ein Bergwerk, einen Steinbruch, eine Grube oder eine Fabrik betreibt, ohne Rücksicht auf eigenes Verschulden auf Schadensersatz, wenn infolge des Verschuldens eines leitenden Angestellten der Tod oder die Körperverletzung eines Menschen herbeigeführt worden ist[6].

IV. Zusammenfassung

Die beiden wichtigsten Merkmale des deutschen Deliktrechts sind:
1. Es wurde nach dem Enumerationsprinzip ausgestaltet. Dadurch wurde eine Uferlosigkeit der deliktischen Haftung vermieden. Es mußten aber gewisse Lücken in Kauf genommen werden, deren Auffüllung der Rechtsprechung überlassen wurde (Recht am eingerichteten und ausgeübten Gewerbebetrieb, allgemeines Persönlichkeitsrecht).
2. Bei der Haftung des Geschäftsherrn für seine Gehilfen blieb das Gesetz dem Verschuldensprinzip verhaftet. Dadurch ist eine allzu unternehmerfreundliche Regelung entstanden, die den Geschädigten oft schutzlos läßt.

Auf diese beiden Merkmale werden wir bei der Behandlung des Schadensrechts in diesem Abschnitt immer wieder zurückkommen. Viele Rechtsinstitute erlangen erst im Hinblick auf sie Bedeutung.

§ 36. Die Haftung der juristischen Personen
I. Juristische Personen des Privatrechts

Begeht ein Vorstandsmitglied oder ein nach der *Verfassung* bestellter Vertreter eines eingetragenen Vereins in Ausführung der ihm zustehenden Ver-

---

[5] Im Jahre 1967 hat das Bundesjustizministerium einen Referentenentwurf vorgelegt, der eine Änderung des § 831 vorsieht: der Geschäftsherr soll nur noch für *schuldhafte* unerlaubte Handlungen seiner Verrichtungsgehilfen haften, dafür soll die Exkulpationsmöglichkeit entfallen (Referentenentwurf eines Gesetzes zur Änderung und Ergänzung schadensersatzrechtlicher Vorschriften, Bonn 1967).

[6] Diese Vorschrift hat nur für die Verletzung Außenstehender Bedeutung. Den gegen Unfall versicherten Arbeitnehmern und ihren Angehörigen haftet ein Unternehmer bei Betriebsunfällen überhaupt nur dann, wenn er den Unfall *vorsätzlich* herbeigeführt hat (§ 636 der Reichsversicherungsordnung).

richtung eine unerlaubte Handlung, so haftet der Verein nicht nach § 831 I S. 1, sondern gem. §§ 31, 823 ff. ohne die Möglichkeit eines Exkulpationsbeweises. Diese Regelung erklärt sich daraus, daß Vorstand und verfassungsmäßig berufene Vertreter _Organe_ sind, durch die der Verein am Verkehr teilnimmt. Das Verschulden dieser Personen ist Verschulden des _Vereins selbst._ § 31 gilt mangels abweichender Regelung in Sondergesetzen auch für die handelsrechtlichen Sonderformen des Vereins: die Aktiengesellschaft, die GmbH und die Genossenschaft. Für die Stiftung gilt er kraft Verweisung (§ 86). Darüber hinaus gilt § 31 analog für die offene Handelsgesellschaft, die Kommanditgesellschaft und den nichtrechtsfähigen Verein, nicht aber für die Gesellschaft bürgerlichen Rechts.

Für die unerlaubten Handlungen derjenigen, die ihre Stellung nicht direkt aus der Satzung oder dem Gesellschaftsvertrag ableiten, verbleibt es bei § 831.

II. Juristische Personen des öffentlichen Rechts

Auch die Haftung der öffentlich-rechtlichen Dienstherren ist besonders geregelt worden. Sie richtet sich danach, ob die schädigende Handlung in Ausübung hoheitlicher oder privatrechtlicher (sog. fiskalischer) Tätigkeit begangen wurde.

Öffentlich-rechtliche Dienstherren sind die Bundesrepublik, die Länder, Gemeinden und sonstigen öffentlich-rechtlichen Körperschaften (Zweckverbände, berufsständische Organisationen: Innungen und Kammern) und Anstalten (die Träger der Sozialversicherungen, die Universitäten, die meisten kommunalen Sparkassen).

1. Hoheitliche Tätigkeit

Für den Fall der hoheitlichen Tätigkeit hat § 839 BGB, der eine ausschließliche Sonderregelung zu den §§ 823 ff. darstellt, eine Änderung durch Art. 34 GG erfahren:

»Verletzt jemand in Ausübung eines ihm anvertrauten öffentlichen Amtes die ihm einem Dritten gegenüber obliegende Amtspflicht, so trifft die Verantwortlichkeit grundsätzlich den Staat oder die Körperschaft, in deren Dienst er steht. Bei Vorsatz oder grober Fahrlässigkeit bleibt der Rückgriff vorbehalten. Für den Anspruch auf Schadensersatz und für den Rückgriff darf der ordentliche Rechtsweg nicht ausgeschlossen werden.«

Das bedeutet: Entgegen dem Wortlaut des § 839 BGB haftet _der öffentliche_

§ 36. Die Haftung der juristischen Personen

Amtsträger dem Geschädigten überhaupt nicht. Wenn die Voraussetzungen des § 839 vorliegen, so haftet *an Stelle des Beamten* der öffentlich-rechtliche Dienstherr. Der Beamte selber kann nur von seinem Dienstherrn im Regreßwege in Anspruch genommen werden.

2. Fiskalische Tätigkeit

Lag fiskalische, d. h. privatrechtliche Tätigkeit vor, so haftet der Dienstherr gem. § 89 BGB wie ein eingetragener Verein:

a) für die unerlaubten Handlungen verfassungmäßig bestellter Vertreter gem. §§ 31, 89 in Verbindung mit §§ 823 ff.,
b) für Vertreter der Körperschaft, die ihre Stellung nicht aus der Satzung selbst, sondern von einem Organ ableiten, nach den allgemeinen Grundsätzen, also bei unerlaubten Handlungen nach §§ 831 I, 823 ff.

3. Abgrenzungsfragen

Die Unterscheidung zwischen hoheitlicher und fiskalischer Handlung läßt sich nicht scharf durchführen. Die Rechtsprechung neigt in den letzten Jahrzehnten dazu, den Begriff der hoheitlichen Handlungen mehr und mehr auszudehnen, was einen besseren Schutz des Geschädigten zur Folge hat.

a) *Hoheitliche Tätigkeit* wird nicht nur bei Einsatz staatlicher Zwangsmittel, sondern grundsätzlich im ganzen Bereich der öffentlichen Verwaltung ausgeübt. Kennzeichnend ist in der Regel das Verhältnis von Über- und Unterordnung. Zur hoheitlichen Tätigkeit gehören deshalb auch das Wohlfahrtswesen sowie das Schul- und Hochschulwesen: verletzt ein Chemieprofessor einen Studenten bei einem Experiment, so kann der Student aus § 839 BGB, Art. 34 GG vorgehen. Nach neuerer Rechtsprechung ist auch der Betrieb der *Bundespost* hoheitliche Betätigung.

b) *Privatrechtliche Tätigkeit* wird entfaltet, wenn der Staat in Gleichberechtigung mit den Personen auftritt. Als Unterscheidungsmerkmal zum hoheitlichen Handeln wird häufig der — allerdings nicht immer zutreffende — Grundsatz verwandt, daß fiskalische Tätigkeit vorliege, wenn die Handlungen auch von Privatpersonen vorgenommen werden könnten. Aus diesem Grunde rechnet man die Erfüllung der Verkehrssicherungspflicht auf öffentlichen Straßen und Plätzen und in öffentlichen Gebäuden sowie die Tätigkeit der städtischen Krankenhäuser, der städtischen Verkehrsmittel und der Bundesbahn (ausgenommen die Bahnpolizei) zum privatrechtlichen Geschäftskreis: es gibt auch Privatwege, Privatkrankenhäuser und Privatbahnen. Privatrechtlichen Charakter haben außerdem die kommunalen Gasanstalten, Elektrizitäts- und Wasserwerke.

§ 37. Gefährdungshaftung

Es gibt eine Reihe von gesetzlichen Haftungstatbeständen, die völlig vom Verschuldensprinzip abgehen und den Haftungsgrund der *Gefährdung* gemeinsam haben. Man spricht deshalb von Gefährdungshaftung.

I. Tiere

Die Tierhalterhaftung ist der »klassische« Fall der Gefährdungshaftung. Wer ein Tier hält, schafft damit eine Gefahrenquelle: auch durch sorgfältige Beaufsichtigung kann die Möglichkeit nicht ausgeschlossen werden, daß das Tier in seiner Unberechenbarkeit Schäden anrichtet. Das Halten von Tieren ist grundsätzlich nicht verboten. Wenn aber das Tier Schäden anrichtet, haftet der Halter gem. § 833 S. 1 ohne Rücksicht auf eigenes Verschulden. Es muß sich nur um eine »typische Tiergefahr« handeln: wer über einen friedlich schlafenden Hund stolpert und sich verletzt, kann nicht aus § 833 Schadensersatz verlangen[8]. TIERHALTER ist, wer das Tier nicht nur ganz vorübergehend im eigenen Interesse in seinem Hausstand oder Gewerbebetrieb hat.
Im Jahre 1908 wurde auf Betreiben der Landwirtschaft § 833 S. 2 eingefügt. Danach ist die Tierhalterhaftung lediglich *Verschuldenshaftung*, wenngleich mit vermutetem Verschulden (§ 833 S. 1 ist Regel, § 833 S. 2 ist Ausnahme), wenn

a) es sich um ein Haustier handelt und
b) dieses Haustier dem Berufe, der Erwerbstätigkeit oder dem Unterhalte des Halters zu dienen bestimmt ist.

II. Wildschäden

Auch die Haftung für Wildschäden bestand schon vor dem BGB. Sie ist der Ausgleich für das den Bauern auferlegte Verbot, Wild auf ihren Äckern zu töten, und war zunächst in § 835 geregelt. Heute gilt das Bundesjagdgesetz

---

[8] Larenz, Schuldrecht II § 71 II.

von 1952, das grundsätzlich eine Gefährdungshaftung des Jagdberechtigten für Wildschäden an Grundstücken sowie an den abgeernteten, noch nicht eingeholten Früchten vorsieht.

III. Gefahren durch die Technik

Im 20. Jahrhundert rückt der Gedanke der Gefährdungshaftung für Personen- und Sachschäden durch technische Anlagen mehr und mehr in den Vordergrund. Eine Generalklausel besteht auch hier nicht. Es sind nur eine Reihe von *Sondergesetzen* geschaffen worden, die bestimmte Einzelfälle erfassen. Die Gefährdungshaftung ist mehr oder weniger scharf ausgeprägt. Gemeinsam haben die Sondergesetze zwei Einschränkungen:

a) Es wird, von zwei Ausnahmefällen abgesehen (Verletzung durch Militärluftfahrzeuge und schuldhaft herbeigeführte Verletzung durch Kernenergie), kein Anspruch auf Ersatz von *Nichtvermögensschäden* in Geld (Schmerzensgeld) gewährt.

b) Die Haftung ist auf gewisse *Höchstbeträge* beschränkt.

Deshalb ist im Einzelfall stets zu prüfen, ob neben der Gefährdungshaftung eine *Verschuldenshaftung* gem. 823 ff. besteht.

1. *Eisenbahnen*

Nach § 1 des Haftpflichtgesetzes haftet ein Eisenbahnunternehmer für Schäden, die bei dem Betrieb einer Schienenbahn oder Schwebebahn entstanden sind. Der Anspruch ist nur bei »höherer Gewalt« ausgeschlossen, d. h. bei Ereignissen, die von außen durch elementare Naturkräfte oder Handlungen dritter Personen herbeigeführt worden sind und die auch durch die *äußerste* der Bahn zumutbare Sorgfalt nicht abgewendet werden konnten. Durch das Sachschadengesetz von 1940 wurde die Haftung auf Sachschäden erweitert.

2. *Kraftfahrzeuge*

Die Haftung des Kraftfahrzeughalters ist im Straßenverkehrsgesetz von 1952 geregelt. Gem. § 7 StVG haftet der Halter, außer wenn ein »unabwendbares Ereignis« vorliegt, das »weder auf einem Fehler in der Beschaffenheit des Fahrzeugs noch auf einem Versagen seiner Verrichtungen beruht«. Gegenüber Insassen besteht die Gefährdungshaftung nur bei entgeltlicher, geschäftsmäßiger Personenbeförderung (§ 8a StVG).

3. Luftfahrzeuge

Für Unfälle im Luftverkehr gilt das Luftverkehrsgesetz von 1922. Bei der Haftung ist zu unterscheiden:

a) Gegenüber den *Fluggästen* sowie den Personen, die Frachtgut oder Reisegepäck aufgegeben haben, haftet der Luftfrachtführer nur dann, wenn er nicht nachweist, daß er und seine Leute alle erforderlichen Maßnahmen zur Verhütung des Schadens getroffen haben oder daß sie diese Maßnahmen nicht treffen konnten (§§ 44, 45 LuftVG).

b) Gegenüber *Unbeteiligten* haftet der Halter des Luftfahrzeugs in jedem Falle, selbst bei höherer Gewalt (absolute Gefährdungshaftung).

4. Energieleitungen

Nach § 2 Haftpflichtgesetz besteht eine Gefährdungshaftung für Personen- und Sachschäden bei Anlagen zur Fortleitung oder Abgabe (nicht Herstellung) von Elektrizität, Gasen, Dämpfen oder Flüssigkeiten.

5. Atomenergie

Das Gesetz über die friedliche Verwendung der Kernenergie und den Schutz gegen ihre Gefahren von 1959 (Atomgesetz) enthält eine ausführliche Regelung der Haftung für Atomschäden.

a) Die Inhaber von Kernanlagen, Reaktorschiffen und anderen Anlagen der Atomindustrie, die Abfallbeseitigung eingeschlossen (Atommüll), unterliegen einer absoluten Gefährdungshaftung für Personen- und Sachschäden.

b) Für den sonstigen Besitz von radioaktiven Stoffen (Isotopen) besteht eine Gefährdungshaftung, die der Haftung des Kraftfahrzeughalters nachgebildet ist.

6. Arzneimittel

Nach dem Arzneimittelgesetz von 1976 besteht eine Gefährdungshaftung der pharmazeutischen Unternehmer für den Fall, daß der Schaden seine Ursachen im Bereich der Entwicklung oder Herstellung hat oder infolge unzureichender Kennzeichnung oder Gebrauchsinformation entstanden ist.

§ 38. Rechtspflichten zum Handeln

I. Übersicht: positives Tun und Unterlassen

Man kann grundsätzlich zwischen zwei Arten menschlichen Verhaltens unterscheiden: dem positiven Tun und dem Unterlassen. Diese etwas trivial anmutende Einteilung hat für das Schadensrecht große Bedeutung. Unterscheiden wir zunächst für § 823 I:

1. Wer durch ein *positives Tun* ein Recht im Sinne von § 823 I verletzt, handelt grundsätzlich widerrechtlich, nur ausnahmsweise rechtmäßig. Hat er auch schuldhaft gehandelt, so haftet er auf Ersatz des durch die Verletzung entstandenen Schadens.

2. Eine *Unterlassung* führt nur dann zu einer Schadensersatzpflicht aus § 823 I, wenn eine *Rechtspflicht zum Handeln* bestand und die *pflichtwidrige Unterlassung* die Verletzung eines absoluten Rechtes zur Folge hatte. Diese *Rechtspflicht zum Handeln* ist eine *Ausnahme*. Eine allgemeine Pflicht, andere vor Schaden zu bewahren, gibt es nicht. Eine solche Pflicht würde ins Uferlose gehen, sie wäre praktisch gar nicht zu verwirklichen.

II. Rechtspflichten zum Handeln aus Gesetz und Vertrag

Eine Rechtsverpflichtung zum Handeln kann auf Gesetz (z. B. § 1626) beruhen, sie kann sich auch aus einem Vertrag ergeben: wenn Kindermädchen, Fahrlehrer, Schwimmlehrer, Bergführer usw. ihre vertragliche Sorgfaltspflicht nicht erfüllen und infolgedessen eine der ihnen anvertrauten Personen oder auch ein unbeteiligter Dritter verletzt wird, so ist durch Unterlassung eine rechtswidrige, schuldhafte Körperverletzung herbeigeführt worden, die nach § 823 I zum Schadensersatz verpflichtet.

III. Rechtspflichten zum Handeln aus vorangegangenem gefahrschaffendem Tun

Gewohnheitsrechtlich gilt der Satz, daß, wer durch sein Tun eine Gefahrenlage schafft, ausreichende und geeignete Maßnahmen zur Abwendung von Schäden ergreifen muß.

1. Dieser Grundsatz führt zu einer allgemeinen Sorgfaltspflicht derjenigen, die gefährliche *Gegenstände* in ihrer Verfügungsgewalt haben (Schußwaffen, Sprengstoffe, Gift, gefahrbringende Maschinen, Fahrzeuge und

Tiere), oder gefahrbringende <u>Unternehmungen</u> durchführen (Autorennen, Sportveranstaltungen). Wird diese Sorgfaltspflicht nicht beachtet und infolgedessen eine Person getötet oder verletzt oder eine Sache beschädigt, so haftet der Pflichtige aus § 823 I. Daneben kann eine Haftung aus § 823 II (Schutzgesetz), aus § 831 I und aus der in den Sondergesetzen und § 833 geregelten Gefährdungshaftung bestehen.

2. Auf diesem Grundsatz beruht auch die <u>ALLGEMEINE VERKEHRSSICHERUNGSPFLICHT</u>. Wer auf dem ihm gehörenden oder dem seiner Verfügung unterstehenden Grund und Boden einen Verkehr für Menschen eröffnet, schafft damit eine Gefahrenquelle. Er hat deshalb geeignete und ausreichende Maßnahmen zu treffen, um Schaden von den Verkehrsteilnehmern abzuwenden. Das gilt für den öffentlichen Verkehr (auf Straßen, Plätzen, in öffentlichen Gebäuden) ebenso wie für den beschränkten und privaten (in Warenhäusern, Gastwirtschaften, Miethäusern).

3. Diese Pflichten gehen zwar von dem *Gefährdungsgedanken* aus, führen aber nur zu einer Haftung — dies sei noch einmal betont —, wenn die Voraussetzungen des § 823 I vorliegen (Verschulden!); sie sind von dem Gedanken der *Gefährdungshaftung*, der vom Verschuldensprinzip völlig abgeht, *streng zu trennen*.

In der Handhabung durch die Gerichte laufen diese Sicherungspflichten allerdings im Ergebnis oft auf eine Gefährdungshaftung hinaus, obwohl immer wieder betont wird, die Sicherungspflicht dürfe nicht »überspannt« werden. Der Sicherungspflichtige kann meist die Sicherungsmaßnahmen nicht selber durchführen und muß deshalb andere Personen mit der Durchführung dieser Maßnahmen beauftragen. Die ihm dann obliegende Pflicht, den Sicherungsapparat sorgfältig zu *organisieren* und zu *kontrollieren*, wird von den Gerichten oft so hochgeschraubt, daß, wenn Unfälle geschehen, meist ein Verschulden des Sicherungspflichtigen, bei juristischen Personen ein Verschulden eines Organs (§ 31), nachgewiesen werden kann, so daß die Voraussetzungen des § 823 I gegeben sind. Der Sinn dieses Verfahrens ist ersichtlich: man will dem Verletzten einen Schutz geben, wo § 831 I versagt.

Es sei noch hervorgehoben, daß durch die Schaffung der Gefahrenquelle allein nur eine *allgemeine* Sicherungspflicht, *kein konkretes Schuldverhältnis* zu einer bestimmten Person begründet wird. Die Verletzung dieser allgemeinen Pflicht kann also immer nur zu einer Haftung aus unerlaubter Handlung führen; es gilt nicht § 278. Die Verwechslung liegt so nahe, weil sich in einem praktischen Fall eine _allgemeine_ Sicherungspflicht aus der Verkehrseröffnung und gleichzeitig eine _besondere_ Sicherungspflicht aus einem Vertrage oder einem vertragsähnlichen Schuldverhältnis ergeben kann. Die allgemeine Sicherungspflicht führt auch in einem solchen Falle nur zur Haftung aus unerlaubter Handlung. Soweit eine Sicherungspflicht durch den Vertrag oder die Vertragsanbahnung besonders begründet ist, führt ihre Verletzung außerdem zur Haftung aus Vertrag bzw. aus culpa in contrahendo. Es besteht dann Anspruchskonkurrenz.

§ 39. Kausalität und Adäquanz. Der Ersatzanspruch

I. Kausalität und Adäquanz

1. Logisch-naturwissenschaftliche Kausalität

Einen Schaden braucht grundsätzlich nur zu ersetzen, wer den Schaden verursacht hat. Da das deutsche Deliktsrecht keine generelle Verpflichtung zum Ersatz jedes schuldhaft verursachten Schadens kennt, sondern nach dem Enumerationsprinzip ausgestaltet ist, muß man bei der Frage der Kausalität folgendermaßen vorgehen (Beispiel: Anspruch aus § 823 I):

a) Man muß zuerst prüfen, ob das _Verhalten_ für die _Verletzung eines absoluten Rechts_ ursächlich gewesen ist (sog. haftungsbegründende Kausalität).
b) Dann prüft man, ob die Verletzung des absoluten Rechts für den Eintritt des _Schadens_ ursächlich geworden ist (sog. schadensausfüllende Kausalität).

Bei § 823 I sieht das folgendermaßen aus:

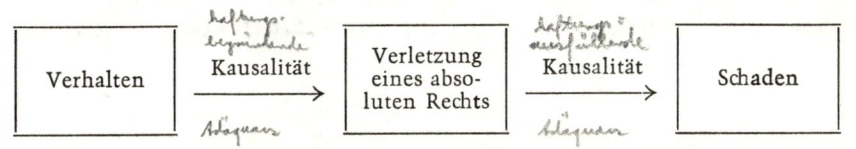

Verhalten	Kausalität →	Verletzung eines absoluten Rechts	Kausalität →	Schaden

Im Normalfall ist die Frage der Kausalität kein Problem. Sie wird deshalb in einem Gutachten nur erwähnt, wenn der Sachverhalt besondere Veranlassung gibt. Dabei bedient man sich am besten der _Formel_: ein Ereignis ist kausal, wenn es nicht hinweggedacht werden kann, ohne daß auch der Erfolg entfiele (conditio sine qua non).

2. Adäquanz

Das Schadensrecht wird zwar vom Gedanken der Kausalität beherrscht, doch werden dem Schädiger nur solche Folgen zugerechnet, die nach der Lebenserfahrung *generell voraussehbar waren:* die Folgen müssen der Ursache *adäquat* sein. Es fehlt an der Adäquanz, wenn die Ursache nach der allgemeinen Lebenserfahrung völlig ungeeignet war, einen solchen Erfolg herbeizuführen. (Die negative Fassung ist vorzuziehen, da sie weiter ist.) Wenn man in der obigen Zeichnung unter die beiden Pfeile noch jeweils das Wort »Adäquanz« setzt, ist die Zeichnung komplett.

II. Art und Umfang des Ersatzanspruchs

Steht fest, *daß* Schadensersatz zu leisten ist, so kann man zu der Frage übergehen, *wie* der Schaden zu ersetzen ist. Die Frage ist im Allgemeinen Teil des Schuldrechts zusammenfassend geregelt. (Bitte lesen Sie §§ 249 bis 255.) Darüber hinaus bestehen für die unerlaubte Handlung einige Sonderregeln.

1. *Naturalrestitution*

Zunächst ist vom Grundsatz der Naturalrestitution auszugehen. (Bitte lesen Sie noch einmal § 249 S. 1.)

2. *Schadensersatz in Geld*

In den meisten Fällen wird der Schaden durch Geldzahlung ersetzt. Das kann der Geschädigte in den Fällen der §§ 249 S. 2, 250, 251 I verlangen. Der Schuldner hat unter den Voraussetzungen des § 251 II das Recht, die Naturalrestitution zu verweigern und Geldersatz zu leisten.

3. *Entgangener Gewinn*

Daß der Schaden auch den entgangenen Gewinn umfaßt, ergibt sich eigentlich schon aus § 249 S. 1; insoweit enthält § 252 S. 1 nur eine Bestätigung. Bei der Gewinnberechnung kann der Gläubiger wählen:

a) Er kann den Schaden _konkret_ berechnen, z. B. durch den Nachweis, daß er die zerstörte Sache zu einem bestimmten Preis verkauft hätte.
b) Häufig ist das dem Gläubiger nicht möglich. Hier gibt ihm § 252 S. 2 durch die Möglichkeit der _abstrakten_ Schadensberechnung eine Beweiserleichterung.

4. Schmerzensgeld

Sehr wichtig ist die Einschränkung des § 253. Ein Ersatz von Nichtvermögensschäden _in Geld_ ist nur »in den durch das Gesetz bestimmten Fällen« zu leisten. Diese Fälle sind § 847, das sog. Schmerzensgeld, und § 1300, das sog. Kranzgeld.

Es muß also einer der Tatbestände der §§ 823 ff. vorliegen, und zwar als Körper- oder Gesundheitsverletzung oder Freiheitsentziehung. Das hat folgende Konsequenzen:

a) Schmerzensgeld kommt nicht in Betracht, wenn zwar einer der Tatbestände der §§ 823 ff. erfüllt ist, aber nicht eine Körper-, Gesundheits- oder Freiheitsverletzung, sondern z. B. die Verletzung eines sonstigen Rechts, etwa eines Urheberrechts, vorliegt. Eine Ausnahme hat der Bundesgerichtshof unter Durchbrechung des § 253 für den Fall der Verletzung des allgemeinen Persönlichkeitsrechtes im Herrenreiterfall geschaffen, da hier eine besonders grobe Verletzung dieses Rechts vorlag. Der Herrenreiterfall ist als Ausnahmefall anzusehen. Vorsicht bei Verallgemeinerungen!
b) Schmerzensgeldansprüche bestehen _nicht aufgrund der in den Sondergesetzen geregelten Gefährdungshaftungstatbestände_. Ausnahmen gelten bei Verletzungen durch Militärluftfahrzeuge und bei schuldhaften Verletzungen durch Kernenergie. Außerdem kann die Tierhalterhaftung gem. § 833 zu Schmerzensgeldansprüchen führen, da sie im BGB unter dem Titel »Unerlaubte Handlung« geregelt ist. Auf diesen Titel bezieht sich § 847.
c) Aufgrund einer Vertragsverletzung kann kein Schmerzensgeld gefordert werden.

5. Der Schaden Dritter

Nähere Bestimmungen über Art und Umfang der Haftung bei der unerlaubten Handlung enthalten außerdem die §§ 842 ff. (Bitte lesen Sie §§ 842 bis 853.) Die wichtigste Sonderregel wurde bereits erwähnt (§ 847). Es ist dann noch auf §§ 844, 845 hinzuweisen, die einen Schadensersatzanspruch auch solchen Personen gewähren, die nicht selber verletzt worden sind, sondern infolge der Verletzung eines *anderen* einen Vermögensschaden erlitten haben. Diese sog. *Drittgeschädigten* hätten ohne die §§ 844, 845 keinen Schutz.

§ 40. Zusammenfassung und Anspruchsschema

A. Unerlaubte Handlung

Die Haftung aus unerlaubter Handlung geht auf vollen Schadensersatz, in den Fällen des § 847 auch auf *Schmerzensgeld*. Außerdem wird in den Fällen der §§ 844, 845 ausnahmsweise der *Drittschaden* ersetzt.

1. Die Grundtatbestände sind
    a) § 823 I (absolutes Recht),
    b) § 823 II (Schutzgesetz),
    c) § 826 (Sittenwidrigkeit und Vorsatz).

2. Bei der Haftung des Geschäftsherren ist zu unterscheiden:

    a) Er haftet grundsätzlich gem. §§ 831 I, 823 ff. für rechtswidrige unerlaubte Handlungen seiner *Verrichtungsgehilfen*, kann aber gem. § 831 I S. 2 den Entlastungsbeweis führen.

    b) Daneben kommt eine Haftung des Geschäftsherrn *direkt* aus § 823 I in Betracht, wenn dem Geschäftsherrn eine Rechtspflicht zum Handeln (z. B. die allgemeine Verkehrssicherungspflicht) oblag und infolge seines Nichthandelns eine Rechtsverletzung im Sinne des § 823 I eingetreten ist.

3. *Juristische Personen des Privatrechts* haften für Organe ohne Entlastungsmöglichkeit gem. §§ 31, 823, für andere Gehilfen nur gem. § 831. Dies gilt entsprechend auch für die OHG und KG.

4. *Öffentlich-rechtliche Dienstherren* haften bei hoheitlicher Betätigung ohne Entlastungsmöglichkeit nach § 839 BGB, Art. 34 GG, bei privatrechtlicher Tätigkeit wie juristische Personen des Privatrechts.

B. Gefährdungshaftung

Die Gefährdungshaftung besteht unabhängig vom Verschulden, sie wird unabhängig von der unerlaubten Handlung (im Sinne der Verschuldenshaftung) geprüft. Wir merken uns nur

1. die Haftung des KRAFTFAHRZEUGHALTERS gem. § 7 StVG. Der Halter haftet, außer wenn ein »unabwendbares Ereignis« vorliegt, das »weder auf einem Fehler in der Beschaffenheit des Fahrzeugs noch auf einem Versagen seiner Verrichtungen beruht«. Gegenüber Insassen besteht die Gefährdungshaftung nur bei entgeltlicher, geschäftsmäßiger Personenbeförderung (§ 8a StVG). Die Haftung ist auf Höchstsummen beschränkt. Kein Schmerzensgeld;

2. die Haftung des TIERHALTERS gem. § 833 S. 1. Da diese Haftung im BGB geregelt ist, haftet der Halter ohne Begrenzung auf eine Höchstsumme, in den Fällen des § 847 auch auf Schmerzensgeld.

2. Kapitel. Vertrag und Vertragsverhandlung
§ 41. Unmöglichkeit und Unvermögen
I. Abgrenzung und Unterarten

1. Unmöglichkeit und Verzug

Ist in einem Schuldverhältnis die geschuldete Leistung nicht bewirkt worden, so kann man an zwei Möglichkeiten denken:

a) Es ist nicht erfüllt worden, es kann auch nicht mehr erfüllt werden (z. B. weil die geschuldete Sache untergegangen ist). Diesen Fall nennen wir Unmöglichkeit der Leistung bzw. Unvermögen.

b) Es ist nicht erfüllt worden, es kann aber noch erfüllt werden: die Leistung ist nachholbar. Hier liegt eine bloße Verzögerung der Leistung vor, die wir, wenn sie auf einem vom Schuldner zu vertretenden Umstand beruht, als Verzug bezeichnen.

2. Die vier Unterarten

Bei der Unmöglichkeit (im weiteren Sinne) kann man unterscheiden zwischen der *Unmöglichkeit* (im engeren Sinne), die auch *objektive Unmöglichkeit* genannt wird (niemand kann die Leistung erbringen), und *dem Unvermögen*, das man auch *subjektive Unmöglichkeit* nennt (der Schuldner kann die Leistung nicht erbringen, wohl aber ein anderer). Unmöglichkeit liegt bei Stückschulden vor, wenn die geschuldete Sache untergegangen ist, Unvermögen dagegen, wenn der Schuldner die Sache veräußert hat. Doch ist die Abgrenzung nicht streng logisch, sondern nach der Verkehrsanschauung durchzuführen: Hat der Schuldner die Sache nicht mehr im Besitz, läßt sich auch nicht ermitteln, wo sie sich befindet, z. B. weil sie dem Schuldner gestohlen wurde, so liegt nicht Unvermögen, sondern Unmöglichkeit vor.

Außerdem unterscheidet man zwischen *nachträglicher* (*nach* der Entstehung des Schuldverhältnisses eingetretener) und *ursprünglicher* oder *anfänglicher* (*bei* der Entstehung des Schuldverhältnisses vorliegender) Unerfüllbarkeit.

Damit ergeben sich vier Grundfälle, für die ich jeweils ein Beispiel anführe:

a) Der Bauer B verkauft in der Kreisstadt morgens um 11 Uhr seinen Zuchtstier an den Viehhändler H. Am Nachmittag fährt H zum Hof des B, um den Stier abzuholen. Er erfährt, daß der Stier morgens um 11.15 Uhr auf der Weide vom Blitz getroffen wurde. Hier liegt ein Fall von *nachträglicher Unmöglichkeit* vor, denn niemand kann den Stier an den H liefern, und die Leistungsstörung ist *nach* der Entstehung des Schuldverhältnisses eingetreten. Die einzelnen Rechtsfolgen werden in diesem Kapitel ausführlich behandelt.

b) Im zweiten Fall wird der Stier um 11.15 Uhr nicht getötet, sondern von dem bevollmächtigten Verwalter des B an den Viehhändler K, der unerwartet auf den Hof kommt, verkauft und übereignet. Dies ist ein Fall von NACHTRÄGLICHEM UNVERMÖGEN: Auch diese Leistungsstörung ist erst *nach* der Entstehung des Schuldverhältnisses entstanden, der Unterschied zum ersten Fall liegt darin, daß B zwar nicht erfüllen kann, wohl aber der neue Eigentümer erfüllen könnte. Die Unterscheidung zwischen Unmöglichkeit und Unvermögen hat bei der nachträglichen Unerfüllbarkeit keine große Bedeutung, da beide Leistungsstörungen grundsätzlich gleich behandelt werden (§ 275 II).

c) Wenn der Stier bereits um 10.45 Uhr, also vor Vertragsschluß, vom Blitz getroffen wurde, liegt URSPRÜNGLICHE UNMÖGLICHKEIT vor. In diesem Fall ist der Vertrag *nichtig* (§ 306). H hat also keine vertraglichen Ansprüche gegen B. H könnte höchstens aus § 307 den Ersatz seines _negativen Interesses_ (des Vertrauensschadens) verlangen, d. h. er könnte verlangen, so gestellt zu werden, _wie wenn vom Vertrag nie die Rede gewesen wäre_ (Fahrtkosten). Allerdings entfällt hier auch dieser Anspruch, da die Unkenntnis des B nicht auf Fahrlässigkeit beruht.

d) Ist der Stier um 10.45 Uhr, also _vor_ Vertragsschluß, nicht vom Blitz getroffen, sondern von dem Verwalter an K verkauft und übereignet worden, so liegt _ursprüngliches Unvermögen_ vor. Die Frage, ob der Vertrag auch bei ursprünglichem Unvermögen nichtig ist, hat das Gesetz nicht beantwortet, denn § 306 bezieht sich nur auf die ursprüngliche Unmöglichkeit, und eine Gleichstellung von Unmöglichkeit und Unvermögen (wie in § 275 II) fehlt für den Fall der ursprünglichen Unerfüllbarkeit. Die Rechtsprechung füllt die Gesetzeslücke durch die Annahme einer _Garantiehaftung_ aus: Mit dem Vertragsschluß garantiert der Schuldner sein persönliches Leistungsvermögen zu diesem Zeitpunkt[9]. Der Schuldner ist also von seiner Leistungspflicht _nicht_ befreit. Kann er sein Unvermögen nicht beheben, so haftet er ohne Rücksicht auf Verschulden dem Gläubiger auf Schadenersatz wegen Nichterfüllung (auf das _positive Interesse_): er hat den Gläubiger so zu stellen, _wie wenn der Vertrag ordnungsgemäß erfüllt worden wäre_. Wenn in unserem Beispiel H den Stier für 1200 DM gekauft hatte und für 2000 DM hätte weiterverkaufen können, muß B ihm also 800 DM zahlen.

---

[9] BGH NJW 1972, 38; BAG DB 1974, 1617, ebenso die (noch) h. M., Übersicht bei Staudinger-Löwisch § 306 Rnr. 30 ff. Oft wird der Versuch gemacht, das Ergebnis _nur formal_ zu begründen, z. B. durch einen Umkehrschluß aus § 306 oder durch die Feststellung, 440 I verweise auf die Rechtsfolgen des § 325. Solche Versuche sind nicht überzeugend. Denn der Umkehrschluß aus § 306 gibt nur den Satz her, daß der Vertrag bei ursprünglichem Unvermögen nicht ohne weiteres nichtig ist — er deckt nicht den darüber hinausgehenden Satz, daß der Schuldner ohne Verschulden haftet. Ähnliches gilt für die Verweisung in § 440 I (den man am besten _immer_ zitiert, wenn es sich um einen Kaufvertrag handelt). Hier gilt zwar der Satz der h. M., daß die Verweisung in § 440 I als _Rechtsfolgenverweisung_ (auf § 325) zu verstehen ist. Aber dieser Satz ist nur die rechtstechnische Konsequenz aus der vorangegangenen Wertung, wonach der Schuldner einer Garantiehaftung unterliegen soll. Außerdem ist § 440 I ganz sicher im Falle des _nachträglichen_ Unvermögens und der _nachträglichen_ Unmöglichkeit eine _Rechtsgrund_verweisung.

II. Nachträgliche Unmöglichkeit und nachträgliches Unvermögen

1. *Übersicht*

Im Falle der nachträglichen Unmöglichkeit und des nachträglichen Unvermögens kommen zwei Möglichkeiten in Betracht:

a) Der Schuldner muß für den Schaden aufkommen, den der Gläubiger infolge der Nichterfüllung erlitten hat: er muß »Schadensersatz wegen Nichterfüllung« leisten (§§ 280, 325).

b) Der Schuldner braucht für den Schaden *nicht* aufzukommen: er wird frei (§ 275). Bei gegenseitigen Verträgen taucht dann die Frage auf, ob auch der andere Teil frei wird (§ 323).

Ich will die einzelnen Rechtsfolgen getrennt nach einseitigen Schuldverhältnissen und gegenseitigen Verträgen behandeln.

2. *Einseitige Schuldverhältnisse*

Für die Rechtsfolgen der Unmöglichkeit in einem streng oder nicht streng einseitigen Schuldverhältnis ist entscheidend, ob der Schuldner die Unmöglichkeit zu vertreten hat.

a) Hat der Schuldner die Unmöglichkeit zu vertreten, so ist er dem Gläubiger aus § 280 zum Schadensersatz verpflichtet; statt dessen kann der Gläubiger auch den Surrogationsanspruch aus § 281 geltend machen.

b) Hat der Schuldner die Unmöglichkeit *nicht* zu vertreten, so wird er gem. § 275 frei, der Gläubiger muß also den entstandenen Schaden tragen, soweit er nicht aus § 281 vorgehen kann. (§ 281 setzt nicht das Vertretenmüssen der Unmöglichkeit voraus.)

3. *Verschuldensprinzip und Leistungsgefahr*

Was der Schuldner zu vertreten hat, ergibt sich aus § 276. Die handelsrechtliche Sondervorschrift des § 347 HGB wiederholt nur, was § 276 BGB allgemein festlegt. Das Gesetz geht hier also wie bei der unerlaubten Handlung vom Verschuldensprinzip aus. Allerdings hat hier der Schuldner das Verschulden des *Erfüllungsgehilfen* wie eigenes Verschulden zu vertreten, ein Exkulpationsbeweis wie bei § 831 ist ausgeschlossen (§ 278).

§ 41. Unmöglichkeit und Unvermögen

Fahrlässigkeit bedeutet _jede_, also auch leichte, Fahrlässigkeit. Für bestimmte Fälle sieht das Gesetz eine Milderung bzw. Verschärfung der Schuldnerhaftung vor:

a) Der Verwahrer bei _unentgeltlicher Verwahrung_ (§ 690) und der _Gesellschafter_ (§ 708) haften nur für die Sorgfalt, die sie in eigenen Angelegenheiten anzuwenden pflegen (sogenannte konkrete Sorgfalt). Ist die individuelle Sorgfalt größer als die übliche im Sinne von § 276 I S. 2, so haftet der Schuldner nur für die übliche Sorgfalt, da seine Haftung milder sein soll als gewöhnlich[10]. Andererseits wird der Schuldner von der Haftung für grobe Fahrlässigkeit nicht befreit (§ 277).

b) Befindet sich der Gläubiger im _Annahmeverzug_ (Gläubigerverzug), so haftet der Schuldner nur für grobe Fahrlässigkeit. Grob fahrlässig handelt, wer die im Verkehr erforderliche Sorgfalt »in ungewöhnlich großem Maße« verletzt, wer das unbeachtet läßt, »was im gegebenen Falle jedem gleich einleuchten mußte«[11].
Nach § 293 setzt der Annahmeverzug ein Angebot der ordnungsgemäßen Leistung (vgl. z. B. § 266) zur rechten Zeit (§§ 271, 299 BGB; § 358 HGB) am rechten Ort (§ 269) von seiten des leistungsfähigen Schuldners (§ 297) sowie Nichtannahme von seiten des Gläubigers voraus. Ein Verschulden des Gläubigers ist nicht erforderlich. Bitte, beachten Sie die drei Regeln über das Angebot:

(1) § 294 ist die Grundregel: ein _tatsächliches_ Angebot ist notwendig.
(2) § 295 ist Sonderregel zu § 294: ein _wörtliches_ Angebot genügt, wenn der Gläubiger die Annahme im voraus verweigert hat oder wenn der Gläubiger an der Erfüllung besonders mitzuwirken, insbesondere die Leistungen abzuholen hat.
(3) § 296 ist wiederum Sonderregel zu § 295; der Gläubiger gerät auch _ohne wörtliches Angebot_ in Verzug, wenn für die vom Gläubiger vorzunehmende Handlung, insbesondere das Abholen, eine Zeit nach dem Kalender bestimmt war und der Gläubiger nicht erscheint.

c) Befindet sich der Schuldner im _Schuldnerverzug_, so tritt eine Haftungsverschärfung ein: der Schuldner haftet für Zufall (§ 287 S. 2). Der Schuldner-

---

[10] Palandt-Heinrichs, § 277 Anm. 3.
[11] BGH 10, 16.

verzug setzt grundsätzlich voraus: Fälligkeit, Mahnung (oder Leistungszeit nach dem Kalender) sowie Vertretbarkeit der Verzögerung (§§ 284, 285).

Da in einem Schuldverhältnis das Verschuldensprinzip herrscht (§ 276, Ausnahme § 287 S. 2), muß der Gläubiger den Schaden tragen, wenn die Leistung »zufällig«, d. h. ohne Verschulden des Schuldners unmöglich wird, denn der Schuldner wird in einem solchen Falle frei. Der Gläubiger trägt danach das Risiko der Leistung: er trägt die _Leistungsgefahr._

Nach meinen Erfahrungen fällt es dem Studenten anfangs schwer, den gedanklichen Zusammenhang zwischen dem Verschuldensprinzip und dem Begriff der Gefahrtragung einzusehen. Ich zerlege deshalb die Gedankenkette in kleine Einzelglieder und lasse dabei den Sonderfall des § 287 S. 2 zunächst weg. Man kann die folgende Darstellung von oben nach unten (»also«) und von unten nach oben (»denn«) lesen.

VERSCHULDENSPRINZIP

Der Schuldner hat (nur) Vorsatz und Fahrlässigkeit zu vertreten (§ 276).

Der Schuldner hat Zufall nicht zu vertreten.

Der Schuldner wird bei Zufall frei (§ 275 I).

Der Schuldner trägt bei Zufall nicht den Schaden.

Der Gläubiger trägt bei Zufall den Schaden.

Der Gläubiger trägt die Leistungsgefahr. (_das Risiko der Leistung_)

LEISTUNGSGEFAHR

Wenn Sie nun wissen, was Leistungsgefahr bedeutet, werden Sie auch verstehen, daß beim Verzug die Leistungsgefahr auf den Schuldner _übergeht._ Wenn wir in einer Zeichnung unter das Wort »Gläubiger« bzw. »Schuldner« jeweils den Paragraphen setzen, aus dem sich die Tragung der Leistungsgefahr ergibt, sieht das so aus:

GLÄUBIGER		SCHULDNER
trägt Gefahr gem.	Schuldnerverzug	trägt Gefahr gem.
§§ 276, 275	⎯⎯⎯⎯⎯⎯⎯⎯→	§ 287 S. 2

4. Die Leistungsgefahr bei der Gattungsschuld

Wir haben oben festgestellt, daß der Schuldner _ursprüngliches Unvermögen_ ohne Rücksicht auf etwaiges Verschulden zu vertreten hat. Handelt es sich um eine Gattungsschuld, so hat der Schuldner auch _nachträgliches,_ also jedes Unvermögen zu vertreten (§ 279): _Jeder muß dafür einstehen, daß er genügend finanzielle Mittel besitzt, um sich die geschuldete Sache nötigenfalls zu verschaffen._ Insoweit ist die Leistungsgefahr also vom Schuldner zu tragen. Ist die ganze Gattung (oder die ganze beschränkte Gattung bei einer beschränkten Gattungsschuld) untergegangen, so liegt objektive _Unmöglichkeit_ vor, § 279 bleibt außer Anwendung. Da die Abgrenzung von Unmöglichkeit und Unvermögen von der Verkehrsanschauung ausgeht, liegt auch Unmöglichkeit vor, wenn die geschuldete Ware im Handel nicht mehr erhältlich ist; zur Beschaffung von Handelsware aus den Händen von Verbrauchern ist der Schuldner nicht verpflichtet. Aus dem Gedanken, der dem § 279 zugrunde liegt, ergibt sich eine _Einschränkung_ seines Anwendungsbereichs: § 279 gilt — entgegen seinem Wortlaut — nicht bei Verhinderungsgründen, die außerhalb der finanziellen Leistungsfähigkeit liegen (Krankheit, Verhaftung, Sperrung des Transportweges durch Kriegseinwirkung oder Streik). Andererseits ist eine _Ausweitung_ gerechtfertigt: § 279 gilt entsprechend in allen Fällen, in denen der Schuldner eine Leistung nicht oder nicht rechtzeitig erbringt, weil ihm die nötigen Geldmittel zur Beschaffung von Rohstoffen, zur Einstellung von Arbeitskräften usw. fehlen.

Mit der KONKRETISIERUNG (Konzentration, Individualisierung) gem. § 243 II verwandelt sich die Gattungsschuld in eine Stückschuld; § 279 ist dann nicht mehr anwendbar, es gilt die allgemeine Regel des § 276. Die Leistungsgefahr geht dann also vom Schuldner auf den Gläubiger über. Die Konkretisierung tritt nach § 243 II ein, »wenn der Schuldner das seinerseits Erforderliche getan hat«, d. h. wenn er die Sache ausgesondert und alle sonstigen zur Erfüllung notwendigen Handlungen vorgenommen hat, so daß ihm zu tun nichts mehr übrig bleibt. _Wann_ dieser Zeitpunkt eintritt, hängt davon ab, ob es sich um eine Bring-, Hol- oder Schickschuld handelt.

a) Bei einer _Bringschuld_ liegt der Erfüllungsort (Leistungsort) beim Gläubiger. Der Schuldner hat das seinerseits Erforderliche erst getan, wenn er dem Gläubiger an dessen Wohnsitz oder gewerblicher Niederlassung die ausgesonderte Sache so anbietet, daß nur noch zwei Möglichkeiten in Betracht kommen: Erfüllung gem. § 362 (wenn der Gläubiger annimmt) oder Annahmeverzug gem. §§ 293, 294 (wenn der Gläubiger nicht annimmt). § 300 II bestimmt, daß mit dem Annahmeverzug die Leistungsgefahr auf den Gläubiger übergeht. Für die Bringschuld ist diese Regel überflüssig, sie stellt nur fest, was sich schon aus §§ 243 II, 275 ergibt. Bringschulden sind kraft Verkehrssitte zum Teil die Kleinverkäufe des Alltags (Lieferung von Kohlen, Hausrat, Lebensmitteln), sie können auch sonst durch die Vereinbarung begründet werden, daß der Erfüllungsort beim Gläubiger liege. (Beachten Sie jedoch § 269 III.)

b) *Grundsätzlich* ist jede Schuld *Holschuld:* der Erfüllungsort liegt beim Schuldner (§ 269), der Gläubiger muß die Leistung abholen. Hier genügt zur Konkretisierung die Aussonderung und ein wörtliches Angebot. Ist für die Abholung ein Kalendertermin vereinbart worden, so ist auch das wörtliche Angebot überflüssig: der Schuldner hat das seinerseits Erforderliche getan, wenn er die Sachen ausgesondert und für den Gläubiger bereitgestellt hat. Auch hier ist also § 300 II überflüssig.

c) Bei der *Schickschuld* (z. B. einem Versendungskauf) liegt der Erfüllungsort beim Schuldner, die Ware soll aber vom Schuldner an einen anderen Ort geschickt werden. Erfüllungs- und Bestimmungsort fallen also auseinander. Am Erfüllungsort hat der Schuldner die Leistungs*handlungen* vorzunehmen: er hat die ausgesonderte Sache sorgfältig zu verpacken und einer mit üblicher Sorgfalt ausgewählten Transportperson oder -anstalt zu übergeben. Damit hat er das seinerseits Erforderliche getan, das Schuldverhältnis beschränkt sich nun gem. § 243 II auf das rollende Gut. Der Leistungs*erfolg* und die Erfüllung gem. § 362 können dagegen erst eintreten, wenn der Gläubiger am Bestimmungsort die Ware in Empfang nimmt und dadurch Besitz (§ 854) und Eigentum (§ 929) erlangt. Somit ist auch für die Schickschuld § 300 II ohne Bedeutung, da der Annahmeverzug erst bei der Ankunft am Bestimmungsort eintreten kann, während Konkretisierung und Gefahrübergang bereits bei der Absendung erfolgen.

GLÄUBIGER	§ 243 II	SCHULDNER
§§ 276, 275	⟵————————	
	(§ 300 II)	§ 279

§ 41. Unmöglichkeit und Unvermögen

III. Gegenseitiger Vertrag

1. *Die Rechte des »anderen Teils«*

Das bisher Gesagte gilt auch für den gegenseitigen Vertrag, insbes. entsteht auch beim gegenseitigen Vertrag des Problem der Leistungsgefahr. Die Abhängigkeit der beiden Leistungen voneinander erfordert einige Sonderregeln, die in den §§ 320—327 zusammengefaßt sind.

Beim einseitigen Schuldverhältnis kann nur dem einen Teil, nämlich dem Schuldner, die Leistung unmöglich werden. Das ist beim gegenseitigen Vertrag anders. Wenn z. B. in einem Tauschvertrag ein Hund gegen eine Gans versprochen wird, so kann die Unmöglichkeit bei jedem der beiden Teile eintreten, je nachdem, ob vor der Erfüllung der Hund oder die Gans gestohlen wird. Die Bezeichnung »vom Gläubiger« bzw. »vom Schuldner zu vertretendes Unmöglichwerden«, wie sie z. B. in den (nichtoffiziellen) Überschriften der Beck'schen Gesetzesausgabe verwendet werden (bei §§ 324, 325), sind deshalb etwas irreführend: *beide* Teile sind Gläubiger und Schuldner. Das Gesetz spricht mit Recht von dem »einen Teile«, dem die Leistung unmöglich wird, und dem »anderen Teile«.

Bei der Frage, welche Rechte der »andere« Teil hat, gehen wir der leichteren Verständlichkeit halber von einem Stückkauf aus und nehmen an, daß dem Verkäufer die Leistung unmöglich geworden ist. Es ist dann zunächst zu unterscheiden, wer von den beiden die Unmöglichkeit zu vertreten hat.

a) Hat der *Verkäufer* die Unmöglichkeit zu vertreten, so gilt § 325 (an Stelle von § 280).

  (1) Der Käufer kann Schadensersatz wegen Nichterfüllung verlangen (§ 325 I S. 1). Das wird er tun, wenn der Kauf für ihn günstig war. Hinsichtlich der Art der Ersatzleistung kann er wählen: er kann verlangen, daß ihm der Verkäufer eine gleichwertige Sache beschafft und insoweit noch beim *Austausch* bleiben, er kann aber auch verlangen, ausschließlich durch Zahlung der *Differenz* so gestellt zu werden, wie wenn der Vertrag ordnungsgemäß erfüllt worden wäre.

  (2) Ist der Kauf für ihn ungünstig, so wird der Käufer zurücktreten und, falls er Vorkasse geleistet hat, den Kaufpreis zurückfordern (§§ 346, 327 S. 1, 325 I S. 1).

  (3) Hat der Verkäufer infolge des Umstandes, der die Unmöglichkeit herbeiführte, ein Surrogat erlangt, das wertmäßig über dem Kaufpreis liegt, so wird der Käufer aus § 281 vorgehen (dann aber § 323 II).

b) Hat *keiner* die Unmöglichkeit zu vertreten, so wird der *Verkäufer* von seiner Verpflichtung frei (§ 275 I). Auch der *Käufer* wird frei, *seine* Verpflichtung erlischt gem. § 323 I. Hat der Verkäufer den Kaufpreis bereits erhalten, so kann der Käufer diesen nach Bereicherungsrecht zurückverlangen (§ 323 III).

c) Hat der *Käufer* die Unmöglichkeit zu vertreten, so wird der Verkäufer frei (§ 275). Dagegen wird der Käufer *nicht* frei, es gilt für ihn nicht § 323, sondern § 324 I.

2. *Die Rechte des »einen Teils«: das Problem der Vergütungsgefahr*

Für den Fall, daß keiner der beiden Vertragsteile die Unmöglichkeit zu vertreten hat, wird, wie wir gesehen haben, »der eine Teil«, d. h. derjenige, dessen Leistung unmöglich geworden ist, von seiner Verpflichtung frei (§ 275). Er muß allerdings einen Schaden hinnehmen: er verliert den Anspruch auf die Gegenleistung (§ 323 I). Er trägt zwar nicht die Leistungsgefahr, aber ein anderes Risiko: die *Gegenleistungsgefahr oder Vergütungsgefahr (Preisgefahr)*. Die Vergütungsgefahr taucht nur bei gegenseitigen Verträgen auf. Es geht dabei — ich wiederhole — immer um die *Frage, ob derjenige, der gem. § 275 frei wird (»der eine Teil«), von dem anderen die Gegenleistung verlangen kann*. Diese Frage wird vom Gesetz in § 323 grundsätzlich verneint. Das Gesetz kennt jedoch Ausnahmen.

a) *Übergabe an den Käufer*

Beim Kauf geht die Gefahr mit der Übergabe an den Käufer auf diesen über (§ 446 I). Ist ein Grundstück verkauft, so geht, falls die Eintragung des Käufers in das Grundbuch vor der Übergabe erfolgt, die Gefahr mit der Eintragung über (§ 446 II).

b) *Übergabe an die Transportperson*

Die gleiche Wirkung hat beim *Versendungskauf* die Übergabe an die Transportperson (§ 447): es wäre unbillig, wenn der Verkäufer, der auf Verlangen und im Interesse des Käufers die Ware an einen anderen Ort als den Erfüllungsort versendet und damit eine ihm gesetzlich nicht obliegende Leistung übernimmt (vgl. § 269), länger die Gefahr des zufälligen Untergangs tragen müßte als in den Fällen der unmittelbaren Übergabe an den Käufer.

Unter »Erfüllungsort« (Leistungsort) ist nicht die politische Gemeinde, sondern die Wohnung bzw. Niederlassung des Verkäufers zu verstehen. Infolgedessen ist § 447 auch *innerhalb derselben Ortschaft* anwendbar. Doch ist in solchen Fällen besonders sorgfältig zu prüfen, ob noch eine echte Schickschuld vorliegt. Die Zuschickungskäufe des täglichen Lebens über Hausrat, Kleidung, Lebensmittel, bei welchen der Verkäufer die Ware durch seine Angestellten dem Käufer ins Haus bringen läßt, fallen jedenfalls nicht unter § 447, da sich hier aus den Umständen (§ 269) und aus der Verkehrssitte (§ 157) ergibt, daß die Wohnung des Käufers Erfüllungsort ist[13].

Eine für die Praxis wichtige Frage ist, ob § 447 wenigstens bei größeren Entfernungen anwendbar ist, wenn der Verkäufer den Transport durch _eigene Leute_ durchführen läßt. Nach dem Wortlaut des § 447 liegt es nahe, die Frage zu verneinen, da nur betriebsfremde Beförderer erwähnt werden. Der Schluß ist jedoch nicht zwingend. Es bleibt auch die Möglichkeit, die Aufzählung in § 447 als eine exemplarische anzusehen. Die Rechtsprechung[14] hat die Anwendbarkeit des § 447 unter Hinweis auf den Grundgedanken dieser Vorschrift (s. o.) bejaht. Sie hat § 447 selbst dann für anwendbar erachtet, wenn der Verkäufer den Transport _persönlich_ durchführt.

Der Verkäufer ist im Falle des § 447 nur zur ordnungsgemäßen _Besorgung_ des Transports verpflichtet, er haftet deshalb nur für Sorgfalt bei der Verpackung der Ware und bei der Auswahl der Transportperson. Die _Durchführung_ des Transports dagegen ist ein Geschäft des Käufers. Deshalb sind die Transportpersonen oder -anstalten nicht _Erfüllungsgehilfen_ des Verkäufers. Soweit der Verkäufer den Transport durch eigene Leute durchführen läßt, tritt er an die Stelle des Frachtführers, er haftet bei einem durch Verschulden der eigenen Leute herbeigeführten Untergang der Sache gem. §§ 325, 278[15].

c) _Annahmeverzug des anderen Teils_

Eine Ausnahmeregel gegenüber § 323 ist auch § 324 II: wird dem einen Teil die Leistung infolge eines von ihm nicht zu vertretenden Umstandes (§ 300 I) unmöglich, während sich der andere im _Annahmeverzug_ befindet, so bleibt der Anspruch auf die Gegenleistung erhalten.

Auf unser anfängliches Beispiel vom Kauf bezogen, bei dem die Leistung dem Verkäufer unmöglich wird, läßt sich die Vergütungsgefahr folgendermaßen darstellen:

---

[13] Enneccerus-Lehmann, § 103 II 3 b.
[14] RG 96, 259, ebenso d. h. L.; Enneccerus-Lehmann, a. a. O.; Staudinger-Köhler, § 447 Rnr. 8.
[15] Staudinger-Köhler, § 447 Rnr. 14.

VERKÄUFER		KÄUFER
trägt Gefahr gem.		trägt Gefahr gem.
	Übergabe an Käufer →	§ 446
§ 323	Übergabe an Transportperson →	§ 447
	Annahmeverzug des Käufers →	§ 324 II

Übersicht Versendungskauf

Beispiel: Der Verkäufer V in Köln übersendet die Ware durch die Transportperson T an den Käufer K in München. Die Gefahrtragung bezüglich der Geldschuld wird in der Übersicht nicht berücksichtigt.

V KÖLN — ERFÜLLUNGSORT für die Ware (§ 269). Hier werden die Leistungs_handlungen_ vorgenommen: Auswahl der Sache aus der Gattung (beim Gattungskauf), Verpackung, Übergabe an Transportperson _(Besorgung_ des Transports). Folgen:

a) beim Gattungskauf Konkretisierung (falls Sache abgesondert), dadurch Übergang der _Leistungsgefahr_ (§§ 279, 243 II, 276).

b) bei jedem Kauf Übergang der _Vergütungsgefahr_, falls Versendung auf Verlangen des Käufers erfolgt (§ 447).

T ——————————————— **K MÜNCHEN**

TRANSPORTPERSON ist nicht Erfüllungsgehilfe des Verkäufers, da _Ausführung_ des Transports nicht zur Verbindlichkeit des Verkäufers gehört (Ausnahme bei Transport durch eigene Leute).

ABLIEFERUNGSORT für die Ware. Hier tritt der Leistungs_erfolg_ ein: der Käufer wird an der Sache Besitzer (§ 854 I) und Eigentümer (§ 929). Folge: Verpflichtung des Verkäufers erlischt durch Erfüllung gem. § 362.

Übersicht Gefahrtragung

Leistungsgefahr	Vergütungsgefahr
Muß der _Schuldner_ Schadensersatz leisten oder trägt der Gläubiger den Schaden, wenn der Schuldner _ohne_ Verschulden zur Leistung außerstande ist?	Kann der _eine_ Teil, wenn ihm die Leistung unmöglich geworden und er gem. § 275 I _frei_ geworden ist, vom _anderen_ Teil die _Gegenleistung_ verlangen?
Grundregel: §§ 276, 275 I _Gläubiger_ trägt die Gefahr, Schuldner wird frei. Ausnahmen: § 287 — § 279 Schuldnerverzug — Unvermögen bei Gattungsschuld	Grundregel: § 323 I _Kein_ Anspruch auf die Gegenleistung Ausnahmen: § 446 — § 447 — § 324 II Übergabe an Käufer — Übergabe an Transportperson — Annahmeverzug des and. Teils
Problem kann bei _allen_ Schuldverhältnissen entstehen.	Problem kann nur bei _gegenseitigen_ Verträgen entstehen.

§ 42. Schuldnerverzug

I. Voraussetzungen

Von der Unmöglichkeit unterscheidet sich der Verzug durch die _Nachholbarkeit:_ die Leistung kann noch erbracht werden, sie ist nur _verzögert_ worden, und zwar infolge eines vom Schuldner zu vertretenden Umstandes. Die Voraussetzungen im einzelnen sind

1. FÄLLIGKEIT (§ 284 I). Im Zweifel ist jede Leistung sofort fällig (§ 271).
2. MAHNUNG. Die Mahnung muß bestimmt und eindeutig sein und nach oder bei Eintritt der Fälligkeit erfolgen: der Schuldner soll wissen, daß der Gläubiger die Leistung _gerade jetzt_ erwartet. (§ 284 I).

a) Das weiß der Schuldner aber genau, wenn die Leistungszeit nach dem Kalender bestimmt ist oder sich von einer Kündigung ab nach dem Kalender berechnen läßt. Das Gesetz befreit dann den Gläubiger von der Mahnung (§ 284 II).

b) Aus dem gleichen Grund gerät der Schuldner ohne Mahnung in Verzug, wenn er vor oder nach Eintritt der Fälligkeit von sich aus erklärt hat, daß er zu einem bestimmten Kalendertermin oder innerhalb einer bestimmten Frist leisten werde, aber den Termin oder die Frist nicht einhält.

c) Erklärt der Schuldner ernsthaft und endgültig, er werde nicht leisten, so tritt, da eine Mahnung ohnehin zwecklos wäre, der Verzug ohne diese ein.

3. VERTRETENMÜSSEN der Verzögerung (§ 285). Hierin liegt ein wesentlicher Unterschied zum Gläubigerverzug. Normalerweise gerät der Schuldner nur bei eigenem Verschulden oder Verschulden eines Erfüllungsgehilfen (§§ 278, 276) in Verzug. Bei *Gattungsschulden*, insbesondere Geldschulden, ist der in § 279 enthaltene Grundgedanke zu beachten: der Schuldner einer Gattungsschuld hat stets seine Nichtleistung zu vertreten, falls sie auf *finanzielle Mittellosigkeit* zurückzuführen ist. § 279 gilt seinem Wortlaut nach nur für das Unvermögen, er ist auf den Fall der Leistungsverzögerung analog anzuwenden.

II. Rechtsfolgen

1. Da die Leistung nachholbar ist, bleibt der *Leistungsanspruch* bestehen. Daneben hat der Gläubiger Anspruch auf Ersatz des Schadens, der ihm infolge des Verzugs entstanden ist (VERZÖGERUNGSSCHADEN. § 286 I gilt gleichermaßen für einseitige Schuldverhältnisse und gegenseitige Verträge).
Bei *Geldschulden* kann der Gläubiger auch ohne Schadensnachweis VERZUGSZINSEN (4 % gem. § 288 BGB; bei beiderseitigen Handelsgeschäften 5 % bereits ab Fälligkeit, §§ 352, 353 HGB) verlangen. Durch § 288 I wird die Geltendmachung eines darüber hinausgehenden Schadens (Bankzinsen) nicht ausgeschlossen (§ 288 II). Der Gläubiger kann dann aus § 286 I den Ersatz des Restschadens verlangen.

2. Dem Gläubiger ist nicht zuzumuten, unbegrenzte Zeit auf die Leistung **zu warten**. Er kann deshalb klare Verhältnisse schaffen, indem er gem.

§ 283 oder beim gegenseitigen Vertrag gem. § 326 I vorgeht: er kann dem Schuldner nach dessen rechtskräftiger Verurteilung, beim gegenseitigen Vertrag bereits nach Verzugseintritt, eine angemessene Nachfrist setzen und gleichzeitig erklären, daß er nach Ablauf der Frist die Leistung ablehne. Leistet dann der Schuldner innerhalb der Nachfrist nicht, so ist der Anspruch auf Erfüllung ausgeschlossen; der Schuldner wird behandelt, wie wenn Unmöglichkeit vorläge, der Gläubiger kann also Schadensersatz wegen Nichterfüllung verlangen oder zurücktreten. Allerdings muß die Ablehnungsdrohung *genügend bestimmt* sein: die scharfen Rechtsfolgen aus § 326 I sind nur dann berechtigt, wenn dem Schuldner klargemacht worden ist, daß nach Ablauf der Frist die Leistung ausgeschlossen ist. Die Androhung ist genau wie die Mahnung überflüssig, wenn der Schuldner von seiner Seite aus Klarheit schafft, indem er die Leistung ernsthaft und endgültig verweigert.

Ist infolge des Verzuges das *Interesse* des Gläubigers an der Leistung bzw. am Leistungsaustausch *weggefallen* (z. B. weil sein Abnehmer den Vertrag wegen der langen Verzögerung gelöst hat oder weil er zu einem Deckungseinkauf gezwungen war), so kann er ohne jede Fristsetzung Schadensersatz wegen Nichterfüllung verlangen (§§ 286 II, 326 II), beim gegenseitigen Vertrag auch zurücktreten.

Beim Kauf mit *Eigentumsvorbehalt* hat der Gläubiger ein Rücktrittsrecht bereits ab Verzug (§ 455).

III. Fixgeschäft

1. Besonderes gilt beim (relativen) Fixgeschäft. Ein Fixgeschäft liegt vor, wenn mit der rechtzeitigen Leistung der Vertrag »steht und fällt«[15a]. Der Fixcharakter eines Geschäftes kann sich ergeben

    a) *aus bestimmten Klauseln.* »Fix«, »genau«, »exakt«, »prompt« mit Zeitangabe sind sog. Fixklauseln. Die bloße Zeitangabe reicht nicht aus, auch nicht die Klausel »spätestens« oder der Vermerk »Lieferung sofort«: Termingeschäfte sind noch keine Fixgeschäfte! Dagegen ist Fixcharakter anzunehmen, wenn die Leistung nach *Tag und Stunde* bestimmt ist;

[15a] RG 51, 347.

b) _aus der erkennbaren Zweckbestimmung_ der Leistung, z. B. dann, wenn jemand einen Posten Gänse »zum Verkauf für Weihnachten« bestellt hat. Bei bestimmten Saisonartikeln ergibt sich die Zweckbestimmung ohne weiteres und braucht deswegen nicht mehr besonders betont zu werden (Karnevalsmützen, Osterhasen, Maikäfer, Nikolausbärte, Weihnachtskugeln).

2. Wird das Fixgeschäft nicht eingehalten, so ergeben sich einige Rechtsfolgen, die vom allgemeinen Verzugsrecht des BGB abweichen.

a) _Der Erfüllungsanspruch_ bleibt zwar bestehen. Beim _HGB-Fixkauf_ muß der Gläubiger aber, falls er an der Erfüllung noch interessiert ist, dies dem Schuldner sofort anzeigen, da das Handelsrecht ohne weiteres vom Interessewegfall ausgeht (§ 376 I S. 2 HGB).

b) Der Gläubiger hat ein _Rücktrittsrecht_ ohne Rücksicht darauf, ob der Schuldner im Verzug ist, also auch dann, wenn der Schuldner die Verzögerung nicht zu vertreten hat (§ 361 BGB, § 376 I S. 1 HGB).

c) _Schadensersatz wegen Nichterfüllung_ kann der Gläubiger auch beim Fixgeschäft nur nach den allgemeinen Regeln verlangen (also Verzug erforderlich und Fristsetzung gem. § 326 I oder Nachweis des Interessewegfalls gem. § 326 II). Beim _HGB-Fixkauf_ ist dagegen _nur Verzug_ erforderlich, das Handelsrecht geht hier ohne weiteres vom Interessewegfall aus (§ 376 I S. 1 HGB).

3. In manchen Fällen ist die Leistungszeit so entscheidend, daß bei Nichteinhaltung der Leistungszeit die Leistung _nicht mehr nachholbar_ ist. Bei diesen sog. ABSOLUTEN FIXGESCHÄFTEN gelten dann nicht die Regeln über den Verzug, sondern über die _Unmöglichkeit_. Die Grenze zwischen relativem und absolutem Fixgeschäft ist fließend, es gibt aber eindeutige Fälle. Wenn z. B. Weihnachtskugeln zu spät für das Weihnachtsgeschäft kommen, kann der Kaufmann sie immerhin noch in der nächsten Saison verkaufen. Sie sind für ihn _relativ_ uninteressant. Aber Weihnachts_bäume_ sind nach Weihnachten _absolut_ uninteressant. Gleiches gilt, wenn ein Taxi zu einem bestimmten Zug bestellt wird und zu spät kommt, wenn ein Sänger abends ein Konzert geben soll und sich verschläft, ein Rennfahrer ein Rennen fahren soll und betrunken ist, eine Kapelle auf einem Fest spielen soll und einen Tag zu spät kommt. Dies alles sind _Fälle von § 325_.

§ 43. Die positive Forderungsverletzung

I. Schadensersatz

Schon kurz nach Inkrafttreten des BGB hat sich herausgestellt, daß es innerhalb bestehender Schuldverhältnisse zu Schädigungen des Gläubigers durch den Schuldner kommen kann, die weder mit den Regeln über die Unmöglichkeit und den Verzug noch mit den Vorschriften über die unerlaubte Handlung zu erfassen sind.

a) Den ersten Nachweis hat *Staub* mit seinem berühmten *Bilanzfall* erbracht: der Schuldner, der für den Gläubiger eine Bilanz anfertigen soll, gibt einige Zeit vor dem Abgabetermin eine falsche Bilanz ab, entdeckt dann den Fehler und liefert pünktlich zum Abgabetermin eine fehlerfreie Bilanz nach. Inzwischen hat der Gläubiger im Vertrauen auf die erste Bilanz bestimmte Geschäfte vorgenommen und einen großen Schaden erlitten. Hier liegt weder Unmöglichkeit noch Verzug vor, da die richtige Bilanz fristgemäß abgeliefert wurde. Der Gläubiger kann auch nicht aus § 823 I vorgehen, da er lediglich in seinem *Vermögen* verletzt wurde.

b) Problematisch sind weiterhin die Fälle, in denen weder Unmöglichkeit noch Verzug vorliegt und der Gläubiger nicht durch den Schuldner selber, sondern durch eine Hilfsperson des Schuldners geschädigt wurde. Dann kommt nämlich bei der Haftung aus unerlaubter Handlung regelmäßig nur § 831 I mit der *Exkulpationsmöglichkeit* in Satz 2 in Betracht.

Die Tatsache, daß der Gläubiger in solchen Fällen schutzlos blieb, veranlaßte die Forschung zu dem Versuch, eine vertragsmäßige Haftung zu konstruieren, um, entsprechend den zutage getretenen Unzulänglichkeiten, zwei Ziele zu erreichen:

a) DIE ERFASSUNG REINER VERMÖGENSVERLETZUNGEN,
b) DIE ANWENDBARKEIT DES § 278.

Das Ergebnis war das Institut der sogenannten positiven Forderungsverletzung. Die Begründung ist kurzgefaßt folgende: außer den im Gesetz normierten Leistungspflichten, deren Nichtbeachtung Unmöglichkeit und Verzug herbeiführt, bestehen in jedem, auch einseitigen Schuldverhältnis für *beide* Teile eine Reihe von Pflichten, die sich aus § 242 herleiten und je nach dem Einzelfall verschieden sein können (Schutzpflichten, Aufbewahrungspflichten, Aufklärungspflichten, Rücksichtspflichten usw.). Werden diese Pflichten durch ein Verhalten verletzt, das der Pflichtige zu vertreten hat (§§ 276, 278), so ist dem anderen der daraus entstandene Schaden zu ersetzen. Die Rechtsgrundlage für die positive Forderungsverletzung ist eine Analogie zu den Regeln über die Unmöglichkeit und den Verzug (§§ 280, 286). Staub hat für diese Arten von Pflichtverletzungen den Ausdruck »positive Vertragsverletzung« vorgeschlagen. Dieser Ausdruck erwies sich als zu eng, da solche Leistungsstörungen auch in _gesetzlichen_ Schuldverhältnissen vorkommen. Auch der eingeführte Ausdruck »positive« Forderungsverletzung trifft die Sache nicht genau: die Pflichten des Schuldners sind nicht darauf beschränkt, alles zu unterlassen, was die ordnungsmäßige Erfüllung verhindern könnte – die Verletzung könnte dann nur durch ein »positives« Tun erfolgen – aus Treu und Glauben ergibt sich eine allgemeine Verhaltenspflicht, die auch Rechtspflichten zum Handeln umfaßt und deshalb durch Unterlassung verletzt werden kann.

Ein Nachteil der Haftung aus positiver Forderungsverletzung liegt darin, daß sich aus ihr Ansprüche auf Ersatz immaterieller Schäden nicht herleiten lassen: nach § 253 sind solche Ansprüche nur in den durch das Gesetz bestimmten Fällen, nämlich aus § 847, also im Falle bestimmter unerlaubter Handlungen, sowie aus § 1300 begründet.

Gemeinsam mit § 831 hat die positive Forderungsverletzung das Erfordernis des _inneren Zusammenhangs_ zwischen der Erfüllung bzw. Verrichtung und der schädigenden Handlung. Diese muß _in_ Erfüllung bzw. _in_ Ausführung der Verrichtung, nicht nur _bei Gelegenheit_ der Erfüllung bzw. Verrichtung, begangen worden sein.

II. Gegenseitiger Vertrag

Auch beim gegenseitigen Vertrag ist die Rechtsgrundlage für den Schadensersatzanspruch zunächst die Analogie zu §§ 280, 286.
Die Rechte des vertragstreuen Teils beschränken sich aber nicht immer auf den Ersatz des Einzelschadens, der gerade durch die schädigende Handlung entstanden ist. Ist durch die Verletzung der ganze Vertragszweck derart gefährdet worden, daß unter Berücksichtigung aller Umstände des Einzelfalles dem vertragstreuen Teil nach Treu und Glauben (§ 242) die Fortsetzung des Vertrages nicht zugemutet werden kann, so ist in Analogie zu §§ 325, 326

der vertragstreue Teil berechtigt, Schadensersatz wegen Nichterfüllung der _gesamten_ Verbindlichkeit zu verlangen oder zurückzutreten. Dies ist vor allem wichtig für Schuldverhältnisse, die auf persönliches Vertrauen aufgebaut sind, weiterhin für die sogenannten DAUERSCHULDVERHÄLTNISSE, insbesondere die Sukzessivlieferungsverträge. Bei letzteren ist zu beachten, daß _jede_ Art der Leistungsstörung, also auch Unmöglichkeit und Verzug, ferner auch Sachmängel hinsichtlich _einer_ Teillieferung den ganzen Vertragszweck gefährden können, daß aber Schadensersatz und Rücktritt grundsätzlich nicht in der Vergangenheit liegende, ordnungsgemäß erbrachte Leistungen betreffen. Ein Fall, in welchem dem vertragstreuen Teil ein Festhalten am Vertrage nicht mehr zugemutet werden kann, ist uns bereits aus der Besprechung des § 326 I im Rahmen des Verzugs bekannt: erklärt der Schuldner ernsthaft und endgültig, daß er nicht leisten werde, so ist der Gläubiger ohne Fristsetzung zu Schadensersatz und Rücktritt berechtigt.

§ 44. Erweiterungen der vertraglichen Haftung

I. Zeitliche Erweiterungen

1. _Nachwirkungen von Verträgen_

Die sich aus Treu und Glauben ergebenden Pflichten, deren Verletzung sich als positive Forderungsverletzung darstellt, setzen in der Regel ein bestehendes Schuldverhältnis voraus. Aber auch nach der Erfüllung der Hauptpflichten können diese Pflichten noch als _Nachwirkung_ bestehen bleiben. (Fälle: Einziehen einer bereits verkauften und abgetretenen Forderung; Verkauf eines Handelsgeschäfts und anschließende Eröffnung eines Konkurrenzunternehmens in der Nähe.)

2. _culpa in contrahendo_

Auf der anderen Seite ist der Anwendungsbereich des § 278 durch den Gedanken des Verschuldens bei Vertragsschluß _vorverlegt_ und vom späteren Abschluß eines Vertrages _unabhängig_ gemacht worden. Man nimmt heute an, daß durch den Eintritt in Vertragsverhandlungen bereits ein vertragsähnliches Vertrauensverhältnis zwischen den Parteien entsteht, das ihnen gewisse Sorgfaltspflichten auferlegt. Selbst einseitige _Anbahnungen_ von Vertragsverhandlungen begründen schon dieses Pflichtenverhältnis. Werden diese Pflichten verletzt (§§ 276, 278), so ist Schadenersatz zu leisten. Die culpa in contrahendo ist für gewisse Einzelfälle im Gesetz geregelt; der allgemeine Gedanke wurde daraus in Rechtsanalogie entwickelt. Im Gutachten genügt es, wenn Sie als Rechtsgrundlage eine Analogie zu §§ 307, 309 angeben.

II. Erweiterung des geschützten Personenkreises:
Verträge zugunsten Dritter

Der unzulängliche Deliktschutz veranlaßte die Rechtsprechung außerdem, durch weitgehende Annahme eines »Vertrages zugunsten Dritter« (§ 328) nicht nur dem anderen Vertragsteil, sondern auch noch _dritten Personen einen vertraglichen Anspruch auf Schadensersatz_ zu geben.

Bei Vertragsschluß können die Kontrahenten vereinbaren, daß dem einen Teil die allgemeinen Sorgfaltspflichten auch Dritten gegenüber obliegen, und daß Dritte im Falle einer Verletzung dieser Pflichten _unmittelbar_ aus dem Vertrage vorgehen können. Solche Vereinbarungen werden fast nie ausdrücklich getroffen, sondern sind aus den gesamten Umständen des Einzelfalles, insbesondere aus dem _Zweck_ des Vertrages zu entnehmen (§ 328 II). Häufig lassen sie sich nur im Wege der ergänzenden Vertragsauslegung gem. § 157 gewinnen.

Die Annahme eines Vertrages zugunsten Dritter liegt nahe, wenn sich der Vertragsschluß dem Dritten gegenüber als ein _Akt der Fürsorge darstellt_, so beim Vertrag der Eltern mit dem Arzt, der Privatschule, dem Kinderheim, Internat zugunsten des Kindes, beim Vertrag der Krankenkasse mit dem Kassenarzt zugunsten des Kassenmitgliedes (doch kein Vertrag zwischen Arzt oder Krankenhaus und Patient zugunsten der Angehörigen!), weiterhin bei Miet-, Dienst- und Werkverträgen, die der Besteller im eigenen Namen, aber zugleich im Interesse seiner mit ihm wohnenden, arbeitenden oder reisenden Familien-, Haus- oder Betriebsangehörigen usw. schließt. Auch der Vertrag zwischen Veranstalter und Vermieter wird in der Regel zugunsten der Veranstaltungsteilnehmer abgeschlossen.

Im Anschluß an *Larenz* unterscheidet man zwischen *echten* Verträgen zugunsten Dritter und Verträgen *mit Schutzwirkung für Dritte*. Bei den echten Verträgen zugunsten Dritter hat der Dritte einen Anspruch auf Erfüllung der *Hauptpflichten*, bei den Verträgen mit Schutzwirkung für Dritte bestehen dem Dritten gegenüber nur die aus Treu und Glauben sich ergebenden *Nebenpflichten*, deren Verletzung zur Haftung aus positiver Forderungsverletzung führt. Welche der beiden Vertragsarten im Einzelfall vorliegt, läßt sich oft schwer entscheiden. Im Zweifel liegt nur ein Vertrag mit Schutzwirkung für Dritte vor.

§ 45. Zusammenfassung und Anspruchsschema

Ansprüche aus Vertrag und Vertragsverhandlung (culpa in contrahendo) sind immer *vor* den Ansprüchen aus unerlaubter Handlung und Gefährdungshaftung zu prüfen. Im einzelnen geht man folgendermaßen vor:

A. Vorprüfung

Man prüft zunächst, ob überhaupt ein Vertrag durch KONSENS zustande gekommen ist. Wenn der Fall Veranlassung gibt, prüft man außerdem, ob Nichtigkeitsgründe vorliegen oder ob der Vertrag durch Anfechtung vernichtet worden ist (siehe Prüfungsschema o. § 33 a).

B. Vertrag

Die Rechte und Pflichten aus dem Vertrag bestehen grundsätzlich nur *zwischen den Vertragspartnern*. Es kann sich aber aus den Umständen, insbesondere aus dem Zweck des Vertrages, ergeben, daß ein Dritter Rechte aus dem Vertrag hat (Vertrag zugunsten Dritter, § 328). Der Dritte kann aus dem Vertrag einen selbständigen Anspruch gegen den Schuldner auf Erfüllung der *Hauptpflichten* haben (echter Vertrag zugunsten Dritter). Es kann sich auch aus dem Vertrag ergeben, daß dem Dritten gegenüber nur die aus § 242 abgeleiteten *Nebenpflichten* zu beachten sind, deren schuldhafte Verletzung zur Haftung aus positiver Forderungsverletzung führt (Vertrag mit Schutzwirkung für Dritte. Grundsätzlich nur bei Fürsorgepflicht des Gläubigers gegenüber dem Dritten).

Der Vertrag ist primär auf Erfüllung gerichtet. Als Leistungsstörungen kommen in Betracht:

1. Unmöglichkeit und Unvermögen

Die Leistung ist nicht erbracht und nicht mehr nachholbar.

a) Falls diese Leistungsstörung *schon bei Vertragsschluß* vorliegt, ist streng zwischen Unmöglichkeit (objektiver Unmöglichkeit) und Unvermögen (subjektiver Unmöglichkeit) zu unterscheiden.

   (1) Bei *ursprünglicher Unmöglichkeit* ist der Vertrag nichtig (§ 306). Es kommt höchstens ein Anspruch aus § 307 auf Ersatz des Vertrauensschadens (des *negativen* Interesses) in Betracht; der Schuldner hat dann den Gläubiger so zu stellen, wie wenn vom Vertrag nie die Rede gewesen wäre.

   (2) Bei *ursprünglichem Unvermögen* wird der Schuldner von seiner Leistungspflicht *nicht* befreit. Der Vertrag ist wirksam, der Schuldner hat sein Unvermögen auch ohne Verschulden zu vertreten, ihn trifft eine *Garantiehaftung*. Der Schuldner haftet deshalb auf Schadensersatz wegen Nichterfüllung: er hat den Gläubiger so zu stellen, wie wenn der Vertrag ordnungsgemäß erfüllt worden wäre (*positives* Interesse). Beim Kauf gilt § 440 I als Rechtsfolgenverweisung.

b) Tritt die Leistungsstörung erst *nach Vertragsschluß* ein, so sind Unmöglichkeit und Unvermögen grundsätzlich gleichgestellt (Ausnahme bei der Gattungsschuld, § 279). Für die Rechtsfolgen ist entscheidend, ob der Schuldner die Leistungsstörung *zu vertreten* hat. Es gelten §§ 276, 278, 279, 287 S. 2, 300 I.

   (1) Hat der Schuldner die Leistungsstörung zu vertreten, so kann der Gläubiger Schadensersatz wegen Nichterfüllung (das positive Interesse) verlangen, beim gegenseitigen Vertrag auch zurücktreten (§§ 280/325).

   (2) Hat der Schuldner die Leistungsstörung *nicht* zu vertreten, so wird er frei (§ 275 I). Er verliert aber beim gegenseitigen Vertrag grundsätzlich den Anspruch auf die Gegenleistung (§ 323. Sonderregeln zu § 323 sind §§ 446, 447, 324 II).

   (3) Unabhängig vom Vertretenmüssen hat der Gläubiger den Anspruch auf das Surrogat (§ 281).

2. Schuldnerverzug

Die Leistung ist nicht erbracht, aber _nachholbar_. Der Schuldnerverzug setzt voraus: _Fälligkeit, Mahnung,_ (entbehrlich bei Termingeschäften) und _Vertretenmüssen_ der Verzögerung (§§ 284, 285). Die wichtigsten Rechtsfolgen sind:

a) Bestehenbleiben des Erfüllungsanspruchs, daneben Anspruch auf Ersatz des _Verzögerungsschadens_ (§ 286 I). Bei Geldschulden 4 % Verzugszinsen als gesetzlicher Mindestschaden (§ 288), beim beiderseitigen Handelsgeschäft 5 % Zinsen schon ab Fälligkeit (§§ 352, 353 HGB).

b) Leistet der Schuldner trotz _Fristsetzung_ mit _Ablehnungsdrohung_ nicht, so kann der Gläubiger Schadensersatz wegen Nichterfüllung verlangen, beim gegenseitigen Vertrag auch zurücktreten (§§ 283/326 I). Die Fristsetzung ist überflüssig, wenn infolge des Verzuges das _Interesse_ des Gläubigers _weggefallen_ ist (§§ 286 II / 326 II). Sie ist außerdem überflüssig, wenn der Schuldner die Leistung ernsthaft und endgültig verweigert (Rechtsprechung).

c) Beim Kauf unter _Eigentumsvorbehalt_ hat der Gläubiger ein Rücktrittsrecht bereits bei Verzugseintritt (§ 455).

d) Besonderes gilt beim (relativen) _Fixgeschäft._ Ein Fixgeschäft liegt vor, wenn mit der rechtzeitigen Leistung der Vertrag steht und fällt. Erfolgt die Leistung nicht rechtzeitig, so

 (1) bleibt der _Erfüllungsanspruch_ zwar bestehen. Beim _HGB-Fixkauf_ muß der Gläubiger aber, falls er an der Erfüllung noch interessiert ist, dies dem Schuldner sofort anzeigen, da das HGB vom Interessewegfall ausgeht (§ 376 HGB).

 (2) Außerdem hat der Gläubiger ein _Rücktrittsrecht_ ohne Rücksicht darauf, ob der Schuldner im Verzug ist (also die Verzögerung zu vertreten hat), § 361 BGB, § 376 HGB.

 (3) _Schadensersatz wegen Nichterfüllung_ kann der Gläubiger nur nach den allgemeinen Vorschriften verlangen (also Verzug erforderlich und Fristsetzung gem. § 326 I oder Nachweis des Interessewegfalls gem. § 326 II). Beim _HGB-Fixkauf_ ist _nur Verzug_ erforderlich, das HGB geht hier ohne weiteres vom Interessewegfall aus (§ 376 HGB).

e) Ist die Leistungszeit so entscheidend, daß bei Nichteinhaltung der Leistungszeit die Leistung nicht mehr nachholbar ist *(absolutes Fixgeschäft)*, so gelten die Regeln über die Unmöglichkeit.

3. Positive Forderungsverletzung

Sammelbegriff für alle Vertragsverletzungen, die weder Unmöglichkeit noch Verzug zur Folge haben. Anspruchsgrundlage ist eine Analogie zu §§ 280, 286 (auch beim gegenseitigen Vertrag), in Sonderfällen Analogie zu §§ 325, 326.

C. Vertragsverhandlung

Bereits durch die einseitige Anbahnung von Vertragsverhandlungen und *unabhängig* von einem späteren Vertragsschluß entsteht zwischen den Parteien kraft Gesetzes ein vertragsähnliches Schuldverhältnis.

1. Im Falle der Scherzerklärung sowie im Falle der Irrtumsanfechtung gilt § 122. Der Erklärende muß dem Gegner den *Vertrauensschaden* ersetzen: Er muß den Gegner so stellen, wie dieser stehen würde, *wenn vom Vertrag nie die Rede gewesen wäre* (negatives Interesse). § 122 setzt kein Verschulden voraus, er ist ein Fall der *Veranlassungshaftung*. Der Anspruch entfällt, wenn der Gegner in seinem Vertrauen auf die Gültigkeit der Erklärung fahrlässig war (§ 122 II).

2. §§ 179 I, 307, 309 setzen Verschulden voraus.

3. In den anderen Fällen greift der allgemeine Rechtsbehelf der *culpa in contrahendo* ein (Analogie zu §§ 307, 309). Die culpa in contrahendo setzt Verschulden voraus.

3. Kapitel. Das Problem des Drittschadens
§ 46. Vertragsband und Enumerationsprinzip

Bei dem Problem des Drittschadens können wir an einen Gedanken anknüpfen, der schon bei der deliktischen Haftung entwickelt wurde.
O Bitte lesen Sie noch einmal o. § 39 I 1 und sehen Sie sich dort das Schema genau an.
Wir erweitern und präzisieren nun den dort entwickelten Gedanken durch eine allgemeine Überlegung, die auch die vertragliche Haftung umfaßt.

Durch einen Vertrag entstehen grundsätzlich nur Rechte und Pflichten zwischen den Vertragspartnern. Wird eine vertragliche Pflicht verletzt, so kann nur der geschädigte Vertragsteil Schadensersatz verlangen. Durch die Annahme eines Vertrages zugunsten Dritter oder eines Vertrages mit Schutzwirkung für Dritte läßt sich zwar der Kreis der geschützten Personen etwas erweitern, es bleiben aber Fälle, in denen die Vertragsverletzung im weiteren Ablauf der Kausalkette bei Dritten zu Schäden führt, die diese Dritten nicht vertraglich geltend machen können. Es fehlt ihnen ein *haftungsbegründender Tatbestand*. Sie sind Drittgeschädigte.

Im Grunde gilt das gleiche bei der unerlaubten Handlung. Es herrscht das Enumerationsprinzip: Ansprüche aus § 823 hat nur, wer sich auf die Verletzung eines absoluten Rechts oder auf die Verletzung eines Gesetzes berufen kann, das *seinen* Schutz bezweckt. Auch die anderen Deliktsnormen stellen ganz bestimmte *haftungsbegründende Tatbestände* auf. Wird ein solcher Tatbestand verwirklicht, so kann der Verletzte den Ersatz *seines* Schadens verlangen. Wer im weiteren Kausalablauf in seinem *Vermögen* geschädigt wird, ist Drittgeschädigter. Er hat keinen Anspruch. Eine Ausnahme gilt nur für die Fälle der §§ 844, 845.

Allgemein ausgedrückt: Es genügt nicht, daß man einen *Schaden* hat, den ein anderer schuldhaft verursacht hat. Man muß sich außerdem auf einen *haftungsbegründenden Tatbestand* berufen können (wobei hier unter einem haftungsbegründenden Tatbestand zu verstehen ist: die Summe aller gesetzlichen Voraussetzungen für einen Schadensersatzanspruch mit Ausnahme des Schadens).

§ 47. Schadensliquidation im Drittinteresse

Es kommen Fälle vor, in denen der durch eine Vertragsverletzung oder unerlaubte Handlung herbeigeführte Schaden nicht bei dem Verletzten, sondern bei einem Dritten eintritt, ohne daß der Dritte Vertragspartner oder Verletzter im Sinne einer unerlaubten Handlung ist. Dann entsteht eine im System nicht vorgesehene Situation: der Verletzte hat den haftungsbegründenden Tatbestand, aber keinen Schaden, der Dritte hat den Schaden, aber keinen haftungsbegründenden Tatbestand.

1. Dieses Problem tauchte zuerst bei der *mittelbaren Stellvertretung* auf: ein Einkaufskommissionär schließt im eigenen Namen für Rechnung des Kommittenten einen Kaufvertrag. Dem Verkäufer wird die Leistung

infolge eines von ihm zu vertretenden Umstandes unmöglich. Jetzt hat der Kommissionär einen haftungsbegründenden Tatbestand (§ 325), aber keinen oder nur einen verhältnismäßig geringen Schaden (Provision). Der Hauptschaden ist bei dem an dem Kaufvertrage unbeteiligten Kommittenten eingetreten. Die Konstruktion eines Vertrages zugunsten Dritter scheidet aus. Soll der Kommittent schutzlos sein?

Die gleiche Situation kann sich bei der Verletzung eines Frachtvertrags ergeben, den der Spediteur mit dem Frachtführer im eigenen Namen, aber für Rechnung des Versenders geschlossen hat.

2. Ähnliche Fälle entstehen, wenn zwischen dem Verletzten und einem Dritten ein Rechtsverhältnis besteht, das eine *Schadensverlagerung* auf diesen Dritten zur Folge hat, und zwar

a) infolge der Regeln über die *Gefahrtragung* oder
b) weil der Dritte den Schaden als *Versicherer* trägt oder
c) weil der Dritte *Arbeitgeber* ist und dem verletzten Arbeitnehmer den Lohn fortzahlen muß.

In solchen außergewöhnlichen Fällen darf der Schädiger nicht die Möglichkeit haben, sich auf dieses zufällige Auseinanderfallen von Schaden und haftungsbegründendem Tatbestand zu berufen, um dadurch jeder Haftung zu entgehen. Es wird deshalb dem Verletzten ausnahmsweise gestattet, den Schaden geltend zu machen, der nicht ihm, sondern dem Dritten entstanden ist[16]. Der Dritte kann nur dann selbständig vorgehen, wenn der Verletzte ihm seinen *»Liquidationsanspruch«* abgetreten oder wenn er ihn zum Vorgehen im eigenen Namen ermächtigt hat (§ 185 I). In vielen Fällen ist der Verletzte dem Geschädigten gegenüber zur Abtretung aus § 281 verpflichtet.

4. Kapitel. Die Haftung für Rechtsmängel beim Kauf

§ 48. Der Rechtsmangel

Nach § 433 I ist der Verkäufer verpflichtet, dem Käufer die Sache zu übergeben und das Eigentum an der Sache zu verschaffen. Dieses Eigentum muß frei von Rechten Dritter sein (§ 434). Wenn der Verkäufer zwar die Sache

---

[16] BGH NJW 1957, 1838.

übergibt, aber dem Käufer nicht das freie, uneingeschränkte Eigentum verschafft, spricht man von einem Rechtsmangel.

1. Verkauf einer beweglichen Sache

Die Frage des Rechtsmangels wird vor allem dann akut, wenn eine abhanden gekommene bewegliche Sache verkauft worden ist. Solche Sachen wandern oft durch mehrere Hände, bis der Eigentümer sie bei dem letzten Erwerber aufspürt. Der Erwerber kann sich auf seinen guten Glauben nicht berufen, da bei abhanden gekommenen Sachen kein Gutglaubensschutz besteht (§ 935 I S. 1), er muß also die Sache herausgeben und beim Verkäufer Rückgriff wegen eines Rechtsmangels nehmen. Denn der Verkäufer hat ihm zwar den Besitz, nicht aber das Eigentum an der Sache verschafft.

2. Verkauf eines Grundstücks

Der Fall, daß der Käufer zwar Eigentümer wird, daß dieses Eigentum aber mit dem dinglichen (Hypothek) oder obligatorischen Recht (Vermietung) eines Dritten belastet ist, kommt eher bei Grundstücken vor.

3. Verkauf eines Rechts

Die Rechtsmängelhaftung kommt außerdem beim Verkauf von Rechten, z. B. von Patenten oder sonstigen Urheberrechten oder von Forderungen in Betracht, wenn das Recht *überhaupt nicht besteht.*

§ 49. Die Rechte des Käufers

Im Falle eines Rechtsmangels richten sich die Rechtsfolgen grundsätzlich nach den allgemeinen Vorschriften über die Nichterfüllung. Man muß nur ganz wenige Sonderregeln beachten.

1. Verkauf einer beweglichen Sache

Beim Verkauf einer abhanden gekommenen beweglichen Sache liegt URSPRÜNGLICHES UNVERMÖGEN vor: der Verkäufer kann dem Käufer das Eigentum nicht verschaffen, wohl aber könnte dies der Eigentümer der Sache, und die Leistungsstörung bestand schon bei Abschluß des Kaufvertrages. Der Vertrag ist also wirksam, der Verkäufer hat sein Unvermögen auch ohne Verschulden zu vertreten, da ihn eine Garantiehaftung trifft. Wenn es dem Verkäufer nicht gelingt, den Eigentümer der Sache zur Genehmigung zu veranlassen (§ 185 II), kann der Käufer Schadensersatz wegen Nichterfüllung verlangen oder zurücktreten. § 440 I ist hier als Verweisung auf die _Rechtsfolgen_ des § 325 zu verstehen. Das Recht, Schadensersatz wegen Nichterfüllung zu verlangen, hat der Käufer allerdings erst, nachdem er die Sache an den Eigentümer herausgegeben hat (§ 440 II).

2. Verkauf eines Grundstücks

Die gleiche Art der Leistungsstörung liegt in der Regel beim Verkauf von Grundstücken vor, da die Belastung schon bei Kaufabschluß bestand. Die Rechtsfolgen sind hier also die gleichen.
Allerdings gilt bei Grundstücken eine wichtige Einschränkung der Rechtsverschaffungspflicht: der Verkäufer haftet nicht für das Freisein des Grundstücks von _öffentlichen Abgaben_ und anderen _öffentlichen Lasten_, die zur Eintragung in das Grundbuch nicht geeignet sind, da der Käufer mit solchen Lasten stets rechnen muß (vgl. § 436). Öffentliche Lasten[17] sind z. B. Hauszinssteuer, Grundsteuer, Straßenanliegerbeiträge und Straßenbaukosten.

Schwierigkeiten bereitet die Behandlung der _öffentlich-rechtlichen Baubeschränkungen._ Würde man sie — was der Gesetzeswortlaut nahelegt — zu den öffentlichen Lasten rechnen, so hätte der Käufer eines Baugrundstücks, das infolge von Baubeschränkungen für ihn wertlos ist, keine vertraglichen Rechte und wäre auf die Irrtumsanfechtung gem. § 119 II verwiesen. Um dieses Ergebnis zu vermeiden, griff das Reichsgericht in seinen jüngeren Entscheidungen[18] zu einer »Verlegenheitslösung«[19]: es nahm die öffentlich-rechtlichen Baubeschränkungen aus der Rechtsmängelhaftung heraus und behandelte sie als _Sachmangel._ Dieser Schritt wurde schließlich auch in der Literatur weitgehend gebilligt[20].

3. Verkauf eines Rechts

Beim Verkauf eines nicht bestehenden Rechtes liegt, streng genommen, ursprüngliche Unmöglichkeit vor. Hier greift aber die Sonderregel des § 437 ein,

---

[17] Für die Hypothekengewinnabgabe ist in § 111 LAG eine Sonderregelung getroffen worden.
[18] Übersicht in RG 131, 348. Fortsetzung durch BGH NJW 1979, 2200.
[19] Flume, Eigenschaftsirrtum, S. 170.
[20] Vgl. Enneccerus-Lehmann, § 108 II 1 a; a. A. Flume, Eigenschaftsirrtum, 167 ff.

der an die Stelle des § 306 tritt. Der Vertrag ist also wirksam, der Verkäufer haftet wie im Falle des ursprünglichen Unvermögens.
Handelt es sich bei dem verkauften Recht um eine _Forderung_, so gilt die Einschränkung, daß der Verkäufer nur für den rechtlichen Bestand (die _Verität_), nicht für die Zahlungsfähigkeit des Schuldners (die _Bonität_) haftet (§ 437).

5. Kapitel. Die Haftung für Sachmängel beim Kauf

§ 50. Übersicht

Man spricht von einem Sachmangel, wenn der Verkäufer eine Sache liefert, die nicht die vertragsmäßige sachliche Beschaffenheit hat, weil sie z. B. verdorben oder sonstwie unbrauchbar ist (Eier sind faul, Kartoffeln fleckig, Mehl ist muffig, Öl ranzig, Wein ist gepantscht, Bild ist gefälscht, Maschine läuft nicht, Saatgut keimt nicht, Stoff hat Webfehler, Präzisionsinstrument zeigt falsch an). Sachmängel sind im Zeitalter der Massenproduktion beinahe alltägliche Erscheinungen, die Sachmängelhaftung ist deshalb für den Studenten ein sehr wichtiges Rechtsgebiet. Leider ist die Regelung der Sachmängelhaftung im deutschen Recht verhältnismäßig kompliziert, sie läßt zudem eine Reihe von Zweifelsfragen offen, über deren Lösung in der Literatur selten Einigkeit besteht. Dadurch wird dieses Rechtsgebiet für den Anfänger etwas unübersichtlich. Hinzu kommt, daß die Wirtschaft das Sachmängelrecht durch die Schaffung von Allgemeinen Geschäftsbedingungen weitgehend ausgeschlossen hat, was sich meist nachteilig für den Konsumenten auswirkt. Rechtsprechung und Gesetzgebung (AGBG) mußten hier eingreifen, um grobes Unrecht zu verhindern. Großunternehmen gehen seit längerem dazu über, für den Verkehr mit anderen Großunternehmen die ganze deutsche Gerichtsbarkeit auszuschließen, indem sie miteinander vereinbaren, daß Sachmängelfälle durch private Schiedsgerichte erledigt werden.

Um dem Leser die Einarbeitung in das Recht der Sachmängelhaftung zu erleichtern, gehe ich in folgender Weise vor: ich beginne mit einer Übersicht und rate, diese zunächst _gründlich_ durchzuarbeiten. Dann folgt die Darstellung der Einzelheiten. Streitfragen, die ausschließlich für Rechtsstudenten von Interesse sind, werden nicht im Text, sondern in den Fußnoten behandelt. Die ausführliche Zusammenfassung am Schluß dient gleichzeitig als Anspruchsschema.

Die Sachmängelhaftung findet wie die Rechtsmängelhaftung ihre Grundlage in der _Kaufvereinbarung_ [22]. Der Verkäufer hat dem Käufer versprochen, die Sache zu liefern, die von einer bestimmten Beschaffenheit sein soll (sog. Sollbeschaffenheit). Wenn nun die gelieferte Sache nicht die vereinbarte sachliche Beschaffenheit aufweist, so liegt eine Inkongruenz von Sollbeschaffenheit und Istbeschaffenheit vor, die einen Ausgleich fordert. Trotz dieses gemeinsamen Ausgangspunktes ist die Regelung von Rechts- und Sachmangel sehr verschieden: Der Gesetzgeber hat nämlich den Sachmangel nicht als Nichterfüllung einer Leistungspflicht mit den allgemeinen Folgen der §§ 320 ff. behandelt, wie dies beim Rechtsmangel geschehen ist, sondern ihn in den §§ 459 ff. einer eigenartigen Sonderregelung unterworfen.
Ich gebe zunächst eine Übersicht über die wichtigsten Abweichungen von den allgemeinen Regeln:

I. Voraussetzungen

Die Voraussetzungen der Sachmängelhaftung sind anders. Bitte lesen Sie § 459.

1. Der maßgebliche Zeitpunkt ist der _Gefahrübergang,_ d. h. der Übergang der Vergütungsgefahr (§§ 446, 447, 324 II). Zu diesem Zeitpunkt muß der Mangel – zumindest im Keim – vorhanden sein.
2. Die Sachmängelhaftung setzt _kein Verschulden_ voraus, sie ist eine _Gewährleistungshaftung_ (Garantiehaftung).

II. Die Rechte des Käufers

Die wichtigsten Unterschiede liegen bei den Rechten des Käufers.

1. Er kann _nicht Nachbesserung_ des Mangels verlangen. *
2. Er kann _Wandlung,_ d. h. Rückgängigmachung des Kaufs, oder _Minderung,_ d. h. Herabsetzung des Kaufpreises, verlangen (§ 462).
3. Beim Gattungskauf kann er statt dessen Lieferung einer mangelfreien Sache verlangen (§ 480 I).

---

[22] Das ist von Flume, Eigenschaftsirrtum, S. 33 ff. nachgewiesen worden.

* _Nur bei entsprechender Vereinbarung (§ 476a)!_

4. Nur in zwei Ausnahmefällen muß der Verkäufer voll für den Mangel einstehen und _Schadensersatz wegen Nichterfüllung_ leisten:

a) wenn eine _zugesicherte_ (nicht nur vertraglich vorausgesetzte) Eigenschaft bereits bei _Kaufabschluß_ fehlt (§ 463 S. 1). Hier erklärt sich die strenge Haftung aus dem gesteigerten Haftungswillen, den der Verkäufer bekundet hat;

b) wenn der Verkäufer einen Fehler arglistig verschwiegen hat (§ 463 S. 2).

III. Fristen

Zu ungunsten des Käufers gelten sehr kurze Fristen.

1. Die Rechte des Käufers _verjähren_ bei beweglichen Sachen bereits in sechs Monaten von der Ablieferung, bei Grundstücken in einem Jahr von der Übergabe an, und zwar _unabhängig_ davon, ob der Mangel in diesem Zeitraum erkennbar war. Nur bei Arglist des Verkäufers bleibt es bei der allgemeinen Verjährungsfrist von dreißig Jahren (§§ 477 I, 195).

2. Beim _beiderseitigen Handelskauf_ kann der Käufer seine Rechte schon früher verlieren. Er muß nämlich die Ware unverzüglich untersuchen und, wenn sich ein Mangel zeigt, rügen, anderenfalls gilt die Ware als genehmigt (§ 377 HGB).

§ 51. Die Voraussetzungen der Sachmängelhaftung

I. Kaufvertrag über Sachen

Die Gewährleistungshaftung für Sachmängel setzt voraus, daß ein wirksamer Kaufvertrag über eine _Sache_ vorliegt (vgl. den Wortlaut des § 459 I: »Der Verkäufer einer _Sache_...«). Beim Verkauf eines Unternehmens liegt kein Sachkauf im strengen Sinne vor, da das Unternehmen eine Zusammenfassung von Sachen, Rechten und sonstigen Gütern (good will usw.) ist. Die §§ 459 ff. gelten aber analog[23].

---

[23] St. Rspr., Beispiele: RG 138, 354 (Gastwirtschaft), BGH DB 1974, 1604 (Steuerberaterpraxis).

II. Gefahrübergang

Der Mangel muß in dem Zeitpunkt vorliegen, in dem die (Vergütungs-) Gefahr auf den Käufer übergeht. Regelmäßig ist das der Zeitpunkt der Übergabe an den Käufer (§ 446 I), bei Grundstücken der Zeitpunkt der Eintragung, falls diese vor der Übergabe erfolgt (§ 446 II); beim Versendungskauf ist es der Zeitpunkt der Übergabe an die Transportperson (§ 447). Aus dieser Regelung ergeben sich zwei Folgerungen:

1. Einen Mangel, der _nach_ dem Gefahrübergang, beim Versendungskauf z. B. auf dem Transport, entsteht, hat der Verkäufer nicht zu vertreten. Allerdings ist für § 459 nicht erforderlich, daß sich der Mangel beim Gefahrübergang bereits ausgewirkt hat; es genügt, daß er zu diesem Zeitpunkt im _Keim_ vorhanden ist.

2. Die Rechte des Käufers aus §§ 459 ff. können _frühestens_ im Zeitpunkt des Gefahrübergangs ausgeübt werden. Der Verkäufer hat also die Möglichkeit, beim Verkauf einer mangelhaften Sache durch Nachbesserung bis zum Gefahrübergang die Gewährleistungsrechte des Käufers abzuwenden.

Der Käufer braucht jedoch nicht in jedem Falle den Gefahrübergang abzuwarten. Wird ihm eine mangelhafte Sache angeboten, so kann er sie zurückweisen und die Zahlung des Kaufpreises verweigern, ohne in Annahme- oder Schuldnerverzug zu geraten. Er kann auch schon vorher die Gewährleistungsrechte ausüben, wenn feststeht, daß die Nachbesserung unmöglich ist, oder wenn der Verkäufer sich weigert, die Nachbesserung bis zum Gefahrübergang vorzunehmen[25].

III. Fehler

Die Rechte des Käufers auf Wandlung und Minderung setzen einen »Mangel« voraus (§ 462). Damit gibt § 462 einen Oberbegriff für »Fehler« und »Fehlen einer zugesicherten Eigenschaft«.

---

[25] BGH 34, 32.

§ 51. Die Voraussetzungen der Mängelhaftung

1. Subjektiver (konkreter) Fehlerbegriff

Fehler ist jedes für den Käufer ungünstige Abweichen der Kaufsache von der dem Vertrage entsprechenden Beschaffenheit[26]. Welche Beschaffenheit dem Vertrage entspricht, hängt davon ab, »ALS WAS« die Sache verkauft worden ist, ist also Frage des Einzelfalles. Wird z. B. ein Bild ausdrücklich als echter Rembrandt verkauft, so ist die Herkunft des Bildes von Rembrandt die Beschaffenheit, die dem Vertrage entspricht. Meist läßt sich die vertraglich vorausgesetzte Beschaffenheit nur durch Auslegung ermitteln, wobei in erster Linie der vertraglich vereinbarte Gebrauchszweck, bei dessen Fehlen der allgemeine Gebrauchszweck und die Verkehrsanschauung zu berücksichtigen ist. § 459 ist also insoweit als Auslegungsregel aufzufassen.

In den meisten Fällen ist ein Fehler eine Abweichung von der vorausgesetzten _körperlichen_ Beschaffenheit der Sache. Ein Fehler kann aber auch auf sonstigen tatsächlichen und sogar _rechtlichen,_ insbesondere _öffentlich-rechtlichen_ Verhältnissen beruhen, wenn diese infolge ihrer Eigenart und vermutlichen Dauer die Wertschätzung der Sache beeinträchtigen. So ist z. B. bei Kraftfahrzeugen die fehlende Zulassungseignung nicht nur dann ein Fehler, wenn das Fahrzeug verkehrstechnische Mängel hat, sondern auch im Falle der Nichtübereinstimmung von Angaben im Kraftfahrzeugbrief mit den Daten des verkauften Wagens. Bei Grundstücken ist die ungenügende Bebaubarkeit ein Fehler (vorausgesetzt den Verkauf als Baugrundstück, nicht z. B. als Weide- oder Ackerland), gleichgültig, ob diese auf ungeeigneten Bodenverhältnissen oder öffentlich-rechtlicher Baubeschränkung beruhen, wenn die Baubeschränkung im Zeitpunkt des Gefahrüberganges bereits vorliegt, nicht nur geplant ist. Bei Grundstücken mit Wohngebäuden gehört in der Regel die Bewohnbarkeit zur vertragsmäßigen Beschaffenheit

---

[26] Grundlegend Flume, a. a. O. S. 109 ff., 119. Die subjektiv-konkrete, an der Vertragsvereinbarung orientierte Auffassung gewinnt in der Literatur in zunehmendem Maße Anhänger, unterliegt dabei jedoch verschiedenen Abwandlungen, vgl. Caemmerer, Falschlieferung S. 13 ff.; Larenz, Schuldrecht II § 37 I; Enneccerus-Lehmann, § 108 II 1 aα; Kegel, AcP 150, 360. Sie verdrängt damit die objektive Auffassung, die von dem normalen Gebrauchszweck der Sache ausgeht und deshalb dem Einzelfall zu wenig gerecht wird. Die Rechtsprechung hat schon in den Tagen des Reichsgerichts eine allmähliche Entwicklung von der objektiven (RG 97, 352) zur subjektiven Auffassung (RG 135, 342) durchgemacht.

Nach alledem ist das Wort »Fehler« in § 459 I sehr weit auszulegen. Eine solche Auslegung führt zwar zu Abgrenzungsschwierigkeiten gegenüber dem Begriff des Rechtsmangels, ist aber im übrigen ungefährlich, da eben alles darauf ankommt, was *vereinbart* ist. Versteht man somit unter Fehler ganz allgemein das Fehlen eines vereinbarten *wertbildenden Faktors*, so ergibt sich durch diese Formulierung gleichzeitig eine Begrenzung des Fehlerbegriffs; denn der *Wert* als solcher, der Kurswert oder der Marktpreis sind nach der Rechtsprechung keine Eigenschaften der Sache, sie können deshalb auch keine vereinbarten Eigenschaften sein und scheiden aus dem Fehlerbegriff aus (str.).

2. Qualitäts- und Quantitätsmängel

Zuwenig- oder Zuviellieferungen sind keine Fehler im Sinne von § 459, es sei denn, daß sie sich gleichzeitig als Qualitätsmängel der ganzen Leistung darstellen. Die Abgrenzung ist mitunter schwierig, in der Literatur auch uneinheitlich. Im einzelnen ist zu unterscheiden:

a) Hat der Verkäufer von einer bestimmten Warenmenge *zuwenig* geliefert, so handelt es sich um einen Fall teilweiser Nichterfüllung, der nach den allgemeinen Vorschriften zu behandeln ist: der Käufer kann gem. § 433 I Lieferung der Restmenge verlangen und bei Verzug des Verkäufers gem. § 326 vorgehen. Es findet dagegen ausschließlich Sachmängelrecht Anwendung, wenn der Quantitätsmangel zugleich ein *Qualitätsmangel* der ganzen Leistung ist.

b) Bei *Zuviel*lieferungen ist der Käufer grundsätzlich verpflichtet, die vertragsmäßige Menge auszuscheiden und als Erfüllung zu behalten. Er darf nur den überschießenden Teil zurückweisen.
Dies gilt jedoch nur, wenn die Ausscheidung dem Käufer zumutbar ist, weil er sie ohne große Mühe und Kosten und ohne Wertminderung des ihm verbleibenden Teils durchführen kann. Ist ihm die Ausscheidung nicht zumutbar, so kann er die gesamte Lieferung als mangelhaft im Sinne von § 459 zur Verfügung stellen und den Kaufvertrag wandeln[27].

---

[27] v. Caemmerer, Falschlieferung, S. 20.

3. Schlechtlieferung und Falschlieferung (aliud)

Folgt man dem allgemeinen Sprachgebrauch, so kann man eine Eigenschaft, die die Sache zu einer _anderen Gattung_ macht, nicht als »Fehler« bezeichnen. So wird z. B. Sommerweizen gemeinhin nicht als fehlerhafter Winterweizen, sondern als eine _andere Sache_ angesehen.

In der Literatur[28] wird deshalb die Ansicht vertreten, daß bei Lieferung eines solchen _aliud_ das Sachmängelrecht unanwendbar sei. Nun sind die Rechtsfolgen, je nachdem ob man einen Fehler oder ein aliud annimmt, sehr verschieden. Liegt ein Fehler vor, so hat der Käufer das sofortige Recht auf Wandlung oder Minderung (§ 462), beim Gattungskauf das Recht auf Lieferung einer mangelfreien Sache (§ 480 I), im Falle des § 463 einen Anspruch auf Schadensersatz wegen Nichterfüllung. Alle diese Ansprüche verjähren bei beweglichen Sachen in sechs Monaten, bei Grundstücken in einem Jahr (§ 477). Bei einem aliud dagegen richten sich die Rechtsfolgen nach den allgemeinen Grundsätzen über die Nichterfüllung. Der Käufer ist um das aliud ungerechtfertigt bereichert (§ 812) und hat weiterhin den Erfüllungsanspruch. Will er zurücktreten oder Schadensersatz wegen Nichterfüllung verlangen, so muß er gem. § 326 vorgehen. Für diese Ansprüche gilt, da Sonderregeln nicht bestehen, die allgemeine Verjährungsfrist von dreißig Jahren (§ 195).

Die Grenze zwischen Fehler und aliud zu ziehen ist in der Praxis allerdings kaum möglich, und die Entscheidungen der Gerichte in dieser Frage muten zuweilen recht willkürlich an. Wenn z. B. jemand Saatkartoffeln verkauft und dann Kartoffeln liefert, die zu groß und deshalb für die Aussaat wenig geeignet sind, läßt sich darüber streiten, ob es sich um schlechte Saatkartoffeln oder gute Speisekartoffeln, oder, wenn noch Fäulnis hinzukommt, um Futterkartoffeln mittlerer Art und Güte handelt. Schwierigkeiten entstehen auch, wenn die gelieferte Ware _Farbabweichungen_ oder _falsche Maße_ aufweist (Eisenträger sind zu kurz, Bretter zu schmal, Fensterscheiben zu klein, Rohre zu eng oder zu weit). Bei Gegenständen industrieller Fertigung behandelt die Rechtsprechung Normabweichungen als Fehler[29].

---

[28] Übersicht bei Staudinger-Honsell § 459 Rnr. 10 ff.
[29] BGH DB 1975, 1116 = NJW 1975, 2011. Die Lösung des Problems ergibt sich, wenn man einer modernen Lehre folgt, die _jede_ Abweichung von der vertragsmäßigen Beschaffenheit als »Fehler« behandelt, gleichgültig, ob die Sache »schlecht« ist oder zu einer anderen Warengattung gehört (grundlegend Flume, Eigenschaftsirrtum, S. 68, 114 ff.). Die Auffassung ist aber _nicht herrschend_ und wird auch in dieser allgemeinen Form vom BGH _abgelehnt._

IV. Fehlen einer zugesicherten Eigenschaft

Fehlt eine Eigenschaft, die nicht nur vereinbart, sondern sogar zugesichert ist, so tritt für den Verkäufer eine Haftungsverschärfung ein. Wenn die zugesicherte Eigenschaft schon bei Kaufabschluß gefehlt hat, hat der Käufer _neben_ den Gewährleistungsrechten auf Wandlung oder Minderung einen Anspruch auf Schadensersatz wegen Nichterfüllung (also auf das positive Interesse, § 463 S. 1).

1. Zusicherung

Eine Zusicherung ist mehr als eine Vereinbarung. Sie erfolgt durch eine beim Vertragsschluß im beiderseitigen Einverständnis erklärte Übernahme der Gewähr für das Vorhandensein einer Eigenschaft und das Versprechen, für alle Folgen einzustehen, wenn diese Eigenschaft fehlt. Der Verkäufer muß also einen über die normale Gewährleistung hinausgehenden _gesteigerten_ Haftungswillen zum Ausdruck gebracht haben.

Da eine Erklärung grundsätzlich stillschweigend abgegeben werden kann, ist die Möglichkeit einer stillschweigenden Zusicherung zwar grundsätzlich zu bejahen. Bei der Annahme einer solchen Erklärung ist jedoch allergrößte Vorsicht geboten. Bei Grundstückskäufen bedürfen Zusicherungen der Form des § 313.

2. Eigenschaft

Der Eigenschaftsbegriff in § 459 II wird von der Rechtsprechung weiter gefaßt als der Fehlerbegriff in § 459 I. Dies zeigt deutlich die rechtliche Behandlung der sog. _Abschlußangaben_ beim Kauf eines Unternehmens (Angaben über Umsatz, Bilanz, Gewinn- und Verlustrechnung. Gleiches gilt beim Kauf eines Miethauses hinsichtlich der Angaben über die Höhe der Mieten und die Rendite). Diese Angaben können nämlich keine vereinbarten Eigenschaften im Sinne des § 459 I, wohl aber zugesicherte Eigenschaften im Sinne des § 459 II sein! Bei objektiv falschen Angaben kommt also die Sachmängelhaftung nicht zur Anwendung. Waren die falschen Angaben aber _zugesichert_, so greift die Sachmängelhaftung gem. § 463, 459 II ein[30].

---

[30] Siehe unten Fußnote 55.

3. Garantieübernahme für die Zukunft

In der Praxis übernimmt der Verkäufer einer Sache manchmal eine »Garantie« für die Zukunft. Die juristische Einordnung solcher Erklärungen ist nicht immer leicht, denn das Wort »Garantie« ist vieldeutig. Es kann ein Einstehen für einen bestimmten Erfolg im Sinne eines selbständigen Garantievertrages oder die Zusicherung einer Eigenschaft gem. §§ 459 II, 463, also eine *Verschärfung* der Verkäuferhaftung sein, es kann aber auch nur eine *zeitliche Änderung* der gesetzlichen Gewährleistung bedeuten — falls sich aus der »Garantieerklärung« des Verkäufers überhaupt der Wille zu einer Abänderung, nicht nur zu einer Bekräftigung der üblichen Gewährleistung für Fehler ergibt. Denn wörtlich und im allgemeinen Sprachgebrauch heißt garantieren nichts anderes als gewährleisten.

Der SELBSTÄNDIGE GARANTIEVERTRAG ist nicht im Gesetz geregelt, aber zulässig auf Grund der das Schuldrecht beherrschenden Vertragsfreiheit. Er läuft auf eine Risikoübernahme hinaus: der Erklärende steht für den Eintritt eines bestimmten Erfolges ein oder übernimmt im voraus einen etwaigen künftigen, noch nicht eingetretenen Schaden[31]. Bezüglich der Verjährung gilt mangels abweichender Sonderregelung die allgemeine Frist von 30 Jahren (§ 195).

Die wegen der verschiedenen Verjährungsfristen (§ 477) wichtige Trennung von Garantievertrag und Zusicherung einer Eigenschaft läßt sich durchführen, wenn man von dem Gedanken ausgeht, daß die Sachmängelhaftung die spezielle Regelung der Fälle ist, in denen die Sache beim Gefahrübergang mangelhaft ist. Dann bleiben nämlich für einen selbständigen Garantievertrag nur solche Fälle, in denen ein Erfolg versprochen wird, der nicht *ausschließlich* von der Beschaffenheit der Sache im Zeitpunkt des Gefahrübergangs abhängt[32]. Dies ist besonders wichtig für den Verkauf von Gewerbebetrieben. Die Garantie für die Ertragsfähigkeit bezieht sich im Zweifel nur auf die Ertragsfähigkeit im Zeitpunkt des Gefahrübergangs im Hinblick auf die Erträge der Vergangenheit, ist also die Zusicherung einer Eigenschaft im Sinne von § 459 II. Wird die Garantie auch für eine begrenzte Folgezeit und unabhängig von zufälligen Zukunftsereignissen, Konjunkturschwankungen

---

[31] RG 161, 337.
[32] RG 146, 123.

usw. geleistet, so ist darin ein selbständiger Garantievertrag zu sehen[33], denn es wird ein Erfolg versprochen, der nicht ausschließlich von den Eigenschaften der Sache im Zeitpunkt des Gefahrübergangs abhängt.

4. Der Garantieschein

Beim Kauf bestimmter Waren erhält der Käufer häufig einen »GARANTIESCHEIN«, in welchem der Verkäufer die »Garantie« für fehlerfreies Funktionieren der Sache während eines begrenzten Zeitraumes unter der Voraussetzung sachgemäßer Behandlung übernimmt. Solche Garantiescheine beinhalten keinen echten Garantievertrag, da der Erfolg ausschließlich von den Eigenschaften der Sache im Zeitpunkt des Gefahrüberganges abhängt. Es liegt aber auch in der Regel nicht die Zusicherung einer Eigenschaft vor, da bei einem Garantieschein, wie allgemein bei der Vereinbarung einer Garantiefrist, eine verschärfte Haftung des Verkäufers (§ 463) nicht gewollt ist. So kommen als Inhalt in Betracht

a) ein lediglich bekräftigender Hinweis auf die ohnehin nach dem Gesetz bestehenden Rechte des Käufers oder

b) eine _Verlängerung_ der Gewährleistungsfrist, z. B. auf ein Jahr (eine _Verkürzung_ durch den Garantieschein wäre _unzulässig_, § 11 Nr. 10 f AGBG) oder

c) der Ausschluß von Wandlung und Minderung und deren Ersetzung durch ein Recht des Käufers auf Nachbesserung oder Ersatzlieferung. Dies ist allerdings nur gültig, wenn dem Käufer _ausdrücklich_ das Recht vorbehalten wird, bei Fehlschlagen der Nachbesserung oder Ersatzlieferung die ursprünglich ausgeschlossenen Rechte geltend zu machen (§ 11 Nr. 10 b AGBG).

§ 52. Die Rechte des Käufers

I. Wandlung

Nach der Rechtsprechung des Bundesgerichtshofs ist zwischen dem Recht _auf_ Wandlung und dem Recht _aus der_ Wandlung zu unterscheiden[34].

---

[33] RG JW 1919, 241 (Zusicherung eines bestimmten Jahresgewinns in den nächsten drei Jahren).
[34] BGH NJW 1958, 418, ebenso die h. M. (Staudinger-Honsell § 465 Rnr. 8. Die Unterscheidung gilt auch für den Anspruch auf (aus) Minderung und — beim Gattungskauf — auf Lieferung einer mangelfreien Sache.

1. Das Recht »auf« Wandlung

Wenn der Verkäufer eine mangelhafte Sache geliefert hat, hat der Käufer das Recht _auf_ Wandlung:

a) Er kann von dem Verkäufer die Rückzahlung des Kaufpreises verlangen (§ 462). Dieser Anspruch unterliegt der kurzen Verjährung gem. § 477.

b) Solange der Verkäufer sich nicht mit der Wandlung einverstanden erklärt hat, ist der Käufer an sein Wandlungsbegehren nicht gebunden, er kann seinen Entschluß ändern und ein anderes Gewährleistungsrecht geltend machen: er hat das _jus variandi._

2. Das Recht »aus« der Wandlung

Hat sich der Verkäufer auf Verlangen des Käufers mit der Wandlung einverstanden erklärt, so ist die Wandlung _vollzogen_ (§ 465). Das bedeutet:

a) Der Käufer hat nunmehr einen Anspruch _aus der_ Wandlung. _Dieser_ Anspruch unterliegt _nicht_ der kurzen Verjährung gem. § 477, sondern der allgemeinen Verjährung von 30 Jahren gem. § 195. Die kurze Verjährung gem. § 477 soll die Schwebezeit abkürzen, in der der Verkäufer nicht weiß, ob er wegen eines Mangels in Anspruch genommen wird. Außerdem sollen schwierige Beweisfragen vermieden werden, die durch das Zurückgreifen auf einen Mangel nach längerer Zeit entstehen könnten. Diese beiden Gründe entfallen, wenn der Verkäufer den Mangel einmal anerkannt hat, die Anwendung des § 477 ist dann nicht mehr zu rechtfertigen.

b) Außerdem hat der Käufer sein jus variandi verloren, d. h. er ist an die Wandlung gebunden, kann also nicht mehr zu einem anderen Gewährleistungsrecht hinüberwechseln[35].

Die Vollziehung der Wandlung hat nur _schuldrechtliche_ Wirkungen: sie verwandelt den Kaufvertrag in ein Rückverschaffungsverhältnis, ohne die sachenrechtlichen Geschäfte aufzuheben. Der Käufer ist also noch Eigentümer der Sache, er ist lediglich _verpflichtet,_ die Sache zurückzugeben und rückzuübereignen (§§ 467 S. 1, 346).

3. Einzelheiten

Die Einzelheiten der Wandlung ergeben sich aus einer entsprechenden Anwendung einiger Regeln über das Rücktrittsrecht (§ 467 S. 1).

Der Verkäufer hat den Kaufpreis einschließlich 4% Zinsen (bei beiderseitigen Handelsgeschäften 5%, § 352 HGB) ab Empfang zurückzuzahlen (§§ 346, 347 S. 3) und dem Käufer die Vertragskosten zu ersetzen (§ 467 S. 2). Der Käufer hat die Sache zurückzugeben und rückzuübereignen (§ 346 S. 1) sowie die gezogenen und schuldhaft nicht gezogenen Nutzungen herauszugeben bzw. in Geld zu ersetzen (§§ 347 S. 2, 987). Beide Verpflichtungen sind Zug um Zug zu erfüllen (§ 348). Gerät der Käufer mit der Rückgewähr der Sache oder eines erheblichen Teils in Verzug, so kann ihm der Verkäufer unter gleichzeitiger Ablehnungsandrohung eine angemessene Frist setzen. Wird diese Frist nicht eingehalten, so ist die Wandlung unwirksam (§ 354).

Besonderes gilt, wenn die Sache nicht mehr in dem Zustand herausgegeben werden kann, in dem sie geliefert wurde. Hier ist zu unterscheiden:

Ist die _vor_ der Vollziehung der Wandlung eingetretene Verschlechterung, der Untergang oder die sonstwie eingetretene Unmöglichkeit der Herausgabe auf ein Verschulden des Käufers (§ 351) oder seines Gehilfen (§§ 351 S. 2, 278) oder, im Falle der Weiterveräußerung an einen Dritten, auf das Verschulden dieses Dritten zurückzuführen, so verliert der Käufer den Anspruch auf Wandlung. Auch die Verarbeitung der Sache schließt den Anspruch auf Wandlung

---

[35] In der Lehre werden zwei Theorien über das Wesen des Wandlungsanspruchs vertreten. Nach der VERTRAGSTHEORIE soll der Käufer zunächst nur einen Anspruch auf Abschluß eines Rückerstattungsvertrages mit dem Verkäufer (den Anspruch _auf_ Wandlung) haben, erst durch diesen Vertrag soll der Anspruch _aus der_ Wandlung, d. h. auf Rückzahlung, entstehen. Der Nachteil dieser Theorie ist, daß der Käufer zwei Prozesse führen müßte: er müßte zuerst auf Einwilligung in den Vertrag und danach auf Zahlung klagen. Diesen Nachteil schwächte man später ab, indem man zugab, daß der Käufer beide Klagen in einem Prozeß verbinden könne. Die HERSTELLUNGSTHEORIE geht davon aus, daß der Käufer _sofort_ einen Rückzahlungsanspruch hat. Ihre Schwäche liegt aber darin, daß sie nicht zwischen den Ansprüchen _auf_ Wandlung und _aus der_ Wandlung mit jeweils verschiedenen Verjährungsfristen unterscheiden kann. Die RECHTSPRECHUNG hat von der Herstellungstheorie die direkte Klage auf Rückzahlung, von der Vertragstheorie die Unterscheidung zwischen »auf« und »aus« übernommen, im übrigen beide Theorien als untauglich abgelehnt (BGH NJW 1958, 418; BGH 29, 153. Literaturangaben über die Vertragstheorie bei Oertmann, § 465 Anm. 1d, über die Herstellungstheorie bei Enneccerus-Lehmann, § 110 I 2).

§ 52. Die Rechte des Käufers

aus, wenn der Fehler schon vor der Verarbeitung zutage getreten war (§§ 467 S. 1, 352).

Tritt infolge Verschuldens die Verschlechterung oder Unmöglichkeit der Herausgabe erst *nach* Vollziehung der Wandlung ein, so behält der Käufer seine Rechte aus der Wandlung, ist aber dem Verkäufer zum Schadensersatz verpflichtet (§§ 347, 989).

Bei *Zufall*, gleichgültig, ob vor oder nach der Vollziehung, behält der Käufer alle Rechte (§ 350). Im Falle der zufälligen Verschlechterung ist er nur zur Herausgabe der Sache in deren jetzigem Zustand verpflichtet, bei Unmöglichkeit der Herausgabe wird er frei. Hier zeigt sich, daß das Rechtsverhältnis trotz der Zug-um-Zug-Verpflichtung und der Verweisung auf §§ 320, 322 in § 348 S. 2 kein gegenseitiges ist: es fehlt die Verweisung auf § 323.

4. Die Einrede der Wandlung

Ist der Kaufpreis noch nicht gezahlt worden, so kann der Käufer Befreiung von der Kaufpreisschuld verlangen. Kommt der Verkäufer ihm zuvor, indem er ihn auf Zahlung verklagt, so kann der Käufer sein Wandlungsrecht auch als Verteidigungsmittel geltend machen, indem er die Einrede der Wandlung erhebt; denn der Verkäufer verstößt gegen Treu und Glauben, wenn er (aus § 433 II) etwas verlangt, was er (aus §§ 346, 467 S. 1, 462) sogleich wieder herausgeben müßte: dolo agit qui petit quod statim redditurus est.[*] Das Gesetz setzt die Zulässigkeit einer solchen Einrede als selbstverständlich voraus und läßt ihre Geltendmachung unter gewissen Voraussetzungen auch dann zu, wenn der Wandlungsanspruch, (das Angriffsmittel) bereits gem. § 477 verjährt ist (§ 478).

II. Minderung

Das Recht auf Minderung ist das Recht auf »Herabsetzung des Kaufpreises« (§ 462). Die Höhe der Minderungssumme ergibt sich dadurch, daß man den Kaufpreis in dem Verhältnis herabsetzt, »in welchem zur Zeit des Verkaufs der Wert der Sache im mangelfreien Zustand zu dem wirklichen Wert gestanden hat« (§ 472). In einer Formel läßt sich das folgendermaßen ausdrücken:[**]

$$x = \frac{\text{Wert mit Mangel} \times \text{vereinbarter Kaufpreis}}{\text{Wert ohne Mangel}}$$

$$\frac{\text{alter Kaufpreis}}{\text{neuer Kaufpreis}} = \frac{\text{Wert der mangelfreien Sache}}{\text{Wert der mangelhaften Sache}}$$

---

[*] Arglistig handelt, wer fordert, was er demnächst zurückgibt bzw. was er selbst zurückerstatten muß.

[**] Vgl. dazu Brox, BS, Rdnr. 83

»Vollzogen« wird die Minderung durch Einverständnis des Verkäufers (§ 465) oder durch Urteil. Bezüglich der Unterscheidung zwischen dem Anspruch _auf_ Minderung und _aus_ der Minderung sowie der Einrede der Minderung gilt gleiches wie bei der Wandlung.

III. Schadensersatz wegen Nichterfüllung

In den Fällen des § 463 unterliegt der Verkäufer der verschärften Gewährleistungshaftung.

1. Fehlen einer zugesicherten Eigenschaft

Der Käufer kann gem. § 463 S. 1 nach seiner Wahl statt Wandlung oder Minderung Schadensersatz wegen Nichterfüllung verlangen, wenn eine zugesicherte Eigenschaft nicht nur beim Gefahrübergang (§ 459 II), sondern schon beim Kaufabschluß gefehlt hat. Der Grund dieser strengen Haftung liegt darin, daß der Verkäufer beim Kaufabschluß einen gesteigerten Haftungswillen bekundet hat. Liegt die Eigenschaft bei Kaufabschluß vor und fehlt sie erst beim Gefahrübergang, so kann der Käufer gem. §§ 459 II, 462 nur wandeln oder mindern. Fehlt die Eigenschaft beim Kaufabschluß, liegt sie aber bei Gefahrübergang vor, etwa weil der Verkäufer die Sache inzwischen nachgebessert hat, so stehen dem Käufer überhaupt keine Gewährleistungsrechte zu: Er hat das erhalten, was ihm versprochen war.

Da bei einem _Gattungskauf_ die Sachen im Zeitpunkt des Vertragsschlusses noch nicht konkret, sondern nur der Gattung nach bestimmt sind, genügt es für den Schadensersatzanspruch, daß den gelieferten Sachen die zugesicherte Eigenschaft beim Gefahrübergang fehlt (§ 480 II).

2. Arglist

Der Käufer kann außerdem Schadensersatz wegen Nichterfüllung verlangen, wenn ihm der Verkäufer einen Fehler arglistig verschwiegen hat.

Da Fehler jedes Abweichen von der vertragsmäßigen Beschaffenheit ist, verschweigt der Verkäufer einen Fehler, wenn er wider besseres Wissen eine Beschaffenheit vereinbart, die die Kaufsache nicht hat, sei es, daß er eine ungünstige Eigenschaft verheimlicht, sei es, daß er eine günstige Eigenschaft vorspiegelt (str.). _Arglistig_ hat er gehandelt, wenn er sich dabei bewußt war, daß die Mitteilung über die wirkliche Beschaffenheit den Käufer möglicherweise vom Vertragsschluß abgehalten hätte. Ob die Mitteilung den Käufer <u>wirklich</u> abgehalten hätte, ist gleichgültig. Ein Kausalzusammenhang zwischen Arglist und Kaufabschluß ist deshalb nicht erforderlich, weil der Rechtsgrund der Haftung auf das positive Interesse nicht in der Arglist, sondern in der Kaufvereinbarung zu sehen ist[40], die der Verkäufer hier gewissermaßen Wort für Wort erfüllen muß, da keine Veranlassung besteht, ihn, der die wirkliche Beschaffenheit der Sache kannte, von seinem Versprechen zur mangelfreien Lieferung zu befreien und nur mit Wandlung und Minderung zu belasten, wie dies sonst beim Stückkauf geschieht.

Da die Haftung aus § 463 S. 2 auf den Vertrag zurückgeht, haftet der Verkäufer gem. § 463 bzw. § 480 II auch bei Arglist seines bei Vertragsschluß tätigen Vertreters, falls dieser sich in dem allgemeinen Rahmen seiner Vollmacht gehalten hat.

3. Der Umfang der Ersatzpflicht

Die Verpflichtung des Verkäufers geht nur auf Entschädigung in Geld, nicht auf Nachbesserung. Der Käufer kann also die Sache behalten und Ausgleich in Geld verlangen, er kann auch die Sache dem Verkäufer zur Verfügung stellen und verlangen, ausschließlich durch Geldersatz so gestellt zu werden, wie wenn ihm Ware von vertragsmäßiger Beschaffenheit geliefert worden wäre[41].

IV. Nachlieferung beim Gattungskauf

Es wurde bereits mehrfach darauf hingewiesen, daß die Regelung des Gattungskaufs von der des Stückkaufs teilweise abweicht. Die Unterschiede sollen hier noch einmal zusammengefaßt werden.

Der wichtigste Unterschied liegt darin, daß der Käufer beim Gattungskauf einen Erfüllungsanspruch auf mangelfreie Lieferung hat. Er kann also die mangelhafte Ware zurückweisen und Erfüllung verlangen, bei Verzug, der dann in der Regel vorliegen dürfte (vgl. §§ 285, 279), auch Ersatz des Verzugsschadens verlangen und gem. § 326 vorgehen. Hat er die mangelhafte Ware

---

[40] Flume, Eigenschaftsirrtum, S. 52 ff., sehr str.
[41] BGH NJW 1959, 620, str.

zunächst in Unkenntnis des Mangels angenommen, so kann er sich durch Wandlung vom Vertrage befreien oder Minderung verlangen oder, wenn der Sache eine zugesicherte Eigenschaft zur Zeit des Gefahrübergangs fehlt, Schadensersatz wegen Nichterfüllung fordern (§ 480 II). Er kann aber auch seinen ursprünglichen Erfüllungsanspruch geltend machen, der ihm erhalten geblieben ist (§ 480 I). Dieser Anspruch ist dann wie der Anspruch auf Wandlung oder Minderung der kurzen Verjährung gem. § 477 unterworfen, es sei denn, daß sich der Verkäufer mit der Nachlieferung einverstanden erklärt (§§ 465, 480 I S. 2) oder zu dieser rechtskräftig verurteilt ist. (Es besteht also auch hier der Unterschied zwischen »auf« und »aus«.)

V. Nachbesserung beim Werkvertrag und beim Kauf

Die Sachmängelvorschriften sehen eine Nachbesserungspflicht des Verkäufers nicht vor, andererseits braucht sich der Käufer nach dem Gefahrübergang nicht mehr auf eine Nachbesserung einzulassen.
Hierin liegt der wesentliche Unterschied gegenüber der Mängelhaftung beim WERKVERTRAG: bei einem mangelhaften Werk ist der Unternehmer zunächst zur Nachbesserung berechtigt und verpflichtet (§ 633 II). Kommt er mit der Nachbesserung in Verzug, so kann der Besteller sogar die Nachbesserung durch einen Dritten auf Kosten des Unternehmers durchführen lassen (§ 633 III). Wandlung und Minderung stehen dem Besteller erst nach vergeblicher Fristsetzung mit Ablehnungsdrohung (§ 634 I) oder bei Unmöglichkeit oder Verweigerung der Nachbesserung durch den Unternehmer oder dann zu, wenn die sofortige Geltendmachung von Wandlung oder Minderung durch ein besonderes Interesse gerechtfertigt ist (§ 634 II), etwa weil wegen der Art des Mangels das Vertrauen des Bestellers so erschüttert worden ist, daß ihm ein Nachbesserungsversuch nicht mehr zuzumuten ist. Liegen die Voraussetzungen für die Wandlung oder Minderung vor, so kann der Besteller auch statt dieser Ansprüche Schadenersatz wegen Nichterfüllung verlangen, falls der Mangel des Werkes auf einem Umstand beruht, den der Unternehmer zu vertreten hat (§ 635). Die unterschiedliche Behandlung von Mängeln bei Kauf- und Werkvertrag rechtfertigt sich aus der Tatsache, daß der Verkäufer in der Regel die Sache nicht selbst hergestellt hat und zur Nachbesserung gar nicht imstande ist.

Beim KAUF ist der Verkäufer nur in besonderen Ausnahmefällen berechtigt, die für ihn sehr lästige Wandlung durch Nachbesserung oder Auswechslung mangelhafter Teile abzuwenden.

a) Der Käufer muß nach Treu und Glauben (§ 242) die Nachbesserung dulden, wenn diese sofort und ohne jeglichen Nachteil für ihn durchgeführt werden kann, z. B. wenn ihm Möbel mit geringen Politurmängeln geliefert werden und diese Mängel durch kurzes Nachpolieren mit Lappen und Polierflüssigkeit zu beheben sind. Besteht der Käufer in einem solchen Falle auf Wandlung, obwohl ihm der Verkäufer die Nachbesserung anbietet, so ist das Wandlungsbegehren des Käufers wegen Schikane unzulässig (§ 226).

b) Der Käufer muß außerdem die Nachbesserung gestatten, wenn dies in dem Vertrag besonders vereinbart worden ist. Vereinbarungen solcher Art finden sich häufig beim Kauf von Möbeln, Maschinen, elektrischen Geräten und Fahrzeugen: Der Verkäufer soll im Falle eines Mangels nur zur Nachbesserung oder Ersatzlieferung verpflichtet, die Rechte des Käufers auf Wandlung, Minderung und Schadenersatz sollen ausgeschlossen sein. Erfolgt diese Regelung in AGB — was in der Praxis der Regelfall ist — so gelten die Schutzbestimmungen des AGBG: Der Ausschluß von Wandlung und/oder Minderung beim Kauf von neuen Sachen ist nur wirksam, wenn dem Käufer *ausdrücklich* das Recht vorbehalten wird, bei Fehlschlagen der Nachbesserung oder Ersatzlieferung die ursprünglich ausgeschlossene Wandlung oder Minderung nach seiner Wahl zu verlangen. Außerdem darf nicht vereinbart sein, daß der Käufer an irgendwelchen Aufwendungen (Transport-, Wege-, Arbeits- oder Materialkosten) beteiligt wird (§ 11 Nr. 10 c AGBG).

Die Zeit, in welcher der Verkäufer die Nachbesserung versucht, wird in die Verjährung nicht eingerechnet; der für den Werkvertrag geltende § 639 II ist analog anwendbar[43]. Unternimmt der Verkäufer mehrere Nachbesserungsversuche, so ist der Fristablauf nicht nur an den einzelnen Tagen, an denen die Nachbesserungsarbeiten vorgenommen werden, sondern während der gesamten vom ersten bis zum letzten Versuch laufenden Schwebezeit gehemmt[44].

---

[43] RG 96, 267.
[44] RG 128, 215.

§ 53. Verjährung. Ausschluß der Mängelhaftung

I. Verjährung

Sämtliche Gewährleistungsrechte verjähren, Arglist ausgenommen, bei beweglichen Sachen innerhalb von sechs Monaten nach der Ablieferung, bei Grundstücken innerhalb von einem Jahr nach der Übergabe (§ 477). Die Verjährung nimmt keine Rücksicht darauf, ob der Käufer im Einzelfalle den Mangel innerhalb dieses Zeitraumes entdecken konnte, der Gesetzgeber begnügt sich aus Gründen der Rechtssicherheit mit der abstrakten Möglichkeit der Kenntnisnahme.

Hat sich der Verkäufer mit Wandlung, Minderung oder Nachlieferung einverstanden erklärt, so ist nach der Rechtsprechung § 477 nicht mehr anzuwenden, es gilt die allgemeine Frist von 30 Jahren (§ 195). Der innere Grund für diese Unterscheidung ergibt sich aus dem Zweck des § 477. Durch diese Vorschrift soll in erster Linie die Schwebezeit abgekürzt werden, in der der Verkäufer nicht weiß, ob er wegen eines Mangels in Anspruch genommen wird. Außerdem will man schwierige Beweisfragen vermeiden, die nach längerer Zeit durch das Zurückgreifen auf einen Mangel entstehen würden. Diese beiden Gesichtspunkte entfallen, wenn der Verkäufer den Mangel anerkennt und mit dem vom Käufer geltend gemachten Mängelanspruch einverstanden ist (str.).

Die Unterscheidung gilt nicht für den Anspruch auf Schadensersatz wegen Nichterfüllung, da §§ 463, 480 II keine Verweisung auf § 465 enthalten. Hier kann das Anerkenntnis nur eine Unterbrechung der Verjährung bewirken (§ 208).

Sehr umstritten ist die Frage der Verjährung beim _Verkauf von Erwerbsgeschäften_. Die Rechtsprechung[45] geht von der sechsmonatigen Frist aus, gleichgültig, ob zu dem Erwerbsgeschäft ein Grundstück gehört oder nicht. Man begründet diese Ansicht mit dem besonderen Bedürfnis nach einer kurzen Verjährungsfrist, die man hier dem Verkäufer zubilligen müsse, weil der Zustand eines Unternehmens in erster Linie vom Inhaber abhänge, der das Unternehmen in kurzer Zeit stark verändern, möglicherweise zugrunde richten könne.

---

[45] RG 138, 358 (Gastwirtschaft mit baulichen Mängeln); BGH BB 1974, 1604 (nicht aufgearbeitete Steuerberaterpraxis).

II. Ausschluß

Aus dem Gedanken der Vertragsfreiheit ergibt sich, daß die Parteien die Mängelhaftung grundsätzlich nach ihrem Belieben umgestalten, insbesondere einschränken und auch völlig ausschließen können. Darüber hinaus ist in einigen Fällen die Mängelhaftung kraft Gesetzes ausgeschlossen.

1. Vertragliche Abänderungen

Die Einschränkung und der Ausschluß der Mängelhaftung durch Parteiabrede stellen gegenüber der gesetzlichen Regelung Ausnahmen dar. Man wird deshalb von der Partei, die die Änderung will, um so größere Deutlichkeit bei der Kundgabe ihres Willens verlangen müssen, je weiter sich die von ihr angestrebte Vereinbarung von der gesetzlichen Regelung entfernt. In der Praxis sind die Abänderungen meist in vorgedruckten Geschäfts- und Lieferbedingungen festgelegt, es ist deshalb das AGBG zu beachten: Beim Verkauf von neuen Sachen ist der Ausschluß der Gewährleistung – ohne gleichzeitige Einräumung eines Nachbesserungs- oder Ersatzlieferungsanspruchs – nichtig. Nichtig ist auch die Verweisung des Käufers auf die Rechte gegen Dritte (z. B. den Fabrikanten) und die Verkürzung der gesetzlichen Verjährungsfrist (§ 11 Nr. 10 AGBG).

2. Gesetzlicher Ausschluß

Die Haftung ist kraft Gesetzes ausgeschlossen, wenn die Sache in öffentlicher Versteigerung auf Grund eines Pfandrechts (§ 461 BGB) oder im Wege der Zwangsvollstreckung (§ 806 ZPO, § 56 ZVG) veräußert wird. Außerdem hat der Käufer infolge Fehlens eines schutzwürdigen Interesses keine Mängelansprüche, wenn er bei Vertragsschluß den Mangel _kennt_ (§ 460 S. 1). Auch _grob fahrlässige Unkenntnis_ des Käufers schließt die Mängelhaftung aus, es sei denn, daß der Verkäufer eine bestimmte Eigenschaft zugesichert oder einen Mangel arglistig verschwiegen hat (§ 460 S. 2). Nimmt der Käufer eine mangelhafte Sache an, obwohl er den Mangel kennt, so stehen ihm die Gewährleistungsansprüche nur zu, wenn er sich diese Rechte bei der Annahme vorbehält (§ 464).

III. Die Rüge beim beiderseitigen Handelskauf

Der Verlust der Mängelansprüche durch Versäumung der Rügepflicht beim beiderseitigen Handelskauf (§§ 377, 378 HGB) gehört, strenggenommen, zu den Fällen des Haftungsausschlusses kraft Gesetzes.
Beim beiderseitigen Handelskauf muß der Käufer die Ware unverzüglich (ohne schuldhaftes Zögern) nach der Ablieferung durch den Verkäufer untersuchen, soweit dies im ordentlichen Geschäftsgang tunlich ist und, falls sich ein Mangel zeigt, dem Verkäufer unverzüglich den Mangel anzeigen. Die Rügepflicht für den Käufer besteht auch dann, wenn der Verkäufer die Ware nicht an den Käufer, sondern auf dessen Wunsch direkt an dessen Abnehmer liefert, selbst wenn dieser kein Kaufmann ist, die Rügepflicht verlängert sich lediglich um den Zeitraum, den die Anzeige braucht, um vom Zweitkäufer an den Käufer zu gelangen [46]. Der Käufer muß also in seinem eigenen Interesse auf den Zweitkäufer entsprechend einwirken.
Unterläßt der Käufer die rechtzeitige Rüge, so »gilt die Ware als genehmigt«. Der Wortlaut des § 377 II HGB erweckt den Eindruck, als handelte es sich hier um die Fiktion oder die unwiderlegbare Vermutung einer Genehmigungserklärung. In Wirklichkeit liegt ein _Rechtsverlust kraft Gesetzes_ vor, der Käufer kann deshalb z. B. nicht anfechten (etwa gem. § 119 II BGB). Die Unterlassung der rechtzeitigen Rüge schadet nicht, wenn es sich um einen versteckten Mangel handelt, der auch bei einer mit der Sorgfalt eines ordentlichen Kaufmanns (§ 347 HGB) vorgenommenen Prüfung nicht hätte erkannt werden können, oder wenn der Verkäufer den Mangel arglistig verschwiegen hat (§ 377 V HGB). Tritt ein versteckter Mangel später hervor, so muß die Anzeige unverzüglich nach der Entdeckung abgeschickt werden (§ 377 III HGB). Allerdings führt die spätere Rüge nur dann zum Erfolg, wenn die Gewährleistungsrechte zu diesem Zeitpunkt noch nicht nach § 477 BGB verjährt sind, denn § 377 HGB stellt eine _Einschränkung_ der Rechte dar, die der Käufer nach bürgerlichem Recht hat, er tritt nicht an die Stelle des § 477 BGB.

1. Rüge bei Falschlieferung

Das Gesetz behandelt in § 378 HGB bezüglich der Rügepflicht die Fälle gleich, in denen eine _andere_ Ware als die verkaufte geliefert wird. Soweit man in

---
[46] RG 55, 210; BGH LM § 377 HGB Nr. 2.

der Lieferung von Sachen anderer Gattung grundsätzlich eine Falschlieferung sieht, die nicht dem Mängelrecht untersteht, muß man in der Gleichbehandlung beim Handelskauf eine Ausnahme sehen, die Gleichbehandlung erstreckt sich aber nur auf die _Rügepflicht,_ nicht auf die anderen Rechtsfolgen [47]. Die Rügepflicht gem. § 378 HGB besteht jedoch nur, »sofern die gelieferte Ware nicht offensichtlich von der Bestellung so erheblich abweicht, daß der Verkäufer die Genehmigung des Käufers als ausgeschlossen betrachten mußte«. Das Gesetz hat sich hier »denkbar unglücklich« ausgedrückt [48]. Nach der Rechtsprechung ist nicht entscheidend, was der Verkäufer annehmen, sondern was ein verständiger objektiver Beobachter unter Berücksichtigung der Handelsbräuche und der Verhältnisse von Verkäufer _und_ Käufer feststellen würde [49]. Es ist hier also nur an _ganz grobe_ Abweichungen zu denken [50]. _Im Zweifel_ ist die Falschlieferung rügepflichtig.

2. Rüge bei Quantitätsmängeln

Die Rügepflicht besteht auch dann, wenn der Verkäufer eine andere als die vereinbarte oder bestellte Waren_menge_ liefert. (Der Quantitätsmangel ist

---

[47] Das _Reichsgericht_ (RG 86, 90) hat dagegen die Auffassung vertreten, daß Falschlieferungen, soweit sie gem. § 378 HGB rügepflichtig sind, auch hinsichtlich der _sonstigen_ Rechtsfolgen den Sachmängeln gleichzustellen seien (Wandlung, Minderung, kurze Verjährung). Damit wurde in der Praxis wenigstens für den beiderseitigen Handelskauf die praktisch kaum durchführbare Grenzziehung zwischen Fehler und aliud beseitigt. Die Begründung war allerdings unhaltbar, aus § 378 HGB ergibt sich nur eine Gleichstellung hinsichtlich der _Rüge,_ sonst nichts (Gierke, Handelsrecht § 60 V 5). Der _Bundesgerichtshof_ hat die Ansicht des RG abgelehnt, will aber Sachmängelrecht beim beiderseitigen Handelskauf dann anwenden, wenn eine andere _Art_ derselben _Gattung_ geliefert wird (BGH LM BGB § 477 Nr. 5). Diese Entscheidung vergrößert nur die Verwirrung. Der BGH hat offenbar übersehen, daß »Gattung« und »Art« Begriffe sind, die man ganz willkürlich verwenden kann.
[48] v. Caemmerer, Falschlieferung S. 9.
[49] Es lassen sich hier drei Betrachtungsweisen unterscheiden: das Gesetz — wortwörtlich verstanden — geht von der Situation des _Verkäufers_ aus; v. Caemmerer a. a. O. und Baumbach-Duden HGB §§ 377, 378 Anm. 3 B gehen von der Situation des _Käufers_ aus. Die Rechtsprechung hat sich für einen objektiven Standpunkt unter Berücksichtigung _beider_ Seiten entschieden (BGH BB 1960, 1262).
[50] BGH LM HGB § 378 Nr. 1.

kein Sachmangel, außer wenn er sich gleichzeitig als Qualitätsmangel der gesamten Lieferung darstellt.)

a) Versäumt der Käufer die rechtzeitige Rüge, so verliert er, falls _zuviel_ geliefert wurde, das Recht auf Zurückweisung der überschießenden Menge (bzw. das Recht auf Zurückweisung der gesamten Ladung, wenn die Aussonderung des Zuviels zu beschwerlich ist und deshalb ein Sachmangel der _ganzen_ Lieferung vorliegt). Er muß außer dem vereinbarten Kaufpreis das Mehr an Ware bezahlen.

b) Hat er _zuwenig_ erhalten, so verliert er bei Rügeversäumnis den Anspruch auf Resterfüllung (bzw. auf Zurückweisung der gesamten Lieferung, wenn das Zuwenig gleichzeitig Qualitätsmangel ist). Er muß den vollen Kaufpreis bezahlen und darf keinen Abzug machen. Geht das Zuwenig jedoch schon aus dem Lieferschein oder einer beigefügten Rechnung hervor, so verliert er zwar den Anspruch auf Restlieferung, braucht jedoch nur das Gelieferte zu bezahlen, da in einem solchen Falle auch der Verkäufer offensichtlich nur von der wirklich gelieferten Menge ausgeht [51].

§ 54. Viehkauf

Die Haftung für Viehmängel (§§ 481 ff.) weicht von der allgemeinen Gewährleistung für Sachmängel stark ab, betrifft allerdings nur den Verkauf von sieben Tieren, nämlich von Pferden, Eseln, Mauleseln und Maultieren, Rindvieh, Schafen und Schweinen. Für den Verkauf anderer Tiere, z. B. von Hunden, Katzen und Federvieh bleibt es bei den §§ 459 ff. Der Ausdruck »Viehmangel« ist insofern irreführend.

Bei Lieferung von mangelhaftem Vieh sind die Rechte des Käufers sehr beschränkt. Das mag in manchen Fällen zu gewissen Unbilligkeiten führen, man hat dies aber bewußt bei der Ausgestaltung der Viehmängelhaftung in Kauf genommen, um höchst zweifelhafte Beweisfragen von vornherein abzuschneiden.

---

[51] v. Caemmerer, a. a. O. S. 22.

Der Käufer von Vieh im Sinne des § 481 hat nicht das Recht zur Minderung (§ 487 I). Er kann nur Wandlung oder im Falle des § 463 Schadensersatz oder beim Gattungskauf Lieferung eines mangelfreien Tieres (§ 491) verlangen. Außerdem kann er seinen Gewährleistungsanspruch nur auf sog. Hauptmängel stützen, die in der Viehmängelverordnung von 1899 erschöpfend aufgezählt sind. § 459 I ist also infolge Spezialregelung nicht anwendbar. Alle Rechte unterliegen einer sehr kurzen Verjährung (6 Wochen, vgl. § 490).

§ 55. Konkurrenzfragen

Die — sehr interessante — Frage, in welchem Verhältnis die Sachmängelvorschriften zu anderen Rechtsinstituten stehen, die bei einem Sachmangel in Betracht kommen könnten (Unmöglichkeit, positive Forderungsverletzung, culpa in contrahendo, Eigenschaftsirrtum usw.) ist schwierig und sehr umstritten. Im Grunde handelt es sich jeweils um zwei Fragen, nämlich darum, ob

a) beim Vorhandensein eines Sachmangels die Voraussetzungen des anderen Rechtsinstituts *überhaupt vorliegen* und bejahendenfalls,
b) ob dieses andere Rechtsinstitut *neben* der Mängelhaftung besteht oder ob es durch die Mängelhaftung ausgeschlossen wird.

I. Unmöglichkeit

Gegenüber den Regeln über die ursprüngliche oder nachträgliche (teilweise) Unmöglichkeit (§§ 306, 323, 325) sind die §§ 459 ff. Sonderregelung[52], ausgenommen § 324 für den Fall, daß der *Käufer* schuldhaft den Mangel herbeiführt.

II. Positive Forderungsverletzung

Bei der positiven Forderungsverletzung ist nach der Rechtsprechung zwischen dem Mangelschaden (auch unmittelbarem Schaden) und dem Mangelfolgeschaden (auch mittelbarem Schaden oder Begleitschaden) zu unterscheiden[53]:

---

[52] Staudinger-Honsell, Vorbem. § 459 Rnr. 12 ff.
[53] BGH DB 1980, 1639. In manchen Fällen ist die praktische Durchführung dieser Unterscheidung schwierig, wie gerade diese Entscheidung zeigt.

1. Mangelschäden sind die Nachteile, die in der mangelhaften Gebrauchsfähigkeit der Sache selbst liegen: der bleibende Minderwert, Reparaturkosten, Nutzungsausfall und – bei Weiterverkauf – Gewinnentgang. Diese Schäden werden durch die Sachmängelhaftung erschöpfend geregelt, so daß für die positive Forderungsverletzung kein Raum mehr bleibt.

2. Mangelfolgeschäden sind die Schäden, die infolge der Mangelhaftigkeit der Sache an *anderen Rechtsgütern* des Käufers entstehen (Leben, Körper, Gesundheit, Eigentum). Diese Schäden liegen außerhalb des Zuständigkeitsbereichs der Sachmängelhaftung, die positive Forderungsverletzung kann hier also eingreifen, vorausgesetzt, daß den Verkäufer oder seinen Erfüllungsgehilfen ein Verschulden *nach Vertragsschluß* trifft (§§ 276, 278). Der Käufer kann dann aus der Sachmängelhaftung Wandlung des Kaufvertrages und *außerdem* aus positiver Forderungsverletzung Ersatz seines Mangelfolgeschadens verlangen. Allerdings unterliegen diese Ansprüche aus positiver Forderungsverletzung der verkäuferfreundlichen kurzen Verjährung des § 477: Es soll möglichst schnell klargestellt werden, ob und in welchem Umfang der Verkäufer wegen eines mit einem Sachmangel zusammenhängenden Schadens in Anspruch genommen wird[54].

III. Culpa in contrahendo

Auch bei der culpa in contrahendo ist von dem Unterschied zwischen Mangelschaden und Mangelfolgeschaden auszugehen.

1. Die *Mangelschäden* werden durch die Sachmängelhaftung erschöpfend geregelt. Ansprüche aus culpa in contrahendo sind ausgeschlossen.

2. Dagegen kann der Käufer aus culpa in contrahendo vorgehen, wenn der Verkäufer durch Verschulden bei der Vertragsverhandlung einen *Mangelfolgeschaden* herbeigeführt hat[55].

---

[54] Die kurze Verjährungsfrist beginnt auch hier mit der Ablieferung, BGH a. a. O.
[55] So jedenfalls BGH 60 = DB 1973, 1062 und die h. M. Die Rechtsprechung über das Verhältnis der cic zur Sachmängelhaftung ist ein Irrgarten, in dem sich nicht nur Studenten verlaufen können. Das hat verschiedene Gründe.
 1. Oft wird trotz eines *vorvertraglichen* Verschuldens der Schadensersatzanspruch nicht aus cic, sondern aus pF begründet. Das liegt daran, daß die Aufklärungspflicht, die während der Vertragsverhandlungen besteht, nach Vertragsschluß

als _vertragliche_ Nebenpflicht bestehen bleibt (manchmal ergänzt durch eine Untersuchungspflicht vor der Auslieferung), so daß sich die vorvertragliche Pflichtverletzung (cic) in einer vertraglichen Pflichtverletzung (pF) fortsetzt (siehe hierzu Staudinger-Honsell, Vorbem. § 459 Rnr. 38).

2. Außerdem wird der Grundsatz, daß die Sachmängelhaftung sich nicht auf _Mangelfolge_schäden erstreckt, im Falle einer Haftung für eine _zugesicherte_ Eigenschaft durchbrochen. Nach dem BGH soll § 463 S. 1 nämlich auch Mangelfolgeschäden erfassen, wenn die Zusicherung das Ziel verfolgte, den Käufer gerade vor solchen Schäden zu schützen. Beispielhaft ist der »Klebstoff-Fall« (BGH 50, 200 = NJW 1968, 1622), wo eine Zusicherung über die Eignung von Klebstoff gegeben wurde, der später zu Schäden an den verklebten Sachen führte.

3. Umgekehrt hält der BGH auch den Grundsatz, daß bei _Mangelschäden_ die Sachmängelhaftung ausschließlich gilt, nicht streng ein. So geht er in bestimmten Fällen von einer _Beratungspflicht_ des Verkäufers aus, die zu einer Haftung aus cic oder aus einem während der Kaufverhandlungen stillschweigend geschlossenen _Beratungsvertrag_ führt. Wichtigster Fall: Auskünfte eines fachkundigen Verkäufers gegenüber einem unkundigen Käufer über die Verwendbarkeit der Sache (BGW NJW 1958, 866; DB 1974, 2392).

4. Ganz besonders verwirrend ist die Rechtsprechung zu den sog. _Abschlußangaben_ beim Kauf von Unternehmen und Miethäusern (Umsatz bzw. Mieteinnahmen, Bilanz, Gewinn und Verlust). Hier wurde eine Art Sonderrecht geschaffen, das nur von den Ergebnissen her verständlich ist:

a) Umsatz und Ertrag gehören nicht zur Beschaffenheit der Sache im Sinne von § 459 I (d. h. sie können keine vereinbarten Eigenschaften sein), sie liegen also außerhalb der Sachmängelhaftung. Bei unverschuldet falschen Angaben haftet der Verkäufer deshalb weder aus der Sachmängelhaftung noch aus cic.

b) Bei _Verschulden_ haftet der Verkäufer aus cic auf das _negative Interesse._ Der Käufer kann also Rückgängigmachung des Kaufs verlangen oder beim Vertrag stehen bleiben und Ersatz des Betrages verlangen, um den er das Unternehmen (das Grundstück) zu _teuer_ gekauft hat. Der Anspruch unterliegt gem. § 195 BGB der regelmäßigen Verjährung von 30 Jahren (BGH DB 1977, 1451).

c) Hat der Verkäufer die Angaben _zugesichert_, so sind die Angaben _zugesicherte Eigenschaften_ im Sinne von § 459 II Die Sachmängelhaftung ist dann also voll anwendbar, die cic ist ausgeschlossen. Der Käufer kann gem. § 463 S. 1 das _positive Interesse_ verlangen: Er kann das Unternehmen (das Grundstück) zur Verfügung stellen und verlangen, in Geld so gestellt zu werden, wie wenn die Angaben richtig wären, oder das Objekt behalten und _Zuzahlung_ bis zum Wert des Objekts im _mangelfreien_ Zustand verlangen (BGH 29, 148; NJW 1965, 34). Dabei ist zu beachten, daß Mängelansprüche aus einem Unternehmensverkauf gem. § 477 in 6 Monaten verjähren (BGH BB 1974, 1604), auch wenn zu dem Unternehmen Grundstücke gehören (RG 138, 354).

IV. Unerlaubte Handlung

Ansprüche aus unerlaubter Handlung werden durch die Sachmängelhaftung nicht ausgeschlossen. Wenn der Verkäufer durch einen Sachmangel fahrlässig die Verletzung eines absoluten Rechtsguts des Käufers verursacht hat, kann der Käufer aus § 823 I vorgehen. Anders als im Falle der positiven Forderungsverletzung wendet die Rechtsprechung § 477 hier _nicht_ analog an, es bleibt bei der allgemeinen deliktischen Verjährungsfrist von drei Jahren gem. § 852[57].

V. Anfechtung wegen Eigenschaftsirrtums

Der Käufer kann den Kaufvertrag nicht gem. § 119 II anfechten, wenn ein Sachmangel vorliegt. Die §§ 459 ff. sind insoweit ausschließliche Sonderregelung. Der Grund hierfür ergibt sich im Hinblick auf § 477: wenn wegen eines Sachmangels die Anfechtung zulässig wäre, bliebe dem Käufer noch für 30 Jahre die Anfechtungsmöglichkeit. Er müßte die Anfechtung nur unverzüglich nach Entdeckung der wirklichen Sachlage erklären (§ 121). Damit würde ein Rechtszustand hergestellt, der durch § 477 gerade verhindert werden sollte[58].

VI. Anfechtung wegen arglistiger Täuschung

Ist der Käufer über das Vorliegen eines Sachmangels arglistig hinweggetäuscht worden, so besteht keine Veranlassung, die Anfechtung aus § 123 für unzulässig zu halten, da ja § 477 im Falle der Arglist nicht gilt (§ 477 I S. 1). Der Käufer wird sich allerdings meist günstiger stehen, wenn er beim Vertrage stehenbleibt und gem. § 463 das _positive_ Interesse verlangt. Im Falle der Anfechtung des Kaufvertrages würde diesem Anspruch die rechtliche Grundlage entzogen, der Käufer könnte dann nur die Rückerstattung des Kaufpreises und Ersatz des sonstigen _negativen_ Interesses (Vertragskosten usw.) aus §§ 823 II (263 StGB, Betrug), 826 verlangen[59].

---

[57] BGH 66, 315.
[58] St. Rspr., vgl. RG 135, 340; BGH 16, 57.
[59] BGH NJW 1954, 145.

VII. Geschäftsgrundlage

Bei einem Sachmangel ist ein Zurückgreifen auf den allgemeinen Rechtsbehelf der Geschäftsgrundlage ausgeschlossen.

§ 56. Zusammenfassung und Anspruchsschema: Sachmängelhaftung

Die Sachmängelhaftung stellt hinsichtlich der *Mangelschäden* gegenüber den allgemeinen Regeln über die Nichterfüllung eine abschließende Sonderregelung dar.

I. Die Rechte des Käufers

Die Ansprüche des Käufers weichen stark von den allgemeinen Regeln ab.

1. Der Käufer kann *Wandlung* (d. h. Rückgängigmachung des Kaufvertrags) gem. §§ 462, 467, 346 oder *Minderung* (d. h. Herabsetzung des Kaufpreises) gem. § 462 verlangen.

2. *Nachlieferung*, d. h. Lieferung einer mangelfreien Sache, kann der Käufer statt Wandlung und Minderung verlangen, wenn ein Gattungskauf vorliegt (§ 480 I).

3. *Auf Schadensersatz wegen Nichterfüllung* haftet der Verkäufer nur in Ausnahmefällen (§ 463):

   a) bei *arglistigem Verschweigen* eines Fehlers. Arglistig handelt der Verkäufer, wenn er dem Käufer das Abweichen der Kaufsache von der Kaufvereinbarung verschweigt und sich bewußt ist, daß den Käufer die Kenntnis von der wirklichen Beschaffenheit der Sache vom Vertragsschluß abhalten *könnte*. Ursächlichkeit zwischen Verschweigen und Kaufabschluß ist nicht erforderlich;

   b) bei *Fehlen einer zugesicherten Eigenschaft* beim Kauf, falls ein Stückkauf (§ 463 S. 1), beim Gefahrübergang, falls ein Gattungskauf vorliegt (§ 480 II).

4. *Nachbesserung* kann der Käufer nicht verlangen, er braucht sie auch nicht zu dulden (außer in zumutbaren Ausnahmefällen, § 242). Ist im Vertrage Nachbesserung vereinbart und im übrigen die Mängelhaftung ausgeschlossen, so leben die Mängelansprüche wieder auf, wenn die Nachbesserung nicht zum Ziele führt.

II. Voraussetzungen

Alle Sachmängelansprüche setzen voraus, daß die Voraussetzungen des § 459 vorliegen.

1. Es muß ein wirksamer *Kaufvertrag über eine Sache* vorliegen. Beim Kauf eines *Erwerbsgeschäftes* gelten die §§ 459 ff. analog.
2. Die Vergütungsgefahr muß übergangen sein (§§ 446, 447, 324 II).
3. Beim Gefahrübergang muß ein *Mangel* — zumindest im Keim — vorhanden sein.

    a) Ein *Fehler* liegt vor, wenn die Sache von der *vertraglich* vorausgesetzten Beschaffenheit abweicht. Die vertraglich vorausgesetzte Beschaffenheit ergibt sich aus dem vertraglich vereinbarten *besonderen* Gebrauchszweck, bei dessen Fehlen aus dem *gewöhnlichen* Gebrauchszweck der Sache. Die Abweichung muß erheblich sein (§ 459 I S. 2).

    b) Die Abweichung braucht *nicht* erheblich zu sein, wenn eine *zugesicherte* Eigenschaft fehlt (§ 459 II). *Zugesichert* ist eine Eigenschaft dann, wenn der Verkäufer bezüglich einer Eigenschaft einen *besonderen,* über das übliche hinausgehenden Haftungswillen bekundet. Zusicherungen sind selten.

4. Ein *Verschulden* auf der Verkäuferseite ist nicht erforderlich.

III. Fristen

1. Alle Mängelansprüche unterliegen, außer im Falle der Arglist, der *kurzen Verjährung* gem. § 477. Die kurze Verjährung gilt nicht, wenn die Wandlung vollzogen ist (§ 465). Es ist also zwischen den Ansprüchen »auf« Wandlung usw. (§ 477) und »aus« der Wandlung usw. (§ 195) zu unterscheiden. Die Unterscheidung gilt nicht für den Anspruch auf Schadenersatz, hier bewirkt die Einverständniserklärung des Verkäufers nur eine Unterbrechung der Verjährung (§ 208). — Beim Verkauf eines Erwerbsgeschäfts gilt die Halbjahresfrist, selbst wenn zu dem Geschäft ein Grundstück gehört.

    Die kurze Verjährungsfrist läuft auch dann, wenn der Mangel *noch nicht erkennbar* ist.

§ 56. Sachmängelhaftung. Zusammenfassung

2. Beim _beiderseitigen Handelskauf_ ist unverzüglich nach der Ablieferung zu untersuchen und zu rügen (§§ 377, 378 HGB). Ist der Mangel nicht erkennbar, so ist er bei seinem Hervortreten zu rügen. Diese Rüge hilft dem Käufer nur innerhalb der halbjährigen Verjährungsfrist (§ 477).

IV. Falschlieferung und Quantitätsmangel

1. Von der fehlerhaften Lieferung ist die _Falschlieferung_ (aliud) zu unterscheiden. Die Sachmängelhaftung gilt hier _nicht,_ der Käufer ist um das aliud ungerechtfertigt bereichert und hat den Erfüllungsanspruch aus § 433 I. Es gilt auch nicht die kurze Verjährung gem. § 477. Allerdings erstreckt sich die _Rügepflicht_ gem. §§ 377, 378 HGB auch auf das aliud, ausgenommen ganz grobe Abweichungen (genehmigungsunfähiges aliud).

2. Auch _Quantitätsmängel_, d. h. Zuwenig- und Zuviellieferungen, sind keine fehlerhaften Lieferungen.

   a) Bei _Zuweniglieferung_ hat der Käufer den Anspruch auf Resterfüllung (§ 433 I). Versäumt er die Rüge gemäß §§ 377, 378 HGB, so verliert er diesen Anspruch und muß den _vollen_ Kaufpreis zahlen.

   b) Bei _Zuviellieferung_ kann der Käufer das Zuviel zurückweisen. Versäumt er die Rüge, so muß er das Zuviel behalten und einen entsprechend _höheren_ Kaufpreis zahlen.

V. Konkurrenzfragen

1. Neben den Gewährleistungsrechten können wegen der _Mangelfolgeschäden_ Ansprüche aus _positiver Forderungsverletzung_ und _culpa in contrahendo_ geltend gemacht werden. Auch diese Ansprüche unterliegen der kurzen Verjährung gem. § 477. Außerdem kommen neben der Sachmängelhaftung Ansprüche aus _unerlaubter Handlung_ in Betracht.

2. Die Anfechtung wegen _Eigenschaftsirrtums_ (§ 119 II) steht dem Käufer wegen eines Mangels nicht zu. Die Mängelhaftung ist mit Rücksicht auf § 477 als abschließende Sonderregelung zu betrachten.

3. Die Anfechtung wegen _arglistiger Täuschung_ wird durch die Mängelhaftung nicht ausgeschlossen, der Käufer steht sich jedoch im Regelfalle besser, wenn er aus § 463 vorgeht.

4. Ein Sachmangel berechtigt nicht zur Berufung auf _Geschäftsgrundlage_.

6. Kapitel. Anhang: Geschäftsführung ohne Auftrag als vertragsähnliches Schuldverhältnis

§ 56 a. Voraussetzungen und Rechtsfolgen der GoA

I. Berechtigte und unberechtigte GoA

Die GoA erfaßt den weiten Bereich aller Fälle, in denen jemand ungerufen fremde Angelegenheiten erledigt.
o Bitte lesen Sie § 677.

§ 677 setzt voraus, daß jemand ein Geschäft für einen anderen besorgt, ohne von ihm beauftragt oder ihm gegenüber sonst dazu berechtigt zu sein (z. B. als Erziehungsberechtigter). Unter »Geschäft« ist hier jede Art von Tätigkeit zu verstehen; es kann sich um ein Rechtsgeschäft handeln (Beispiel: Bezahlen einer fremden Schuld), es kommen aber auch rein tatsächliche Handlungen in Betracht: Wer ungefragt den Rasen seines Nachbarn mäht, ein Kind, das sich verlaufen hat, zu dessen Eltern bringt, einem Bewußtlosen auf der Straße erste Hilfe leistet, handelt in GoA.

Nach § 677 muß die _Ausführung_ des Geschäfts dem _Interesse_ des Geschäftsherrn entsprechen, d. h. für ihn objektiv nützlich sein, und zwar mit Rücksicht auf seinen wirklichen oder mutmaßlichen _Willen_. Dieser Maßstab ist nicht nur bei der Ausführung, sondern schon bei der _Übernahme_ der Geschäftsführung anzulegen. Entsprechend wird zwischen berechtigter und unberechtigter GoA unterschieden:

1. Entspricht die Übernahme dem Interesse und dem wirklichen oder mutmaßlichen Willen, so liegt _berechtigte_ GoA vor. Zwischen Geschäftsführer und Geschäftsherr entsteht kraft Gesetzes ein auftragsähnliches Schuldverhältnis (§ 683 S. 1). Berechtigte GoA liegt außerdem vor, wenn die Geschäftsführung dem Willen des Geschäftsherrn zuwiderläuft, aber die besonderen Voraussetzungen des § 679 vorliegen (§ 683 S. 2). § 679 gilt entsprechend bei der Rettung eines Selbstmörders[62]. Ist der Geschäftsherr _minderjährig_, so ist der wirkliche oder mutmaßliche Wille seines gesetzlichen Vertreters maßgebend.

---

[62] h. M. Etwas andere Begründung bei Staudinger-Wittmann § 679 Rnr. 10: Der zuwiderlaufende Wille des Selbstmörders ist nach §§ 134, 138 unbeachtlich.

§ 56 a. Voraussetzungen und Rechtsfolgen der GoA   203

2. Entspricht die Übernahme *nicht* dem Interesse des Geschäftsherrn, d. h. ist sie für ihn objektiv unnütz, oder widerspricht sie seinem wirklichen oder mutmaßlichen Willen, so handelt es sich um *unberechtigte* GoA. Wenn der Geschäftsherr nicht nachträglich genehmigt, hat der Geschäftsführer keine Ansprüche aus GoA; bei Verschulden ist der Geschäftsführer außerdem zum Schadenersatz verpflichtet (§ 678).

Mit dieser Unterscheidung wird eine gerechte Regelung nach zwei Richtungen angestrebt: Einerseits soll der nützliche und willkommene Helfer entschädigt werden, der für den Geschäftsherrn ein finanzielles Opfer gebracht hat. Andererseits soll der Geschäftsherr vor Weltbeglückern geschützt werden, die sich ungebeten in seine Angelegenheiten einmischen und ihm Dienste aufdrängen, die für ihn nur lästig sind.

II. Die Rechte des Geschäftsführers

1. Im Falle der *berechtigten* GoA kann der Geschäftsführer wie ein Beauftragter Ersatz seiner *Aufwendungen* verlangen (§§ 683, 677, 670). Der Geschäftsführer erhält z. B. die ausgelegten Zustellungsgebühren für das angenommene Paket, den Betrag für die Stromrechnung, die er für den abwesenden Nachbarn beglichen hat.

Probleme entstehen, wenn der Geschäftsführer bei der Geschäftsführung einen *Schaden* erleidet, z. B. wenn er bei einem Brand oder einem Überfall Hilfe leistet und dabei körperlich verletzt wird. Aufwendungen im Sinne des § 670 sind nämlich nur *freiwillige* Vermögensopfer. Die Rechtsprechung hat im Wege der Rechtsfortbildung solche Schäden den Aufwendungen gleichgestellt für den Fall, daß die Geschäftsführung der Gefahrabwendung dient und für den Geschäftsführer selbst mit Gefahren verbunden ist[63]. Der Bundesgerichtshof hat deshalb auch die Selbstaufopferung eines Kraftfahrers, der das Steuer herumreißt und seinen Wagen zu Bruch fährt, um die Verletzung eines Verkehrsteilnehmers zu verhindern, als Aufwendung gem. §§ 683, 670 anerkannt unter der Voraussetzung, daß der Kraftfahrer bei einem Unfall weder aus §§ 823 ff. noch aus § 7 StVG gehaftet hätte[64]. Allerdings führt diese Ausdehnung des

---

[63] BGH 33,257. Bei Rettungsaktionen kommen außerdem gesetzliche Erstattungsansprüche gegen das Land gem. § 539 Reichsversicherungsordnung in Betracht.
[64] BGH 38,270.

Aufwendungsbegriffs nicht immer zum Ersatz des gesamten Schadens, es kommt z. B. auf das Verhältnis von Aufwand und Erfolg an. In dem erwähnten Fall der Selbstaufopferung wurde dem Kraftfahrer nur die Hälfte seines Schadens erstattet, da er die Gefahrenlage durch das Führen eines Kraftfahrzeugs immerhin mitverursacht hatte. Kommt der Geschäftsführer bei der Rettungsaktion zu Tode, so können die *Hinterbliebenen* Versorgungsansprüche haben, wobei die Rechtsprechung als Maßstab §§ 844, 845 heranzieht[65].

Zu den zu ersetzenden Aufwendungen kann auch ein etwaiger *Verdienstausfall* gehören (z. B. wenn jemand sich an einer Rettungsaktion beteiligt, statt zur Arbeit zu gehen). Dagegen kann der Geschäftsführer *keine Vergütung* für seine Tätigkeit verlangen. Dies wird durch die Verweisung auf das Auftragsrecht in § 683 deutlich gemacht: GoA ist »Liebesdienst (§ 662!). Eine Ausnahme gilt allerdings für den Fall, daß der »Liebesdienst« in den beruflichen oder gewerblichen Tätigkeitsbereich des Geschäftsführers fällt: Der Arzt, der einen Bewußtlosen behandelt, kann seine Tätigkeit voll in Rechnung stellen.

2. Bei *unberechtigter* GoA entfällt der Anspruch aus §§ 683, 677, 670. Dies gilt auch dann, wenn der Geschäftsführer ohne Verschulden annahm, er handele in berechtigter GoA. Wer z. B. bei einem Waldspaziergang infolge eines verdächtigen Geräusches glaubt, ein Menschenleben sei in Gefahr, sich einen Weg durch Büsche und Dornen bahnt und dann überrascht vor einem Liebespaar steht, kann nicht Ersatz für die Kratzwunden und die zerrissene Kleidung verlangen.

III. Die Rechte des Geschäftsherrn

1. Bei *berechtigter* GoA kann der Geschäftsherr gem. §§ 681 S. 2, 667 *Herausgabe* von allem verlangen, was der Geschäftsführer durch die Geschäftsführung erlangt hat (z. B. kann er die Herausgabe des für ihn angenommenen Pakets verlangen).

Hat ihm der Geschäftsführer bei der Durchführung der GoA schuldhaft einen Schaden zugefügt (§ 677), so kann er *Schadensersatz* nach den allgemeinen Vorschriften über die Leistungsstörungen verlangen, es gilt

---

[65] RG 167, 85.

§ 276. Der Geschäftsführer hat aber nur Vorsatz und grobe Fahrlässigkeit zu vertreten, wenn die Geschäftsführung die Abwendung eine drohenden dringenden Gefahr bezweckte (§ 680).

2. Auch bei _unberechtigter_ GoA hat der Geschäftsherr den _Herausgabeanspruch_ aus §§ 681 S. 2, 667.
Die Haftung des Geschäftsführers auf _Schadensersatz_ ist bei unberechtigter GoA verschärft; er haftet selbst bei ordnungsmäßiger Durchführung des Geschäfts, wenn schon die _Übernahme_ des Geschäfts fahrlässig erfolgt war (§ 678). Dies ist eine wirksame Abwehrwaffe gegen »Weltbeglücker«: Wer den altmodischen Garten seines Nachbarn in dessen Abwesenheit »modernisieren« läßt, muß nicht nur die Gärtnerrechnung selbst bezahlen. Er ist auch verpflichtet, den altmodischen Zustand wiederherzustellen, selbst wenn die »Modernisierung« ordnungsgemäß nach dem neuesten Stand der Gartenbaukunst durchgeführt worden ist.

7. Kapitel: Zusammenfassung und Klausurschemata: Vertrag und unerlaubte Handlung

§ 56 b. Fälle mit Schwerpunkt im Schuldrecht

I. Das Grundmuster

Wir können nun die in diesem Abschnitt behandelten vertraglichen und vertragsähnlichen Ansprüche sowie die Ansprüche aus unerlaubter Handlung und Gefährdungshaftung zusammenfassen und nach einem zweigliedrigen Grundmuster ordnen:

I. _Vertragliche und vertragsähnliche Ansprüche_
   A. Vertragliche Ansprüche
      (A) Primäransprüche (Erfüllungsansprüche)
      (B) Sekundäransprüche wegen der Leistungsstörungen:
         1. Unmöglichkeit und Unvermögen
         2. Verzug
         3. Mängelhaftung
         4. positive Forderungsverletzung

B. Vertragsähnliche Ansprüche
1. Culpa in contrahendo (Vertragsverhandlung)
2. Geschäftsführung ohne Auftrag

II. *Unerlaubte Handlung und Gefährdungshaftung* (Schadensersatzansprüche)
A. Unerlaubte Handlung
B. Gefährdungshaftung

Dieses Grundmuster sieht unter den verschiedenen Anspruchsgruppen eine bestimmte Reihenfolge vor, die auch bei der Lösung eines praktischen Falles einzuhalten ist:

I. Vertragliche und vertragsähnliche Ansprüche werden zuerst geprüft.
A. Hierbei beginnt man *immer* mit den vertraglichen Ansprüchen.
B. Nur wenn feststeht, daß zwischen den Parteien *kein* wirksamer Vertrag vorliegt oder daß zumindest im Zeitpunkt des anspruchsbegründenden Ereignisses kein wirksamer Vertrag vorgelegen hat, sind — wenn der Fall dazu Veranlassung gibt — die vertragsähnlichen Ansprüche zu prüfen.

II. Ansprüche aus unerlaubter Handlung und Gefährdungshaftung werden *immer* nach den vertraglichen und vertragsähnlichen Ansprüchen geprüft. Es kann sich nämlich aus dem Vertrag (oder aus GoA) ein anderer Haftungsmaßstab (z. B. Haftung nur für grobe Fahrlässigkeit) ergeben, der dann auch bei der unerlaubten Handlung angelegt werden muß (andernfalls würde der besondere Haftungsmaßstab auf dem Umwege über §§ 823 ff. wieder beseitigt).
Dagegen besteht keine logisch zwingende Reihenfolge zwischen der unerlaubten Handlung und der Gefährdungshaftung. Man kann also die Gefährdungshaftung auch vor der unerlaubten Handlung prüfen.

II. Die selektive Anwendung des Grundmusters

In den meisten Fällen wird nur ein Teil, oft wird nur eine einzige Anspruchsgruppe aus dem oben dargestellten Grundmuster überprüft.
Wenn z. B. der Gast A dem zufällig neben ihm an der Theke stehenden Gast B aus Unachtsamkeit sein Bier über den hellen Sommeranzug gießt, kommen vertragliche und vertragsähnliche Ansprüche nicht in Betracht, da zwischen den beiden weder vertragliche noch vertragsähnliche Beziehungen

bestehen. Auch die Gefährdungshaftung scheidet aus, da der Schaden nicht durch ein Tier oder ein Kraftfahrzeug verursacht worden ist. Zu prüfen sind also nur die deliktischen Ansprüche.
Umgekehrt erfolgt die Auswahl, wenn z. B. der Verkäufer vom Käufer Zahlung des Kaufpreises verlangt. Kommt man bei der Überprüfung des vertraglichen Primäranspruchs aus § 433 II zu dem Ergebnis, daß ein wirksamer Vertrag vorliegt, so entfallen die vertragsähnlichen Ansprüche. Auch die unerlaubte Handlung und die Gefährdungshaftung bleiben außer Betracht, da sie nur auf Schadensersatz gerichtet sind und der Verkäufer nicht Schadensersatz, sondern _Erfüllung_ verlangt.

III. Die Falltypen

Das zweigliedrige Grundmuster ist mit seinen sämtlichen einzelnen Ansprüchen aus noch zwei weiteren Anspruchsgruppen (Eigentum, ungerechtfertigte Bereicherung) in einem großen viergliedrigen »Grundschema« am Ende dieses Buches untergebracht (unten § 125). Der Vorteil eines auf diese Weise zustande gekommenen »Superschemas« ist seine Vollständigkeit, der Nachteil eine gewisse Schwerfälligkeit, da ja, wie die angeführten Beispiele zeigen, im praktischen Fall nur immer ein Teil des Schemas zur Anwendung kommt. Um die Auswahl aus dem großen Schema zu erleichtern, habe ich im folgenden die Fälle mit Schwerpunkt im Schuldrecht nach Falltypen geordnet und für jeden Falltypus ein besonderes Aufbauschema zusammengestellt, das dem großen Grundschema entnommen ist.

1. Falltypus: Erfüllung eines Vertrages

Die geringsten Schwierigkeiten bereitet der Falltypus »Erfüllung eines Vertrages«. Hier macht der Gläubiger einen vertraglichen _Primäranspruch_ (z. B. auf Lieferung der verkauften Ware oder auf Zahlung des vereinbarten Kaufpreises) geltend. Die Anspruchsgrundlage ist verhältnismäßig leicht zu finden, sie steht im Besonderen Teil des Schuldrechts und ist dort meist der unter einem »Titel« zuerst aufgeführte Paragraph (z. B. § 433 I oder § 433 II). Handelt es sich ausnahmsweise um einen im Gesetz nicht geregelten Vertrag (Gestaltungsfreiheit!), so kann man auf die allgemeine Anspruchsnorm § 241 zurückgreifen. Voraussetzung für den vertraglichen Primäranspruch ist ein entsprechender Vertrag (z. B. ein Kaufvertrag).
Man kann nun zwischen zwei Untertypen unterscheiden.

a) Beim Untertypus »*Erfüllung eines Vertrages — Zustandekommen des Vertrages*« liegt das Problem bei der Frage, ob der Vertrag wirksam zustande gekommen ist. In diesem Falle kann man das Prüfungsschema »Zustandekommen eines Vertrages« (oben § 33 a) benutzen.

b) Der andere Untertypus ist »*Erfüllung eines Vertrages — Gegennormen wegen Nichterfüllung*«. Hier ist das Zustandekommen des Vertrages nicht problematisch, der Schwerpunkt liegt an einer anderen Stelle: Der eine Vertragsteil verlangt Erfüllung, z. B. Zahlung des Kaufpreises (§ 433 II), der andere verweigert (zeitweilig oder endgültig) die Erfüllung, weil der eine

(1) *noch nicht erfüllt hat:* Einrede des nicht erfüllten Vertrages gem. § 320. Die Einrede besteht auch, wenn der eine *zuwenig* oder wenn er die *falsche* Ware (aliud) geliefert hat, sie kann dann aber wegen Rügeverspätung verloren gehen (§§ 377 II, 378 HGB),

(2) *nicht erfüllt hat und nicht mehr erfüllen kann:* 323 I. (Hat der eine Teil die Unmöglichkeit zu vertreten, so gilt § 323 I i. V. m. § 325 I S. 3.) Wichtige Sonderregeln zu 323 sind

(a) § 446 (Untergang der unter Eigentumsvorbehalt gelieferten Sache beim Käufer),
(b) § 447 (Versendungskauf),
(c) § 324 II (Unmöglichkeit während des Annahmeverzugs des anderen Teils),

(3) *eine mangelhafte Sache geliefert hat:* Einrede der Wandlung oder Minderung (§ 462). Auch diese Einrede kann durch Rügeverspätung verloren gehen.

Die Eigenart dieser Fälle liegt darin, daß die Nichterfüllung des einen Teils vom anderen Teil *verteidigungsweise* geltend gemacht wird.

2. Falltypus: Schadensersatz (und andere Sekundäransprüche)

Der zweite Falltypus kommt am häufigsten vor. Er umfaßt alle Fälle, in denen der Gläubiger neben oder an Stelle eines Primäranspruchs Schadensersatzansprüche oder andere Sekundäransprüche (z. B. auf Rückerstattung wegen Rücktritt) geltend macht. Hier wendet man das unter § 57 dargestellte Aufbauschema »Schadensersatz und andere Sekundäransprüche« an. Das

Schema ist sehr umfangreich, es enthält die vertraglichen Sekundäransprüche (wegen Leistungsstörungen), die vertragsähnlichen Ansprüche sowie die Schadensersatzansprüche aus unerlaubter Handlung und Gefährdungshaftung.

3. *Falltypus: Sachmängelhaftung*

Der dritte Falltypus umfaßt alle Ansprüche, die im Zusammenhang mit einem Sachmangel entstehen; hierfür ist das Aufbauschema »Sachmängelhaftung« bestimmt (oben § 56). Streng genommen handelt es sich um einen Untertypus des zweiten Falltypus. Praktische Gründe sprechen aber für eine Ausgliederung und Sonderbehandlung. Die Sachmängelhaftung ist nämlich in das System der übrigen Leistungsstörungen nur unvollkommen integriert, ihre Regeln weichen erheblich von den allgemeinen Regeln über die Nichterfüllung ab, und zwar hinsichtlich

(1) der Rechte des Käufers (Wandlung und Minderung, beim Gattungskauf auch Nachlieferung; nur in den Ausnahmefällen des § 463 Schadensersatz wegen Nichterfüllung),
(2) der Voraussetzungen (kein Verschulden erforderlich),
(3) der Fristen (kurze Verjährung; unter Kaufleuten unverzüglich Rüge),
(4) der konkurrierenden Ansprüche (z. B. Ansprüche aus positiver Forderungsverletzung und culpa in contrahendo bei Mangelfolgeschäden infolge Verschuldens auf der Verkäuferseite).

§ 57. Aufbauschema: Schadenersatz
(und andere vertragliche Sekundäransprüche)

I. Vertragliche und vertragsähnliche Ansprüche

Die vertraglichen und vertragsähnlichen Ansprüche sind zuerst zu untersuchen.

A. Vorprüfung

Jede vertragliche Anspruchsnorm setzt voraus, daß ein wirksamer Vertrag vorliegt. Steht diese Voraussetzung außer Zweifel, so kann man sich mit einer kurzen Feststellung begnügen. Nur wenn der Fall *besondere Veranlassung* gibt, muß die Frage eingehender behandelt werden. Hierbei ist das Prüfungsschema »Zustandekommen eines Vertrages« zu benutzen (oben § 33 a).

B. Vertrag

Die Rechte und Pflichten aus dem Vertrag bestehen grundsätzlich _nur zwischen den Vertragspartnern_. Es kann sich aber aus den Umständen, insbesondere aus dem Zweck des Vertrages, ergeben, daß ein _Dritter_ Rechte aus dem Vertrag hat (Vertrag zugunsten Dritter, § 328). Der Dritte kann aus dem Vertrag einen selbständigen Anspruch gegen den Schuldner auf Erfüllung der _Hauptpflichten_ haben (echter Vertrag zugunsten Dritter). Es kann sich auch aus dem Vertrag ergeben, daß dem Dritten gegenüber nur die aus § 242 abgeleiteten _Nebenpflichten_ zu beachten sind, deren schuldhafte Verletzung zur Haftung aus positiver Forderungsverletzung führt (Vertrag mit Schutzwirkung für Dritte).

Der Vertrag ist primär auf _Erfüllung_ gerichtet. Als Leistungsstörungen kommen in Betracht:

1. Unmöglichkeit und Unvermögen

Die Leistung ist nicht erbracht und nicht mehr nachholbar.

a) Falls diese Leistungsstörung _schon bei Vertragsschluß_ vorliegt, ist streng zwischen Unmöglichkeit (objektiver Unmöglichkeit) und Unvermögen (subjektiver Unmöglichkeit) zu unterscheiden.

 (1) Bei URSPRÜNGLICHER UNMÖGLICHKEIT ist der Vertrag nichtig (§ 306). Es kommt höchstens ein Anspruch aus § 307 auf Ersatz des Vertrauensschadens (des _negativen_ Interesses) in Betracht, der Schuldner hat dann den Gläubiger so zu stellen, wie wenn vom Vertrag nie die Rede gewesen wäre.

 (2) Bei URSPRÜNGLICHEM UNVERMÖGEN wird der Schuldner von seiner Leistungspflicht _nicht_ befreit. Der Vertrag ist wirksam, der Schuldner hat sein Unvermögen auch ohne Verschulden zu vertreten, ihn trifft eine _Garantiehaftung_. Der Schuldner haftet auf Schadensersatz wegen Nichterfüllung: er hat den Gläubiger so zu stellen, wie wenn der Vertrag ordnungsgemäß erfüllt worden wäre (positives Interesse). Bei einem Kaufvertrag gilt § 440 I als Verweisung auf die Rechtsfolgen des § 325.

b) Tritt die Leistungsstörung erst _nach Vertragsschluß_ ein, so sind Unmöglichkeit und Unvermögen grundsätzlich gleichgestellt (Ausnahme bei der Gattungsschuld, § 279). Für die Rechtsfolgen ist entscheidend, ob der

Schuldner die Leistungsstörung zu _vertreten_ hat. Es gelten §§ 276, 278, 279, 287 S. 2, 300 I.

(1) Hat der Schuldner die Leistungsstörung zu vertreten, so kann der Gläubiger Schadensersatz wegen Nichterfüllung (das positive Interesse) verlangen, beim gegenseitigen Vertrag auch zurücktreten (§§ 280/325).

(2) Hat der Schuldner die Leistungsstörung _nicht_ zu vertreten, so wird er frei (§ 275 I). Er verliert aber beim gegenseitigen Vertrag grundsätzlich den Anspruch auf die Gegenleistung (§ 323. Sonderregeln zu § 323 sind §§ 446, 447, 324 II).

(3) Unabhängig vom Vertretenmüssen hat der Gläubiger den Anspruch auf das Surrogat (§ 281).

2. Schuldnerverzug

Die Leistung ist nicht erbracht, aber _nachholbar_. Der Schuldnerverzug setzt voraus: _Fälligkeit, Mahnung_ (entbehrlich bei Termingeschäften) und _Vertretenmüssen_ der Verzögerung (§§ 284, 285). Die wichtigsten Rechtsfolgen sind:

a) Bestehenbleiben des Erfüllungsanspruchs, daneben Anspruch auf Ersatz des _Verzugsschadens_ (§ 286 I). Bei Geldschulden 4 % Verzugszinsen als gesetzlicher Mindestschaden (§ 288), beim beiderseitigen Handelsgeschäft 5 % schon ab Fälligkeit (§§ 352, 353 HGB).

b) Leistet der Schuldner trotz _Fristsetzung_ mit _Ablehnungsdrohung_ nicht, so kann der Gläubiger Schadensersatz wegen Nichterfüllung verlangen, beim gegenseitigen Vertrag auch zurücktreten (§§ 283/326 I). Die Fristsetzung ist überflüssig, wenn infolge des Verzuges das _Interesse_ des Gläubigers _weggefallen_ ist (§§ 286 II/326 II). Sie ist außerdem überflüssig, wenn der Schuldner die Leistung ernsthaft und endgültig verweigert (Rechtsprechung).

c) Beim Kauf unter _Eigentumsvorbehalt_ hat der Gläubiger ein Rücktrittsrecht bereits bei Verzugseintritt (§ 455).

d) Besonderes gilt beim (relativen) _Fixgeschäft._ Ein Fixgeschäft liegt vor, wenn mit der rechtzeitigen Leistung der Vertrag steht und fällt. Erfolgt die Leistung nicht rechtzeitig, so

(1) bleibt der _Erfüllungsanspruch_ zwar bestehen. Beim _HGB-Fixkauf_ muß der Gläubiger aber, falls er an der Erfüllung noch interessiert ist, dies dem Schuldner sofort anzeigen, da das HGB vom Interessewegfall ausgeht (§ 376 HGB).

(2) Außerdem hat der Gläubiger ein <u>Rücktrittsrecht</u> ohne Rücksicht darauf, ob der Schuldner im Verzug ist (also die Verzögerung zu vertreten hat), § 361 BGB, § 376 HGB.

(3) <u>Schadensersatz wegen Nichterfüllung</u> kann der Gläubiger nur nach den allgemeinen Vorschriften verlangen (also Verzug erforderlich und Fristsetzung gem. § 326 I oder Nachweis des Interessewegfalls gem. § 326 II). Beim <u>HGB-Fixkauf</u> ist <u>nur Verzug</u> erforderlich, das HGB geht hier ohne weiteres vom Interessewegfall aus (§ 376 HGB).

e) Ist die Leistungszeit so entscheidend, daß bei Nichteinhaltung der Leistungszeit die Leistung nicht mehr nachholbar ist <u>(absolutes Fixgeschäft)</u>, so gelten die Regeln über die Unmöglichkeit. (§325)

3. Sachmängelhaftung beim Kauf

Eigenartige, in das System der übrigen Leistungsstörungen nur unvollkommen integrierte Sonderregelung. Darstellung im Sonderschema »Sachmängelhaftung« (oben § 56).

4. Positive Forderungsverletzung

Sammelbegriff für alle Vertragsverletzungen, die weder Unmöglichkeit noch Verzug zur Folge haben und auch nicht durch die Sachmängelhaftung erfaßt werden. Anspruchsgrundlage ist eine Analogie zu §§ 280, 286 (auch beim gegenseitigen Vertrag), in Sonderfällen Analogie zu §§ 325, 326.

C. Vertragsähnliche Ansprüche

1. Vertragsverhandlung

Bereits durch die einseitige Anbahnung von Vertragsverhandlungen und <u>unabhängig</u> von einem späteren Vertragsschluß entsteht zwischen den Parteien kraft Gesetzes ein vertragsähnliches Schuldverhältnis.

a) Im Fall der Scherzerklärung sowie im Falle der Irrtumsanfechtung gilt § 122. Der Erklärende muß dem Gegner den <u>Vertrauensschaden</u> ersetzen: Er muß den Gegner so stellen, wie dieser stehen würde, <u>wenn vom Vertrag nie die Rede gewesen wäre</u> (sog. negatives Interesse). § 122 setzt kein

Verschulden voraus, er ist ein Fall der Veranlassungshaftung. Der Anspruch entfällt, wenn der Gegner in seinem Vertrauen auf die Gültigkeit der Erklärung fahrlässig war (§ 122 II).

b) §§ 307 und 309 setzen Verschulden voraus, ebenso § 179 I.

c) In den anderen Fällen greift der allgemeine Rechtsbehelf der culpa in contrahendo ein (Analogie zu §§ 307, 309). Die culpa in contrahendo ist Verschuldenshaftung.

2. Geschäftsführung ohne Auftrag

Voraussetzung ist, daß jemand für einen anderen ein Geschäft (im weitesten Sinne) besorgt, ohne von ihm beauftragt oder ihm gegenüber sonst dazu berechtigt zu sein (§ 677). Entspricht Geschäftsführung dem Interesse und dem wirklichen oder mutmaßlichen Willen des Geschäftsherrn, so liegt berechtigte, andernfalls liegt unberechtigte GoA vor. Im Falle des § 679 und bei Selbstmordversuch ist entgegenstehender Wille des Geschäftsherrn unbeachtlich.

a) Der Geschäftsführer hat bei berechtigter GoA Anspruch auf Ersatz seiner Aufwendungen (§§ 683, 670), bei Gefahrenabwehr auch Anspruch auf Ersatz seiner Schäden. Bei Tötung des Geschäftsführers kommt Ersatzanspruch seiner Hinterbliebenen analog §§ 844, 845 in Betracht. Bei unberechtigter GoA hat Geschäftsführer keine Ansprüche aus GoA.

b) Der Geschäftsherr hat bei berechtigter und unberechtigter GoA Anspruch auf Herausgabe des Erlangten (§§ 681 S. 2, 667). Er hat außerdem Schadenersatzanspruch, wenn Geschäftsführer bei der Übernahme (§ 678) oder bei der Durchführung (§ 677) der GoA schuldhaft gehandelt hat (§ 276). Bei Gefahrenabwehr haftet Geschäftsführer nur für grobe Fahrlässigkeit (§ 680).

II. Unerlaubte Handlung und Gefährdungshaftung

A. Unerlaubte Handlung

Die Haftung aus unerlaubter Handlung geht auf vollen Schadensersatz, in den Fällen des § 847 auch auf Schmerzensgeld. Außerdem wird in den Fällen der §§ 844, 845 ausnahmsweise der Drittschaden ersetzt.

1. Die Grundtatbestände sind
   a) § 823 I (absolutes Recht rechtswidrig und schuldhaft verletzt),
   b) § 823 II (Schutzgesetz rechtswidrig und schuldhaft verletzt),
   c) § 826 (Sittenwidrigkeit und Vorsatz).
2. Bei der Haftung des Geschäftsherrn ist zu unterscheiden:
   a) Er haftet grundsätzlich gem. §§ 831 I, 823 ff. für rechtswidrige unerlaubte Handlungen seiner *Verrichtungsgehilfen*, kann aber gem. § 831 I S. 2 den Entlastungsbeweis (Exkulpationsbeweis) führen.
   b) Daneben kommt eine Haftung des Geschäftsherrn *direkt* aus § 823 I in Betracht, wenn dem Geschäftsherrn eine Rechtspflicht zum Handeln (z. B. die allgemeine Verkehrssicherungspflicht) oblag und infolge seines Nichthandelns eine Rechtsverletzung im Sinne des § 823 I eingetreten ist.
3. *Juristische Personen des Privatrechts* haften für Organe ohne Entlastungsmöglichkeit gem. §§ 31, 823 ff., für andere Gehilfen nur gem. § 831. Dies gilt entsprechend auch für den nicht rechtsfähigen Verein sowie für die OHG und KG.
4. *Öffentlich-rechtliche Dienstherren* haften bei hoheitlicher Betätigung ohne Entlastungsmöglichkeit nach § 839 BGB, Art. 34 GG, bei privatrechtlicher Tätigkeit wie juristische Personen des Privatrechts.

B. Gefährdungshaftung

Die Gefährdungshaftung besteht unabhängig vom Verschulden, sie wird unabhängig von der unerlaubten Handlung (im Sinne der Verschuldenshaftung) geprüft. Wir merken uns nur

1. die Haftung des KRAFTFAHRZEUGHALTERS gem. § 7 StVG. Der Halter haftet, außer wenn ein »unabwendbares Ereignis« vorliegt, das »weder auf einem Fehler in der Beschaffenheit des Fahrzeugs noch auf einem Versagen seiner Verrichtungen beruht«. Gegenüber Insassen besteht die Gefährdungshaftung nur bei entgeltlicher, geschäftsmäßiger Personenbeförderung (§ 8a StVG). Die Haftung ist auf Höchstsummen beschränkt. Kein Schmerzensgeld;
2. Die Haftung des TIERHALTERS gem. § 833 S. 1. Da diese Haftung im BGB geregelt ist, haftet der Halter ohne Begrenzung auf eine Höchstsumme, in den Fällen des § 847 auch auf Schmerzensgeld.

VIERTER ABSCHNITT

Sachen, Sachenrechte Kreditsicherungen

1. Kapitel. Die Grundbegriffe

§ 58. Der Sachbegriff

In der zusammenfassenden Darstellung »Die wichtigsten Rechtsbegriffe« (die Sie ja inzwischen SOUVERÄN BEHERRSCHEN, andernfalls nochmaliges gründliches Durcharbeiten von o. § 8 DRINGEND geboten!) wurde bereits auf den Unterschied zwischen *Personen* und *Gegenständen* hingewiesen: Personen sind die *Subjekte*, Gegenstände sind die *Objekte* des Rechtsverkehrs. Die Gegenstände werden unterteilt in Sachen *(körperliche* Gegenstände § 90) und Rechte *(nicht körperliche* Gegenstände). Sachen sind demnach: »die unpersönlichen, körperlichen, für sich bestehenden Stücke der beherrschbaren Natur«[1].

1. Da Sachen nur *unpersönliche* Dinge sind, ist der Körper eines lebenden Menschen ebensowenig Sache wie ein fest mit dem Körper verbundener Ersatzteil (Goldplombe); anderes gilt jedoch für *abgetrennte* Körperteile (Haare). Der *Leichnam* ist zwar eine Sache, aber herrenlos und aneignungsunfähig. An Skeletten, Mumien und anatomischen Präparaten kann dagegen Eigentum bestehen.

2. Keine *körperlichen* Gegenstände und deshalb keine Sachen sind
   a) nach der Verkehrsanschauung die Naturkräfte (Wärme, Licht, Schall, Elektrizität);
   b) Rechte, das Vermögen als Ganzes und das Unternehmen[2];

---

[1] Lehmann-Hübner § 49 I; ähnlich RG 87, 45; Enneccerus-Nipperdey, § 121 II.
[2] Enneccerus-Nipperdey, § 121 II 2 c.

3. Da Sachen nur für sich bestehende, _begrenzte_ Stücke der Natur sind, werden flüssige und gasförmige Körper erst in einem Behälter zu Sachen.
4. Keine Sachen sind schließlich alle Dinge, die nicht _der menschlichen Herrschaft erreichbar_ sind: Die Sonne ist keine Sache im Rechtssinne, der Mond ist derzeitig im Begriff, eine Sache zu werden.

Für manche Fälle sind Lehre und Rechtsprechung von der Begriffsbestimmung des § 90 abgewichen. So ist z. B. § 119 II nicht nur auf körperliche, sondern auf alle Gegenstände des Rechtsverkehrs anwendbar; die Kaufregeln, insbesondere §§ 459 ff., gelten auch für den Kauf eines Geschäftsunternehmens [4].

§ 59. Bestandteile und Zubehör

I. Übersicht

1. Bestandteile

Die meisten Sachen sind aus deutlich unterscheidbaren Bestandteilen zusammengesetzt. So setzt sich z. B. ein Kraftfahrzeug aus Fahrgestell, Karosserie, Motor, Rädern und vielen anderen Bestandteilen zusammen; ein Fabrikgrundstück besteht aus dem Grund und Boden, den Gebäuden und sonstigen Aufbauten (Mauern, Tore), aus Maschinen, Beleuchtungsanlagen, Schalttafeln usw.

Die Verbindung der einzelnen Bestandteile mit der Gesamtsache kann sehr verschieden sein. Bei manchen würde die Trennung zur Zerstörung wirtschaftlicher Werte führen — dann nennt man diese Bestandteile _wesentliche_ Bestandteile — andere Bestandteile sind verhältnismäßig leicht zu trennen und bleiben weiterhin wirtschaftlich verwertbar: sie sind _unwesentliche_ Bestandteile. _Unwesentliche_ Bestandteile sind z. B. in der Regel Räder und Motor eines Serienautos, wogegen Gebäude auf einem Grundstück in der Regel _wesentliche_ Bestandteile sind, da sie im Falle der Trennung zerstört werden müßten. Um die Zerstörung wirtschaftlicher Werte zu verhindern, bestimmt das Gesetz, daß _wesentliche_ Bestandteile nicht Gegenstand besonderer dinglicher Rechte sein können. Es soll dadurch ausgeschlossen werden, daß z. B. jemand Eigentümer seiner in ein fremdes Gebäude eingefügten

---

[4] BGH DB 1974, 1604.

Eisenträger bleibt und von dem Eigentümer des Gebäudes die Herausgabe »seiner« Eisenträger verlangen kann. Die Regelung des wesentlichen Bestandteils hat für das Kreditsicherungsrecht weitreichende Konsequenzen:

a) Wer unter _Eigentumsvorbehalt_ Sachen liefert, die dann durch Einbau wesentliche Bestandteile einer anderen Sache werden, verliert durch den Einbau sein Eigentum (§§ 946, 947). Mit diesem Problem müssen z. B. alle Baustoffhändler und die meisten Bauhandwerker rechnen (Bauunternehmer, Plattenleger, Installateure, Zimmerleute, Schreiner, Anstreicher).

b) Ein Gläubiger, der sich von einem Fabrikanten Maschinen oder sonstige Inventarstücke zur Sicherheit übereignen läßt, erwirbt nur dann das Eigentum, wenn die Sachen _nicht_ wesentliche Bestandteile des Fabrikgrundstücks sind, denn die Übereignung eines _wesentlichen_ Bestandteils ohne Trennung von der Gesamtsache ist nicht möglich.

Die Regeln des BGB über den wesentlichen Bestandteil sind durch das _Wohnungseigentumsgesetz_ von 1951 durchbrochen worden. Ein solches Sondergesetz war notwendig, um gesondertes Eigentum an einem Gebäudeteil zu ermöglichen.

2. Zubehör

Von den Bestandteilen einer Sache ist das Zubehör zu unterscheiden. Eine bewegliche Sache ist Zubehör, wenn sie zwar nicht Bestandteil der Sache ist, aber dazu bestimmt ist, einer Hauptsache zu _dienen,_ und auch in einem entsprechenden räumlichen Verhältnis zu der »herrschenden« Sache steht. Zubehör sind z. B. bei einem Kraftfahrzeug das Werkzeug und das Abschleppseil, bei einer Fabrik die Maschinen, soweit sie nicht (wesentliche oder unwesentliche) Bestandteile sind, bei einem landwirtschaftlichen Betrieb die Traktoren und sonstigen landwirtschaftlichen Maschinen und Geräte und das gesamte Vieh.

Auch die Regelung des Zubehörs hat für das Kreditsicherungsrecht große Bedeutung. Wenn nämlich ein Grundstück mit einer Hypothek oder Grundschuld belastet ist, werden nicht nur alle Bestandteile des Grundstücks, sondern auch alle Zubehörteile von der Belastung erfaßt, soweit sie dem Eigentümer des Grundstücks gehören (§ 1120). Wenn sich ein Gläubiger Maschinen zur Sicherheit (ohne Übergabe) übereignen läßt, die auf einem Fabrikgrundstück stehen, kann er sich deshalb nicht mit der Feststellung zufrieden geben, daß die Maschinen keine wesentlichen Bestandteile und deshalb sonderrechtsfähig sind. Er muß auch noch prüfen, ob und inwieweit das Grundstück mit Hypotheken oder Grundschulden belastet ist. Denn wenn solche Belastungen bestehen, erwirbt er zwar durch die Sicherungsübereignung (ohne Übergabe) das Eigentum an den Maschinen. Aber dieses Eigentum ist dann _belastetes_ Eigentum, und er muß im Ernstfalle dulden, daß die Maschinen zusammen mit dem Grundstück versteigert werden und der Erlös den Grundschuld- oder Hypothekengläubigern zufließt.

II. Bestandteile

1. Wesentliche Bestandteile

Wir gehen nun auf die Regelung der wesentlichen Bestandteile im einzelnen ein. Dabei müssen wir beachten, daß das Gesetz nur _dingliche_ Sonderrechte an wesentlichen Bestandteilen ausschließt. In der Forstwirtschaft wird z. B. häufig »Holz auf dem Stamm« (lebende Bäume) _verkauft_. Das ist zulässig. Aber eine _Übereignung_ der Stämme ist vor der Trennung nicht möglich, es sei denn, man würde das ganze Waldgrundstück übereignen.

a) Für den wesentlichen Bestandteil enthält § 93 eine Begriffsbestimmung: Bestandteile sind wesentlich, wenn sie nicht voneinander getrennt werden können, ohne daß der eine oder der andere zerstört oder in seinem Wesen verändert wird.
Der Bestandteilsbegriff wird durch § 94 erweitert: Weist eine Sache die Merkmale des § 94 auf, so ist sie wesentlicher Bestandteil, auch wenn sie der Begriffsbestimmung des § 93 nicht entspricht.
Demgegenüber stellt § 95 eine Einschränkung dar: Wird eine Sache nur zu einem _vorübergehenden_ Zwecke mit dem Grundstück verbunden oder in ein Gebäude eingefügt, so fehlt es an der Bestandteilseigenschaft, selbst wenn im übrigen die Voraussetzungen der §§ 93, 94 vorliegen. Entscheidend ist der _Wille des Einfügenden,_ sofern er mit dem äußeren Tatbestand vereinbar ist. Wenn also ein Mieter oder Pächter Einbauten vornimmt, behält er das Eigentum an den eingebauten Teilen. Nichtbestandteile sind gem. § 95 I S. 2 auch Gebäude und andere Werke, die in Ausübung eines _dinglichen Rechts_ an einem fremden Grundstück eingebaut werden. Die letztgenannte Ausnahme hat praktische Bedeutung beim _Erbbaurecht_. Das Erbbaurecht ist ein beschränktes dingliches Recht, das dem Erbbauberechtigten die Möglichkeit gibt, auf einem fremden Grund-

stück ein eigenes Bauwerk zu haben. Erbbaurechte werden häufig von Institutionen ausgegeben, die viel Grund und Boden besitzen, aber die Grundstücke nicht verkaufen wollen, um den Grundbesitz auch für spätere Generationen zu erhalten. Beispiele für solche Institutionen sind die Gemeinden, die katholische Kirche und manche Adelshäuser. Das Erbbaurecht bietet dem Erbbauberechtigten den Vorteil, daß er für das Grundstück kein Kapital aufbringen muß und für die Dauer der Erbbauzeit (meist 99 Jahre) nur einen verhältnismäßig geringen Zins zu zahlen hat, während er für sich und seine Kinder volles Eigentum an allen Gebäuden hat, da diese gem. § 95 I S. 2 nicht wesentlicher Bestandteil des Grundstücks werden.

b) Die §§ 93 ff. sollen durch den Ausschluß dinglicher Sonderrechte an bestimmten Bestandteilen die Zerstörung wirtschaftlicher Werte verhindern[5]. Dieser Gesichtspunkt *wirtschaftlicher Zweckmäßigkeit* ist in den §§ 93 ff. leider nur sehr unzulänglich zum Ausdruck gekommen, insbesondere ist der Ausdruck »wesentlich« irreführend. Besser wäre wohl die direkte Bezeichnung »sonderrechtsunfähiger« Bestandteil gewesen.

Angesichts der mißglückten Fassung der §§ 93 ff. muß sich die Auslegung in besonderem Maße von dem diesen Vorschriften zugrunde liegenden Zweckdenken leiten lassen. Im einzelnen läßt sich – bei starker Vereinfachung – folgendes feststellen:

Daß es für die Frage der Wesentlichkeit eines Bestandteils nicht auf die Zerstörung oder »Wesensveränderung« der *ganzen Sache,* sondern der *getrennten Teile* ankommt, geht schon aus dem Wortlaut des § 93 hervor. Schwierigkeiten bereitet allerdings die Formulierung »in seinem *Wesen* verändert«. Die (nicht immer einheitliche) Rechtsprechung vertritt[7] häufig die Ansicht, daß für die Feststellung der Wesensveränderung die *Verkehrsauffassung* maßgebend sei, sie gelangt dadurch zu Ergebnissen, die dem Normzweck der §§ 93 ff. gerecht werden und oft einer Auslegung im Sinne von »erheblich entwertet«[8] entsprechen. So ist z. B. eine Maschine nicht schon deshalb wesentlicher Bestandteil des Fabrikgrundstücks, weil sie das ganze Werk antreibt[9]. Sie wäre es, wenn die Weg-

---

[5] Motive III, S. 41.
[7] seit RG 67, 33.
[8] Diese Formulierung schlägt Lehmann-Hübner § 50 VII de lege ferenda vor.
[9] RG 69, 121.

nahme nicht möglich wäre, ohne daß sie selbst oder das übrige Grundstück zerstört oder erheblich beschädigt würde, oder wenn die Maschine nicht Serienware, sondern individuell für das betreffende Gebäude hergestellt oder das Gebäude eigens um die Maschine herumgebaut wäre [10].
Auch Räder und Motor eines Kraftwagens aus der Serienproduktion sind in der Regel keine wesentlichen Bestandteile [11], da hier der getrennte und der zurückbleibende Teil ohne erhebliche Werteinbuße wirtschaftlich verwendbar bleiben. In vielen Fällen kann man sich praktisch helfen, indem man nachprüft, ob wertmäßig ein erheblicher Unterschied zwischen der Summe der getrennten Teile und dem Ganzen besteht [12].
Ähnliches gilt auch für die Auslegung des § 94: Eine Verbindung ist als »*fest*« zu betrachten, wenn die Lösung einen unverhältnismäßigen Aufwand an Mühe und Kosten [13] erfordern oder unverhältnismäßige Beschädigungen verursachen würde [14]. An einer »festen« Verbindung fehlt es deshalb in der Regel bei einer Verbindung durch Schrauben oder andere leicht lösbare Bindemittel [15]. Für die *Einfügung* im Sinne von § 94 II ist zwar eine feste Verbindung nicht erforderlich, doch liegt eine »Einfügung zur Herstellung des Gebäudes« nur vor, wenn der Bestandteil und das übrige Gebäude besonders aufeinander gearbeitet, insbesondere der Bestandteil an die Bauart und Gliederung des Gebäudes angepaßt ist [16].

2. *Unwesentliche Bestandteile*

Bestandteile, die nicht wesentliche sind, teilen zwar *grundsätzlich* das Schicksal der Gesamtsache, sie können aber Gegenstand besonderer Rechte sein. Wer z. B. ein Kraftfahrzeug übereignet, überträgt damit auch das Eigentum an Rädern und Motor. Er kann aber auch, ohne die Teile voneinander zu trennen, Räder und Motor unbedingt übereignen und sich bezüglich der übrigen Teile das Eigentum vorbehalten. Ebenso kann eine Reparaturwerk-

---

[10] RG 67, 34.
[11] BGH 61, 81.
[12] vgl. Lehmann-Hübner § 50 IV 1 a.
[13] RG 158, 374.
[14] Enneccerus-Nipperdey, § 125 II 2 a.
[15] RG 87, 46.
[16] RG 130, 266.

statt ihrem Kunden einen Motor unter Eigentumsvorbehalt liefern und in seinen Wagen einbauen, ohne das Eigentum durch Verbindung gem. § 947 II zu verlieren.

III. Zubehör

1. Der Zubehörbegriff hat in der Hauptsache für folgende Fälle Bedeutung:
   a) Verpflichtet sich jemand zur Veräußerung oder Belastung einer Sache, so erstreckt sich die Verpflichtung _im Zweifel_ auch auf das Zubehör (§ 314).
   b) Wird ein Grundstück übereignet, so ist _im Zweifel_ anzunehmen, daß der Übereignungswille das Zubehör mitumfaßt (§ 926 I S. 2). Das Eigentum am Zubehör geht dann mit dem Eigentum am Grundstück über, ohne daß es einer besonderen Übertragung gem. §§ 929 ff. bedarf (§ 926 I S. 1).
   c) Hypotheken, Grund- und Rentenschulden belasten ohne weiteres das dem Grundstückseigentümer gehörende Zubehör (§§ 1120, 1192, 1199).
2. Eine bewegliche Sache ist Zubehör, wenn sie, ohne Bestandteil der Hauptsache zu sein, dem wirtschaftlichen Zweck der Hauptsache dauernd zu dienen bestimmt ist und zu ihr in einem dieser Bestimmung entsprechenden räumlichen Verhältnis steht (§ 97). Zerlegen wir diese Definition, so gelangen wir zu folgenden Grundsätzen:
   a) Die Sache muß nach der Verkehrsauffassung als _körperlich selbständig_ anzusehen sein. Das unterscheidet sie vom bloßen Sachbestandteil.
   b) Sie muß außerdem _Nebensache_ gegenüber einer _Hauptsache_ sein.
   c) Sie muß dem _wirtschaftlichen Zweck der Hauptsache zu dienen bestimmt_ sein. Für Gewerbebetriebs_gebäude_ und Landgüter ist die (gegenüber § 97 z. T. erweiternde) Erläuterung des § 98 heranzuziehen. Danach ist Zubehör das Inventar. Doch ist hierbei stets zu prüfen, ob nicht Einzelteile der Einrichtung derart mit dem Grundstück verbunden sind, daß sie ihre Selbständigkeit verloren haben und Bestandteile geworden sind. Zu den »sonstigen Gerätschaften« (§ 98 Nr. 1) sind z. B. auch die auf dem Fabrikgrundstück lagernden Kohlenvorräte zu rechnen, nicht aber die Rohstoffvorräte oder die zum Verkauf bestimmten Fertigprodukte, da diese nicht der Fabriksache dienen sollen.[17]

---

[17] RG 86, 328.

d) Die Nebensache muß schließlich in einem ihrer Zweckbestimmung entsprechenden _räumlichen Verhältnis_ zur Hauptsache stehen. Eine vorübergehende Trennung ist nicht entscheidend. So bleibt z. B. der zur Belieferung der Kundschaft bestimmte Kraftwagen eines Gewerbebetriebsgrundstückes auch dann Zubehör, wenn er sich vorübergehend in einer Reparaturwerkstatt befindet.

§ 60. Allgemeine Grundsätze über dingliche Rechte

I. Absolutheit

Während obligatorische Rechte relativ wirken, d. h. nur gegenüber bestimmten Personen bestehen, sind die dinglichen Rechte, die Rechte »an« einer Sache, absolut: Sie wirken gegenüber jedermann, sind »sonstige Rechte« im Sinne von § 823 I und können im Konkurs geltend gemacht werden.
Im Sachenrecht findet sich deshalb eine Tendenz, die Rechtsverhältnisse auch für Dritte _erkennbar_ zu machen.

II. Typenzwang

Die Parteien können nur zwischen bestimmten Rechtstypen wählen. Es gibt insgesamt 7 dingliche Rechte:

1. Das EIGENTUM ist das umfassende, grundsätzlich _unbeschränkte_ Recht an der Sache.
2. Die anderen 6 Rechte sind _beschränkte_ dingliche Rechte, d. h. sie gewähren Befugnisse nur in gewissen Beziehungen. Da die beschränkten dinglichen Rechte eine _Belastung_ des Eigentums darstellen, gehen sie dem Eigentum vor, d. h. der Eigentümer muß sie beachten.
Das ERBBAURECHT wurde bereits bei der Darstellung der wesentlichen Bestandteile erwähnt (s. o. § 59 II 1a). Außerdem gibt es die DIENSTBARKEITEN, die dem Berechtigten gestatten, das Eigentum in gewissen Beziehungen zu benutzen (Weiderechte, Wohnrechte und sonstige Nutzungsrechte; Rechte, Kabel und sonstige Leitungen über das Grundstück zu legen), das VORKAUFSRECHT, die REALLAST, die den Grundstückeigentümer zu wiederkehrenden Leistungen verpflichtet (kommt in der Landwirtschaft beim sog. Altenteil vor: Verpflichtung zur regelmäßigen Lieferung von Naturalien), die GRUNDPFANDRECHTE (Hypothek, Grundschuld, Renten-

schuld) und das PFANDRECHT AN BEWEGLICHEN SACHEN. Ich konzentriere mich in diesem Buch auf die Grundpfandrechte und die Pfandrechte an beweglichen Sachen.

III. Publizitätsprinzip

Der Erkennbarkeit dient auch das Publizitätsprinzip: Jede rechtsgeschäftliche Veränderung der sachenrechtlichen Lage soll für Dritte erkennbar sein. Deshalb gilt bei der Fahrnis (den beweglichen Sachen) das Übergabe- oder Traditionsprinzip (§ 929), bei den Liegenschaften der Eintragungsgrundsatz (§ 873 I).

IV. Bestimmtheit

Der Klarheit und Erkennbarkeit soll auch der Grundsatz der Bestimmtheit dienen: Bei jedem dinglichen Rechtsgeschäft muß der Gegenstand *bestimmt,* nicht nur *bestimmbar* sein.

V. Schema

Faßt man die Grundsätze des Sachenrechts in einem Schema zusammen, so sieht das so aus:

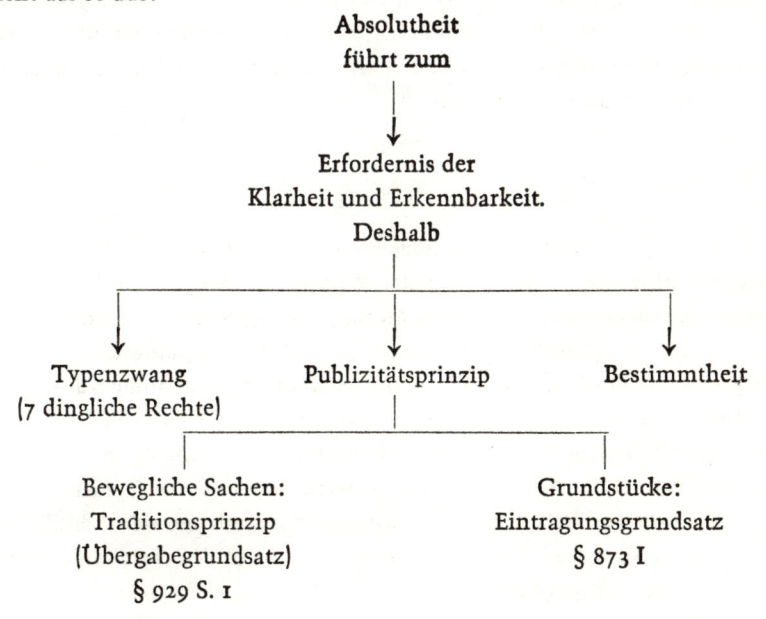

**Absolutheit
führt zum**

↓

Erfordernis der
Klarheit und Erkennbarkeit.
Deshalb

↓ ↓ ↓

Typenzwang   Publizitätsprinzip   Bestimmtheit
(7 dingliche Rechte)

Bewegliche Sachen: Grundstücke:
Traditionsprinzip   Eintragungsgrundsatz
(Übergabegrundsatz)   § 873 I
§ 929 S. 1

§ 61. Der Besitz

I. Besitz und Eigentum

Im Gegensatz zum Eigentum (der rechtlichen Gewalt) ist der Besitz die *tatsächliche* Gewalt über die Sache (§854 I). Demnach ist es nicht ganz korrekt, wenn man von »Grund*besitzern*« und »Guts*besitzern*« spricht; man müßte streng genommen »Grund*eigentümer*« und »Guts*eigentümer*« sagen, denn »Grund*besitzer*« ist, genau genommen, auch der *Mieter* oder *Pächter* eines Grundstücks. Die Frage, ob jemand den Besitz an einer Sache hat, ist streng zu trennen von der Frage, ob jemand ein *Recht* zum Besitz hat: auch der Dieb ist Besitzer!

Der Besitz ist zwar kein dingliches Recht, aber eine *besonders geschützte* tatsächliche Lage. So ist der Besitz ein »etwas« im Sinne von § 812 und ein »sonstiges Recht« im Sinne von § 823 I. Außerdem gilt grundsätzlich zugunsten des Besitzers einer beweglichen Sache die *Vermutung,* daß er Eigentümer der Sache sei (§ 1006 I S. 1). Wenn also jemand in einem Prozeß behauptet, der Besitzer sei nicht der Eigentümer, so muß er dies beweisen: ihn trifft die BEWEISLAST (sog. Legitimationswirkung des Besitzes zugunsten des Besitzers). Beim Besitz gibt es eine Reihe von Einzelfragen, die man kennen muß, wenn man sich im Sachenrecht zurechtfinden will. Ich rate, die folgenden Ausführungen *gründlich* durchzuarbeiten.

II. Erwerb und Verlust des Besitzes

Zur Erlangung des Besitzes ist eine gewisse *Festigung* der tatsächlichen Gewalt erforderlich. Der Gast, der in der Wirtschaft auf dem Stuhl sitzt und Messer und Gabel umfaßt, ist ebensowenig Besitzer wie der Kunde, der in einem Buchladen ein Buch in die Hand nimmt und darin blättert.
Die *Beendigung* des Besitzes erfolgt nicht schon durch »eine ihrer Natur nach vorübergehende Verhinderung in der Ausübung der Gewalt« (§ 856 II). So bleibt man z. B. Besitzer, wenn man seine Wohnung verschließt, seinen Kraftwagen auf der Straße stehen läßt und in ferne Länder verreist. Frei herumlaufende Haustiere bleiben im Besitz ihrer Herren (solange sie noch ab und zu nach Hause kommen). Der Pflug, den der Bauer auf dem Felde hat stehen lassen, bleibt im Besitz des Bauern.

III. Unmittelbarer und mittelbarer Besitz

Der Besitzer, der die unmittelbare tatsächliche Gewalt über eine Sache erlangt hat, wird *unmittelbarer* Besitzer genannt. Steht er zu einem anderen in einem Rechtsverhältnis, kraft dessen er den Besitz nur auf *begrenzte Zeit* haben darf, so ist der andere *mittelbarer Besitzer* (§ 868). *Besitzmittlungsverhältnisse* dieser Art sind insbesondere Miete, Pacht, Leihe, Verwahrung, Kauf unter Eigentumsvorbehalt (solange noch nicht voll bezahlt ist). Auch der Werkunternehmer, der eine Sache zur Reparatur annimmt, wird unmittelbarer Besitzer und vermittelt dem Besteller den mittelbaren Besitz. Der unmittelbare Besitzer, der auf diese Weise »für« einen anderen besitzt, wird auch *Besitzmittler* genannt.
In manchen Fällen, z. B. bei Untervermietung, kommt sogar ein *gestufter* mittelbarer Besitz vor: Der Untermieter ist unmittelbarer Besitzer, der Mieter (Untervermieter) ist *erststufiger* mittelbarer Besitzer, der Vermieter ist *zweitstufiger* mittelbarer Besitzer (§ 871 BGB).

IV. Besitzdiener

Besitzmittlungsverhältnisse bestehen nur zwischen Selbständigen. Wenn ein Angestellter im Rahmen des Angestelltenverhältnisses die tatsächliche Gewalt über eine Sache erlangt, wird nicht er, sondern sein Dienstherr unmittelbar Besitzer. Dies bestimmt § 855. Wenn z. B. der Fernfahrer Brause mit dem Wagen seines Chefs auf der Autobahn fährt, so ist Brause nur Besitzdiener. *Unmittelbarer* Besitzer ist der Chef, der zu Hause am Schreibtisch sitzt. *§ 855 umfaßt alle, auch die höchsten Angestellten!*

V. Eigenbesitz und Fremdbesitz

Der Besitzer, der gem. § 868 für einen anderen besitzt, wird auch *Fremdbesitzer* genannt. Dagegen ist *Eigen*besitzer, »wer eine Sache als ihm gehörend besitzt« (§ 872). Die gesetzliche Formulierung ist nicht sehr glücklich. Gemeint ist ein Besitzer, der die Sache *wie ein Eigentümer besitzen und keinen mittelbaren Besitzer über sich dulden will*. Eigenbesitzer ist deshalb nicht nur der Eigentümer, sondern auch der Dieb, der mit der Sache wie ein Eigentümer verfährt. Eigenbesitzer ist auch, wer (z. B. infolge einer Verwechslung) eine fremde Sache besitzt in der Meinung, sie gehöre ihm.

2. Kapitel. Erwerb und Verlust des Eigentums an beweglichen Sachen

§ 62. Übereignung von beweglichen Sachen

Für die rechtsgeschäftliche Übereignung gelten die §§ 929–931. Die verschiedenen Übereignungsarten muten zunächst etwas verwirrend an, wobei § 930 erfahrungsgemäß besondere Schwierigkeiten macht. Ich stelle deshalb die vier Möglichkeiten der rechtsgeschäftlichen Eigentumsübertragung an vier Fällen dar. Da man die vier Fälle nur dann klar auseinanderhalten kann, wenn man über die Fragen des _Besitzes_ gut Bescheid weiß, rate ich,_ vorher_ noch einmal o. § 61 II–V _gründlich_ durchzuarbeiten.

Fall 1: V hat dem K sein Auto verkauft. Wie kann er es ihm übereignen? Viel einfacher, als die meisten Kraftfahrer glauben: durch Einigung und Übergabe des Kraftwagens gem. § 929 S. 1. Zur Übergabe genügt z. B., daß V dem K sämtliche Schlüssel des Autos überreicht.

Normalerweise werden bei der Übereignung auch die Fahrzeugpapiere – der Kraftfahrzeugbrief und der Kraftfahrzeugschein – umgeschrieben. Dies ist aber für den privatrechtlichen Eigentumsübergang keine zwingende Voraussetzung! Der Kraftfahrzeugbrief ist nicht so etwas wie ein Grundbuch für Kraftfahrzeuge.

Fall 2: V in Köln hat dem K in Frankfurt seinen Volkswagen für eine vierzehntägige Italienreise vermietet. Nach seiner Rückkehr ruft K den V an und sagt, er wolle den Wagen gern kaufen. Die beiden werden sich am Telefon über den Preis einig. Wie verschafft V dem K das Eigentum?

Wenn es nur § 929 S. 1 gäbe, müßte K zunächst nach Köln kommen und dem V den Wagen zurückgeben. Dann erst könnte V den Wagen an K übergeben und sich mit ihm über den Eigentumsübergang einigen.

Dieses umständliche Hin und Her wird durch § 929 S. 2 vermieden. Der Wagen bleibt in Frankfurt und wird durch bloße Einigung am Telefon übereignet.

Fall 3: V in Köln hat dem K in Frankfurt seinen Wagen verkauft. K hat den Kaufpreis bereits überwiesen. V will – im Einverständnis mit K – den Wagen so lange benutzen, bis er einen neuen Wagen bekommen hat. Was können die beiden machen, damit K schon jetzt Eigentümer wird?

Hier ist die Lage genau umgekehrt wie im Fall 2. Wenn es nur § 929 S. 1 gäbe, müßte V jetzt mit seinem Wagen nach Frankfurt fahren und den Wagen

§ 62. Übereignung von beweglichen Sachen

durch Einigung und Übergabe an K übereignen Dadurch würde K Eigentümer und _unmittelbarer_ Besitzer werden. Anschließend würde K den Wagen _leihweise_ an V zurückgeben. V würde als _unmittelbarer_ Besitzer (Entleiher) nach Köln zurückfahren. K würde als Eigentümer und _mittelbarer Besitzer_ (Verleiher) zurückbleiben. Zwischen den beiden würde von nun an ein _Besitzmittlungsverhältnis_ im Sinne von § 868 bestehen.
Auch dieses Hin und Her kann vermieden werden, wenn die beiden am Telefon folgendes verabreden: V und K einigen sich darüber, daß das Eigentum übergehen soll. Außerdem einigen sich V und K, daß V zwar weiterhin unmittelbarer Besitzer bleibt, daß er sich aber von nun an als Entleiher des K betrachtet und dem K den mittelbaren Besitz vermittelt. Diese Vereinbarung nennt man ein _Besitzkonstitut_.
● Bitte lesen Sie § 930 BGB.
Diese Vorschrift hat im Kreditsicherungsrecht bei der _Sicherungsübereignung_ große Bedeutung: Sie gibt dem Kaufmann die Möglichkeit, seine Einrichtung oder sein Warenlager an einen Gläubiger zur Sicherheit zu übereignen, ohne die Waren sofort herausgeben zu müssen.
Fall 4: V hat seinen Wagen dem D vermietet. Während D mit dem Wagen durch Spanien fährt, verkauft V den Wagen an K. Kann er ihn übereignen?
Ja. V muß sich mit K über den Übergang des Eigentums einigen. Außerdem muß er sich mit K darüber einigen, daß er an K die Herausgabeansprüche gegen D (aus § 985 und § 556) abtritt. Es ist nicht erforderlich, daß D hierüber eine Nachricht erhält.
● Bitte lesen Sie § 931 BGB.
Ich fasse zusammen (die folgenden Sprüche hören sich etwas trivial an, sind aber gut brauchbar):
1. § 929 S. 1 _(Einigung und Übergabe):_ V sagt zu K: »Ich gebe dir die Sache.«
2. § 929 S. 2 _(bloße Einigung):_ V sagt zu K: »Behalte du die Sache.«
3. § 930 _(Einigung und Besitzkonstitut):_ V sagt zu K: »Ich behalte die Sache für dich.«
4. § 931 _(Einigung und Abtretung des Herausgabeanspruchs):_ V sagt zu K: »Laß dir die Sache von D geben.«

Die Übereignung einer beweglichen Sache erfolgt also durch die _Einigung_ über den Übergang des Eigentums an der Sache und die _Übergabe_ der Sache oder ein _Übergabesurrogat_. Das _Traditionsprinzip_, von dem so viel die Rede war, wird bei § 930 und bei § 931 DURCHBROCHEN!

§ 63. Verbindung, Vermischung, Verarbeitung

Die Eigentumslage einer beweglichen Sache kann auch durch bloße _Realakte_ beeinflußt werden.

a) Verbindung

Im Falle der Verbindung einer beweglichen Sache mit einem Grundstück (§ 946) oder einer anderen beweglichen Sache (§ 947) ist entscheidend, ob die Sache _wesentlicher Bestandteil_ geworden ist. Zu den §§ 946, 947 sind deshalb stets die §§ 93 ff. ergänzend heranzuziehen.

b) Vermischung

Die Vermischung und Vermengung beweglicher Sachen wird, wenn die Trennung unmöglich oder nur mit unverhältnismäßigen Kosten möglich ist, wie die Verbindung beweglicher Sachen behandelt (§ 948).

c) Verarbeitung

Ist durch Verarbeitung oder Bearbeitung einer oder mehrerer Sachen eine neue Sache entstanden, so erwirbt der Hersteller an dieser das Eigentum (§ 950 ist lex specialis zu §§ 947, 948). Ob eine _neue_ Sache entstanden ist, richtet sich nach der Verkehrsauffassung. § 950 bleibt außer Anwendung, wenn der Wert der Umbildung erheblich geringer ist als der Stoffwert, es kommen dann höchstens die §§ 947, 948 in Betracht. Den Wert der Verarbeitung ermittelt man, indem man vom Wert der neuen Sache den Stoffwert abzieht, und zwar den Wert der Ausgangsstoffe[19], nicht der Rohstoffe. Werden z. B. mehrere Goldringe zu einer Brosche verarbeitet, so ist vom Wert der Brosche nicht der reine Metallwert, sondern der Wert der Ringe abzuziehen.

Das Eigentum steht nicht in jedem Falle dem zu, der die Verarbeitung _persönlich_ durchführt. Erfolgt die Verarbeitung in einem Betrieb durch die dort Beschäftigten oder durch Heimarbeiter, so erwerben nicht diese das Eigentum an der neuen Sache, sondern der Betriebsinhaber, der die Verarbeitung durchführen läßt. Entsprechendes gilt bei einem Werkvertrag, wenn der Unternehmer Stoffe des Bestellers verarbeitet: Hier ist der Besteller als Hersteller

---

[19] Westermann, § 53 II; Wolff-Raiser, § 73 Fußnote 7; a. A. Staudinger-Berg, § 950 Anm. 9.

im Sinne von § 950 anzusehen. (Der Werkunternehmer erwirbt nur ein Pfandrecht, § 647.) Es kommt also jeweils darauf an, _für wen_ die Verarbeitung vorgenommen wird [20].

d) Ausgleichsansprüche

Wer auf Grund der §§ 946, 947 II, 948, 950 sein Eigentum oder gem. § 949 ein sonstiges Recht an der Sache (z. B. ein Pfandrecht) verloren hat, ist grundsätzlich auf einen Geldanspruch nach Maßgabe des Bereicherungsrechts beschränkt (§§ 951 I, 812). Diese Regelung entspricht dem Gedanken der Werterhaltung. Allerdings ist § 951 I ausnahmsweise keine Rechtsfolgen-, sondern eine Rechtsgrundverweisung, es müssen also alle Voraussetzungen des § 812 vorliegen. Erfolgte z. B. der Rechtsverlust in Erfüllung einer Verbindlichkeit, z. B. auf Grund eines Werkvertrages, so ist ein Rechtsgrund vorhanden, § 812 scheidet aus.

§ 64. Aneignung und Eigentumsaufgabe. Fund

I. Aneignung und Eigentumsaufgabe

a) Wer eine herrenlose bewegliche Sache in Eigenbesitz nimmt, erwirbt das Eigentum an der Sache (§ 958). Die _Aneignung_ (Okkupation) ist kein Rechtsgeschäft, sondern _Realakt._ Der Besitzerwerb und der Wille, die Sache für sich zu besitzen, lösen den Eigentumserwerb automatisch als gesetzliche Rechtsfolge aus [21], Geschäftsfähigkeit ist _nicht_ erforderlich, es genügt die natürliche Willensfähigkeit.

---

[20] Ausmaß und Begründung dieser »Fremdwirkung« sind sehr umstritten. Einigkeit besteht bezüglich der Unanwendbarkeit des § 164 (§ 164 betrifft Rechtsgeschäfte, § 950 ist Realakt). Im übrigen entscheiden die Frage, wer Hersteller ist, RG 161, 113, BGH 14, 117 nach dem _Willen,_ die h. M. (Übersicht bei Staudinger-Berg, § 950 Anm. 15) nach dem _rechtsgeschäftlich verbindlich erklärten Willen_ des Verarbeitenden, BGH 20, 163 nach der _Lebensanschauung (Verkehrsauffassung)._ Die Frage hat praktische Bedeutung für den sog. Verarbeitungsvorbehalt, s. u. § 68 IV.
[21] Wolff-Raiser, § 78 III; Westermann, § 58 IV, sehr str.; a. A. Enneccerus-Nipperdey, § 150 Fußnote 6.

Sachen sind herrenlos, wenn sie in niemandes Eigentum stehen. Dies sind in erster Linie wilde Tiere, die sich in Freiheit befinden (§ 960 I). Bezüglich der Tiere, die lohnende Aneignungsobjekte darstellen würden (Wild, Fische in freien Binnengewässern), bestehen jedoch besondere Jagd- und Fischereirechte, die eine Okkupation durch Nichtberechtigte ausschließen (§ 958). Damit bleiben für die freie Aneignung hauptsächlich die Meereserzeugnisse sowie derelinquierte Sachen übrig.

b) Die _Aufgabe_ (Dereliktion) ist das Gegenstück zur Aneignung: Eine bewegliche Sache wird herrenlos, wenn der Eigentümer in der Absicht, auf das Eigentum zu verzichten, den Besitz aufgibt (§ 959). Schon der Gesetzeswortlaut legt es nahe anzunehmen, daß die Dereliktion im Gegensatz zur Okkupation _Rechtsgeschäft_ ist: Der Eigentümer muß den Besitz aufgeben und dabei den Willen zur Aufgabe des Eigentums kundtun. Die Willenserklärung ist nicht empfangsbedürftig, doch muß der Aufgebende _geschäftsfähig_ sein. Fälle von Dereliktion sind z. B. das absichtliche Liegenlassen von Zeitungen im Abteil, das Wegwerfen von Zigarettenstummeln und Abfällen.

II. Fund

An herrenlosen Sachen ist Aneignung, an verlorenen, d. h. besitzlosen, aber im Eigentum stehenden Sachen ist Fund möglich. Finder ist, wer die verlorene Sache findet und an sich nimmt (§ 965). Entscheidend ist hierbei die Inbesitznahme: Wird eine verlorene Sache von A entdeckt, von B in Besitz genommen, so ist B Finder.

Durch den Fund entsteht zunächst ein gesetzliches Schuldverhältnis, das den Finder zur Anzeige und Aufbewahrung verpflichtet und für Vorsatz und grobe Fahrlässigkeit haften läßt (§§ 965 ff.). Meldet sich der Berechtigte, so kann der Finder einen geringen Finderlohn verlangen (§ 971). Mit dem Ablauf von sechs Monaten nach der Anzeige, bei Kleinfunden (bis 10 DM Wert) ab Fund, erwirbt der Finder das Eigentum an der Sache (§ 973). Er ist dann aber noch während weiterer drei Jahre einem Bereicherungsanspruch ausgesetzt (§ 977).

3. Kapitel. Sicherheiten an beweglichen Sachen und Forderungen

§ 65. Übersicht. Der Realkredit

Kredit kann in der Weise gesichert werden, daß der Gläubiger an Grundstücken (Immobiliarkredit) oder beweglichen Sachen (Mobiliarkredit) oder Rechten besondere Rechte erwirbt, die es ihm ermöglichen, sich im Notfalle aus diesen Gegenständen zu befriedigen und den Zugriff anderer Gläubiger abzuwehren. Für diese Arten von Kreditsicherung kann man den zusammenfassenden Ausdruck REALKREDIT gebrauchen — als Gegensatz zum PERSONALKREDIT, bei dem der Kredit durch die zusätzliche Haftung eines Dritten, z. B. in Form einer Bürgschaft, gesichert wird. Beim Realkredit läßt sich die folgende Einteilung vornehmen:

I. Grundstücke (Immobiliarkredit)

Sicherheiten an Grundstücken erwirbt man durch die Begründung eines *Grundpfandrechts:* Hypothek oder Grundschuld oder Rentenschuld (Abart der Grundschuld). Grundpfandrechte werden durch Einigung mit dem Eigentümer und Eintragung in das Grundbuch begründet (§ 873 I. Näheres u. § 76).

II. Bewegliche Sachen (Mobiliarkredit)

Sicherheiten an beweglichen Sachen können auf verschiedene Weise entstehen.

1. Das Gesetz sieht für diesen Fall das PFANDRECHT vor. Das Pfandrecht kann durch einen besonderen *sachenrechtlichen Verpfändungsvertrag* begründet werden (Einigung und Übergabe gem. § 1205 I S. 1. Beispiel: Verpfändung im Pfandhaus). Dann spricht man von einem *vertraglichen* Pfandrecht. Es kann aber ein Pfandrecht auch *kraft Gesetzes* entstehen, *ohne* daß die Parteien eine entsprechende Vereinbarung getroffen haben — dann handelt es sich um ein *gesetzliches* Pfandrecht. Das BGB kennt die gesetzlichen Pfandrechte des *Vermieters, Verpächters* und *Gastwirts,* die ohne weiteres entstehen, wenn der Mieter (Pächter, Gast) seine Sachen einbringt (sog. Einbringungspfandrechte). Außerdem ist im BGB das *Werkunternehmerpfandrecht* geregelt, das erst dann entsteht, wenn der Unternehmer die Sache in seinen Besitz bekommt (sog. Besitzpfandrecht). Im HGB gibt es vier Pfandrechte, die sämtlich Besitzpfandrechte sind, näm-

lich die Pfandrechte des Kommissionärs, Spediteurs, Lagerhalters und Frachtführers[21a].

2. Neben dem Pfandrecht hat sich in der Praxis die SICHERUNGSÜBEREIGNUNG entwickelt. Die Verpfändung ist nämlich nur möglich, wenn die Sache *übergeben* wird. Eine Verpfändung kommt deshalb bei Einrichtungsgegenständen, Maschinen oder einem Warenlager nicht in Betracht. Statt dessen werden die Sachen gem. § 930 an den Gläubiger zur Sicherheit *übereignet* und im Besitz des Kreditnehmers belassen.

3. Außerdem gibt es den EIGENTUMSVORBEHALT, das wichtigste Sicherungsmittel der Lieferanten.

III. Forderungen

Von den Sicherheiten an Rechten werden hier nur die Sicherheiten an Forderungen (z. B. an den Außenständen des kreditsuchenden Kaufmanns) behandelt.

1. Grundsätzlich ist auch hierfür die VERPFÄNDUNG durch einen sachenrechtlichen Verpfändungsvertrag, d. h. die Begründung eines vertraglichen Pfandrechts, vorgesehen.

2. In der Praxis ist aber die sog. SICHERUNGSZESSION, d. h. die Abtretung der Forderung zur Sicherheit, üblich. Die Verpfändung einer Forderung setzt nämlich eine Anzeige an den Schuldner voraus, die Abtretung dagegen nicht.

[21a] Die Pfandrechte der Eisenbahn und des Verfrachters (§§ 457, 623 HGB) werden in diesem Buch nicht berücksichtigt.

§ 65. Übersicht. Der Realkredit

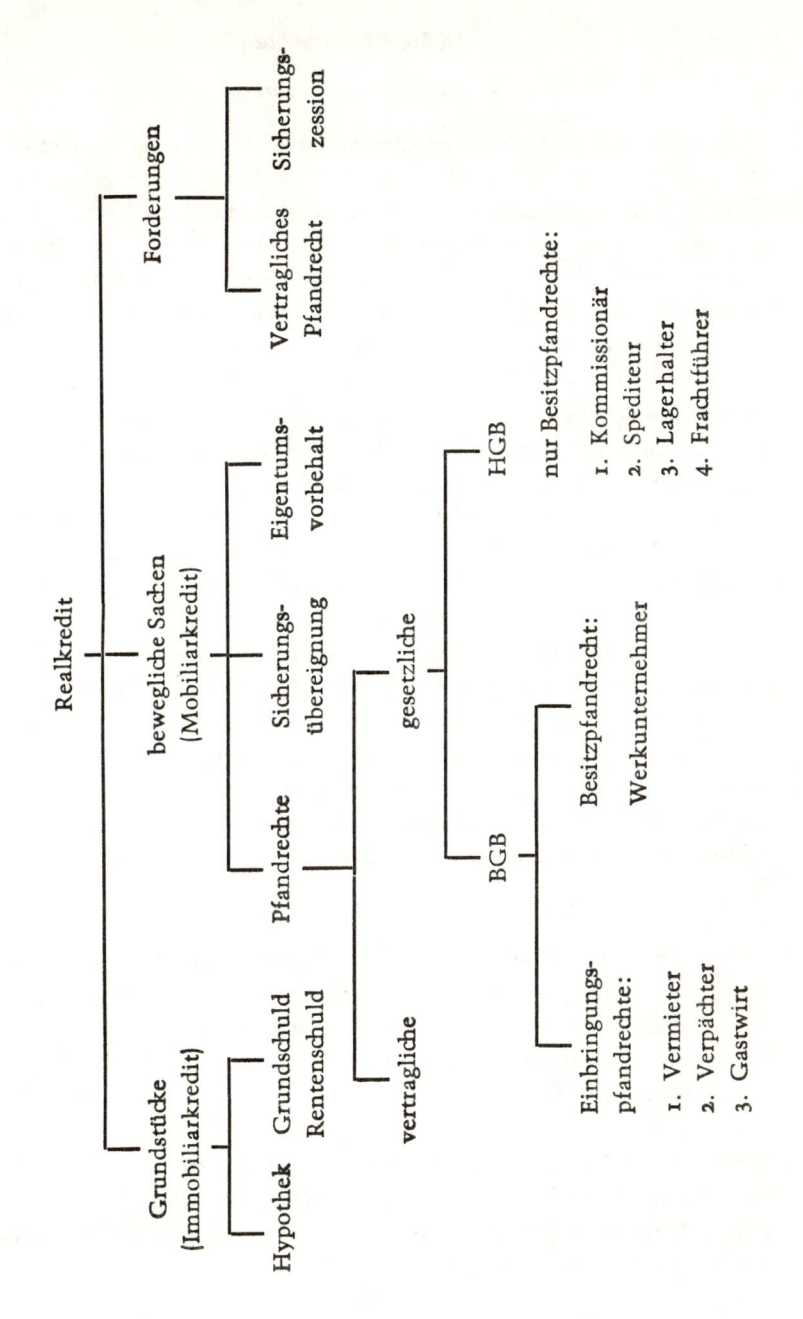

IV. Schema Realkredit

Realkredit
- Grundstücke (Immobiliarkredit)
  - Hypothek
  - Grundschuld / Rentenschuld
- bewegliche Sachen (Mobiliarkredit)
  - Pfandrechte
    - vertragliche
    - gesetzliche
      - BGB
        - Besitzpfandrecht: Werkunternehmer
        - Einbringungspfandrechte:
          1. Vermieter
          2. Verpächter
          3. Gastwirt
      - HGB
        - nur Besitzpfandrechte:
          1. Kommissionär
          2. Spediteur
          3. Lagerhalter
          4. Frachtführer
  - Sicherungsübereignung
  - Eigentumsvorbehalt
- Forderungen
  - Vertragliches Pfandrecht
  - Sicherungszession

§ 66. Pfandrechte

I. Vertragliches Pfandrecht

Man spricht von einem vertraglichen Pfandrecht, wenn das Pfandrecht durch einen besonderen sachenrechtlichen Verpfändungsvertrag gem. § 1205 begründet worden ist (das Gesetz nennt ein solches Pfandrecht ein »durch Rechtsgeschäft bestelltes Pfandrecht«, vgl. § 1257). Verpfändungen werden z. B. in Pfandhäusern (Leihhäusern) vorgenommen: Wenn jemand sagt, daß er seine Uhr im Pfandhaus »versetzt« hat, bedeutet das *nicht*, daß er die Uhr *verkauft* hat, sondern daß er ein Darlehen aufgenommen und zur Sicherung dieses Darlehens seine Uhr (durch Einigung und Übergabe gem. § 1205 I) *verpfändet* hat. Wenn der Schuldner wieder zu Geld kommt und »das Pfand einlöst«, bedeutet das: er zahlt das Darlehen nebst Zinsen zurück. Da das Pfandrecht AKZESSORISCH, d. h. in seinem Bestand von der zu sichernden Forderung abhängig ist, erlischt das Pfandrecht mit der Rückzahlung des Darlehens (§ 1252). Das Eigentum ist nun wieder lastenfrei, und das Pfandhaus muß die Uhr herausgeben. Zahlt der Schuldner das Darlehen bei Verfall *nicht* zurück, so kann sich der Pfandgläubiger (das Pfandhaus) aus der Sache befriedigen, und zwar grundsätzlich im Wege der öffentlichen Versteigerung (§§ 1228 I, 1235 I). Nur bei Sachen, die einen Börsen- oder Marktpreis haben, ist der Verkauf aus freier Hand zum Tageskurs zulässig (§§ 1235 II, 1221). Eine Aneignungsbefugnis hat der Pfandgläubiger nicht, eine von vornherein vereinbarte Verfallsklausel dieser Art wäre nichtig (§ 1229). Diese Vorschriften sollen verhindern, daß der Pfandgläubiger Schiebungen vornimmt und dadurch den Schuldner benachteiligt, der oft in einer Notlage ist und sich nicht wehren kann.

Außerhalb des Pfandhauses sind Verpfändungen nicht sehr häufig. Da bei der Verpfändung einer Sache die *Übergabe* an den Gläubiger erforderlich ist, nehmen Banken nur Wertpapiere, insbesondere Inhaberaktien und Rentenpapiere sowie Kostbarkeiten (z. B. wertvollen Schmuck) als Pfand. Man spricht dann von LOMBARDKREDIT.

Die Verpfändung eines Gegenstandes vollzieht sich grundsätzlich in der gleichen Form wie seine Übertragung. Allerdings unterliegt dieser Grundsatz erheblichen Einschränkungen durch das bei den Pfandrechten besonders stark ausgeprägte Publizitätsprinzip.

1. Verpfändung von Sachen

Für die Verpfändung einer beweglichen Sache gilt § 1205.
1. § 1205 I entspricht § 929: Es ist Einigung über die Begründung des Pfandrechts und Übergabe (§ 1205 I S. 1) erforderlich. Hat der Pfandgläubiger die Sache schon im Besitz, so genügt bloße Einigung (§ 1205 I S. 2).
2. Zu § 930 dagegen findet sich in den §§ 1204 ff. keine Parallele. Die Erklärung ist in dem erwähnten Publizitätsprinzip zu suchen: Der Gesetzgeber wollte verhindern, daß an Sachen Sicherheiten bestellt werden, ohne daß dies für den Rechtsverkehr erkennbar ist. Das Bedürfnis der Praxis hat sich indessen als stärker erwiesen. § 1205 ist zwar nicht analog anwendbar, man hilft sich aber, indem man das Eigentum, also das Vollrecht, gem. §§ 930, 868 auf den Gläubiger überträgt und den Gläubiger dabei *schuldrechtlich* verpflichtet, das Eigentum nur zur eigenen Befriedigung zu gebrauchen. Das Sicherungseigentum stellt somit einen Fall der treuhänderischen (fiduziarischen) Übereignung dar, nur liegt hier eigennützige Treuhand vor. Bitte, vergessen Sie nicht, daß das Sicherungseigentum zwar *wirtschaftlich* Befriedigungszwecken dient, *juristisch* aber als *Volleigentum* zu betrachten ist! Es wird begründet gem. §§ 930, 868, und eine analoge Anwendung des § 1205 wäre ein schwerer Fehler.

Über die Frage, ob das Sicherungseigentum gegen das Gesetz ist, besteht auch heute noch keine volle Einmütigkeit in der Literatur. Die Frage braucht uns jedoch nicht zu beschäftigen: Selbst wenn das Sicherungseigentum der Intention des Gesetzes entgegenstände, wäre es rechtsgültig, da es gewohnheitsrechtlich anerkannt ist.

3. § 1205 II entspricht § 931. Das Publizitätsprinzip wird hier durch das Erfordernis der Anzeige an den besitzenden Dritten gewahrt.

2. Verpfändung von Rechten

§ 1274 bestimmt, daß die Verpfändung eines Rechts nach den für die Übertragung des Rechts geltenden Vorschriften erfolgt. Forderungen, die in Inhaberschuldverschreibungen verbrieft sind wie z. B. die Rentenpapiere, werden gem. § 929 durch Einigung und Übergabe *übertragen* — also werden sie, dem Grundsatz des § 1274 entsprechend, auch durch Einigung und Übergabe *verpfändet*. Wenn aber für die Übertragung einer Forderung die bloße Einigung ausreicht — und das ist bei den Forderungen der Regelfall — reicht die bloße Einigung für die *Verpfändung* nicht aus. Das *Publizitätsprinzip*, das bei

den Pfandrechten streng ausgeprägt ist, fordert, daß dann die Verpfändung durch *Anzeige* an den Schuldner offenkundig gemacht wird (§ 1280).
Die Verpfändung von Inhaberpapieren durch Einigung und Übergabe kommt in der Praxis häufig vor. Dagegen ist die Verpfändung von gewöhnlichen Forderungen durch Einigung und Anzeige an den Schuldner ungebräuchlich, da sie dem Kreditnehmer zu viele Nachteile einbringt (Rufgefährdung infolge der Anzeige!).

II. Gesetzliche Pfandrechte

Die gesetzlichen Pfandrechte entstehen nicht durch einen sachenrechtlichen Verpfändungsvertrag, sondern *kraft Gesetzes*, ohne daß die Parteien eine entsprechende Vereinbarung getroffen haben. Oft wissen die Parteien überhaupt nicht, daß ein Pfandrecht entstanden ist.

1. *Gesetzliche Pfandrechte des BGB*

Das BGB kennt drei *Einbringungspfandrechte*: die Pfandrechte des Vermieters (§ 559), des Verpächters (Verweisung auf § 559 in § 581 II) und des Gastwirts (genauer: Hoteliers, § 704). Außerdem gibt es das Pfandrecht des Werkunternehmers, das aber ein *Besitzpfandrecht* ist: es entsteht nur dann, wenn die Sache in den *Besitz* des Werkunternehmers gelangt ist (§ 647). Das Werkunternehmerpfandrecht hat in der Praxis große Bedeutung (z. B. für alle Reparaturwerkstätten).

2. *Gesetzliche Pfandrechte des HGB*

Auch das HGB hat vier Pfandrechte, die aber sämtlich *Besitzpfandrechte* sind: die Pfandrechte des Kommissionärs (§ 397 HGB), Spediteurs (§ 410 HGB), Lagerhalters (§ 421 HGB) und Frachtführers (§ 440 HGB).

§ 67. Sicherungsübereignung und Sicherungszession

Ich stelle die bei der Sicherungsübereignung und Sicherungszession auftretenden Probleme jeweils nebeneinander, um deutlich hervorzuheben, daß in beiden Fällen die Gedankengänge parallel laufen.

§ 67. Sicherungsübereignung und Sicherungszession

Damit wir uns schneller verständigen können, schlage ich vor, daß wir uns für diesen Teil des Buches auf folgende Terminologie einigen: Den Kreditgeber nennen wir »Gläubiger«, den Kreditnehmer »Kaufmann«. Mit »Schuldner« bezeichnen wir die Schuldner des Kreditnehmers.

I. Der Nachteil der Verpfändung

Für den Fall, daß jemand einem anderen Sicherheit an seinem Vermögen geben will, hat das Gesetz das Pfandrecht vorgesehen. Die Verpfändung hat aber große Nachteile.

1. *Übergabe gem. § 1205 I*

Der Kaufmann müßte, wenn er dem Gläubiger an seiner Ladeneinrichtung oder seinem Warenlager Sicherheit verschaffen wollte, diese Sachen gem. § 1205 I dem Gläubiger übergeben. Das würde die Weiterführung des Betriebes unmöglich machen.

2. *Anzeige gem. § 1280*

Der Kaufmann, der seine Außenstände verpfänden wollte, müßte den Schuldnern eine Anzeige schicken (§ 1280) und würde dadurch leicht in seinem ganzen Kundenkreis in Mißkredit geraten.

II. Der Behelf der Praxis

1. *Bewegliche Sachen: Sicherungsübereignung gem. § 930*

Die Praxis hat die Verpfändung von Sachen weitgehend durch die Übereignung zur Sicherheit gem. §§ 930, 868 ersetzt: Der Kaufmann einigt sich mit dem Gläubiger darüber, daß das Eigentum auf den Gläubiger übergeht. An die Stelle der Übergabe tritt die Vereinbarung eines Besitzkonstituts gem. § 868. Damit wird der Gläubiger nach außen Volleigentümer. Im Innenverhältnis, schuldrechtlich, ist der Gläubiger jedoch (eigennütziger) Treuhänder: Er darf das Eigentum nur zu seiner Befriedigung benutzen. Die Sicherungsübereignung ist zwar formlos gültig, in der Praxis wird aber schon aus Beweisgründen durchweg die Schriftform gebraucht.

a) Bestimmtheit der Sachen

Um unklare Rechtsverhältnisse möglichst zu vermeiden und die Sicherungsübereignung in gewissen Grenzen zu halten, fordert die Rechtsprechung, daß

die zu übereignenden Sachen *bestimmt* und nicht erst auf Grund außerhalb des Vertrages liegender Umstände (Rechnungen, Geschäftsbücher) *bestimmbar* sind[22].
Unzureichend sind deshalb Bezeichnungen wie »alle Warenlieferungen aus dem letzten Monat« oder »alle von der Fa. A gelieferten Waren« – hier liegt nur »*Bestimmbarkeit*« vor. Unzureichend sind vor allem reine Mengen- oder Wertangaben wie »die Hälfte des Warenlagers« oder »das Warenlager bis zum Werte von 100 000 DM« – hier fehlt es sogar an der Bestimmbarkeit.

Bei der Übereignung eines Warenlagers ist die Aufstellung eines Stückeverzeichnisses rätlich. Es genügt aber schon die Angabe, daß das *gesamte* Warenlager übereignet werde[23]. Bei Teilübereignungen müssen die übereigneten Stücke von den anderen getrennt sein. Dann genügt die Angabe, daß die in einem bestimmten Raum, auf einem bestimmten Regal gelagerten Sachen übereignet seien.

b) Konkretes Besitzkonstitut

Die Rechtsprechung verlangt außerdem für §§ 930, 868 die Begründung eines konkreten Besitzkonstituts[24]. Die allgemeine Klausel »K behält die Sachen weiterhin für G in seinem Besitz« reicht demnach nicht aus. Es müssen sich aus dem Vertrag bestimmte, auf die übereigneten Sachen bezogene Pflichten des Kaufmanns ergeben, wobei Bezeichnungen wie Leihe, Miete, Verwahrung, Verwaltung nicht unbedingt erforderlich sind. Sind bestimmte Pflichten angegeben, etwa zur sorgfältigen Behandlung und zur Versicherung der Waren zugunsten des Gläubigers, zur Herausgabe im Falle des Verzuges usw., so läßt sich sogar der falsche Ausdruck »Verpfändungsvertrag« als Sicherungsübereignung auslegen (§§ 133, 157).

c) Verwertung und Rückübertragung

Die Verwertung des Sicherungseigentums richtet sich nach dem zwischen dem Gläubiger und dem Kaufmann geschlossenen Vertrag. Fehlt eine entsprechende Vereinbarung, so ist der Gläubiger berechtigt, aber nicht ver-

---

[22] BGH 28, 16.
[23] RG Seuffert Arch. 71, 254.
[24] RG 49, 173; ebenso die h. L.; vgl. Westermann, § 40 II 2 b; Wolff-Raiser, § 67 I 1.

pflichtet, die Verwertung nach den Regeln über den Pfandverkauf (§§ 1235 ff.) vorzunehmen [25].
Da die Übereignung ein abstraktes Rechtsgeschäft ist, bleibt sie auch nach Abtragung aller Schulden zunächst bestehen. Der Gläubiger ist nur *schuldrechtlich* verpflichtet, das Eigentum zurückzuübertragen. Eine auflösende Bedingung, wonach das Eigentum nach der letzten Zahlung *automatisch* zurückfällt, ist zwar möglich, es müssen sich hierfür aber besondere Anhaltspunkte aus dem Vertrag ergeben [26]. Andererseits wird man in der Annahme der letzten Zahlungsrate durch den Gläubiger eine Einwilligung zur Rückübereignung sehen müssen, wenn sich beide Parteien bewußt sind, daß nunmehr das Verhältnis völlig abgewickelt ist [27].

2. Forderungen: Sicherungszession gem. § 398

Der Sicherungsübereignung gem. §§ 930, 868 entspricht bei den Forderungen die Abtretung zur Sicherheit gem. § 398. Diese hat für den Kaufmann den großen Vorteil, daß sie als *stille Zession* erfolgen kann, d. h. eine Anzeige an den Schuldner nicht voraussetzt.

a) Bestimmbarkeit der Forderungen

Auch bei der Sicherungszession muß die Forderung so genau bezeichnet sein, daß ihre Zugehörigkeit zum Vermögen des Gläubigers oder des Kaufmanns festgestellt werden kann, doch reicht – anders als bei der Übereignung von Sachen – Bestimm*bar*keit, d. h. die Möglichkeit der Bestimmung unter Zuhilfenahme der Geschäftsbücher aus. Eine Abtretung »meiner Forderungen, die im letzten Monat in meinem Geschäftsbetrieb entstanden sind«, ist demnach zulässig, da durch Einsicht in die Geschäftsbücher genau festgestellt werden kann, welche einzelnen Forderungen unter die Abtretung fallen. Dagegen reichen Mengenangaben wie »die Hälfte meiner Außenstände« oder »meine Außenstände bis zur Höhe von 20 000 DM« nicht aus, da sich in solchen Fällen von keiner einzelnen Forderung sagen läßt, ob sie zu den abgetretenen gehört oder nicht.

---

[25] Palandt-Bassenge § 930 Anm. 4 e.
[26] Westermann, § 43 III 3; Enneccerus-Nipperdey, § 148 Fußnote 25; a. A. Wolff-Raiser, § 179 III.
[27] BGH Warn. 71 Nr. 10.

Ein wichtiger Unterschied zur Sicherungsübereignung liegt darin, daß unpfändbare Sachen gem. § 930 übereignet werden können, während unpfändbare Forderungen unübertragbar sind (§ 400 BGB).

b) Akzessorietät der Zession

Hat der Kaufmann seine sämtlichen Verbindlichkeiten beim Gläubiger erfüllt, so fallen die abgetretenen Forderungen *automatisch* an ihn zurück. Die Rechtsprechung geht nämlich davon aus, daß die Parteien die *Akzessorietät* der Sicherungszession wollen, da sie das Pfandrecht nur wegen der nach § 1280 gebotenen Anzeige an den Schuldner vermeiden[28].

III. Die Ermächtigung des Kaufmanns zur Übereignung und zum Inkasso

1. Bewegliche Sachen: Ermächtigung zur Weiterübereignung

Hat ein Kaufmann sein Warenlager zur Sicherheit übereignet, so muß er, um seinen Betrieb weiterführen zu können, die Möglichkeit haben, die nunmehr für ihn fremden Sachen im eigenen Namen weiterzuveräußern. Diese Möglichkeit erhält er durch eine Ermächtigung von seiten des Gläubigers gem. § 185.

In der Übereignung eines Warenlagers zur Sicherheit liegt im Zweifel eine Ermächtigung zur Weiterveräußerung im ordentlichen Geschäftsgang, auch wenn hierüber nichts ausdrücklich vereinbart wurde.

2. Forderungen: Inkassoermächtigung

Ähnlich ist die Lage bei der Abtretung von Forderungen. Würde der Gläubiger die Forderungen einziehen, so würde die Abtretung nunmehr offenbar. Das aber sollte gerade verhindert werden. Der Gläubiger gibt deshalb dem Kaufmann die Befugnis (§ 185 I), die für ihn fremden Forderungen im eigenen Namen einzuziehen.

IV. Die Auffüllung der Lücken

Die Veräußerungs- und Inkassoermächtigung bilden für den Gläubiger eine gewisse Gefahr:

---

[28] BGH ZIP 1981, 1188.

§ 67. Sicherungsübereignung und Sicherungszession

a) Die Sachen, die der Kaufmann an Stelle der veräußerten in das Warenlager einbringt, hat der Kaufmann im eigenen Namen erworben. Er selbst, nicht der Gläubiger, ist also deren Eigentümer.
b) Die Forderungen, die aus dem Verkauf der Sachen entstehen, sind Forderungen des Kaufmanns, da dieser die Kaufverträge im eigenen Namen geschlossen hat.
Der Anteil der dem Gläubiger gehörenden Sachen und Forderungen müßte also immer geringer werden.
Die Auffüllung der Lücken erfolgt in beiden Fällen auf die gleiche Weise.

1. Bewegliche Sachen: Antizipiertes Besitzkonstitut

Bei beweglichen Sachen einigt sich der Kaufmann mit dem Gläubiger darüber, daß auch an *künftigen*, vom Kaufmann noch zu erwerbenden Sachen das Eigentum gem. § 930, 868 übergehen soll. Das Besitzkonstitut wird also schon jetzt für die Zukunft vorweggenommen (antizipiert).
Zu dem Zeitpunkt, in welchem der Kaufmann Eigentum und Besitz an der Sache erwirbt, muß er allerdings noch den *Willen* haben, Eigentum und mittelbaren Besitz auf den Gläubiger zu übertragen, und diesen Willen erkennbar hervortreten lassen [29]. Hierbei genügt aber Erkennbarkeit unter den Beteiligten [30]. Außerdem muß zu diesem späteren Zeitpunkt die Sache *bestimmt* sein. Das Eigentum geht über, wenn der Kaufmann die Waren dem Stückeverzeichnis einverleibt oder in einem bestimmten Raum oder einem bestimmten Regal ablegt. War das gesamte Warenlager zur Sicherheit übereignet, so genügt Einbringung in das Warenlager.
Ein antizipiertes Besitzkonstitut kann auch für in der Zukunft einzunehmendes *Geld* vereinbart werden. Zu diesem Zwecke muß der Kaufmann eine *Sonderkasse* einrichten. In dem Augenblick, in welchem der Kaufmann oder sein Vertreter das Geld in die Kasse legt, betätigt er seinen Übertragungswillen, und das Eigentum an dem Geld geht auf den Gläubiger über.
Ist der Gläubiger eine Bank oder Sparkasse, so wird beim Gläubiger oft ein *Sonderkonto* eingerichtet. Der Kaufmann weist seine Schuldner an, auf dieses Konto einzuzahlen, und der Gläubiger behält die eingehenden Beträge ein.

---
[29] RG 140, 231; offen gelassen in BGH DB 1960, 1306.
[30] RG 99, 210.

2. Forderungen

a) Vorausabtretung. Globalzession

Dem antizipierten Besitzkonstitut entspricht die Abtretung zukünftiger Forderungen. Diese müssen aber schon *im Zeitpunkt der Einigung bestimmbar* sein. Bestimmbarkeit liegt vor bei der Abtretung des zukünftigen Miet- oder Pachtzinses oder Kaufpreises bezüglich einer *bestimmten* Sache. Da die zur Sicherheit übereigneten Sachen im Zeitpunkt des Eigentumsüberganges bestimmt sind, sind die Forderungen, die aus dem Verkauf usw. solcher Sachen entstehen, im voraus bestimmbar und deshalb abtretbar.

Schwierigkeiten bereitet die in der Praxis weit verbreitete *Globalzession*. Die globale Vorausabtretung *aller* Forderungen eines Unternehmens erfüllt zwar das Erfordernis der *Bestimmbarkeit*, stellt aber oft eine *sittenwidrige Übersicherung* dar (§ 138). Die Globalzession muß dann begrenzt werden, wobei man auf eindeutige Begrenzungskriterien achten muß, damit die *Bestimmbarkeit* gewahrt bleibt. Die Bestimmbarkeit ist gewahrt, wenn alle Forderungen abgetreten werden, die in einem bestimmten *Betrieb* oder *Betriebsteil* oder aus bestimmten *Geschäftsarten* oder gegenüber einem bestimmten *Kundenteil* (z. B. Buchstaben A–H) entstehen.

b) Mantelzession

Von der Globalzession ist die Mantelzession zu unterscheiden. Die Mantelzession ist ein Vertrag, durch den sich der Kaufmann *verpflichtet*, zukünftige Forderungen nach deren Entstehung zu übertragen, sie ist also *keine Vorausabtretung*. Als Abtretungserklärung des Kaufmanns gilt – je nach Vereinbarung zwischen den Parteien – die monatliche oder wöchentliche Übersendung einer Schuldnerliste oder die Übersendung einer Rechnungskopie sogleich nach Rechnungserstellung. Noch schneller erfolgt die Abtretung, wenn der Gläubiger den Kaufmann bevollmächtigt, die entstandenen Forderungen durch *Insichgeschäft* (§ 181) an ihn abzutreten. Als äußere Kundmachung der Abtretung reicht dann schon die sofort nach der Entstehung der Forderung erfolgte Eintragung in eine besondere Schuldnerliste aus; zwischen der Entstehung der Forderung und deren Übergang auf den Gläubiger liegen also im günstigen Falle nur wenige Sekunden.

In der Praxis ist die Mantelzession von der Globalzession weitgehend verdrängt worden, da die Globalzession als Vorausabtretung in jedem Falle noch

§ 67. Sicherungsübereignung und Sicherungszession

schneller wirkt: sie führt dazu, daß die Forderung bereits eine »logische Sekunde« nach ihrer Entstehung auf den Gläubiger übergeht.

V. Zusammenfassung: Möglichkeiten und Grenzen

Wir haben nun die Maßnahmen kennengelernt, die es dem Gläubiger theoretisch möglich machen, das gesamte Vermögen des Kaufmanns in seine Hand zu bekommen:

Das Warenlager und die Einrichtung werden gem. §§ 930, 868 übereignet. Später erworbene Sachen gehen mit der Einverleibung in das Warenlager durch antizipiertes Besitzkonstitut gem. §§ 930, 868 in das Eigentum des Gläubigers über.

Die bestehenden Forderungen werden gem. § 398 abgetreten. Hinsichtlich der zukünftigen bestimmbaren Forderungen wird die Abtretung gem. § 398 vorweggenommen, die anderen Forderungen tritt der Kaufmann im Zeitpunkt des Erwerbs durch Selbstkontrahieren (§ 181) ab.

Das eingehende Geld gelangt durch antizipiertes Besitzkonstitut in das Eigentum des Gläubigers, sobald es der Kaufmann in die Kasse legt.

Bei bargeldloser Zahlung der Schuldner des Kaufmanns kommen die Beträge auf das Sonderkonto, das der Kaufmann für den Gläubiger eingerichtet hat.

Eine so weitgehende Absicherung des Gläubigers kann wegen Verstoßes gegen die *guten Sitten* nichtig sein. (Bei vorgefertigten Kreditsicherungsverträgen genügt für die Unwirksamkeit gem. § 9 AGBG schon ein Verstoß gegen Treu und Glauben.)

(1) Die Sittenwidrigkeit gem. § 138 kann zunächst in dem Verhalten des Gläubigers *gegenüber dem Kaufmann* liegen, wenn die wirtschaftliche Freiheit des Kaufmanns so beschränkt ist, daß er zum Werkzeug des Gläubigers wird (Knebelungsvertrag, Übersicherung).

(2) Häufiger noch liegt die Sittenwidrigkeit gem. § 138 in dem Verhalten *gegenüber den anderen Gläubigern*, dann nämlich, wenn sich der Gläubiger wesentliche wirtschaftliche Werte vom Kaufmann übertragen läßt und weiß, daß der Kaufmann durch den weiter bestehenden Schein der Kreditwürdigkeit andere Gläubiger täuscht, oder wenn er dies jedenfalls für möglich hält und in Kauf nimmt (Beispiel u. § 70 IV 2).

Aber auch dann, wenn ein Sittenverstoß nicht vorliegt, können sich für den Gläubiger ungünstige Folgen ergeben. Es kann nämlich sein, daß die auf den Gläubiger übertragenen Gegenstände im wesentlichen das Vermögen des Kaufmanns ausmachen. Dann liegt eine *Vermögensübernahme* vor. Die Vermögensübernahme ist in zweierlei Hinsicht von rechtlicher Bedeutung.

(1) Ist der Kaufmann verheiratet und lebt er im gesetzlichen Güterstand der *Zugewinngemeinschaft*, so bedarf die Vermögensübertragung der Zustimmung des Ehegatten (§ 1365). Auf Entgeltlichkeit oder Unentgeltlichkeit kommt es hierbei nicht an. Ebensowenig hilft es dem Gläubiger, daß er annahm, der Kaufmann sei unverheiratet oder lebe im Güterstand der Gütertrennung. Der Gläubiger muß aber gewußt haben, daß es sich um die Übertragung des wesentlichen Vermögens handelte[31].

(2) Liegt die Zustimmung des Ehegatten vor oder ist der Kaufmann unverheiratet oder lebt er im Güterstand der Gütertrennung, so ist die Vermögensübernahme zwar wirksam. Der Gläubiger ist nun aber den Rechtsfolgen des § 419 ausgesetzt: Wenn er gewußt hatte, daß es sich um das wesentliche Vermögen des Kaufmanns handelte[32], haftet er mit dem übernommenen Vermögen für alle Schulden des Kaufmanns, die dieser im Zeitpunkt der Vermögensübernahme hatte. Auch hier kommt es auf Entgeltlichkeit und Unentgeltlichkeit der Vermögensübertragung nicht an. Der Gläubiger hat lediglich das Recht, sich wegen seiner Forderungen aus dem übernommenen Vermögen vorweg zu befriedigen[33].

---

[31] Zumindest muß der Gläubiger die Verhältnisse kennen, aus denen sich ergibt, daß eine Vermögensübertragung vorliegt (sog. subjektive Theorie), BGH 43, 177.
[32] Auch hier gilt die subjektive Theorie, BGH 66, 217 = DB 1976, 1280.
[33] Die Begründung für dieses Vorwegbefriedigungsrecht ist etwas kompliziert (entsprechende Anwendung des § 1991 III, auf den in § 419 II S. 2 verwiesen wird, Einzelheiten in RG 139, 203). Außerdem ließ das RG (a. a. O.) das Vorwegbefriedigungsrecht nur für solche Forderungen zu, die der Übernehmer schon *vor* der Vermögensübernahme gegen den Kaufmann hatte, also nicht für Forderungen aus Darlehensgewährungen *nach* Bestellung der Sicherheiten. Nach der Rechtsprechung des BGH (a. a. O.) gilt allerdings eine Ausnahme, wenn die Leistung des Übernehmers überhaupt nicht in die Hände des Kaufmanns gelangt, sondern sogleich zur Befriedigung der anderen Gläubiger verwendet wird. Dann hat der Übernehmer in Höhe dieser »Verwendungen« ein Vorwegbefriedigungsrecht an dem übernommenen Vermögen (§§ 419 II S 2, 1978, 1990, 1991). In solchen Fällen ist § 419 praktisch ohne Wirkung, falls die Forderungen, die der Übernehmer geltend machen kann, insgesamt den Wert des übernommenen Vermögens erreichen.

§ 68. Der Eigentumsvorbehalt

I. Wirtschaftliche Bedeutung

Während die Sicherungsübereignung in erster Linie die Sicherung des *Geld*kreditgebers darstellt, kann sich der *Warenkreditgeber* durch die Vereinbarung des Eigentumsvorbehalts sichern: Der Kauf wird unbedingt geschlossen, die Übereignung dagegen erfolgt »unter der aufschiebenden Bedingung vollständiger Zahlung des Kaufpreises« (§ 455). Der Eigentumsvorbehalt hat seine große wirtschaftliche Bedeutung bereits in der Zeit nach dem ersten Weltkrieg erlangt. Er wurde zum Kampfmittel der Warenkreditgeber gegen das Überhandnehmen der Sicherungsübereignung, durch die sich die Geldkreditgeber, insbesondere die Banken, vor den Folgen der Leistungsunfähigkeit der Kreditnehmer zu schützen wußten – häufig zum Nachteil der Warenkreditgeber.

II. Die Vereinbarung des Eigentumsvorbehalts

1. Schuldrechtliche Wirkungen

Will der Verkäufer einem Ratenkäufer die Ware nur unter Eigentumsvorbehalt liefern, so muß er den Vorbehalt *bei Kaufabschluß* besonders vereinbaren, falls er nicht trotz Ratenzahlung des Käufers zur unbedingten Übereignung verpflichtet sein will. Denn es besteht trotz der Häufigkeit des Eigentumsvorbehalts keine Verkehrssitte, wonach bei Ratenzahlungen die Ware im Zweifel nur unter Vorbehalt zu liefern ist. Allerdings ist der Eigentumsvorbehalt schon dann vereinbart, wenn er in den allgemeinen Lieferbedingungen des Verkäufers enthalten ist und der Käufer diese nicht beanstandet, obwohl ihm erkennbar ist, daß der Verkäufer die allgemeinen Lieferbedingungen zum Inhalt des Vertrages machen will.

Erklärt der Verkäufer den Vorbehalt erst *nach dem Vertragsschluß*, etwa in einem Begleitschreiben oder auf der Rechnung, so ist darin ein Antrag auf Abänderung des Kaufvertrages zu sehen, welcher der Zustimmung durch den Käufer bedarf. Durch die einseitige Erklärung allein kann der Verkäufer seine Verpflichtung nicht mehr ändern.

2. Sachenrechtliche Wirkungen

Die nachträglichen Vorbehalte des Verkäufers können aber für die Frage der Übereignung bedeutsam sein: Wenn das Begleitschreiben oder die Rechnung

zwar nach dem Kaufabschluß, aber vor oder gleichzeitig mit der Ware beim Käufer eintrifft, so erklärt der Verkäufer, daß ihm der Wille fehlt, das Eigentum unbedingt zu übertragen. Der Verkäufer verletzt damit zwar seine vertraglichen Pflichten, da er sich beim Kaufabschluß zur unbedingten Übereignung verpflichtet hat, es fehlt aber bei der Übergabe die für § 929 erforderliche Einigung, und das Eigentum geht nicht über.
Erhält der Käufer das den Vorbehalt enthaltende Schreiben erst *nach dem Eingang der Ware*, so ist das Eigentum bereits übergegangen, das Schreiben ändert nun auch nichts mehr an der sachenrechtlichen Lage. Der Eigentumsvorbehalt kann selbst dann nicht mehr nachträglich begründet werden, wenn der Käufer sich damit einverstanden erklärt. Es bleibt nur noch eine Möglichkeit zur Herstellung des Eigentumvorbehalts: Die Parteien müssen das Eigentum zunächst gem. § 930 auf den Verkäufer *rückübereignen* und dann gem. § 929 S. 2 auf den Käufer aufschiebend bedingt übereignen[33a].

III. Das Anwartschaftsrecht

1. *Die Wirkungen der bedingten Einigung*

Die bei der Übergabe vorgenommene bedingte Einigung zwischen Verkäufer und Käufer ist für den Verkäufer bindend. Der Käufer erwirbt eine Anwartschaft auf das Eigentum, die mit Bedingungseintritt zum Eigentum erstarkt, ohne daß es noch eines weiteren Zutuns von seiten des Verkäufers bedarf. Es schadet deshalb nicht, wenn der Verkäufer nach der Einigung erklärt, daß er nicht mehr den Willen habe, das Eigentum übergehen zu lassen, oder daß er geschäftsunfähig wird oder stirbt: Es ist für den Eigentumserwerb des Käufers nur erforderlich, daß die bedingte Einigung im Zeitpunkt der Übergabe vorliegt, und daß die Bedingung, nämlich die Zahlung der letzten Kaufpreisrate, eintritt. Nur wenn diese Bedingung ausfällt, weil der Käufer mit der Zahlung in Verzug ist und der Verkäufer das ihm gem. § 455 zustehende Rücktrittsrecht ausübt, geht der Käufer seiner Anwartschaft auf das Eigentum verlustig.

2. *Rechtsnatur des Anwartschaftsrechts*

Die Anwartschaft des Käufers, die dieser durch die bedingte Einigung erwirbt, wird von der neueren Lehre und Rechtsprechung als ein besonderes, eigentumsähnliches Recht anerkannt.

[33a] So BGH NJW 1953, 217.

a) Es kann vom Käufer wirksam *übertragen* und *verpfändet* werden, ohne daß es hierzu der Einwilligung des Verkäufers gem. § 185 I bedarf, denn der Käufer handelt, wenn er lediglich über das (ihm zustehende) Anwartschaftsrecht, nicht über das (ihm noch nicht zustehende) Eigentum verfügt, als Berechtigter. Wegen der Ähnlichkeit des Anwartschaftsrechts mit dem Eigentum erfolgt die Übertragung bzw. Belastung der Anwartschaft nach den entsprechenden, für das Eigentum geltenden Vorschriften (§§ 929 ff. bzw. § 1205).

b) Bejaht man die Zulässigkeit der Übertragung und Verpfändung des Anwartschaftsrechts, so bestehen keine Bedenken, auch die Belastung des Anwartschaftsrechts mit *gesetzlichen Pfandrechten* für zulässig zu halten. Bringt z. B. der Mieter Sachen ein, die ihm unter Vorbehalt geliefert wurden, so entsteht an dem Anwartschaftsrecht ein Pfandrecht des Vermieters, das mit Bedingungseintritt zum Pfandrecht an der Sache wird.

c) Schließlich ist auch die *Pfändbarkeit* des Anwartschaftsrechts im Wege der *Zwangsvollstreckung* als zulässig anzusehen.

IV. Besondere Ausgestaltungen des Eigentumsvorbehalts

1. Verarbeitungsvorbehalt

Liefert der Verkäufer Sachen unter Eigentumsvorbehalt, die der Käufer zu anderen Sachen verarbeitet, so läuft der Verkäufer Gefahr, durch Verarbeitung gem. § 950 sein Eigentum vorzeitig an den Käufer zu verlieren. Dieser Gefahr begegnet der Verkäufer in der Praxis häufig durch den sog. verlängerten Vorbehalt oder Verarbeitungsvorbehalt. Um die Rechtsgrundlage dieses Vorbehalts zu verstehen, müssen wir berücksichtigen, daß im Falle des § 950 das Eigentum demjenigen zufällt, *für den* die Verarbeitung durchgeführt wird. Vereinbart nunmehr der Vorbehaltsverkäufer mit dem Vorbehaltskäufer, daß die Verarbeitung »für den Verkäufer« durchgeführt wird, so ist der Verkäufer als Hersteller und damit als Eigentümer der im Betriebe des Käufers angefertigten Waren anzusehen[34]. Dies gilt selbst dann, wenn der Käufer nach der Vereinbarung des Verarbeitungsvorbehalts seinen Willen ändert und im Zeitpunkt der Verarbeitung für sich selbst herstellen will[35].

---

[34] BGH 14, 117.
[35] BGH 20, 164.

2. Vorbehalt und Verbindung

Dagegen kann der Verkäufer nicht die sachenrechtlichen Folgen abwenden, die dadurch entstehen, daß der Käufer die Sache mit einer beweglichen Sache (§ 947) oder mit einem Grundstück (§ 946) dergestalt verbindet, daß sie wesentlicher Bestandteil wird. Im Falle des § 947 I ist er noch in gewisser Weise geschützt, da er Miteigentümer an der einheitlichen Sache wird. Im Falle des § 947 II bleibt ihm die Möglichkeit, sich die Hauptsache durch antizipiertes Besitzkonstitut übereignen zu lassen, falls der Käufer nicht die Hauptsache von einem anderen Verkäufer unter Eigentumsvorbehalt erworben hat.

3. Weitergeleiteter und verlängerter Vorbehalt

Eine weitere Gefahr für die Rechte des Verkäufers entsteht bei Lieferung von Waren an einen Käufer, der mit diesen Waren Handel treibt, denn ein solcher Käufer muß verlangen, daß ihm der Verkäufer gem. § 185 die Ermächtigung erteilt, im ordentlichen Geschäftsbetrieb über diese Waren zu verfügen. Die Ermächtigung gilt schon als stillschweigend erteilt, wenn (wie z. B. im Großhandel) dem Verkäufer die Händlereigenschaft des Käufers bekannt ist. Der Verkäufer kann sich hier auf zweierlei Weise helfen:

a) Er schränkt die Ermächtigung zur Übereignung ein für den Fall, daß auch der Abnehmer des Käufers ein Ratenkäufer ist, indem er bestimmt, daß an einen solchen Abnehmer die Ware nur unter Eigentumsvorbehalt weitergeliefert werden darf (weitergeleiteter Vorbehalt).

b) Er erweitert seine Sicherung auf die Kaufpreisforderungen, die durch den Weiterverkauf der Waren entstehen, indem er sich im voraus die Ansprüche gegen die Abnehmer des Käufers abtreten läßt (verlängerter Vorbehalt).

4. Kontokorrentvorbehalt

Der Verkäufer kann den Vorbehalt auch erweitern, indem er den Übergang des Eigentums davon abhängig macht, daß nicht nur die Kaufpreisforderung hinsichtlich der gelieferten Ware, sondern auch noch andere Forderungen beglichen werden. Selbst gegen die Einbeziehung aller gegenwärtigen und zukünftigen Forderungen des Verkäufers gegen den Käufer bestehen keine Bedenken. Nur darf der Eigentumserwerb des Käufers dadurch nicht praktisch

§ 68. Der Eigentumsvorbehalt

völlig ausgeschlossen sein, auch müssen die einbezogenen Forderungen hinreichend bestimmbar sein.

V. Grenzen der Vertragsfreiheit: das Abzahlungsgesetz

Bei den meisten Abzahlungsgeschäften ist der Verkäufer der wirtschaftlich Stärkere. Er wird deshalb dazu neigen, dem Käufer Vertragsbedingungen aufzuzwingen, die einseitig die Verkäuferinteressen sichern, dem Käufer aber nur wenige Rechte belassen. Um einem solchen Mißbrauch der Vertragsfreiheit vorzubeugen, wurde bereits im Jahre 1894 das Abzahlungsgesetz geschaffen, dessen zwingende Vorschriften die Vertragsfreiheit bei Abzahlungsgeschäften einschränken. 1969 erfolgte eine Ergänzung, die noch weitere Einschränkungen bewirkte.

Beim Abschluß des Abzahlungskaufs bedarf die Erklärung des Käufers der *Schriftform*. In der Urkunde muß der Barpreis, der Teilzahlungspreis, der Zahlungsplan und der effektive Jahreszins angegeben sein. (Ausnahmen gelten für den Katalog-Versandhandel.) Wird ein Abzahlungskauf unter Mißachtung dieser Formvorschriften geschlossen, so kommt der Vertrag erst bei der Übergabe der Sache zustande. Es gilt dann aber der *Barpreis*, obwohl der Käufer nur zur Ratenzahlung verpflichtet ist (§ 1a AbzG).

Außerdem wird der Vertrag erst wirksam, wenn der Käufer ihn nicht binnen einer Woche schriftlich *widerruft*. Hierüber muß der Verkäufer den Käufer in der an den Käufer auszuhändigenden Vertragsurkunde belehren, außerdem muß der Käufer die Belehrung *gesondert* unterschreiben, andernfalls erlischt das Widerrufsrecht des Käufers erst nach vollständiger Zahlung des Kaufpreises (§ 1b AbzG, Ausnahmen gelten für den Katalog-Versandhandel).

Gerät der Käufer in Verzug, so kann der Verkäufer die Sache ihm nur wegnehmen, indem er gleichzeitig den Rücktritt erklärt. Er kann also nicht die Sache wegnehmen und die Raten weiter eintreiben (§ 5 AbzG). Tritt der Verkäufer zurück, so muß er die bisher kassierten Raten zurückgeben. Der Käufer muß aber eine angemessene Vergütung für die bisherige Benutzung der Sache und eine Entschädigung für die Wertminderung zahlen (§ 2 AbzG).

Für alle Klagen aus Abzahlungsgeschäften ist ausschließlich das Gericht am Wohnsitz des *Käufers* zuständig (§ 6a AbzG). Dies gilt auch dann, wenn der *Käufer* Klage erhebt (z. B. wegen eines Sachmangels).

Das Abzahlungsgesetz gilt bei allen Kaufverträgen über bewegliche Sachen, bei denen der Kaufpreis in Raten gezahlt wird und der Verkäufer für den Fall der Nichterfüllung der Käuferpflichten ein Rücktrittsrecht hat (§ 1 AbzG). Darüber hinaus gelten die Vorschriften über die Schriftform und das Widerrufsrecht für *Teillieferungsverträge* (z. B. Lexika) und *Verträge mit wiederkehrendem Bezug von Sachen* (Zeitschriftenabonnements, Mitgliedschaft in Buchgemeinschaften). Das Gesetz gilt nicht, wenn der Käufer ein im Handelsregister eingetragener Kaufmann ist (§ 8 AbzG).

§ 69. Zusammenfassung und Aufbauschema: Die Rechtsbehelfe Dritter in der Zwangsvollstreckung und im Konkurs

Die Zwangsvollstreckung ist das Verfahren, in dem ein Anspruch des Gläubigers durch staatliche Organe zwangsweise gegen den Schuldner durchgesetzt wird. Dies kann durch Vollstreckung in einzelne Gegenstände des Schuldners auf Antrag eines einzelnen Gläubigers geschehen (Einzelvollstreckung), es kann aber auch das gesamte Vermögen des Schuldners für sämtliche Gläubiger der Zwangsvollstreckung unterworfen werden (Generalexekution: Konkurs- und Vergleichsverfahren).

I. Einzelvollstreckung (Singularexekution)

Da die Befriedigung des Gläubigers so schnell wie nur möglich durchgeführt werden soll, ist es in manchen Fällen nicht zu vermeiden, daß durch die Zwangsvollstreckung zunächst auch unbeteiligte Dritte in ihren Rechten beeinträchtigt werden. Der Gerichtsvollzieher, der eine im Gewahrsam des Schuldners vorgefundene Sache pfändet, kann sich nicht auf eine nähere Untersuchung einlassen, ob die Sache dem Schuldner wirklich gehört oder ob sie frei von Belastungen durch Rechte Dritter ist. Die Pfändung wird zunächst durchgeführt, und es ist Sache des betroffenen Dritten, seine Rechte im Klagewege geltend zu machen.

1. Drittwiderspruchsklage

Der Dritte kann die auf Unzulässigkeitserklärung der Zwangsvollstreckung gerichtete Drittwiderspruchsklage (Interventionsklage) gem. § 771 ZPO erhe-

§ 69. Die Rechtsbehelfe Dritter in der Zwangsvollstreckung

ben, wenn ihm ein »die Veräußerung hinderndes Recht« zusteht. Die Fassung des § 771 ZPO ist mißglückt. Gemeint ist ein Recht, welches der Zwangsvollstreckung des Gläubigers in diesen Gegenstand entgegensteht. § 771 gilt zunächst in den Fällen, in denen der Gläubiger in einen Gegenstand vollstrecken läßt, der nicht zum Vermögen des Schuldners, sondern zum Vermögen des Dritten gehört. Allerdings ist der Schutz des § 771 auch auf andere Rechte ausgedehnt worden. Die etwas weitherzige Auslegung dieser Vorschrift ist nicht so bedenklich, wie sie zunächst erscheinen mag: Bei der Einzelvollstreckung verbleibt dem die Pfändung betreibenden Gläubiger noch die Möglichkeit der Vollstreckung in andere Vermögensbestandteile des Schuldners.

Die wichtigsten Rechte im Sinne von § 771 sind

a) *Eigentum* (auch das auflösend bedingte Eigentum des *Vorbehaltsverkäufers*, auch das *Sicherungseigentum*);

b) *Inhaberschaft einer Forderung*, falls diese Forderung gepfändet worden ist (praktisch wichtig, wenn die Forderung schon vor der Pfändung an den Dritten abgetreten worden ist. Dies gilt auch bei der Sicherungszession);

c) alle mit *Besitz* verbundenen *Pfandrechte*,

d) *Ansprüche auf Herausgabe* einer dem Schuldner vom Dritten nicht zu Eigentum überlassenen Sache (auf Grund von Miete, Pacht, Leihe, Verwahrung, Verkaufskommission), *nicht aber schuldrechtliche Ansprüche auf Übereignung* aus Kauf, Rücktritt, Bereicherung usw., da in diesen Fällen die Sache *noch zum Vermögen des Schuldners* gehört.

2. Klage auf vorzugsweise Befriedigung aus dem Erlös

Hat der Dritte ein Pfandrecht an der Sache, ohne deren Besitzer zu sein (Vermieter, § 559; Verpächter, §§ 559, 581 II; Gastwirt, § 704 BGB), so kann er der Pfändung zwar nicht widersprechen, er kann nach § 805 ZPO »jedoch seinen Anspruch auf vorzugsweise Befriedigung aus dem Erlös im Wege der Klage geltend machen, ohne Rücksicht darauf, ob seine Forderung fällig ist oder nicht«. Denn das durch die Pfändung entstandene Pfändungspfandrecht geht seinem Pfandrecht nach.

II. Konkurs und Vergleich

Wichtiger noch sind die Sonderrechte Dritter im Insolvenzrecht. Die Sonderrechte sind im Konkurs- und Vergleichsverfahren grundsätzlich gleich.

1. Aussonderung

Das Aussonderungsrecht gem. § 43 KO ist die Parallele zu § 771 ZPO. Der Dritte muß beweisen, daß die Sache zu seinem Vermögen, nicht zum Vermögen des Gemeinschuldners gehört. Da im Konkurs die volle Befriedigung der Gläubiger durch Vollstreckung in andere Gegenstände nicht möglich ist und dem Interesse des Dritten das Interesse vieler Gläubiger gegenübersteht, muß der Vermögensbegriff sehr streng gehandhabt werden. Von den unter § 771 ZPO aufgeführten Rechten berechtigen zur Aussonderung einer Sache nur

a) *Eigentum* (auch das Eigentum des Vorbehaltverkäufers, *nicht* aber das Sicherungseigentum!),

b) *Inhaberschaft einer Forderung* (praktisch wichtig, wenn die Forderung vor der Konkurseröffnung an den Dritten abgetreten worden war, außer im Falle der Sicherungszession),

c) *Ansprüche auf Herausgabe* einer dem Gemeinschuldner nicht zum Eigentum überlassenen Sache (Miete, Pacht, Leihe, Verwahrung, Verkaufskommission).

2. Absonderung

Alle Rechte, die einem Gläubiger nur eine Sicherheit gewähren sollen und Befriedigungszwecken dienen, berechtigen zur Absonderung gem. §§ 47 ff. KO. Der Gläubiger kann nicht — wie bei der Aussonderung — die Sache endgültig behalten, sondern sich nur aus ihr befriedigen. Übersteigt der Erlös aus der Sache seine Forderung, so fließt der Mehrerlös in die Konkursmasse. Bei einem Mindererlös nimmt der Gläubiger mit seiner Ausfallforderung am Konkursverfahren teil. Zur Absonderung berechtigen

a) die *Grundpfandrechte* (Hypothek, Grundschuld, Rentenschuld),
b) die *Pfandrechte an beweglichen Sachen*, und zwar
   (1) das *vertragliche* Pfandrecht, das durch einen besonderen Verpfändungsvertrag entstanden ist (§§ 1204 ff.),

(2) die *gesetzlichen* Pfandrechte (im BGB: Vermieter, Verpächter, Gastwirt, Werkunternehmer; im HGB: Kommissionär, Spediteur, Lagerhalter, Frachtführer),

(3) das *Pfändungspfandrecht*, das durch Pfändung im Wege der Zwangsvollstreckung (vor dem Konkurs) entstanden ist,

c) zwei *Zurückbehaltungsrechte*, nämlich das *sachenrechtliche* Zurückbehaltungsrecht wegen Verwendungen auf die Sache (§§ 1000, 994) und das nur unter Kaufleuten entstehende *kaufmännische* Zurückbehaltungsrecht (§ 369 HGB).

d) *Sicherungsübereignung* und *Sicherungszession*. Diese stellen zwar echte Übertragungen von Rechten dar, sie dienen aber nur der Sicherung und sollen dem Gläubiger ein *Befriedigungsrecht* gewähren, sind deshalb im Insolvenzrecht den Pfandrechten gleichzustellen.

4. Kapitel. Der Gutglaubensschutz bei beweglichen Sachen

§ 70. Übersicht

I. Die grundsätzliche Regelung

Fall: E hat dem Brause sein Auto für eine Woche vermietet. Brause veräußert den Wagen unter Vorlage eines geschickt gefälschten Kraftfahrzeugbriefs an den gutgläubigen G und verschwindet. E verlangt von G die Herausgabe des Autos.

In Fällen dieser Art taucht die grundsätzliche Frage auf, wessen Interesse höher zu bewerten ist: das Interesse des Eigentümers, der dem Besitzer keine Veräußerungsbefugnis erteilt hat, oder das Interesse des Gutgläubigen, der darauf vertraut hat, daß der Besitzer Eigentümer sei. Die Regelung im deutschen Recht ist folgende:

1. Grundsätzlich erwirbt der Gutgläubige das Eigentum gem. § 932.
  o Bitte lesen Sie noch einmal § 932 II.

Gutgläubig ist also, wer den Veräußerer für den Eigentümer hält und dabei nicht *grob* fahrlässig ist. Bei dem Begriff der groben Fahrlässigkeit handelt es sich um eine Generalklausel, die man nicht näher konkretisieren kann. Wir brauchen also wieder

Einzelbeispiele: Wenn man von einer *Privatperson* Sachen erwirbt, die in den Geschäften auf Abzahlung verkauft werden (dazu gehört heute fast der ganze Hausrat), muß man sich grundsätzlich die (echte oder wenigstens gut gefälschte) Quittung zeigen lassen, falls die Sachen noch einigermaßen neu sind, da man mit einem Eigentumsvorbehalt des Verkäufers rechnen muß. Beim Kauf eines Kraftfahrzeugs muß in der Regel der (echte oder gut gefälschte) Kraftfahrzeugbrief vorgelegt worden sein.

2. Ist die Sache dem Eigentümer *abhanden gekommen,* so versagt der Gutglaubensschutz (§ 935 I). Der Gutgläubige muß die Sache dem Eigentümer herausgeben, er kann vom Eigentümer nicht einmal die Erstattung des Kaufpreises verlangen, den er gutgläubig an den Veräußerer gezahlt hat. Es ist für § 935 auch gleichgültig, ob den Eigentümer beim Abhandenkommen ein Verschulden traf. § 935 verhindert auch dann den gutgläubigen Erwerb, wenn die Sache bereits durch die Hände von mehreren Gutgläubigen gegangen ist.

3. Ausnahmsweise wird der gute Glaube in den Fällen des § 935 II geschützt, da hier das Schutzbedürfnis der Öffentlichkeit besonders groß ist.

4. Wer nicht das Eigentum erworben hat, kann noch durch *Ersitzung* Eigentümer werden, wozu zehnjähriger Eigenbesitz und guter Glaube an das eigene Eigentum erforderlich sind (§ 937). Wechselt die Sache in den zehn Jahren den Besitzer, so wird die Ersitzungszeit des gutgläubigen Vormannes dem Nachmann angerechnet (§ 943).

II. Abhandenkommen

Wir konzentrieren uns noch einmal auf den Begriff des Abhandenkommens, der erfahrungsgemäß immer wieder Schwierigkeiten macht, andererseits aber einer der wichtigsten Begriffe des deutschen Privatrechts ist. Eine Sache ist abhanden gekommen, wenn sie dem Eigentümer *ohne oder gegen dessen Willen aus dem unmittelbaren Besitz gelangt ist.* Wir gehen diese Definition Stück für Stück durch.

1. »ohne«

Es genügt für das Abhandenkommen, daß die Sache dem Eigentümer *ohne* dessen Willen aus dem unmittelbaren Besitz gelangt ist. Dies zeigt folgender

Fall: E wird bei einem Autounfall aus dem Wagen geschleudert und bleibt bewußtlos liegen. Brause leistet dem E erste Hilfe und nimmt sich zur Belohnung für diese gute Tat die Armbanduhr des E mit.

Die Wegnahme ist nicht *gegen* den Willen des E geschehen — denn E hatte keinen Willen — sie ist aber *ohne* seinen Willen erfolgt. Die Uhr ist abhanden gekommen.

2. »Wille«

a) *Wille — freier Wille.* Wenn jemand unter dem Einfluß einer Drohung oder Täuschung eine Sache weggibt, so hat er zwar nicht mit *freiem* Willen gehandelt. Die Sache ist aber trotzdem nicht abhanden gekommen, da er immerhin mit einem — wenngleich erzwungenen oder erschlichenen — Willen gehandelt hat. *Für § 935 ist entscheidend, ob überhaupt ein Wille vorlag, frei braucht der Wille nicht gewesen zu sein!* Man steht sich also besser, wenn ein Räuber in der Abendstunde die Uhr mit Gewalt abreißt, als wenn man einem Erpresser die Uhr herausgibt: Im ersten Falle ist die Uhr abhanden gekommen, im zweiten Falle nicht.

b) *Natürlicher Wille — rechtsgeschäftlich erklärter Wille.* In den Fällen der Drohung und Täuschung ist es für die Frage des Abhandenkommens auch ohne Bedeutung, ob die Übereignung später angefochten wird. Die Anfechtung vernichtet nur das *Rechtsgeschäft der Übereignung,* sie kann nicht die Tatsache aus der Welt schaffen, daß der Veräußerer den *tatsächlichen* (natürlichen) Willen zur Besitzaufgabe hatte.

Auch der *beschränkt Geschäftsfähige* hat einen natürlichen Willen. Wenn er eine Sache (unwirksam) veräußert, wird zwar der Erwerber nicht Eigentümer. Der Erwerber kann aber an einen Gutgläubigen gem. § 932 wirksam weiterveräußern.

Bei dem *Geschäftsunfähigen* müßte man die Frage, ob ein natürlicher Wille vorhanden war, streng genommen auf den Einzelfall abstellen. Da dies sehr umständlich wäre und auch zuviel Unsicherheit bringen würde, hat sich die herrschende Lehre kurzer Hand entschlossen, den Geschäftsunfähigen den natürlichen Willen generell abzusprechen. Wenn also ein Geschäftsunfähiger eine Sache weggibt, ist sie ihm *immer* abhanden gekommen.

3. »aus dem unmittelbaren Besitz gelangt«

a) *Besitzverlust – Besitzlockerung.* In manchen Fällen hat der Eigentümer seinen Besitz willentlich nur gelockert; der Besitzverlust ist ohne seinen Willen erst durch das Handeln des anderen eingetreten. Dann liegt Abhandenkommen vor. Dafür zwei Beispiele.

Fall 1: Der gut gekleidete Brause geht in ein Juweliergeschäft, läßt sich ein wertvolles Schmuckstück zeigen, hält es eine Zeitlang prüfend in der Hand, dreht sich dann plötzlich um und läuft mit dem Schmuckstück davon.

Die Sache ist abhanden gekommen, denn nur durch ein Überraschungsmanöver konnte Brause die tatsächliche Gewalt erlangen. Gutgläubiger Erwerb ist *nicht* möglich.

Fall 2: Brause geht zu einem Autohändler und veranlaßt diesen, ihm einen Sportwagen zu einer Probefahrt zu überlassen, von der er nicht mehr zurückkehrt.

Hier hat der Autohändler den unmittelbaren Besitz nicht nur gelockert, sondern *aufgegeben.* Als er Brause losfahren ließ, war er nur noch mittelbarer Besitzer. Die Sache ist *nicht* abhanden gekommen, gutgläubiger Erwerb ist *möglich.*

b) *Besitzmittler.* Ist der Eigentümer nur mittelbarer Besitzer, so ist die Frage des Abhandenkommens bei der Person des *Besitzmittlers* zu prüfen (§ 935 I S. 2). Es liegt also kein Abhandenkommen vor, wenn der Besitzmittler die Sache willentlich weggibt, wohl aber, wenn sie ihm gestohlen wird.

c) *Besitzdiener.* Anders ist die Lage beim Besitzdiener. Gem. § 855 ist nicht der Besitzdiener, sondern der Dienstherr *unmittelbarer Besitzer.* Die Folge ist, daß, wenn der Besitzdiener eine Sache seines Dienstherrn ohne dessen Einwilligung weggibt, diese Sache dem Dienstherrn ohne dessen Willen aus dem *unmittelbaren* Besitz gelangt, also abhanden gekommen ist. Dazu ein

Fall: Der Fahrer Brause soll für seinen Chef, den Radiogroßhändler G, 300 Transistorengeräte nach München schaffen. Brause fährt statt dessen zu einem großen Campingplatz, tritt dort als fliegender Händler auf und verkauft die Geräte an die Urlauber. Als die Polizei auftaucht, ist das letzte Gerät verkauft, Brause verschwunden.

Rechtsfolge: G kann aus § 985 vorgehen und die Geräte gleich wieder einsammeln lassen. Den Schaden tragen die Urlauber.
Wie Sie sehen, ist § 855 im Zusammenspiel mit § 935 eine ausgesprochen unternehmerfreundliche Regelung. Wieder einmal — ähnlich wie im Falle des § 831 I — hat der Dienstherr den Nutzen von seinen Angestellten, während andere das Risiko tragen.

III. Der schuldrechtliche Ausgleich durch § 816

In engem Zusammenhang mit den sachenrechtlichen Gutglaubensvorschriften steht der schuldrechtliche Ausgleichsanspruch § 816 I S. 1. Diese Vorschrift gibt dem früheren Eigentümer einen Anspruch gegen den Nichtberechtigten, der die Verfügung getroffen hat. Der Anspruch geht auf Herausgabe des *vollen Entgelts*, auch wenn dies den Wert der Sache übersteigt. Daneben kommen Ansprüche aus Vertrag (§§ 280, 281) und aus unerlaubter Handlung in Betracht (§§ 823 I, 823 II, 826).
Hat der Verfügende von dem Gutgläubigen nichts erlangt, weil er diesem die Sache *geschenkt* hat, so greift die Sondervorschrift § 816 I S. 2 ein: Der Gutgläubige hat zwar das Eigentum erlangt, er ist aber *schuldrechtlich* verpflichtet, das Eigentum an den früheren Eigentümer zurückzuübertragen. Hier werden also ausnahmsweise die sachenrechtlichen Folgen des gutgläubigen Erwerbs auf dem Umwege über das Schuldrecht rückgängig gemacht.

IV. Zur Frage des Gutglaubensschutzes bei Forderungen

1. Der Grundsatz der Priorität

Die Regelung des gutgläubigen Erwerbs bei beweglichen Sachen geht von dem Gedanken aus, daß der verfügende Nichtberechtigte wenigstens BESITZER der Sache ist und somit ein Rechtsschein besteht, der einen Vertrauensschutz fordert. Anders ist die Lage bei der Abtretung einer nicht bestehenden *Forderung*: Praktisch kann jeder behaupten, daß er Gläubiger einer Forderung sei, hier besteht also ein solcher Rechtsschein *nicht*. Deshalb gibt es grundsätzlich keinen Gutglaubensschutz bei der Abtretung einer Forderung, der Erwerber erwirbt nur das, was der Abtretende hatte. Hatte der Abtretende überhaupt keine Forderung, so erwirbt der Gutgläubige nichts, hatte er eine Forderung, der eine Einrede entgegenstand (z. B. die Einrede der Verjährung), so erwirbt er die Forderung mit dieser Einrede (§ 404). Diese Regelung ist im Kreditsicherungsrecht von Bedeutung, wenn ein Kaufmann eine Forderung mehrfach abtritt: der erste Erwerber hat dann die Forderung erworben, die anderen werden nicht geschützt, es gilt der Grundsatz der PRIORITÄT. Ausnahmsweise wird der gute Glaube im Falle des § 405 geschützt. Der Anwendungsbereich dieser Ausnahmevorschrift ist aber sehr gering.

2. Globalzession und verlängerter Eigentumsvorbehalt

Der Grundsatz der Priorität gilt auch bei mehrfacher *Vorausabtretung* ein und derselben (zukünftigen) Forderung. Der wichtigste Anwendungsfall in der Praxis ist die Kollision von Globalzession und verlängertem Eigentumsvorbehalt: Wenn sich eine Bank die Außenstände eines Kaufmanns im Wege der Globalzession abtreten läßt und der Kaufmann später Waren mit verlängertem Eigentumsvorbehalt einkauft, sind die aus dem Weiterverkauf entstehenden Kaufpreisforderungen zweimal im voraus abgetreten. Normalerweise ist die Globalzession die zeitlich frühere Zession, die Forderungen müßten danach der Bank zustehen. Hier greift die Rechtsprechung mit § 138 I BGB ein: Wenn die Bank eine Globalzession vornimmt, obwohl sie weiß, daß es in der Branche des Kaufmanns Lieferanten gibt, die mit verlängertem Eigentumsvorbehalt liefern, stellt sie eine Situation her, die den Kaufmann praktisch in den Kreditschwindel hineintreibt. Die Bank kann sich von dem Vorwurf der Sittenwidrigkeit nur dann befreien, wenn sie sich zum *Verzicht* entschließt, d. h. wenn sie mit dem Kaufmann vereinbart, daß die Globalzession insoweit nicht gelten soll, als später Kollisionen mit einem verlängerten Eigentumsvorbehalt entstehen (sog. dingliche Verzichtsklausel)[36].

---

[36] BGH DB 1979, 156. Nicht ausreichend ist dagegen die sog. *schuldrechtliche Teilverzichtsklausel*. Danach soll die Globalzession auch im Kollisionsfall gelten, der Lieferant soll aber gegen die Bank einen schuldrechtlichen Anspruch auf Auszahlung der auf ihn entfallenden Summe haben. Hier würde dem Lieferanten die Verfolgung seiner Rechte unangemessen erschwert. Die Sittenwidrigkeit der Globalzession wird deshalb durch diese Klausel nicht beseitigt. Es ist aber eine Umdeutung gem. § 140 in eine dingliche Teilverzichtsklausel möglich (BGH a. a. O.).

§ 71. Gutgläubiger Erwerb des Eigentums

I. Guter Glaube an das Eigentum

In den §§ 932 ff. wird nur der gute Glaube an das Eigentum des Veräußerers, nicht der gute Glaube an dessen Vertretungsmacht, Ermächtigung gem. § 185 oder Geschäftsfähigkeit geschützt. Die einzelnen Gutglaubensvorschriften richten sich nach der Form der Übereignung und haben jeweils verschiedene Voraussetzungen.

1. Einigung und Übergabe

Für § 929 gilt § 932. Der Erwerber muß bei der Übergabe *und* der Einigung gutgläubig sein. Spätere Kenntnis oder grobfahrlässige Unkenntnis von der Nichtberechtigung des Veräußerers heben die Gutglaubenswirkungen nicht mehr auf. Dies gilt auch dann, wenn die Einigung nur *bedingt* erfolgte, wie z. B. bei der Lieferung unter Eigentumsvorbehalt. In einem solchen Falle hat der Erwerber durch Übergabe und bedingte Einigung noch nicht gutgläubig das Eigentum, aber die *Anwartschaft* auf das Eigentum erworben. Zahlt er die letzte Kaufpreisrate, so tritt die Bedingung für den endgültigen Eigentumserwerb ein, ohne daß es zu diesem Zeitpunkt noch eines guten Glaubens auf seiten des Erwerbers bedarf[38].

2. Einigung und Vereinbarung eines Besitzkonstituts

Für § 930 gilt § 933. Dies ist von großer Bedeutung für die Sicherungsübereignung gem. §§ 930; 868: Übereignet der Schuldner Sachen zur Sicherheit, die ihm unter Eigentumsvorbehalt geliefert wurden oder die er schon an einen anderen Gläubiger zur Sicherheit übereignet hat, so erwirbt der Gläubiger zunächst kein Eigentum, da es an einer Übergabe fehlt. Der Gläubiger könnte gem. § 933 erst dann erwerben, wenn der Schuldner ihm später die Sachen zum Zwecke der Befriedigung herausgäbe und der Gläubiger zu diesem Zeitpunkt noch gutgläubig wäre.

Waren die zur Sicherheit übereigneten Sachen dem Schuldner unter Eigentumsvorbehalt geliefert worden und ist die restliche Kaufpreissumme nicht hoch, so kann sich der Gläubiger helfen, indem er dem Lieferanten des Schuldners die Restsumme zahlt und damit die Bedingung für den Eigentumserwerb herbeiführt. Verweigert der Lieferant die Annahme der Restsumme,

---

[38] BGH 10, 69.

obwohl der Schuldner der Zahlung nicht widersprochen hat (§ 267), so gilt die Bedingung als eingetreten (§ 162 I). Hinsichtlich der weiteren Rechtsfolgen ist zu unterscheiden:

a) Hatte der Schuldner den Gläubiger bei der Sicherungsübereignung von dem Eigentumsvorbehalt *in Kenntnis gesetzt*, so ist in der (bedingten) Sicherungsübereignung eine *Übertragung des Anwartschaftsrechts* an den Gläubiger zu sehen. Diese Übertragung bedarf nicht der Zustimmung des Lieferanten, da der Schuldner, wenn er über das ihm zustehende Anwartschaftsrecht verfügt, nicht als Nichtberechtigter im Sinne von § 185 handelt[39]. Die Folge ist, daß bei Bedingungseintritt das Eigentum vom Lieferanten *direkt* auf den Gläubiger übergeht.

b) Hatte der Schuldner dem Gläubiger den Eigentumsvorbehalt *verschwiegen*, so hat der Gläubiger nicht gutgläubig das Eigentum erworben, da keine Übergabe erfolgt ist (§ 933). Man kann in diesem Falle aber die unwirksame Übereignung in eine wirksame Übertragung der Anwartschaft *umdeuten* (§ 140). Die Rechtsfolgen sind dann die gleichen wie im obigen Falle.

3. Einigung und Abtretung des Herausgabeanspruchs

Für § 931 gilt § 934. Der Gutgläubige wird Eigentümer, wenn er vom *Veräußerer* durch die Abtretung mittelbaren Besitz erlangt oder wenn er den Besitz später von dem *Dritten* erlangt. Zwischen § 934 und § 933 besteht eine Inkongruenz[40]: Wenn der Nichteigentümer die Sache gem. § 930 an einen Gutgläubigen veräußert, erwirbt der Gutgläubige mittelbaren Besitz (§ 868), aber kein Eigentum. § 933 setzt die Erlangung von *unmittelbarem* Besitz voraus. Übereignet der Gutgläubige nun die Sache durch Abtretung der Ansprüche gegen den Erstveräußerer an einen Dritten weiter, so erwirbt der Dritte den mittelbaren Besitz (§ 870) und damit das Eigentum, falls er gutgläubig ist (§ 934).

---

[39] So BGH 20, 88; a. A. RG 140, 225, wonach es auch in diesem Falle für den Direkterwerb der Zustimmung des Lieferanten bedarf.
[40] Ausführlich behandelt diese Frage Boehmer, Grundlagen II 2 § 23.

II. Guter Glaube an die Verfügungsbefugnis

Die §§ 932 ff. erfahren eine Erweiterung durch § 366 I HGB.

1. Guter Glaube an die Ermächtigung

Veräußert ein *Kaufmann* (auch ein Minderkaufmann gem. §§ 1, 4 HGB) im Betriebe seines Handelsgewerbes Sachen, die ihm nicht gehören, zu deren Übereignung er auch nicht gem. § 185 I ermächtigt ist, so werden die Kunden durch die §§ 932 ff. nicht in zureichendem Maße geschützt: In gewissen Branchen ist es üblich, daß dem Händler, der seinem Lieferanten nicht sofort den Kaufpreis zahlen kann, die Waren unter Eigentumsvorbehalt, aber mit der Ermächtigung zur Verfügung im eigenen Namen, geliefert werden. Die Kunden können also nicht mehr davon ausgehen, daß der Veräußerer Eigentümer ist, und ein Schutz des guten Glaubens an das Eigentum, wie ihn die §§ 932 ff. vorsehen, bleibt außer Betracht. Die Kunden glauben aber daran, daß der Kaufmann gem. § 185 I ermächtigt ist, und sind in diesem Glauben schutzwürdig. Hier greift § 366 I HGB ein. Allerdings ist zu beachten, daß dieser Paragraph keine isoliert stehende, selbständige Erwerbsregel ist, sondern nur eine Anweisung darstellt, »die Vorschriften des BGB zugunsten derjenigen, welche Rechte von einem Nichtberechtigten herleiten«, d. h. die Regeln über den gutgläubigen Erwerb — in erster Linie die §§ 932 ff. — *unter Beibehaltung ihrer sonstigen Voraussetzungen* auf den Fall des guten Glaubens an die Ermächtigung entsprechend anzuwenden. Wir müssen deshalb im praktischen Fall stets prüfen, ob die Voraussetzungen des § 932 oder des § 933 oder des § 934 oder des § 935 vorliegen, nur setzen wir jeweils an die Stelle des guten Glaubens an das Eigentum den guten Glauben an § 185. Das bedeutet z. B., daß ein Erwerb gem. §§ 929, 932 BGB, § 366 I HGB bei abhanden gekommenen Sachen wegen § 935 nicht möglich ist.

2. Guter Glaube an die Vertretungsmacht

Nach der im Schrifttum überwiegenden Ansicht ist § 366 HGB auch auf den weniger häufigen Fall des guten Glaubens an die Vertretungsmacht (§ 164 BGB) anzuwenden.
§ 366 HGB setzt das Handeln eines *Kaufmanns* voraus. Übereignet ein *Handlungsgehilfe* im Namen des Prinzipals eine Sache, ohne hierzu bevollmächtigt zu sein, und gab der Prinzipal dem Erwerber Veranlassung, an das Vorliegen der Vertretungsmacht des Handlungsgehilfen zu glauben, so kommen die

§§ 170 ff. BGB, § 56 HGB oder die daraus entwickelten allgemeinen Grundsätze über die Scheinvollmacht, bei der Prokura noch der Registerschutz gem. § 15 I HGB in Betracht.

§ 72. Gutgläubiger Erwerb des Pfandrechts

I. Vertragliche Pfandrechte

Bei den vertraglichen Pfandrechten, die durch einen besonderen Verpfändungsvertrag gem. § 1205 begründet werden, ist ein gutgläubiger Erwerb möglich, es sei denn, daß die Sache dem Eigentümer abhanden gekommen ist. Es gilt hier also das gleiche Prinzip wie bei der Übereignung. Der Gesetzgeber hat deshalb auch keine besonderen Gutglaubensvorschriften aufgestellt, sondern in § 1207 auf die §§ 932 ff. einschließlich § 935 verwiesen.

1. Für § 1205 gilt § 932 entsprechend (§ 1207).
2. Da eine Verpfändung mit Besitzkonstitut nicht möglich ist, fehlt folgerichtig in § 1207 eine Verweisung auf § 933.
3. Für § 1205 II gilt § 934 entsprechend (§ 1207).

II. Gesetzliche Pfandrechte

Weniger einfach ist die Sache bei den gesetzlichen Pfandrechten. Die Vorschriften über die gesetzlichen Pfandrechte im BGB setzen voraus, daß es sich um eine Sache des Mieters, des Pächters, des Bestellers, des Gastes handelt. (Bitte lesen Sie §§ 559, 581 II, 704[41]. Nun bestimmt § 1257: »Die Vorschriften über das durch Rechtsgeschäft bestellte Pfandrecht finden auf ein kraft Gesetzes entstandenes Pfandrecht entsprechende Anwendung.« Was bedeutet das? Ist auch § 1207 »entsprechend« anzuwenden? Was ist weiterhin daraus zu schließen, daß bei den Pfandrechten des Kommissionärs, Spediteurs, Frachtführers sogar der gute Glaube an die Verfügungsbefugnis geschützt wird (§ 366 III HGB)?

Die Ansicht des Bundesgerichtshofs[42] geht von der Entstehungsgeschichte des § 1257 und von dem Wort »entstanden« aus: es sind die Vorschriften

---

[41] Anders das Pfandrecht des Pächters am übernommenen Inventar, das in diesem Buch nicht berücksichtigt wird (§ 590)
[42] BGH NJW 1961, 502.

über das vertragliche Pfandrecht nur dann auf ein gesetzliches Pfandrecht anzuwenden, wenn es bereits *entstanden* ist. Die Frage der *Entstehung* kann also für die gesetzlichen Pfandrechte aus den §§ 1204 ff. *nicht* entnommen werden. (Umkehrschluß.) Infolgedessen ist einzuteilen:

a) Die im BGB geregelten Pfandrechte des Vermieters, Verpächters, Werkunternehmers, Gastwirts können kraft guten Glaubens *nicht* enstehen.

b) Dagegen wird bei den in § 366 III HGB angeführten handelsrechtlichen Pfandrechten der gute Glaube an das Eigentum geschützt. Begründung: Bei diesen gesetzlichen Pfandrechten wird gem. § 366 III HGB sogar der gute Glaube an die Verfügungsbefugnis geschützt – das muß dann erst recht für den guten Glauben an das Eigentum gelten (Schluß vom größeren zum kleineren, argumentum a majore ad minus).

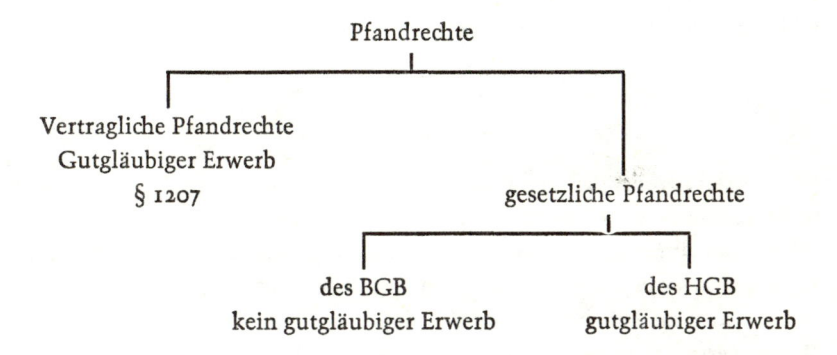

```
                            Pfandrechte
                                |
        ┌───────────────────────┴───────────────────┐
Vertragliche Pfandrechte
Gutgläubiger Erwerb
    § 1207                              gesetzliche Pfandrechte
                                                    |
                                        ┌───────────┴───────────┐
                                      des BGB                des HGB
                              kein gutgläubiger Erwerb   gutgläubiger Erwerb
```

§ 73. Gutgläubig-lastenfreier Erwerb des Eigentums

I. Übersicht

Verfügt ein *Nichteigentümer* über eine Sache, so betrifft der Gutglaubensschutz die Frage, ob der Gutgläubige *überhaupt* das Eigentum bzw. Pfandrecht erwirbt. Wenden wir uns nun den Fällen zu, in denen jemand eine Verfügung über eine Sache trifft, die ihm zwar gehört, die aber mit dem Pfandrecht eines Dritten belastet ist, so stellen wir zunächst fest: Der Erwerber erwirbt auf jeden Fall das Eigentum oder das Pfandrecht, denn er erwirbt es vom *Eigentümer*.

Die Frage, die uns dann beschäftigt, ist, ob der Erwerber sich das *Pfandrecht des Dritten* entgegenhalten lassen muß, wenn er von dem Pfandrecht keine Kenntnis hatte und hierbei auch nicht grobfahrlässig war, d. h. ob er in seinem *guten Glauben an die Lastenfreiheit des Eigentums* geschützt wird. Wird er geschützt, so erwirbt er das Eigentum lastenfrei. Wird er nicht geschützt, so erwirbt er belastetes Eigentum.

Die nun zu behandelnden Vorschriften weisen eine große Ähnlichkeit mit den uns bereits bekannten Gutglaubensvorschriften auf. Man kann hier folgenden Grundsatz aufstellen: *Soweit der gute Glaube an das Eigentum geschützt wird, wird auch der gute Glaube an die Lastenfreiheit des Eigentums geschützt.* Und umgekehrt: Soweit der gute Glaube an das Eigentum nicht geschützt wird, wird auch der gute Glaube an die Lastenfreiheit des Eigentums nicht geschützt.

Ich rate dem Leser, sich zunächst das Verständnis dieser Grundsätze zu erwerben. Hat er diese verstanden, so wird er auch das Weitere verstehen.

1. Abhandenkommen

Wir wissen bereits, daß bei abhanden gekommenen Sachen der gute Glaube nicht geschützt wird. Diesen Gedanken wenden wir auch hier an. Da der Dritte, der durch den guten Glauben des Erwerbers einen Verlust erleidet, nicht wie in § 932 der Eigentümer, sondern der Pfandgläubiger ist, müssen wir für die hier zu behandelnden Fälle den Grundgedanken des § 935 in der Weise verstehen, daß Abhandenkommen vorliegt, wenn die Sache dem *Pfandgläubiger* ohne oder gegen dessen Willen aus dem unmittelbaren Besitz gelangt ist. Abhandenkommen in diesem Sinne ist also nur möglich, wenn das Pfandrecht des Dritten mit Besitz verbunden war (Beispiel: Jemand verpfändet eine Sache und nimmt sie dem Gläubiger heimlich wieder weg).

2. Erlöschen der Pfandrechte aus anderen Gründen

Ehe wir in einem praktischen Fall die Frage des guten Glaubens an die Lastenfreiheit des Eigentums prüfen, müssen wir feststellen, ob das Pfandrecht nicht schon vor der Verfügung aus anderen Gründen erloschen ist. Beim Vermieter-, Verpächter- und Gastwirtspfandrecht sind die §§ 560, 561, 581 II, 704

S. 2 zu beachten; die vertraglichen Pfandrechte erlöschen bei der Rückgabe (§ 1253). Die mit Besitz verbundenen gesetzlichen Pfandrechte bestehen meist kraft ausdrücklicher Vorschrift nur solange, wie der Pfandgläubiger die Sache in Besitz hat.

II. Einzelfälle

Bei der Übereignung erwirbt der Gutgläubige das Eigentum lastenfrei, es sei denn, daß die Sache dem Pfandgläubiger abhanden gekommen ist (Analogie zu § 935). Die einzelnen Voraussetzungen richten sich wieder nach der Übertragungsform. Für § 929 gilt § 936 I S. 1.

Für § 930 gilt § 936 I S. 3; der Gutglaubensschutz tritt wie in § 933 erst dann ein, wenn die Sache später dem Erwerber übergeben wird. Auch § 936 I S. 3 hat für die Sicherungsübereignung große Bedeutung: Übereignet der Schuldner ihm gehörende Waren, die in gemieteten Räumen lagern, so wird der Gläubiger zwar Eigentümer, da er vom Eigentümer erwirbt; dieses Eigentum bleibt aber mit dem Pfandrecht des Vermieters (§ 559) belastet. Ein *gutgläubig-lastenfreier* Erwerb kommt erst dann in Betracht, wenn der Gläubiger sich die Waren später vom Schuldner zum Zwecke der Befriedigung herausgeben läßt. Aber dann befindet sich der Gläubiger meist nicht mehr in dem für § 936 I S. 3 erforderlichen guten Glauben, da er bei einem zahlungsschwachen Schuldner stets mit Mietschulden rechnen muß. Das Pfandrecht erlischt in der Regel dann auch nicht durch Entfernung der Waren vom Grundstück (§ 560 S. 1), da der Vermieter sogleich widersprechen würde. Zu diesem Widerspruch ist der Vermieter berechtigt, denn die Herausgabe der Waren zum Zwecke der Befriedigung gehört nicht zum »regelmäßigen Betriebe des Geschäfts des Mieters« (§ 560 S. 2).

5. Kapitel. Dingliche Rechte an Grundstücken

§ 74. Traditionsprinzip und Eintragungsgrundsatz

I. Bewegliche Sachen: Traditionsprinzip

Es wurde mehrfach erwähnt, daß bei beweglichen Sachen das Traditions- oder Übergabeprinzip gilt: die Übereignung und Belastung des Eigentums an einer beweglichen Sache erfordert grundsätzlich außer der sachenrechtlichen Einigung die Übergabe der Sache. Die Änderung der sachenrechtlichen Lage soll dadurch für Dritte erkennbar werden. Dieser Grundsatz ist allerdings stark ausgehöhlt worden: in den Fällen der §§ 930, 931 erfolgt die Übereignung, ohne daß die Sache *übergeben* wird, umgekehrt erfolgt beim Eigentumsvorbehalt die Übergabe, ohne daß die Sache sofort *übereignet* wird. Das Traditionsprinzip gilt demnach nur mit ganz erheblichen Einschränkungen. Trotzdem knüpft das Gesetz an den Besitz weitreichende Folgen:

1. Zugunsten des Besitzers einer beweglichen Sache wird *vermutet*, daß er Eigentümer sei: der Besitz hat LEGITIMATIONSWIRKUNG ZUGUNSTEN DES BESITZERS (§ 1006 I S. 1).

2. Wer darauf vertraut, daß der Besitzer Eigentümer ist, wird grundsätzlich in seinem guten Glauben geschützt, er kann das Eigentum gutgläubig erwerben (§ 932). Man kann hier von einer LEGITIMATIONSWIRKUNG ZUGUNSTEN DES ERWERBERS sprechen.

II. Grundstücke: Eintragungsgrundsatz

Bei den Grundstücken (Liegenschaften) bedürfen alle Änderungen der sachenrechtlichen Lage der Einigung und Eintragung in das Grundbuch, das von der Grundbuchabteilung beim Amtsgericht geführt wird. Das Grundbuch hat für das Liegenschaftsrecht die gleiche Bedeutung wie der Besitz im Fahrnisrecht:

1. Ist im Grundbuch für jemand ein Recht eingetragen, so wird *vermutet*, daß ihm das Recht zusteht. Ist ein eingetragenes Recht gelöscht, so wird *vermutet*, daß das Recht nicht besteht. Dies sagt § 891, der als Parallelvorschrift zu § 1006 I S. 1 anzusehen ist. Das Grundbuch hat demnach LEGITIMATIONSWIRKUNG ZUGUNSTEN DES EINGETRAGENEN. Gleichgültig ist dabei, ob der Eingetragene auch Besitzer des Grundstücks ist.

2. Die Parallele zu § 932 ist § 892. Das Grundbuch hat also auch LEGITIMATIONSWIRKUNG ZUGUNSTEN DES ERWERBERS. Hierbei geht der Schutz des Erwerbers noch weiter als im § 932, da dem Erwerber nur *positive Kenntnis* schadet (vgl. § 892 I S. 1: »bekannt ist«). Wiederum ist die Besitzfrage, insbesondere die Frage des Abhandenkommens, ohne Bedeutung.

§ 75. Das Grundbuch

I. Allgemeines

Wo das BGB von »Grundbuch« spricht, meint es das, was die Grundbuchordnung als »Grundbuchblatt« bezeichnet. Doch darf man auch das Wort »Blatt« nicht im streng wörtlichen Sinne verstehen. Die verhältnismäßig große Zahl der möglichen Eintragungen sowie die Übersichtlichkeit erfordern einen Raum, für den ein einzelnes Blatt nicht ausreichen würde. Deshalb besteht das Grundbuchblatt immer aus mehreren Bogen. Das badische Grundbuchrecht spricht auch genauer vom »Grundbuchheft«.
Das Grundbuch oder Grundbuchblatt besteht aus den Bestandsverzeichnissen I und II.
1. *Das Bestandsverzeichnis I* enthält zunächst tatsächliche Angaben über das Grundstück, die aber keine *rechtliche* Bedeutung besitzen, auf die sich auch die Vermutung des § 891 und die Fiktion des § 892 nicht erstrecken. Rechtlich bedeutsam ist die Nummer des Grundstücks, die einem amtlichen Verzeichnis, dem Kataster (Norddeutschland) oder Flurbuch (Bayern) entnommen ist.
2. *Das Bestandsverzeichnis II* enthält die wichtigen rechtlichen Eintragungen. Es zerfällt in drei Abteilungen.
   a) In der ersten Abteilung stehen die Eigentümer,
   b) in der zweiten die Belastung bis auf die Grundpfandrechte.
   c) Diese (Hypothek, Grundschuld, Rentenschuld) sind in der dritten Abteilung zusammengefaßt.

II. Vormerkung und Widerspruch

1. Die Vormerkung

Der Eintragungsgrundsatz hat zur Folge, daß zwischen dem Kaufvertrag über ein Grundstück und dem Eigentumserwerb des Käufers eine gewisse Zeitspanne liegt. Das bringt gewisse Unsicherheiten mit sich.

Der Käufer eines Grundstücks z. B. ist der Gefahr ausgesetzt, daß der Verkäufer schnell noch einen zweiten Kaufvertrag abschließt und den zweiten Käufer vor dem ersten eintragen läßt. Der zweite Käufer würde dann Eigentümer, und der erste Käufer hätte in der Regel keine Ansprüche gegen ihn.
Diese Gefahr kann durch Eintragung einer Vormerkung beseitigt werden (§ 883). Die Eintragung erfolgt auf Grund einer Bewilligung dessen, der von der Vormerkung betroffen wird, also in unserem Beispiel des verkaufenden Eigentümers, oder im Wege der einstweiligen Verfügung (§ 885). Eine Verfügung, die dann noch über das Grundstück getroffen wird, ist »insoweit unwirksam, als sie den Anspruch vereiteln oder beeinträchtigen würde« (§ 883 II).

2. Der Widerspruch

Das Grundbuch ist nicht immer richtig. Die dingliche Einigung kann von Anfang an nichtig (z. B. wegen Geschäftsunfähigkeit §§ 104, 105 I) oder durch Anfechtung vernichtet worden sein (§ 142 I).
Dann ist das Grundbuch unrichtig und der von der unrichtigen Eintragung Betroffene kann von dem Eingetragenen die Zustimmung zu der Berichtigung des Grundbuches verlangen (§ 894). Bis zur Berichtigung kann indessen viel Zeit vergehen, und es droht die Gefahr, daß der Eingetragene an einen Gutgläubigen wirksam gem. § 892 überträgt.
Gegen diese Gefahr schützt der Widerspruch (§ 899). Seine Eintragung erfolgt auf Grund einer Bewilligung des Eingetragenen oder einer einstweiligen Verfügung (§ 899). Der Widerspruch zerstört den öffentlichen Glauben des Grundbuchs, verhindert also den gutgläubigen Erwerb Dritter. Vormerkung und Widerspruch lassen sich folgendermaßen gegenüberstellen:

Vormerkung	*Widerspruch*
sichert *zukünftiges* dingliches Recht.	sichert *gegenwärtig* bestehendes dingliches Recht, welches infolge unrichtiger Eintragung beeinträchtigt ist.
Grundbuch ist *richtig*.	Grundbuch ist *unrichtig*.
Verfügungen sind gegenüber Vorgemerktem unwirksam.	Öffentlicher Glaube des Grundbuchs wird zerstört.

§ 76. Hypothek, Grundschuld, Rentenschuld

Hypothek, Grundschuld und Rentenschuld werden unter dem — vom Gesetz nicht verwerteten — Oberbegriff »Grundpfandrechte« zusammengefaßt. Sie gehören wie die Reallast und die Pfandrechte an beweglichen Sachen zu den dinglichen Verwertungsrechten.

Die Befriedigung aus den Grundpfandrechten erfolgt im Wege der Zwangsvollstreckung (§§ 1147, 1192, 1200), setzt also einen vollstreckbaren Titel voraus (siehe aber u. § 80 I 3). Der Eigentümer ist zur Ablösung berechtigt (§ 1142).

Die Haftung aus den Grundpfandrechten erstreckt sich auf die vom Boden getrennten Erzeugnisse und sonstigen Bestandteile und das Zubehör, soweit diese dem Eigentümer des Grundstücks gehören (§§ 1120, 1192, 1200). Werden Bestandteile veräußert und vom Grundstück entfernt, bevor sie zugunsten des Grundpfandgläubigers in Beschlag genommen werden, so werden sie von der Haftung frei (§ 1121 I). Erfolgt die Entfernung erst nach der Beschlagnahme, so werden die Bestandteile nur dann frei, wenn der Erwerber bei der Entfernung noch gutgläubig ist (§ 1121 II). Ist das Grundstück vermietet oder verpachtet, so erstreckt sich das Grundpfandrecht auf die Miet- und Pachtzinsforderung (§ 1123).

I. Das akzessorische Grundpfandrecht: die Hypothek

Nach § 1113 ist die Hypothek die Belastung eines Grundstücks in der Weise, daß an den Berechtigten eine bestimmte Geldsumme zur Befriedigung *wegen einer ihm zustehenden Forderung* aus dem Grundstück zu zahlen ist. Die Formulierung »wegen einer ihm zustehenden Forderung« zeigt deutlich, daß die Hypothek das Vorliegen einer bestimmten Forderung voraussetzt, also *akzessorisch* ist. Man unterscheidet zunächst zwischen Verkehrs- und Sicherungshypothek.

a) Verkehrshypothek

1. Grundsätzlich ist die Verkehrshypothek *Briefhypothek*.
Zu ihrer Entstehung ist außer der Einigung und Eintragung die Aushändigung des Hypothekenbriefes an den Gläubiger erforderlich (§ 1117).
Bei der Übertragung wird die Forderung schriftlich abgetreten und der Hypothekenbrief übergeben. Dann geht die Forderung über (§ 1154 I), der Forderung folgt die Hypothek (§ 1153 I).

2. Die Erteilung des Hypothekenbriefes kann ausgeschlossen werden. Die Ausschließung ist in das Grundbuch einzutragen, die Hypothek ist dann *Buchhypothek*. Zu ihrer Bestellung und Übertragung sind Einigung und Eintragung erforderlich (§§ 873, 1116 bzw. §§ 1154 III, 1153 I).

b) Sicherungshypothek

Den Gegensatz zur Verkehrshypothek bildet die Sicherungshypothek, die als solche im Grundbuch zu bezeichnen ist (§ 1184 II). Sie ist verkehrsfeindlich und kann nur Buchhypothek sein (§ 1185 I). Es gibt bei ihr keinen Verkehrsschutz: Der Gläubiger kann sich zum Beweise der Forderung nicht auf die Eintragung berufen (§ 1184 I), und der den gutgläubigen Erwerb der Hypothek gestattende § 1138 ist ausgeschlossen (§ 1185 II). Die Sicherungshypothek ist also wie das Pfandrecht an beweglichen Sachen und wie die Bürgschaft *streng akzessorisch*.

Eine besondere Art der Sicherungshypothek ist die *Höchstbetragshypothek* (§ 1190). Bei ihr ist nur der in das Grundbuch eingetragene Höchstbetrag, bis zu welchem das Grundstück haften soll, bestimmt, im übrigen ist die genaue Feststellung der Forderung für spätere Zeit vorbehalten. Es liegt hier also eine Ausnahme von dem *Grundsatz der Bestimmtheit der Forderung* vor. Die Höchstbetragshypothek ist geeignet zur Sicherung von Forderungen aus gegenseitigen Geschäftsverbindungen, insbesondere beim Kontokorrentverhältnis.

II. Die nichtakzessorischen Grundpfandrechte: Grundschuld und Rentenschuld

1. Grundschuld

a) Nach dem Wortlaut des § 1191 ist die Grundschuld die Belastung eines Grundstücks in der Weise, daß an den Berechtigten »eine bestimmte Geldsumme aus dem Grundstück zu zahlen ist«. Auffallend bei dieser Formulierung ist, daß die Worte »zur Befriedigung wegen einer ihm zustehenden Forderung« fehlen. Hier liegt der Unterschied zur Hypothek: Die Hypothek ist akzessorisch, d. h. abhängig von der zu sichernden Forderung, die *Grundschuld* dagegen ist *abstrakt:* Fehlt ihr eine zugrunde liegende Forderung, so besteht sie trotzdem. Der Grundschuldinhaber ist dann aber um die abstrakte Grundschuld ungerechtfertigt bereichert (§ 812), und der Eigentümer kann ihm die Einrede der Bereicherung (§ 821) entgegenhalten, wenn der Grundschuldinhaber aus der Grundschuld auf Duldung der Zwangsvollstreckung klagt. Allerdings muß der Eigentümer

§ 76. Hypothek, Grundschuld, Rentenrecht   271

das Fehlen des Rechtsgrundes, d. h. das Fehlen einer Forderung, beweisen. Die Kreditinstitute wählen bei einem Kontokorrentverhältnis gern die Grundschuld statt der Höchstbetragshypothek, da sie bei der Höchstbetragshypothek die Forderung beweisen müßten, während bei der Grundschuld die Beweislast dem Eigentümer obliegt. Außerdem ist es bei einer Grundschuld möglich, daß sich der Schuldner in einer notariellen Urkunde im voraus der sofortigen Zwangsvollstreckung unterwirft, da die Grundschuld im Gegensatz zur Höchstbetragshypothek die Zahlung einer *bestimmten* Geldsumme zum Gegenstand hat. Diese Urkunde ist dann ein vollstreckbarer Titel, die Vollstreckung ist also ohne einen vorangegangenen Prozeß möglich.

b) Eine besondere Art der Grundschuld ist die *Eigentümergrundschuld*. Befriedigt der Eigentümer den Hypothekengläubiger, so erlischt die Forderung gem. § 362. Wegen der Akzessorietät müßte jetzt auch die Hypothek erlöschen. Das hätte aber folgenden Nachteil: Die im Range nachstehenden Grundpfandrechte würden nachrücken, die nachrangigen Grundpfandgläubiger erhielten einen ungerechtfertigten Vorteil. Um dies zu verhindern, läßt das Gesetz im Falle des Erlöschens der Forderung die Hypothek auf den Eigentümer übergehen (§ 1163 I S. 2). Die Hypothek, der keine Forderung mehr zugrunde liegt, verwandelt sich analog § 1177 I in eine Grundschuld. Nun können die anderen Grundpfandrechte nicht aufrücken, und dem Eigentümer ist es möglich, an Stelle der Eigentümergrundschuld eine neue Hypothek mit Rang vor den anderen aufzunehmen[43].

---

[43] In der Praxis ist diese Möglichkeit im Laufe der Zeit zu einer seltenen Ausnahme geworden. In aller Regel ließen sich nämlich die nachrangigen Grundpfandgläubiger von dem Eigentümer versprechen, daß er ihnen das Nachrücken ermögliche, indem er die vorrangige Eigentümergrundschuld *löschen* lasse, und ließen sich das zukünftige Nachrücken durch die gesonderte Eintragung einer *Löschungsvormerkung* sichern (§ 1179 alter Fassung). Um die Grundbuchämter von der Mehrarbeit zu entlasten, die ihnen durch die Löschungsvormerkungen entstanden waren, wurde die Regel der Praxis durch eine Gesetzänderung (§ 1179 a) zur *gesetzlichen* Regel gemacht: Bei Grundpfandrechten, die nach dem 1.1.1978 entstanden sind, hat der nachrangige Grundpfandrechtsgläubiger *ohne weiteres* einen Löschungsanspruch gegen den Eigentümer. Ein besonderer Vermerk wird nur noch dann in das Grundbuch eingetragen, wenn der nachrangige Grundpfandrechtgläubiger mit dem Eigentümer vereinbart, daß er *nicht* den Anspruch auf Löschung (und Nachrücken) haben soll (§ 1179 a V).

Eine Eigentümergrundschuld kann auch in anderen Fällen entstehen, wenn eine Hypothek eingetragen ist, aber eine Forderung nicht besteht, z. B. wenn die Forderung von vornherein nicht zur Entstehung gelangt ist (§§ 1163 I S. 1, 1177 I). Bei einer Briefhypothek besteht außerdem, unabhängig davon, ob eine Forderung entstanden ist, in der Zeit zwischen Eintragung in das Grundbuch und Aushändigung des Hypothekenbriefes an den Gläubiger eine Eigentümergrundschuld (§§ 1163 II, 1177 I).

2. Rentenschuld

Die Rentenschuld ist wie die Grundschuld abstrakt und eine Unterart von dieser. Sie ist die Belastung eines Grundstücks in der Weise, daß an den Berechtigten *in regelmäßig wiederkehrenden Terminen* eine bestimmte Geldsumme aus dem Grundstück zu zahlen ist (§ 1199).

6. Kapitel: Zusammenfassung und Klausurschemata: Sachenrecht

§ 77. Fälle mit Schwerpunkt im Sachenrecht

In den weitaus meisten Fällen mit Schwerpunkt im Sachenrecht geht es um die Frage, wer *Eigentümer* einer bestimmten Sache ist. Viel seltener sind die Fälle, in denen es auf ein beschränktes dingliches Recht, insbesondere auf ein *Pfandrecht*, ankommt. Man kann vier Aufgabentypen unterscheiden.

1. Die einfachsten Aufgaben sind direkt auf das EIGENTUM bezogen: »Wer ist Eigentümer der Sache?« In solchen Fällen kann man *historisch* vorgehen: Man stellt zunächst fest, wer am Anfang Eigentümer war, und prüft dann, ob die weiteren Ereignisse zu einer Änderung der Eigentumslage geführt haben.

2. Schwieriger ist der Gutachtenaufbau, wenn nach dem HERAUSGABEANSPRUCH gefragt wird: »Kann A von B die Herausgabe der Sache verlangen?« Hier müßte man, streng genommen, das ganze Anspruchssystem des BGB durchprüfen, nämlich die Ansprüche aus
   I. Vertrag und vertragsähnlichen Schuldverhältnissen
   II. Eigentum
   III. unerlaubter Handlung
   IV. ungerechtfertigter Bereicherung.

Meist kann man sich diese umständliche Arbeit ersparen, indem man, je nach dem Schwerpunkt des Falles, eine Auswahl trifft. Zur Vorbereitung dieser Auswahl stellt man zunächst »im Unreinen« fest, ob A Eigentümer der Sache ist. Man geht dabei historisch vor wie unter Frage 1.

a) Ist A Eigentümer, so kann man sich im Gutachten mit dem Anspruch aus dem *Eigentum* gem. § 985 begnügen. In manchen Fällen ist dann noch zu prüfen, ob B trotz Vorliegens der Voraussetzungen des § 985 die Herausgabe verweigern kann, z. B. weil er Mieter der Sache ist oder weil er ein Pfandrecht oder ein Zurückbehaltungsrecht hat. Diese Prüfung wird im Rahmen des § 986 durchgeführt.

Die Voraussetzungen des § 985 und die einzelnen Rechte zum Besitz im Sinne von § 985 sind in dem Aufbauschema in dem folgenden § 78 dargestellt.

b) Ist A *nicht* Eigentümer, so können Ansprüche aus *ungerechtfertigter Bereicherung* von Bedeutung sein, falls A *früher* einmal Eigentümer gewesen ist (Aufbauschema unter § 78 II).

(1) Wenn A das Eigentum auf B übertragen hat, aber kein wirksames Grundgeschäft vorliegt, kann er einen Rückübereignungsanspruch aus § 812 I haben.

(2) Hat A sein Eigentum durch die Verfügung eines Nichtberechtigten und durch gutgläubigen Erwerb eines Dritten verloren, so kann er einen Anspruch aus der Sonderregel § 816 I haben.

c) In manchen Fällen kann A zur Herausgabe einer Sache auch auf dem Wege des *Schadensersatzes* gelangen, falls er durch eine Vertragsverletzung oder eine unerlaubte Handlung (z. B. Diebstahl, Betrug) den Besitz an der Sache verloren hat. Solche Schadensersatzansprüche sind aber nur sehr selten fallentscheidend.

3. Handelt es sich um ein Grundstück, so ist neben dem Herausgabeanspruch der BERICHTIGUNGSANSPRUCH aus § 894 von Bedeutung (wichtig wegen der Gefahr des endgültigen Eigentumsverlustes durch § 892!).

4. Einfach sind auch die Fälle, in denen die Frage des Eigentums oder des Pfandrechts in das Gewand des *Insolvenzrechts* gekleidet ist: »Welche Sonderrechte hat A im Konkurs des B?« Hier kann man von dem Aufbauschema »Rechtsbehelfe in der Zwangsvollstreckung und im Konkurs« (oben § 69 II) ausgehen. Man beginnt also mit der Feststellung, daß A ein Aussonderungsrecht oder ein Absonderungsrecht haben kann, und

gibt die Voraussetzung an: Eigentum (bei Aussonderung) bzw. Sicherungseigentum oder Pfandrecht (bei Absonderung).

a) Ist die Voraussetzung Eigentum oder Sicherungseigentum, so geht man bei der Prüfung der Eigentumslage historisch vor wie unter Frage 1.

b) Ist die Voraussetzung ein Pfandrecht, so prüft man, ob A ein Pfandrecht erworben hat (durch Verpfändungsvertrag oder kraft Gesetzes).

§ 78. Die Herausgabeansprüche aus Eigentum und aus ungerechtfertigter Bereicherung

I. Eigentum

Der Herausgabeanspruch aus § 985 bezieht sich auf Sachen, d. h. auf bewegliche Sachen und Grundstücke.

1. § 985 hat zwei Voraussetzungen.

a) _Kläger ist Eigentümer_. Im Rahmen dieser Frage kann man historisch vorgehen.
Man stellt also zunächst fest, wer am Anfang Eigentümer war. War der Kläger am Anfang Eigentümer, so prüft man, ob er sein Eigentum später _verloren_ hat. War der Kläger am Anfang _nicht_ Eigentümer, so ergeben sich zwei Prüfungen: ob er das Eigentum _erworben_ hat und, bejahendenfalls, ob er es später wieder _verloren_ hat.
Ereignisse, die zum Übergang des Eigentums führen, sind: Rechtsgeschäfte (§§ 929 ff., 873) Realakte (Verbindung, Vermischung, Verarbeitung, §§ 946—950) und Ersitzung (§ 937). Hiervon sind fast immer nur die _Rechtsgeschäfte_ problematisch. Man prüft zunächst, ob die Voraussetzungen für den rechtsgeschäftlichen Erwerb vom _Berechtigten_ vorliegen, bei beweglichen Sachen also: Eigentum des Veräußerers, wirksame Einigung, Übergabe oder Übergabesurrogat (§§ 929—931). Ist der Veräußerer _nicht_ Eigentümer, so ist gutgläubiger Erwerb gem. §§ 932 ff. BGB, § 366 HGB (§ 935 BGB!) zu prüfen. Ist die _Einigung_ nichtig (Nichtigkeits- und Anfechtbarkeitsgründe!), so liegt kein wirksamer Erwerb vor, ein Gutglaubensschutz kommt aber beim _Nacherwerber_ in Betracht.

Kommt man zu dem Ergebnis, daß der Kläger nicht Eigentümer ist, so kann man die Prüfung abbrechen, da § 985 nicht gegeben ist. Ist der Kläger Eigentümer, so muß noch festgestellt werden,

b) ob der Beklagte _Besitzer_ ist. _Diese_ Feststellung erfolgt also in der Regel _nach_ der Prüfung des Eigentums des Klägers. Wenn allerdings in einem Fall ohne weiteres ersichtlich ist, daß der Beklagte _nicht_ Besitzer ist, kann man schon aus _diesem_ Grunde die Anwendung des § 985 kurz verneinen und sich eine langwierige Untersuchung der Eigentumsfrage sparen.

2. Sind die beiden Voraussetzungen des § 985 gegeben, so prüft man — wenn der Fall dazu Veranlassung gibt — ob der Besitzer ein »Recht zum Besitz« im Sinne von § 986 hat.

a) § 986 ist vor allem dann anwendbar, wenn der Besitzer die Sache aufgrund eines schuldrechtlichen VERTRAGES mit dem Eigentümer besitzt. Das Schuldrecht wird also nicht schon bei der Prüfung des § 985, sondern immer nur _im Rahmen des_ § 986 berücksichtigt! In Betracht kommen vor allem die _Gebrauchsüberlassungsverträge_ (Miete, Pacht, Leihe). Auch der _Vorbehaltskäufer_ hat aufgrund des Kaufvertrages ein Recht zum Besitz. Kommt er allerdings mit einer Rate in Verzug und tritt der Verkäufer gem. § 455 zurück, so entfällt das Recht zum Besitz, der Käufer muß gem. § 985 die Sache zurückgeben.

b) Rechte zum Besitz sind außerdem die PFANDRECHTE an beweglichen Sachen, und zwar
  (1) das _vertragliche_ Pfandrecht, das durch einen besonderen sachenrechtlichen Verpfändungsvertrag entsteht (§§ 1204 ff., gutgläubiger Erwerb möglich, § 1207),
  (2) die _gesetzlichen_ Pfandrechte (im BGB: des Vermieters, Verpächters, Gastwirts, Werkunternehmers — gutgläubiger Erwerb _nicht_ möglich. Im HGB: des Kommissionärs, Spediteurs, Lagerhalters, Frachtführers — gutgläubiger Erwerb möglich).

c) Schließlich kommen noch drei ZURÜCKBEHALTUNGSRECHTE in Betracht:
  (1) das _allgemeine schuldrechtliche_ Zurückbehaltungsrecht gem. § 273, das voraussetzt, daß ein fälliger Gegenanspruch »aus demselben rechtlichen Verhältnis« besteht (sog. Konnexität, Beispiel: Ansprüche des Verwahrers auf Aufwendungsersatz),

(2) das sachenrechtliche Zurückbehaltungsrecht gem. §§ 1000, 994 wegen Verwendungen auf die Sache, das aber nur dann entsteht, wenn der Besitzer die Sache nicht aufgrund eines Vertrages mit dem Eigentümer (direkt oder indirekt) besitzt,

(3) das kaufmännische Zurückbehaltungsrecht gem. § 369 HGB, das keine Konnexität voraussetzt (deshalb Zurückbehaltung wegen alter Forderungen ermöglicht), aber nur unter Kaufleuten entsteht.

II. Ungerechtfertigte Bereicherung

Ansprüche aus ungerechtfertigter Bereicherung (sog. Kondiktionsansprüche) stehen oft in einem engen Zusammenhang mit sachenrechtlichen Fragen. Das Gesetz kennt keinen einheitlichen Bereicherungstatbestand.

o Bitte lesen Sie § 812 I S. 1.

In Anlehnung an die beiden Alternativen des § 812 I S. 1 unterscheiden die herrschende Rechtsdoktrin[43] und die Rechtsprechung[44] zwischen der Fallgruppe der Bereicherung »durch die Leistung eines anderen« (Leistungskondiktion) und der Fallgruppe der Bereicherung »in sonstiger Weise« (Nichtleistungskondiktion).

1. Die LEISTUNGSKONDIKTION gem. § 812 I S. 1, 1. Alt. ist vor allem als ein schuldrechtliches Korrektiv des im deutschen Recht extrem ausgestalteten Abstraktionsprinzips zu verstehen: Wenn das Grundgeschäft fehlt oder nichtig ist, kann das Verfügungsgeschäft trotzdem wirksam sein (s. o. § 25). Fälle einer Leistungskondiktion können aber auch bei wirksamen Grundgeschäften vorkommen, z. B. bei Falschlieferungen (es wird eine andere als die geschuldete Sache geliefert) oder bei Zuviellieferungen. § 812 I S. 1, 1. Alt. setzt voraus:

a) Beklagter hat etwas erlangt (z. B. Eigentum und Besitz an der Sache).

b) Dieser Erfolg ist durch eine Leistung des Klägers eingetreten (d. h. der Kläger hat bewußt und zweckgerichtet – in eigener Person oder unter Einschaltung einer dritten Person – das Vermögen des Beklagten vermehrt[45])

---

[43] Im Anschluß vor allem an v. Caemmerer, Festschrift f. Rabel, 1954, 333 ff.
[44] BGH 40, 276.
[45] BGH 58, 184 (188).

§ 78. Eigentum und Bereicherung

c) ohne rechtlichen Grund (d. h. ohne eine entsprechende rechtliche Beziehung zwischen Kläger und Beklagtem).

Da durch die beiden ersten Voraussetzungen die Parteien der Leistungskondiktion bereits festgestellt werden, ist eine Prüfung des Merkmals »auf dessen Kosten« überflüssig. Dieses Merkmal gehört deshalb nicht zu den Voraussetzungen der 1. Alternative des § 812 I S. 1.

2. Die NICHTLEISTUNGSKONDIKTION gem. § 812 I S. 1, 2. Alt. erfaßt alle Fälle von Bereicherungen, die *ohne* eine Leistung des Bereicherungsgläubigers erfolgt sind (Schulbeispiel: Die Kühe des A weiden auf der Wiese des B). Die Voraussetzungen sind hier:

a) Beklagter hat etwas erlangt (z. B. Nutzungsvorteile).

b) Dieser Erfolg ist nicht durch eine Leistung des Klägers, sondern in sonstiger Weise eingetreten

c) auf Kosten des Klägers (d. h. unter Minderung oder Beeinträchtigung der Rechtsgüter des Klägers[46])

d) ohne rechtlichen Grund (d. h. ohne daß der erlangte Vorteil dem Beklagten nach unserer Rechtsordnung *gebührt*[47]).

Bei der Nichtleistungskondiktion muß also das Merkmal »auf dessen Kosten« stets geprüft werden: Auf diese Weise wird die Person des *Bereicherungsgläubigers* festgestellt.

Unter den Fällen der Nichtleistungskondiktion hat die Untergruppe der EINGRIFFSKONDIKTION die größte Bedeutung. Hier hat sich der Bereicherte die Bereicherung durch eine eigene Handlung *selbst verschafft*, z. B. indem er unbefugt Sachen eines anderen in Benutzung genommen oder das Urheberrecht eines anderen verletzt hat (Raubdruck).

3. Hat der Eingreifende über Sachen eines anderen eine VERFÜGUNG getroffen und dadurch die Wirkung von *Gutglaubensvorschriften* ausgelöst (§§ 932 ff. BGB, 366 HGB), so liegt ein *Sonderfall* der Eingriffskondiktion vor, der als Sondertatbestand aus § 812 ausgegliedert und in der Sondervorschrift § 816 I geregelt worden ist. Diese Sondervorschrift ist also als ein schuldrechtliches Korrektiv der Gutglaubensvorschriften zu verstehen.

---

[46] Larenz II § 68.
[47] Larenz a. a. O.

Gem. § 816 I S. 1 hat der frühere Eigentümer gegen den unbefugt Verfügenden einen Anspruch auf Herausgabe des vollen Entgelts, das dieser von dem gutgläubigen Erwerber erlangt hat (auch wenn es den Wert der Sache übersteigt[48]). Hat der Verfügende die Sache schenkungsweise weiterübereignet, so hat der gutgläubige Beschenkte zwar das Eigentum erworben, der ehemalige Eigentümer hat aber ausnahmsweise ein *Durchgriffsrecht* gem. § 816 I S. 2.

o Bitte lesen Sie nochmals § 816 I.

In der Vorschrift werden Oberbegriffe verwendet, die Ihnen aus oben § 8 geläufig sind. Die Voraussetzungen des § 816 I S. 1 sind (in Klammern die Unterbegriffe)
a) Beklagter ist Nichtberechtigter (Nichteigentümer),
b) Kläger ist Berechtigter (Eigentümer),
c) Beklagter hat (unbefugt) über einen Gegenstand (Sache) eine Verfügung (Übereignung) getroffen,
d) die dem Berechtigten (Eigentümer) gegenüber wirksam ist (gem. §§ 932 ff. BGB, § 366 HGB);
e) Beklagter hat durch die Verfügung etwas erlangt (das Entgelt)[49].

4. Die Bereicherungshaftung ist sehr milde. Der Schuldner soll nur die Bereicherung bzw. das Erlangte herausgeben und nicht in sein übriges Vermögen eingreifen müssen. Deshalb entfällt die Verpflichtung, wenn die Bereicherung (mit oder ohne Verschulden des Bereicherten) weggefallen ist (§ 818 III). Beim Wegfall der Bereicherung ist aber sorgfältig zu prüfen, ob der Bereicherte *Aufwendungen erspart* hat. Ist die Bereicherung infolge *Verschenkens* weggefallen, so haftet der Beschenkte an Stelle des frei gewordenen Bereicherten gem. § 822.

Vom Zeitpunkt der *Rechtshängigkeit* (Klageerhebung) und vom Zeitpunkt der *Kenntnis* vom Fehlen des Rechtsgrundes an unterliegt der Bereicherte einer *verschärften* Haftung: Er haftet für jedes Verschulden auf Schadensersatz (§§ 819 I, 818 IV, 292, 989).

---

[48] BGH 29, 157, sehr str.
[49] Die gesetzliche Formulierung ist nicht ganz korrekt. Der Verfügende hat nicht »durch die Verfügung«, sondern durch den der Verfügung zugrunde liegenden *Schuldvertrag* etwas erlangt.

§ 79. Anhang. Der sachenrechtliche Abwehranspruch aus § 1004 BGB

Der sachenrechtliche Herausgabeanspruch aus § 985 ist noch zu ergänzen durch den sachenrechtlichen Abwehranspruch aus § 1004, der die Fälle erfaßt, in denen das Eigentum *auf andere Weise* als durch Besitzentziehung beeinträchtigt wird. Möglichkeiten und Grenzen des § 1004 macht man sich am besten an zwei Fällen klar.

Fall 1: Der Hauseigentümer E wird dadurch gestört, daß sein Nachbar Brause Tag und Nacht ein Freudenfeuer brennen läßt. Der Rauch zieht auf das Grundstück des E, schwärzt die Hauswand und zwingt den E, alle Fenster zum Garten verschlossen zu halten. Was kann E unternehmen?

E kann gem. § 823 I wegen der geschwärzten Hauswand *Schadensersatz* verlangen, denn Brause hat das Eigentum des E widerrechtlich und schuldhaft verletzt. Aber § 823 I ist nur auf die *Vergangenheit* gerichtet.

E wird deshalb *Beseitigung der Störung* verlangen und hierbei aus § 1004 I S. 1 vorgehen. Dieser Anspruch ist auf die in der *Gegenwart* fortdauernde Störung gerichtet. Er setzt eine Störung des Eigentums und Widerrechtlichkeit (kein Verschulden) voraus. Falls E gegen Brause ein Urteil erlangt (er kann auch eine einstweilige Verfügung erwirken, was schneller geht als ein normaler Prozeß), könnte die Zwangsvollstreckung in der Weise erfolgen, daß der Gerichtsvollzieher kommt und das Feuer löschen läßt.

Wie schützt sich E aber dagegen, daß Brause das Feuer nicht sogleich wieder anzündet? Er muß aus § 1004 I S. 2 auf *Unterlassung* klagen. Dieser Anspruch ist auf die *Zukunft* gerichtet, er setzt eine Störung des Eigentums, Widerrechtlichkeit und *Wiederholungsgefahr* voraus. In dem Unterlassungsurteil werden für den Fall der Zuwiderhandlung Zwangsmittel (Zwangsgeld bis zu jeweils 50 000 DM oder Zwangshaft bis zu sechs Monaten) angedroht. Das wird selbst einen Brause beeindrucken.

Fall 2: Der Privatdozent D hat sich in einer Schrebergartenkolonie ein kleines Grundstück mit einem Gartenhäuschen gekauft. In den Ferien will er dort einen grundlegenden Aufsatz über das Thema »Der Versackungsgedanke in der Kartoffelindustrie« schreiben. Sein Nachbar nutzt die Ferienzeit, um sein Grundstück ausgiebig mit Jauche zu düngen. Der Geruch stört den D und hindert ihn am Nachdenken. Am Wochenende werden häufig Laubenfeste veranstaltet, D hört bis in die späte Nacht aus der Ferne Musik und Gekicher. Das hindert ihn am Einschlafen. Morgens, wenn er im besten Schlaf ist, krähen die Hähne, und pünktlich um sieben beginnen nebenan einige kleine Kinder zu brüllen. D will aus § 1004 gegen die ganze Schrebergartenkolonie vorgehen. Kann er das?

Nein. Bitte lesen Sie § 906. Eine weitere Einschränkung ergibt sich aus § 14 Bundesimmissionsschutzgesetz von 1974. Danach kann man selbst bei *nicht ortsüblichen* Beeinträchtigungen, die von *behördlich genehmigten* Gewerbebetrieben ausgehen, nur die Herstellung von entsprechenden Einrichtungen oder, soweit das nicht möglich oder wirtschaftlich nicht vertretbar ist, eine Geldentschädigung verlangen.

7. Kapitel. Personalkredit

§ 80. Übersicht

I. Maßnahmen zur Durchsetzung des Anspruchs

Wir haben uns bisher mit den Sicherheiten befaßt, die der Gläubiger erwerben kann
a) an Grundstücken (durch Hypothek, Grundschuld, Rentenschuld),
b) an beweglichen Sachen (durch Pfandrecht, Sicherungsübereignung, Eigentumsvorbehalt),
c) an Rechten (durch Pfandrecht, Abtretung zur Sicherheit).

Daneben oder statt dessen wird der Gläubiger auch darauf bedacht sein, Maßnahmen zu ergreifen, die ihm ein sicheres und schnelles Vorgehen gegen den Schuldner ermöglichen.

1. Schuldschein

Deshalb wird der Gläubiger sich die Kreditgewährung in der Regel vom Schuldner schriftlich bestätigen lassen. Ein solcher Schuldschein sichert ihm den Beweis für den Fall eines Prozesses.
Enthält der Schuldschein alle Tatsachen, die für die Begründung der Klage notwendig sind, so hat der Gläubiger noch einen weiteren Vorteil: er kann, wenn

seine Forderung auf eine bestimmte Geldsumme oder eine bestimmte Menge vertretbarer Sachen gerichtet ist, den Prozeß gegen den Schuldner beschleunigt durchführen, indem er im URKUNDENPROZESS klagt (§§ 592 ff. ZPO). Dann sind nämlich die Beweismittel auf Urkunden und Parteivernehmung (Vernehmung der anderen Partei) beschränkt. Erhebt der Beklagte Einwände, die er nur auf andere Weise, z. B. durch Zeugen oder Sachverständige beweisen kann, so wird er unter Vorbehalt verurteilt und muß seine Rechte in dem sich anschließenden ordentlichen Verfahren, dem *Nachverfahren*, beweisen. Inzwischen kann das Vorbehaltsurteil schon für vorläufig vollstreckbar erklärt werden. Verliert der Kläger im Nachverfahren, so wird das Vorbehaltsurteil aufgehoben, der Kläger muß, wenn er die Vollstreckung bereits durchgeführt hat, dem Beklagten allen Schaden ersetzen, den dieser infolge der Vollstreckung erlitten hat. Der Urkundenprozeß hat also für den Gläubiger nicht nur Vorteile, sondern auch Gefahren.

2. *Abstraktes Schuldanerkenntnis*

In manchen Fällen, z. B. beim Bankkredit, schwankt die Forderung des Gläubigers. Dann kann er sich sichern, indem er sich neben seiner Forderung aus Darlehen, Kauf usw. eine abstrakte Forderung beschafft: er läßt sich vom Schuldner ein abstraktes Schuldversprechen oder -anerkenntnis geben. (Bitte lesen Sie §§ 780, 781, 782 BGB; §§ 350, 351 HGB.) Solche Anerkenntnisse kommen im Bankverkehr durch die jährlichen, halbjährlichen, vierteljährlichen oder monatlichen Kontoabrechnungen zustande, die vom Schuldner meist schriftlich oder durch bloßes Schweigen, das dann nach den Bankbedingungen Zustimmung ist, bestätigt werden. Ist die Forderung aus dem zugrunde liegenden Verhältnis niedriger, so beeinflußt das nicht den Bestand der abstrakten Forderung. Der Gläubiger ist aber insoweit um sie ungerechtfertigt bereichert (§ 812 II). Er würde, wenn er die Forderung in voller Höhe geltend machen wollte, vom Schuldner etwas verlangen, was er diesem sofort nach § 812 zurückgeben müßte. (Erinnern Sie sich noch an einen Spruch? Sonst lesen Sie o. §, 27.) Deshalb kann sich der Schuldner im Prozeß mit der Einrede der Bereicherung verteidigen, muß aber deren Voraussetzungen beweisen. Somit läuft das abstrakte Schuldanerkenntnis in der Regel auf eine UMKEHRUNG DER BEWEISLAST hinaus.

3. Vollstreckbare Urkunden

Der Gläubiger kann in der Sicherung der schnellen Vollstreckbarkeit gegen den Schuldner noch einen Schritt weiter gehen. Er kann den Schuldner veranlassen, sich in einer notariellen Urkunde der »sofortigen Zwangsvollstreckung« zu unterwerfen. Eine solche Urkunde ist ein sog. *vollstreckbarer Titel* wie z. B. das Urteil; sie ermöglicht dem Gläubiger die Zwangsvollstreckung ohne einen vorangegangenen Prozeß.

Solche Unterwerfungen sind bei der Bestellung einer Hypothek häufig. Die Befriedigung aus einer Hypothek erfolgt im Wege der Zwangsvollstreckung, setzt also normalerweise einen Prozeß voraus, was für den Gläubiger sehr umständlich ist (§ 1147). Da die Unterwerfung nur bei einem Anspruch auf Zahlung einer *bestimmten* Geldsumme oder Leistung einer *bestimmten* Menge vertretbarer Sachen zulässig ist (der letztere Fall ist in der Praxis von weniger großer Bedeutung), kann sich der Schuldner bei der sog. *Höchstbetragshypothek* nicht der Zwangsvollstreckung im voraus unterwerfen, denn bei der Höchstbetragshypothek ist nur eine Höchstgrenze angegeben, im übrigen ist die Forderung unbestimmt. Das ist einer der Gründe, der die Banken veranlaßt, statt der akzessorischen Höchstbetragshypothek die Bestellung einer abstrakten, auf einen bestimmten Betrag festgelegten *Grundschuld* zu verlangen.

4. Wechsel

In vielen Fällen wird der Kredit durch einen Wechsel gesichert. Wenn der Schuldner einen Wechsel akzeptiert (»querschreibt«), den der Gläubiger auf ihn gezogen hat, so hat das für den Gläubiger zwei Vorteile:

a) Er hat zwar nicht einen vollstreckbaren Titel gegen den Schuldner, kann aber den Prozeß ganz außerordentlich abkürzen, indem er die abstrakte Wechselforderung im WECHSELPROZESS einklagt. Der Wechselprozeß ist eine Abart des Urkundenprozesses. Er hat neben der Beweiseinschränkung die Eigenart, daß die Ladefristen und die sog. *Einlassungsfrist* (die Frist zwischen der Zustellung der Klageschrift an den Beklagten und der ersten mündlichen Verhandlung) verkürzt sind. Die Mindestfrist beträgt im Verfahren erster Instanz 24 Stunden, wenn die Zustellung am Gerichtsort erfolgt; in Anwaltsprozessen 3 Tage, wenn die Zustellung im Landgerichtsbezirk erfolgt (§ 604 ZPO). Auch der Wechselprozeß endet, wenn der Beklagte Einwände geltend macht, die er weder durch Urkunden noch durch Parteivernehmung beweisen kann, mit einem Vorbehaltsurteil, das für vorläufig vollstreckbar erklärt werden kann. Der Beklagte ist dann auf das Nachverfahren verwiesen.

b) Noch wichtiger ist, daß der Gläubiger den Wechsel schon *während der Laufzeit* verwerten kann, indem er ihn an seinen Lieferanten oder an eine Bank zum Diskont gibt. Oft wandert ein Wechsel durch mehrere Hände, bis er bei einer Bank diskontiert wird. Von dort aus kann er durch Rediskont an eine Zentralbank weitergehen.

II. Sicherheit durch Haftung eines Dritten

Der Gläubiger kann auch dadurch Sicherheit erhalten, daß ein Dritter neben den Schuldner tritt, der für die Erfüllung der Verbindlichkeit einsteht.

1. Bürgschaft und ähnliche Schuldverhältnisse

Für diesen Fall hat das Gesetz die Bürgschaft als Vertragstyp vorgesehen. Sie soll in dem folgenden Paragraphen eingehender behandelt werden. Darüber hinaus werden die der Bürgschaft ähnlichen Schuldverhältnisse zusammengestellt.

2. Wechsel

Auch durch den Wechsel kann die Haftung eines Dritten herbeigeführt werden. Hierbei spielt die Wechselbürgschaft eine weitaus geringere Rolle als das sog. GEFÄLLIGKEITSAKZEPT: der Kreditnehmer zieht einen Wechsel auf einen Dritten, zahlbar an den Kreditgeber, und läßt den Wechsel durch den Dritten akzeptieren. Dabei vereinbart er mit dem Dritten, daß er den Wechsel vor der Verfallzeit einlösen wird, um dadurch den Dritten vor der Inanspruchnahme aus dem Wechsel zu bewahren. Der Kreditgeber hat dann aus dem Wechsel zwei Ansprüche:

a) Er hat den Anspruch gegen den Akzeptanten, der aus dem Wechsel voll haftet und sich dem Kreditgeber gegenüber nicht darauf berufen kann, daß er nur aus Gefälligkeit akzeptiert hat. Denn die Gefälligkeit hat der Dritte nur dem *Aussteller* erwiesen. Dem Kreditgeber gegenüber hat er sich uneingeschränkt verpflichtet, da ja sonst der Wechsel nicht kreditwürdig geworden wäre.

b) Der Kreditgeber hat außerdem einen wechselmäßigen Anspruch gegen den Kreditnehmer, der als Aussteller für die Zahlung des Wechsels haftet. Allerdings setzt das Vorgehen gegen den Aussteller aus dem Wechsel voraus, daß der Wechsel zu Protest gegangen ist.

§ 81. Bürgschaft und bürgschaftsähnliche Schuldverhältnisse

I. Voraussetzungen

Hat man im praktischen Fall den Anspruch aus einer Bürgschaft gem. § 765 BGB zu prüfen, so wird der Aufbau des Gutachtens in der Regel durch zwei Voraussetzungen bestimmt, deren Reihenfolge sich jeweils nach dem Einzelfall richtet.

1. Bürgschaftsvertrag

Die Haftung aus der Bürgschaft setzt einen »Bürgschaftsvertrag« (§ 765 BGB) voraus, der zwischen Bürge und Gläubiger geschlossen wird. Hierbei ist die Formvorschrift des § 766 BGB zu beachten: Bei fehlender Schriftform ist die Bürgschaftserklärung gem. § 125 BGB nichtig. Da es sich um eine *durch Gesetz vorgeschriebene Form* handelt, muß die Urkunde von dem Bürgen oder dessen Stellvertreter *eigenhändig* (nicht höchstpersönlich) unterzeichnet sein, ein Faksimile genügt also nicht (§ 126 BGB). Ebensowenig reicht ein Telegramm aus (§ 127 BGB). Diese strengen Formvorschriften verhindern, daß eine Haftung für die Erfüllung einer fremden Verbindlichkeit aus einer übereilten mündlichen Zusage entsteht, die der Erklärende *aus Gefälligkeit, wegen seiner verwandtschaftlichen oder nachbarlichen Beziehungen zu dem Schuldner* gegeben hat.

Eine Zusage solcher Art liegt normalerweise nicht vor, wenn die Bürgschaft auf der Seite des Bürgen ein Handelsgeschäft (§ 343 HGB) ist. § 766 BGB bleibt deshalb in einem solchen Falle außer Anwendung (§ 350 HGB). Der Bürge muß allerdings Vollkaufmann sein (§ 351 HGB) oder nach den Grundsätzen über den Scheinkaufmann wie ein solcher behandelt werden.

2. Hauptverbindlichkeit

Es muß eine Hauptverbindlichkeit vorliegen, für welche der Bürge einstehen soll. Der jeweilige Bestand dieser Verbindlichkeit ist für die Verpflichtung des Bürgen maßgebend (§ 767 I S. 1), es gilt der *Grundsatz der Akzessorietät*.

§ 81. Bürgschaft und ähnliche Schuldverhältnisse

a) Erlischt die Verbindlichkeit durch Erfüllung, Aufrechnung, Anfechtung oder vom Schuldner nicht zu vertretende Unmöglichkeit (§ 275), so wird der Bürge frei. Auch der im Vergleichswege erfolgte Teilerlaß wirkt zugunsten des Bürgen, eine Ausnahme besteht für den Vergleich im Vergleichsverfahren (§ 82 II VglO) und für den Zwangsvergleich im Konkursverfahren (§ 193 S. 2 KO).
Handelt es sich bei der Hauptverbindlichkeit um einen Leistungsanspruch, der sich infolge Verzugs (§ 286 II bzw. § 326 BGB) oder vom Schuldner zu vertretender Unmöglichkeit (§ 280 bzw. § 325 BGB) in einen Ersatzanspruch umwandelt, so bezieht sich die Bürgschaft auf diese Verbindlichkeit (§ 767 I S. 2). *Die Hauptschuld muß aber zunächst wirksam entstanden sein.* Sie darf also nicht, z. B. wegen Formmangels (§ 125 BGB) oder Sittenwidrigkeit (§ 138 BGB), nichtig oder vom Schuldner wirksam (§ 142 BGB) angefochten worden sein! In den letzten Fällen haftet der Bürge auch nicht für die auf Rückgewähr gerichteten Bereicherungsansprüche oder für den Anspruch auf Ersatz des Vertrauensschadens aus § 122 oder § 307 BGB. Eine solche Haftung könnte nur dann eintreten, wenn sich etwa der Bürge »für alle sich aus der Geschäftsbeziehung zwischen G und S ergebenden Verbindlichkeiten« verbürgt hätte.

b) Schwierigkeiten bestehen, wenn eine durch Bürgschaft gesicherte Forderung in ein *Kontokorrent* aufgenommen wird. Beim Kontokorrent werden die beiderseitigen Forderungen in Rechnung gestellt und in regelmäßigen Zeitabschnitten (§ 355 HGB) verrechnet, so daß nur ein Saldo verbleibt. Da die durch die Bürgschaft gesicherte Forderung infolge der Aufnahme in die laufende Rechnung ihre Selbständigkeit verliert, entsteht angesichts des Grundsatzes der Akzessorietät die Frage, ob die Bürgschaft noch weiter bestehen bleiben kann. Hier greift § 356 HGB ein: Kraft ausdrücklicher Vorschrift bezieht sich die Bürgschaft in einem solchen Falle auf den Saldo.

c) Der Bürge soll nicht strenger haften als der Schuldner. Er kann deshalb die dem Hauptschuldner zustehenden Einreden (Verjährung, Stundung) geltend machen, selbst wenn der Schuldner auf sie verzichtet hat (§ 768). Auf dem gleichen Gedanken beruht § 770: Hat der Schuldner das Recht zur Anfechtung oder Aufrechnung, ohne hiervon Gebrauch zu machen, so kann zwar der Bürge nicht statt seiner diese Rechte ausüben, er hat aber ein Leistungsverweigerungsrecht. § 770 gilt analog bei einem Rücktritts- oder Wandlungsrecht des Schuldners[49].

Der Bürge soll nur für den Notfall einstehen. Deshalb steht ihm grundsätzlich die Einrede der Vorausklage gem. § 771 zu, solange nicht der Gläubiger eine Zwangsvollstreckung gegen den Hauptschuldner ohne Erfolg versucht hat. Verzichtet der Bürge im voraus auf die Einrede der Vorausklage, so bezeichnet man ihn als *selbstschuldnerischen* Bürgen. Der Vollkaufmann ist, falls die Bürgschaft für ihn ein Handelsgeschäft (§ 343 HGB) darstellt, stets selbstschuldnerischer Bürge (§§ 349, 351 HGB).

II. Die Regreßansprüche des Bürgen

Befriedigt der Bürge den Gläubiger, so kann er seinen Rückgriffsanspruch gegen den Schuldner auf zweierlei Weise begründen:

1. zunächst aus dem Innenverhältnis, meist einem Auftrag (§ 670), sonst aus Geschäftsführung ohne Auftrag (§§ 683 S. 1, 670) oder aus Bereicherung (§ 812);
2. außerdem kann er aus der Forderung des Gläubigers gegen den Schuldner vorgehen, da diese nicht erloschen, sondern kraft Gesetzes auf ihn übergegangen ist (§ 774 I S. 1, sog. cessio legis). Dieser Forderungsübergang hat für den Bürgen vor allem dann Vorteile, wenn die Forderung außer durch die Bürgschaft noch durch ein Pfandrecht oder eine Hypothek gesichert ist. Denn diese Sicherheiten sind dann mit der Forderung auf ihn übergegangen (§§ 401, 412), und er kann sich nunmehr aus ihnen befriedigen.

III. Bürgschaftsähnliche Schuldverhältnisse

Liegt eine »altruistische« Zusage im oben bezeichneten Sinne nicht vor, so kann trotz fehlender Schriftform eine Haftung des Zusagenden eintreten, wenn nicht Bürgschaft, sondern ein Vertrag anderer Art gegeben ist. Hier ist jedoch besondere Vorsicht geboten: Der Schutzgedanke des § 766 darf

---

[49] RG 62, 53.

nicht umgangen werden. In Zweifelsfällen wird man deshalb wohl besser das Vorliegen einer (wegen Formmangels nichtigen) Bürgschaft annehmen. Die in Betracht kommenden Vertragstypen haben jeweils besondere Voraussetzungen.

1. Kreditauftrag

Gem. §§ 778, 662 BGB erfordert der Kreditauftrag einen rechtsgeschäftlichen Auftrag, welcher der Annahme durch den Beauftragten bedarf und diesen dann gem. § 662 BGB »*verpflichtet*«, dem Schuldner im eigenen Namen und auf eigene Rechnung Kredit zu geben. Es genügt nicht etwa die bloße Ermächtigung, welche den Angegangenen nicht verpflichten soll.

2. Kumulative Schuldübernahme

Der Schuldbeitritt ist im Gesetz nur in einigen Einzelfällen geregelt (z. B. in § 25 HGB: Der Übernehmer haftet *neben* dem alten Inhaber), aber allgemein zulässig auf Grund der das Schuldrecht beherrschenden Vertragsfreiheit. Der neue Schuldner tritt neben den alten Schuldner und haftet, ohne diesen von der Haftung zu befreien. Die Annahme einer solchen Schuldübernahme ist nur möglich bei Vorliegen eines *unmittelbaren sachlichen, nicht lediglich persönlichen Interesses*. Mangels einer besonderen Anspruchsnorm ist dann Anspruchsgrundlage der allgemein gehaltene § 241 BGB. Die kumulative Schuldübernahme erfolgt in der Regel durch einen Vertrag zwischen dem Dritten und dem *Gläubiger*. Sie kann auch durch einen Vertrag zwischen dem Dritten und dem Schuldner herbeigeführt werden und ist dann ein Vertrag zugunsten Dritter. Die Einwilligung des Gläubigers ist hierzu nicht erforderlich, da der Gläubiger nur *mehr* Rechte erhält als bisher. Ein solcher (echter) Vertrag zugunsten Dritter ist nur in Ausnahmefällen anzunehmen (vgl. die Auslegungsregel § 329).

Die kumulative Schuldübernahme ist von der *befreienden* (privativen) Schuldübernahme, bei der der Dritte *an die Stelle* des Schuldners tritt, streng zu unterscheiden. Zu der privativen Schuldübernahme ist stets die Einwilligung des Gläubigers erforderlich (§§ 414, 415).

3. Selbständiger Garantievertrag

Auch der selbständige Garantievertrag ist nicht im Gesetz geregelt. Er muß eine *Risikoübernahme* beinhalten, also ein Einstehen für einen bestimmten Erfolg oder die Übernahme der Gefahr eines *künftigen*, noch nicht eingetretenen *Schadens*. Die Risikoübernahme stellt meist eine Ausfallgarantie bei besonderen Unternehmungen (Ausstellungen, Experimenten, Expeditionen usw.) dar.

Neuerdings hat der Garantievertrag im Scheckverkehr Bedeutung erlangt, da die Banken an ihre Kunden *Scheckkarten* mit einer Einlösungsgarantie für Euroschecks ausgeben. Die Scheckkarten tragen auf der Rückseite folgenden Vermerk:

> »Das umseitig bezeichnete Kreditinstitut garantiert hiermit die Zahlung des Scheckbetrages eines auf seinem ec-Scheckvordruck ausgestellten Schecks jedem Schecknehmer im Inland und jedem Kreditinstitut im Ausland bis zur Höhe von 300,– DM (Dreihundert Deutsche Mark) unter folgenden Voraussetzungen:
> 1. Unterschrift, Name des Kreditinstituts sowie Kontonummer auf ec-Scheck und eurocheque-Karte müssen übereinstimmen.
> 2. Die Nummer der eurocheque-Karte muß auf der Rückseite des ec-Schecks vermerkt sein.
> 3. Das Ausstellungsdatum des ec-Schecks muß innerhalb der Gültigkeitsdauer der eurocheque-Karte liegen.
> 4. Ein im Inland ausgestellter ec-Scheck muß binnen 8 Tagen, ein im Ausland ausgestellter ec-Scheck binnen 20 Tagen seit seinem Ausstellungsdatum vorgelegt werden.«

Die Haftung der einzelnen Bank kommt durch einen Garantievertrag zustande, den der Kunde für die Bank (als deren Stellvertreter oder Bote) mit dem Empfänger des Schecks (dem Schecknehmer) schließt. Dieser Garantievertrag ist außerscheckrechtlicher Natur, er richtet sich nach den Vorschriften des BGB. Eine bisher ungeklärte Frage ist, ob die Einlösungspflicht der Bank auch bei der Benutzung von Scheck und Scheckkarte durch einen *Unbefugten* (z. B. Dieb) besteht.[50] Man wird die Frage bejahen müssen, da die Bank durch die Ausgabe der Scheckkarte den Rechtsschein erzeugt, daß der Inhaber zum Abschluß des Garantievertrages befugt ist, und den Schecknehmer veranlaßt, auf diesen Schein zu vertrauen.

---

[50] Bejahend AG Hamburg-Altona, DB 1973, 1987; verneinend LG Mönchengladbach, NJW 1973, 1330.

§ 82. Zusammenfassung und Aufbauschema: Haftung für Verbindlichkeiten Dritter kraft Vertrages

Die Bürgschaft und die der Bürgschaft verwandten Verträge sind ein sehr beliebtes Prüfungsthema. Das folgende Schema gibt einen Teil des am Ende dieses Buches (unten § 126) abgedruckten »Sonderschemas« wieder, das außerdem die Fälle der Haftung für Verbindlichkeiten Dritter *kraft Gesetzes* umfaßt.
Der Aufbau des Gutachtens wird durch zwei Voraussetzungen bestimmt:

I. Verbindlichkeit des Dritten

Es muß eine Verbindlichkeit des Dritten bestehen, für die gehaftet werden soll.

II. Besonderer Haftungsgrund

Außerdem muß ein besonderer Haftungsgrund vorliegen. Im allgemeinen haftet jeder nur für seine eigenen Schulden. Wenn jemand für fremde Schulden haftet oder fremde Schulden zu seinen eigenen Schulden machen soll, muß ein *besonderer* Grund vorliegen, der sich aus einem entsprechenden VERTRAG oder aus dem GESETZ ergeben kann.
Hat sich jemand *vertraglich* verpflichtet, für eine fremde Schuld einzustehen, so prüft man zunächst, ob eine BÜRGSCHAFT vorliegt. Der Bürgschaftsvertrag wird zwischen Bürge und Gläubiger geschlossen (§ 765 BGB). Die Erklärung des Bürgen bedarf der Schriftform (§ 766 BGB), außer wenn der Bürge Vollkaufmann ist oder wie ein Vollkaufmann behandelt wird (Scheinkaufmann!) und die Bürgschaft für ihn ein Handelsgeschäft ist (§§ 350, 351 HGB). Andere Vertragstypen, die nicht der Schriftform bedürfen, sind auf Grund der Vertragsfreiheit zulässig, doch ist bei deren Annahme Zurückhaltung geboten, da andernfalls die Gefahr droht, daß die Formschrift des § 766 BGB aufgehoben wird. Die anderen Vertragstypen sind:

1. KREDITAUFTRAG (§§ 778, 662 BGB). Setzt voraus, daß der Kreditgeber den Auftrag *annimmt* und sich dadurch *verpflichtet* (vgl. § 662 BGB), dem Dritten im eigenen Namen und für eigene Rechnung Kredit zu gewähren.

2. SCHULDMITÜBERNAHME (Schuldbeitritt, kumulative Schuldübernahme, im Gesetz nicht geregelt, deshalb Anspruchsgrundlage § 241 BGB). Ist nur bei *unmittelbarem, sachlichem Interesse* des Versprechenden anzunehmen.

Sie kommt normalerweise durch Vertrag zwischen dem Versprechenden und dem *Gläubiger* zustande. Eine entsprechende Vereinbarung zwischen Versprechendem und *Schuldner* wird *Erfüllungsübernahme* genannt. Sie führt grundsätzlich nur zu einer Verpflichtung *gegenüber dem Schuldner*, ist also im Zweifel kein Vertrag zugunsten Dritter (§ 329 BGB).

3. Von der Schuldmitübernahme ist zu unterscheiden die BEFREIENDE (privative) SCHULDÜBERNAHME, bei welcher der neue Schuldner ausnahmsweise nicht neben, sondern *an die Stelle des* bisherigen Schuldners tritt. Bei der befreienden Schuldübernahme ist die Zustimmung des Gläubigers erforderlich (§§ 414, 415 BGB).

4. GARANTIEVERTRAG. Nur bei Übernahme der Haftung für *zukünftigen, noch nicht eingetretenen Schaden* anzunehmen. Anspruchsgrundlage § 241 BGB. Wichtigster Anwendungsfall: Scheckkarte.

FÜNFTER ABSCHNITT

Kaufleute und Handelsgeschäfte

§ 83. Vorbemerkung

Das Handelsgesetzbuch besteht zum größten Teil aus Sonderregeln, die auf den Grundregeln des Bürgerlichen Gesetzbuches aufbauen. Ich habe mich deshalb in dem Einführungsabschnitt mit einem kurzen Überblick über den äußeren Aufbau des Handelsgesetzbuches begnügt (s. o. § 5) und im übrigen die einzelnen handelsrechtlichen Vorschriften jeweils zusammen mit den Grundregeln des bürgerlichen Rechts dargestellt. Nach meinen Erfahrungen ist dieses Vorgehen für den Lernenden ökonomischer als die abgetrennte Behandlung des gesamten Handelsrechts in einem besonderen Abschnitt. In diesem Abschnitt will ich mich auf zwei spezielle handelsrechtliche Fragen beschränken, nämlich auf die Frage, wer *Kaufmann* im Sinne des Handelsgesetzbuches ist, und auf die Frage, welche allgemeinen Grundsätze das Handelsgesetzbuch für die *Handelsgeschäfte*, d. h. für Geschäfte *mit* Kaufleuten und *unter* Kaufleuten enthält.

1. Kapitel. Kaufleute

§ 84. Übersicht

Man könnte sich auf die Frage, wer Kaufmann ist, eine sehr einfache Antwort vorstellen: Kaufmann ist jeder Gewerbetreibende, dessen Unternehmen nach Art und Umfang einen in kaufmännischer Weise eingerichteten Geschäftsbetrieb erfordert. Eine solche einfache Regelung kennt das deutsche Handelsrecht jedoch nicht. Man findet statt dessen in §§ 1—6 HGB ein System mit sehr subtilen und zunächst verwirrenden Unterscheidungen vor. Da die Kenntnis dieses Systems für den Studenten sehr wichtig ist, soll sich der

Leser diese Kenntnis in drei Durchgängen verschaffen: Zunächst gebe ich eine Übersicht, dann folgt eine Darstellung der genauen Einzelheiten, und schließlich eine Zusammenfassung, die man auch als Arbeitsschema für die Prüfung im praktischen Fall verwenden kann.

A. Formkaufleute

Gem. § 1 I HGB ist Kaufmann, wer ein Handelsgewerbe betreibt. »Kaufmann sein« und »ein Handelsgewerbe betreiben« sind also Ausdrücke mit gleicher Bedeutung. Aus den Worten »Handelsgewerbe betreiben« ist zu entnehmen, daß Kaufmann nur sein kann, wer überhaupt ein *Gewerbe* betreibt, d. h. wer *selbständig ist und eine auf Dauer angelegte, auf Gewinnerzielung gerichtete Tätigkeit ausübt*. Eine Ausnahme hierzu stellen die sog. *Formkaufleute* dar: die Aktiengesellschaft, die Kommanditgesellschaft auf Aktien, die Gesellschaft mit beschränkter Haftung, die eingetragene Genossenschaft und der größere Versicherungsverein auf Gegenseitigkeit sind aufgrund von Vorschriften in Sondergesetzen Kaufleute *ohne Rücksicht auf den Gegenstand des Unternehmens*. Beispiele hierfür sind viele kommunale Betriebe (Zoo, Verkehrsbetriebe), die nicht Erwerbszwecken dienen, aber als AG oder GmbH organisiert und deshalb Kaufleute sind.

B. Gewerbe

Für alle Unternehmen, die *nicht* Formkaufleute sind, ist ein Gewerbe notwendige Voraussetzung zur Erlangung der Kaufmannseigenschaft. Aus diesem Grunde sind die sog. *freien Berufe* keine Kaufleute.

I. Grundhandelsgewerbe (§ 1 HGB)

Liegt ein Gewerbe vor, so muß man prüfen, ob es sich um einen der Gewerbezweige handelt, die in dem Katalog des § 1 II HGB aufgeführt sind (sog. Grundhandelsgewerbe).

1. Gewerbetreibende, die in einem dieser Gewerbezweige tätig sind, sind Kaufleute, gleichgültig, ob die Firma in das Handelsregister eingetragen ist oder nicht (sog. *Mußkaufleute*).
2. Wenn der Betrieb nach Art oder Umfang einen in kaufmännischer Weise eingerichteten Geschäftsbetrieb *nicht* erfordert, ist der Unternehmer zwar Kaufmann gem. § 1 II HGB, eine Reihe wichtiger Vorschriften des HGB gelten aber für ihn nicht: er ist *Minderkaufmann* gem. § 4 HGB.

II. Sonstige Gewerbe

Für alle Gewerbebetriebe, die *nicht* unter § 1 II HGB fallen, kommt als »Auffangvorschrift« § 2 HGB in Betracht.

1. Wenn der Betrieb nach Art und Umfang einen in kaufmännischer Weise eingerichteten Geschäftsbetrieb erfordert (wir verwenden für einen solchen Fall die Kurzbezeichnung »größerer Betrieb«), ist der Unternehmer verpflichtet, die Firma in das Handelsregister eintragen zu lassen und *wird dadurch Kaufmann* (sog. Sollkaufmann). Die Eintragung ist also — im Gegensatz zu § 1 II HGB — *konstitutiv* für die Kaufmannseigenschaft.
2. Wenn das Unternehmen nach Art und Umfang einen in kaufmännischer Weise eingerichteten Geschäftsbetrieb *nicht* erfordert (»Kleinbetrieb«), so ist die Eintragung in das Handelsregister unzulässig, der Unternehmer ist *überhaupt kein Kaufmann*, also *nicht* Minderkaufmann wie der Kleinunternehmer eines Gewerbezweiges gem. § 1 II HGB!
3. Eine Sonderregelung gilt gem. § 3 I HGB für die land- und forstwirtschaftlichen Betriebe.
   a) Diese sind vom Handelsrecht grundsätzlich ausgeschlossen.
   b) Allerdings kann der Land- oder Forstwirt sich mit seinem gesamten Gewerbe oder, falls er noch ein Nebengewerbe betreibt, nach seiner Wahl nur mit dem Nebengewerbe eintragen lassen. Er wird dann *Kannkaufmann* gem. § 3 II, III HGB.

III. Scheinkaufleute

In § 5 HGB ist der Scheinkaufmann geregelt.

1. § 5 betrifft den Fall, daß eine Firma *unberechtigt* im Handelsregister eingetragen ist. Der Unternehmer wird dann aus Gründen der Verkehrssicherheit wie ein Kaufmann behandelt.
2. In Analogie zu § 5 HGB gilt außerdem der Grundsatz, daß jeder, der im Rechtsverkehr wie ein Kaufmann auftritt, zu seinen Ungunsten gegenüber Gutgläubigen wie ein Kaufmann behandelt wird.

Ich rate, diese Übersicht noch einmal langsam durchzulesen und dabei alle zitierten Paragraphen im Gesetz nachzuschlagen. Es ist dann leichter, bei den vielen Einzelheiten in der folgenden Darstellung die Übersicht zu behalten.

§ 85. Die Kaufleute im einzelnen

Ich gehe nun die ganze Regelung noch einmal durch, diesmal mit allen Einzelheiten.

A. Formkaufleute

Wenn in einem praktischen Fall die Kaufmannseigenschaft zu prüfen ist, muß man zunächst untersuchen, ob der Unternehmer Formkaufmann ist. Formkaufleute sind

1. die Aktiengesellschaft (§ 3 AktG),
2. die Kommanditgesellschaft auf Aktien (§§ 3, 278 III AktG),
3. die Gesellschaft mit beschränkter Haftung (§ 13 III GmbHG),
4. die eingetragene Genossenschaft (§ 17 II GenG),
5. der größere Versicherungsverein auf Gegenseitigkeit (§ 53 VAG).

Ist der Unternehmer Formkaufmann, so entfällt die weitere Prüfung, ob ein Gewerbe betrieben wird. Denn die Formkaufleute sind bereits Kaufleute *kraft Rechtsform* und ohne Rücksicht auf den Gegenstand des Unternehmens. Sie sind auch immer Vollkaufleute, nie Minderkaufleute (§ 6 II HGB).

B. Gewerbe

Ist der Unternehmer *nicht* Formkaufmann, so ist zu prüfen, ob ein Gewerbe, d. h. eine *auf Dauer angelegte, auf Gewinnerzielung gerichtete Tätigkeit* vorliegt.

1. *Kein* Gewerbe betreiben die Angehörigen der sog. FREIEN BERUFE, weil hier hinter der wissenschaftlichen oder künstlerischen Tätigkeit der Erwerbszweck (angeblich) zurücktritt: Rechtsanwälte, Patentanwälte, Ärzte, Wirtschaftsprüfer, Steuerberater, Steuerbevollmächtigte, freie Lehrer, Architekten, Künstler usw.
2. Liegt ein Gewerbe vor, so ist zu unterscheiden, ob es sich um ein Gewerbe im Sinne von § 1 II HGB oder ein sonstiges Gewerbe handelt.

I. Grundhandelsgewerbe (§ 1 HGB)

§ 1 II HGB enthält eine erschöpfende Aufzählung der sog. *Grundhandelsgewerbe* (bitte noch einmal lesen). Wir gehen nur auf Nr. 1 und Nr. 2 näher ein.

§ 85. Die Kaufleute im einzelnen

1. *Anschaffung und Weiterveräußerung von Waren oder Wertpapieren.* Hierunter fallen sämtliche *Händler* (auch Apotheken) sowie alle Industrie- und Handwerksbetriebe, soweit sie Waren anschaffen, diese be- oder verarbeiten und die Produkte weiterveräußern (also z. B. auch Bäcker, Metzger, Schneider). Unter § 1 II Nr. 1 HGB fallen *nicht:*

   a) die gesamte *Urproduktion* (Bergbau, Steinbruch, Torfstecherei, Land- und Forstwirtschaft, Gärtnerei, Fischerei), da die Waren nicht auf dem *Markt* angeschafft, sondern unmittelbar aus der *Natur* gewonnen werden. Auch bei der *Ziegelei* liegt keine Anschaffung vor, es sei denn, daß die Grundstoffe nicht aus dem eigenen oder gepachteten Grundstück gewonnen, sondern als bewegliche Sachen gekauft und angefahren werden;

   b) *Bauunternehmer.* Sie schaffen zwar Waren (Baustoffe) an, veräußern sie aber nicht weiter, da sie diese zur Herstellung des Werkes auf dem Grundstück verwenden[1];

   c) *Flickschuster* (Schuhreparaturwerkstätten). Auch sie veräußern das Leder nicht weiter, sondern befestigen es unter dem Schuh als Sohle und verlieren ihr Eigentum nicht erst bei der Übergabe an den Kunden, sondern schon vorher durch Verbindung gem. § 947 II BGB. Entsprechendes gilt für *Flickschneider* (Änderungsateliers).

2. *Bearbeitung für andere.* § 1 II Nr. 2 HGB betrifft *die Lohnarbeit* an beweglichen Sachen. Hierunter fallen z. B. Wäschereien, Färbereien sowie alle Reparaturwerkstätten, die *bewegliche Sachen* (z. B. Kraftfahrzeuge) reparieren. Allerdings ist hier — im Gegensatz zu § 1 II Nr. 1 HGB — erforderlich, daß das Gewerbe *nicht handwerksmäßig* betrieben wird. Unter § 1 II Nr. 2 fallen *nicht:*

   a) die *Urproduktion* einschließlich Ziegeleien (sie bearbeiten die Waren nicht *für andere*, d. h. nicht in Lohnarbeit);

   b) *Bauunternehmer* (sie bearbeiten nicht *Waren,* sondern Grundstücke);

   c) *Flickschuster, Flickschneider* (sie bearbeiten die Waren *handwerksmäßig*).

---

[1] BGH 59, 182. Keine Einigkeit besteht bei der Frage, ob die *anderen* Bauhandwerker unter § 1 II HGB fallen. Verneinend Baumbach-Duden HGB § 1 Anm. 8 A, bejahend Schlegelberger-Hildebrandt-Steckhan HGB § 1 Randnummer 33; Gierke, Handelsrecht § 7 II 1 b.

Fällt ein Unternehmen unter § 1 II HGB, so ist zu unterscheiden, ob es sich um einen *größeren Betrieb* oder um einen *Kleinbetrieb* handelt.

1. Ist das unter § 1 II HGB fallende Unternehmen ein *größerer Betrieb*, so ist der Unternehmer Kaufmann *unabhängig* von der Eintragung (sog. Mußkaufmann[2]). Er ist zwar zur Eintragung verpflichtet (§ 29 HGB), die Eintragung ist aber nur *deklaratorisch* (rechtsverkündend).

2. Fällt ein *Kleinbetrieb* unter § 1 II HGB, so gilt folgendes:

    a) Der Unternehmer ist MINDERKAUFMANN gem. §§ 1, 4 HGB, d. h. er ist zwar Kaufmann, aber eine Reihe wichtiger Vorschriften des HGB gelten für ihn nicht (bitte lesen Sie noch einmal genau § 4 I HGB): Er hat keine Firma (§ 17 HGB), sondern nur eine Geschäftsbezeichnung, die nicht in das Handelsregister eingetragen werden darf; er braucht keine *Handelsbücher* zu führen, kein Inventar und keine Bilanz aufzustellen, er braucht auch die Korrespondenz nicht aufzubewahren (§§ 38 ff. HGB. Unberührt bleibt aber seine *steuerliche* Buchführungspflicht!); er kann keine Prokura erteilen, wohl aber Handlungsvollmacht. Außerdem gilt gem. § 351 HGB für den Minderkaufmann nicht die Befreiung von der Schriftform gem. § 350 HGB.

    Kleinbetriebe mit mehreren Inhabern können nicht als OHG oder KG organisiert werden, sie sind BGB-Gesellschaften. Ist die Vereinigung allerdings als *Formkaufmann*, z. B. als GmbH, organisiert, so ist sie Vollkaufmann trotz des Kleinbetriebs (§ 6 II HGB).

    b) Ist der Kleinbetrieb *eingetragen* (z. B. weil er früher ein größerer Betrieb war und die Eintragung nicht gelöscht wurde, oder weil der Unternehmer die Eintragung mit falschen Angaben erschlichen hat), so ist der Unternehmer SCHEINKAUFMANN gem. § 5 HGB. Diese Regelung beruht zwar auf dem Rechtsscheinprinzip, doch gehen die Wirkungen des § 5 HGB weit über § 15 I HGB hinaus: der Eingetragene ist Kaufmann auch gegenüber Dritten, die positiv *wissen*, daß die Eintragung unzulässig ist, denn in § 5 HGB ist keine Rede von Gutgläubigen. Der Scheinkaufmann kann sich sogar *zu seinen eigenen Gunsten* auf die

---

[2] Der Ausdruck ist recht unglücklich. Der Unternehmer *muß* nicht Kaufmann werden, er *ist* es bereits. Besser wäre »Istkaufmann« oder »Kaufmann kraft Betätigung«.

Eintragung berufen, außer wenn er die Eintragung erschlichen hat (dann Einwand der unzulässigen Rechtsausübung).

c) Wenn der Unternehmer *in anderer* Weise als durch Eintragung einen größeren Betrieb vortäuscht, z. B. durch Äußerungen kaufmännischer Art an Einzelne oder an die Öffentlichkeit (Anzeigen, hochtrabende Geschäftsbezeichnungen), so ist er insoweit SCHEINKAUFMANN in *Analogie* zu § 5 HGB: er muß sich gegenüber *Gutgläubigen* zu seinen *Ungunsten* wie ein Vollkaufmann behandeln lassen.

II. Sonstiges Gewerbe

Wird ein Gewerbe betrieben, das nicht unter § 1 II HGB fällt, so kommt als »Auffangvorschrift« § 2 HGB in Betracht. Unter § 2 können z. B. fallen: Unternehmen der Urproduktion, auch mit Verarbeitung (Ziegeleien), Bauunternehmungen, Reparaturwerkstätten mit handwerksmäßigem Betrieb, Theater, Kinos, Auskunfteien, Werbe- und Marketingunternehmen.

1. Nach § 2 HGB ist nur ein *größerer Betrieb* einzutragen.
   a) Der Unternehmer ist *verpflichtet*, sich eintragen zu lassen (§ 2 S. 2 HGB). Die Kaufmannseigenschaft erlangt er erst durch die Eintragung, die Eintragung ist also — anders als bei den Kaufleuten gem. § 1 II HGB — *konstitutiv.* Der Kaufmann gem. § 2 HGB wird SOLLKAUFMANN[3] genannt.
   b) Läßt der Unternehmer sich *nicht* eintragen, so ist er kein Kaufmann gem. § 2 HGB. Es kann aber mit der Zeit der *Anschein* entstehen, als sei er eingetragener Kaufmann, da der Verkehr damit rechnen darf, daß er seiner Eintragungspflicht nachkommt. Dann ist er Gutgläubigen gegenüber zu seinen Ungunsten als SCHEINKAUFMANN analog § 5 HGB zu behandeln.
2. Für den *Kleinbetrieb* gilt folgendes:
   a) Der Unternehmer ist *kein Kaufmann*, auch nicht Minderkaufmann, denn § 4 HGB gilt *nur* für Gewerbebetriebe im Sinne des § 1 II HGB.
   b) Ist der Kleinbetrieb (unzulässigerweise) *eingetragen*, so ist der Unternehmer SCHEINKAUFMANN gem. § 5 HGB.

---

[3] Auch dieser Ausdruck ist mißglückt. Besser wäre »Kaufmann kraft Pflichteintragung« (so Hellmer, Systematik des Bürgerlichen Rechts, S. 75).

c) Falls der Unternehmer des Kleinbetriebs *in anderer Weise* als durch Eintragung einen größeren Betrieb vortäuscht, ist er SCHEINKAUFMANN analog § 5 HGB, denn der Verkehr darf damit rechnen, daß das Unternehmen eingetragen und der Unternehmer Kaufmann gem. § 2 HGB ist.

3. Eine Ausnahmeregel zu § 2 HGB ist § 3 I HGB: *land- und forstwirtschaftliche Betriebe* sind ohne Rücksicht auf ihre Größe von der Kaufmannseigenschaft ausgeschlossen.

Eine Ausnahme gegenüber § 3 I HGB ist wiederum § 3 II, III HGB: Der Unternehmer ist berechtigt, aber nicht verpflichtet, die Eintragung des Betriebes herbeizuführen, wenn ein größerer Betrieb vorliegt. Er wird dann KANNKAUFMANN, die Eintragung ist hier wie im Falle des § 2 HGB konstitutiv. Ist mit dem land- und forstwirtschaftlichen Betrieb ein Unternehmen verbunden, das nur ein NEBENGEWERBE darstellt, so kann er auch — bei entsprechender Größe des Nebengewerbes — nur das Nebengewerbe eintragen lassen und dadurch Kaufmann nur hinsichtlich des Nebengewerbes werden, während er hinsichtlich des Hauptbetriebes Nichtkaufmann bleibt. Ein Nebengewerbe liegt vor, wenn in einem Sonderbetrieb eigene und fremde (aber nicht ausschließlich fremde) land- oder forstwirtschaftliche Produkte be- oder verarbeitet werden und die Be- oder Verarbeitung über den Rahmen der reinen Land- und Forstwirtschaft hinausgeht. Beispiele sind: Brennerei, Brauerei, Molkerei, Mühle, Zuckerfabrik, Sägewerk.

Wegen des engen Zusammenhangs rechnet man zum Nebengewerbe auch Kies- und Tongruben sowie Ziegeleien, die auf dem land- oder forstwirtschaftlichen Gelände liegen.

Land- oder Forstwirte können also — bei entsprechender Betriebsgröße — nach ihrer Wahl sein

a) Kaufleute hinsichtlich des Gesamtbetriebes oder

b) Kaufleute nur hinsichtlich des Nebengewerbes oder

c) überhaupt keine Kaufleute.

§ 86. Zusammenfassung und Klausurschema

Wenn in einem praktischen Fall die Kaufmannseigenschaft zu prüfen ist, geht man folgendermaßen vor:

A. Man prüft zuerst, ob das Unternehmen FORMKAUFMANN ist. Ist es dies nicht, so prüft man, ob vorliegt ein

B. GEWERBE. Freie Berufe sind kein Gewerbe. Liegt ein Gewerbe vor, so kann es sein:

　I. *Grundhandelsgewerbe (§ 1 HGB)*
　　1. *Größerer Betrieb:* Kaufmann unabhängig von der Eintragung (Mußkaufmann).
　　2. *Kleinbetrieb:*
　　　a) Minderkaufmann gem. §§ 1, 4 HGB.
　　　b) Im Falle der Eintragung Scheinkaufmann gem. § 5 HGB.
　　　c) Bei Vortäuschung eines größeren Betriebes ohne Eintragung Scheinkaufmann analog § 5 HGB.

　II. *Sonstiges Gewerbe*
　　1. *Größerer Betrieb:*
　　　a) Im Falle der Eintragung Kaufmann gem. § 2 HGB (Sollkaufmann).
　　　b) Im Falle der Nichteintragung möglicherweise Scheinkaufmann analog § 5 HGB, da Verkehr mit pflichtgemäßer Eintragung rechnen darf.
　　2. *Kleinbetrieb:*
　　　a) Kein Kaufmann.
　　　b) Im Falle der Eintragung Scheinkaufmann gem. § 5 HGB.
　　　c) Bei Vortäuschen eines größeren Betriebes ohne Eintragung Scheinkaufmann analog § 5 HGB.
　　3. *Land- und Forstwirtschaft:*
　　　a) Kein Kaufmann (§ 3 I HGB).
　　　b) Bei (freiwilliger) Eintragung Kaufmann gem. § 3 II, III HGB hinsichtlich des Gesamtbetriebes oder des Nebengewerbes (Kannkaufmann).

Ich weise noch einmal darauf hin, daß ich in der Darstellung zwei Kurzbezeichnungen verwendet habe. Es bedeuten:

1. »*Größerer Betrieb*« ein gewerbliches Unternehmen, das nach Art und Umfang einen in kaufmännischer Weise eingerichteten Geschäftsbetrieb erfordert.

2. »*Kleinbetrieb*« ein gewerbliches Unternehmen, das nach Art oder Umfang einen in kaufmännischer Weise eingerichteten Geschäftsbetrieb *nicht* erfordert.

2. Kapitel. Handelsgeschäfte

§ 87. Anwendungsbereich

Das dritte Buch des HGB enthält eine Reihe von Sonderregeln gegenüber dem BGB, die unter dem Begriff der »Handelsgeschäfte« zusammengefaßt sind. Die Frage, ob diese Sonderregeln in einem praktischen Fall heranzuziehen sind, hängt deshalb davon ab, ob in dem praktischen Fall ein »Handelsgeschäft« vorliegt.

I. Sachlicher Anwendungsbereich

Nach § 343 I HGB sind Handelsgeschäfte alle Geschäfte eines Kaufmanns, die zum Betrieb seines Handelsgewerbes gehören. Gem. § 343 II HGB können unter gewissen Umständen auch *branchenfremde* Geschäfte Handelsgeschäfte sein. Allerdings ist die Fassung des § 343 II zu eng und deshalb irreführend[5], da nach dieser Fassung nur solche branchenfremden Geschäfte Handelsgeschäfte sein könnten, die Grundhandelsgeschäfte im Sinne von § 1 II HGB sind. Nach heutiger Auffassung sind Handelsgeschäfte »alle Geschäfte, die auch nur mittelbar auf das Handelsgewerbe sich beziehen, mit ihm in einem auch nur entfernten, lockeren Zusammenhang stehen, auch wenn diese nicht

---

[5] Baumbach-Duden, HGB §§ 343–345 Anm. 1 D.

Grundhandelsgeschäfte (§ 343 II) sind«[6]. Der Anwendungsbereich des Wortes »Handelsgeschäft« ist also sehr weit zu ziehen.

Hinzu kommt, daß in Zweifelsfällen gem. § 344 I HGB eine *Vermutung* für das Handelsgeschäft spricht. Wenn der Fall also nicht *ganz eindeutig* privat ist (ganz eindeutig privat ist der Fall z. B., wenn der Kaufmann zum Friseur oder Zahnarzt oder Heiratsvermittler geht), muß der Kaufmann beweisen, daß das Geschäft zu seinem Privatbereich gehört und daß dies dem anderen auch *erkennbar* war[7]. Diese Vermutung hat große Bedeutung für die zahlreichen Fälle der Praxis, in denen der Kaufmann aus steuerlichen Gründen private Ausgaben »über sein Geschäft laufen läßt«[8].

§ 344 II HGB geht noch einen Schritt weiter: Wenn ein Kaufmann einen Schuldschein unterzeichnet (Schuldschein ist hier im weitesten Sinne zu verstehen: jede Urkunde, in der der Kaufmann eine Schuld bestätigt oder begründet), so gilt der Schuldschein als im Betrieb des Handelsgewerbes gezeichnet, sofern nicht aus dem *Urkundentext* sich das Gegenteil ergibt. Hier werden also die Umstände der Ausstellung überhaupt nicht berücksichtigt.

II. Personeller Anwendungsbereich

1. Minderkaufleute und Scheinkaufleute

Die Vorschriften über die Handelsgeschäfte gelten auch für *Minderkaufleute*, da § 4 HGB diese Vorschriften nicht ausschließt. Eine Ausnahme ist nur § 351 HGB, der die Aufhebung einiger Formvorschriften des BGB durch § 350 HGB auf die Vollkaufleute beschränkt. Auch die Geschäfte des *Scheinkaufmanns* im Sinne von § 5 HGB sind Handelsgeschäfte. Dagegen kommen für den *analog* § 5 HGB zu behandelnden Scheinkaufmann die Vorschriften über Handelsgeschäfte nur insoweit zur Anwendung, als diese sich zu seinen *Ungunsten* auswirken. Diese Einschränkung ist notwendig, da sich sonst jeder durch entsprechendes Auftreten im Verkehr zum Kaufmann machen könnte.

2. Nichtkaufleute

Man kann zwischen *einseitigen* und *beiderseitigen Handelsgeschäften* unterscheiden, je nachdem, ob ein Geschäft nur für eine Seite oder für beide Seiten

---

[6] BGH LM HGB § 406 Nr. 1 mit weiteren Literaturnachweisen.
[7] Schlegelberger-Hefermehl HGB § 343 Randnr. 23; Gierke, Handelsrecht § 54 I 3 b α.
[8] Schlegelberger-Hefermehl HGB § 344 Randnr. 12.

ein Handelsgeschäft ist[9]. Für die einseitigen Handelsgeschäfte bestimmt § 345 HGB, daß die Vorschriften über Handelsgeschäfte für beide Teile gleichmäßig zur Anwendung kommen, »soweit nicht aus diesen Vorschriften sich ein anderes ergibt«. Diese Formulierung hat schon manchen Anfänger zur Verzweiflung gebracht, im Grunde ist der Paragraph aber verhältnismäßig leicht zu verstehen. Es geht hier wieder einmal um das Spiel »Regel und Ausnahme«. § 345 stellt eine REGEL auf: Bei *einseitigen* Handelsgeschäften gelten die Vorschriften über die Handelsgeschäfte *gleichmäßig für beide Teile.* In dem Nachsatz (»soweit...«) wird darauf hingewiesen, daß es zu dieser Regel AUSNAHMEN gibt. Ob und inwiefern eine solche Ausnahme vorliegt, muß man jeweils aus dem Wortlaut der folgenden Paragraphen entnehmen.

a) Eine Ausnahme ist z. B. § 346 HGB, wonach die Handelsbräuche nur »unter Kaufleuten«, d. h. nur bei *beiderseitigen* Handelsgeschäften gelten. Weitere Ausnahmen dieser Art, die man sofort an ihrem Wortlaut erkennt, sind § 352 I (»bei beiderseitigen Handelsgeschäften«), § 353 (»Kaufleute untereinander«), § 369 (»Ein Kaufmann ... gegen einen anderen Kaufmann«), §§ 377, 379 (»Ist der Kauf für beide Teile ein Handelsgeschäft...«).

b) Andere Vorschriften sind zwar bei einseitigen Handelsgeschäften anwendbar, die besonderen Rechtsfolgen treten aber *nicht gleichmäßig für beide*, sondern *nur für den Kaufmann* ein. Ein Beispiel ist § 347 HGB, der die Sorgfalt eines ordentlichen Kaufmanns nur der kaufmännischen Seite auferlegt. Weitere Beispiele sind §§ 348, 349, 350 HGB.

c) Ist aus einer einzelnen Vorschrift eine Ausnahme in dem einen oder anderen Sinne *nicht* zu entnehmen, so fällt die Vorschrift unter die oben dargelegte *Regel.* Regelfälle sind z. B. §§ 352 II, 355, 358–361 HGB.

§ 88. Grundzüge

Man kann die einzelnen Regeln über die Handelsgeschäfte in den folgenden Grundgedanken zusammenfassen[10].

---

[9] Diese Einteilung ist nicht zu verwechseln mit der Unterscheidung zwischen einseitigen und mehrseitigen *Rechtsgeschäften,* s. o. § 8 IV 1 A.
[10] Die Zusammenfassung wurde mit einigen Änderungen und Erweiterungen übernommen von Gierke, Handelsrecht § 1 II.

§ 88. Grundzüge

1. Es werden an den Kaufmann erhöhte Anforderungen in Bezug auf UMSICHTIGKEIT, SORGFALT und PÜNKTLICHKEIT gestellt. Dies bestimmt ganz allgemein § 347 HGB. Konkrete Fälle sind
   a) die *Formfreiheit* der Bürgschaftserklärung, des abstrakten Schuldversprechens und Schuldanerkenntnisses, die allerdings nur für den Vollkaufmann gilt (§§ 350, 351 HGB),
   b) die Behandlung des *Schweigens* als Zustimmung bei bestimmten Kaufleuten, die Geschäfte für andere besorgen (§ 362 HGB), und beim kaufmännischen Bestätigungsschreiben (Gewohnheitsrecht, siehe oben § 13 II),
   c) die *Rügepflicht* bei Sachmängeln sowie bei Falschlieferungen und Mengenabweichungen (§§ 377, 378 HGB).

2. Der Kaufmann genießt Vorteile aus seiner GENAUEN BERECHNUNG von ZEIT und GELD (bitte lesen Sie §§ 352—354 HGB).

3. Der Kaufmann erhält besondere SICHERUNGSMITTEL: Das HGB kennt vier besondere *Pfandrechte* (des Kommissionärs, § 397 HGB; Spediteurs, § 410 HGB; Lagerhalters, § 421 HGB; Frachtführers, § 440 HGB). Darüber hinaus hat ein Kaufmann bei beiderseitigen Handelsgeschäften ein *kaufmännisches Zurückbehaltungsrecht*, das auch für Forderungen aus früheren Geschäften geltend gemacht werden kann, Konnexität wie bei § 273 BGB also *nicht* voraussetzt (§ 369 HGB).

4. Der Handelsverkehr wird durch einen erhöhten VERTRAUENSSCHUTZ erleichtert. Die Regeln über den Vertrauensschutz sind über das ganze HGB und einige Nebengesetze verstreut, manche bestehen nur kraft Gewohnheitsrechts. Diese Regeln gehören zu den beliebtesten Examensthemen des Handelsrechts:

   a) Bei den Gesellschaften und Vereinen des Handelsrechts ist die VERTRETUNGSMACHT der Gesellschafter bzw. Mitglieder der Organe starr festgelegt und kann nicht mit Wirkung gegenüber außenstehenden Dritten beschränkt werden. Auch die Vertretungsmacht eines *Prokuristen* ist unbeschränkbar (§§ 49, 50 HGB). Nur die Vertretungsmacht eines *Handlungsbevollmächtigten* kann beliebig eingeschränkt werden, doch gelten die Beschränkungen gegenüber einem Dritten nur dann, wenn dieser die Beschränkungen kennt oder kennen muß (§ 54 III HGB).

b) Zum Vertrauensschutz zu rechnen sind auch einige Grundsätze des Handelsrechts, die bereits unter dem Gesichtspunkt des RECHTSSCHEINS behandelt worden sind: die Grundsätze über

(1) das *Handelsregister* (oben § 32 I),
(2) den *Scheinkaufmann* (oben § 32 II).

c) In diesen Zusammenhang gehören auch die Regeln zur Übertragung eines *kaufmännischen Unternehmens*.

(1) Handelt es sich um ein *vollkaufmännisches* Unternehmen, so kann der Veräußerer dem Erwerber gestatten, die alte Firma fortzuführen (§ 22 HGB. Der *Minderkaufmann* hat keine Firma, sondern nur eine *Geschäftsbezeichnung*, §§ 17, 4 I HGB). Der Erwerber haftet dann gesamtschuldnerisch neben dem Veräußerer für alle alten Geschäftsschulden (§§ 25 I, 26 HGB). Grundlage dieser Haftung ist nicht der interne Übertragungsvertrag, sondern die an die *Öffentlichkeit* gerichtete Erklärung des Erwerbers, die schon in der rein tatsächlichen Fortführung liegen kann. Die Haftung tritt deshalb auch ein, wenn der interne Übertragungsvertrag unwirksam ist!

Die Haftung ist *unbeschränkt*, kann aber durch Vereinbarung zwischen Veräußerer und Erwerber *ausgeschlossen* werden. Gegenüber einem Dritten ist eine solche Vereinbarung nur wirksam, wenn sie in das Handelsregister eingetragen und bekannt gemacht oder dem Dritten mitgeteilt worden ist (§ 25 II HGB).

(2) Von § 25 HGB aus gibt es eine wichtige Querverbindung zur *Vermögensübernahme* gem. § 419 BGB: Wer durch Vertrag das wesentliche Aktivvermögen eines anderen übernimmt, haftet gesamtschuldnerisch neben dem Veräußerer für dessen gesamte (auch private) Verbindlichkeiten. Grundlage dieser Haftung ist *nicht* das Rechtsscheinprinzip, sondern der Gedanke, daß durch die Vermögensübertragung den Gläubigern des Veräußerers die Zugriffsmöglichkeit entzogen wird. § 419 gilt deshalb nur bei *wirksamen* Übertragungsvertrag! Dagegen ist es für § 419 grundsätzlich gleichgültig, ob die Übertragung entgeltlich oder unentgeltlich erfolgt. Die Haftung trifft den Übernehmer allerdings

nur dann, wenn er *weiß*, daß der von ihm übernommene Vermögensinbegriff das wesentliche Vermögen des Übertragenden ausmacht.[11] Die Haftung aus § 419 ist – im Gegensatz zu § 25 HGB – auf das übernommene Vermögen beschränkt, kann aber *nicht* ausgeschlossen werden (§ 419 II, III).

§ 419 kommt *neben* § 25 HGB zur Anwendung, wenn das übertragene Unternehmen gleichzeitig das wesentliche Vermögen des Veräußerers ausmacht.

(3) Außerdem ist der durch das Betriebsverfassungsgesetz 1972 in das BGB eingefügte § 613a über die *Betriebsübernahme* zu beachten. Danach tritt der Übernehmer eines Betriebes oder Betriebsteils in die Rechte und Pflichten der im Zeitpunkt der Übernahme bestehenden Arbeitsverhältnisse ein, auch wenn die alte Firma *nicht* fortgeführt wird.

---

[11] Zumindest muß der Übernehmer die Verhältnisse kennen, aus denen sich ergibt, daß eine Vermögensübertragung vorliegt (BGH 66, 217 = DB 1976, 1280, sog. subjektive Theorie, siehe auch o. § 67 Fußnote 33).

SECHSTER ABSCHNITT

Wertpapiere

§ 89. Einführung

Vom Wertpapierrecht wird oft gesagt, daß es eine sehr schwierige und komplizierte Materie sei. Ich glaube, daß dies ein Vorurteil ist. Nach meinen Erfahrungen beruhen die Lernschwierigkeiten im Wertpapierrecht meist auf Unsicherheiten in den Grundlagen. Man findet sich nämlich im Wertpapierrecht nur dann zurecht, wenn man das ABSTRAKTIONSPRINZIP verstanden hat und das RECHTSSCHEINPRINZIP kennt. Ich rate, zunächst noch einmal die kurzen Ausführungen über die abstrakten *Verpflichtungsgeschäfte* zu lesen (o. § 27). Ich konzentriere mich auf die für Sie wichtigen Papiere: den Wechsel, den Scheck und das Sparbuch. Die anderen Papiere werden nur gestreift.

I. Das Dreierverhältnis bei Wechsel und Scheck

Ich hoffe, daß ich nicht zuviel erwarte, wenn ich annehme, daß der Leser schon einmal ein Scheckformular in der Hand gehabt und ein Wechselformular wenigstens schon einmal gesehen hat. (Man erhält es in jedem Papierwarengeschäft.) Der Leser wird wohl auch wissen, daß der Scheck ein *Zahlungspapier* ist, das den bargeldlosen Zahlungsverkehr erleichtern soll, während der Wechsel ein *Kreditpapier* ist. Gemeinsam ist den beiden Papieren, daß sie von einem Dreierverhältnis ausgehen:

a) Der Aussteller (A) füllt das Formular aus und unterschreibt es.

b) Dadurch wird der Bezogene (B) angewiesen, die bezeichnete Geldsumme zu zahlen (»Gegen diesen Scheck bzw. Wechsel zahlen Sie«).

c) Außerdem hat der Aussteller die Person angegeben, an die die Zahlung erfolgen soll. Im Scheck- und Wechselgesetz heißt diese Person »Nehmer«, ich verwende den in der Praxis üblichen Ausdruck »Remittent« (R).

II. Der Scheck

Betrachten wir nun die Verhältnisse beim Scheck etwas näher. Der Aussteller hat das Scheckformular von einer Bank erhalten, deren Kunde er ist. Die Bank hat bei der Eröffnung des Kontos mit ihm einen *Geschäftsbesorgungsvertrag* geschlossen, sie hat sich im voraus verpflichtet, alle vom Aussteller ordnungsgemäß ausgefüllten Schecks einzulösen, soweit Deckung vorhanden ist, sei es aus Guthaben, sei es aus Kreditgewährung (§ 675). Wir wollen dieses der Scheckausstellung zugrunde liegende Verhältnis als DECKUNGSVERHÄLTNIS bezeichnen.

Außerdem liegt der Scheckausstellung ein Verhältnis zum *Remittenten* zugrunde. Meist will der Aussteller eine Schuld begleichen, es kann aber z. B. auch Schenkung oder Darlehensgewährung bezweckt sein. Wir nennen dieses Verhältnis kurz das VALUTAVERHÄLTNIS.

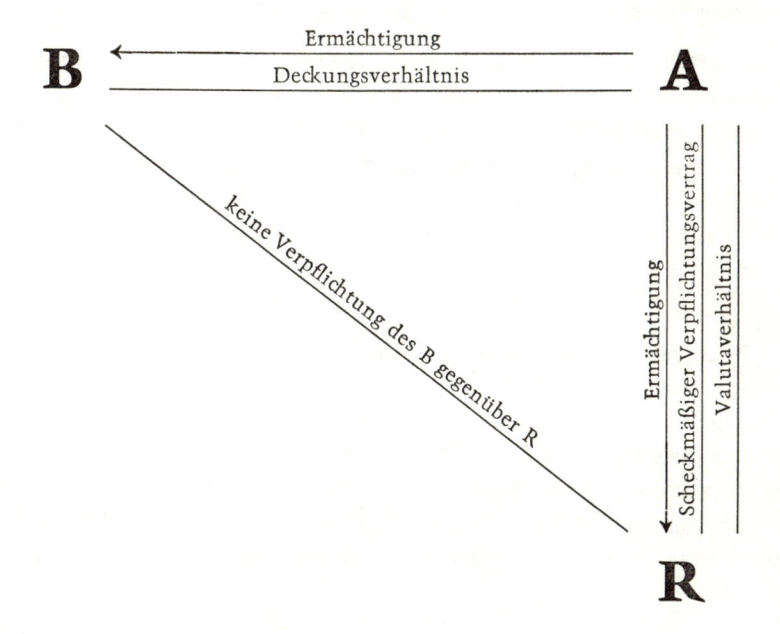

```
                    Ermächtigung
B  ←————————————————————————————————  A
                Deckungsverhältnis

        ╲                                │ │ │
         ╲                                │ │ │
          ╲ keine                         │ │ │
           ╲  Verpflichtung               │ │ │  Ermächtigung
            ╲   des B                     │ │ │  Scheckmäßiger Verpflichtungsvertrag
             ╲    gegenüber R             │ │ │  Valutaverhältnis
              ╲                           ↓ │ │
                                          R
```

Bisher war nur von den Verhältnissen die Rede, die der Scheckausstellung *zugrunde* liegen. Was ist nun auf der *Scheckebene* geschehen, wenn der Aussteller dem Remittenten den ausgefüllten Scheck übergeben hat? Zunächst hat der Aussteller dem Remittenten das *Eigentum* am Papier übertragen (§ 929). Außerdem hat er eine DOPPELERMÄCHTIGUNG erteilt:

a) Er hat den Bezogenen (die Bank B) ermächtigt, die genannte Summe im eigenen Namen an den Remittenten auszuzahlen.

b) Er hat den Remittenten (R) ermächtigt, die Zahlung im eigenen Namen vom Bezogenen entgegenzunehmen.

Die Doppelermächtigung hat nicht zur Folge, daß der Remittent gegen die Bank einen Anspruch auf Auszahlung hat. Dies gilt auch dann, wenn der Scheck ordnungsgemäß ausgestellt und auf dem Konto Deckung vorhanden ist, denn

a) in der Übergabe liegt, jedenfalls nach deutschem Recht, nur eine Ermächtigung an den Remittenten, nicht etwa eine Abtretung des Guthabens, das der Aussteller bei der Bank hat;

b) die Ermächtigung gibt dem Remittenten nur die Befugnis, die Zahlung entgegenzunehmen, nicht etwa, sie einzuklagen;

c) entsprechend ist die Bank dem Remittenten gegenüber zur Auszahlung *nur ermächtigt, nicht verpflichtet*. Die Bank ist zwar aus dem der Ermächtigung zugrunde liegenden Geschäftsbesorgungsvertrag auch *verpflichtet*, der Ermächtigung nachzukommen, diese Verpflichtung besteht aber *nur dem Aussteller gegenüber:* der Geschäftsbesorgungsvertrag, den die Bank mit dem Aussteller geschlossen hat, ist kein Vertrag zugunsten Dritter im Sinne des § 328.

Der Remittent, der von der Bank keine Zahlung erhält, hat deshalb scheckrechtlich nur die Möglichkeit, im *Regreß* gegen den Aussteller vorzugehen. Denn der Aussteller, der seine Unterschrift auf den Scheck gesetzt hat, hat mit dem Remittenten bei der Übergabe (stillschweigend) einen scheckmäßigen Verpflichtungsvertrag geschlossen: er hat erklärt, daß er für die Einlösung des Schecks einstehe (Art. 12 SchG). Der Remittent kann seinen Anspruch in einem stark verkürzten Verfahren, dem Scheckprozeß, einklagen (s. o. § 80 I 4).

III. Die Anweisung des bürgerlichen Rechts

Wenn wir die Doppelermächtigung als ein Wesensmerkmal des Schecks hervorheben, können wir den Scheck als eine Sonderform der Anweisung des bürgerlichen Rechts bezeichnen. Die Anweisung im Sinne des § 783 hat in der Praxis eine viel geringere Bedeutung als ihre Sonderformen, ich gehe aber auf sie ein, weil sie uns als systematische Ausgangsbasis dient.

§ 783 sagt in allgemeiner Fassung, was ich oben über den Scheck geschrieben habe, nur ist die Terminologie etwas anders; es heißt hier Anweisender statt Aussteller (A), Angewiesener statt Bezogener (B), Anweisungsempfänger statt Remittent (R. Bitte lesen Sie jetzt noch einmal § 783). Dagegen ergibt sich aus § 784 auch eine Verschiedenheit in sachlicher Hinsicht: der Angewiesene (B) kann die Anweisung »annehmen«, wobei er seine Unterschrift auf das Papier setzen muß. Durch diese Annahme wird ein neues Rechtsverhältnis begründet. Während nämlich bisher der Angewiesene (B) nur auf Grund des Deckungsverhältnisses gegenüber dem Anweisenden (A) verpflichtet war, übernimmt er nun die Verpflichtung dem Anweisungsempfänger (R) gegenüber. Jetzt erst hat der Anweisungsempfänger (R) einen direkten Anspruch gegen den Angewiesenen (B). Die Verpflichtung, die der Angewiesene (B) gegenüber dem Anweisungsempfänger (R) übernommen hat, ist abstrakt, d. h. vom Grundverhältnis zum Anweisenden (A) unabhängig.

o Bitte lesen Sie diesen letzten Absatz noch einmal, damit Sie die Personen klar auseinanderhalten können. Dann lesen Sie noch einmal §§ 783, 784.

IV. Wechsel und Scheck

Nach der letzten Ausführung über die Anweisung ist es zum Wechselrecht nur noch ein kleiner Schritt, denn auch der Wechsel ist eine Sonderform der Anweisung, und der Unterschied zwischen Wechsel und Scheck liegt darin, daß der Wechsel angenommen werden kann, der Scheck dagegen nicht. (Bitte lesen Sie Art. 28 WG, Art. 4 SchG) Der Gesetzgeber wollte mit dem (steuerpflichtigen) Wechsel ein Kreditpapier, mit dem (steuerfreien) Scheck ein reines Zahlungspapier schaffen. Um zu verhindern, daß der Scheck zu Kreditzwecken benutzt wird, wurde die Annahme des Schecks verboten. Eine verbotswidrige Annahme des Schecks kann auch nicht in eine Verpflichtung anderer Art umgedeutet werden, da sie als »nicht geschrieben« gilt (Art. 4 SchG).

1. Kapitel. Der Wechsel
§ 90. Die Ausstellung des Wechsels

Der Wechsel wird normalerweise, nicht notwendigerweise, vom Aussteller ausgestellt, es kommt auch vor, daß der Bezogene den Wechsel ausstellt, akzeptiert (d. h. durch »Querschreiben« annimmt) und dann dem Aussteller schickt. In der Praxis benutzt man durchweg — obwohl das gesetzlich nicht vorgeschrieben ist — die im Handel erhältlichen Wechselformulare. Die Verwendung eines solchen Formulars ist erforderlich, wenn der Wechsel später bei einer Bank diskontiert werden soll, aber auch in allen anderen Fällen nützlich, da der Aussteller sonst leicht ein Formerfordernis übersehen und einen nichtigen Wechsel ausstellen könnte. Art. 1 WG zählt *acht Bestandteile* auf, deren Fehlen grundsätzlich zur Nichtigkeit des Wechsels führt (Ausnahmen Art. 2 II–IV WG). Natürlich wäre es ganz unsinnig, die einzelnen Bestandteile *auswendig* zu lernen. Man muß wissen, »wo es steht«, und es steht in den ersten Artikeln des Wechselgesetzes.

o Bitte lesen Sie Art. 1–7, 33 WG.

Die Bestandteile des gezogenen Wechsels sind:

1. *die Bezeichnung als Wechsel im Text der Urkunde,* und zwar in der Sprache, in der die Urkunde ausgestellt ist. Ausreichend sind auch Wortzusammensetzungen wie »Wechselbrief, Wechselanweisung« usw. Dagegen genügen nicht Bezeichnungen wie »Urkunde, Tratte, wechselmäßig« oder die *Überschrift* »Wechsel«, denn Art. 1 verlangt Angabe *im Text;*
2. *die unbedingte Anweisung,* eine bestimmte Geldsumme zu zahlen. Jeder Vermerk, der z. B. die Zahlung von der Wirksamkeit des Grundgeschäfts oder der Bewirkung einer Gegenleistung abhängig macht, vernichtet demnach den Wechsel. Unschädlich sind dagegen Hinweise auf das Grundverhältnis, die die Unbedingtheit der Anweisung nicht beeinträchtigen wie z. B. die im Verkehr zuweilen gebrauchten Valuta-, Bericht- und Deckungsklauseln[1];
3. *der Name des Bezogenen,* der mit dem Namen des Ausstellers identisch sein kann (dann handelt es sich um einen trassiert-eigenen Wechsel,

---

[1] Rehfeldt-Zöllner, § 12 V 2 d.

Art. 3 II). Für die Gültigkeit des Wechsels ist hierbei nicht von Bedeutung, ob die als Bezogener angegebene Person überhaupt existiert: auch der Wechsel mit einer erdichteten Person als Bezogenem, der sog. Kellerwechsel, ist ein formgültiger Wechsel, und die Unterschriften der übrigen haben volle Gültigkeit (Art. 7), wenn es sich bei dem erdichteten Namen um eine Person handelt, die wenigstens *möglich* ist (nichtig wäre z. B. ein Wechsel auf »Herrn Adolf Hitler, Obersalzberg«, denn Hitler ist seit 1945 eine unmögliche Person);

4. *die Angabe der Verfallzeit*. Sie ist entbehrlich, der Wechsel gilt dann als Sichtwechsel (Art. 2 II), d. h., er ist bei Vorlegung fällig (Art. 34). Bezüglich der Verfallzeit kann der Wechsel gezogen werden (Art. 33):

   a) *auf einen bestimmten Tag* (Tagwechsel). Dies ist der Regelfall. Der Tag ist auch bestimmt, wenn als Verfallzeit »Anfang, Ende« oder »Mitte« eines Monats angegeben wird (Art. 36 III). Ist ein Sonntag oder ein gesetzlicher Feiertag bezeichnet worden, so wird die Zahlungspflicht bis zum folgenden Werktag aufgeschoben (Art. 72 I). Aus diesem Grunde sind auch Angaben wie »Ostern«, »Pfingsten«, »Weihnachten« trotz der zwei Feiertage ausreichend, da die Zahlung ohnehin erst am Tage nach dem zweiten Feiertag verlangt werden kann[2].

   b) *auf Sicht* (»jederzeit, a vista«). Der Sichtwechsel ist bei Vorlegung fällig (Art. 34);

   c) *auf eine bestimmte Zeit nach Sicht*. Der Nachsichtwechsel wird eine bestimmte Zeit nach Annahme oder nach Protest mangels datierter Annahme fällig (Art. 35 I, 25 II);

   d) *auf einen bestimmten Tag nach Ausstellung* (Datowechsel: Zahlung »in drei Monaten«, »vierzehn Tagen« usw.).

   Wechsel mit anderen oder mit mehreren aufeinanderfolgenden Verfallzeiten (Ratenwechsel) sind nichtig (Art. 33 II);

5. *die Angabe des Zahlungsortes*. Hier genügt nicht wie bei den Personennamen ein erdichteter Ort: Der Ort muß wirklich existieren. Fehlt die besondere Angabe eines Zahlungsortes, so entscheidet der bei dem Na-

---

[2] Baumbach-Hefermehl, Art. 33 Anm. 5.

men des Bezogenen angegebene Ort (Art. 2 III); fehlt auch dieser, so ist der Wechsel nichtig (Art. 2 I);

6. *der Name des Wechselnehmers* (Remittent). Der Aussteller darf sich selbst als Remittent bezeichnen (»an mich, an Order eigene«), es liegt dann ein sog. Wechsel an eigene Order vor (Art. 3 I);

7. *die Angabe des Tages und des Ortes der Ausstellung.* Auch hier müssen Tag und Ort nur *möglich* sein. (Nichtig z. B. Wechsel vom 30. Februar.) Der Ausstellungsort ist entbehrlich, falls ein Ort beim Namen des Ausstellers angegeben ist (Art. 2 IV);

8. *die Unterschrift des Ausstellers.* Diese braucht wiederum nicht echt zu sein, es muß sich nur um die Unterschrift einer möglichen Person handeln.

§ 91. Die Annahme des Wechsels

Durch die Ausstellung des Wechsels wird der Bezogene zunächst nur *ermächtigt*, an den Remittenten zu zahlen (bei Verrechnung mit dem Aussteller im Deckungsverhältnis). Seine wechselmäßige Verpflichtung entsteht erst durch die Annahme, die im Verkehr auch Akzeptierung oder »Querschreiben« genannt wird.

o Bitte lesen Sie Art. 25 I, 26, 28 I, 29 I WG.

Die Annahmeerklärung ist nicht an den Aussteller, sondern an den Remittenten gerichtet. Der Aussteller, der dem Remittenten später den akzeptierten Wechsel übergibt, ist nur Überbringer dieser Erklärung. Wenn der Remittent den Wechsel erlangt und dabei die Annahmeerklärung des Bezogenen annimmt, kommt zwischen ihm und dem Bezogenen, der nunmehr Akzeptant (Annehmer) heißt, ein wechselmäßiger Verpflichtungsvertrag zustande, der vom Grundverhältnis völlig losgelöst (abstrakt) ist und die Begründung einer selbständigen Wechselverbindlichkeit zum Inhalt hat. Der Akzeptant kann gegenüber dem Remittenten keine Einreden erheben, die aus seinem Grundverhältnis zum Aussteller stammen, es sei denn, daß der Remittent beim Erwerb des Wechsels bewußt zum Nachteil des Akzeptanten gehandelt, z. B. mit dem Aussteller arglistig zusammengespielt hat (Art. 17 WG).

Darüber hinaus ist es dem Akzeptanten sogar grundsätzlich verwehrt, sich gegenüber dem Remittenten auf die Nichtigkeit der abstrakten Annahmeerklärung zu berufen. Wenn z. B. der Akzeptant nur zum Scherz oder unter dem Einfluß von Täuschung oder Drohung seitens des Ausstellers oder unter wucherischen Umständen unterschrieben hat, so ist das abstrakte Rechtsgeschäft der Annahme zwar nichtig. Aber der Akzeptant hat durch seine Unterschrift auf dem Wechsel den *Schein* einer wirksamen Wechselerklärung erweckt und wird an diesem Schein festgehalten, wenn der Remittent beim Erwerb des Wechsels gutgläubig war.

§ 92. Die Übertragung des Wechsels

I. Der Übertragungsvertrag

1. Übertragung an den Remittenten

Wenn der Aussteller den Wechsel an den Remittenten weitergibt, will er — sachenrechtlich betrachtet — diesem nicht nur den Besitz an dem Papier, sondern auch das Eigentum verschaffen. Bei der Übergabe findet deshalb eine Übereignung des Papiers gem. § 929 BGB statt. Ist der Wechsel bereits akzeptiert, so erwirbt der Remittent mit dem Eigentum am Papier die Wechselforderung gegen den Akzeptanten. Manchmal wird ein Wechsel weitergegeben, der noch nicht akzeptiert ist. Dann erlangt der Remittent mit dem Eigentum nur die Ermächtigung, die Leistung beim Bezogenen im eigenen Namen zu erheben, und muß versuchen, den Bezogenen zur Akzeptierung zu veranlassen.

2. Die Weiterübertragung durch Indossament

Häufig will auch der Remittent den Wechsel weiterübertragen, z. B. an einen Gläubiger, der sich den Wechsel erfüllungshalber geben läßt, oder an eine Bank, die den Wechsel ankauft (Diskont). Auch diese Übertragung erfolgt in der Form des § 929: der Remittent einigt sich mit dem Erwerber darüber, daß das Eigentum am Papier und gleichzeitig alle Rechte aus dem Papier auf den Erwerber übergehen sollen, außerdem wird der Wechsel übergeben. Hinzu kommen muß aber noch ein Indossament, das auf die Rückseite gesetzt wird und die Anweisung auf der Vorderseite variiert. Auf der Vorderseite hatte der Aussteller den Bezogenen angewiesen, »an R« zu zahlen. R erteilt nun die weitere Anweisung, »für mich an J« oder kürzer »an J« zu zahlen. Gleiches gilt für alle weiteren Übertragungen. Der Übertragende wird jeweils Indossant, der Erwerber Indossatar genannt. Das Indossament kann auch aus der bloßen Unterschrift des Indossanten bestehen. Ein solches Blankoindossament verschafft dem Indossatar die Möglichkeit, den Wechsel gem. § 929 ohne ein weiteres Indossament weiterzuübertragen.

o Bitte lesen Sie Art. 11–14 WG.

II. Der gutgläubige Erwerb des Wechsels

Der wechselmäßige Übertragungsvertrag kann trotz seiner Abstraktheit Mängel aufweisen, z. B. weil der Vormann Nichtberechtigter war (er hat den Wechsel seinem Vormann gestohlen und dessen Indossament gefälscht), oder weil der Vormann nicht geschäftsfähig und die Einigung mit dem Nachmann nichtig war. In solchen Fällen ist ein gutgläubiger Erwerb des Wechsels möglich, falls vom Remittenten bis zum Erwerber eine ununterbrochene Kette von äußerlich ordnungsmäßigen Indossamenten läuft. Allerdings bleiben hierbei § 932 BGB, § 366 HGB außer Anwendung, da Art. 16 II als ausschließliche Sonderregelung eingreift. Art. 16 II gibt nur negativ an, daß der Gutgläubige, wenn er gem. Art. 16 I legitimiert ist, den Wechsel nicht herauszugeben hat; es ist daraus positiv zu schließen, daß er dann das Eigentum auf Grund seines guten Glaubens erworben hat.

Durch Art. 16 II wird der gute Glaube an die Berechtigung, Vertretungsmacht, Verfügungsermächtigung, an die Identität und sogar an die Geschäftsfähigkeit geschützt! Dieser umfangreiche Gutglaubensschutz ist notwendig wegen der besonderen Bedeutung des Wechsels als zum Umlauf bestimmtes Kreditpapier. Er ist auch formaljuristisch zu vertreten angesichts der weiten Fassung des Art. 16 II. Denn der nur dem Wechsel- und Scheckgesetz (Art. 21 SchG) eigene, aus der Übersetzung des offiziellen englischen und französischen Textes des Genfer Abkommens zu verstehende Ausdruck »irgendwie abhanden gekommen« bedeutet jeden gewollten oder ungewollten Besitzverlust eines früheren Inhabers ohne gültigen Übertragungsvertrag. Die Bedeutung des Wortes »abhanden gekommen« in § 935 BGB bleibt hier völlig außer Betracht.

§ 93. Die Verpflichtung aus dem Wechsel im einzelnen
I. Die aus dem Wechsel verpflichteten Personen

In der Regel kommt bei der Übertragung des Wechsels neben dem Übertragungsvertrag gem. § 929 auch ein wechselmäßiger Verpflichtungsvertrag zustande. Z. B. erklärt der Aussteller dem Remittenten bei der Übergabe (stillschweigend), daß er für die Zahlung des Wechsels einstehe, das gleiche erklärt der Remittent bei der Weiterindossierung usw. Der wechselmäßige Verpflichtungsvertrag wurde bereits bei der Annahme des Wechsels durch den Akzeptanten erwähnt, hier wie dort sind stets die Unterschrift auf dem Wechsel und eine Einigung mit dem Remittenten bzw. Nachmann erforderlich. Ein Unterschied besteht nur insoweit, als der Akzeptant in wechselmäßiger Hinsicht nur einen Verpflichtungsvertrag schließt, während der Aussteller *stets*, der Indossant in der Regel *zwei* wechselmäßige Verträge, nämlich einen Übertragungs- und einen Verpflichtungsvertrag schließt. Sämtliche Forderungen gegen die Wechselverpflichteten werden durch das Indossament an die Nachmänner weitertransportiert. Je mehr Indossamente auf dem Wechsel stehen, desto mehr Forderungen hat der letzte Nachmann, desto kreditwürdiger ist der Wechsel. Als Wechselverpflichtete kommen in Betracht:

1. der *Akzeptant* (Art. 28), der den Wechsel angenommen (akzeptiert) hat;

2. der *Aussteller* (Art. 9). Er haftet, falls er einen noch nicht akzeptierten Wechsel weitergegeben hat, für die Annahme, kann diese Haftung aber ausschließen (Art. 9 II). In jedem Falle haftet er für die Zahlung; entgegenstehende Vermerke gelten als nicht geschrieben (Art. 9 II);

3. der *Indossant* (Art. 15). Auch er haftet für Annahme und Zahlung (sog. Garantiefunktion des Indossaments), er kann seine Haftung bezüglich beider jedoch beschränken:
Er kann jegliche Haftung ausschließen, z. B. durch den Vermerk »ohne Haftung«, »ohne obligo« (sog. Angstklausel), denn er haftet gem. Art. 15 I nur *mangels eines entgegenstehenden Vermerks*.
Er kann die Haftung einschränken, indem er die Weiterübertragung untersagt (»für mich an Herrn D, nicht an dessen Order«). Der Wechsel bleibt in einem solchen Falle zwar Orderpapier, er kann auch wirksam weiterübertragen werden, doch haftet der Indossant dann nur seinem direkten Nachmann, nicht dessen Nachmännern (Art. 15 II);

4. *der Wechselbürge* (Art. 30). Er kann sich voll oder mit Begrenzung für einen bestimmten Wechselschuldner verbürgen. Die Wechselbürgschaft wird durch die Worte »als Bürge« (Art. 31 II), »per Aval, als Garant« ausgedrückt.
Für die Wechselbürgschaft gelten nicht die §§ 765 ff. BGB, sondern das Wechselgesetz als Sonderregelung. Insbesondere setzt die Haftung des Bürgen nicht voraus, daß die Schuld, für welche er sich verbürgt hat, wirksam entstanden ist (Art. 32 II). Die Wechselbürgschaft ist selten.

Das Vorgehen gegen Aussteller, Indossanten und Wechselbürgen setzt einen rechtzeitig eingelegten PROTEST voraus.
o Bitte lesen Sie Art. 43–54, 28 II, 79–81, 84, 86 WG.
o Bitte lesen Sie noch einmal Art. 47, 48, 53 WG.

II. Übertragungs- und Verpflichtungsvertrag

Der wechselmäßige Übertragungsvertrag ist vom wechselmäßigen Verpflichtungsvertrag streng zu unterscheiden, wenngleich beide zeitlich zusammenfallen können. In der Literatur wird häufig das Wort »Begebungsvertrag« verwendet. Damit meint man manchmal den einen, manchmal den anderen Vertrag, manchmal beide zusammen. Ich vermeide diesen Ausdruck, da er erfahrungsgemäß leicht Verwirrung stiftet[4].

III. Mängel des Verpflichtungsvertrages, die nicht gegenüber jedermann wirken (dingliche Einwendungen mit relativer Wirkung)

Wenn jemand gem. § 929 oder gutgläubig gem. Art. 16 WG das Eigentum am Wechsel erworben hat, so steht noch nicht fest, daß er damit gleichzeitig eine Wechselforderung gegen alle diejenigen erlangt hat, deren Unterschriften auf dem Wechsel stehen. Es muß jetzt bei jedem der einzelnen möglichen Verpflichteten geprüft werden, ob er sich wirksam wechselmäßig verpflichtet hat. Die wechselmäßige Verpflichtung kann aus verschiedenen Gründen fraglich sein.

---

[4] Mir wurde als Student der Unterschied erst klar, als ich das Einleitungskapitel des Kommentars von *Baumbach-Hefermehl*, Wechsel- und Scheckgesetz, las. Ich bekenne gern, daß viele von den Gedanken, die in diesem Kapitel über dem Strich stehen, aus diesem ausgezeichneten Buch stammen.

§ 93. Die Verpflichtung aus dem Wechsel im einzelnen

1. Die Verpflichtung kann von Anfang an fehlen, z. B.
   a) weil der Schuldner überhaupt keinen Verpflichtungsvertrag geschlossen hat (z. B., wenn ihm der Wechsel, auf den er seine Unterschrift gesetzt hat, abhanden gekommen ist);
   b) weil der Verpflichtungsvertrag wegen *Täuschung* oder *Drohung* angefochten worden ist (Im Falle des Irrtums wird eine Anfechtung des abstrakten Verpflichtungsvertrages nur sehr selten in Betracht kommen, z. B. dann, wenn sich der Aussteller beim Einsetzen der Wechselsumme verschreibt.);
   c) weil der Verpflichtete *bewuchert* worden ist (§ 138 II ergreift auch das »Gewähren«).

2. Die Verpflichtung kann wirksam entstanden, aber inzwischen durch Zahlung, also Erfüllung (§ 362), oder durch Aufrechnung (§ 389) untergegangen sein.

Diese Einwendungen können jedoch nicht gegenüber jedem Inhaber geltend gemacht werden. Wird der Wechsel von einem Nachmann erworben, der das Fehlen der Wechselverpflichtung weder kannte noch infolge grober Fahrlässigkeit nicht kannte, so ist dem Schuldner die Einwendung des fehlenden Verpflichtungsvertrages diesem Gutgläubigen und dessen sämtlichen Nachmännern gegenüber versagt, da durch die Unterschrift der Rechtsschein einer wirksamen Wechselverbindlichkeit erweckt worden ist. Dies ist der Standpunkt der heute im Wechselrecht herrschenden *Rechtsscheintheorie*.

Das Abschneiden der Einwendung des fehlenden Verpflichtungsvertrages ist im Wechselgesetz nicht positiv geregelt. Es ergibt sich nicht direkt aus Art. 16 II, da dieser nur die Frage des gutgläubigen Erwerbs der rechtmäßigen Inhaberschaft, also der Heilung von *Erwerbs*mängeln regelt. Hier ist über die wechselmäßige Verpflichtung, d. h. die Heilung von *Verpflichtungs*mängeln, zu entscheiden.

IV. Mängel des Verpflichtungsvertrages, die gegenüber jedermann wirken (dingliche Einwendungen mit absoluter Wirkung)

In einigen Fällen kann der aus dem Wechsel in Anspruch Genommene seine mangelnde Verpflichtung auch einem GUTGLÄUBIGEN gegenüber geltend machen.

1. Hierzu gehören zunächst alle Einwendungen, die sich *aus dem Inhalt der Urkunde* ergeben (z. B. die Angstklausel »ohne obligo«).

2. Die anderen Fälle sind:
   a) *fehlende Geschäftsfähigkeit* (Es bleibt auch im Wechselrecht bei dem Grundsatz, daß Geschäftsunfähige und beschränkt Geschäftsfähige sich nicht verpflichten können. Indossiert z. B. ein Geschäftsunfähiger einen Wechsel an einen Gutgläubigen weiter, so wird zwar der Mangel des *Übertragungsvertrages* durch Art. 16 II geheilt. Der Gutgläubige wird also rechtmäßiger Inhaber und kann gegen alle übrigen Wechselverpflichteten vorgehen. Einen Anspruch gegen den geschäftsunfähigen Indossanten hat er dagegen nicht erworben, der fehlende *Verpflichtungsvertrag* kann durch den Rechtsschein nicht geheilt werden, da das Schutzinteresse der von den §§ 104 ff. erfaßten Personen dem Schutzinteresse des Geschäftsverkehrs insoweit vorgeht);
   b) *fehlender Handlungswille* und *fehlendes Erklärungsbewußtsein;*
   c) *Fälschung* (Der Namensträger haftet nicht, da er nicht seine Unterschrift auf den Wechsel gesetzt, mithin auch keinen Rechtsschein erzeugt hat);
   d) *Verfälschung* gem. Art. 69 (Der Namensträger haftet nur nach dem ursprünglichen Text, denn nur diesen hat er unterschrieben. Der Anschein, daß er den geänderten Text unterschrieben habe, wurde nicht von ihm, sondern vom Fälscher erweckt);
   e) *fehlende Vollmacht.* (Der Vertretene haftet nicht, § 177, da er nicht selbst unterschrieben hat, es sei denn, daß er den Schein der Vollmacht erweckt hat.)

In diesen Fällen wird ganz deutlich, daß mit dem Erwerb des Eigentums am Papier nicht notwendig der Erwerb einer Wechselforderung verbunden ist.

§ 94. Die Leistungsverweigerungsrechte des Wechselschuldners (persönliche Einreden)

I. Einreden aus dem Grundverhältnis

Aus der abstrakten Natur des Wechselverpflichtungsvertrages folgt, daß die Nichtigkeit des Grundgeschäfts die Wechselverbindlichkeit grundsätzlich nicht beeinflußt. Ist das Grundgeschäft nichtig oder überhaupt nicht zustande gekommen oder hat es sich infolge von Rücktritt oder Wandlung in ein gesetzliches Rückverschaffungsverhältnis (§§ 346 ff. BGB) umgewandelt, so bleibt

§ 94. *Die Leistungsverweigerungsrechte des Wechselschuldners* 319

die Wechselverbindlichkeit wirksam bestehen, aus § 812 II oder § 346 BGB hat der Schuldner gegen seinen direkten Nachmann nur einen schuldrechtlichen Anspruch auf Befreiung von der Verbindlichkeit. Diesen Anspruch kann der Schuldner auch verteidigungsweise als Einrede geltend machen, wenn ihn dieser Nachmann, ungeachtet des Rückforderungsanspruchs, mit dem abstrakten Wechselanspruch angreift, denn der Nachmann verlangt in einem solchen Falle etwas, was er sofort wieder (auf Grund des Rückforderungsanspruchs) an den Schuldner zurückgeben müßte (s. o. § 27, § 80 I 2). Diese Einrede der Bereicherung, des Rücktritts, der Wandlung wird dem Schuldner gegenüber späteren Nachmännern durch Art. 17 WG abgeschnitten. Er behält sie nur dann gegen den späteren Nachmann, wenn sich die Einrede aus dem Inhalt der Urkunde ergibt oder wenn der Erwerber bewußt zum Schaden des Schuldners gehandelt hat.

II. Einreden aus Sonderabreden

Schließlich kann der Schuldner gegenüber einem bestimmten Gläubiger Einwendungen aus einer besonderen Vereinbarung geltend machen.

Die häufigste Absprache ist die Stundung *(Prolongation)*: Der Aussteller verspricht dem Akzeptanten, den Wechsel am Verfalltage einzulösen, vorausgesetzt, daß der Schuldner am Verfalltage einen neuen Wechsel akzeptiert. Diese Einrede wird, wenn sie sich nicht aus dem Inhalt der Urkunde ergibt, durch Art. 17 WG späteren Erwerbern gegenüber abgeschnitten.

Auch von der besonderen Absprache des *Gefälligkeitsakzepts* wird in der Praxis häufig Gebrauch gemacht: Der Aussteller bittet einen kreditwürdigen Bekannten oder eine Bank, den Wechsel aus Gefälligkeit zu akzeptieren, um den Wechsel besser unterbringen zu können, und verspricht, eine Inanspruchnahme des Akzeptanten durch rechtzeitige Einlösung des Wechsels zu verhüten. Auf diese Gefälligkeitsabrede kann sich der Akzeptant selbst dann nicht berufen, wenn der Erwerber des Wechsels die Eigenschaft des Akzepts als Gefälligkeitsakzept kannte; denn der Zweck des Gefälligkeitsakzepts ist, den Wechsel kreditwürdig zu machen, das ist aber nur möglich, wenn der Akzeptant auch wirklich haftet.

§ 95. Rechtmäßige Inhaberschaft und formelle Legitimation

Die Umlauffähigkeit des Wechsels beruht im wesentlichen darauf, daß man sich auf den *Schein* weitgehend verlassen kann. Damit hängt die Bedeutung der formellen Legitimation zusammen, die von der rechtmäßigen Inhaberschaft, d. h. dem Eigentum am Papier, streng zu unterscheiden ist. Die formelle Legitimation ist nur der *Schein* der Berechtigung. An diesen Schein knüpfen sich weitreichende Folgen:

Der Inhaber eines Wechsels, der im Prozeß sein Recht geltend macht, braucht nicht die sachliche Berechtigung, sondern nur die formelle Legitimation darzulegen und zu beweisen. Dann gilt zu seinen Gunsten die Vermutung, daß er Berechtigter ist (sog. LEGITIMATIONSWIRKUNG ZUGUNSTEN DES INHABERS). Diese Vermutung ist zwar widerlegbar, doch trifft denjenigen, der sie widerlegen will, die Beweislast. Die Parallele zu § 1006 I S. 1 BGB ist offensichtlich. Allerdings ist für die Legitimation beim Wechsel die bloße Innehabung noch nicht ausreichend. Das Recht des Inhabers muß sich auch aus dem Inhalt der Urkunde ergeben.

1. Der Remittent ist legitimiert, wenn er im Wechsel als Remittent benannt ist und der Wechsel kein Indossament aufweist.

2. Für die Legitimation eines Indossatars ist Art. 16 I maßgebend. (Bitte genau lesen.) Ob die Indossamente echt sind und ob ihnen eine rechtsgültige Übertragung zugrunde liegt, ist hierbei völlig gleichgültig: Auch der Dieb, der den gestohlenen Wechsel auf sich selbst indossiert, ist legitimiert, wenn er dadurch eine ununterbrochene, vom Remittenten bis zu sich reichende Indossamentenkette hergestellt hat. Es kommt also lediglich auf die äußere Ordnungsmäßigkeit an.

Im Rahmen des Art. 16 I vernichtet jede Unterbrechung der Indossamentenkette die förmliche Legitimation. Streng genommen müßte nun der Inhaber zum Beweise seines Gläubigerrechts die Wirksamkeit jeder einzelnen Übertragung besonders nachweisen. Allerdings gilt hier eine wichtige Ausnahme: Kann der Inhaber beweisen, daß die Unterbrechung auf einer wirksamen außerwechselmäßigen Rechtsnachfolge (Erbgang, Fusion) beruht, so wird die Indossamentenkette als geschlossen angesehen; der Inhaber braucht die übrigen Übertragungen nicht zu beweisen, da nunmehr seine Berechtigung wieder vermutet wird.

Die Legitimation hat noch weitere Wirkungen: Zahlt der Wechselschuldner an einen formell Legitimierten, der nicht Gläubiger ist, so wird der Schuldner frei (Art. 40 III WG, sog. LIBERATIONSWIRKUNG). Außerdem kann, wie bereits oben in § 92 ausgeführt wurde, der Gutgläubige von einem legitimierten Nichtberechtigten den Wechsel erwerben (Art. 16 II WG). Schließlich kann nur ein Legitimierter den Wechsel zu PROTEST gehen lassen: wer nicht legitimiert ist, kann keinen Rückgriff nehmen, mag er auch rechtmäßiger Inhaber und Gläubiger der Wechselforderung sein.

§ 96. Vollmacht, Ermächtigung

I. Stellvertretung bei der Verpflichtung

1. *Handeln im fremden Namen*

Wer sich aus einem Wechsel verpflichten will, kann den dazu erforderlichen Skripturakt und den abstrakten Verpflichtungsvertrag auch durch einen Stellvertreter (§ 164 I BGB) vornehmen lassen. Beim Skripturakt kann der Stellvertreter wie jeder andere Vertreter mit dem Namen des Vertretenen oder mit seinem eigenen Namen unterzeichnen, im letzteren Falle muß sich jedoch *aus dem Wechsel selbst*, etwa durch einen Zusatz, das Handeln im fremden Namen ergeben, da sonst nicht der Vertretene, sondern der Vertreter selbst haftet, welcher den Schein erweckt hat, als wolle er im eigenen Namen handeln (vgl. § 164 II BGB).

2. *Fehlen der Vollmacht*

Handelt der Vertreter ohne Vertretungsmacht und erfolgt keine Genehmigung durch den Vertretenen gem. §§ 177, 184 BGB, so gilt folgendes:

a) *Haftung des Vertretenen*

Der Vertretene haftet nicht aus dem wechselmäßigen Verpflichtungsvertrag, er haftet auch nicht aus veranlaßtem Rechtsschein, da er nicht den Schein eines für ihn verbindlichen Verpflichtungsvertrages erweckt hat. Nur in besonderen Ausnahmefällen kann die Berufung auf das Fehlen der Vollmacht unzulässig sein, so beim Vorliegen einer Scheinvollmacht (Analogie zu §§ 170 ff. BGB, § 56 HGB) oder im Falle einer unrichtigen Registereintragung (§ 15 I, III HGB).

b) Haftung des Vertreters

Der Vertreter unterliegt der verschärften wechselmäßigen Haftung aus Art. 8 S .1. Er haftet ohne Rücksicht auf seine Kenntnis oder Nichtkenntnis vom Fehlen seiner Vollmacht auf die volle Wechselsumme. Dies gilt auch dann, wenn eine Vollmacht vorlag, aber überschritten wurde, etwa der Summe nach: Der Vertreter haftet auf die volle Summe gem. Art. 8 S. 2, daneben haftet der Vertretene, doch nur im Rahmen der erteilten Vollmacht.

Kannte der Erwerber des Wechsels den Mangel der Vertretungsmacht, so kommt, da Art. 8 WG seine innere Rechtfertigung nur in dem Gedanken des Vertrauensschutzes findet, eine Haftung des Vertreters aus dieser Vorschrift nicht in Betracht. Diese Einschränkung läßt sich aus einer Analogie zu § 179 III S. 1 BGB begründen.

II. Das Inkassoindossament

1. Übersicht

Wenn ein Gläubiger seine Forderung durch eine andere Person einziehen lassen will, kann er wählen:

a) Er kann einen anderen gem. §167 BGB bevollmächtigen. Der Bevollmächtigte tritt dann als Stellvertreter, also im fremden Namen gem. § 164 I BGB auf und zieht eine *fremde Forderung* ein.

b) Er kann einen anderen gem. § 185 I ermächtigen, im *eigenen Namen* über die *fremde Forderung* durch Einziehung zu verfügen.

Auch der Gläubiger einer Wechselforderung kann von diesen Möglichkeiten durch ein entsprechendes Inkassoindossament Gebrauch machen. Von den hierbei entstehenden Problemen, deren Lösungen teilweise sehr streitig sind, soll nur die Frage behandelt werden, ob der Schuldner einem solchen Indossatar, der im Interesse des Indossanten vorgeht, alle Einwendungen entgegenhalten kann, die ihm gegen den Indossanten zustehen, wenn der Indossatar hinsichtlich der Einwendungen gutgläubig war.

2. Offenes Inkassoindossament

Der Indossatar ist Stellvertreter gem. § 164 BGB, wenn ein sog. *offenes Inkassoindossament* vorliegt, d. h., wenn das Indossament einen Vermerk enthält, aus dem zu entnehmen ist, daß der Indossatar nur für den Indossanten handeln soll. Dieser Fall ist in Art. 18 II geregelt. Der Schuldner kann auch einem gutgläubigen Indossatar alle ihm gegen den Indossanten zustehenden Einwendungen entgegenhalten.

3. Verdecktes Inkassoindossament

In den Fällen der Ermächtigung ist das Handeln im fremden Interesse nicht aus dem Indossament ersichtlich, es liegt ein sog. *verdecktes Inkassoindossament* vor. Der Indossant setzt ein Vollindossament auf den Wechsel, um den Indossatar nach außen hin formell als Gläubiger zu legitimieren, er bleibt aber Eigentümer des Papiers und Gläubiger der Forderung, der Indossatar hat nur die Befugnis, die fremde Forderung im eigenen Namen einzuziehen. Der Fall ist dem der Stellvertretung ähnlich: In beiden Fällen wird vom Indossatar ein fremdes Recht geltend gemacht. Deshalb ist Art. 18 II analog anwendbar.

§ 97. Wechselfälschung und Wechselverfälschung

I. Wechselfälschung, Handeln unter falschem Namen

Von dem mit dem Namen des Vertretenen unterzeichnenden Vertreter ohne Vertretungsmacht unterscheidet sich der Fälscher dadurch, daß er den Anschein erweckt, *er selbst* sei der Namensträger, bzw. der nicht anwesende Namensträger habe *selbst* unterschrieben. Man spricht hier von Handeln unter falschem oder unter fremdem Namen. Eine allgemeine Regelung fehlt im deutschen Recht. In den meisten Fällen kommt man mit einer analogen Anwendung der Vorschriften über die Vertretung ohne Vertretungsmacht

(§ 177, 179 BGB, Art. 8 WG) zu sachgerechten Ergebnissen. Im einzelnen ergibt sich folgendes:

1. Formgültigkeit des Wechsels

Die Formgültigkeit des Wechsels und die Wirksamkeit der übrigen Unterschriften werden durch die gefälschte Unterschrift nicht berührt (Art. 7).

2. Haftung aus der Unterschrift

Der *Namensträger* haftet im Falle der Fälschung seiner Unterschrift nicht, da er weder einen Skripturakt gesetzt noch einen Rechtsschein erzeugt hat. Er haftet jedoch wechselmäßig, wenn er der Fälschung zugestimmt hat, sei es durch Einwilligung (Fall aus dem Roman von Thomas Mann: de Venosta erklärt sich damit einverstanden, daß Krull unter seinem Namen Akzepte gibt), sei es durch nachträgliche Genehmigung. Eine Genehmigung wird auch darin gesehen, daß der Namensträger erklärt, die Unterschrift sei echt, stamme von ihm, der Wechsel werde eingelöst, doch ist hierbei erforderlich, daß der Namensträger die Fälschung kannte oder wenigstens für möglich hielt. Im Falle der Genehmigung ist § 177 BGB analog anzuwenden.

Der *Fälscher* haftet analog Art. 8.

3. Gutgläubiger Erwerb

In den Fällen, in welchen die Unterschrift eines Wechselgläubigers zum Zwecke der *Übertragung* des Wechsels gefälscht wird, geht es zunächst nicht um die Frage, ob der Namensträger haften, sondern ob er seine Rechte aus dem Wechsel an einen gutgläubigen Erwerber verlieren soll. Der Erwerber glaubt daran, daß der Fälscher und der Namensträger ein und dieselbe Person seien, es liegt hier ein Fall des guten Glaubens an die Identität, die Nämlichkeit vor, der im deutschen Recht grundsätzlich nicht geschützt wird. Die weite Formulierung des Art. 16 II erfaßt jedoch auch diesen Fall. Wenn der Wechsel dem Namensträger »irgendwie«, z. B. durch Diebstahl, Unterschlagung, Verlorengehen, jedenfalls ohne gültigen Übertragungsvertrag, aus dem Besitz gelangt ist, erwirbt der Gutgläubige, wenn er nach Maßgabe des Art. 16 I legitimiert ist.

Die durch die gemeinsame Bezeichnung »Begebungsvertrag« etwas verwischte Unterscheidung von Übertragungs- und Verpflichtungsvertrag wird hier besonders deutlich: Überträgt der Dieb einen Wechsel, auf welchem er vorher das Indossament gefälscht hat, so verliert der bisherige Eigentümer sein Eigentum und damit seine Wechselforderung durch den gutgläubigen Erwerb des Nachmannes gem. Art. 16 II. Er haftet jedoch seinen Nachmännern nicht als Indossant gem. Art. 15, da es hierfür an seiner Unterschrift fehlt, er selbst auch keinen Rechtsschein erzeugt hat.

4. Leistung mit befreiender Wirkung

Der Namensträger kann auch dadurch sein Recht verlieren, daß ein Dieb den Wechsel beim Schuldner vorlegt und die Wechselsumme kassiert.
Gibt sich der Dieb für den Namensträger selbst aus, so wird der Schuldner, jedenfalls bei einem Namensindossament, nicht ohne weiteres frei, da er die Identität des Inhabers mit dem letzten Indossatar, z. B. durch Einsicht in den Personalausweis, prüfen muß. Doch schadet ihm hierbei nur *grobe* Fahrlässigkeit (Art. 40 III S. 1).
Hat der Dieb jedoch den Wechsel vorher durch Unterschriftsfälschung auf sich indossiert, so wird der Schuldner im Falle eines Namensindossaments nach Prüfung der (nunmehr hergestellten) Identität des Inhabers mit dem letztbenannten Indossatar, im Falle eines Blankoindossaments ohne eine entsprechende Prüfung frei, wenn er nur vorher die äußerliche Ordnungsmäßigkeit der Indossamentenkette festgestellt hat. Von der Prüfung der Echtheit der Unterschriften, auch der letzten Unterschrift, ist er kraft ausdrücklicher Vorschrift (Art. 40 III S. 2) befreit.

II. Verfälschung vollständiger Wechsel

Wird eine Erklärung auf einem Wechsel unbefugterweise geändert, z. B. mittels Durchstreichens, Radierens, Abreißens, Hinzuschreibens usw., so liegt eine Verfälschung des Wechsels vor.
Dieser Fall ist in Art. 69 positiv geregelt. Es gilt danach der Grundsatz, daß jeder nach dem Inhalt der Urkunde haftet, den die Urkunde zur Zeit seiner Unterschrift gehabt hat.
Dieser Satz gilt jedoch nicht ausnahmslos. Bei der Behandlung der Unterschriftsfälschung wurde bereits der Gedanke der *Zustimmung* entwickelt. Dieser Gedanke muß auch hier entsprechend gelten: Wer vor der Änderung der

Urkunde unterschrieben hat, kann sich auf den ursprünglichen Text nicht berufen, wenn er der späteren Änderung zugestimmt hat.

§ 98. Der Blankowechsel

I. Wesen des Blankowechsels

1. *Bewußte Unvollständigkeit*

Man spricht von einem Blankowechsel, wenn ein Wechsel *bewußt* unvollständig ausgestellt und mit der Ermächtigung zur weiteren Ausfüllung übergeben wird.

2. *Rückwirkende Kraft der Vervollständigung*

Auch der Blankowechsel wird erst dann zu einem vollgültigen Wechsel, wenn er die zwingend vorgeschriebenen Wechselbestandteile enthält; der Unterschied zum nichtigen Wechsel, bei welchem ein wesentlicher Bestandteil *versehentlich* ausgelassen wurde, liegt aber in der *rückwirkenden Kraft der Vervollständigung*: Wer seine Unterschrift auf einen unvollständigen Blankowechsel gesetzt hat, wird durch die Ausfüllung rückwirkend nach Maßgabe des nunmehr vollständigen Wechseltextes verpflichtet.

3. *Der Grad der Unvollständigkeit*

Der Grad der Unvollständigkeit kann bei einem Blankowechsel sehr verschieden sein. Mindestvoraussetzungen bestehen nicht. Beim sogen. Blankoakzept akzeptiert der Bezogene oft ein Wechselformular, welches bis auf die Wechselsumme ausgefüllt ist. Manchmal fehlt auch noch die Angabe des Wechselnehmers, weil der Aussteller noch nicht weiß, bei wem er den Wechsel unterbringen kann. Ein Blankowechsel liegt sogar dann vor, wenn ein weißes Blatt Papier unterschrieben und mit der Ermächtigung weitergegeben wird, darüber bzw. daneben einen Wechseltext zu setzen. Andererseits braucht ein Blankowechsel nicht unbedingt unvollständig im Sinne von Art. 2 I zu sein. Er ist auch dann gegeben, wenn er die gesetzlichen Mindestvoraussetzungen erfüllt, aber der Aussteller den Wechselnehmer ermächtigt, noch weitere Klauseln, wie z. B. die Angabe der Verfallzeit (unwesentlich gem. Art. 2 II) oder einen Domizilvermerk (Art. 4), einzusetzen. Ob ein Blankowechsel vorliegt, hängt somit nicht unbedingt davon ab, ob ihm wesentliche Bestandteile fehlen — diese fehlen auch dem versehentlich unvollständigen Wechsel —, sondern davon, ob der Text der Urkunde nach dem Willen des Ausstellers in irgendeiner Hinsicht durch einen Dritten ergänzt werden sollte.

II. Überschreitung der Ausfüllungsermächtigung

Im Wechselgesetz hat der Blankowechsel keine grundlegende Regelung gefunden. Art. 10 setzt die Grundsätze über die rechtliche Behandlung des Blankowechsels voraus und gibt nur eine Erweiterung mit Rücksicht auf das Rechtsscheinprinzip: Wer einen Blankowechsel unterschreibt, kann sich nicht darauf berufen, daß der Ausfüllungsermächtigte seine Befugnisse überschritten hat, es sei denn, daß der Erwerber die Grenze der Ermächtigung kannte oder infolge grober Fahrlässigkeit nicht kannte.

§ 99. Zusammenfassung und Klausurschema: Wechselrecht

In einem praktischen Fall, in dem wechselmäßige Ansprüche zu prüfen sind, geht man in folgender Reihenfolge vor (der aus dem Wechsel Vorgehende wird kurz Kläger, der in Anspruch Genommene Beklagter genannt):

I. Legitimation

Man stellt zunächst fest, ob die Voraussetzungen vorliegen, die der Kläger in einem Prozeß zu beweisen hätte:

1. Formgültigkeit des Wechsels (Art. 1, 2, 7). Entscheidend ist die äußere Vollständigkeit, nicht die Wahrheit der Daten oder die Echtheit der Unterschriften. Die Formgültigkeit ist nur besonders zu prüfen, wenn der Sachverhalt dazu Veranlassung gibt.
2. Innehabung + Indossamentenkette = Legitimation (Art. 16 I). Zugunsten des formell Legitimierten wird *vermutet*, daß er rechtmäßiger Inhaber ist.
3. Fälligkeit. Wechsel ohne Angabe des Verfalltages sind bei Vorlegung fällig.
4. Inanspruchnahme eines möglichen Verpflichteten: Akzeptant (Art. 28 I), Aussteller (Art. 9), Indossant (Art. 15), Wechselbürge (Art. 32).
5. Nur bei Regreß (Art. 9, 15): Protest (Art. 53 I).

II. Eigentum am Papier

Dann prüft man, ob der Kläger rechtmäßiger Inhaber, d. h. Eigentümer am Papier ist. Der Remittent erlangt das Eigentum durch einen Übertragungsvertrag (Begebungsvertrag) gem. § 929, bei seinen Nachmännern muß zum Übertragungsvertrag ein Indossament hinzukommen.

Das Eigentum am Papier kann gutgläubig gem. Art. 16 II WG erworben werden. Der sehr weit reichende Gutglaubensschutz umfaßt auch Fälle des guten Glaubens an Identität und Geschäftsfähigkeit.

III. Bestand der Wechselforderung (Einwendungen)

Mit dem Eigentum am Papier hat der Kläger nur dann eine Wechselforderung gegen den Beklagten erlangt, wenn dieser sich wechselmäßig verpflichtet hat. Zur Begründung einer wechselmäßigen Verbindlichkeit sind Unterschrift auf dem Wechsel und wechselmäßiger Verpflichtungsvertrag (auch dieser Vertrag wird Begebungsvertrag genannt) erforderlich. Der Verpflichtungsvertrag kann durch den Rechtsschein einer wirksamen Verpflichtung ersetzt werden.

1. Die Verpflichtung aus dem Vertrage fehlt, das Fehlen kann aber Gutgläubigen *nicht* entgegengehalten werden bei: Fehlen eines Vertrages überhaupt, Täuschung, Drohung, Wucher, außerdem bei Erlöschen durch Erfüllung, Aufrechnung.
2. Gegenüber *jedem* Inhaber können geltend gemacht werden: Einwendungen aus dem Inhalt der Urkunde, Fälschung und Verfälschung (außer bei Zustimmung), fehlende Vollmacht (außer bei Scheinvollmacht) sowie Fehlen von Geschäftsfähigkeit, Handlungswille, Erklärungsbewußtsein.

IV. Leistungsverweigerungsrechte (persönliche Einreden)

Trotz wirksamer Wechselverpflichtung kann der Beklagte ein Leistungsverweigerungsrecht aus einer unmittelbaren Beziehung zum Kläger haben.

1. Einreden aus dem Grundverhältnis liegen vor, wenn der Schuldner gegen den Inhaber einen Rückforderungsanspruch aus dem Grundverhältnis hat (§ 812 II oder § 346 BGB), denn der Inhaber verlangt dann aus dem Wechselanspruch etwas, was er sofort zurückgeben müßte. Diese Einrede wird durch Art. 17 abgeschnitten.

2. Einreden aus besonderen Absprachen sind
   a) Prolongation (abgeschnitten durch Art. 17),
   b) Gefälligkeitsakzept (kann auch dann nicht gegenüber Dritten geltend gemacht werden, wenn dieser Gefälligkeitscharakter des Akzepts kennt).

2. Kapitel. Der Scheck

§ 100. Der Scheck als Zahlungspapier

I. Unterschiede zum Wechsel

Die rechtliche Regelung des Schecks ist der des Wechsels in so starkem Maße nachgebildet, daß im wesentlichen auf die Ausführungen über den Wechsel verwiesen werden kann. Die Unterschiede gehen alle von einer wirtschaftlichen Zwecksetzung aus: der Scheck soll Zahlungspapier, der Wechsel Kreditpapier sein (s. o. § 89 II). Im einzelnen bestehen folgende Unterschiede:

1. Der Scheck hat sechs, der Wechsel acht Formbestandteile (Art. 1, 2 SchG).

2. »Der Scheck darf nur auf einen Bankier gezogen werden, bei dem der Aussteller ein Guthaben hat, und gemäß einer ausdrücklichen oder stillschweigenden Vereinbarung, wonach der Aussteller das Recht hat, über dieses Guthaben mittels Scheck zu verfügen« (Art. 3 S. 1 SchG). Ein Scheck, der unter Nichtbeachtung dieser Vorschrift ausgestellt wird, ist zwar als Scheck gültig (Art. 3 S. 2 SchG), unterliegt aber der Wechselsteuer (§ 6 Nr. 3 Wechselsteuergesetz).

3. »Der Scheck kann nicht angenommen werden. Ein auf den Scheck gesetzter Annahmevermerk gilt als nicht geschrieben« (Art. 4 SchG). Eine Ausnahme gilt für Schecks, die auf die Deutsche Bundesbank gezogen sind. Die Bundesbank darf Schecks mit einem Bestätigungsvermerk versehen, durch den sie sich zur Einlösung des Schecks bei Vorlegung innerhalb *acht Tagen* nach Scheckausstellung verpflichtet (§ 23 Bundesbankgesetz). Keine Ausnahme stellt dagegen die *Scheckkarte* dar, da die Einlösungspflicht durch einen bürgerlich-rechtlichen Garantievertrag, also *außerscheckrechtlich*, begründet wird (näheres oben § 81 III 3).

4. Jeder Scheck ist ein Sichtscheck. Jede gegenteilige Angabe gilt als nicht geschrieben. Dies gilt auch dann, wenn der Scheck vordatiert worden ist und die Vorlegung vor dem Tag erfolgt, der auf dem Scheck als Ausstellungstag angegeben ist (Art. 28 SchG).
5. Der Scheck hat kurze Vorlegungsfristen, die Frist beträgt für Inlandschecks acht Tage (Art. 29 SchG). Auch nach Ablauf dieser Frist kann die Bank einen Scheck noch einlösen (Art. 32 II SchG, sie tut dies auch im Regelfalle); wenn aber die Bank die Einlösung verweigert, kann der Inhaber keinen Regreß mehr nehmen (Art. 40, 41 SchG).
6. Der Scheck ist zwar von Gesetzes wegen wie der Wechsel Orderpapier (d. h. durch Indossament übertragbar), er kann aber auch als Inhaberscheck ausgestellt werden, was in Deutschland fast durchweg geschieht (Art. 5 SchG). Der *Wechsel* kann nur Order- oder Namenspapier sein, er kann allerdings, wenn das letzte Indossament ein Blankoindossament ist, wie ein Inhaberpapier weiterübertragen werden, da ein Blankoindossament *jeden* Inhaber legitimiert.

II. Gemeinsamkeiten

Für den Regreß gegen den Aussteller und die Indossanten gilt im wesentlichen das gleiche wie beim Wechsel, auch der Aufbau des Gutachtens erfolgt in der gleichen Reihenfolge. Darüberhinaus sind noch eine Reihe weiterer Vorschriften dem Wechselgesetz fast wörtlich nachgebildet. Der Leser kann sich davon am besten in Form einer kleinen Übung überzeugen.
o Bitte suchen Sie im Scheckgesetz die Parallelartikel zu folgenden Artikeln des Wechselgesetzes: 6, 7, 8, 9, 10, 13, 14, 15, 16 I, 16 II, 17, 18, 20, 43, 45, 47, 48, 49, 90.

§ 101. Das Verhältnis zwischen Aussteller und Bank

I. Der Geschäftsbesorgungsvertrag

Über das Verhältnis zwischen Aussteller und Bank enthält das Scheckgesetz nur wenige Vorschriften, es sind deshalb ergänzend die Regeln des Bürgerlichen Gesetzbuches heranzuziehen.

Daß die Ausstellung des Schecks nur eine Doppelermächtigung, nicht etwa eine Abtretung des Guthabens des Kunden an den Inhaber, darstellt, wurde bereits erwähnt (o. § 89 II). Die Ermächtigung ist abstrakt, die Verpflichtung der Bank zur Einlösung ergibt sich dem Aussteller gegenüber aus dem zu Grunde liegenden Scheckvertrag, der als Geschäftsbesorgungsvertrag anzusehen ist. Löst die Bank einen Scheck ein, so kann sie gem. §§ 675, 670 das Konto des Kunden belasten.

II. Das Scheckrisiko

Kommt dem Kunden ein Scheckformular abhanden, das von einem Nichtberechtigten ausgefüllt wird, oder wird ein ausgefüllter Scheck verfälscht, so entsteht, falls die Bank diesen Scheck einlöst, die Frage, ob die Bank das Konto des Kunden mit dem ausgezahlten Betrag belasten darf.

1. Eine Ermächtigung zur Auszahlung ist nicht oder (bei Verfälschung) jedenfalls nicht in dieser Art vom Kunden erteilt worden, die Bank hat deshalb keinen Erstattungsanspruch aus §§ 675, 670.

2. Es kann aber eine positive Forderungsverletzung auf seiten des Kunden vorliegen, der aus dem Scheckvertrag verpflichtet ist, das Scheckbuch sorgfältig aufzubewahren und die Scheckformulare mit Sorgfalt auszufüllen, um Verfälschungen soweit wie möglich auszuschließen. Dann hat die Bank einen Schadensersatzanspruch in Höhe des ausgezahlten Betrages und kann das Konto entsprechend belasten.

3. Trifft den Kunden kein Verschulden, so hat die Bank nach dem Gesetz keine Ansprüche, sie muß den Schaden allein tragen. Aber dazu kommt es in der Praxis so gut wie gar nicht, denn die Banken wälzen durch ihre Allgemeinen Geschäftsbedingungen das gesamte Scheckrisiko auf ihre Kunden ab. Diese Regelung kommt letzten Endes auch dem Kunden zugute, sie begünstigt die schnelle Abwicklung des Scheckverkehrs, sie verstößt deshalb auch dann nicht gegen die guten Sitten (§ 138), wenn die Bank eine Monopolstellung hat oder wenn mehrere Banken verabredungsgemäß die gleiche Regelung in ihre Geschäftsbedingungen aufnehmen.

4. Dies gilt allerdings nicht, wenn der vorgelegte Scheck schon bei oberflächlicher Prüfung als Fälschung erkennbar war oder wenigstens zu Bedenken hätte Anlaß geben müssen und die Bank ohne Rückfrage beim

Kunden die Auszahlung vorgenommen hat. Denn dann hat die Bank ihrerseits den Scheckvertrag verletzt. Handelten Bank *und* Kunde schuldhaft, so kommt es zur Schadensteilung gem. § 254. Ein Ausschluß der Pflicht der Bank zu einer wenigstens oberflächlichen Prüfung oder eine Begrenzung der Haftung für ihre Angestellten auf Fälle grober Fahrlässigkeit wäre sittenwidrig und deshalb nichtig (§ 138), denn die Bank ist dem Inhaber des Schecks gegenüber nicht zur Auszahlung verpflichtet, sie befindet sich bei der Vorlegung eines Schecks nicht in einer Drucksituation wie der Akzeptant eines Wechsels, dem im Falle der Nichtzahlung sogleich Protest und Wechselprozeß drohen.

III. Sperrung von Schecks

1. Nach § 790 BGB kann eine Anweisung vom Anweisenden jederzeit widerrufen werden, es sei denn, daß sie bereits ausgeführt oder akzeptiert worden ist.

2. Art. 32 SchG suspendiert beim Scheck die Wirkung des Widerrufs bis zum Ablauf der Vorlegungsfrist (Art. 29 SchG). Innerhalb der Frist kann die Bank also auch einen widerrufenen Scheck zu Lasten des Ausstellers einlösen. Natürlich wird die Bank im Regelfalle von diesem Recht keinen Gebrauch machen, aber sie ist geschützt, wenn ein Angestellter den Widerruf versehentlich nicht beachtet.

3. Art. 32 SchG bezweckt nur den Schutz der Bank, nicht den Schutz des Ausstellers. Die Bank kann deshalb auf diesen Schutz verzichten und sich im voraus oder im Einzelfall verpflichten, den Widerruf auch innerhalb der Vorlegungsfrist zu beachten[5]. Zahlt sie trotzdem aus, so verletzt sie den Scheckvertrag.

4. Art. 32 SchG gilt nur für den Widerruf, nicht für die Mitteilung an die Bank, daß der Scheck dem Aussteller oder einem rechtmäßigen Inhaber *abhanden gekommen* sei. Eine solche Mitteilung ist stets, auch innerhalb der Vorlegungsfrist, für die Bank beachtlich.

---

[5] BGH NJW 1961, 1718.

3. Kapitel. Die anderen Wertpapiere

§ 102. Übersicht

I. Die vier Grundbegriffe

Man findet sich im Wertpapierrecht verhältnismäßig schnell zurecht, wenn man mit den vier wichtigsten Begriffen des Wertpapierrechts umzugehen weiß. Der Leser kennt die Begriffe schon aus dem Wechselrecht:

1. WERTPAPIERE sind solche Papiere, in denen ein Privatrecht dergestalt verbrieft ist, daß die Ausübung des Rechts *von der Innehabung der Urkunde* abhängig ist[6]. Wertpapiere sind also *Vorlegungspapiere*.

2. INHABERLEGITIMATION: Es wird zugunsten des Inhabers *vermutet*, daß er der Berechtigte ist. Diese Vermutung ist zwar widerlegbar. Bestreitet aber der Schuldner die Berechtigung des Legitimierten, so trifft den Schuldner die Beweislast (Beispiel Art. 16 I WG).

3. LIBERATIONSWIRKUNG: Der Legitimierte *gilt* zugunsten des Schuldners als der Berechtigte. Leistet also der Schuldner an den Legitimierten, so wird er frei, auch wenn der Legitimierte nicht der Berechtigte oder Verfügungsberechtigte (§ 164 oder § 185 BGB) ist (Beispiel Art. 40 III WG).

4. GUTGLÄUBIGER ERWERB: Der Legitimierte *gilt* zugunsten des Erwerbers als der Berechtigte. Der Erwerber wird also auf Grund seines guten Glaubens Berechtigter, auch wenn der Veräußerer nicht der Berechtigte oder Verfügungsberechtigte ist (Beispiel Art. 16 II WG).

II. Die drei Arten der Wertpapiere

Daß es sich bei einem Papier um ein Wertpapier handelt, läßt sich meist schon aus einer ausdrücklichen gesetzlichen Regelung ersehen, wonach der Schuldner nur gegen Aushändigung der Urkunde zur Leistung verpflichtet

---

[6] Dieser weite, auf *Brunner* zurückgehende Wertpapierbegriff ist heute in der Literatur vorherrschend, vgl. Baumbach-Hefermehl, Erster Teil II. Der enge Wertpapierbegriff (vertreten u. a. von *Ulmer*, Wertpapiere S. 20) umfaßt nur die nach Sachenrecht übertragbaren Papiere öffentlichen Glaubens (Order- und Inhaberpapiere).

ist. Oft findet sich ein Hinweis auf das Aufgebotsverfahren. Ein solches Verfahren ist notwendig, da der Beweis des Rechts dem Gläubiger nicht hilft, wenn er die Urkunde nicht in Händen hat. Das Ausschlußurteil ersetzt die Urkunde.

Da bei den Wertpapieren die Innehabung der Forderung und das Eigentum am Papier nicht getrennt werden können (§ 952 BGB), sind für die Übertragung zwei Wege theoretisch denkbar:

1. Die Übertragung erfolgt *schuldrechtlich*, also gem. § 398 BGB: Die Forderung wird abgetreten, das Eigentum am Papier folgt der Forderung gemäß § 952 BGB. »Das Recht am Papier folgt dem Recht aus dem Papier.«
2. Man kann sich auch eine *sachenrechtliche* Übertragung vorstellen: Das Eigentum am Papier wird durch Einigung und Übergabe gem. § 929 BGB übertragen, die Forderung folgt nach. »Das Recht aus dem Papier folgt dem Recht am Papier.«

Das Gesetz hat von beiden Möglichkeiten praktischen Gebrauch gemacht. Die Übertragung gem. § 398 BGB wählte man für solche Papiere, die keinen oder nur einen geringen Verkehrsschutz besitzen sollten. Diese Papiere faßt man zusammen unter der Bezeichnung *Namens- oder Rektapapiere*. Bei den zum Umlauf bestimmten Papieren dagegen erschien dem Gesetzgeber die sachenrechtliche Übertragung und ein weitgehender Verkehrsschutz angebracht. Diese Papiere sind *Order- und Inhaberpapiere* (sog. Wertpapiere öffentlichen Glaubens, Wertpapiere im engeren Sinne).

§ 103. Einfache (schlichte) Liberationspapiere

Die einfachen Liberationspapiere (auch einfache *Legitimation*spapiere genannt) weisen eine gewisse Ähnlichkeit mit den Wertpapieren auf. Sie sollen deshalb hier mitbehandelt werden.

Betriebe, die Sachen zur Aufbewahrung oder Bearbeitung von einem größeren Personenkreis entgegennehmen (Gepäckaufbewahrung der Bundesbahn, Garderobenablagen, Wäschereien, Schuhmachereien usw.), geben beim Empfang der Waren oft numerierte Scheine oder Marken aus (Gepäckscheine, Garderobenmarken, Reparaturscheine).

1. *Diese Papiere sind keine Wertpapiere*, denn der Kunde kann, falls er sein Recht beweist, dieses auch ohne Innehabung des Papiers geltend machen.

2. Sie haben auch keine *Inhaberlegitimation*, denn aus den Umständen ist nicht ersichtlich, daß der Ausgebende auf das Recht verzichten will, die Berechtigung des Inhabers im Einzelfalle nachzuprüfen.
3. Da die Forderung gem. § 398 BGB abgetreten wird, gibt es auch *keinen gutgläubigen Erwerb*.
4. Der Schuldner, der die Scheine im Massenbetrieb ausgibt und deshalb seine Kunden oft nicht persönlich kennt, will sich aber vor Ersatzansprüchen schützen, falls dem Kunden der Schein aus dem Besitz gelangt und ein Nichtberechtigter unter Vorlage des (echten) Scheins die Leistung entgegennimmt. In einem solchen Falle will der Schuldner frei werden: Das Papier soll LIBERATIONSWIRKUNG besitzen. Dies ergibt sich für den Gepäckschein aus § 29 EVO, für die übrigen Papiere aus den für den Kunden ersichtlichen Umständen der Ausgabe und der Verkehrssitte. Oft tragen die Scheine auch einen entsprechenden ausdrücklichen Vermerk.

§ 104. Namenspapiere (Rektapapiere)

Ich will hier nur auf die Sparbücher näher eingehen.

1. Da der Schuldner zur Leistung nur gegen Aushändigung der Urkunde verpflichtet ist, sind diese Papiere als WERTPAPIERE anzusehen (§ 808 II S. 1).
2. Für die *Übertragung* gilt § 398 BGB. Die Forderung wird abgetreten, das Eigentum am Papier folgt gem. § 952 BGB. Um das verbriefte Recht *ausüben* zu können, muß der neue Gläubiger auch den Besitz der Urkunde erlangen. Daraus ergibt sich jedoch nicht, daß die Übergabe der Urkunde für den *Erwerb* des verbrieften Rechts erforderlich ist.
3. Mit der Übertragung gem. § 398 BGB steht die Anwendung des § 404 BGB in Einklang: Einwendungen werden nicht abgeschnitten, ein gutgläubiger Erwerb ist ausgeschlossen.
4. *Eine Inhaberlegitimation besteht nicht.* Der Inhaber muß sein Recht beweisen (§ 808 I S. 2).

5. Die Papiere haben aber LIBERATIONSWIRKUNG (§ 808 I S. 1). Sie haben diese Eigenschaft mit den einfachen Liberationspapieren gemein, »qualifizieren« sich diesen gegenüber jedoch durch die Wertpapiereigenschaft (§ 808 II S. 1). Man nennt sie auch »hinkende Inhaberpapiere«: Sie haben mit den Inhaberpapieren die Liberationswirkung gemein, »hinken« aber gegenüber den Inhaberpapieren wegen der fehlenden Legitimationswirkung zugunsten des Inhabers (§ 808 I S. 2). Die Leistung an den Inhaber befreit den Schuldner nur dann nicht, wenn sie in Kenntnis von der Nichtberechtigung erfolgt, da sie in einem solchen Falle gegen Treu und Glauben verstößt. Fahrlässigkeit dagegen schadet dem Schuldner nicht, denn er ist zur Prüfung der Berechtigung nur berechtigt, nicht verpflichtet. Da dies eine Gefahr für den Gläubiger darstellt, schützt sich der Gläubiger eines Sparbuches oft durch die Vereinbarung, daß die Sparkasse nur bei Angabe eines bestimmten Stichwortes auszahlen darf.

§ 105. Orderpapiere.

I. Übersicht

Wenn der Leser im Gesetz die Vorschriften über einzelne Orderpapiere nachliest, wird er feststellen, daß meist auf ihm bekannte Artikel aus dem Wechselgesetz verwiesen wird.

Die Zahl der Orderpapiere ist beschränkt. Man kann zwei Gruppen unterscheiden:

1. *Die geborenen Orderpapiere* sind kraft Gesetzes Orderpapiere, ohne daß es einer besonderen Orderklausel (»... oder Order«) überhaupt bedarf. Es gibt nur fünf: Scheck, Wechsel, Anteilschein einer Kapitalanlagegesellschaft, der auf den Namen lautet (§ 18 I KAGG), Namensaktie (§§ 10, 67 AktG), Zwischenschein (§§ 10 III, 67 IV AktG). Ein Merkwort ist hier ausnahmsweise angebracht: SCHWANZ.

2. *Die gekorenen Orderpapiere* sind ihrer Natur nach Namenspapiere, sie werden zu Orderpapieren, »wenn sie an Order lauten«. Das sind die sechs in § 363 HGB aufgezählten Papiere.

II. Die Eigenschaften der Orderpapiere

1. *Die Übertragung* wird am Sachenrecht orientiert. Sie erfolgt durch Übergabe der indossierten Urkunde und Einigung gem. § 929 BGB.
2. *Gutgläubiger Erwerb* ist möglich (Art. 16 II WG; Art. 21 SchG; § 68 I AktG und § 365 I HGB jeweils mit Verweisung auf Art. 16 II WG).
3. *Einreden* werden *abgeschnitten* (direkt aus Rechtsschein oder aus Art. 17 WG; Art. 22 SchG; § 364 II HGB).
4. *Inhaberlegitimation* gem. Art. 16 I WG; Art. 19 SchG; § 365 I HGB mit Verweisung auf Art. 16 I WG.
5. *Liberationswirkungen* ergeben sich aus Art. 40 III WG; Art. 35 SchG; § 365 HGB mit Verweisung auf Art. 40 WG.

III. Traditionspapiere

Bei der Übersendung von Waren durch die Eisenbahn läßt sich der Absender manchmal einen Duplikatfrachtbrief ausstellen. Dies Papier ist kein Wertpapier, sondern nur ein Sperrpapier: Der Absender kann über das rollende Gut nicht mehr verfügen, wenn er das Duplikat aus der Hand gegeben hat (§ 72 VII EVO). In der Praxis benutzt man das Duplikat auch zur Eigentumsübertragung: Der Absender schickt dem Empfänger das Duplikat per Nachnahme zu. In der Zusendung liegt ein Angebot, das Eigentum gem. § 931 BGB übergehen zu lassen.

Konnossement, Ladeschein und Orderlagerschein weisen demgegenüber eine Besonderheit auf: Sie repräsentieren nicht nur die schuldrechtliche Beziehung zum Verfrachter oder Lagerhalter, sondern auch das Gut selbst, die Übergabe der indossierten Urkunde hat die gleiche Wirkung wie die Übergabe des Gutes. Das bedeutet, daß bei Zusendung dieser Papiere das Eigentum nicht nach § 931 BGB, sondern direkt nach § 929 BGB übergeht (§§ 424, 450, 650 HGB). Man nennt diese Papiere deshalb Traditionspapiere. Die Traditionswirkung tritt allerdings nur ein, solange der Aussteller das Gut noch im Besitz hat und für den aus der Urkunde Berechtigten besitzen will.

§ 106. Inhaberpapiere

Die Inhaberpapiere sind meist schon äußerlich dadurch gekennzeichnet, daß sie nicht den Namen des Gläubigers erwähnen, sondern lediglich auf den Inhaber ausgestellt sind (Der Inhaberscheck wird hier nicht mitbehandelt).

I. Die einzelnen Inhaberpapiere

Inhaberpapiere sind die Inhaberaktie, der Anteilschein einer Kapitalanlagegesellschaft, der auf den Inhaber ausgestellt ist, der Inhabergrund- und -rentenschuldbrief sowie alle Inhaberschuldverschreibungen gem. § 793 BGB: Industrieobligationen, Anleihen der Länder und Kommunen, Gewinnanteilschein, Zinsschein, Lotterielos, Inhaberlagerschein.

II. Eigenschaften der Inhaberpapiere

1. *Die Übertragung* erfolgt gem. § 929 BGB.
2. *Gutgläubiger Erwerb* ist in gleichem Maße wie bei Geld möglich (§§ 932, 935 II BGB).
3. *Einreden* werden *abgeschnitten* gem. §§ 794, 796 BGB.
4. *Die Inhaberlegitimation* ergibt sich aus § 793 I S. 1 BGB.
5. *Die Liberationswirkung* besteht gem. §§ 793 I S. 2, 797 S. 2 BGB. Der Schuldner wird nur dann nicht frei, wenn er die Nichtberechtigung des Inhabers kannte und diesen Mangel ohne größere Schwierigkeiten beweisen, die Vermutung des § 793 I S. 1 BGB somit widerlegen konnte.

Übersicht

	Übertragung	gutgl. Erwerb	Abschneiden von Einreden und Einwendungen	Inhaberlegitimation	Liberationswirkung
Sparbuch	§ 398	nein	nein § 404	nein § 808 I S. 2	ja § 808 I S. 1
Wechsel	Indossament + § 929	ja Art. 16 II WG	ja Rechtsscheintheorie Art. 17 WG	ja Art. 16 I WG	ja Art. 40 III WG
Inhaberschuldverschreibung	§ 929	ja §§ 932, 935 II	ja §§ 794, 796	ja § 793 I S. 1	ja § 793 I S. 2

SIEBENTER ABSCHNITT

Gesellschaften und Vereine

§ 107. Vorbemerkung

Das deutsche Recht kennt keine zusammenfassende Kodifikation des Gesellschaftsrechts. Man findet die Regeln über die einzelnen Vereinigungsarten im BGB, im HGB und in einigen Sondergesetzen. Es sind geregelt

1. die Gesellschaft bürgerlichen Rechts (GbR) in §§ 705 ff BGB,
2. die offene Handelsgesellschaft (OHG) in §§ 105 ff HGB,
3. die Kommanditgesellschaft (KG) in §§ 161 ff HGB,
4. die stille Gesellschaft (stG) in §§ 335 ff HGB,
5. der eingetragene Verein des BGB (e. V.) in §§ 21 ff, 55 ff BGB,
6. der nichtrechtsfähige Verein des BGB in § 54 BGB,
7. die GmbH im GmbHG von 1892,
8. die Aktiengesellschaft (AG) im Aktiengesetz von 1965,
9. die Kommanditgesellschaft auf Aktien (KommAG) in §§ 278 ff AktG,
10. die eingetragene Genossenschaft (eG) im Genossenschaftsgesetz von 1898[1].

Eine Reihe von Umwandlungsfragen ist außerdem im Umwandlungsgesetz in der Fassung von 1969 geregelt.

Die einzelnen Regeln beruhen auf teilweise sehr verschiedenen Zielsetzungen. Jede Vereinigungsart hat ein anderes gesetzliches Leitbild. Hinzu kommt, daß die Regeln zu verschiedenen Zeiten entstanden sind und jeweils den gesellschaftlichen und rechtswissenschaftlichen Stand einer bestimmten Epoche wiedergeben. Wer sich in das Gesellschaftsrecht einarbeiten will, hat deshalb zunächst den Eindruck einer verwirrenden Vielfalt. Um diesen Schwierigkeiten zu begegnen, werde ich im folgenden zunächst einige Ordnungsgesichtspunkte darstellen, die die verschiedenen Vereinigungsarten in

---

[1] Nicht berücksichtigt werden der wirtschaftliche Verein des BGB, der Versicherungsverein auf Gegenseitigkeit, die Reederei, die bergrechtliche Gewerkschaft und die Kolonialgesellschaft.

ein zusammenhängendes System bringen. Dann werde ich bestimmte Rechtsfragen, die bei sämtlichen Vereinigungsarten auftauchen, als Grundprobleme des Gesellschaftsrechts querschnittartig durch die verschiedenen Vereinigungsarten hindurch verfolgen.

1. Kapitel. Die Ordnungsgesichtspunkte

§ 108. Gesellschaften und Vereine

I. Die beiden Grundtypen

Man kann alle Vereinigungsarten in zwei Gruppen zusammenfassen: die Gesellschaften (im engeren Sinne) und die Vereine. Der wesentliche Unterschied zwischen diesen beiden Gruppen ist in der verschiedenen *Struktur* zu sehen: Während die auf eine kleine Mitgliederzahl zugeschnittenen Gesellschaften individualrechtlich ausgestaltet sind (als »Kleingruppen«), sind die Vereine mit Rücksicht auf ihre große Mitgliederzahl körperschaftlich organisiert (als »Großgruppen«). Am deutlichsten zeigen sich die Unterschiede bei den beiden im BGB geregelten Grundtypen: der GbR und dem e. V.

1. GbR und e. V.

Bei der GbR stehen die einzelnen Gesellschafter ganz im Vordergrund. Ein *Gesellschafterwechsel* ist unzulässig, die Gesellschaft steht und fällt mit dem Verbleiben eines jeden Gesellschafters in der Gesellschaft.

Die interne Willensbildung erfolgt durch *alle* Gesellschafter; bei der Beschlußfassung gilt das *Einstimmigkeitsprinzip*.

Beim e. V. stehen die einzelnen Mitglieder im Hintergrund. Der Verein ist vom Wechsel der Mitglieder *unabhängig*.

Der Verein hat mindestens zwei Organe: die Mitgliederversammlung als oberstes Organ und den Vorstand als geschäftsführendes Organ. Die Mitgliederversammlung wählt den Vorstand, überwacht ihn und entscheidet im übrigen nur über Fragen von besonderer Wichtigkeit.

	Bei der Beschlußfassung gilt das *Mehrheitsprinzip*. Der Vorstand erledigt die laufenden Angelegenheiten und vertritt den Verein nach außen.
Die Gesellschaft besitzt keine eigene Rechtspersönlichkeit. Verträge mit Außenstehenden werden nicht im Namen der Gesellschaft, sondern im Namen der *Gesellschafter* geschlossen, auch wenn diese unter einem Kollektivnamen auftreten. Alle Gesellschafter haften deshalb den Gläubigern *persönlich* mit ihrem gesamten Vermögen.	Der Verein besitzt eigene Rechtspersönlichkeit. Verträge mit Außenstehenden werden nicht im Namen der Mitglieder, sondern im Namen *des Vereins* als solchem geschlossen. Den Gläubigern gegenüber haftet nur *der Verein als solcher*.
Das Gesellschaftsvermögen gehört nicht der Gesellschaft, sondern allen Gesellschaftern *zur gesamten Hand*, beim Erwerb eines Grundstücks müssen deshalb alle Gesellschafter als Eigentümer in das Grundbuch eingetragen werden. Rechte und Pflichten im Innenverhältnis bestehen nicht gegenüber der Gesellschaft, sondern zwischen den einzelnen Gesellschaftern.	Das Vereinsvermögen gehört nicht den Mitgliedern, sondern *dem Verein als solchem*. Beim Erwerb eines Grundstücks wird deshalb als Eigentümer nur der Verein eingetragen. Im Innenverhältnis sind die Mitglieder *dem Verein gegenüber* berechtigt und verpflichtet.
Die Rechtsgrundlage der GbR ist ein *Gesellschaftsvertrag*, der keiner Formvorschrift unterliegt und auch stillschweigend geschlossen werden kann. Die Gesellschaft kann auf Dauer angelegt sein, sie kann aber auch für einen vorübergehenden Gelegenheitszweck gegründet werden.	Die Rechtsgrundlage des e.V. ist eine *Satzung*, die der Schriftform bedarf. Der Verein ist auf *Dauer* angelegt.

2. Die Sonderformen

Sonderformen der GbR mit teilweise abweichenden Regeln sind: die OHG und die Sonderform der OHG: die KG; außerdem die sogen. Innengesellschaft und die Sonderform der Innengesellschaft: die stille Gesellschaft.
Eine Sonderform des Vereins ist der nichtrechtsfähige Verein des BGB, der nach seiner gesetzlichen Regelung zwischen dem Verein und der Gesellschaft steht. Weitere Sonderformen sind die in Sondergesetzen geregelten juristischen Personen des Handelsrechts: die AG, die KommAG, die GmbH, die eG.
Wir gehen nun auf die einzelnen Gesellschaften und Vereine näher ein.

II. Gesellschaften (im engeren Sinne)

1. Die Gesellschaft bürgerlichen Rechts

Gemäß § 705 BGB ist die GbR dadurch gekennzeichnet, daß mehrere Personen sich gegenseitig verpflichten, die Erreichung eines gemeinsamen Zweckes in einer bestimmten Weise zu fördern. Grundsätzlich kommen hierbei alle nur denkbaren Zwecke in Betracht. Der gemeinsame Betrieb eines vollkaufmännischen Handelsgewerbes scheidet allerdings als Zweck aus, da hierfür die Sonderformen der OHG und KG vorgesehen sind. Gesellschaften bürgerlichen Rechts sind

1. Zusammenschlüsse im *privaten* Bereich, z. B. zum gemeinsamen Betrieb eines Wohnhaushalts,

2. gemeinsame Praxen von *Freiberuflichen* (Ärzten, Anwälten, Steuerberatern): die Sozietäten und die Bürogemeinschaften,

3. Zusammenschlüsse von *Kleingewerbetreibenden,* die Minderkaufleute gem. § 4 HGB oder überhaupt keine Kaufleute sind,

4. Zusammenschlüsse von größeren Unternehmen, die nur für einen *vorübergehenden* Zweck gegründet werden, z. B. Gründungskonsortien (Zusammenschlüsse von Banken, die sich an der Gründung einer AG beteiligen und die Aktien nach der Gründung an das Publikum verkaufen) und manche »Arbeitsgemeinschaften« (z. B. Zusammenschlüsse mehrerer Unternehmen zur gemeinsamen Durchführung eines größeren Projekts).

2. Personenhandelsgesellschaften

Ein Sonderfall ist gegeben, wenn der Zweck der Gesellschaft auf den Betrieb eines Handelsgewerbes unter gemeinschaftlicher Firma gerichtet ist. Man muß dann unterscheiden:

a) ist bei allen Gesellschaftern die Haftung gegenüber den Gesellschaftsgläubigern *unbeschränkt*, so liegt eine im HGB geregelte Sonderform der GbR, nämlich eine OHG vor (§ 105 I HGB). Allerdings ist die OHG nicht ausschließlich im HGB geregelt. Die §§ 105 ff. HGB sind nämlich nur eine Zusammenfassung von Sonderregeln, die auf den Grundregeln der GbR aufbauen (bitte lesen Sie § 105 II HGB).

b) Ist bei mindestens einem Gesellschafter die Haftung *beschränkt*, bei mindestens einem Gesellschafter die Haftung *unbeschränkt*, so handelt es sich um eine KG (§ 161 HGB). Die KG ist im Gesetz als Sonderform der OHG ausgestaltet worden, die Sonderregeln des Rechts der KG beziehen sich fast ausschließlich auf den beschränkt haftenden Gesellschafter (Kommanditist, § 171 I HGB); der unbeschränkt haftende Gesellschafter (Komplementär) wird grundsätzlich wie der Gesellschafter einer OHG behandelt (bitte lesen Sie § 161 II HGB). Dadurch ergibt sich ein dreistufiger Aufbau bei der Rechtsanwendung: Wenn eine Rechtsfrage bei der KG zu klären ist, muß man die Antwort zunächst in den Sonderregeln der KG, dann in den Sonderregeln der OHG, dann in den Grundregeln der GbR suchen.

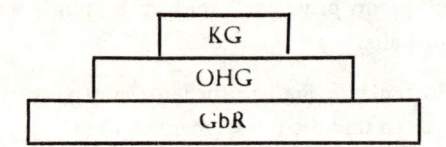

```
        ┌─────────┐
        │   KG    │
    ┌───┴─────────┴───┐
    │      OHG        │
┌───┴─────────────────┴───┐
│         GbR             │
└─────────────────────────┘
```

3. Innengesellschaften

Eine andere Abweichung vom Grundtyp der GbR ist die sog. Innengesellschaft.

a) Eine Innengesellschaft liegt vor, wenn die Gesellschaft im Innenverhältnis, d. h. im Verhältnis der Gesellschafter zueinander, Wirkungen hat, nach außen aber nicht in Erscheinung tritt. Innengesellschaften des Alltags sind z. B. die Toto- und Lottogemeinschaften: mehrere Personen steuern wöchentlich einen bestimmten Betrag bei, spielen gemeinsam nach einem bestimmten »System«, der Tippschein trägt aber den Namen nur einer Person. Diese Person ist dann dem Toto- oder Lottounternehmen gegenüber allein berechtigt und verpflichtet, im Falle eines Gewinnes aber den anderen Gesellschaftern gegenüber zur Teilung verpflichtet.

In der Wirtschaft spielen die Innengesellschaften als *Unterbeteiligungen* an Gesellschaftsanteilen, insbesondere an Anteilen einer GmbH oder KG, eine große Rolle. Die Unterbeteiligungsgesellschaft bestellt in solchen Fällen oft einen Treuhänder (Treuhandgesellschafter, Treuhandkommanditist), der dann eine eigenartige Doppelstellung einnimmt: im Verhältnis zur Unterbeteiligungsgesellschaft ist er an deren Beschlüsse gebunden, im Verhältnis zur GmbH oder KG dagegen ist nur er Gesellschafter mit allen Rechten und Pflichten.

Die Innengesellschaft hat im Gesetz keine besondere Regelung gefunden, sie richtet sich deshalb nach dem Recht der GbR, wobei allerdings nur die Regeln über das Innenverhältnis anzuwenden sind.

b) Ist bei einer Innengesellschaft die allein nach außen auftretende Person ein *Kaufmann*, so liegt eine im HGB geregelte Sonderform der Innengesellschaft, nämlich eine *stille Gesellschaft* vor (§ 335 HGB). Die wichtigste Abweichung vom Grundtyp liegt darin, daß kein gesamthänderisch gebundenes Gesellschaftsvermögen gebildet wird: der Stille hat die Einlage so zu leisten, daß sie in das Vermögen des Inhabers des Handelsgeschäfts übergeht (§ 335 I HGB). Außerdem ist der Stille von der Geschäftsführung völlig ausgeschlossen, er hat lediglich ein Kontrollrecht (§ 338 HGB). Die stille Gesellschaft liegt im Grenzbereich des Gesellschaftsrechts, und die Abgrenzung zum partiarischen Darlehen (Darlehen mit Beteiligung an Gewinn und Verlust) bereitet oft große Schwierigkeiten.

Inhaber in einer stillen Gesellschaft kann eine natürliche Person, aber auch eine Gesellschaft sein. Gleiches gilt für den Stillen.

In einem Schema sehen der Grundtyp und die nach zwei Richtungen sich ergebenden Abweichungen so aus:

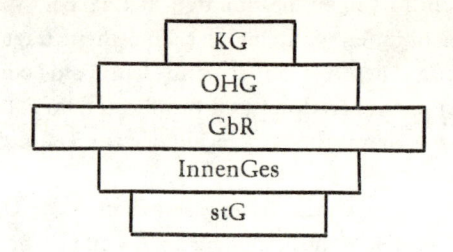

```
        KG
       OHG
      GbR
    InnenGes
       stG
```

III. Vereine

1. Der eingetragene Verein

Der eingetragene Verein ist eine auf eine gewisse Dauer berechnete Personenvereinigung mit körperschaftlicher Verfassung, die einen Gesamtnamen führt, vom Wechsel der Mitglieder unabhängig ist und durch die Eintragung in das Vereinsregister eigene Rechtspersönlichkeit erlangt hat. Die Rechtsform des e. V. ist für sog. Idealvereine, d. h. für Vereine mit nichtwirtschaftlicher Zielsetzung, vorgesehen. Nur in Ausnahmefällen können Vereine des BGB mit wirtschaftlicher Zielsetzung Rechtsfähigkeit erlangen, sie erwerben diese dann durch besondere staatliche Verleihung (§ 22 BGB).

Der e. V. muß mindestens sieben Gründungsmitglieder haben. Sein höchstes Organ ist die Mitgliederversammlung, die ihre Beschlüsse mit einfacher Mehrheit faßt. Da erfahrungsgemäß nur ein Teil der Mitglieder an den Versammlungen teilnimmt, läßt das Gesetz die Mehrheit der erschienenen Mitglieder genügen (§ 32 I S. 3 BGB). Eine ungeklärte Frage ist, wie beim e. V. Stimmenthaltungen zu bewerten sind. Wendet man das Gesetz wortwörtlich an, so werden sie (als Neinstimmen) mitgezählt. Die Rechtsprechung lehnt dies als unpraktikabel ab, nach ihr entscheidet die Mehrheit der abgegebenen Stimmen[3].

Der Verein muß einen Vorstand als geschäftsführendes Organ haben. Die Mitgliederversammlung ist nur für solche Angelegenheiten zuständig, die

---

[3] BGH NJW 1982, 1585.

nicht dem Vorstand übertragen worden sind. Auch die Vertretung nach außen obliegt dem Vorstand.

2. Der nichtrechtsfähige Verein

Vereine, die nicht im Vereinsregister eingetragen sind, besitzen keine eigene Rechtspersönlichkeit. Sie sollen gem. § 54 S. 1 BGB wie Gesellschaften bürgerlichen Rechts behandelt werden. Diese eigenartige Regelung hat politische Gründe. Der Gesetzgeber von 1896 stand der sozialen Organisation seiner Bürger mit Mißtrauen gegenüber. Er unterwarf deshalb die nichtrechtsfähigen Vereine ohne Rücksicht auf deren körperschaftliche Struktur den auf eine »Kleingruppe« zugeschnittenen Regeln der §§ 705 ff BGB, um das Wachstum dieser Vereine zu behindern. Beantragte ein Verein die Eintragung in das Vereinsregister, so konnte die Verwaltungsbehörde nach dem damaligen § 61 II BGB Widerspruch einlegen, falls der Verein politische, sozialpolitische oder religiöse Zwecke verfolgte. Praktisch handelte es sich hier um den Versuch, ein auf dem Gebiete des öffentlichen Rechts liegendes Ziel mit privatrechtlichen Mitteln zu verwirklichen[4].

In der Praxis hat sich dieser Versuch als totaler Fehlschlag erwiesen. Die meisten Vereine sind bis auf den heutigen Tag nichtrechtsfähig geblieben, unter ihnen befinden sich Organisationen von großer politischer und sozialer Bedeutung (Arbeitnehmergewerkschaften, politische Parteien, Studentenkorporationen), und die Rechtsprechung hat in Zusammenarbeit mit der Lehre durch die Bildung von Gewohnheitsrecht die Wirkungen des § 54 S. 1 BGB weitgehend aufgehoben. In den wichtigsten Fragen ist der nichtrechtsfähige Verein heute dem e. V. gleichgestellt: Der Verein haftet für unerlaubte Handlungen seiner Organe analog § 31 BGB wie ein e. V.[5], die Vereinsmitglieder haften gegenüber den Gläubigern nur mit dem Vereinsvermögen. Zwar ist der nichtrechtsfähige Verein im Prozeß grundsätzlich nicht aktiv parteifähig, die Klage kann also nicht im Namen des Vereins, sondern nur im Namen aller Mitglieder erhoben werden. Der umständliche Nachweis der Bevollmächtigung durch jedes einzelne Mitglied kann aber durch die Einreichung der Satzung ersetzt werden. Darüber hinaus hat die Rechtsprechung die volle

---

[4] Einzelheiten zu dieser Problematik bei Habscheid, AcP 155, 375 ff.
[5] BGH 50, 29 mit weiteren Nachweisen aus der Literatur.

aktive Parteifähigkeit der Arbeitnehmergewerkschaften anerkannt[6]. Außerdem besitzen nach § 3 des Parteiengesetzes von 1967 alle politischen Parteien die aktive Parteifähigkeit.

Unverändert ist dagegen der Grundsatz geblieben, daß der nichtrechtsfähige Verein *nicht grundbuchfähig* ist: Da das Vereinsvermögen nicht dem Verein als solchem, sondern allen Mitgliedern zur gesamten Hand zusteht, müßten beim Erwerb eines Grundstücks sämtliche Mitglieder in das Grundbuch eingetragen werden! Dieses Hindernis umgeht man in der Praxis seit langem durch die Eintragung eines Treuhänders (z. B. eines e. V. oder einer GmbH).

3. Die juristischen Personen des Handelsrechts

Die AG, die KommAG, die GmbH und die eG sind die juristischen Personen des Handelsrechts. Sie sind sämtlich Kaufleute ohne Rücksicht auf den Gegenstand des Unternehmens (Formkaufleute) und erlangen Rechtsfähigkeit durch Eintragung in das Handelsregister bzw. Genossenschaftsregister. Wegen ihrer körperschaftlichen Struktur sind sie als Vereine anzusehen (trotz des Namens »Gesellschaft«), allerdings stellen die Sondergesetze, in denen sie geregelt sind, nahezu erschöpfende Sonderregeln gegenüber dem BGB dar, so daß nur ganz wenige Regeln des allgemeinen Vereinsrechts auf diese Vereine Anwendung finden.

a) Das Leitbild der Aktiengesellschaft ist das wirtschaftliche Großunternehmen. Das Grundkapital muß mindestens 100 000 DM betragen, an der Gründung müssen sich mindestens fünf Personen beteiligen. Notwendige Organe sind Hauptversammlung, Vorstand, Aufsichtsrat und Abschlußprüfer. Der Aufsichtsrat und die Abschlußprüfer werden von der Hauptversammlung gewählt, der Vorstand wird vom Aufsichtsrat bestellt. Die AG ist im Aktiengesetz von 1965 geregelt.

b) Die ebenfalls im Aktiengesetz geregelte Kommanditgesellschaft auf Aktien ist eine Abart der Aktiengesellschaft, die zwischen dieser und der

---

[6] BGH 50, 325.

KG steht. Sie ist, kurz gesagt, eine AG, bei der die Vorstandsmitglieder hinsichtlich der Geschäftsführungsbefugnis, der Vertretungsmacht und der persönlichen Haftung wie Komplementäre einer KG behandelt werden. Die KommAG ist sehr selten.

c) Die Rechtsform der mittleren und kleineren Unternehmen ist die GmbH: Das Stammkapital braucht nur 50 000 DM zu betragen. Die Gesellschaft kann durch mehrere Gründer, sie kann aber auch durch einen einzigen Gründer als Einmann-GmbH gegründet werden. Notwendige Organe sind der (oder die) Geschäftsführer und die Gesamtheit der Gesellschafter. Bei Gesellschaften mit mehr als 500 Arbeitnehmern ist außerdem durch das Betriebsverfassungsgesetz die Bildung eines Aufsichtsrats vorgeschrieben. Auch die GmbH ist nach ihrer Struktur ein Verein, sie steht allerdings – besonders hinsichtlich des Mitwirkungsrechts der Gesellschafter – den Gesellschaften näher als die AG. Die GmbH ist im GmbHG von 1892 geregelt, der letzte größere Eingriff in das Gesetz erfolgte durch die GmbH-Novelle von 1980 (in Kraft seit 1. 1. 1981).

d) die eingetragene Genossenschaft nimmt unter den juristischen Personen des Handelsrechts eine Sonderstellung ein. Sie ist zwar Formkaufmann, sie strebt aber nicht eigenen Gewinn an, sondern will lediglich den Erwerb oder die Wirtschaft ihrer *Mitglieder* (»Genossen«) fördern, z. B. durch zentral betriebenen Verkauf der Produkte ihrer Mitglieder (Absatzgenossenschaften) oder durch zentral betriebenen Einkauf (Einkaufsgenossenschaften) oder durch zentral organisierte Beschaffung von Kredit (Kreditvereine, »Raiffeisenkassen«, bitte lesen Sie § 1 GenG). Außerdem hat die eG nicht wie die AG und GmbH ein festes Stammkapital; ihr Kapital steigt und sinkt mit dem Ein- und Austritt der Genossen. Die notwendigen Organe der eG sind Generalversammlung (bei Großgenossenschaften Vertreterversammlung), Vorstand und Aufsichtsrat. Aufsichtsrat *und* Vorstand werden von der Generalversammlung gewählt (anders als bei der AG). Die eG ist im Genossenschaftsgesetz von 1889 geregelt. Das Gesetz ist mehrmals durch »kleine Reformen« geändert worden. Die letzte Reform erfolgte 1973 (in Kraft seit 1. 1. 1974).

IV. Schema Gesellschaften und Vereine

Die Gesellschaften und Vereine sind in dem folgenden Schema dargestellt.

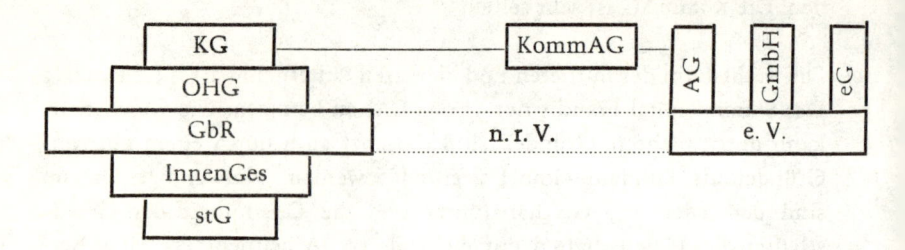

```
        ┌──────────┐                 ┌──────────┐  ┌──┐┌────┐┌──┐
        │    KG    │─────────────────│  KommAG  │  │  ││    ││  │
        ├──────────┤                 └──────────┘  │AG││GmbH││eG│
        │   OHG    │                               │  ││    ││  │
┌───────┴──────────┴────────┐    ┌────────────┐   └──┘└────┘└──┘
│           GbR             │    │   n. r. V. │       e. V.
├───────┬──────────┬────────┘    └────────────┘
        │ InnenGes │
        ├──────────┤
        │   stG    │
        └──────────┘
```

Es fällt auf, daß bei den Gesellschaften ein Stufenbau nach zwei Richtungen besteht, während die Sonderformen der Vereine jeweils allein stehen. Damit wird deutlich, daß GmbH und eG nicht Sonderformen der AG sind. Der nichtrechtsfähige Verein steht als eigenartiges Zwischengebilde zwischen den beiden Grundtypen. Die KommAG ist etwas näher an die AG als an die KG gerückt.

V. Vor- und Nachteile des Systems

Das Ordnungssystem »Gesellschaft – Verein« hat den Vorteil, daß es allumfassend ist; jede Vereinigungsform ist darin unterzubringen. Der wichtigste Vorteil allerdings sind die Konsequenzen für die Rechtsanwendung: man weiß, wo man weitersuchen muß, wenn man die Antwort auf eine bestimmte Frage nicht in den Sonderregeln für eine bestimmte Vereinigungsart findet. Dafür zwei Beispiele:

1. Bei allen Gesellschaften (im engeren Sinne) kann die Frage auftauchen, ob die Gesellschafter bei Verlusten zum Nachschießen verpflichtet sind. Diese Frage ist beim Grundtyp, nämlich in § 707 BGB, geregelt (bitte lesen).

2. Wenn bei einem handelsrechtlichen Verein der Vorstand fehlt oder handlungsunfähig ist, entsteht die Frage, ob ein Notvorstand durch das Gericht zu bestellen ist. Diese Frage ist im AktG von 1965 geregelt (§ 85 AktG). Dagegen fehlt eine solche Regelung im GmbHG und im GenG, weshalb bei diesen Vereinen die Notbestellung nach dem Vereinsrecht des BGB, nämlich gem. § 29 BGB, erfolgt (bitte lesen).

Der Nachteil des Ordnungssystems »Gesellschaft — Verein« ist, daß die Art der Beteiligung zu wenig berücksichtigt wird. Außerdem ist die Auffassung, daß AG, GmbH und Genossenschaft Vereine sind, in der Literatur nicht unbestritten[7].

§ 109. Personen- und Kapitalgesellschaften

I. Die beiden Grundtypen

Ergiebiger für die Frage der Beteiligungsart ist der Gegensatz »Personengesellschaft — Kapitalgesellschaft«, der allerdings nur auf Erwerbsgesellschaften anwendbar ist und deshalb den eingetragenen Verein des BGB und den nichteingetragenen Verein sowie die Genossenschaft nicht erfaßt. Idealtypisch zugespitzt, läßt sich der Gegensatz folgendermaßen darstellen:

1. Bei der Personengesellschaft stehen die einzelnen Gesellschafter ganz im Vordergrund. Sie führen die Geschäfte selbst und vertreten die Gesellschaft nach außen *(Selbstorganschaft)*. Für die Schulden haften sie persönlich mit ihrem gesamten Vermögen. Die Mitgliedschaft ist *unübertragbar* und *unvererblich*, die Gesellschaft steht und fällt mit dem Verbleiben jedes einzelnen Gesellschafters in der Gesellschaft.

2. Bei der Kapitalgesellschaft steht die Persönlichkeit der Gesellschafter im Hintergrund, entscheidend ist die rein kapitalmäßige Beteiligung. Geschäftsführung und Vertretung können in den Händen von Nichtgesellschaftern liegen *(Dritt-* oder *Fremdorganschaft)*. Die Gesellschaft ist juristische Person. Im Innenverhältnis haftet jeder Gesellschafter gegenüber der Gesellschaft nur für die Leistung der von ihm übernommenen Einlage. Im Außenverhältnis haftet nur die Gesellschaft als solche. Die kapitalmäßige Beteiligung ist *veräußerlich* und *vererblich*.

II. Die einzelnen Gesellschaften

Die Gegenüberstellung trifft nur auf die Extremfälle zu. Die meisten Gesellschaftsarten stellen einen Übergang dar. Es entsteht dadurch folgende Skala:

---

[7] Wie hier die h. L., vgl. Palandt-Heinrichs, Vorbem. § 21 Anm. 1.

1. Die GbR und die OHG sind reine Personengesellschaften, sie weisen die oben erwähnten Merkmale auf (§§ 709 I, 717, 719, 727 BGB; §§ 114, 125 I, 128, 131 Nr. 4 HGB).

2. Die KG ist Personengesellschaft, zeigt aber hinsichtlich der Kommanditistenstellung bereits einen kapitalistischen Einschlag: der Kommanditist hat nur ein Mitwirkungsrecht bei außergewöhnlichen Geschäften und im übrigen nur ein Kontrollrecht. Er hat keine Vertretungsmacht, er haftet beschränkt, durch seinen Tod wird die Gesellschaft *nicht* aufgelöst, seine Mitgliedschaft ist vererblich (§§ 164, 166 I, 170, 171, 177 HGB).

3. Die stille Gesellschaft bildet die Mitte zwischen den beiden Extremen. Sie wird zwar noch zu den Personengesellschaften gerechnet, die Beteiligung des Stillen ist aber noch mehr als die des Kommanditisten auf die reine Kapitalbeteiligung gerichtet: der Stille hat überhaupt kein Mitwirkungs-, sondern nur noch ein Kontrollrecht, hat keine Vertretungsmacht, haftet überhaupt nicht, auch nicht beschränkt, für die Schulden des Inhabers, durch seinen Tod wird die Gesellschaft nicht aufgelöst, seine Mitgliedschaft ist vererblich (§§ 335 II, 338, 339 I HGB).

4. Die GmbH ist bereits Kapitalgesellschaft, sie zeigt aber noch einen deutlichen personenrechtlichen Einschlag. Geschäftsführung und Vertretung erfolgen nicht durch die Gesellschafter, sondern durch besonders bestellte Geschäftsführer, die Nichtgesellschafter sein können. Allerdings verbleiben den Gesellschaftern noch eine Reihe von Entscheidungen über Einzelheiten der Geschäftsführung, insbesondere verbleibt die Feststellung der *Bilanz* und die damit verbundene Entscheidung über die Festsetzung des Jahresgewinns in ihrer Zuständigkeit (§ 46 GmbHG). Außerdem können die Gesellschafter den Geschäftsführern verbindlich *Weisungen* erteilen (§ 37 I GmbHG). Die GmbH ist juristische Person. Gegenüber den Gesellschaftsgläubigern haftet nur die Gesellschaft als solche. Im Innenverhältnis besteht aber gegenüber der Gesellschaft eine *kollektive Deckungspflicht* aller Gesellschafter für den Fall, daß ein Gesellschafter die von ihm übernommene Einlage nicht aufbringen kann (§ 24 GmbHG). Die Geschäftsanteile sind übertragbar und vererblich. Um aber den gewinnbringenden Handel mit Anteilen zu unterbinden, ist die Übertragung an die schwerfällige notarielle Form gebunden worden (§ 15 GmbHG). Durch den Gesellschaftsvertrag können Übertragung und Vererbung eines Geschäftsanteils von weiteren Voraussetzungen, insbesondere von der Ge-

nehmigung der Gesellschaft, abhängig gemacht werden (§§ 13, 15, 24, 37, 46 GmbHG).

5. Die AG ist der Prototyp der Kapitalgesellschaft. Der Gedanke der Fremdorganschaft ist besonders stark ausgeprägt: Der Vorstand hat die Gesellschaft in eigener Verantwortung zu leiten, er kann nicht an Weisungen des Aufsichtsrats oder der Hauptversammlung gebunden werden. Die Aktionäre haften gegenüber Dritten überhaupt nicht, gegenüber der Gesellschaft haften sie nur in Höhe der von ihnen gezeichneten, noch nicht einbezahlten Aktienbeträge. Die Aktie ist übertragbar und vererblich. Die Übertragung der Anteile wird besonders erleichtert durch die Verbriefung in Namens- oder Inhaberaktien, die durch Einigung und Übergabe gem. § 929 BGB übertragen werden können (bei Namensaktien ist außerdem die Indossierung der Aktie erforderlich). Die Übertragbarkeit kann durch die Bindung an die Genehmigung der Gesellschaft eingeschränkt werden (Vinkulierung), die Vererbung dagegen nicht (§§ 1, 10 I, 54 I, 76 I AktG).

6. Die KommAG gehört zu den Kapitalgesellschaften, ist aber eine eigenartige Mischform: Die Kommanditaktionäre werden wie die Aktionäre einer AG behandelt, wogegen sich die Geschäftsführungs- und Vertretungsmacht der persönlich haftenden Gesellschafter nach dem Recht der KG richtet (§ 278 AktG). Da die Rechtsstellung der Komplementäre einer KG dem Recht der OHG folgt, ist die KommAG eine Gesellschaft, in der die beiden Extreme des Systems – OHG und AG – vereinigt sind (§ 278 AktG).

III. Das System in der Praxis

Die Leistungsfähigkeit des Ordnungssystems »Personengesellschaft – Kapitalgesellschaft« wird häufig überschätzt. Man beachtet zu wenig, daß die meisten Vorschriften über das Innenverhältnis bei den einzelnen Gesellschaften dispositiv sind, so daß die Möglichkeit besteht, die oben angegebene Skala geradezu umzudrehen.

So können Personengesellschaften durch die rein kapitalistische Beteiligung von Gesellschaftern und den Ausschluß dieser Gesellschafter von der Geschäftsführung in die Nähe der Kapitalgesellschaften rücken; durch eine entsprechende Regelung im Gesellschaftsvertrag können außerdem die sonst unübertragbaren und unvererblichen Anteile frei veräußerlich und vererblich gemacht werden. Andererseits kann eine GmbH durch die persönliche Mitarbeit der Gesellschafter (Gesellschaftergeschäftsführer) und durch die satzungsmäßig vereinbarte Unveräußerlichkeit und Unvererblichkeit der Anteile den Charakter einer Personengesellschaft erhalten. Durch die Vereinigung aller Anteile in einer Hand können die Rechtsformen der AG und der GmbH zur Schaffung eines Einzelunternehmens mit beschränkter Haftung benutzt werden (Einmanngesellschaften). Seit der GmbH-Novelle von 1980 kann die GmbH sogar von vornherein als Einmann-GmbH gegründet werden.

Besonderer Beliebtheit erfreut sich in der Praxis die GmbH & Co KG, seitdem diese Rechtsform in den Dreißiger Jahren handelsrechtlich, nach dem Zweiten Weltkrieg auch steuerrechtlich anerkannt worden ist. Es handelt sich hierbei um eine KG, deren Komplementär eine GmbH ist (Mindestkapital 50 000 DM), während die Kommanditisten natürliche Personen oder Personengesellschaften sind, die sich mit einer geringen Einlage (z. B. 500 DM) beteiligen, aber nach dem Gesellschaftsvertrag fast den gesamten Gewinn der Gesellschaft erhalten. Fällt die GmbH & Co KG in Konkurs, so haftet die GmbH »persönlich«, während die Kommanditisten nur ihre Einlage verlieren. Die GmbH & Co KG kann auch gleichzeitig Einmanngesellschaft sein: der Einmann muß zunächst eine Einmann-GmbH gründen, im Gesellschaftsvertrag der GmbH den Geschäftsführer zum Selbstkontrahieren ermächtigen und sich selbst zum Geschäftsführer bestellen. Dann gründet er eine KG, indem er beim Abschluß des Gesellschaftsvertrages der KG im Namen der GmbH als Komplementärin und im eigenen Namen als Kommanditist auftritt.

Durch die Aufspaltung in eine *Besitz*- und eine *Betriebsgesellschaft* ist es sogar möglich, eine mit dem zulässigen Mindestkapital ausgestattete GmbH & Co KG als Unternehmensform zu wählen, wenn das Unternehmen erhebliches Kapital für seine Betriebsmittel braucht. In diesem Falle verbleiben die Betriebsmittel im Eigentum einer anderen Gesellschaft (der Besitzgesellschaft) und werden an die GmbH & Co KG, die das unternehmerische Risiko trägt (die Betriebsgesellschaft), vermietet oder verpachtet. Bricht die Betriebsgesellschaft zusammen, so sind die Betriebsmittel dem Zugriff der Gläubiger entzogen. Im Konkurs der Betriebsgesellschaft tritt die Besitzgesellschaft außerdem wegen ihrer rückständigen Miet- und Pachtforderungen als Gläubiger auf.

Die angeführten Beispiele zeigen, daß bei der Wahl einer bestimmten Gesellschaftsform für ein Unternehmen Gesichtspunkte ausschlaggebend sein können, die außerhalb des eigentlichen Gesellschaftsrechts liegen und der Tendenz der gesellschaftsrechtlichen Gesetzgebung direkt zuwiderlaufen. Meist überwiegen Gründe der Haftungsbeschränkung und steuerliche Gründe. Aber auch die Vorschriften über die Mitbestimmung (bei der AG und GmbH) und die Publizitätspflichten (bei der AG) können ein starkes Motiv für die Wahl einer bestimmten Unternehmensform sein.

§ 110. Handelsgesellschaften

Häufig werden die Handelsgesellschaften als Sondergruppe von den übrigen Gesellschaften abgehoben. Der Ordnungsgesichtspunkt ist hier der ZWECK der Gesellschaft. Handelsgesellschaften sind zunächst die OHG und die KG (die Personenhandelsgesellschaften), die *notwendigerweise* ein Handelsgewerbe betreiben. Handelsgesellschaften sind außerdem die GmbH, die AG und die KommAG. Da diese Gesellschaften Vollkaufleute sind, brauchen sie nicht notwendigerweise auf Gewinnerzielung gerichtet zu sein, sie sind es aber *im Regelfalle*. Dagegen ist die eG keine Handelsgesellschaft, da sie keinen eigenen Gewinn anstrebt, also kein Gewerbe betreibt. Auch die stille Gesellschaft ist keine Handelsgesellschaft, da sie im Handelsverkehr nicht als Gesellschaft auftritt, das Handelsgewerbe nicht von der Gesellschaft, sondern nur von dem Inhaber betrieben wird.

Die Handelsgesellschaften weisen gewisse Gemeinsamkeiten auf. Sie sind Kaufleute im Sinne des HGB, außerdem ist der Sachumfang der Vertretungsmacht ihrer Vertretungsorgane (Gesellschafter, Geschäftsführer, Vorstand) unbeschränkt und unbeschränkbar. Im übrigen ist der Begriff der Handelsgesellschaft als Ordnungsgesichtspunkt nicht sehr ergiebig. Die angeführten Eigenschaften treffen z. E. auch auf die eG zu.

§ 111. Arten der Vermögensbindung

Wenn sich mehrere Personen zur Erreichung eines bestimmten Zweckes zusammenschließen, kommen für die Bindung des Vermögens drei Möglichkeiten in Betracht:

1. Das Vermögen gehört nur *einem* Gesellschafter. Dies ist die Lösung bei der Innengesellschaft und bei der stillen Gesellschaft (§ 335 I HGB).
2. Das Vermögen gehört den Gesellschaftern *zur gesamten Hand*. Diese Lösung hat das Gesetz für alle Personengesellschaften, ausgenommen die stille Gesellschaft, gewählt. Typisch für die Gesamthand ist, daß kraft zwingenden Rechts niemand über seinen Anteil an den *Einzelgegenständen* verfügen kann.
   Bei den Gesellschaften kann darüber hinaus der Einzelne auch nicht über seinen Anteil am *Gesamtvermögen* verfügen (§ 719 BGB). Dies gehört aber nicht notwendigerweise zum Wesen der Gesamthand. Denn die Übertragbarkeit des Anteils am *Gesamtvermögen* (zusammen mit der Mitgliedschaft) kann bei allen Personengesellschaften im Gesellschaftsvertrag vereinbart werden.
3. Das Vermögen gehört dem mit Rechtsfähigkeit ausgestatteten Personenverband als solchem. Hier hat man zwischen das Vermögen und die Gesellschafter eine *juristische Person* eingeschoben, der das gesamte Vermögen gehört. Die Mitglieder sind damit vom Vermögen getrennt, sie haben zu der juristischen Person nur schuldrechtliche Beziehungen. Dieser juristische Kunstgriff ist bei einem größeren Personenverband angebracht, er verhindert eine Änderung der sachenrechtlichen Lage mit den daraus erwachsenden Konsequenzen (z. B. Änderung des Grundbuchs) im Falle eines Mitgliederwechsels. Juristische Personen sind alle handelsrechtlichen Vereine, d. h. die Kapitalgesellschaften und die Genossenschaft.

Eine eigenartige Sonderstellung nehmen in diesem System die OHG und die KG ein. Es handelt sich bei ihnen jeweils um eine Gesamthand. Sie können aber unter ihrer Firma Rechte erwerben und Verbindlichkeiten eingehen, Eigentum und andere dingliche Rechte an Grundstücken erwerben (§§ 124, 161 II HGB). Sie werden also z. B. als Eigentümer im Grundbuch eingetragen, im Falle eines Gesellschafterwechsels ist eine Änderung des Grundbuchs nicht notwendig. Trotzdem werden die OHG und die KG in Deutschland (im

Gegensatz zu manchen ausländischen Rechtsordnungen) nicht als juristische Personen bezeichnet. Sie sind allerdings der juristischen Person stark angenähert.

Eine Art der Vermögensbindung, die bei keiner Gesellschaftsart vom Gesetz vorgesehen wurde, ist die in §§ 741 ff BGB geregelte BRUCHTEILSGEMEINSCHAFT. Eine Bruchteilsgemeinschaft liegt vor, wenn ein Recht mehreren Personen zusteht und zwischen diesen Personen keine gesamthänderische Bindung vereinbart worden ist (Beispiel: Verbindung, Vermischung). Die Regeln über die Bruchteilsgemeinschaft kommen also nur hilfsweise (subsidiär) zur Anwendung. Da die Mitberechtigten sich nicht zu einem gemeinsamen Zweck zusammengeschlossen haben, sieht das Gesetz von einer engeren Bindung ab. Typisch für die Bruchteilsgemeinschaft ist, daß sie nur an EINZELGEGENSTÄNDEN, nicht an einem Gesamtvermögen bestehen kann. Außerdem kann jeder seinen Anteil an dem Einzelgegenstand übertragen (§ 747 S. 1 BGB).

2. Kapitel. Die wichtigsten Fragen

§ 112. Geschäftsführung und Vertretung

I. Innenverhältnis und Außenverhältnis

Ein Gedanke, der sich durch das ganze Gesellschaftsrecht zieht und zu den beliebtesten Examensthemen gehört, ist die Unterscheidung zwischen dem Innenverhältnis und dem Außenverhältnis. Unter dem Innenverhältnis versteht man die Beziehungen der einzelnen Mitglieder zueinander und zur Vereinigung, unter dem Außenverhältnis die Beziehungen der Vereinigung und ihrer Mitglieder zu außenstehenden Dritten. Man kann sich bei der Einarbeitung in das Gesellschaftsrecht viel Verwirrung und unnötige Arbeit ersparen, wenn man sich gleich zu Anfang daran gewöhnt, bei jeder gesellschaftsrechtlichen Vorschrift zunächst zu klären, auf welches von diesen beiden Verhältnissen diese Vorschrift sich bezieht.

Die hier dargelegte Unterscheidung findet eine konkrete Ausgestaltung in der Unterscheidung zwischen der Geschäftsführungsbefugnis und der Vertretungsmacht. Die Geschäftsführungsbefugnis ist die Befugnis, INTERN Entscheidungen zu treffen oder bei internen Entscheidungen mitzuwirken, die dann für alle Mitglieder *bindend* sind. Sie hat nur für das *Innenverhältnis* Bedeutung. Dagegen ist die Vertretungsmacht die Fähigkeit, die Vereinigung gegenüber außenstehenden Dritten zu vertreten, sie wirkt sich nur im *Außenverhältnis* aus. Im normalen Alltag wird der Unterschied nicht deutlich, da bei den gewöhnlichen Geschäften Geschäftsführungsbefugnis und Vertretungsmacht meist in einer Person zusammenfallen. Für die GbR gilt auch ganz allgemein die Regel, daß ein Gesellschafter insoweit Vertretungsmacht hat, als er Geschäftsführungsbefugnis besitzt (§ 714 BGB). Anders ist die Lage bei den Gesellschaften bzw. Vereinen des Handelsrechts. Hier haben die geschäftsführenden Gesellschafter bzw. die Mitglieder der geschäftsführenden Organe (bei AG und eG die Vorstandsmitglieder, bei der GmbH die Geschäftsführer) kraft Gesetzes eine sehr weitreichende und (aus Gründen des Verkehrsschutzes) auch unbeschränkbare Vertretungsmacht, sie sind aber hinsichtlich der Geschäftsführungsbefugnis (intern) oft ganz erheblichen Beschränkungen unterworfen. Diese Inkongruenz von Vertretungsmacht und Geschäftsführungsbefugnis kann dazu führen, daß Verträge mit Außenstehenden geschlossen werden, die zwar von der Vertretungsmacht des Handelnden gedeckt sind, aber den Rahmen seiner Geschäftsführungsbefugnis überschreiten. In solchen Fällen ist die Vereinigung gegenüber dem außenstehenden Dritten an den Vertrag gebunden, sie kann aber im Innenverhältnis den Handelnden auf Schadensersatz in Anspruch nehmen.

II. Die Entscheidungsbereiche im Innenverhältnis

Nun muß man aber beachten, daß nicht jede interne Willensbildung in einer Gesellschaft den Regeln über die Geschäftsführung unterliegt. Man kann bei den Personengesellschaften drei, bei den Kapitalgesellschaften und Genossenschaften sogar vier Entscheidungsbereiche unterscheiden.

1. Personengesellschaften

a) Bei den Personengesellschaften gehören zum ersten Bereich die GEWÖHN-LICHEN Geschäfte.

b) In den zweiten Bereich fallen die AUSSERGEWÖHNLICHEN Geschäfte. Die Unterscheidung zwischen gewöhnlichen und außergewöhnlichen Geschäften hat allerdings nur für die Personenhandelsgesellschaften (OHG und KG) Bedeutung.

c) Der dritte Bereich umfaßt Entscheidungen über die GRUNDLAGEN der Gesellschaft. Hier handelt es sich nicht mehr um Fragen der Geschäftsführung, sondern um eine Änderung des Gesellschaftsvertrages, der der *Einstimmigkeit* bedarf.

2. Kapitalgesellschaften und Genossenschaften

a) Bei den körperschaftlich organisierten Verbänden ist der erste Bereich der Bereich der eigentlichen GESCHÄFTSFÜHRUNG, der in die Zuständigkeit der geschäftsführenden Organe fällt und grundsätzlich auch *außergewöhnliche* Geschäfte umfaßt. In gewissen Grenzen kann der Bereich durch die Mitglieder erweitert oder eingeengt werden. Sein Umfang ist bei der AG und der eG weiter als bei der GmbH.

b) Der zweite Bereich gehört in die Zuständigkeit der Mitgliederversammlung (Gesellschafterversammlung, Hauptversammlung, Generalversammlung), Entscheidungen werden von ihr mit *einfacher Mehrheit* getroffen. Hierzu gehören vor allem

(1) die Wahl der anderen Organe: bei der GmbH die Bestellung der Geschäftsführer und eines etwaigen Aufsichtsrats; bei der AG die Bestellung des Aufsichtsrats und der Abschlußprüfer; bei der eG die Bestellung des Vorstandes und des Aufsichtsrats,

(2) die Entlastung von Vorstand und Aufsichtsrat,

(3) Entscheidungen im Zusammenhang mit dem Jahresabschluß (bei der AG nur die Entscheidung über die Verwendung des Bilanzgewinns, § 119 AktG).

c) In die Zuständigkeit der Mitgliederversammlung gehört auch der dritte Bereich: Entscheidungen über die GRUNDLAGEN der Gesellschaft. Solche Entscheidungen bedürfen immer eines Beschlusses mit *qualifizierter Mehrheit* (§ 179 II AktG). Entscheidungen über die Grundlagen sind alle Satzungsänderungen, außerdem Auflösung, Verschmelzung und Umwandlung.

d) Zum vierten Bereich gehören Satzungsänderungen, die besonders tief in die Rechte einzelner oder aller Mitglieder eingreifen und deshalb nicht nur einer qualifizierten Mehrheit in der Mitgliederversammlung, sondern darüber hinaus der Zustimmung ALLER BETROFFENEN bedürfen. Der vierte Bereich ist sehr klein. Er umfaßt

(1) die Begründung neuer Leistungspflichten (§ 180 AktG, § 53 III GmbHG),

(2) die Vinkulierung der Anteile bei der AG und GmbH, d. h. die Abhängigmachung der Anteilsübertragung von der Zustimmung der Gesellschaft (§ 180 AktG),

(3) die Beeinträchtigung von Sonderrechten einzelner Mitglieder. § 35 BGB gilt für alle Vereine. Bei der AG ist dieser Grundsatz allerdings etwas abgeschwächt: die Benachteiligung einer Aktiengattung ist zulässig, wenn die *Gattung* in einer Sonderabstimmung mit qualifizierter Mehrheit zustimmt (§ 179 III AktG).

Dieses Schema mutet vielleicht auf den ersten Blick etwas kompliziert an, ist aber in Wirklichkeit eine Vereinfachung. In der Praxis werden oft durch Gesellschaftsvertrag oder Satzung noch weitere Bereiche geschaffen, die in die Zuständigkeit zweier Organe fallen, wobei das eine (meist das geschäftsführende Organ) an die Zustimmung oder die Weisung des anderen Organs gebunden wird.

In den weiteren Ausführungen konzentrieren wir uns auf den Bereich der Geschäftsführung und erörtern gleichzeitig die Frage der Vertretungsmacht.

III. Entscheidungsbereich. Allein- und Gesamtbefugnis

Hierbei müssen wir noch eine weitere Differenzierung vornehmen. Es gibt bei der Geschäftsführung und bei der Vertretung zwei Fragen, die man klar auseinanderhalten muß.

1. Die eine Frage ist, wie weit der *Umfang*, d. h. der sachliche Aufgabenkreis der Geschäftsführungsbefugnis oder Vertretungsmacht reicht, ob er sich z. B. nur auf gewöhnliche oder auf außergewöhnliche Geschäfte erstreckt.

2. Die andere Frage ist, ob von mehreren Gesellschaftern oder Vorstandsmitgliedern jeder allein handeln kann, oder ob nur mehrere oder sogar alle zusammen handeln können. Man spricht von *Alleingeschäftsfüh-*

§ 112. *Geschäftsführung und Vertretung*

rungsbefugnis bzw. *Alleinvertretungsmacht* einerseits, *gemeinschaftlicher Geschäftsführungsbefugnis* bzw. *Gesamtvertretungsmacht* andererseits. Die Gesamtvertretungsmacht kann dabei eine echte (jeweils mehrere Gesellschafter oder Vorstandsmitglieder zusammen) oder unechte (gemischte) sein (ein Gesellschafter mit einem Prokuristen).

Führt man diese zusätzliche Unterscheidung in das System ein, so kann man sich das Verständnis der Einzelheiten wesentlich erleichtern; man kann auch in einigen Kurzformen die immer wieder auftauchende Frage beantworten, ob die einzelnen Regeln im Gesellschaftsrecht jeweils dispositiv oder zwingend sind.

1. Bezüglich der *Geschäftsführungsbefugnis* ist bei allen Gesellschaften und Vereinen davon auszugehen, daß die Regeln grundsätzlich dispositiv sind, da sie das Innenverhältnis betreffen.

   a) Die gesetzlichen Regeln über *Allein- oder Gesamtgeschäftsführung* können also abgeändert werden. Bei der AG ist allerdings zu beachten, daß der Vorsitzende des Vorstandes nicht eine Entscheidung gegen die Mehrheit der Vorstandsmitglieder treffen kann (§ 77 I S. 2 AktG).

   b) Auch von der gesetzlichen Regelung des *Umfangs* der Geschäftsführungsbefugnis kann abgewichen werden. Bei der AG kann jedoch der Vorstand nur bezüglich bestimmter Geschäfte oder bestimmter Arten von Geschäften an die Zustimmung des Aufsichtsrats gebunden werden, eine weitergehende Bindung, insbesondere eine Bindung des Vorstands an *Weisungen* des Aufsichtsrats, ist unzulässig. Gleiches gilt für den Vorstand der eG, der allerdings auch an die Zustimmung der *Generalversammlung* gebunden werden kann. Dagegen ist Weisungsgebundenheit der Geschäftsführer bei der GmbH zulässig.

2. Bei der Frage der *Vertretungsmacht* sind die beiden Unterfragen besonders wichtig.

   a) Die Regeln über *Allein- oder Gesamtvertretungsmacht* sind dispositiv. Bei den Handelsgesellschaften und der Genossenschaft ist eine vom Gesetz abweichende Regelung gegen Dritte aber nur dann wirksam, wenn sie in das Handels- bzw. Genossenschaftsregister eingetragen und bekanntgemacht worden ist.

b) Dagegen sind die Vorschriften über den *Umfang* der Vertretungsmacht bei allen Handelsgesellschaften und bei der Genossenschaft zwingendes Recht. Die im Gesetz so häufig anzutreffende Formel, daß »Beschränkungen der Vertretungsmacht gegenüber Dritten unwirksam« seien, bezieht sich also nur auf den *Umfang* der Vertretungsmacht!

Wir gehen nun auf die Regelung der Geschäftsführungsbefugnis und der Vertretungsmacht bei den einzelnen Gesellschaften ein.

IV. Personengesellschaften

1. *Gesellschaft bürgerlichen Rechts*

a) Bei der GbR ist die Geschäftsführung schwerfällig, aber ungefährlich geregelt: Alle handeln gemeinschaftlich, für jede Handlung ist also *Einstimmigkeit* erforderlich (§ 709 I BGB). Ist Mehrheitsentscheidung vereinbart, so ist die Mehrheit der Gesellschafter (nicht der auf der Gesellschafterversammlung *erschienenen* Gesellschafter) maßgebend (§ 709 II BGB). Der Sachumfang der Geschäftsführungsbefugnis richtet sich nach dem Gesellschaftsvertrag, insbesondere nach dem Zweck der Gesellschaft.

b) Die Vertretungsmacht richtet sich im Zweifel nach der Geschäftsführungsbefugnis (§ 714 BGB). Ein Gesellschafter hat also Vertretungsmacht insoweit, als er Geschäftsführungsbefugnis besitzt, vorausgesetzt, daß die Geschäftsführung überhaupt ein Auftreten nach außen notwendig macht.

2. *Offene Handelsgesellschaft*

a) Bei der OHG muß man hinsichtlich der Geschäftsführung zwischen gewöhnlichen und außergewöhnlichen Geschäften unterscheiden. Für *gewöhnliche* Geschäfte hat jeder allein Geschäftsführungsbefugnis, jeder andere kann die Maßnahme durch ein (vorher eingelegtes) Veto verhindern (§§ 114—116 HGB). Für *außergewöhnliche* Geschäfte ist die Zustimmung *aller* Gesellschafter, für die Prokuraerteilung die Zustimmung aller *geschäftsführenden* Gesellschafter erforderlich (§ 116 II, III HGB). Die Unterscheidung ist wichtig, wenn einzelne Gesellschafter von der Geschäftsführung ausgeschlossen werden. Der Ausschluß von der Geschäftsführung bezieht sich also normalerweise nur auf die gewöhnlichen Geschäfte und die Prokuraerteilung!

b) Jeder Gesellschafter der OHG hat Alleinvertretungsmacht. Der Gesellschaftsvertrag kann Gesamtvertretung vorsehen (§ 125 II, III HGB). Allerdings ist die Abweichung vom Gesetz ins Handelsregister einzutragen, andernfalls gilt § 15 I HGB.

Die Vertretungsmacht erstreckt sich auf alle – *auch außergewöhnlichen und branchenfremden* – Geschäfte (§ 126 I HGB). Geschäftsführungsbefugnis und Vertretungsmacht sind also *nicht* deckungsgleich! Eine Beschränkung des Umfangs der Vertretungsmacht ist unzulässig (§ 126 II HGB).

3. Kommanditgesellschaft

Die Regelung der KG ist der OHG nachgebildet: Der Komplementär wird wie der Gesellschafter einer OHG behandelt, dagegen hat der Kommanditist die Stellung eines Gesellschafters der OHG, der von der Geschäftsführung und Vertretung ausgeschlossen ist:

a) Er hat keine Geschäftsführungsbefugnis für *gewöhnliche* Geschäfte. Bei *außergewöhnlichen* Geschäften muß jedoch seine Zustimmung eingeholt werden (§§ 164 S. 1, 116 II HGB). Für die Prokuraerteilung bedarf es nicht seiner Zustimmung, da diese nur durch die *geschäftsführenden* Gesellschafter erfolgt (§§ 164 S. 2, 116 III HGB). Der Gesellschaftsvertrag kann Abweichendes vorsehen (§ 163 HGB), es kann z. B. die Geschäftsführungsbefugnis fast ausschließlich bei den Kommanditisten oder einem Kommanditistenausschuß liegen, nach dessen Weisungen der Komplementär zu handeln hat.

b) Der Kommanditist hat keine Vertretungsmacht als Gesellschafter (§ 170 HGB). Dies ist zwingendes Recht. Notfalls muß also Prokura oder Handlungsvollmacht erteilt werden.

4. Stille Gesellschaft

a) Bei der stillen Gesellschaft liegt die Geschäftsführung (auch für außergewöhnliche Geschäfte) ausschließlich in den Händen des Inhabers, der

Stille hat nur einige Kontrollrechte (§ 233 HGB). Dies kann zugunsten des Stillen abgeändert werden.

b) *Vertretungsmacht* besteht bei der stillen Gesellschaft überhaupt nicht, da der Inhaber im eigenen Namen auftritt. Dies ist zwingendes Recht. Es muß also dem Stillen notfalls Prokura oder Handlungsvollmacht erteilt werden.

V. Kapitalgesellschaften und Genossenschaft

Für die juristischen Personen des Handelsrechts gilt der (dispositive) Grundsatz der *Gesamtgeschäftsführung* und *Gesamtvertretung*.

1. Gesellschaft mit beschränkter Haftung

a) Die Geschäftsführer der GmbH haben *Gesamtgeschäftsführungsbefugnis*. Die Satzung kann Abweichendes vorsehen.
Der Umfang der Geschäftsführungsbefugnis der Geschäftsführer wird begrenzt durch den satzungsmäßigen Gegenstand des Unternehmens und die Befugnis der *Gesellschafter*, die z. B. über die Bestellung von Prokuristen und Generalhandlungsbevollmächtigten entscheiden (§ 46 Nr. 7 GmbHG). Weitere Beschränkungen sind beliebig zulässig, soweit sie den Geschäftsführern nicht jede Geschäftsführung entziehen. So können z. B. bestimmte Geschäfte oder Geschäftsarten von der Zustimmung der Gesellschafter oder des Aufsichtsrats abhängig gemacht werden. Auch Weisungsgebundenheit ist zulässig (§ 37 I GmbHG). Der Grundsatz der Fremdorganschaft ist also — soweit es die Geschäftsführung betrifft — bei der GmbH nicht sehr stark ausgeprägt, da viele Entscheidungen in der Zuständigkeit der Gesellschafter verbleiben.

b) Zur Vertretung sind alle Geschäftsführer *gemeinschaftlich* befugt. Abweichungen sind zulässig (§ 35 II S. 2 GmbHG).
Dagegen ist der *Umfang* der Vertretungsmacht unbeschränkt und unbeschränkbar (§ 37 II GmbHG), die Geschäftsführer *können* z. B. auch Prokuristen und Generalhandlungsbevollmächtigte bestellen! (Ob sie es intern *dürfen*, ist eine andere Frage).

2. Aktiengesellschaft

a) Der Vorstand der AG hat *Gesamtgeschäftsführungsbefugnis*, die Satzung oder die Geschäftsordnung des Vorstandes kann Abweichendes vorsehen.

Das Gesetz verbietet aber das »Führerprinzip«, d. h. die Übertragung eines Entscheidungsrechts an einzelne Vorstandsmitglieder gegen die Mehrheit der übrigen Mitglieder (§ 77 I S. 2 AktG). Zulässig bleibt die Bestimmung in der Satzung oder Geschäftsordnung, daß bei Stimmengleichheit die Stimme des Vorsitzenden den Ausschlag gibt.

Der *Umfang* der Geschäftsführung wird gesetzlich durch den satzungsmäßigen Zweck der Gesellschaft und die gesetzlichen Kompetenzen der anderen Organe begrenzt. Im übrigen leitet der Vorstand die Gesellschaft »unter eigener Verantwortung« (§ 76 I AktG); eine Satzungsbestimmung, wonach der Vorstand Weisungen des Aufsichtsrats oder der Hauptversammlung zu befolgen hat, wäre nichtig. Eine Einschränkung ergibt sich nur insoweit, als sowohl die Satzung als auch der Aufsichtsrat bestimmen können, daß bestimmte Geschäfte oder Geschäftsarten nur mit Zustimmung des Aufsichtsrats vorgenommen werden können. Allerdings ist eine solche Bindung nur bei Geschäften von besonderer Bedeutung zulässig, die Bindung darf nicht zu einer Verschiebung der Zuständigkeiten führen. Verweigert der Aufsichtsrat seine Zustimmung, so kann der Vorstand den Aufsichtsrat überspielen, indem er die Frage der Hauptversammlung zur Entscheidung vorlegt. Für die Zustimmung der Hauptversammlung ist allerdings eine Mehrheit von ³/₄ der abgegebenen Stimmen zwingend vorgeschrieben (§ 111 IV AktG). Außerdem kann der Vorstand ganz allgemein eine Frage der Geschäftsführung der Hauptversammlung zur Entscheidung vorlegen (z. B. um sich Rückendeckung für eine bestimmte Maßnahme zu verschaffen, § 119 II AktG). Die Hauptversammlung entscheidet dann mit einfacher Mehrheit. Der Beschluß ist für den Vorstand bindend (§ 83 II AktG).

b) Für das Außenverhältnis sieht das Gesetz *Gesamtvertretung* durch alle Vorstandsmitglieder vor. Die Satzung kann Abweichendes bestimmen, insbesondere kann sie Alleinvertretung oder unechte Gesamtvertretung (mit einem Prokuristen) vorsehen. Außerdem können gesamtvertretungsberechtigte Vorstandsmitglieder einzelne von ihnen für bestimmte Geschäfte oder Geschäftsarten zur Alleinvertretung ermächtigen (eine Art Untervollmacht, str., bitte lesen Sie § 78 AktG).

Der *Umfang* der Vertretungsmacht ist unbeschränkt und unbeschränkbar (§ 82 I AktG).

3. Kommanditgesellschaft auf Aktien

Das Gesetz bestimmt für die KommAG, daß sich die Geschäftsführungs- und Vertretungsbefugnis der persönlich haftenden Gesellschafter nach dem Recht der KG richtet (bitte lesen Sie § 278 AktG). Da die Rechtsverhältnisse der Komplementäre der KG sich weitgehend nach dem Recht der OHG richten, kommt also letztlich eine Reihe von Vorschriften über die OHG zur Anwendung:

a) Jeder persönlich haftende Gesellschafter kann bei gewöhnlichen Geschäften *allein* handeln, jeder hat ein Vetorecht, Prokurabestellungen bedürfen der Zustimmung aller persönlich haftenden Gesellschafter. Für jedes außergewöhnliche Geschäft ist die Zustimmung aller Kommanditaktionäre erforderlich (§ 278 AktG, §§ 164, 161 II, 114–116 HGB). Die Satzung kann die Kommanditaktionäre beliebig an der Geschäftsführung beteiligen (§ 278 AktG, § 163 HGB, es gilt also nicht § 119 II AktG).

b) Die persönlich haftenden Gesellschafter haben *Alleinvertretungsmacht*, die Satzung kann Abweichendes vorsehen (§ 278 AktG, §§ 161 II, 125 HGB).

Der *Umfang* der Vertretungsmacht ist unbeschränkt und unbeschränkbar (§ 278 AktG, §§ 161 II, 126 HGB).

4. Genossenschaft

Im GenG muß man beachten (ähnlich wie im GmbHG), daß Geschäftsführung und Vertretung gesetzestechnisch und terminologisch noch nicht sehr scharf geschieden sind. Manchmal wird von Vertretung gesprochen, aber Geschäftsführung ist gemeint.

a) Der Vorstand hat *Gesamtgeschäftsführungsbefugnis*. Abweichungen sind zulässig.

Der Umfang der Geschäftsführungsbefugnis kann zwar eingeschränkt werden (§ 27 II GenG), insbesondere kann die Zustimmungsbedürftigkeit bestimmter Geschäfte oder Geschäftsarten festgelegt werden, Weisungsgebundenheit ist jedoch unzulässig: Der Vorstand hat die Genossenschaft »unter eigener Verantwortung zu leiten« (so § 27 I GenG in der seit 1974 geltenden Fassung).

b) Nach außen besteht *Gesamtvertretung* durch alle. Abweichungen sind möglich (§ 25 GenG).

Der *Umfang* der Vertretungsmacht ist unbeschränkt und unbeschränkbar (§ 27 II GenG).

VI. Die Vereine des BGB

1. *Eingetragener Verein*

Im Vereinsrecht des BGB sind die Einzelfragen der Geschäftsführung und Vertretung nicht präzise geregelt (bitte lesen Sie §§ 26—28 BGB).

a) Der Vorstand des e. V. hat *Gesamtgeschäftsführungsbefugnis*, er kann aber seine Entscheidungen mit *Mehrheitsbeschluß* treffen (§§ 28, 32 BGB).

Der *Umfang* seiner Geschäftsführungsbefugnis kann durch die Satzung beliebig eingeschränkt werden.

b) Im Außenverhältnis besteht *Gesamtvertretungsmacht* (str.). Die Satzung kann Abweichungen vorsehen. Die Vertretungsmacht erstreckt sich auf alle Geschäfte, die nicht völlig außerhalb des Satzungszweckes liegen. Der Umfang der Vertretungsmacht kann durch die Satzung eingeschränkt werden, allerdings wirkt die Einschränkung gegen Dritte erst von der Eintragung in das Vereinsregister an (§§ 26 II S. 2, 70, 68 BGB).

2. *Nichtrechtsfähiger Verein*

Folgt man der Verweisung auf das Recht der GbR in § 54 S. 1 BGB, so muß man die Vorstandsmitglieder eines nichtrechtsfähigen Vereins als geschäftsführende und vertretungsberechtigte Gesellschafter auffassen, die anderen Mitglieder sind insoweit von der Geschäftsführung und der Vertretung ausgeschlossen (§§ 710, 714 BGB). Eine solche Regelung wird aber der körperschaftlichen Struktur des nichtrechtsfähigen Vereins nicht gerecht. Es sind deshalb die Regeln über den e. V. entsprechend anzuwenden[8].

---

[8] Habscheid, AcP 155, 391.

§ 113. Haftung. Beitrags- und Nachschußpflicht

I. Unterscheidungen

Bei der Haftung der Gesellschafter muß man scharf zwischen zwei Fragen trennen, nämlich

1. ob die Gesellschafter im AUSSENVERHÄLTNIS gegenüber den Gesellschaftsgläubigern für die Gesellschaftsschulden haften (unbeschränkt oder beschränkt) und

2. in welchem Maße die Gesellschafter im INNENVERHÄLTNIS zur Beitragsleistung und zur Leistung von Nachschüssen verpflichtet sind.

Wir gehen im folgenden auf beide Fragen ein.

II. Personengesellschaften

§§ 705–707 BGB enthalten für alle Personengesellschaften die grundsätzliche Regelung der Beitragspflicht im Innenverhältnis. Die Gesellschafter haben also im Zweifel gleiche Leistungen zu erbringen, eine Nachschußpflicht besteht nicht. Der Gesellschaftsvertrag kann beliebige Abweichungen vorsehen, allerdings ist eine nachträgliche Änderung nur mit Zustimmung *aller* Gesellschafter zulässig (Entscheidung über die Grundlagen!). Jeder Gesellschafter ist berechtigt, von einem säumigen Gesellschafter die Leistung an die Gesellschaft zu verlangen, auch wenn er von der Geschäftsführung ausgeschlossen ist (sog. actio pro socio)[9].

Unterschiede zwischen den verschiedenen Gesellschaften bestehen nur bezüglich der Haftung im *Außenverhältnis:*

1. Gesellschaft bürgerlichen Rechts

Da die GbR nicht rechtsfähig ist, werden die Verträge nicht im Namen der Gesellschaft als solcher, sondern im Namen der *Gesellschafter* geschlossen, es sind also *alle* Gesellschafter Vertragspartner und persönliche Schuldner, sie haften als Gesamtschuldner (§§ 427, 421 BGB).

---

[9] BGH NJW 60, 433

§ 113. *Haftung. Beitrags- und Nachschußpflicht*

Begeht ein Gesellschafter eine unerlaubte Handlung, so ist § 31 BGB nicht anwendbar. Auch § 831 BGB gilt im Regelfalle nicht, denn diese Vorschrift setzt voraus, daß jemand von einem anderen »zu einer Verrichtung bestellt«, d. h. von dessen Weisungen abhängig ist. Die Gesellschafter sind aber nicht untereinander weisungsgebunden. Aus diesem Grunde haftet nur derjenige, der die unerlaubte Handlung begangen hat.

2. *Offene Handelsgesellschaft*

Die OHG ist zwar nicht rechtsfähig, kann aber unter ihrer Firma Rechte erwerben und Verbindlichkeiten eingehen, wodurch sie sich der juristischen Person annähert (§ 124 HGB). Deshalb werden Verträge im Namen der OHG geschlossen, die Verbindlichkeiten sind also Verbindlichkeiten der OHG. Die Gesellschafter haften aber für diese Verbindlichkeiten direkt, persönlich und gesamtschuldnerisch (§ 128 HGB).

Die persönliche Haftung der Gesellschafter erstreckt sich auf alle Gesellschaftsschulden, also auch auf Schulden aus unerlaubter Handlung. In diesem Zusammenhang ist zu beachten, daß nach einer feststehenden Rechtsprechung die OHG analog § 31 BGB für die unerlaubten Handlungen ihrer geschäftsführenden Gesellschafter haftet.

3. *Kommanditgesellschaft*

Der *Komplementär* der KG haftet wie der Gesellschafter der OHG (§§ 161 II, 128 HGB). Nur bezüglich der Haftung des *Kommanditisten* enthält das Recht der KG eine Sonderregelung. Danach haftet der Kommanditist den Gläubigern bis zur Höhe seiner Einlage persönlich und unmittelbar; die Haftung ist ausgeschlossen, soweit die Einlage geleistet ist (§ 171 I HGB). Unter Einlage ist hier stets die HAFTEINLAGE (Haftsumme) zu verstehen, d. h. der Betrag, bis zu welchem der Kommanditist im *Außenverhältnis* haften soll. Im Gegensatz hierzu ist die PFLICHTEINLAGE der Betrag, den der Kommanditist nach der Vereinbarung im Innenverhältnis in das Gesellschaftsvermögen zu leisten hat. Während die Gesellschafter im Innenverhältnis die Pflichteinlage beliebig ändern oder auch dem Kommanditisten ganz erlassen können, ist eine Änderung der Haftsumme nur unter bestimmten Voraussetzungen möglich (bitte lesen Sie § 172 I–III HGB). Der Kommanditist soll nur insoweit von der persönlichen Haftung befreit werden, als er seine Hafteinlage in das Vermögen der KG geleistet und darin belassen hat. Dies ist die Tendenz des § 172 IV, V HGB. Allerdings ist § 172 V HGB in seiner Formulierung irreführend; gemeint ist nicht die Freistellung von der Rückzahlungspflicht im Innenverhältnis, sondern von der *persönlichen Haftung im Außenverhältnis*.

Der Kommanditist kann seine Hafteinlage leisten

a) durch Barzahlung,

b) durch Aufrechnung,

c) durch Sachleistungen (Sacheinlagen),

d) durch Stehenlassen von Gewinnanteilen.

Barzahlung, Aufrechnung und Sachleistungen können statt an die Gesellschaft auch an einen Gesellschaftsgläubiger erfolgen. Sie führen zur Haftungsbefreiung des Kommanditisten, da die Gesellschaft insoweit von einer Gesellschaftsschuld befreit wird.

4. Stille Gesellschaft

Bei der stillen Gesellschaft tritt der Inhaber im eigenen Namen auf. Er wird deshalb allein berechtigt und verpflichtet (§ 339 II HGB). Im Innenverhältnis ist der Stille dem Inhaber gegenüber zur Leistung der Einlage verpflichtet (§ 339 I HGB).

III. Kapitalgesellschaften und Genossenschaft

1. Kapitalgesellschaften

Die GmbH und die AG sind juristische Personen, sie haften als solche für die Gesellschaftsverbindlichkeiten. Die Gesellschafter (Aktionäre) haften im Außenverhältnis, d. h. gegenüber den Gesellschaftsgläubigern, überhaupt nicht (§ 13 II GmbHG, § 1 I AktG). Allerdings ist es ein Fehlschluß, wenn man die Nichthaftung der Mitglieder als eine zwingende Folgerung aus dem

§ 113. Haftung. Beitrags- und Nachschußpflicht

Wesen der juristischen Person herleitet. Der Gesetzgeber ist nicht gehindert, dennoch eine Haftung der Mitglieder für die Schulden der juristischen Person vorzunehmen, und er hat bei der KommAG von dieser Möglichkeit auch Gebrauch gemacht: Die KommAG ist juristische Person, die persönlich haftenden Gesellschafter haften aber wie die Komplementäre einer KG, d. h. persönlich, direkt und gesamtschuldnerisch (§ 278 AktG, §§ 161 II, 128 HGB).

Da das Nennkapital (Stammkapital, Grundkapital) die Vertrauensgrundlage der Kapitalgesellschaft ist, findet man bei der GmbH und AG sehr strenge Vorschriften für den Fall des Säumnisses eines Gesellschafters (Aktionärs) mit seiner Einzahlung: Er muß Zinsen zahlen; außerdem kann die Gesellschaft bei Säumnis hinsichtlich der Bareinlagen (nicht Sacheinlagen!) das KADUZIERUNGSVERFAHREN durchführen, indem sie ihn zur Zahlung auffordert (einmal bei der GmbH, dreimal bei der AG) und ihn nach fruchtlosem Ablauf der gesetzten Frist seiner Mitgliedschaft einschließlich der bereits geleisteten Einlagen für verlustig erklärt. Nach der Kaduzierung können die Vormänner in Anspruch genommen werden. Ist auch von diesen der volle Betrag nicht zu erlangen, so kann die Gesellschaft die Mitgliedschaft verkaufen. Einen Mehrerlös darf die Gesellschaft behalten, für einen Mindererlös haften das ausgeschlossene Mitglied und dessen Vormänner.

Die Vorschriften des GmbHG und des AktG stimmen inhaltlich weitgehend überein. Es gibt aber zwei wichtige Unterschiede, die den personalistischen Einschlag der GmbH deutlich machen:

1. Bei der GmbH besteht für den Fall, daß auch durch den Verkauf des Geschäftsanteils und die Inanspruchnahme der Vormänner die Einlage nicht aufzubringen ist, im *Innenverhältnis* eine kollektive Deckungspflicht aller Mitglieder, die den Fehlbetrag aufbringen müssen (§ 24 GmbHG). Eine solche Regelung ist der AG fremd.

2. Die Satzung der GmbH kann – im *Innenverhältnis* – eine NACHSCHUSSPFLICHT vorsehen. Die Nachschußpflicht kann beschränkt oder unbeschränkt sein. Soll sie nachträglich in die Satzung aufgenommen werden, so ist die Zustimmung *aller* Gesellschafter erforderlich. Im Falle der unbeschränkten Nachschußpflicht kann sich ein Gesellschafter durch Preisgabe seines Geschäftsanteils befreien (Abandon). Das Aktienrecht läßt nur eine Nebenleistung zu, die nicht in Geld besteht.

Bitte lesen Sie §§ 19–28 GmbHG, 54–57, 63–66 AktG.

2. Genossenschaft

Für die Schulden der Genossenschaft haftet den Gläubigern nur die Genossenschaft als solche, die Genossen haften im Außenverhältnis nicht.
Die »Haftpflicht der Genossen« besteht nur in Form einer Nachschußpflicht gegenüber der Genossenschaft (also im Innenverhältnis!) für den Fall, daß die Genossenschaft in Konkurs fällt. Sie kann unbeschränkt oder beschränkt oder ganz ausgeschlossen sein.

1. Bei der eG mit beschränkter Nachschußpflicht wird der Höchstbetrag, bis zu welchem der Genosse nachschußpflichtig werden kann, als HAFTSUMME bezeichnet. Die Haftsumme darf nicht niedriger als der Geschäftsanteil sein.
2. Der GESCHÄFTSANTEIL ist der Höchstbetrag, bis zu welchem sich der Genosse an der Genossenschaft beteiligen *kann*. Er beträgt mindestens 1 DM (§ 24 DMBilanzG).
3. Vom Geschäftsanteil ist die MINDESTEINLAGE (Pflichteinlage) zu unterscheiden. Dies ist der Mindestbetrag, mit dem sich jeder Genosse beteiligen *muß*. Die Mindesteinlage muß mindestens einem Zehntel des Geschäftsanteils entsprechen (§ 7 Nr. 1 GenG). Die Mindesteinlage kann nicht erlassen werden, die Aufrechnung gegen die Genossenschaft ist unzulässig.
4. Dagegen ist das GESCHÄFTSGUTHABEN der Betrag, mit dem der Genosse tatsächlich beteiligt *ist*.
5. Das Statut kann bestimmen, daß sich die Genossen mit *mehreren* Geschäftsanteilen beteiligen müssen (bei einer Molkereigenossenschaft z. B. mit je einem Anteil pro Kuh). Die Zahl der Anteile, mit der sich ein Genosse beteiligen muß, nennt man (seit 1974) die PFLICHTBETEILIGUNG (§ 7 a II GenG).

Bitte prägen Sie sich diese fünf wichtigen Begriffe gut ein. Erfahrungsgemäß wirft man sie immer wieder durcheinander.

IV. Die Vereine des BGB

1. Eingetragener Verein

Für die Schulden des e. V. haftet nur der Verein persönlich. Im Innenverhältnis sind die Mitglieder dem Verein gegenüber zur Leistung ihrer satzungsmäßigen Beiträge verpflichtet.

2. Nichtrechtsfähiger Verein

Die Verweisung auf das Recht der GbR in § 54 S. 1 BGB führt dazu, daß der Vorstand eines nichtrechtsfähigen Vereins nicht als Vertreter des Vereins, sondern der einzelnen Mitglieder auftritt. Aus Rechtsgeschäften müßten deshalb alle Mitglieder den Gläubigern gegenüber persönlich und gesamtschuldnerisch haften (§ 427 BGB). Diese Regelung ist inzwischen durch Gewohnheitsrecht beseitigt worden: Die Mitglieder haften nur noch mit Beschränkung auf das vorhandene Vereinsvermögen.

Bestehen geblieben ist dagegen die Regelung des § 54 S. 2 BGB, wonach alle für den Verein Handelnden persönlich und gesamtschuldnerisch haften. Hierbei ist es gleichgültig, ob die Handelnden Vereinsmitglieder sind. Allerdings sind die Wirkungen des § 54 S. 2 BGB durch eine einschränkende Auslegung etwas abgeschwächt worden: Es ist ein *unmittelbares* Handeln für den Verein erforderlich. Deshalb haften z. B. Vereinsmitglieder nicht schon deshalb, weil sie dem Rechtsgeschäft in der Mitgliederversammlung zugestimmt haben.

Bei der Haftung aus unerlaubter Handlung ist § 31 BGB analog anwendbar. Auch insoweit ist der nichtrechtsfähige Verein dem e. V. gleichgestellt.

§ 114. Gründung

I. Personengesellschaften

1. Gesellschaftsvertrag

Alle Personengesellschaften entstehen durch einen Gesellschaftsvertrag, d. h. durch die gemeinsame Verpflichtung der Gesellschafter, die Erreichung eines bestimmten gemeinsamen Zweckes in einer bestimmten Weise zu fördern (§ 705 BGB). Für den Gesellschaftsvertrag bestehen keine besonderen Formvorschriften, der Vertrag kann deshalb auch durch schlüssiges Verhalten zustandekommen. So kann z. B. eine Erbengemeinschaft in eine OHG umgewandelt werden, wenn die Erben das ererbte Handelsgeschäft weiter betreiben und zu erkennen geben, daß sie enger als in einer bloßen Erbengemeinschaft verbunden sein wollen, z. B. die einseitige Lösung von der Gemeinschaft ausschließen[10].

Soll ein Grundstück eingebracht werden, so ist notarielle Form erforderlich, falls das Grundstück übereignet, nicht nur zur Nutzung überlassen werden soll (§ 313 BGB).

Bei Einbringung eines ganzen Unternehmens oder größerer Wertobjekte ist § 1365 BGB zu beachten, falls der Einbringende verheiratet ist und im gesetzlichen Güterstand der Zugewinngemeinschaft steht. Stellt die Sacheinlage das wesentliche Vermögen des Einbringenden dar, so ist die Zustimmung des Ehegatten erforderlich. Hierbei ist es ohne Bedeutung, daß der Einbringende als Gegenwert einen gesamthänderischen Anteil am Gesellschaftsvermögen erwirbt, da § 1365 BGB keinen Unterschied zwischen entgeltlichen oder unentgeltlichen Verfügungen macht[11].

2. Gründungsprüfung

Eine Gründungsprüfung durch besondere Gründungsprüfer ist bei den Personengesellschaften nicht vorgeschrieben, insbesondere findet keine Überprüfung der Sacheinlagen des Kommanditisten statt. Jeder Gläubiger einer KG kann sich aber später darauf berufen, daß die Sacheinlagen überbewertet waren und der Kommanditist insoweit von seiner persönlichen Haftung nicht frei geworden ist.

3. Eintragung

Eine Anmeldung zum Handelsregister erfolgt nur bei den beiden Personenhandelsgesellschaften. Die Anmeldung ist von sämtlichen Gesellschaftern vorzunehmen, die Unterschriften müssen notariell beglaubigt sein (§§ 12, 106–108, 162 HGB). Bezüglich der Rechtsfolgen der Eintragung ist zu unterscheiden (§ 123 HGB):

a) Grundsätzlich entsteht die Gesellschaft nach außen mit der Eintragung, die Eintragung ist dann also konstitutiv.

b) Beginnt die Gesellschaft ihre Geschäfte schon vor der Eintragung, so tritt die Wirksamkeit bereits mit Geschäftsbeginn ein, falls die Gesellschaft

---

[10] Baumbach-Hueck, HGB § 105 Anm. 2 B.
[11] BGH 35, 144.

§ 114. Gründung

ein Gewerbe im Sinne von § 1 HGB betreibt. Betreibt sie ein sonstiges Gewerbe, so soll die Wirksamkeit offenbar erst mit der Eintragung erfolgen. Dabei ist aber zu beachten, daß durch das Auftreten der Gesellschaft im Handelsverkehr der Schein einer bereits eingetragenen Gesellschaft entstehen kann. Dann liegt eine Scheinhandelsgesellschaft vor. Die Formulierung des § 123 II HGB ist etwas ungeschickt, man versteht sie am besten, wenn man sie als eine Parallele zur Regelung der Kaufmannseigenschaft in §§ 1 ff HGB ansieht. Dann ist die Scheinhandelsgesellschaft die Parallele zum Scheinkaufmann analog § 5 HGB.

Die Rechtsfolgen eines vorzeitigen Geschäftsbeginns sind bei der OHG nicht sehr gefährlich, da ohnehin alle Gesellschafter persönlich haften wollen. Sie sind aber eine Gefahr für den Kommanditisten, der sich nicht auf seine Haftungsbeschränkung berufen kann, wenn die Gesellschaft die Geschäfte mit seiner Einwilligung begonnen hat, die Eintragung noch nicht erfolgt ist und der Gesellschaftsgläubiger von der Haftungsbeschränkung nichts wußte (§ 176 I HGB). Wer sich als Kommanditist beteiligt, muß sich deshalb durch eine Vertragsklausel sichern, wonach die KG ihre Geschäfte erst nach der Eintragung aufnehmen darf. Tritt der Kommanditist in ein bereits bestehendes Unternehmen ein, so muß die Klausel lauten, daß der Eintritt erst mit der Eintragung in das Handelsregister wirksam werden soll (andernfalls gilt § 176 II HGB).

4. Mangelhafte Gründungsakte

Mangelhafte Gründungsakte führen in der Regel zur Anwendung der gewohnheitsrechtlichen Grundsätze über die fehlerhafte Gesellschaft.

a) Befindet sich die Gesellschaft noch im Gründungsstadium, so können alle Nichtigkeits- und Anfechtbarkeitsgründe mit den im BGB geregelten Rechtsfolgen geltend gemacht werden.

b) Ist die Gesellschaft aber einmal in Gang gesetzt, insbesondere ein Gesellschaftsvermögen gebildet worden, so ist eine Berufung auf Gründungsmängel mit rückwirkender Kraft nicht mehr möglich. Die Gründungsmängel berechtigen nur zur Auflösung der Gesellschaft mit Wirkung für die *Zukunft*. Die Nichtigkeits- und Anfechtbarkeitsgründe werden bei der Gesellschaft bürgerlichen Rechts und bei der stillen Gesellschaft durch Kündigung aus wichtigem Grunde (§ 723 BGB, § 339 I S. 2 HGB), bei den Personenhandelsgesellschaften (OHG und KG) durch Klage auf Auflösung aus wichtigem Grunde geltend gemacht (§§ 133, 161 II HGB). Dabei ist von dem Grundsatz auszugehen, daß *jeder* Nichtigkeits- und Anfechtungsgrund im Sinne des BGB ein wichtiger Grund zur Kündigung bzw. Auflösungsklage ist.

Die Grundsätze über die fehlerhafte Gesellschaft gelten *nicht*, d. h. die Gesellschaft ist als von Anfang an nichtig anzusehen, wenn die rechtliche Anerkennung des bisherigen tatsächlichen Zustandes mit wichtigen Interessen der Allgemeinheit in Widerspruch treten würde, z. B. im Falle des *Gesetzesverstoßes* gem. § 134 BGB (verbotene Kartellverbände, Zuhälterringe, Stadtguerillaorganisationen) oder des *Sittenverstoßes* gem. § 138 BGB (Vereinigungen zur Förderung der Unzucht). Gleiches gilt bei der Beteiligung eines *Minderjährigen* ohne vormundschaftsgerichtliche Genehmigung (§§ 1822 Nr. 3, 1643 I BGB), denn der Schutz der Minderjährigen darf nicht durch die Anerkennung der faktischen Gesellschaft eine Einbuße erleiden[12]. (Eine fehlerhafte Gesellschaft kann aber unter den übrigen Gesellschaftern bestehen.)

II. Kapitalgesellschaften und Genossenschaft

Die Gründungsvorschriften über die juristischen Personen des Handelsrechts haben bei aller Kompliziertheit eine Reihe gemeinsamer Züge, insbesondere ist der zeitliche Ablauf der einzelnen Gründungsvorgänge gleich.

1. *Errichtung der Satzung*

Die Errichtung (Feststellung) der Satzung, d. h. die Einigung der Gründer auf bestimmte, schriftlich fixierte Regeln, ist der erste Akt einer Gründung, denn es muß zunächst klargestellt werden, nach welchem »Grundgesetz« der Verein funktionieren soll. Das Gesetz schreibt für die AG und die Genossenschaft eine Mindestzahl von Gründern vor (fünf bei der AG, sieben bei der Genossenschaft). Außerdem sind gewisse Formvorschriften zu beachten: Bei der AG und der GmbH notarielle Beurkundung, bei der Genossenschaft lediglich Schriftform.

---

[12] BGH 17, 165.

2. Übernahme der Anteile

Außerdem muß gleich zu Anfang klargestellt werden, wieviel Kapital jeder von den einzelnen Gründern aufbringen soll. Bei der AG und der Genossenschaft ist die Übernahme der Aktien (Geschäftsanteile) ein von der Feststellung der Satzung unterschiedener Vorgang, bei der GmbH fallen beide Vorgänge zusammen, da die Übernahme der Stammeinlagen bereits im Gesellschaftsvertrag enthalten sein muß. Nur wer sich an der Kapitalaufbringung beteiligt, ist Gründer im Sinne des Gesetzes.

Ist die Satzung festgestellt und die Kapitalaufbringung geregelt, so ist der Verein »errichtet«, d. h. es besteht eine AG, GmbH oder Genossenschaft, die bereits den Sondergesetzen (AktG, GmbHG, GenG) untersteht, aber noch keine Rechtsfähigkeit besitzt.

3. Bestellung der Organe

Außerdem ist der Verein nach außen noch nicht handlungsfähig. Deshalb ist der nächste notwendige Schritt die Bestellung der Organe. Bei der AG muß der indirekte Weg Aufsichtsrat—Vorstand eingehalten werden, außerdem wählen die Gründer der AG die ersten Abschlußprüfer. Bei der GmbH bestellen die Gründergesellschafter die Geschäftsführer. Bei der Genossenschaft wählen die Gründergenossen den Aufsichtsrat und den Vorstand.

4. Leistung auf die Einlage

Vor der Registereintragung zur Erlangung der Rechtsfähigkeit muß bei den Kapitalgesellschaften ein Teil des Kapitals eingezahlt werden: bei der AG und GmbH sind 25 Prozent der gesamten Bareinlagen einzuzahlen, außerdem müssen die Sacheinlagen voll erbracht werden.

5. Gründungsbericht

Bei der AG ist ein Gründungsbericht durch die Gründer zu erstatten. Bei der GmbH ist ein Gründungsbericht für den Fall einer Sachgründung vorgeschrieben.

6. Gründungsprüfung

Der Gründungsbericht ist die Grundlage der bei der AG vorgeschriebenen Gründungsprüfung. Die Gründungsprüfung erfolgt durch Vorstand und Aufsichtsrat. In einigen Fällen, insbesondere bei Sachgründungen, oder wenn

Gründer gleichzeitig Mitglieder des Aufsichtsrats oder des Vorstandes werden, müssen außerdem Gründungsprüfer durch das Gericht bestellt werden. Die Genossenschaft muß sich einer Prüfung durch den genossenschaftlichen Prüfungsverband unterziehen (§ 11 GenG). Das GmbHG kennt keine Gründungsprüfung.

7. Anmeldung zum Register

Alle Vereine müssen die Anmeldung zum Register durchführen. Die AG und GmbH werden zum Handelsregister, die Genossenschaft zum Genossenschaftsregister angemeldet. Beide Register werden beim Amtsgericht geführt.

8. Prüfung durch das Gericht

Vor der Eintragung erfolgt bei allen Vereinen eine Prüfung sämtlicher Unterlagen durch das Gericht.

9. Eintragung

Mit der Eintragung ist die Gründung vollendet: Der Verein ist rechtsfähig. Die Eintragung hat also stets *konstitutive Wirkung*.

Die juristische Person tritt ohne weiteres in sämtliche Rechte, nicht aber in die vor der Eintragung entstandenen Verbindlichkeiten der Gründungsvereinigung ein. Für diese haften die Handelnden persönlich. Der Verein muß also eine befreiende Schuldübernahme vornehmen.

10. Mangelhafte Gründungsakte

Bei den Kapitalgesellschaften und der Genossenschaft geht das Streben nach Erhaltung des Vereins im Falle eines mangelhaften Gründungsaktes weit über die bei den Personengesellschaften geltenden Grundsätze über die faktische Gesellschaft hinaus. Während bei der in Gang gesetzten Personengesellschaft grundsätzlich jeder Nichtigkeits- und Anfechtungsgrund zur Kündigung oder Auflösungsklage aus wichtigem Grunde berechtigt, ist bei einer eingetragenen Kapitalgesellschaft die Nichtigkeitsklage nur dann zulässig, wenn entweder eine Angabe über das Nennkapital (Stammkapital, Grundkapital) fehlt oder die Bestimmung über den Gegenstand des Unternehmens fehlt oder nichtig ist. Außerdem können die Mängel durch satzungsändernden Beschluß geheilt werden, soweit sie die Bestimmungen über den Gegen-

stand des Unternehmens betreffen. Unheilbar ist nur das Fehlen einer Bestimmung über das Nennkapital. Die Nichtigkeitsklage führt zur Nichtigkeitserklärung durch das Gericht und damit zur Auflösung. Die Nichtigkeitserklärung hat also keine rückwirkende Kraft. Daneben besteht gem. § 144 FGG die Möglichkeit der Löschung von Amts wegen.
Bei der Genossenschaft gibt es überhaupt keinen unheilbaren Mangel, da die Genossenschaft kein festes Kapital besitzt. Dafür ist der Kreis der Satzungsbestimmungen, deren Fehlen zur Nichtigkeitsklage oder Löschung von Amts wegen führen kann, erheblich größer.

Bitte lesen Sie §§ 23, 26–30, 32–34, 37–39, 41, 46–52, 275–277 AktG.

Übersicht Gründung der handelsrechtlichen Vereine

Aktiengesellschaft	GmbH	Genossenschaft
notarielle Beurkundung	notarielle Beurkundung	Schriftform
1. Feststellung der Satzung (5 Gründer)	1. und 2. Abschluß des Gesellschaftsvertrages mit Übernahme der Stammeinlagen (ein od. mehrere Gründer)	1. Errichtung der Satzung (7 Gründer)
2. Übernahme der Aktien		2. Übernahme der Geschäftsanteile
3. Bestellung der Organe (Gründer wählen AR. AR bestellt Vorstand)	3. Bestellung der Organe (Gründer bestellen Geschäftsführer)	3. Bestellung der Organe (Gründer bestellen AR und Vorstand)
4. Einzahlung (25 %) und Sacheinlagen	4. Einzahlung (25 %) und Sacheinlagen	–
5. Gründungsbericht der Gründer	Grdgsbericht nur bei Sachgründung	–
6. Gründungsprüfung (AR, V, evtl. GP)	–	4. Prüfung durch Prüfungsverband
7. Anmeldung zum HR	5. Anmeldung zum HR	5. Anmeldung z. GenR
8. Prüfung durch Gericht	6. Prüfung durch Gericht	6. Prüfung durch Gericht
9. Eintragung	7. Eintragung	7. Eintragung

III. Die Vereine des BGB

1. Eingetragener Verein

Die Gründung eines Vereins ist im Vergleich zu den Kapitalgesellschaften einfach: Eine schriftliche Satzung muß von mindestens sieben Mitgliedern errichtet und unterzeichnet werden. Ein Vorstand muß gewählt werden, der den Verein zur Eintragung in das Vereinsregister beim Amtsgericht anmeldet. Das Amtsgericht hat die Anmeldung der zuständigen Verwaltungsbehörde mitzuteilen. Die Verwaltungsbehörde kann nach § 61 II BGB (neuer Fassung) Einspruch nur dann erheben, wenn der Verein nach dem öffentlichen Vereinsrecht unerlaubt ist oder verboten werden kann. Mit der Eintragung erlangt der Verein Rechtsfähigkeit.
Bitte lesen Sie §§ 55—66 BGB.

2. Nichtrechtsfähiger Verein

Der nichtrechtsfähige Verein entsteht durch die Errichtung einer Satzung, für die keine Formvorschrift besteht. Es muß aber vereinbart sein, daß der Verein körperschaftliche Struktur haben soll, d. h. daß er mindestens in Vorstand und Mitgliederversammlung gegliedert ist, daß in der Mitgliederversammlung das Mehrheitsprinzip gilt und daß der Verein vom Wechsel der Mitglieder unabhängig ist. Liegen diese Mindestvoraussetzungen nicht vor, so besteht kein nichtrechtsfähiger Verein, sondern eine GbR.

§ 115. Auflösung und Abwicklung

Im Gesellschaftsrecht muß man streng zwischen der Auflösung, der Abwicklung (Liquidation) und der Beendigung einer Gesellschaft unterscheiden. Wenn eine Gesellschaft aufgelöst wird, bleibt sie in ihrer Identität zunächst unberührt, die Gesellschaft ändert nur ihren Zweck: Aus der werbenden Gesellschaft wird eine auf Abwicklung (Liquidation) gerichtete Gesellschaft.
Die Abwicklung kann bei den Personengesellschaften ausgeschlossen werden; an die Stelle der Abwicklung kann z. B. die Übernahme des gesamten Gesell-

schaftsvermögens durch einen Gesellschafter treten. Bei der stillen Gesellschaft findet überhaupt keine Abwicklung statt, der Inhaber hat dem Stillen nur dessen Auseinandersetzungsguthaben auszuzahlen.

Bei den Kapitalgesellschaften und der Genossenschaft dagegen ist die Abwicklung zwingend vorgeschrieben. Die Abwicklung dient vor allem dem Gläubigerschutz (Aufruf der Gläubiger, Einhaltung eines Sperrjahres usw.). Die unterschiedliche Regelung erklärt sich aus der Tatsache, daß bei der Personengesellschaft die Gesellschaftsgläubiger durch die fortbestehende persönliche Haftung der Gesellschafter hinreichend geschützt sind. Bei der GmbH und der AG dagegen ist die Vertrauensgrundlage nur das Kapital. Die KommAG hat eine doppelte Vertrauensgrundlage: das Grundkapital und die persönliche Haftung der Komplementäre. Auch die Genossenschaft hat eine doppelte Vertrauensgrundlage: das Kapital und die (beschränkte oder unbeschränkte) Nachschußpflicht der Genossen.

Beendet ist eine Gesellschaft erst dann, wenn das letzte Vermögensstück verteilt bzw. an einen Gläubiger herausgegeben worden ist.

§ 116. Verschmelzung und Umwandlung

I. Einzelübertragung und Gesamtrechtsnachfolge

Das Sondergebiet Verschmelzung und Umwandlung kann man nur verstehen, wenn man zwei Begriffe klar auseinanderhalten kann.

1. Einzelübertragung

Im deutschen Recht gilt für die Übertragung von Vermögensteilen oder ganzen Vermögen der Grundsatz der Einzelübertragung (Singularsukzession): Alle Gegenstände bedürfen eines besonderen Übertragungsvertrages, Forderungen müssen abgetreten, bewegliche Sachen durch Einigung und Übergabe oder Übergabesurrogat gem. §§ 929 ff BGB übereignet werden. Bei Grundstücken ist Auflassung (Einigung) und Eintragung in das Grundbuch erforderlich (§ 873 I BGB).

2. Gesamtrechtsnachfolge

Eine Gesamtrechtsnachfolge (Generalsukzession) liegt vor, wenn das gesamte Vermögen einer Person oder ein Sondervermögen in einem Akt übergeht. Die Gesamtrechtsnachfolge hat immer Ausnahmecharakter, sie erfolgt nur in den durch das Gesetz bestimmten Ausnahmefällen. Ein solcher Ausnahmefall ist z. B. der Erbgang: Mit dem Tode des Erblassers geht dessen gesamtes Vermögen ohne weiteres auf den Erben über (§ 1922 BGB).

Der Unterschied zwischen Einzelübertragung und Gesamtrechtsnachfolge wird im Grundstücksrecht besonders deutlich: Bei der Gesamtrechtsnachfolge geht das Eigentum am Grundstück ohne eine entsprechende Eintragung im Grundbuch über. Die spätere Eintragung des neuen Eigentümers ist lediglich eine Berichtigung des (inzwischen unrichtig gewordenen) Grundbuchs.

II. Verschmelzung

1. Die drei Kriterien der Verschmelzung

Unter Verschmelzung im weiteren Sinne kann man jede Vereinigung von zwei oder mehr Unternehmen verstehen, bei der das gesamte Vermögen mindestens eines Unternehmens auf ein anderes Unternehmen übertragen wird.

Im Gesetz wird allerdings der Ausdruck »Verschmelzung« nur in einem sehr engen Sinne verwendet. Man versteht hierunter Unternehmensvereinigungen, die drei Kriterien erfüllen:

a) Es erfolgt eine *Gesamtrechtsnachfolge* unter Ausschluß der Abwicklung.

b) Mindestens eine Gesellschaft *geht unter*.

c) Die *Mitgliedschaft* der Gesellschafter der untergehenden Gesellschaft wird in der übernehmenden bzw. neugebildeten Gesellschaft *fortgesetzt*.

2. Die beiden Arten der Verschmelzung

Die Verschmelzung kann auf zweierlei Weise durchgeführt werden:

a) Bei der Verschmelzung durch AUFNAHME überträgt die *übertragende* Gesellschaft ihr Vermögen auf die (bereits vorhandene) *übernehmende* Gesellschaft. Die übertragende Gesellschaft geht unter.

b) Bei der Verschmelzung durch NEUBILDUNG übertragen die *sich vereinigenden* Gesellschaften ihr Vermögen auf die *neugebildete* Gesellschaft. Alle bisherigen Gesellschaften gehen unter.

3. Die gesetzlich zugelassenen Fälle

Die Verschmelzung im engeren Sinne ist nur bei den juristischen Personen des Handelsrechts zugelassen. Der wichtigste Fall ist die im AktG geregelte aktienrechtliche Verschmelzung, deren Eigenart darin liegt, daß den Mitgliedern der untergehenden Gesellschaft immer Aktien gewährt werden. Die übernehmende bzw. neugebildete Gesellschaft muß hier also *immer* eine AG oder KommAG sein.

Bitte lesen Sie § 339 AktG.

4. Die Vermögensübertragung

In den anderen Fällen der Unternehmensvereinigung bleibt theoretisch nur der umständliche Weg der Vermögensübertragung: Der eine Rechtsträger überträgt sein gesamtes Vermögen auf den anderen, oder mehrere Rechtsträger gründen gemeinsam eine neue Gesellschaft, in die sie ihr gesamtes Vermögen einbringen. Solche Vermögensübertragungen können grundsätzlich nur im Wege der *Einzelübertragung* durchgeführt werden. Es gibt einige ganz wenige zugelassene Fälle der Vermögensübertragung mit *Gesamtrechtsnachfolge*, die der Verschmelzung sehr stark ähneln (wichtigste Fälle: §§ 359, 360 AktG). Der Unterschied liegt aber darin, daß *nicht notwendigerweise* eine Fortsetzung der Mitgliedschaft erfolgt wie bei der Verschmelzung.

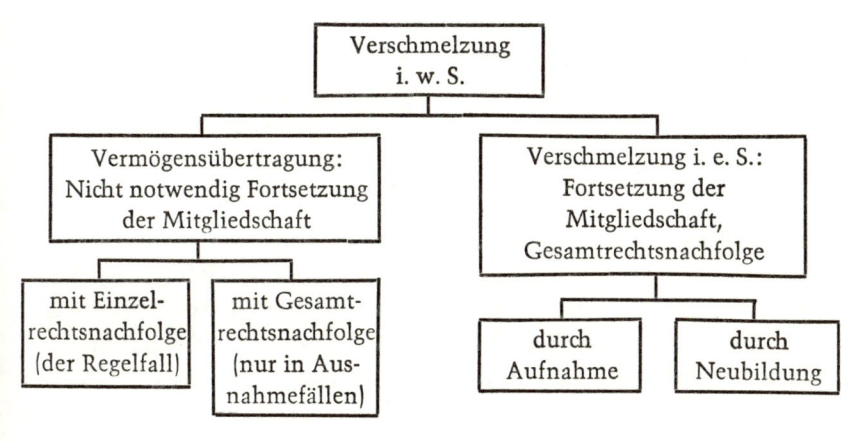

```
                    Verschmelzung
                       i. w. S.
                  ┌───────┴────────┐
      Vermögensübertragung:    Verschmelzung i. e. S.:
      Nicht notwendig Fortsetzung   Fortsetzung der
         der Mitgliedschaft        Mitgliedschaft,
                                  Gesamtrechtsnachfolge
       ┌──────┴──────┐             ┌──────┴──────┐
   mit Einzel-   mit Gesamt-       durch        durch
  rechtsnachfolge rechtsnachfolge  Aufnahme    Neubildung
   (der Regelfall) (nur in Aus-
                  nahmefällen)
```

III. Umwandlung

Wenn ein Unternehmen seine Rechtsform ändert, liegt eine Umwandlung im weiteren Sinne vor. Im einzelnen unterscheidet man zwischen einer Umwandlung im engeren Sinne und einer Umgründung.

1. Umwandlung im engeren Sinne

Das Umwandlungsrecht gestattet in sehr weitem Umfange eine Umwandlung unter Vermeidung der kostspieligen Einzelrechtsnachfolge. Man unterscheidet zwischen der formwechselnden und der übertragenden Umwandlung.

a) Bei der FORMWECHSELNDEN UMWANDLUNG erfolgt überhaupt keine Vermögensübertragung. Die Gesellschaft ändert ihre Rechtsform unter Beibehaltung ihrer Identität. Die wichtigsten Fälle sind die (im Gesetz nicht geregelte) Umwandlung einer Gesamthandsgesellschaft in eine andere Art von Gesamthandsgesellschaft (GbR, OHG, KG) oder die (im AktG geregelte) Umwandlung einer Kapitalgesellschaft in eine andere Art von Kapitalgesellschaft (AG, KommAG, GmbH).

b) Eine ÜBERTRAGENDE UMWANDLUNG liegt vor, wenn der Rechtsträger zwar wechselt, das Vermögen also von einem Rechtsträger auf den anderen übergeht, die Vermögensübertragung aber im Wege der *Gesamtrechtsnachfolge* erfolgt. Dies ist z. B. der Fall, wenn eine Kapitalgesellschaft in eine Personenhandelsgesellschaft oder eine Personenhandelsgesellschaft in eine Kapitalgesellschaft umgewandelt wird. Die Fälle der übertragenden Umwandlung sind mit einer Ausnahme (Umwandlung einer Gesamthandsgesellschaft in ein Einzelunternehmen, § 142 HGB) sämtlich im Umwandlungsgesetz in der Fassung von 1969 geregelt.

2. Umgründung

In den wenigen Fällen, in denen eine Umwandlung i. e. S. nicht möglich ist, muß der umständliche und kostspielige Weg der Umgründung beschritten werden. Eine Umgründung ist z. B. notwendig, wenn ein Einzelunternehmen durch Eintritt eines Gesellschafters in eine Gesamthandsgesellschaft umgewandelt werden soll. Die Umgründung erfolgt in der Weise, daß der

Inhaber und der Eintretende eine GbR, OHG oder KG gründen und der Inhaber sein Unternehmen in die Gesellschaft einbringt. Die Einbringung geht im Wege der *Einzelrechtsnachfolge* vor sich. Es müssen also alle Einzelgegenstände auf die Gesellschaft übertragen werden.

Die Umgründung ist die Parallelmaßnahme zur Vermögensübertragung. Eine präzise Abgrenzung zwischen diesen beiden Maßnahmen ist theoretisch schwierig und praktisch unnötig.

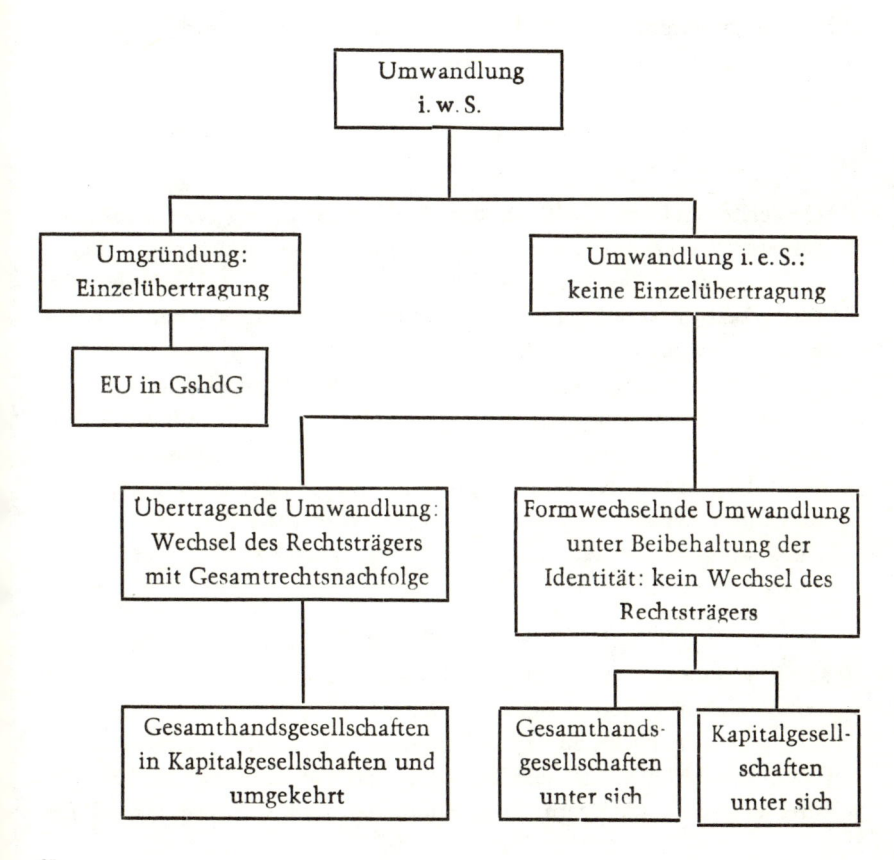

```
                        ┌─────────────────┐
                        │   Umwandlung    │
                        │     i. w. S.    │
                        └────────┬────────┘
                   ┌─────────────┴─────────────┐
        ┌──────────┴──────────┐     ┌──────────┴──────────┐
        │   Umgründung:       │     │ Umwandlung i. e. S.:│
        │  Einzelübertragung  │     │ keine Einzelübertragung│
        └──────────┬──────────┘     └──────────┬──────────┘
                   │                           │
            ┌──────┴──────┐          ┌─────────┴─────────┐
            │ EU in GshdG │          │                   │
            └─────────────┘          │                   │
                            ┌────────┴────────┐ ┌────────┴────────┐
                            │ Übertragende    │ │ Formwechselnde  │
                            │ Umwandlung:     │ │ Umwandlung      │
                            │ Wechsel des     │ │ unter Beibe-    │
                            │ Rechtsträgers   │ │ haltung der     │
                            │ mit Gesamt-     │ │ Identität: kein │
                            │ rechtsnachfolge │ │ Wechsel des     │
                            │                 │ │ Rechtsträgers   │
                            └────────┬────────┘ └────────┬────────┘
                                     │              ┌────┴────┐
                            ┌────────┴────────┐  ┌──┴──┐  ┌──┴──┐
                            │ Gesamthands-    │  │Gesamt-│ │Kapital-│
                            │ gesellschaften  │  │hands- │ │gesell- │
                            │ in Kapital-     │  │gesell-│ │schaften│
                            │ gesellschaften  │  │schaft.│ │        │
                            │ und umgekehrt   │  │unter  │ │unter   │
                            │                 │  │sich   │ │sich    │
                            └─────────────────┘  └───────┘ └────────┘
```

ACHTER ABSCHNITT

Zivilprozeß und Konkurs

§ 117. Übersicht

I. Erkenntnisverfahren und Zwangsvollstreckung

Wer einen privatrechtlichen Anspruch hat, kann diesen Anspruch nicht eigenmächtig gegen den Widerstand des anderen durchsetzen: Das Faustrecht ist abgeschafft. An seine Stelle ist der Zivilprozeß, ein streng bis in die Einzelheiten geregeltes Verfahren, getreten. Normalerweise durchläuft der Zivilprozeß zwei Stadien.

1. Das erste Stadium ist das in der Zivilprozeßordnung (ZPO) geregelte ERKENNTNISVERFAHREN: Auf Antrag des *Klägers* wird zunächst geprüft, ob das Recht, das er gegen den *Beklagten* geltend macht, überhaupt besteht. Das Erkenntnisverfahren kann durch mehrere Instanzen gehen, es endet in der Regel mit einem *rechtskräftigen Urteil*.
2. An das Erkenntnisverfahren schließt sich die ZWANGSVOLLSTRECKUNG an: Wenn der unterlegene Beklagte, der nun *Schuldner* genannt wird, dem Urteil sich nicht fügt, kann der obsiegende Kläger, der nun *Gläubiger* heißt, beantragen, daß sein Anspruch durch besondere staatliche Organe (Gerichtsvollzieher, Vollstreckungsgericht) zwangsweise durchgesetzt wird. Die Zwangsvollstreckung ist in der ZPO und im Zwangsversteigerungsgesetz geregelt.

Ein *rechtskräftiges Urteil*, d. h. ein Urteil, gegen das kein Rechtsmittel mehr eingelegt werden kann, ist nicht ausnahmslos Voraussetzung für die Zwangsvollstreckung. Oft dauert es Jahre, bis der Kläger in der letzten Instanz ein Urteil erstritten hat. Um zu verhindern, daß der Beklagte Rechtsmittel einlegt und den Prozeß durch die Instanzen schleppt, nur um die Zwangsvollstreckung hinauszuzögern, kann schon das erstinstanzliche Urteil für *vorläufig vollstreckbar* erklärt werden. In manchen Fällen käme auch das erstinstanzliche Urteil zu spät, der Kläger hat dann die Möglichkeit, im Wege des *Arrests* oder der *einstweiligen Verfügung* eine vorläufige Sicherung seines Rechts zu bewirken. Hierbei genügt es, daß er sein Recht *glaubhaft* macht. Schließlich gibt es Fälle, in denen selbst für diese »Schnellverfahren« keine Zeit mehr bleibt. Dann ist der Gläubiger *ausnahmsweise* zur *Selbsthilfe* berechtigt (bitte lesen Sie §§ 229–231 BGB).

II. Rechtsstaatliche Grundsätze

Unser heutiges Zivilprozeßrecht ist das Ergebnis einer langen Entwicklung, in deren Verlauf gewisse rechtsstaatliche Grundsätze entwickelt worden sind. Die wichtigsten sind die folgenden:

1. Gewaltenteilung

Die Rechtsprechung liegt in den Händen von Richtern, die nach dem auf Montesquieu zurückgehenden Grundsatz der Gewaltenteilung möglichst unbeeinflußt von den beiden anderen Gewalten (Legislative und Exekutive) arbeiten sollen. Das Grundgesetz bestimmt, daß die Richter sachlich »unabhängig und nur dem Gesetz unterworfen« sind (Art. 97 I GG). Die Richter sind also im Gegensatz zu anderen Beamten nicht weisungsgebunden. Die sachliche Unabhängigkeit soll außerdem durch eine gewisse persönliche Unabhängigkeit gesichert werden: »Die hauptamtlich und planmäßig angestellten Richter können wider ihren Willen nur kraft richterlicher Entscheidung und nur aus Gründen und unter den Formen, welche die Gesetze bestimmen, vor Ablauf ihrer Amtszeit entlassen oder dauernd oder zeitweise ihres Amtes enthoben oder an eine andere Stelle oder in den Ruhestand versetzt werden« (Art. 97 II S. 1 GG).

2. Öffentlichkeit

Der Zivilprozeß soll ein kontrolliertes und grundsätzlich auch für jedermann kontrollierbares Verfahren sein. Deshalb gilt für die dem Urteil vorausgehende *mündliche Verhandlung* der Grundsatz der *Öffentlichkeit* (wichtige Ausnahme: Ehesachen). Außerdem muß das Urteil *öffentlich verkündet* werden. Schließlich ist jedes Urteil schriftlich zu *begründen*.

3. Rechtsmittel

Eine verstärkte Garantie für die Richtigkeit der einzelnen richterlichen Entscheidung und gleichzeitig für die Einheitlichkeit der gesamten Rechtsprechung sind die *Rechtsmittel*. Sie führen zu einer Überprüfung der Entscheidung durch ein Gericht höherer Instanz. Durch wieviele Instanzen ein Prozeß gehen kann, hängt zunächst davon ab, ob das Gericht erster Instanz ein Amtsgericht oder ein Landgericht ist.

a) Gegen die Urteile des *Amtsgerichts* ist die Berufung an das Landgericht zulässig. Der Prozeß geht also durch *zwei* Instanzen.

b) Gegen die erstinstanzlichen Urteile des *Landgerichts* erfolgt die Berufung an das Oberlandesgericht. Gegen das Berufungsurteil des Oberlandesgerichts kann Revision beim Bundesgerichtshof eingelegt werden. Hier gibt es also *drei* Instanzen.

4. Prozeßkostenhilfe

Prozesse können sehr kostspielig sein. Wer klagen will, muß dem Gericht zunächst einen Kostenvorschuß leisten. Nimmt er einen Anwalt (bei den Familiengerichten und vom Landgericht an herrscht *Anwaltszwang!*), so wird er auch diesem einen Vorschuß zahlen müssen. Verliert er den Prozeß, so muß er die gesamten Gerichtskosten und die Gebühren für die Anwälte auf beiden Seiten tragen. Der wirtschaftlich Schwache wird deshalb schon mit Rücksicht auf das Kostenrisiko vor einem Prozeß zurückschrecken, wenn die Rechtslage oder die Beweisfrage unklar ist, während der wirtschaftlich Starke gerade in einem solchen Falle Aussicht hat, seinen Gegner durch die Drohung mit einem aufwendigen Prozeß einzuschüchtern. Einen gewissen Ausgleich hat man hier durch die Prozeßkostenhilfe (bis 1981: das Armenrecht) geschaffen. Sie wird einer Partei auf deren Gesuch hin gewährt, wenn (§ 114 ZPO)

a) die Partei die Prozeßkosten nicht oder nur zum Teil oder nur in Raten aufbringen kann und

b) die Sache der Partei hinreichend Aussicht auf Erfolg bietet und nicht mutwillig erscheint.

Die Bewilligung durch das Gericht hat zur Folge, daß die Partei von den Gerichtskosten und von den Kosten für den eigenen Anwalt befreit ist. Je nach Einkommen ist die Partei aber zu Ratenzahlungen verpflichtet. Verliert die Partei den Prozeß, so bleibt es bei der Befreiung. Die Partei muß aber dem *Gegner* dessen Kosten (vor allem dessen Anwaltskosten) voll ersetzen (§ 123 ZPO).

§ 118. Die Gerichte im Zivilprozeß

1. Staatliche Gerichte

Beim Zivilprozeß, der einen Teil der ordentlichen Gerichtsbarkeit ausmacht, läßt sich die im Gerichtsverfassungsgesetz geregelte Zuständigkeit der Gerichte in großen Zügen folgendermaßen darstellen:

a) *Die* AMTSGERICHTE sind zuständig für alle vermögensrechtlichen Streitigkeiten bis 5000 DM, außerdem unabhängig von der Höhe des Streitwerts u. a. für bestimmte Mietstreitigkeiten und Streitigkeiten betr. gesetzliche Unterhaltspflichten (§§ 23, 23 a GVG). Außerdem bestehen am Amtsgericht die (für alle Familiensachen zuständigen) Familiengerichte.
Den Amtsgerichten stehen Einzelrichter vor (§ 22 GVG).

b) *Die* LANDGERICHTE, an denen Anwaltszwang besteht, sind zuständig
in *erster* Instanz für alle vermögensrechtlichen Streitigkeiten über 5000 DM, für alle nichtvermögensrechtlichen Streitigkeiten sowie unabhängig vom Streitwert u. a. für die Ansprüche aus Amtspflichtverletzungen (§ 71 GVG);
in zweiter Instanz für die Berufung bzw. Beschwerde gegen Urteile bzw. Beschlüsse der Amtsgerichte (§ 72 GVG).
An den Landgerichten bestehen Kammern mit je einem Vorsitzenden Richter und zwei weiteren Richtern. Außerdem können besondere *Kammern für Handelssachen* gebildet werden, die mit einem Berufsrichter als Vorsitzendem und zwei ehrenamtlichen, aus der kaufmännischen Praxis stammenden Richtern besetzt sind (§§ 59, 60, 93 GVG).

c) *Die* OBERLANDESGERICHTE sind zuständig nur in zweiter Instanz, und zwar für die Berufung bzw. Beschwerde gegen die erstinstanzlichen Entscheidungen der Landgerichte und der Familiengerichte (§ 119 GVG).

An den Oberlandesgerichten bestehen Senate mit je einem Vorsitzenden Richter und zwei weiteren Richtern (§§ 115, 116 GVG).

d) *Der* BUNDESGERICHTSHOF *ist zuständig als Revisionsinstanz für die Berufungsurteile der Oberlandesgerichte* (§ 133 GVG).

Am Bundesgerichtshof bestehen Senate mit einem Vorsitzenden Richter und vier weiteren Richtern (§ 139 GVG).

2. Private Schiedsgerichte

a) Die Zivilprozeßordnung sieht außerdem die Möglichkeit vor, daß zivilrechtliche Streitigkeiten durch private *Schiedsrichter* verbindlich entschieden werden, falls die Parteien einen entsprechenden Schiedsvertrag geschlossen haben.

b) Vom Schiedsrichter ist der *Schiedsgutachter* zu unterscheiden. Dieser entscheidet nicht über den gesamten Rechtsstreit, sondern stellt nur bestimmte *Tatsachen* fest, die für die rechtliche Entscheidung bedeutsam sind (in der Praxis häufig bei Streitigkeiten über Sachmängel oder die Höhe von Versicherungsschäden). Auch das Schiedsgutachten ist nur bei einer entsprechenden Vereinbarung der Parteien zulässig. Die Entscheidung des Schiedsgutachters ist für Parteien und Gericht bindend.

§ 119. Das Erkenntnisverfahren

I. Partei- und Prozeßfähigkeit

Einen Prozeß kann nur führen, wer die *Parteifähigkeit* besitzt. Das ist die Fähigkeit, Partei in einem Prozeß zu sein. Parteifähig ist, wer die *Rechtsfähigkeit*, d. h. die Fähigkeit, Träger von Rechten und Pflichten zu sein, besitzt (§ 50 ZPO). Parteifähig sind also alle natürlichen und juristischen Personen. Partei in einem Prozeß kann demnach auch ein Minderjähriger sein. Er kann den Prozeß aber nicht *selbst*, sondern nur durch seinen Vertreter führen, denn ihm fehlt die *Prozeßfähigkeit*, d. h. die Fähigkeit, selbst Prozeßhandlungen mit wirksamer Kraft vorzunehmen. Prozeßfähig ist nur, wer die *Geschäftsfähigkeit* besitzt: die Fähigkeit, Rechtsgeschäfte mit wirksamer Kraft vorzunehmen (§§ 51 ff. ZPO).

§ 119. Das Erkenntnisverfahren

II. Die örtliche Zuständigkeit

des anzugehenden Gerichts richtet sich nach dem allgemeinen Gerichtsstand des Beklagten. Das ist dessen Wohnsitz, bei juristischen Personen deren Sitz. Wahlweise kann der Kläger z. B. auch am Gerichtsstand des Erfüllungsorts oder am Gerichtsstand der unerlaubten Handlung, d. h. dem Ort der Begehung der unerlaubten Handlung, klagen (§§ 12 ff. ZPO).

III. Die Klage

gilt als erhoben, die Rechtshängigkeit ist eingetreten, wenn die vom Kläger beim Gericht eingereichte Klageschrift dem Beklagten zugestellt worden ist (§ 253 I ZPO). Die Klage muß die Bezeichnung der Parteien und des Gerichts sowie einen bestimmten Klageantrag enthalten. Außerdem muß der *Klagegrund* bezeichnet, d. h., es müssen die *Tatsachen* angegeben werden, auf die sich die Klage stützt (§ 253 II ZPO). Es genügt nicht, wenn der Kläger schreibt: »Der Anspruch ist als Schadenersatzanspruch aus § 325 BGB begründet«: da mihi factum, dabo tibi jus. (Gib mir die Tatsachen, dann gebe ich dir das Recht.)

Den drei Arten von Urteilen entsprechend (Leistungsurteil, Feststellungsurteil, Gestaltungsurteil) gibt es drei Arten von Klagen.

1. Die LEISTUNGSKLAGE kommt in der Praxis am häufigsten vor: Der Beklagte soll zu einem Tun oder Unterlassen verurteilt werden (Zahlung, Lieferung, Herausgabe einer Sache, Unterlassung von unlauteren Wettbewerbshandlungen usw.).

2. Die FESTSTELLUNGSKLAGE ist auf die Feststellung des Bestehens oder Nichtbestehens eines Rechtsverhältnisses oder der Echtheit oder Unechtheit einer Urkunde gerichtet. Sie setzt ein rechtliches Interesse an alsbaldiger Feststellung durch richterliche Entscheidung voraus. Dieses Interesse fehlt, wenn sogleich auf Leistung geklagt werden kann (§ 256 ZPO).

3. Die GESTALTUNGSKLAGE strebt die Änderung eines bestehenden Rechtszustandes durch richterliche Entscheidung an. Gestaltungsklagen sind vor allem die Auflösungsklage bei Handelsgesellschaften sowie die Anfechtung von Hauptversammlungsbeschlüssen einer AG.

IV. Die Einlassungsfrist

ist die Zeit zwischen der Zustellung der Klageabschrift beim Beklagten und der ersten mündlichen Verhandlung. Der Beklagte hat nun Gelegenheit, sich auf die Klage einzulassen. In den sog. vorbereitenden Schriftsätzen legen Kläger und Beklagter Gründe und Gegengründe dar und erklären, welche Anträge sie in der mündlichen Verhandlung stellen werden. Die Einlassungsfrist beträgt mindestens zwei Wochen (§§ 274 III, 495 ZPO). In Meß- und Marktsachen (§ 30 ZPO) sowie im Wechsel- und Scheckprozeß (§§ 604, 605 a ZPO) gelten kürzere Fristen.

Um den Rechtsstreit in einer umfassend vorbereiteten mündlichen Verhandlung (Haupttermin) zu erledigen, kann der Vorsitzende zwei Wege einschlagen: Er kann ein schriftliches Vorverfahren anordnen oder – wenn der Haupttermin keiner umfangreichen Vorbereitung bedarf – einen »frühen ersten Termin« anberaumen (§ 272 ZPO).

V. Die mündliche Verhandlung

ist öffentlich und beginnt mit dem Aufruf der Sache. Der Kläger stellt seinen Klageantrag, und der Beklagte kann sich dazu erklären, d. h., er kann den Klageanspruch anerkennen – dann ergeht auf Antrag des Klägers Anerkenntnisurteil (§ 307 ZPO) – oder Klageabweisung beantragen. Anschließend haben Kläger und Beklagter die Gründe, d. h. die ihre Anträge stützenden Tatsachen, darzulegen.

VI. Darlegungs- und Beweisstation

Die Arbeit des Richters, der auf Grund der vorbereitenden Schriftsätze schon mit der Sache vertraut ist, geht nun in folgender Weise vor sich:

Der Richter prüft zunächst, ob die Klage *schlüssig* ist, d. h., ob die vom Kläger dargelegten Tatsachen, *wenn sie wahr wären*, den Klageantrag überhaupt rechtfertigen würden. Ergibt sich, daß die Klage nicht schlüssig ist, weil die vom Kläger dargelegten Tatsachen zur Begründung des Anspruchs nicht ausreichen, so wird die Klage abgewiesen, ohne daß es eines Eingehens auf die Darlegung des Beklagten und einer Erörterung der Beweisfrage bedarf. In entsprechender Weise überprüft der Richter die vom Beklagten zur Verteidigung vorgebrachten Tatsachen.

Der Gedanke, daß im Prozeß die rechtliche Prüfung der tatsächlichen vorangeht, ist Ihnen vielleicht etwas ungewohnt. Stellen Sie sich folgenden Fall vor: Der Kläger klagt aus einer mündlich erklärten Bürgschaft (§ 766 BGB!).

Der Beklagte, der kein Kaufmann ist, bestreitet, jemals zu dem Kläger gesagt zu haben: »Ich werde für die Zahlung des X geradestehen.« Hier wäre es völlig falsch, wenn der Richter zunächst Beweis über die Tatsache der mündlichen Bürgschaftserklärung erheben würde. Er müßte sonst am Ende des durch die Beweiserhebung vielleicht recht kostspielig gewordenen Prozesses verkünden: »Die Klage wird abgewiesen. Der Kläger hat zwar bewiesen, daß der Beklagte gesagt hat: »Ich werde für die Zahlung des X geradestehen«, die Bürgschaftserklärung war aber wegen Formmangels nichtig. Es war also völlig gleichgültig, ob der Beklagte die bestrittene Äußerung gemacht hat oder nicht.«

In die Beweisstation braucht der Richter demnach nur einzutreten, wenn die Klage schlüssig ist und die für die Schlüssigkeit entscheidenden Tatsachen vom Beklagten bestritten werden, oder wenn der Beklagte die vom Kläger vorgebrachten Tatsachen zwar nicht bestreitet, aber weitere rechtserhebliche Tatsachen vorbringt, die nun vom Kläger bestritten werden. Nehmen wir ein Beispiel: Der Kläger beantragt, den Beklagten zur Zahlung von 1000 DM zu verurteilen. Er behauptet, er habe dem Beklagten eine Sache für 1000 DM verkauft. Die Klage ist dann schlüssig aus § 433 II BGB. Nun kann der Beklagte sich u. a. auf folgende Weise verteidigen:

a) Er bestreitet, daß der Kläger ihm die Sache für 1000 DM verkauft hat. Dann muß Beweis über die streitige Tatsache des Vertragsschlusses erhoben werden.

b) Er bestreitet nicht den Vertragsschluß, behauptet aber, er habe schon gezahlt (§ 362 BGB). Bestreitet der Kläger die Zahlung, so muß Beweis über die Tatsache der Zahlung erhoben werden.

Im Falle des Bestreitens erläßt der Richter auf Antrag einen Beweisbeschluß, falls nicht der Beweis gleich in der mündlichen Verhandlung angetreten werden kann. Dagegen kann er seiner Entscheidung ohne weiteres solche Tatsachen als »wahr« zugrunde legen, die die andere Partei zugesteht oder wenigstens nicht bestreitet (§ 138 III ZPO). Es gilt hier der GRUNDSATZ DER FORMELLEN WAHRHEIT: Die andere Partei wird sich schon melden, wenn etwas nicht stimmt (wichtige Ausnahme: Ehesachen).

Beweismittel sind:

a) Augenschein des Richters (§§ 371 ff. ZPO),
b) Zeugen (§§ 373 ff. ZPO),
c) Sachverständige (§§ 402 ff. ZPO),

d) Urkunden (§§ 415 ff. ZPO),
e) Parteivernehmung (nur falls andere Beweismittel nicht ausreichen, §§ 445 ff. ZPO).

In der Würdigung des Beweises ist der Richter frei. Sieht er die vom Kläger vorgebrachten Tatsachen als wahr an, so ist die Klage nicht nur schlüssig, sondern auch *begründet*.

VII. Entscheidungen und Rechtsmittel

Es gibt drei Arten von gerichtlichen Entscheidungen: Urteile, Beschlüsse und Verfügungen. Um welche Art von Entscheidung es sich handelt, ergibt sich meist aus dem Gesetz. Es ist wichtig, den Unterschied zwischen den Entscheidungsarten zu beachten, da von der Art der Entscheidung die Art des Rechtsmittels abhängt.

1. *Urteile*

sind Entscheidungen über den gesamten Rechtsstreit oder über seine wichtigsten Teile. Sie ergehen in der Regel nach voraufgegangener mündlicher Verhandlung.

a) *Die* BERUFUNG findet gegen die Endurteile der Amtsgerichte und gegen die erstinstanzlichen Urteile der Landgerichte statt (§ 511 ZPO). Zuständig ist jeweils das Gericht des nächsthöheren Rechtszuges. Bei vermögensrechtlichen Streitigkeiten ist die Berufung unzulässig, wenn der Streitwert 700 DM nicht übersteigt (§ 511 a ZPO).
Berufung ist die Nachprüfung eines Urteils in tatsächlicher *und* rechtlicher Hinsicht durch das nächsthöhere Gericht.

b) *Die* REVISION findet gegen die in der Berufungsinstanz von den Oberlandesgerichten erlassenen Endurteile statt (§ 545 ZPO). Zuständig ist der Bundesgerichtshof. Die Revision ist grundsätzlich zulässig bei vermögensrechtlichen Streitigkeiten mit einem Streitwert über 40 000 DM, doch kann der BGH die Revision ablehnen, wenn die Rechtssache keine grundsätzliche Bedeutung hat. Bei den übrigen Streitigkeiten ist die Zulassung der Revision durch das Oberlandesgericht erforderlich. Das OLG muß die Revision zulassen, wenn die Rechtssache grundsätzliche Bedeutung hat oder das Urteil von einer Entscheidung des BGH oder des Gemeinsamen Senats der obersten Gerichtshöfe abweicht (§ 546 ZPO).

Revision ist die Überprüfung eines Urteils in *ausschließlich rechtlicher* Hinsicht durch das nächsthöhere Gericht.
Wer vor dem Landgericht prozessiert, kann also beim OLG Berufung und dann beim BGH Revision einlegen. Dagegen ist ein Prozeß vor dem Amtsgericht nur einmal nachprüfbar, nämlich durch Berufung an das Landgericht. Ein weiteres Rechtsmittel ist ausgeschlossen.

2. *Beschlüsse*

sind Entscheidungen, die den Gang des Verfahrens betreffen. Sie ergehen in der Regel ohne voraufgegangene mündliche Verhandlung und werden vom gesamten Gericht, bei Kollegialgerichten also vom ganzen Kollegium getroffen. Verfügungen sind Entscheidungen eines einzelnen Mitgliedes eines Kollegialgerichts.
Gegen Beschlüsse und Verfügungen ist meist das Rechtsmittel der BESCHWERDE an das nächsthöhere Gericht zulässig. Gegen die Entscheidung über die Beschwerde findet ein weiteres Rechtsmittel grundsätzlich nicht statt.

VIII. Das Versäumnisurteil

ergeht auf Antrag, wenn eine ordnungsmäßig geladene Partei nicht erscheint oder erscheint, aber nicht verhandelt, d. h. keine Anträge stellt.

1. Erscheint *der Kläger* nicht, so wird die Klage auf Antrag des Beklagten abgewiesen (§ 330 ZPO).
2. Erscheint der *Beklagte* nicht, so gilt, falls der Kläger ein Versäumnisurteil beantragt, das tatsächliche mündliche Vorbringen des Klägers als zugestanden, soweit es rechtzeitig schriftsätzlich mitgeteilt war. Der Richter hat dann die vom Kläger vorgebrachten Tatsachen seiner Entscheidung zugrunde zu legen und entscheidet nach Antrag, wenn die Klage *schlüssig* ist. Die Beweisstation fällt also weg (§ 331 ZPO).
3. Besonderes gilt in dem oben erwähnten schriftlichen Vorverfahren: Wenn der Beklagte dem Gericht nicht rechtzeitig angezeigt hat, daß er sich gegen die Klage verteidigen wolle, so trifft auf Antrag des Klägers das Gericht die Entscheidung ohne mündliche Verhandlung (§ 331 III ZPO).

Gegen das Versäumnisurteil ist der *Einspruch* möglich (§ 338 ZPO). Der Einspruch bedarf keiner Begründung, er wird bei dem Gericht eingelegt, welches das Versäumnisurteil erlassen hat. Der Prozeß wird dann in die alte Lage zurückversetzt (§ 342 ZPO). Erscheint die Partei auch in dem neu angesetzten Termin nicht, so ergeht erneut ein Versäumnisurteil, gegen welches die Partei keinen Einspruch, nur in Ausnahmefällen Berufung einlegen kann (§§ 345, 513 II ZPO).

IX. Das Mahnverfahren

soll dem Antragsteller einen vollstreckbaren Titel ohne einen vorangegangenen Prozeß verschaffen (§§ 688 ff. ZPO).
Es ist nur bei Ansprüchen auf *Geld* zulässig. Die Leistung darf nicht von einer noch nicht erfolgten Gegenleistung abhängig sein.
Zuständig ist ohne Rücksicht auf die Höhe der Geldsumme *stets das Amtsgericht*. Es erläßt auf Antrag einen Mahnbescheid an den Antragsgegner.
Gegen den Mahnbescheid kann der Antragsgegner innerhalb von zwei Wochen Widerspruch einlegen. Der Widerspruch bedarf keiner Begründung. Das Verfahren geht dann in einen normalen Prozeß über. Wird nicht fristgemäß Widerspruch erhoben, so kann auf Antrag des Antragstellers auf den Mahnbescheid ein Vollstreckungsbescheid gesetzt werden, der die gleiche Wirkung wie ein Versäumnisurteil hat: Er ist ein vollstreckbarer Titel, gegen den Einspruch möglich ist (§§ 699, 700 ZPO).

X. Schiedsrichterliches Verfahren und Schiedsgutachten

1. Schiedsgericht

In der kaufmännischen Praxis werden zivilrechtliche Streitigkeiten häufig von einem privaten Schiedsgericht erledigt.

Der Schiedsvertrag (§§ 1025 ff. ZPO) ist die Voraussetzung für die Zulässigkeit des schiedsrichterlichen Verfahrens. Er ist die Vereinbarung zwischen den Parteien, daß die Entscheidung eines Rechtsstreits durch einen oder mehrere Schiedsrichter erfolgen soll und daß beide Parteien sich dieser Entscheidung im voraus unterwerfen. Der Schiedsvertrag muß ausdrücklich und schriftlich abgeschlossen werden, und zwar in einer Urkunde, welche keinerlei sonstige Bestimmungen enthält. Eine Schiedsvertragsklausel in allgemeinen Geschäftsbedingungen bindet die andere Partei also nicht. Diese Formvorschriften bleiben außer Anwendung, wenn beide Parteien Vollkaufleute sind und der Schiedsvertrag für beide Teile ein Handelsgeschäft darstellt. Zwingend, auch für Kaufleute, ist dagegen die Bestimmung, daß ein Schiedsvertrag über zukünftige Rechtsstreitigkeiten nur wirksam ist, wenn er sich auf Rechtsstreitigkeiten aus einem bestimmten Rechtsverhältnis bezieht.

Das Verfahren in seinen Einzelheiten sowie die Ernennung der Schiedsrichter richtet sich nicht nach den allgemeinen Vorschriften der ZPO, sondern nach dem Schiedsvertrag. Ist in dem Schiedsvertrag eine Bestimmung über die Ernennung der Schiedsrichter nicht enthalten, so wird von jeder Partei ein Schiedsrichter ernannt. Soweit der Schiedsvertrag keine Verfahrensbestimmungen enthält, bestimmt der Schiedsrichter den Gang des Verfahrens nach seinem Ermessen (§ 1034 II ZPO). Nur wenige Verfahrensvorschriften sind zwingend einzuhalten, so z. B. der Grundsatz des rechtlichen Gehörs für jede Partei (§ 1034 I ZPO).

Der Schiedsspruch beendet das Schiedsgerichtsverfahren, falls die Parteien keinen Vergleich schließen. Unter den Parteien hat der Schiedsspruch die gleiche Wirkung wie ein rechtskräftiges Urteil, doch findet die Zwangsvollstreckung erst dann statt, wenn der Schiedsspruch durch ein staatliches Gericht für vollstreckbar erklärt worden ist (§§ 1040, 1042 ZPO).

2. Schiedsgutachter

Vom Schiedsrichter ist der Schiedsgutachter zu unterscheiden. Dieser entscheidet nicht über den *gesamten Rechtsstreit*, sondern stellt nur *bestimmte Tatsachen* fest, die für die rechtliche Entscheidung von Bedeutung sind. Auch das Schiedsgutachten ist nur bei einer entsprechenden Vereinbarung der Parteien zulässig.

Das Schiedsgutachten ist für Parteien und Gericht bindend.

§ 120. Die Zwangsvollstreckung

Versteht man unter Zwangsvollstreckung ein Verfahren, in welchem Ansprüche zwangsweise durchgesetzt werden, so kann man zweierlei Arten der Zwangsvollstreckung unterscheiden:

1. Die Zwangsvollstreckung erfolgt wegen der Rechte eines *einzelnen* Gläubigers. Sie ist auf *einzelne* Gegenstände des Schuldners gerichtet (Singularexekution).
2. Die Zwangsvollstreckung erfolgt im Interesse *aller* Gläubiger. Sie richtet sich auf das *gesamte* Vermögen des Schuldners (Generalexekution: Konkurs und Vergleich).

Zunächst soll nur die Singularexekution behandelt werden, und nur diese wollen wir als Zwangsvollstreckung bezeichnen. Danach gehen wir auf die Generalexekution ein.

I. Die Voraussetzungen der Zwangsvollstreckung

sind vollstreckbarer Titel, Vollstreckungsklausel und Zustellung des Titels an den Schuldner.

1. Vollstreckbare Titel sind:

RECHTSKRÄFTIGE URTEILE, d. h. Urteile, die nicht mehr durch ein Rechtsmittel angreifbar sind, sei es, daß der Instanzenzug erschöpft ist, sei es, daß die Frist für die Einlegung des Rechtsmittels ungenutzt verstrichen ist;

FÜR VORLÄUFIG VOLLSTRECKBAR ERKLÄRTE URTEILE (§ 704 I ZPO). Grundsätzlich wird jedes Urteil schon vor Eintritt der Rechtskraft für vorläufig vollstreckbar erklärt. Es soll dadurch von vornherein verhindert werden, daß der Schuldner die Vollstreckung durch Einlegung eines Rechtsmittels verschleppt. Allerdings geht der Gläubiger, wenn er aus einem solchen Urteil vollstreckt, ein Risiko ein: Er muß dem Schuldner vollen Schadensersatz leisten, falls das Urteil in einer höheren Instanz auf Grund eines Rechtsmittels des Schuldners aufgehoben wird (§ 717 II ZPO). Die Haftung tritt ohne Verschulden ein. Da der Anspruch auf Schadensersatz geht, ist für seine Höhe nicht maßgebend, um wieviel der Gläubiger bereichert wurde, sondern wieviel der Schuldner verloren hat;

PROZESSVERGLEICHE, d. h. im Prozeß vor einem deutschen Gericht abgeschlossene Vergleiche zur Beilegung des Rechtsstreits (§ 794 Nr. 1 ZPO);

VOLLSTRECKBARE URKUNDEN (§ 794 Nr. 5 ZPO), d. h. gerichtliche oder notarielle Urkunden über Ansprüche auf Zahlung einer bestimmten Geldsumme oder Leistung einer *bestimmten* Menge anderer vertretbarer Sachen, in denen sich der Schuldner der sofortigen Zwangsvollstreckung unterworfen hat. Wir haben die vollstreckbaren Urkunden bereits im Hypothekenrecht besprochen, da sie dort große Bedeutung besitzen: Die Grundpfandrechte sind nur im Wege der Zwangsvollstreckung zu verwirklichen; deshalb ersparen die vollstreckbaren Urkunden dem Gläubiger den sonst zur Erlangung eines Titels (Urteil) erforderlichen Prozeß. Da die Urkunde die Zahlung einer *bestimmten* Geldsumme beinhalten muß, kann sie bei einer Höchstbetragshypothek nicht ausgestellt werden. Das ist, abgesehen von der Beweisfrage, ein Grund für den Gläubiger, an Stelle der Höchstbetragshypothek eine Grundschuld zu wählen (s. o. § 76 II).

Vollstreckungsbescheide auf Mahnbescheiden im Mahnverfahren (§ 794 Nr. 4 ZPO);

ARRESTE UND EINSTWEILIGE VERFÜGUNGEN.

Weitere Titel sind u. a. der Auszug aus der *Konkurstabelle* im Konkurs und im Zwangsvergleich (§§ 164 II, 194 KO) sowie der Auszug aus dem *Gläubigerverzeichnis im Vergleich* (§ 85 VglO).

2. Die Vollstreckungsklausel

wird vom Urkundsbeamten der Geschäftsstelle des Gerichts auf eine Ausfertigung des Titels gesetzt. Gem. § 725 ZPO soll sie folgenden Wortlaut haben:

»Vorstehende Ausfertigung wird dem ... (Bezeichnung des Gläubigers) zum Zwecke der Zwangsvollstreckung erteilt.«
Gerichtssiegel   gez. Unterschrift des Urkundsbeamten.

3. Die Zustellung des Titels

an den Schuldner kann vor oder gleichzeitig mit der Durchführung der Vollstreckung erfolgen (§ 750 I ZPO).

II. Die Durchführung der Zwangsvollstreckung

richtet sich nach der Art des zu vollstreckenden Anspruchs.

1. *Wegen Geldforderungen* kann in bewegliche Sachen, in Forderungen und sonstige Rechte sowie in Grundstücke vollstreckt werden.

   a) *Bewegliche Sachen* werden zunächst gepfändet, indem der Gerichtsvollzieher sie in Besitz nimmt (§ 808 I ZPO). Meist werden sie nicht auf die Pfandkammer geschafft, sondern im Gewahrsam des Schuldners belassen. Dann muß die Pfändung durch Siegelmarken oder auf sonstige Weise (z. B. durch Anbringung eines Schreibens an der Stalltür) kenntlich gemacht werden (§ 808 II ZPO). Durch die Pfändung entsteht ein öffentlich-rechtliches Verstrickungsverhältnis und ein Pfandrecht an der Sache (§ 804 I ZPO).

   Der Pfändung folgt die Verwertung im Wege der öffentlichen Versteigerung durch den Gerichtsvollzieher. Man sieht sie oft in den Zeitungen als »Zwangsversteigerung« angekündigt.

   Aus sozialen Gründen sind die für den Schuldner zur Führung eines bescheidenen Lebens erforderlichen Sachen unpfändbar (Aufzählung in § 811 ZPO).

   b) *Die Vollstreckung in Geldforderungen* ist die wichtigste Art der Vollstreckung in Rechte. Sie erfolgt durch Zustellung eines Pfändungs- und Überweisungsbeschlusses.

   1. Der *Pfändungsbeschluß* richtet ein Verbot an den Drittschuldner, an den Schuldner zu leisten, und ein Gebot an den Schuldner, Verfügungen über die Forderung, insbesondere deren Einziehung, zu unterlassen (§ 829 I ZPO).

   2. Der *Überweisungsbeschluß* überweist die Forderung an den Gläubiger nach dessen Wahl entweder

      zur Einziehung. Dann ist der Gläubiger ermächtigt, die Forderung im eigenen Namen einzuziehen und gilt nur in Höhe des tatsächlich bei ihm eingegangenen Betrages als befriedigt (§ 835 I ZPO);

      oder an Zahlungs Statt zum Nennwert. Dann erwirbt der Gläubiger die Forderung und gilt als befriedigt in Höhe des Nennwertes der Forderung (§ 835 II ZPO). Diese Art der Überweisung belastet

§ 120. Die Zwangsvollstreckung 401

den Gläubiger mit dem Risiko der Realisierung der Forderung und ist deshalb in der Praxis sehr selten.

Unpfändbar sind Arbeitseinkommen bis zu einem im Gesetz bestimmten Höchstbetrag zuzüglich weiterer Beträge für jeden Unterhaltsberechtigten. Auch von dem verbleibenden Mehrbetrag bis zu einer im Gesetz bestimmten Grenze ist noch ein gewisser Teil unpfändbar. (Der Schuldner soll ein Interesse daran haben, mehr zu verdienen.) Schließlich fallen für Unterhaltsberechtigte noch weitere Zehnteile des Mehrbetrages unter die Unpfändbarkeit.

c) *Die Vollstreckung in Grundstücke* erfolgt durch Zwangsversteigerung, Zwangsverwaltung oder Eintragung einer Zwangshypothek. Die Art der Vollstreckung kann der Gläubiger grundsätzlich frei wählen.
Die Zwangsversteigerung wird er vorziehen, wenn er sofort eine größere Geldsumme bekommen will.

Die Zwangsverwaltung stellt eine Befriedigung aus den Erträgen des Grundstücks unter Erhaltung der Substanz für den Schuldner dar. Sie ist die geeignete Befriedigung von Ansprüchen auf laufende Zahlungen.

Die *Zwangshypothek* ist zunächst nur Sicherung des Gläubigers, lohnt sich also nur für denjenigen, der noch keine dingliche Sicherung am Grundstück hat. Die Zwangshypothek ist stets *Sicherungshypothek*, also streng akzessorisch.

In der ZPO finden sich nur Vorschriften über die Zwangshypothek (§§ 866 ff.). Zwangsversteigerung und Zwangsverwaltung haben in dem Gesetz über Zwangsversteigerung und Zwangsverwaltung von 1897 eine besondere Regelung gefunden.

2. *Ansprüche auf Herausgabe einer Sache* werden im Wege des unmittelbaren Zwangs vollstreckt:

Bewegliche Sachen werden dem Schuldner vom Gerichtsvollzieher weggenommen und dem Gläubiger übergeben (§ 883 I ZPO).
Bei Grundstücken, insbesondere Räumen, hat der Gerichtsvollzieher den Schuldner »aus dem Besitz zu setzen« und den Gläubiger in den Besitz einzuweisen (§ 885 ZPO).

3. *Bei geschuldeten Handlungen*, die weder in der Zahlung von Geld noch in der Herausgabe von Sachen bestehen (z. B. bei Leistungen aus Werkverträgen), kann der Gläubiger

   a) die Handlung durch Dritte auf Kosten des Schuldners durchführen lassen (sogen. Ersatzvornahme, § 887 ZPO);

   b) falls die Handlung nur durch den Schuldner selbst vorgenommen werden kann, die Vornahme aber allein von dessen Willen abhängt (unvertretbare Handlungen: Auskunfterteilung, Zeugnisausstellung, Widerruf einer Beleidigung), den Schuldner durch Zwangshaft (bis zu 6 Monaten!) oder Zwangsgeld von jeweils bis zu 50 000 DM zur Vornahme der Handlung anhalten lassen (§ 888 I ZPO).
   Urteile auf Leistung von unvertretbaren Dienstleistungen aus Dienstverträgen und Urteile auf Herstellung der ehelichen Gemeinschaft sind nicht vollstreckbar (§ 888 II ZPO).

   c) Besteht die vom Schuldner vorzunehmende Handlung in der *Abgabe einer Willenserklärung* – z. B. wenn der Schuldner aus § 433 I BGB zur Übereignung gem. § 929 BGB verpflichtet ist – so ist das umständliche und bei einem »harten« Schuldner eventuell ergebnislose Beugeverfahren überflüssig: Mit Eintritt der Rechtskraft des Urteils gilt die Erklärung als abgegeben (§ 894 ZPO).

III. Arrest und einstweilige Verfügung

sind gerichtliche Maßnahmen, die nicht die direkte Befriedigung des Gläubigers, sondern die *Sicherung* seiner Rechte bezwecken.

1. Der Arrestbefehl

wird auf Antrag erlassen, wenn der Gläubiger glaubhaft macht,

a) daß er eine Geldforderung oder einen Anspruch hat, der in eine Geldforderung übergehen kann, und

b) daß ohne den Arrest, d. h. die Beschlagnahme von Vermögensstücken des Schuldners, die Vollstreckung eines ergangenen oder noch zu ergehenden Urteils *vereitelt* oder *wesentlich erschwert* würde (§§ 916, 917 ZPO). Ein Arrestgrund liegt z. B. vor, wenn der Schuldner Vermögensstücke verschleudert oder verschiebt oder ins Ausland übersiedeln will.

2. Die einstweilige Verfügung

ist zunächst ein Parallelfall zum Arrest. Sie wird unter den gleichen Voraussetzungen wie dieser zur Sicherung *anderer Ansprüche* als Geldforderungen erlassen. Wichtige Fälle sind die Ansprüche auf Vornahme einer Rechtsänderung an einem Grundstück (dann Vormerkung auf Grund einer einstweiligen Verfügung) und Ansprüche auf Grundbuchberichtigung (Widerspruch). Außerdem können einstweilige Verfügungen zur *vorläufigen Regelung eines streitigen Rechtsverhältnisses* erlassen werden, wenn anderenfalls dem Gläubiger wesentliche Nachteile (Wettbewerbsrecht!) oder Gewaltanwendung (Wirtin bedroht Untermieter) drohen (§ 940 ZPO).

3. Gemeinsame Vorschriften

Die Vollstreckung aus einem Arrestbefehl oder aus einer einstweiligen Verfügung ist wie die Vollstreckung aus einem nur vorläufig vollstreckbaren Urteil für den Gläubiger riskant: Ihm droht die Verpflichtung zum Schadensersatz, wenn Arrest oder einstweilige Verfügung sich später als von Anfang an ungerechtfertigt erweisen (§ 945 ZPO).

Arrestbefehl und einstweilige Verfügung ergehen entweder ohne mündliche Verhandlung durch Beschluß — dann kann der Schuldner Widerspruch einlegen — oder nach mündlicher Verhandlung durch Endurteil, das mit der Berufung anfechtbar ist.

§ 121. Der Konkurs

Durch das Konkursverfahren soll das gesamte Vermögen des Gemeinschuldners erfaßt und zur gleichmäßigen Befriedigung aller Gläubiger verwertet werden. Der Konkurs bedeutet also in der Regel den völligen wirtschaftlichen Ruin des Schuldners.

I. Die Voraussetzungen

für die Konkurseröffnung sind

1. *Zahlungsunfähigkeit* des Gemeinschuldners, bei juristischen Personen und bei der GmbH & Co KG auch Überschuldung, und
2. ein *Antrag* von seiten des Gemeinschuldners oder eines Gläubigers beim örtlich zuständigen Amtsgericht (§§ 102, 103, KO).

Der Antrag wird abgelehnt, wenn nach Ansicht des Gerichts die Konkursmasse nicht zur Deckung der Verfahrenskosten reicht.

II. Die Subjekte des Konkursverfahrens

sind der Gemeinschuldner, der Konkursverwalter, die Konkursgläubiger (Gläubigerversammlung und Gläubigerausschuß) sowie das Konkursgericht.

1. *Der Gemeinschuldner*

bleibt auch nach der Eröffnung des Verfahrens Inhaber seines Vermögens und ist weiterhin geschäftsfähig.

Er verliert aber die Befugnis, sein zur Konkursmasse gehörendes Vermögen zu verwalten und darüber zu verfügen (§§ 6, 7 KO). Infolgedessen sind alle Verfügungen, die er über zur Konkursmasse gehördende Gegenstände trifft, grundsätzlich den Konkursgläubigern gegenüber unwirksam. Zur *Konkursmasse* gehört das gesamte Vermögen des Gemeinschuldners im Zeitpunkt der Konkurseröffnung mit Ausnahme der unpfändbaren Gegenstände (§ 1 KO). Gutgläubige Dritte, die von der Konkurseröffnung keine Kenntnis hatten, können sich den Konkursgläubigern gegenüber auf ihren guten Glauben an die Verfügungsbefugnis des Gemeinschuldners grundsätzlich nicht berufen.

2. *Der Konkursverwalter*

wird bei der Konkurseröffnung vom Konkursgericht bestellt. Die Gläubigerversammlung kann einen anderen Konkursverwalter wählen, die Ernennung des Gewählten steht aber im Ermessen des Gerichts (§§ 78, 80 KO).

Der Konkursverwalter trägt die Verantwortung dafür, daß das Verfahren nach den Gesichtspunkten wirtschaftlicher Zweckmäßigkeit durchgeführt und eine möglichst weitgehende Befriedigung der Gläubiger erreicht wird (§ 82 KO). Er steht unter der Kontrolle des Konkursgerichts und des Gläubigerausschusses (§§ 83, 88 KO). Der Konkursverwalter übt an Stelle des Gemeinschuldners das Verwaltungs- und Verfügungsrecht über die Masse aus (§ 6 II KO). Er hat sofort nach der Konkurseröffnung die Konkursmasse in Besitz und Verwaltung zu nehmen und ein Inventar und eine Bilanz aufzustellen (§§ 117, 123, 124 KO). Er übt das Prozeßführungsrecht aus und führt die Verwertung der Masse im einzelnen durch.

§ *121. Der Konkurs*

Der Konkursverwalter haftet den Gläubigern und dem Gemeinschuldner für Vorsatz und jede Fahrlässigkeit.

3. Die Konkursgläubiger

sind die Gläubiger, die gegen den Gemeinschuldner lediglich *schuldrechtliche* Ansprüche, z. B. aus §§ 433 II, 325, 812 BGB, nicht dingliche Ansprüche wie aus § 985 BGB haben (§ 3 KO). Die Gläubiger haben zwei Organe:

Die Gläubigerversammlung wird von allen Konkursgläubigern gebildet. Sie bestellt den Gläubigerausschuß (§ 87 II KO), kann einen Konkursverwalter wählen, nimmt die Rechenschaftsberichte des Konkursverwalters entgegen (§§ 86, 131 KO) und beschließt über einige wichtige Maßnahmen mit Kapitalmehrheit (§ 94 III KO).

Der Gläubigerausschuß ist zahlenmäßig klein. Er ist das wichtigere Organ: Er unterstützt und überwacht den Konkursverwalter im einzelnen (§ 88 KO).

4. Das Konkursgericht

ist stets ein Amtsgericht (§ 71 KO). Die örtliche Zuständigkeit richtet sich nach der gewerblichen Niederlassung des Gemeinschuldners, bei einem Nichtgewerbetreibenden nach dessen Wohnsitz.

Im Gegensatz zur Singularvollstreckung tritt das Gericht im Konkurs stark in den Hintergrund. Im Vordergrund steht der Konkursverwalter, meist ein Rechtsanwalt oder ein berufsmäßiger Konkursverwalter. Das liegt daran, daß hier die wirtschaftlichen Fragen gegenüber den juristischen das Übergewicht haben. Die Aufgaben des Gerichts beschränken sich in der Hauptsache auf die Kontrolle des Verfahrens.

III. Das Verfahren

1. Die Feststellung der Schuldenmasse,

d. h. der Passiva, sowie die Feststellung der Teilungsmasse, d. h. der Aktiva, sind die Voraussetzungen für die spätere Durchführung des Teilungsverfahrens.

Die Konkursgläubiger haben zunächst ihre Forderungen anzumelden, die Forderungen werden in die Konkurstabelle eingetragen (§§ 138–140 KO). In dem dann angesetzten allgemeinen Prüfungstermin entscheidet der Konkursverwalter, welche der angemeldeten Forderungen er bestreitet (§ 144

KO). Bestreitet er, so muß der Gläubiger gegen ihn klagen (§ 146 KO). Die Forderung kann auch von einem anderen Gläubiger bestritten werden (§ 144 KO). Der Gläubiger der bestrittenen Forderung muß dann gegen diesen Gläubiger klagen.

2. Die Abwicklung schwebender Rechtsgeschäfte

a) *Einseitige Ansprüche*, d. h. Ansprüche, die nicht von einer Gegenleistung abhängig sind, werden vom Konkursverwalter eingezogen, notfalls eingeklagt.

b) *Bei gegenseitigen Verträgen* lassen sich drei Fälle unterscheiden:

(1) Ist bisher von keiner Seite erfüllt worden, so muß sich der Konkursverwalter entscheiden:
Entweder verlangt er vom anderen Teil Erfüllung. Das wird er bei einem für die Masse günstigen Vertrage tun. Dann muß der andere Teil erfüllen, und sein Anspruch auf die Gegenleistung wird als Masseschuld aus der Masse bevorzugt befriedigt (§§ 17, 59 Nr. 2 KO).
Der Konkursverwalter kann aber auch — und wird immer bei einem ungünstigen Vertrage — die Erfüllung verweigern. Dann erfüllt keiner von beiden, der andere Teil kann den Anspruch auf Ersatz des entgangenen Gewinns als Konkursgläubiger geltend machen (§ 26 S. 2 KO).

(2) Hat der Gemeinschuldner bereits erfüllt, so kann der Konkursverwalter ohne weiteres die Forderung auf die Gegenleistung einziehen.

(3) Schlecht sind diejenigen gestellt, die bereits ihre Leistung erbracht, vom Gemeinschuldner aber noch nicht die Gegenleistung erhalten haben. Diese Personen machen die Mehrzahl der Konkursgläubiger aus. Sie werden als einfache Konkursgläubiger in Höhe der Konkursquote befriedigt.

3. Die Aufrechnung

ist auch noch im Konkurs möglich. Sie wird dem Konkursverwalter gegenüber erklärt. Die Aufrechnungsmöglichkeit muß jedoch *bereits bei Konkurseröffnung* bestanden haben (§ 55 KO).

4. Die Konkursanfechtung

ist im Konkurs von großer Wichtigkeit. Sie hat mit der uns bekannten Anfechtung im BGB nichts zu tun. Nach überwiegender Ansicht im Schrifttum wirkt sie nicht dinglich, sondern gibt nur einen Anspruch auf Rückerstattung. Die Konkursanfechtung berechtigt den Konkursverwalter, die Rückgängigmachung von bestimmten Rechtsgeschäften zu verlangen, die normalerweise voll gültig wären, die aber im Falle des Konkurses als ungerechte Benachteiligung der Konkursgläubiger erscheinen müssen. Hierunter fallen solche Geschäfte, die der Gemeinschuldner in den kritischen Tagen vor der Konkurseröffnung vorgenommen hat, aber auch frühere Rechtsgeschäfte, die der Schuldner in Zusammenarbeit mit anderen bewußt zum Zwecke der Benachteiligung der Gläubiger vorgenommen hat. Anfechtbar sind außerdem die in dem letzten Jahr, bei Zuwendungen an den Ehegatten die in den letzten beiden Jahren vor dem Konkurs vom Gemeinschuldner durchgeführten Schenkungen (§§ 29 ff. KO).

Den Vorschriften über die Konkursanfechtung entspricht in der Einzelvollstreckung das *Anfechtungsgesetz*. Es läßt wie die Konkursordnung die Anfechtung zu, falls der Schuldner Vermögensteile verschoben hat und dem Empfänger die Absicht bekannt war, die Vollstreckung zu vereiteln. Das Anfechtungsgesetz erlangt besondere Bedeutung, wenn ein Gläubiger sich im Wege der Zwangsvollstreckung nicht aus den beim Schuldner befindlichen Vermögensstücken befriedigen kann, andererseits ein Konkurs aber wegen zu geringer Masse nicht durchführbar ist.

5. Die Aussonderungsberechtigten

Der Konkurs erstreckt sich nur auf solche Gegenstände, die zum Vermögen des Gemeinschuldners gehören; alle anderen Gegenstände muß der Konkursverwalter aussondern. Dem Recht auf Aussonderung entspricht in der Einzelvollstreckung die Drittwiderspruchsklage (Interventionsklage) gem. § 771 ZPO.

Aussonderungsberechtigt (§§ 43 ff. KO) sind in erster Linie die Eigentümer (nicht Sicherungseigentümer) sowie Personen, die einen Rückgabeanspruch aus Gebrauchsüberlassungsverträgen (Leihe, Miete, Pacht) haben.

6. Die Absonderungsberechtigten

sind in der Hauptsache die Pfandgläubiger. Sie können zwar nicht geltend machen, daß die mit dem Pfandrecht belasteten Sachen nicht zum Vermögen des Gemeinschuldners gehören — der Gemeinschuldner ist ja weiterhin Eigentümer — sie haben aber ein Recht auf abgesonderte Befriedigung aus der Sache. Die Sachen werden also außerhalb des Konkursverfahrens versteigert, aus dem Erlös wird der jeweilige Pfandgläubiger befriedigt. Ein etwaiger Mehrerlös fließt in die Konkursmasse, bei einem Mindererlös nimmt der Gläubiger als einfacher Konkursgläubiger am weiteren Verfahren teil.

Die Sicherungsübereignung und die Sicherungszession führen im Konkurs zu einem Absonderungsrecht, da sie letztlich Befriedigungszwecken dienen.

7. Die Massegläubiger

werden vor den Konkursgläubigern aus der Masse befriedigt. Unter den Forderungen der Massegläubiger besteht eine Rangordnung.

a) Vorweg zu befriedigen sind bestimmte *Masseschulden*: Ansprüche aus den Geschäften, die der Konkursverwalter vorgenommen hat (diese Regelung ist notwendig, da sonst niemand mit einem Konkursverwalter Geschäfte abschließen würde), sowie Ansprüche aus gegenseitigen Verträgen, bei denen der Konkursverwalter auf Erfüllung bestanden hat.

b) Es folgen bestimmte *Massekosten*: die Gerichtskosten und die Vergütung für den Konkursverwalter.

c) Danach rangieren bestimmte *Masseschulden*: die Ansprüche der Arbeitnehmer aus den letzten sechs Monaten.

d) Den Schluß bildet die Unterstützung, die die Gläubigerversammlung dem Gemeinschuldner zugebilligt hat.

8. Die Konkursgläubiger

werden nach einer bestimmten Rangordnung befriedigt (§ 61 KO). Es gilt hierbei der Grundsatz der vollen Befriedigung des höheren Ranges, selbst wenn für den niedrigeren Rang nichts mehr übrig bleibt.

Merkspruch: So lohnreich in der Kirche singt der Mediziner mit dem Kind.

1. *So* (Forderungen der Arbeitnehmer aus dem Sozialplan),
2. *Lohn* (Forderungen aus Dienstverhältnissen, soweit nicht Massenschulden),
3. *Reich* (Steuern),

4. in der *Kirche* (Kirchensteuern, Schulgeld, Universitätsgebühren),
5. singt der *Mediziner* (Forderungen der Ärzte, Hebammen und Apotheken),
6. mit dem *Kind* (Ansprüche von Kindern und Mündeln, deren Vermögen von dem Gemeinschuldner verwaltet wurde).
7. Die übrigen Konkursgläubiger werden in Höhe eines bestimmten Prozentsatzes, der Konkursquote, befriedigt.

IV. Die Aufhebung des Verfahrens

erfolgt durch einen Beschluß des Konkursgerichtes. Die Konkursgläubiger, deren Forderungen nur zu einem Teil befriedigt worden sind, behalten die Restforderungen und können, falls der Schuldner später wieder Vermögen erwirbt, in der Regel beim Schuldner vollstrecken, ohne vorher ein Urteil gegen ihn erwirken zu müssen, denn der Auszug aus der Konkurstabelle über eine unbestrittene Forderung ist ein vollstreckbarer Titel (§ 162 II KO).

V. Der Zwangsvergleich

Im Konkurs wird das Vermögen des Schuldners so schnell wie möglich flüssig gemacht und verteilt. Für die Gläubiger hat das den Vorteil der sofortigen, den Nachteil der meist nur sehr geringen Befriedigung: Bei einem Geschäftsbetrieb kann für die Verwertung nur der Abbruchwert angesetzt werden, und die Gläubiger ständen sich manchmal besser, wenn sie dem Schuldner einen Teil ihrer Forderungen erlassen und für den Rest die Abzahlung in Raten gestatten, d. h., wenn sie mit ihm einen Vergleich eingehen würden. Ein solcher Vergleich, der Zwangsvergleich, ist nach der Eröffnung des Konkursverfahrens noch möglich. Der Schuldner kann bei oder nach Abhaltung des allgemeinen Prüfungstermins den nichtbevorrechtigten Konkursgläubigern den Abschluß eines Vergleichs vorschlagen. Für die Annahme ist eine *einfache* Mehrheit nach *Köpfen* und eine *Dreiviertelmehrheit* nach *Kapital* erforderlich (§ 182 KO).
Der Vergleich muß vom Konkursgericht bestätigt werden (§ 184 KO). Die Bestätigung wird abgelehnt, wenn die Gläubiger nicht *mindestens* 20 %, wenn auch in Raten, erhalten und dies auf unredliches oder leichtsinniges Verhalten des Gemeinschuldners zurückzuführen ist. Im Falle der Bestätigung wird das Konkursverfahren aufgehoben. Der Schuldner erhält dann sein Verfügungsrecht zurück. Die Forderungen der nichtbevorrechtigten Konkursgläubiger verwandeln sich in sog. Naturalobligationen, soweit sie die festge-

setzte Vergleichsquote übersteigen. Sie sind also insoweit nicht mehr einklagbar. Das gilt auch für diejenigen Gläubiger, die dem Vergleich nicht zugestimmt haben. Ihnen wird der Vergleich aufgezwungen.

§ 122. Der Vergleich

Nach der Konkursordnung von 1877 kann ein Vergleich, zu dem die Mehrheit der Gläubiger eine Minderheit zwingt, nur nach Eröffnung des Konkurses geschlossen werden, also zu einem Zeitpunkt, in welchem dem Schuldner durch die öffentliche Bekanntmachung der Konkurseröffnung schon fast jeglicher Kredit entzogen worden ist. Das hat große Nachteile für den Schuldner, der sein Unternehmen retten will; es hat aber auch Nachteile für den Gläubiger, der daran interessiert ist, daß sich der Schuldner wieder hocharbeitet und einen Teil der Forderungen abzahlt. Zu Beginn des Ersten Weltkrieges wurde deshalb schon eine gesetzgeberische Tätigkeit entfaltet, die ein Vergleichsverfahren ermöglichen sollte, welches die Konkurseröffnung vermeidet. Heute gilt die Vergleichsordnung von 1935.

Voraussetzung für die Eröffnung des Vergleichsverfahrens ist wie beim Konkurs die Zahlungsunfähigkeit des Schuldners und ein Antrag, der nur vom Schuldner, nicht vom Gläubiger gestellt werden kann (§ 2 VglO). Der Antrag muß einen bestimmten Vergleichsvorschlag enthalten und angeben, ob und wie die Erfüllung des Vergleichs sichergestellt ist (§ 3 VglO).

Der Vergleichsvorschlag muß den Gläubigern mindestens 35 % ihrer Forderungen gewähren (Mindestsatz). Beansprucht der Schuldner eine Zahlungsfrist von mehr als einem Jahr, so beträgt der Mindestsatz 40 % (§ 7 VglO).

Zur Annahme des Vorschlags ist wie beim Zwangsvergleich *einfache Mehrheit nach Köpfen* und *Dreiviertelmehrheit nach Kapital* erforderlich. Der Vergleich muß vom Vergleichsgericht bestätigt werden (§§ 74, 78 VglO). Kommt der Vergleich zustande, so werden die Forderungen zu Naturalobligationen, soweit sie die Vergleichsquote übersteigen. Dies gilt auch für solche Gläubiger, die dem Vergleich nicht zugestimmt haben.

Hält der Schuldner den Vergleich nicht ein, so kommt die *Wiederauflebungsklausel* zur Anwendung: Gerät der Schuldner gegenüber einem Gläubiger mit der vereinbarten Zahlung in Verzug, so kann der Gläubiger ihm eine Nachfrist setzen. Nach Ablauf der Nachfrist werden Erlaß und Stundung und damit der ganze Vergleich gegenüber diesem Gläubiger hinfällig (§ 9 VglO).

§ 122. Der Vergleich

Ein Auszug aus der Vergleichsgläubigerliste ist in Verbindung mit dem Vergleich ein vollstreckbarer Titel (§ 85 VglO).

Den Anschlußkonkurs könnte man in etwa als das Gegenstück zum Zwangsvergleich im Konkurs ansehen: Kommt ein Vergleich nicht zustande, so kann das Gericht den Konkurs eröffnen (§§ 102 ff. VglO).

NEUNTER ABSCHNITT

Die juristische Klausurarbeit

§ 123. Die juristische Aufbautechnik

I. Die Aufgabenarten

In den Prüfungsklausuren kommen verschiedene Aufgabenarten vor, die man in technischer Hinsicht in drei Gruppen einteilen kann:

1. Die Aufgabe kann darin bestehen, daß ein THEMA gestellt wird (z. B. »Der Eigentumsvorbehalt«, »Möglichkeiten und Grenzen der Sicherungsübereignung«, »Die Haftung des Warenherstellers gegenüber dem Verbraucher«). Die Bearbeitung eines solchen Themas erfolgt meist in der Weise, daß die Bearbeiter ihr ganzes Wissen über dieses Thema »abladen«. Das ist eine reine Freude für diejenigen, die in dem konkreten Rechtsgebiet zufällig Bescheid wissen – und eine Katastrophe für alle anderen, da man hier mit seinem juristischen *Verständnis* nicht viel ausrichten kann. »Themen« sind deshalb in der privatrechtlichen Klausur äußerst selten, und das ist gut so.

2. Weitaus häufiger wird ein FALL gestellt. Hier wirkt sich der Zufall viel weniger aus, denn wer etwas juristisches Verständnis besitzt, kann selbst bei einem ganz unbekannten Fall noch wenigstens »über die Runden« kommen. Man muß allerdings etwas von der juristischen *Aufbautechnik* verstehen, da man sonst nicht weiß, wie man den Fall anpacken soll.

3. Eine dritte Gruppe bilden die EINZELFRAGEN. Sie können aus verschiedenen Rechtsgebieten stammen und haben dann den Nachteil, daß sie reine Wissensfragen sind. Meist knüpfen sie aber an einen praktischen Fall an, der zunächst mitgeteilt wird (Beispiel: »Ist das Eigentum übergegangen?«, »Ist der Gesellschafter A an die Abstimmung gebunden?« »Kann S den Vertrag anfechten?« »Ist die Mängelrüge verspätet?«). In den letzteren Fällen handelt es sich praktisch um Fallösungen. Die einzelnen Fragen sollen nur den Aufbau erleichtern.

Bei der Vorbereitung auf die Klausur konzentriert man sich am besten auf die zweite Gruppe. Hat man die Aufbautechnik einer Fallösung erlernt, so gibt es auch bei den beiden anderen Aufgabenarten keine technischen Schwierigkeiten mehr.

II. Die drei Grundregeln

Die juristische Aufbautechnik ist nach meinen Erfahrungen viel leichter zu erlernen, als die meisten Studenten ahnen. Man muß einmal begriffen haben, daß im Grunde nur ein paar allgemeine Grundsätze wissenschaftlichen Arbeitens auf den besonderen Fall des Rechts angewendet werden. Wer die juristische Aufbautechnik beherrscht, hat deshalb auch immer einen Gewinn für die Arbeit in anderen Wissenschaftszweigen: er hat gelernt, sich gedanklich zu disziplinieren und kann besser beim Thema bleiben, außerdem hat er einen sicheren Blick für »Relevanz«, d. h. er kann leichter entscheiden, ob bestimmte Tatsachen oder Gedanken für eine bestimmte Fragestellung erheblich sind oder nicht.

Bei der juristischen Aufbautechnik sind vor allem drei Grundregeln zu beachten:

1. Man muß den GUTACHTENSTIL anwenden. Das bedeutet:
   a) Am *Anfang* gibt man an, was man überhaupt prüfen will.
   b) Dann folgt die genaue Untersuchung.
   c) Das Ergebnis steht am *Ende*.
   Diese Reihenfolge wird letztlich bei fast jeder wissenschaftlichen Untersuchung angewendet. Falsch wäre der sog. *Urteilstil*, bei dem das Ergebnis am *Anfang* steht und nachträglich begründet wird.
2. Man muß das Gutachten SYSTEMATISCH aufbauen, d. h. man muß von bestimmten *Anspruchsgrundlagen* ausgehen, deren Voraussetzungen dann untersucht werden. Damit man keine Anspruchsgrundlage übersieht, benutzt man dabei zweckmäßigerweise ein *Anspruchsschema*. Falsch wäre der sog. HISTORISCHE Aufbau, bei dem alle im Sachverhalt erwähnten Ereignisse in chronologischer Reihenfolge auf ihre Rechtsfolgen hin untersucht werden. Solche Untersuchungen sind oft für das Ergebnis ohne jede praktische Bedeutung und deshalb unökonomisch.
3. Die Prüfung der einzelnen Voraussetzungen einer Anspruchsnorm erfolgt im Wege der SUBSUMTION: Man stellt zunächst fest, welche Voraussetzungen die Anspruchsnorm hat, und prüft dann, ob jede einzelne Voraussetzung in dem zu beurteilenden Fall gegeben ist.

III. Die einzelnen Arbeitsgänge

Es ist zweckmäßig, die einzelnen Arbeitsgänge bei der Bearbeitung eines Falles in einer bestimmten Reihenfolge abzuwickeln. Jeder Arbeitsgang hat seine Eigenarten und seine Fehlerquellen.
Am besten gehen Sie folgendermaßen vor:

1. Lesen Sie zunächst *langsam* den Aufgabentext durch, am besten *zweimal*. Machen Sie beim Lesen eine Zeichnung, in die Sie die abgekürzten Namen der *Personen* des Sachverhalts eintragen und mit Strichen verbinden. Unterstreichen Sie alle *Zeitangaben*. Beachten Sie die Fragestellung: WONACH IST GEFRAGT? Es lohnt sich, in diesen ersten Arbeitsgang etwas Zeit und Geduld zu investieren. Erfahrungsgemäß schleichen sich nämlich an dieser Stelle leicht die ersten Fehler ein, sei es, daß man den *Sachverhalt* falsch erfaßt, z. B. Personen oder Zeitabläufe durcheinander bringt, sei es, daß man die *Fragestellung* nicht genau beachtet und Prüfungen anstellt, die außerhalb der Fragestellung liegen.

2. Im zweiten Arbeitsgang entwickeln Sie Ihre LÖSUNGSSTRATEGIE. Sie gehen dabei von der Fragestellung aus:
   a) Wird nach einem *bestimmten Anspruch* gefragt (z. B. »Kann A von B die Zahlung von 5000 DM verlangen?«), so überlegen Sie, welches besondere *Anspruchsschema* in Betracht kommt. Sie können sich die Auswahl des Schemas erleichtern, indem Sie vorweg prüfen, um welchen *Falltypus* es sich handelt.
   Haben Sie den – sehr seltenen – Ausnahmefall vor sich, daß keines Ihrer Anspruchsschemata zu verwenden ist (z. B. einen Fall aus dem Firmenrecht), so müssen Sie sich *etwas mehr Zeit nehmen*: Sie überlegen zunächst, wo Vorschriften über diesen Fall im Gesetz stehen können, und benutzen dabei das Inhaltsverzeichnis und notfalls auch das Sachregister. Wenn Sie dann – nach mehr oder weniger langem Suchen – solche Vorschriften gefunden haben (z. B. in dem Firmenfall die §§ 17 ff. HGB), so gehen Sie diese Vorschriften nacheinander *langsam* durch und notieren sich dabei die Paragraphen, die für Ihren Fall in die engere Wahl kommen. Werden Sie nicht nervös, wenn Sie die Anspruchsgrundlage nicht gleich finden: Es gibt Fälle, in denen die Anspruchsnorm der letzte Absatz des letzten Paragraphen des einschlägigen Sachgebiets ist: (In unserem Firmenfall ist es § 37 II HGB.)

§ 123. Die juristische Aufbautechnik

b) Manchmal ist die Fragestellung *allgemeiner:* »Welche Ansprüche hat A gegen B?« oder »Zu welchem Vorgehen ist dem A zu raten?« Dann müssen Sie zuerst die Vorfrage klären, welche *Ziele* den Interessen des A entsprechen, und anschließend für diese Ziele die entsprechende juristische Form finden (z. B. Anspruch auf Erfüllung, Schadensersatz, Rückerstattung, Herausgabe). Danach verfahren Sie wie unter a).

c) Die dritte Art der Fragestellung ist ganz allgemein gefaßt: »Wie ist die Rechtslage?« Streng genommen müssen Sie in einem solchen Falle die Ansprüche *aller gegen alle* prüfen. Allerdings können Sie auch hier eine Auswahl treffen.

Zunächst fallen alle Personen weg, die *ganz offensichtlich* keine Ansprüche haben. Außerdem können Sie sich, wenn die Zeit knapp ist, auf die *wirtschaftlich wichtigsten* Ansprüche beschränken. Wenn z. B. A den Installateur B mit Arbeiten in seiner Wohnung beauftragt und der Gehilfe des B bei der Ausführung der Arbeiten einen Spiegel des A infolge grober Unachtsamkeit zertrümmert, scheiden Ansprüche des Gehilfen von vornherein aus. Sie gliedern also

A. Ansprüche des A
   1. gegen B
   2. gegen den Gehilfen des B
B. Regreßansprüche des B gegen seinen Gehilfen

Ist die Zeit knapp, so lassen Sie die Regreßansprüche des B weg und untersuchen nur die Ansprüche des A. Ist die Zeit *noch* knapper, so beschränken Sie sich auf die Ansprüche des A gegen B und lassen die Ansprüche gegen den Gehilfen weg, da diese wirtschaftlich nicht sehr bedeutsam sind.

Eine weitere Einschränkung kann sich aus dem *Zusammenhang der Aufgabenstellung* ergeben. Manchmal lautet die Aufgabe »A verlangt von B Schadensersatz. Wie ist die Rechtslage?« Dann brauchen Sie nur die Schadensersatzansprüche des A gegen B zu untersuchen. Der Fragesatz über die »Rechtslage« ist eigentlich überflüssig. Manchmal findet sich die Frage nach der »Rechtslage« auch in einer *Fallvariante.* In der ersten Variante des Falles wird z. B. nach den Ansprüchen des A gegen B gefragt. Anschließend heißt es in Variante 2: »Wie ist die Rechtslage, wenn...« In diesem Falle ist die Fragestellung nicht eindeutig. Meist bezieht sie sich nur auf den in der ersten Variante angegebenen Anspruch. Manchmal ist aber aus dem Fall zu entnehmen, daß auch etwaige Gegenansprüche oder Regreßansprüche im Sinne »aller gegen alle« zu untersuchen sind. Hier bleiben oft Unklarheiten. Versuchen Sie, die Unklarheiten durch eine Frage an den Aufsichtsführenden auszuräumen. Ist das nicht möglich, so müssen Sie sich entscheiden und Ihre Entscheidung in der Arbeit *kurz* begründen.

Wenn Sie einen Lösungsansatz gefunden haben, ist es wichtig, daß Sie die weitere Lösungsstrategie in Form einer GLIEDERUNG skizzieren, die später noch vervollständigt, notfalls auch abgeändert wird. Anfänger neigen dazu, das Verfahren in diesem Punkt abzukürzen: Sie schreiben die Lösung zunächst herunter, um schnell fertig zu werden, und »gliedern« später, indem sie nachträglich einige Ziffern vor den Text setzen. Das kann gut gehen. Meist geht es daneben, weil man infolge Fehlens einer Gesamtstrategie zu leicht in Ausführungen gerät, die für das Ergebnis ohne Bedeutung sind.

3. Wenn Ihre Gliederung halbwegs ausführlich steht und Sie den Gedankengang Ihrer Lösung einigermaßen übersehen können, ist es Zeit für den ersten Satz Ihres Gutachtens. Falls Sie für die Lösung 3 Stunden oder weniger zur Verfügung haben, müssen Sie den Text gleich in REINSCHRIFT schreiben. Verschwenden Sie also nicht Ihre Zeit mit Fingerübungen, indem Sie Ihre Ausführungen zuerst in Stichworten niederlegen und danach »ins Reine« schreiben.

Im Reintext Ihres Gutachtens muß der erste Satz zugleich der OBERSATZ für Ihre weiteren Ausführungen sein: Es muß klar aus ihm hervorgehen, was im folgenden untersucht wird, insbesondere muß die *Anspruchsgrundlage* erwähnt werden. Am besten geben Sie im ersten Satz gleich an, WER VON WEM WAS WORAUS verlangt, z. B. »Der Anspruch des A gegen den B auf Schadensersatz für den zerbrochenen Spiegel kann aus einer positiven Forderungsverletzung in Analogie zu §§ 280, 286 BGB begründet sein«.

Untersuchen Sie dann im Wege der *Subsumtion*, ob die Voraussetzungen der Anspruchsnorm gegeben sind. Gehen Sie dabei *gründlich* vor und erwähnen Sie *jede einzelne Voraussetzung!*

Halten Sie den *Gutachtenstil* ein: Beginnen Sie mit dem *möglicherweise* gegebenen Anspruch, untersuchen Sie dessen Voraussetzungen und bringen Sie das Ergebnis *am Ende.* Den *Urteilstil* dürfen Sie ausnahmsweise verwenden, wenn das Ergebnis offensichtlich ist und Sie sich kurz fassen wollen: Sie stellen das Ergebnis kurz fest und begründen es im Nebensatz.

Achten Sie während des Schreibens darauf, daß Sie *beim Thema bleiben.* Im Idealfall muß Sie jeder Satz dem Ergebnis ein Stück näher bringen!

Setzen Sie vor jede neue Anspruchsgrundlage eine *Ziffer.* Machen Sie möglichst viele *Absätze,* um die Übersichtlichkeit zu erleichtern. Schreiben Sie *leserlich.* Sie sammeln auf diese Weise kleine Pluspunkte, die sich günstig auf die Gesamtbeurteilung auswirken.

4. Wenn Sie mit der Lösung fertig sind und Ihnen noch einige Minuten bis zur Abgabe zur Verfügung stehen, können Sie nochmals kleine Pluspunkte sammeln: Sie lesen Ihre Arbeit noch einmal langsam durch und korrigieren kleine Flüchtigkeitsfehler (Interpunktion!).

IV. Schwerpunktbildung

Wenn Sie mit Ihrer Klausur nicht nur »über die Runden« kommen, sondern auch eine anständige Note erzielen wollen, ist es ratsam, die einzelnen Anspruchsgrundlagen nicht mit der gleichen Ausführlichkeit zu prüfen, sondern SCHWERPUNKTE je nach Lage des Falles zu bilden. Beachten Sie dabei die folgenden Regeln:

1. Was besonders *schwierig* ist, wird ausführlich behandelt und besonders eingehend begründet. Die ausführliche und verständige Würdigung des »Problems der Arbeit« ist in der Prüfung wichtiger als das Ergebnis, das vielleicht richtig ist, aber nur infolge der »Verkennung des Problems« erzielt wurde.

2. Was *unproblematisch* ist und sich ohne weiteres aus dem Gesetz ergibt, wird *kurz* behandelt. Öden Sie nie den Prüfer durch langatmige Ausführungen über Selbstverständlichkeiten an! Sie sollen nicht um jeden Preis Ihr Wissen abladen, sondern einen Fall zügig lösen.

3. Anspruchsgrundlagen, die in einem Falle *ganz abwegig* wären, werden überhaupt nicht erwähnt. Versuchen Sie nicht, Ihr Anspruchsschema ohne Rücksicht auf die Eigenart des Falles herunterzuleiern!

V. Die beiden Klippen

Noch ein Wort zur Psychologie des Klausurschreibens. In einer Prüfungsklausur gibt es vor allem zwei Klippen, die man von vornherein kennen und einkalkulieren muß, damit sie einem nicht gefährlich werden.

1. Die erste Klippe liegt gleich am Anfang. Man liest die Aufgabe, bekommt einen Schreck, weil man seine schlimmsten Befürchtungen noch übertroffen sieht, und denkt: »Aus. Erledigt.« Mit einem solchen Unglücksfall muß *jeder*, auch der gut vorbereitete Student, rechnen, denn niemand geht mit einem lückenlosen Wissen in die Prüfung. Man kann aber auch in *dieser* Situation noch eine Menge tun. Zunächst: Vergeuden Sie *keinen Augenblick* mit destruktiven Phantasien wie »Hätte ich doch ...« — *jeder* Student »hätte«! Wenn Sie sehr aufgeregt oder niedergeschlagen sind, atmen Sie erst ein paar Mal ruhig durch und entspannen Sie sich. *Dann* lesen Sie den ganzen Fall noch einmal *langsam* durch und überlegen, wo im Gesetz etwas über diesen Fall stehen *könnte*. Dabei benutzen Sie das Inhaltsverzeichnis und das Sachregister. Haben Sie nichts gefunden, so denken Sie an das Anspruchsschema und überlegen Sie, an welcher Stelle man vielleicht ansetzen könnte. Eines von beiden hilft FAST IMMER! Hilft es nicht beim ersten Mal, so *wiederholen* Sie das Ganze. Also: ein paar Mal ruhig durchatmen, entspannen, und dann überlegen ... *Aufgeben* dürfen Sie auf keinen Fall vor Ablauf von 1½ Stunden! Sonst kann es passieren, daß Ihnen vor der Tür des Prüfungssaals plötzlich die »Erleuchtung« kommt — und dann stehen Sie da mit Ihren Selbstvorwürfen und Ihrer depressiven Verstimmung!

2. Die zweite Klippe ist seltener, aber besonders heimtückisch. Sie liegt in der zweiten Hälfte oder im letzten Viertel der Bearbeitungszeit: Mitten im Schreiben beschleicht einen plötzlich der Gedanke, daß man die ganze Aufgabe falsch angepackt hat. In diesem Falle kommt häufig der Impuls, alles schnell beiseite zu schieben und noch einmal von vorn anzufangen. Vorsicht! Prüfen Sie zunächst einmal — notfalls nach Durchatmen und Entspannung — ob dieser neue Gedanke überhaupt *richtig* ist, und seien Sie dabei kritisch! In der Hälfte aller Fälle handelt es sich nämlich um eine verrückte Idee! Ist der Gedanke berechtigt, so sehen Sie auf die Uhr und überlegen Sie ganz realistisch, was besser ist: eine neue Lösung anzufangen oder — falls die Zeit zu weit fortgeschritten ist — die alte Lösung *zuerst* zu Ende zu bringen und in einem kurzen Zusatz zu vermerken:

»Der Verfasser hat nachträglich gegen die obige Entscheidung, daß..., Bedenken, da...« Das ist immer noch besser als die Abgabe von zwei halbfertigen Lösungen am Ende der Klausurzeit.

§ 124. Zusammenstellung der Falltypen und Klausurschemata

Die Aufbau- und Prüfungsschemata, die Sie in diesem Buch finden, haben eine doppelte Funktion: Sie sind stark gestraffte Zusammenfassungen der Hauptgebiete und dienen insoweit der *Wiederholung*, außerdem geben sie Hilfen für die *Fallbearbeitung*. Zur weiteren Erleichterung der Fallbearbeitung habe ich Falltypen aufgestellt und diesen Typen die einzelnen Aufbauschemata zugeordnet.
In dem folgenden § 125 finden Sie ein großes Grundschema, das die meisten Einzelschemata systematisch zusammenfaßt.

I. Die vom Grundschema erfaßten Schemata

Folgende Falltypen und Schemata werden von dem Grundschema erfaßt:
1. alle Fälle mit Schwerpunkt im *Schuldrecht* (und Allgemeinen Teil des BGB, ausführliche Übersicht oben § 56b III), nämlich die Falltypen
   a) *Erfüllung eines Vertrages* (Primäransprüche) mit den Untertypen
      (1) Zustandekommen eines Vertrages,
      (2) Gegennormen wegen Nichterfüllung,
   b) *Schadensersatz und andere Sekundäransprüche*,
   c) *Sachmängelhaftung* (streng genommen Untertypus von b), aber aus praktischen Gründen ausgegliedert),
2. von den Fällen mit Schwerpunkt im *Sachenrecht* (und Allgemeinen Teil, Übersicht oben § 77)
   a) *Herausgabe einer konkreten Sache*,
   b) *Abwehransprüche* (§ 79).

II. Die vom Grundschema nicht erfaßten Schemata

Drei Sonderschemata sind in das Grundschema nicht aufgenommen worden:
1. *Rechtsbehelfe Dritter in der Zwangsvollstreckung und im Konkurs* (oben § 69). Dieses Schema mit Schwerpunkt im Sachenrecht baut auf Vor-

schriften der ZPO und der KO auf, deren Kenntnis nicht an allen Hochschulen erwartet wird.
2. *Haftung für Verbindlichkeiten Dritter* (unten § 126). Dieses sehr wichtige Sonderschema erfaßt die Fälle der
   a) Haftung kraft Vertrages (Bürgschaft und ähnliche Verträge),
   b) Haftung kraft Gesetzes (die wichtigsten Haftungsvorschriften des Handels- und Gesellschaftsrechts).
3. *Der Fall im Wechselrecht* (oben § 99).

§ 125. Das große Grundschema

Das folgende große Grundschema stellt einen Extrakt der besonders prüfungsrelevanten Teile dieses Buches dar, es kann deshalb zur *Generalwiederholung* vor der Prüfung benutzt werden. Da es gleichzeitig die meisten in diesem Buch dargestellten Aufbauschemata in einem großen integrierten System vereinigt, kann es außerdem als *Generalhilfe zur Fallbearbeitung* verwendet werden. Ergänzend sind die drei oben § 124 II erwähnten Sonderschemata heranzuziehen.

Das Grundschema hat einen viergliedrigen Aufbau:

I. Vertragliche und vertragsähnliche Ansprüche

A. Vorprüfung: Zustandekommen eines Vertrages

B. Vertragliche Ansprüche
   (A) Primäransprüche (Gegennormen wegen Nichterfüllung)
   (B) Sekundäransprüche wegen der Leistungsstörungen:
      1. Unmöglichkeit und Unvermögen
      2. Verzug
      3. Sachmangel[1]
      4. positive Forderungsverletzung

C. Vertragsähnliche Ansprüche
   1. Vertragsverhandlung (culpa in contrahendo)
   2. Geschäftsführung ohne Auftrag

---

[1] Das Gesetz kennt die Sachmängelhaftung beim Kauf (§§ 459 ff.) und bei der Miete (§§ 537 ff.). Außerdem gibt es den Werkmangel beim Werkvertrag §§ 633 ff.) und den Reisemangel beim Reisevertrag (§§ 651 c ff.). In diesem Buch wird nur die Sachmängelhaftung beim Kauf behandelt.

II. Ansprüche aus Eigentum

1. Der Herausgabeanspruch aus § 985[2]
2. Der Abwehranspruch aus § 1004

III. Ansprüche aus unerlaubter Handlung und Gefährdungshaftung

A. Unerlaubte Handlung
B. Gefährdungshaftung
   1. Kraftfahrzeughalter
   2. Tierhalter

IV. Ansprüche aus ungerechtfertigter Bereicherung

1. Die beiden Alternativen des § 812 I S. 1
2. Der Sondertatbestand § 816

Bitte prägen Sie sich diesen Aufbau gut ein, ehe Sie die Einzelheiten des Grundschemas durcharbeiten. Der Aufbau gibt gleichzeitig die *Reihenfolge* an, die man bei der Prüfung der einzelnen Ansprüche einhalten muß. Nun die Einzelheiten:

I. Vertragliche und vertragsähnliche Ansprüche

Die vertraglichen und vertragsähnlichen Ansprüche sind zuerst zu untersuchen.

A. Vorprüfung

Jede vertragliche Anspruchsnorm setzt voraus, daß ein wirksamer Vertrag vorliegt. Steht diese Voraussetzung außer Zweifel, so kann man sich mit einer kurzen Feststellung begnügen. Nur wenn der Fall *besondere Veranlassung* gibt, muß dieser Punkt eingehender behandelt werden. Die Hauptfragen sind:

1. Liegt überhaupt KONSENS vor, d. h. haben sich die Parteien durch einander entsprechende Erklärungen (Angebot und Annahme) *objektiv* geeinigt?

---

[2] Juristen müssen an dieser Stelle die in diesem Buch nicht behandelten weiteren Vorschriften über das Verhältnis zwischen Eigentümer und Besitzer einfügen (§§ 987—1003).

a) Erklärungen müssen wirksam *abgegeben*, verkörperte Erklärungen müssen *zugegangen* sein (§ 130. Ausnahme: § 151).
  b) *Schweigen* auf ein Vertragsangebot ist grundsätzlich *keine* Annahme (wichtigste Ausnahme: Schweigen auf ein Bestätigungsschreiben unter Kaufleuten).
  c) Bei unklaren Äußerungen ist *Auslegung* erforderlich (§§ 133, 157). Auslegung geht vom *Empfängerhorizont* aus.
  d) Unklare Äußerungen und irrtümlich falsche Bezeichnungen schaden nicht, wenn Parteien sich trotzdem verständigt haben und im Willen einig sind. Es gilt dann das Gewollte (sog. falsa demonstratio).

2. Ist der vereinbarte Vertrag INHALTLICH ZULÄSSIG? Nichtigkeit oder Teilnichtigkeit (§ 139 beachten) kann sich ergeben durch
  a) Verstoß gegen *zwingendes* Recht,
  b) Verstoß gegen *gesetzliches Verbot* (§ 134),
  c) Verstoß gegen die *guten Sitten* (§ 138).
  Außerdem kann die Berufung auf den Vertrag oder auf einzelne Vertragsteile wegen Verstoßes gegen *Treu und Glauben* unzulässig sein (§ 242). Bei AGB sind §§ 11, 10, 9 AGBG (in dieser Reihenfolge) zu prüfen; Teilnichtigkeit führt *nicht* zur Gesamtnichtigkeit (§ 6 AGBG ist Sonderregel zu § 139 BGB).

3. Sind etwaige FORMVORSCHRIFTEN beachtet? (§§ 313, 518, 566, 766, 780, 781, 782). Bei Verstoß gegen gesetzliche Formschrift ist Rechtsgeschäft nichtig (§ 125). Allerdings ist zu beachten:
  a) *Vollkaufleute* (und Scheinvollkaufleute) sind bei der Bürgschaftserklärung, dem abstrakten Schuldversprechen und Schuldanerkenntnis auch ohne Schriftform gebunden (§§ 350, 351 HGB).
  b) Formmangel kann in einigen Fällen *durch Erfüllung geheilt* werden (§§ 313 S. 2, 518 II, 766 S. 2).
  c) Berufung auf Formmangel kann in Ausnahmefällen gegen *Treu und Glauben* verstoßen (z. B. wegen venire contra factum proprium).
  d) Nichtiges Rechtsgeschäft kann manchmal in anderes (wirksames) Rechtsgeschäft *umgedeutet* werden (§ 140).

4. Ist einer der Vertragschließenden MINDERJÄHRIG?
  a) Die Erklärung eines *Geschäftsunfähigen* ist unheilbar nichtig, er muß deshalb *immer* vertreten werden (§§ 105 I, 104).

§ 125. Das große Grundschema

b) Die Erklärung eines *beschränkt Geschäftsfähigen* ist wirksam, wenn sie ihm lediglich einen *rechtlichen* (nicht nur wirtschaftlichen) Vorteil bringt, andernfalls ist sie genehmigungsbedürftig (§§ 107, 106, 114).

c) Bei Minderjährigen sind stets die §§ 1821, 1822, 1643 zu beachten (Genehmigung durch das *Vormundschaftsgericht*). Bei Rechtsgeschäften der Eltern mit ihren Kindern muß außerdem wegen § 181 *Ergänzungspfleger* bestellt werden, falls die Kinder nicht nur einen rechtlichen Vorteil erlangen.

5. Falls ein VERTRETER am Vertragsschluß teilgenommen hat:
    a) Ist Vertreter gem. § 164 I S. 1 *im fremden Namen* aufgetreten? (sonst gilt § 164 II).
    b) Hatte Vertreter *Vertretungsmacht* (§ 164 I S. 1)? Hat er die Grenzen seiner Vertretungsmacht eingehalten? (sonst gelten §§ 177 I, 179). Gegebenenfalls Scheinvollmacht und § 15 HGB prüfen!
    c) Liegt *Selbstkontrahieren* vor? (§ 181).
        (1) Selbstkontrahieren ist nach § 181 zulässig bei Gestattung durch den Vertretenen und bei Erfüllung einer Verbindlichkeit.
        (2) Selbstkontrahieren ist außerdem nach der Rechtsprechung zulässig bei Geschäften, die dem Vertretenen lediglich einen rechtlichen Vorteil bringen, und bei Beschlüssen in einer Gesellschaft.

6. Ist der Vertrag ANGEFOCHTEN worden (§ 142 I)? Die wichtigsten Anfechtungsgründe sind
    a) *Irrtum* gem. § 119 I: Die Erklärung weicht vom Geschäftswillen ab; der Erklärende erklärt, was er nicht will.
    b) *Täuschung und Drohung* (123). Anfechtbar sind *alle* auf Täuschung oder Drohung zurückzuführenden Rechtsgeschäfte (auch die abstrakten Rechtsgeschäfte!).
    Die Anfechtung hat rückwirkende Kraft (§ 142 I), außer bei Arbeitsverhältnissen und Gesellschaftsverträgen (sog. fehlerhafte Verhältnisse).

7. Fehlt die GESCHÄFTSGRUNDLAGE? Vorsicht! Arbeiten Sie nur in ganz extremen Ausnahmefällen mit diesem Rechtsbehelf! Der Grundsatz der Vertragstreue darf nicht ausgehölt werden!

B. Vertragliche Ansprüche

Die Rechte und Pflichten aus dem Vertrag bestehen grundsätzlich *nur zwischen den Vertragspartnern*. Es kann sich aber aus den Umständen, insbesondere aus dem Zweck des Vertrages, ergeben, daß ein *Dritter* Rechte aus dem Vertrag hat (Vertrag zugunsten Dritter, § 328). Der Dritte kann aus dem Vertrag einen selbständigen Anspruch gegen den Schuldner auf Erfüllung der *Hauptpflichten* haben (echter Vertrag zugunsten Dritter). Es kann sich auch aus dem Vertrag ergeben, daß dem Dritten gegenüber nur die aus § 242 abgeleiteten *Nebenpflichten* zu beachten sind, deren schuldhafte Verletzung zur Haftung aus positiver Forderungsverletzung führt (Vertrag mit Schutzwirkung für Dritte. Grundsätzlich nur bei Fürsorgepflicht des Gläubigers gegenüber dem Dritten).

(A) Primäransprüche

Der Vertrag ist primär auf *Erfüllung* gerichtet. Trotz wirksamen Vertrages kann der andere Vertragsteil die Erfüllung verweigern, wenn der eine Vertragsteil

(1) *noch nicht erfüllt hat:* Einrede des nicht erfüllten Vertrages gem. § 320. Die Einrede besteht auch, wenn der eine *zuwenig* oder wenn er die *falsche* Ware (aliud) geliefert hat, sie kann dann aber wegen Rügeverspätung verloren gehen (§§ 377 II, 378 HGB),

(2) *nicht erfüllt hat und nicht mehr erfüllen kann:* 323 I. Wichtige Sonderregeln zu 323 sind

　(a) § 446 (Untergang der unter Eigentumsvorbehalt gelieferten Sache beim Käufer),
　(b) § 447 (Versendungskauf),
　(c) § 324 II (Unmöglichkeit während des Annahmeverzugs des anderen Teils),

(3) *eine mangelhafte Sache geliefert hat:* Einrede der Wandlung oder Minderung (§ 462). Auch diese Einrede kann durch Rügeverspätung verloren gehen.

Die Eigenart dieser Fälle liegt darin, daß die Nichterfüllung des einen Teils vom anderen Teil *verteidigungsweise* geltend gemacht wird.

(B) Sekundäransprüche

Sekundäransprüche können neben oder an Stelle von Primäransprüche treten, wenn eine Leistungsstörung vorliegt.

§ 125. Das große Grundschema

1. Unmöglichkeit und Unvermögen

Die Leistung ist nicht erbracht und nicht mehr nachholbar.

a) Falls diese Leistungsstörung *schon bei Vertragsschluß* vorliegt, ist streng zwischen Unmöglichkeit (objektiver Unmöglichkeit) und Unvermögen (subjektiver Unmöglichkeit) zu unterscheiden.

(1) Bei URSPRÜNGLICHER UNMÖGLICHKEIT ist der Vertrag nichtig (§ 306). Es kommt höchstens ein Anspruch aus § 307 auf Ersatz des Vertrauensschadens (des *negativen* Interesses) in Betracht; der Schuldner hat dann den Gläubiger so zu stellen, wie wenn vom Vertrag nie die Rede gewesen wäre.

(2) Bei URSPRÜNGLICHEM UNVERMÖGEN wird der Schuldner von seiner Leistungspflicht *nicht* befreit. Der Vertrag ist wirksam, der Schuldner hat sein Unvermögen auch ohne Verschulden zu vertreten, ihn trifft eine *Garantiehaftung.* Beim Kaufvertrag ist deshalb § 440 I als Verweisung auf die Rechtsfolgen des § 325 zu verstehen. Der Schuldner haftet auf Schadensersatz wegen Nichterfüllung: er hat den Gläubiger so zu stellen, wie wenn der Vertrag ordnungsgemäß erfüllt worden wäre (positives Interesse).

b) Tritt die Leistungsstörung erst *nach Vertragsschluß* ein, so sind Unmöglichkeit und Unvermögen grundsätzlich gleichgestellt (Ausnahme bei der Gattungsschuld, § 279). Für die Rechtsfolgen ist entscheidend, ob der Schuldner die Leistungsstörung *zu vertreten* hat. Es gelten §§ 276, 278, 279, 287 S. 2, 300 I.

(1) Hat der Schuldner die Leistungsstörung zu vertreten, so kann der Gläubiger Schadensersatz wegen Nichterfüllung (das positive Interesse) verlangen, beim gegenseitigen Vertrag auch zurücktreten (§§ 280/325).

(2) Hat der Schuldner die Leistungsstörung *nicht* zu vertreten, so wird er frei (§ 275 I). Er verliert aber beim gegenseitigen Vertrag grundsätzlich den Anspruch auf die Gegenleistung (§ 323). Sonderregeln zu § 323 sind §§ 446, 447, 324 II).

(3) Unabhängig vom Vertretenmüssen hat der Gläubiger den Anspruch auf das Surrogat (§ 281).

2. Schuldnerverzug

Die Leistung ist nicht erbracht, aber *nachholbar*. Der Schuldnerverzug setzt voraus: *Fälligkeit, Mahnung* (entbehrlich bei Termingeschäften) und *Vertretenmüssen* der Verzögerung (§§ 284, 285). Die wichtigsten Rechtsfolgen sind:

a) Bestehenbleiben des Erfüllungsanspruchs, daneben Anspruch auf Ersatz des *Verzugsschadens* (§ 286 I). Bei Geldschulden 4 % Verzugszinsen als gesetzlicher Mindestschaden (§ 288), beim beiderseitigen Handelsgeschäft 5 % schon ab Fälligkeit (§§ 352, 353 HGB).

b) Leistet der Schuldner trotz *Fristsetzung* mit *Ablehnungsdrohung* nicht, so kann der Gläubiger Schadensersatz wegen Nichterfüllung verlangen, beim gegenseitigen Vertrag auch zurücktreten (§§ 283/326 I). Die Fristsetzung ist überflüssig, wenn infolge des Verzuges das *Interesse* des Gläubigers *weggefallen* ist (§§ 286 II/326 II). Sie ist außerdem überflüssig, wenn der Schuldner die Leistung ernsthaft und endgültig verweigert (Rechtsprechung).

c) Beim Kauf unter *Eigentumsvorbehalt* hat der Gläubiger ein Rücktrittsrecht bereits bei Verzugseintritt (§ 455).

d) Besonderes gilt beim (relativen) *Fixgeschäft*. Ein Fixgeschäft liegt vor, wenn mit der rechtzeitigen Leistung der Vertrag steht und fällt. Erfolgt die Leistung nicht rechtzeitig, so

(1) bleibt der *Erfüllungsanspruch* zwar bestehen. Beim *HGB-Fixkauf* muß der Gläubiger aber, falls er an der Erfüllung noch interessiert ist, dies dem Schuldner sofort anzeigen, da das HGB vom Interessewegfall ausgeht (§ 376 HGB).

(2) Außerdem hat der Gläubiger ein *Rücktrittsrecht* ohne Rücksicht darauf, ob der Schuldner im Verzug ist (also die Verzögerung zu vertreten hat), § 361 BGB, § 376 HGB.

(3) *Schadensersatz wegen Nichterfüllung* kann der Gläubiger nur nach den allgemeinen Vorschriften verlangen (also Verzug erforderlich und Fristsetzung gem. § 326 I oder Nachweis des Interessewegfalls gem. § 326 II). Beim *HGB-Fixkauf* ist *nur* Verzug erforderlich, das HGB geht hier ohne weiteres vom Interessewegfall aus (§ 376 HGB).

e) Ist die Leistungszeit so entscheidend, daß bei Nichteinhaltung der Leistungszeit die Leistung nicht mehr nachholbar ist *(absolutes Fixgeschäft)*, so gelten die Regeln über die Unmöglichkeit.

3. *Sachmängelhaftung beim Kauf*

schließt als Sonderregelung die Regeln über die Unmöglichkeit aus.

a) Die Rechte des Käufers weichen stark von den allgemeinen Regeln ab:

(1) Der Käufer kann *nicht Nachbesserung* verlangen.

(2) Er hat nur das Recht auf *Wandlung* (d. h. Rückgängigmachung des Kaufs und Rückzahlung des Kaufpreises) gem. §§ 462, 467, 346 oder auf *Minderung* (d. h. Herabsetzung des Kaufpreises) gem. § 462 oder, falls ein *Gattungskauf* vorliegt, auf *Nachlieferung* einer mangelfreien Sache (§ 480 I).

(3) *Schadensersatz wegen Nichterfüllung* kann der Käufer nur in den Fällen des § 463 verlangen: *bei Fehlen einer zugesicherten Eigenschaft* beim Abschluß des Kaufvertrages (falls ein Gattungskauf vorliegt, beim Gefahrübergang, § 480 II) und bei *arglistigem Verschweigen* eines Fehlers. Gleiches gilt, wenn der Verkäufer das Vorhandensein einer Eigenschaft *arglistig vorgespiegelt* hat (Rechtsprechung).

(4) Neben den Gewährleistungsrechten können wegen der Mangelfolgeschäden Ansprüche aus positiver Forderungsverletzung und culpa in contrahendo geltend gemacht werden. Auch diese Ansprüche unterliegen der kurzen Verjährung gem. § 477. Außerdem kommen Ansprüche aus unerlaubter Handlung in Betracht.

b) Die Sachmängelhaftung greift ein, wenn die Voraussetzungen des § 459 gegeben sind.

(1) Es muß ein *Kaufvertrag* über eine *Sache* geschlossen worden sein. Beim Kauf eines *Erwerbsgeschäfts* gelten die §§ 459 ff analog.

(2) Der *Gefahrübergang* muß erfolgt sein. Er tritt mit der Übergabe, beim Versendungskauf mit der Absendung ein (§§ 446, 447).

(3) Beim Gefahrübergang muß ein *Mangel* – zumindest im Keim – vorhanden sein.

Ein *Fehler* liegt vor, wenn die Sache von der *vertraglich vorausgesetzten* Beschaffenheit abweicht. Die vertraglich vorausgesetzte Beschaffenheit ergibt sich aus dem vertraglich vereinbarten *besonderen* Gebrauchszweck, bei dessen Fehlen aus dem *gewöhnlichen* Gebrauchszweck der Sache. Die Abweichung muß *erheblich* sein (§ 459 I S. 2).

Die Abweichung braucht *nicht* erheblich zu sein, wenn eine zugesicherte *Eigenschaft* fehlt (§ 459 II). Zugesichert ist eine Eigenschaft dann, wenn der Verkäufer bezüglich dieser Eigenschaft einen *gesteigerten*, über das übliche hinausgehenden Haftungswillen bekundet. Zusicherungen sind selten.

(4) Ein *Verschulden* des Verkäufers oder seines Erfüllungsgehilfen ist *nicht erforderlich*.

c) Die Sachmängelhaftung ist *zeitlich stark eingeschränkt*. Die Ansprüche verjähren (außer im Falle der Arglist) bei beweglichen Sachen in sechs Monaten von der Ablieferung, bei Grundstücken in einem Jahr von der Übergabe an (§ 477). Beim *beiderseitigen* Handelskauf kann der Käufer schon vorher seine Rechte verlieren, wenn er nicht unverzüglich rügt (§§ 377, 378 HGB).

d) Von der fehlerhaften Leistung ist die *Falschlieferung* (aliud) zu unterscheiden. Die Sachmängelhaftung gilt hier *nicht*, der Käufer ist um das aliud ungerechtfertigt bereichert (§ 812) und hat den Erfüllungsanspruch aus § 433 I. Es gilt auch nicht die kurze Verjährung gem. § 477. Allerdings erstreckt sich beim beiderseitigen Handelskauf die *Rügepflicht* gem. §§ 377, 378 HGB auf das aliud, ausgenommen ganz grobe Abweichungen (genehmigungsunfähiges aliud).

e) Auch *Quantitätsmängel*, d. h. Zuwenig- und Zuviellieferungen sind keine fehlerhaften Lieferungen.

(1) Bei *Zuweniglieferung* hat der Käufer den Anspruch auf Resterfüllung. Versäumt er beim beiderseitigen Handelskauf die Rüge gem. § 377, 378 HGB, so verliert er diesen Anspruch und muß den *vollen* Kaufpreis zahlen.

(2) Bei *Zuviellieferung* kann der Käufer das Zuviel zurückweisen. Versäumt er die Rüge, so muß er das Zuviel behalten und einen entsprechend *höheren* Kaufpreis zahlen.

4. Positive Forderungsverletzung

Sammelbegriff für alle Vertragsverletzungen, die weder Unmöglichkeit noch Verzug zur Folge haben und auch nicht durch die Sachmängelhaftung erfaßt werden. Anspruchsgrundlage ist eine Analogie zu §§ 280, 286 (auch beim gegenseitigen Vertrag), in Sonderfällen Analogie zu §§ 325, 326.

C. Vertragsähnliche Ansprüche

1. Vertragsverhandlung

Bereits durch die einseitige Anbahnung von Vertragsverhandlungen und unabhängig von einem späteren Vertragsschluß entsteht zwischen den Parteien kraft Gesetzes ein vertragsähnliches Schuldverhältnis.

1. Im Fall der *Scherzerklärung* sowie im Falle der *Irrtumsanfechtung* gilt § 122. Der Erklärende muß dem Gegner den *Vertrauensschaden* ersetzen: Er muß den Gegner so stellen, wie dieser stehen würde, *wenn vom Vertrag nie die Rede gewesen wäre* (sog. negatives Interesse). § 122 setzt kein Verschulden voraus, er ist ein Fall der *Veranlassungshaftung*. Der Anspruch entfällt, wenn der Gegner in seinem Vertrauen auf die Gültigkeit der Erklärung fahrlässig war (§ 122 II).
2. 307 und 309 setzen Verschulden voraus, ebenso § 179 I.
3. In den anderen Fällen greift der allgemeine Rechtsbehelf der *culpa in contrahendo* ein (Analogie zu §§ 307, 309). Die culpa in contrahendo ist *Verschuldenshaftung*.

2. Geschäftsführung ohne Auftrag

Voraussetzung ist, daß jemand für einen anderen ein Geschäft (im weitesten Sinne) besorgt, ohne von ihm beauftragt oder ihm gegenüber sonst dazu berechtigt zu sein (§ 677). Entspricht Geschäftsführung dem Interesse und dem wirklichen oder mutmaßlichen Willen des Geschäftsherrn, so liegt *berechtigte*, andernfalls liegt *unberechtigte* GoA vor. Im Falle des § 679 und bei Selbstmordversuch ist entgegenstehender Wille des Geschäftsherrn unbeachtlich.

a) Der *Geschäftsführer* hat bei *berechtigter* GoA Anspruch auf Ersatz seiner Aufwendungen (§§ 683, 670), bei Gefahrenabwehr auch Anspruch auf Ersatz seiner Schäden. Bei Tötung des Geschäftsführers kommt Ersatzanspruch seiner Hinterbliebenen analog §§ 844, 845 in Betracht. *Bei unberechtigter* GoA hat Geschäftsführer keine Ansprüche aus GoA.

b) Der *Geschäftsherr* hat bei *berechtigter und unberechtigter* GoA Anspruch auf Herausgabe des Erlangten (§§ 681 S. 2, 667). Er hat außerdem Schadenersatzanspruch, wenn Geschäftsführer bei der Übernahme (§ 678) oder bei der Durchführung (§ 677) der GoA schuldhaft gehandelt hat (§ 276). Bei Gefahrenabwehr haftet Geschäftsführer nur für grobe Fahrlässigkeit (§ 680).

II. Eigentum

1. Der wichtigste Anspruch ist der *Herausgabeanspruch* aus § 985.
   a) Voraussetzungen:
      (1) Kläger ist Eigentümer. Ist die Sache durch mehrere Hände gegangen, so ist es am leichtesten, wenn man an dieser Stelle historisch vorgeht: Man stellt zunächst fest, wer am Anfang Eigentümer war. Dann prüft man, ob das Eigentum wirksam durch Rechtsgeschäft (§§ 932, 935 BGB, § 366 HGB beachten!) oder durch Realakt (§§ 946 ff) übergegangen ist. Auch Ersitzung kann in Betracht kommen (§ 937).
      (2) Beklagter ist Besitzer.
   b) Besitzer kann die Herausgabe verweigern, wenn er ein *Recht zum Besitz* hat (§ 986). Als Rechte zum Besitz kommen in Betracht:
      (1) vertragliche Rechte (Miete, Pacht, Leihe, Kauf mit Eigentumsvorbehalt),
      (2) Pfandrechte an beweglichen Sachen, und zwar:
         (a) das vertragliche Pfandrecht (gutgläubiger Erwerb *möglich*),
         (b) die gesetzlichen Pfandrechte (im BGB: des Vermieters, Verpächters, Gastwirts, Werkunternehmers — gutgläubiger Erwerb *nicht* möglich. Im HGB: des Kommissionärs, Spediteurs, Lagerhalters, Frachtführers — gutgläubiger Erwerb *möglich*).
      (3) die Zurückbehaltungsrechte:
         (a) das allgemeine *schuldrechtliche* Zurückbehaltungsrecht gem. § 273. Voraussetzung: fälliger Gegenanspruch »aus demselben rechtlichen Verhältnis« (sog. Konnexität),
         (b) das *sachenrechtliche* Zurückbehaltungsrecht gem. §§ 1000, 994 wegen Verwendungen auf die Sache. Entsteht nur dann, wenn Besitzer nicht aufgrund eines Vertrages mit dem Eigentümer (direkt oder indirekt) besitzt,
         (c) das *kaufmännische* Zurückbehaltungsrecht gem. § 369 HGB. Setzt keine Konnexität voraus (also Zurückhaltung wegen alter Forderungen zulässig), entsteht aber nur unter Kaufleuten.
2. Bei Grundstücken ist der *Berichtigungsanspruch* aus § 894 BGB neben dem Herausgabeanspruch von Bedeutung (wegen der Gefahr des § 892!).

3. Weniger wichtig sind die *Abwehransprüche* gem. § 1004 im Falle der Störung auf *Beseitigung* und (bei Wiederholungsgefahr) auf *Unterlassung*. Voraussetzungen:
   a) Kläger ist Eigentümer,
   b) Beklagter stört widerrechtlich (zu beachten §§ 1004 II, 906 BGB, § 14 BImmissionsG).

III. Unerlaubte Handlung und Gefährdungshaftung

A. Unerlaubte Handlung

Die Haftung aus unerlaubter Handlung geht auf vollen Schadensersatz, in den Fällen des § 847 auch auf *Schmerzensgeld*. Außerdem wird in den Fällen der §§ 844, 845 ausnahmsweise der *Drittschaden* ersetzt.

1. Die Grundtatbestände sind
   a) § 823 I (absolutes Recht rechtswidrig und schuldhaft verletzt),
   b) § 823 II (Schutzgesetz rechtswidrig und schuldhaft verletzt),
   c) § 826 (Sittenwidrigkeit und Vorsatz).
2. Bei der Haftung des Geschäftsherrn ist zu unterscheiden:
   a) Er haftet grundsätzlich gem. §§ 831 I, 823 ff. für rechtswidrige, unerlaubte Handlungen seiner *Verrichtungsgehilfen*, kann aber gem. § 831 I S. 2 den Entlastungsbeweis führen.
   b) Daneben kommt eine Haftung des Geschäftsherrn *direkt* aus § 823 I in Betracht, wenn dem Geschäftsherrn eine Rechtspflicht zum Handeln (z. B. die allgemeine Verkehrssicherungspflicht) oblag und infolge seines Nichthandelns eine Rechtsverletzung im Sinne des § 823 I eingetreten ist.
3. *Juristische Personen des Privatrechts* haften für Organe ohne Entlastungsmöglichkeit gem. §§ 31, 823 ff, für andere Gehilfen nur gem. § 831. Dies gilt entsprechend auch für die OHG, KG und den nichtrechtsfähigen Verein.
4. *Öffentlich-rechtliche Dienstherren* haften bei hoheitlicher Betätigung ohne Entlastungsmöglichkeit nach § 839 BGB, Art. 34 GG, bei privatrechtlicher Tätigkeit wie juristische Personen des Privatrechts.

B. Gefährdungshaftung

Die Gefährdungshaftung entsteht unabhängig vom Verschulden. Wichtig für uns sind nur

1. die Haftung des KRAFTFAHRZEUGHALTERS gem. § 7 StVG. Der Halter haftet, außer wenn ein »unabwendbares Ereignis« vorliegt, das »weder auf einem Fehler in der Beschaffenheit des Fahrzeugs noch auf einem Versagen seiner Verrichtungen beruht«. Gegenüber Insassen besteht die Gefährdungshaftung nur bei entgeltlicher, geschäftsmäßiger Personenbeförderung (§ 8a StVG). Die Haftung ist auf Höchstsummen beschränkt. Kein Schmerzensgeld;

2. die Haftung des TIERHALTERS gem. § 833 S. 1. Da diese Haftung im BGB geregelt ist, haftet der Halter ohne Begrenzung auf eine Höchstsumme, in den Fällen des § 847 auch auf Schmerzensgeld.

IV. Ungerechtfertigte Bereicherung

Bei den Ansprüchen aus ungerechtfertigter Bereicherung ist die Verführung zur »Subsumtionsschlamperei« besonders groß. Es empfiehlt sich deshalb, bei der Prüfung der einzelnen Voraussetzungen sehr sorgfältig vorzugehen. Ansprüche aus ungerechtfertigter Bereicherung werden auch Kondiktionsansprüche genannt.

1. § 812 I S. 1, 1. Alt. (Leistungskondiktion) ist in erster Linie (nicht ausschließlich) als schuldrechtliches Korrektiv des Abstraktionsprinzips zu verstehen. Das Merkmal »auf dessen Kosten« gehört *nicht* zur 1. Alternative des § 812 I S. 1. Geprüft wird:
   a) Beklagter hat etwas erlangt
   b) durch die Leistung des Klägers (d. h. durch eine vom Kläger bewußt und zweckgerichtet bewirkte Vermehrung des Beklagtenvermögens)
   c) ohne rechtlichen Grund (d. h. ohne eine dieser Leistung entsprechende schuldrechtliche Beziehung zwischen Kläger und Beklagtem).

2. Erfolgte die Bereicherung gem. § 812 I S. 1, 2. Alt. »in sonstiger Weise« (Nichtleistungskondiktion), wurde sie z. B. durch eine Handlung des Beklagten herbeigeführt (Eingriffskondiktion, wichtigster Fall der Nichtleistungskondiktion), so muß das Merkmal »auf dessen Kosten« stets geprüft werden, um die Person des Bereicherungsgläubigers festzustellen. § 812 I S. 1, 2. Alt. setzt voraus:
   a) Beklagter hat etwas erlangt
   b) nicht durch eine Leistung des Klägers, sondern in sonstiger Weise

§ 125. Das große Grundschema

c) auf Kosten des Klägers (d. h. unter Minderung oder Beeinträchtigung der Rechtsgüter des Klägers)
d) ohne rechtlichen Grund (d. h. ohne daß der erlangte Vorteil dem Beklagten nach der Rechtsordnung *gebührt*).

3. § 816 I ist ein Unterfall der Eingriffskondiktion, der aber als gesetzlicher *Sondertatbestand* ausgestaltet worden ist. Er hat ganz andere Voraussetzungen als § 812, insbesondere fehlen bei ihm die allgemeinen Erfordernisse »auf dessen Kosten« und »ohne rechtlichen Grund«. Es handelt sich hier um ein schuldrechtliches Korrektiv der *Gutglaubensvorschriften:* Der ehemalige Berechtigte hat gegen den (unbefugt) Verfügenden, der die Gutglaubensvorschriften in Funktion gebracht hat, einen Anspruch auf das *volle* Entgelt, das dieser von dem gutgläubigen Erwerber erlangt hat. Die Voraussetzungen sind:

a) Beklagter ist Nichtberechtigter,
b) Kläger war Berechtigter,
c) Beklagter hat (unbefugt) über einen Gegenstand eine Verfügung getroffen,
d) die dem Berechtigten gegenüber wirksam ist,
e) Beklagter hat durch die Verfügung etwas erlangt. Hat der Beklagte nichts erlangt, weil er den Gegenstand an den Gutgläubigen *verschenkt* hat, so haftet der gutgläubige Beschenkte auf Herausgabe gem. § 816 I S. 2.

4. Die Bereicherungshaftung ist sehr milde. Der Schuldner soll nur die Bereicherung bzw. das Erlangte herausgeben und nicht in sein übriges Vermögen eingreifen müssen. Deshalb entfällt die Verpflichtung, wenn die Bereicherung (mit oder ohne Verschulden des Bereicherten) weggefallen ist (§ 818 III). Beim Wegfall der Bereicherung ist aber sorgfältig zu prüfen, ob der Bereicherte *Aufwendungen erspart* hat. Ist die Bereicherung infolge *Verschenkens* weggefallen, so haftet der Beschenkte an Stelle des frei gewordenen Bereicherten gem. § 822.
Vom Zeitpunkt der *Rechtshängigkeit* (Klageerhebung) und vom Zeitpunkt der *Kenntnis* vom Fehlen des Rechtsgrundes an unterliegt der Bereicherte einer *verschärften* Haftung: Er haftet für jedes Verschulden auf Schadensersatz (§§ 819, 818 IV, 292, 989).

§ 126. Sonderschema: Haftung für Verbindlichkeiten Dritter

In den Prüfungsklausuren werden häufig Fälle gestellt, die zu der Frage führen, ob jemand für die Verbindlichkeit eines anderen einzustehen hat. Es ist dann zweckmäßig, das folgende Sonderschema zu benutzen.

Der Aufbau des Gutachtens wird durch zwei Voraussetzungen bestimmt:

I. Verbindlichkeit des Dritten

Es muß eine Verbindlichkeit des Dritten bestehen, für die gehaftet werden soll.

II. Besonderer Haftungsgrund

Außerdem muß ein besonderer Haftungsgrund vorliegen. Im allgemeinen haftet jeder nur für seine eigenen Schulden. Wenn jemand für fremde Schulden haften oder fremde Schulden zu seinen eigenen Schulden machen soll, muß ein *besonderer* Grund vorliegen, der sich aus einem entsprechenden VERTRAG oder aus dem GESETZ ergeben kann.

A. Haftung kraft Vertrages

Hat sich jemand *vertraglich* verpflichtet, für eine fremde Schuld einzustehen, so prüft man zunächst, ob eine BÜRGSCHAFT vorliegt. Der Bürgschaftsvertrag wird zwischen Bürge und Gläubiger geschlossen (§ 765 BGB). Die Erklärung des Bürgen bedarf der Schriftform (§ 766 BGB), außer wenn der Bürge Vollkaufmann ist oder wie ein Vollkaufmann behandelt wird (Scheinkaufmann!) und die Bürgschaft für ihn ein Handelsgeschäft ist (§§ 350, 351 HGB). Andere Vertragstypen, die nicht der Schriftform bedürfen, sind auf Grund der Vertragsfreiheit zulässig, doch ist bei deren Annahme Zurückhaltung geboten, da andernfalls die Gefahr droht, daß die Formschrift des § 766 BGB aufgehoben wird (näheres o. § 82). Die anderen Vertragstypen sind:

1. KREDITAUFTRAG (§§ 778, 662 BGB). Setzt voraus, daß der Kreditgeber den Auftrag *annimmt* und sich dadurch *verpflichtet* (vgl. § 662 BGB), dem Dritten im eigenen Namen und für eigene Rechnung Kredit zu gewähren.

2. SCHULDMITÜBERNAHME (Schuldbeitritt, kumulative Schuldübernahme, im Gesetz nicht geregelt, deshalb Anspruchsgrundlage § 241 BGB). Ist nur bei *unmittelbarem*, *sachlichem Interesse* des Versprechenden anzunehmen. Sie kommt normalerweise durch Vertrag zwischen dem Versprechenden

§ 126. Sonderschema: Haftung für Verbindlichkeiten Dritter

und dem *Gläubiger* zustande. Eine entsprechende Vereinbarung zwischen Versprechendem und *Schuldner* wird *Erfüllungsübernahme* genannt. Sie führt grundsätzlich nur zu einer Verpflichtung *gegenüber dem Schuldner*, ist also im Zweifel kein Vertrag zugunsten Dritter (§ 329 BGB).

3. Von der Schuldmitübernahme ist zu unterscheiden die BEFREIENDE (privative) SCHULDÜBERNAHME, bei welcher der neue Schuldner ausnahmsweise nicht neben, sondern *an die Stelle* des bisherigen Schuldners tritt. Bei der befreienden Schuldübernahme ist die Zustimmung des Gläubigers erforderlich (§§ 414, 415 BGB).

4. GARANTIEVERTRAG. Nur bei Übernahme der Haftung für *zukünftigen, noch nicht eingetretenen Schaden* anzunehmen. Anspruchsgrundlage § 241 BGB (wichtiger Anwendungsfall: Scheckkarte).

B. Haftung kraft Gesetzes

In einigen Fällen tritt die Haftung kraft Gesetzes, d. h. *ohne* einen besonderen Haftungsvertrag ein. Die Vorschriften hierüber sind über mehrere Gesetze verstreut.

1. *Übertragungen unter Lebenden.* Unter diesem Sammelbegriff kann man drei Vorschriften zusammenfassen.

   a) *Vermögensübernahme* (§ 419 BGB). Wer durch *wirksamen* Übertragungsvertrag das wesentliche Aktivvermögen eines anderen übernimmt, entzieht dessen Gläubigern die Zugriffsmöglichkeit. Er haftet deshalb gesamtschuldnerisch neben dem bisherigen Schuldner. Diese Haftung kann nicht ausgeschlossen werden, sie ist aber auf das übernommene Vermögen beschränkt. Für § 419 BGB ist es gleichgültig, ob die Übertragung entgeltlich oder unentgeltlich erfolgte. Der Übernehmer muß sich aber der Vermögensübernahme bewußt sein (subj. Theorie).

   b) *Geschäftsübernahme* (§ 25 HGB). Haftungsgrundlage ist die an die *Öffentlichkeit* gerichtete Erklärung des neuen Inhabers, die Haftung tritt deshalb auch dann ein, wenn der interne Übertragungsvertrag nichtig oder anfechtbar ist (Rechtsscheinprinzip). § 25 I HGB setzt voraus, daß die alte *Firma* fortgeführt wird, der frühere Inhaber muß deshalb *Vollkaufmann* gewesen sein. (Ein Minderkaufmann hat keine

Firma, vgl. § 4 HGB). Die Haftung ist *unbeschränkt*, aber *ausschließbar* unter den Voraussetzungen des § 25 II HGB.
Ist das Geschäft gleichzeitig das ganze Vermögen des Übertragenden gewesen, so kommt neben § 25 HGB eine Haftung wegen Vermögensübernahme gem. § 419 BGB in Betracht.

c) *Betriebsübernahme.* Außerdem ist der durch Betriebsverfassungsgesetz 1972 in das BGB eingefügte § 613 a BGB über die *Betriebsübernahme* zu beachten. Danach tritt der Übernehmer eines Betriebes oder Betriebsteils in die Rechte und Pflichten der im Zeitpunkt des Übergangs bestehenden Arbeitsverhältnisse ein, auch wenn die alte Firma *nicht* fortgeführt wird.

2. *Übergang von Todes wegen*
   a) *Erbschaft.* Wer Erbe ist, haftet für die Verbindlichkeiten des Erblassers (§ 1967 BGB). Die Haftung ist grundsätzlich *unbeschränkt*. Sie beschränkt sich auf den Nachlaß, wenn der Erbe *Nachlaßverwaltung* oder, bei Überschuldung des Nachlasses, *Nachlaßkonkurs* beantragt (§ 1975 BGB). Bei unzulänglicher Masse ist die Haftung auch ohne diese Maßnahmen beschränkt, der Erbe braucht nur die Vollstreckung in den Nachlaß zu dulden (§ 1990 BGB).
   b) *Fortführung eines ererbten Geschäfts.* Gehört zum Nachlaß ein Handelsgeschäft, das der Erbe mit der alten Firma fortführt, so wird die Haftungsbeschränkung nach dem BGB hinsichtlich der *Geschäftsschulden* durch einige Sondervorschriften des HGB erschwert.

   Der Erbe muß
   (1) die Beschränkung der Haftung *unverzüglich* in das Handelsregister eintragen lassen oder den einzelnen Gläubigern besonders mitteilen (§§ 27 I, 25 II HGB) *oder*, falls er dies schon versäumt hat,
   (2) das Geschäft binnen drei Monaten nach Kenntnis von der Erbschaft einstellen (§ 27 II HGB).

3. Zugehörigkeit zu einer *Personengesellschaft.* Hier ist zu unterscheiden:
   a) *Gesellschaft bürgerlichen Rechts:* Die Gesellschafter haften aus Verträgen mit Außenstehenden *persönlich und gesamtschuldnerisch* gem.

§§ 421, 427 BGB, da die Verträge nicht im Namen der Gesellschaft, sondern im Namen *aller Gesellschafter* geschlossen werden.

b) *Personenhandelsgesellschaft* (OHG und KG): Die Verträge werden zwar im Namen *der Gesellschaft* geschlossen (§§ 124, 161 II HGB), die Gesellschafter einer *OHG* haften aber für alle Gesellschaftsschulden *persönlich und gesamtschuldnerisch* (§ 128 HGB), ebenso die *Komplementäre* einer KG (§§ 128, 161 II HGB). **Kommanditisten** haften mit Beschränkung auf ihre Einlage (§ 171 I HGB, aber § 176 I HGB beachten!). Die Haftung tritt auch dann ein, wenn der Gesellschaftsvertrag nichtig oder anfechtbar ist oder völlig fehlt, es gelten dann die Grundsätze über die fehlerhafte Gesellschaft und das Rechtsscheinprinzip. Die Haftung kann sich auch auf Schulden erstrecken, die vor der Gesellschaftsgründung bzw. vor dem Eintritt in die Gesellschaft bestanden:

(1) Wenn die Gesellschaft durch den Eintritt eines neuen Mitinhabers in das Geschäft eines *Einzelkaufmanns* entstanden ist, werden die alten Schulden des Einzelkaufmanns Schulden der *Gesellschaft* (§ 28 HGB), für die dann der Eintretende haftet (unbeschränkt oder beschränkt). Die Fortführung der alten Firma ist hierbei – im Gegensatz zu § 25 HGB – *nicht* erforderlich, die Haftung tritt deshalb auch beim Eintritt in das Geschäft eines Minderkaufmanns ein. Die Haftung ist *ausschließbar* unter den Voraussetzungen des § 28 II HGB.

(2) Wer in eine *bereits bestehende Personenhandelsgesellschaft* eintritt, haftet (unbeschränkt oder beschränkt) für alle vor seinem Eintritt begründeten Gesellschaftsschulden. Diese Haftung ist *nicht ausschließbar* (§§ 130, 128; 161 II, 173, 171 I, 176 II HGB).

c) *Stille Gesellschaft*: Da die stille Gesellschaft im Verkehr nicht erscheint, nimmt der Inhaber alle Geschäfte *im eigenen Namen* vor. Deshalb haftet er allein, der Stille haftet überhaupt nicht (§ 335 II HGB).

4. Zugehörigkeit zu einem *Verein*. Auch hier ist zu unterscheiden:

a) *Rechtsfähige Vereine*: Im *Außenverhältnis* haftet nur der Verein, die Mitglieder haften nicht. Im *Innenverhältnis* gilt folgendes:

(1) Beim e. V. und bei der AG besteht nur eine Pflicht gegenüber der Vereinigung zur Zahlung der Beiträge bzw. zur Leistung der übernommenen, noch nicht eingezahlten Aktienbeträge.

(2) Bei der GmbH besteht darüber hinaus hinsichtlich der Leistung der Einlage eine *kollektive Deckungspflicht* aller Gesellschafter gegenüber der Gesellschaft (§ 24 GmbHG).

(3) Bei der *Genossenschaft* besteht – je nach der Regelung im Statut – eine beschränkte oder unbeschränkte oder überhaupt keine Nachschußpflicht gegenüber der Genossenschaft im Falle des Konkurses (§ 6 Nr. 3 GenG).

b) *Nichtrechtsfähige Vereine:* Die Mitglieder eines nichtrechtsfähigen Vereins haften nur mit dem Vereinsvermögen (Gewohnheitsrecht). Allerdings haften *persönlich und gesamtschuldnerisch* alle Personen, die im Namen des nichtrechtsfähigen Vereins *nach außen aufgetreten* sind (§ 54 S. 2 BGB).

Persönlich und gesamtschuldnerisch haften außerdem alle Personen, die Rechtsgeschäfte im Namen einer *neugegründeten, noch nicht eingetragenen* AG oder GmbH vornehmen (§ 41 AktG, § 11 II GmbHG).

Sachregister

Die Zahlen geben die Seiten an

Abandon 371
Abhandenkommen 171, 253 f, 264, 265
Absolutheit der dinglichen Rechte 222
Absonderung 252, 273 f, 408
Abschlußprüfung 348
Abstraktionsprinzip 88 f, 276
Abwehransprüche 279
Abwicklung (Liquidation) 380 f
Abzahlungsgesetz 249 f
actio pro socio 368
Adäquanz 142
Aktiengesellschaft 348, 353, 355, 359, 364, 370
Akzessorietät, Grundsatz der 284
akzessorisch 234, 269
aliud 179
–, Rüge bei 192 f
Amtsgericht 389, 394, 396, 405
Amtshaftung 134
Analogie 15
Aneignung (Okkupation) 229 f
Anerkenntnisurteil 392
Anfechtungsgesetz 407
Angebot 63
– der Leistung 149
Angstklausel 315, 317
Annahme des Wechsels 312
Annahmeverzug (Gläubigerverzug) 149, 155
Anschlußkonkurs 411
Anspruchskonkurrenz 125
Anspruchsnorm 2 f

Anstalt 37
Anwaltszwang 389
Anwartschaft 246 f, 259 f
Anweisung 309, 314
Arbeitnehmergewerkschaft 347
Arbeitsgemeinschaft 343
Arbeitsrecht 116 f
Architekt 294
Arglist beim Sachmangel 187
argumentum e contrario (Umkehrschluß) 16
Armenrecht 388 f
Arrest 387, 399, 402
Arzt 48, 164, 294, 343
Atomgesetz 138
Aufbau, historischer 4, 413
Aufbautechnik, juristische 412
Aufgebotsverfahren 334
Auflösung der Gesellschaft 359, 380
Aufrechnung im Konkurs 405
Auftragsbestätigung 60
–, modifizierte 60
Aufwendung, ersparte 278, 433
Augenschein des Richters 393
Auslegung der Allg. Geschäftsbedingungen 66
– der Erklärung 60
– des Gesetzes 5 f, 13, 14
– des Vertrages 60 f
Außenverhältnis 119, 357 f
Aussonderung 252, 273 f, 407
Autorennen 140

Bäcker 295
Bahnpolizei 135
Baubeschränkung 172
Bauunternehmer 295, 297
Beamtenhaftung 134
Bedingungstheorie 91
Begebungsvertrag 316, 328
Beglaubigung 52
Begriffsjurisprudenz 6 f
Beitragspflicht 368 ff
Berechtigter 38
Bereicherung, ungerechtfertigte 89, 274 f
Beruf, freier 292, 294, 299, 343
Berufung 388, 394, 403
Besitz 224 f
 –, mittelbarer 225
 –, unmittelbarer 225, 256
Besitzdiener 225, 256
Besitzgesellschaft 354
Besitzkonstitut 227, 237, 259 f
 –, antizipiertes 241
 –, konkretes 238
Besitzmittlungsverhältnis 227
Besitzpfandrecht 231, 236
Beschluß 394 f
Beschwerde 389, 395
Bestandteil 216 ff
Bestätigungsschreiben 59
Bestimmbarkeit bei Forderungen 239 f
Bestimmtheit im Sachenrecht 223, 237 f
Betriebsgesellschaft 354
Betriebsübernahme 305, 436
Beugehaft 402
Beugestrafe 279
Beurkundung 53
Bevollmächtigter 98
Beweis 393
Beweislast 271
 – Umkehrung der 281
Beweismittel 393
Beweisstation 392 f
Blankoakzept 326
Blankowechsel 326
Bonität 173

Bote 72, 107
Briefhypothek 169
Briefkasten 84
Bringschuld 151 f
Bruchteilsgemeinschaft 357
Buchhypothek 270
Bund, deutscher 21
 –, norddeutscher 22
Bundesbahn 135
Bundesgerichtshof 388, 390, 394
Bundespost 135
Bundesverfassungsgericht 31 f
Bürgschaft 283 f, 434
 –, selbstschuldnerische 286
Bürgschaftsvertrag 284

causa (Rechtsgrund) 88
cessio legis 286
Code civil 21
conditio sine qua non 142
culpa in contrahendo 70, 163, 196 f

Darlegungsstation 392
Darlehen, partiarisches 345
Datowechsel 311
Deckungsverhältnis 307, 312
Deliktsfähigkeit 44, 57 f
 –, beschränkte 44
Deliktsunfähigkeit 44
Dereliktion (Eigentumsaufgabe) 230
Deutscher Bund 21
Dieb 288, 320
Dienstbarkeit 222
Diskont 313
Dissens 68
dolo agit 96, 185
Doppelermächtigung 308 f
Drittorganschaft (Fremdorganschaft) 351
Drittschaden 143, 168
Drittwiderspruchsklage
 (Interventionsklage) 250 f, 407
Drohung 76, 95, 317
Duldungsvollmacht 99, 100

Eherecht 116
Ehesachen 387, 391, 393
Eigenbesitz 225
eigenhändig 52, 284
Eigenschaft, zugesicherte 180, 181, 186
Eigenschaftsirrtum 76 f, 198
Eigentum 222, 224
 –, Anspruch aus dem 272 ff
 –, Erwerb und Verlust des 226
Eigentümergrundschuld 271
Eigentumsaufgabe (Dereliktion) 230
Eigentumsvorbehalt 245 ff
 –, verlängerter 248, 258
 –, weitergeleiteter 248
Einbringungspfandrecht 231, 236
Eingriffskondiktion 277
Einheitstheorie 92
Einlassungsfrist 282, 392
Einmanngesellschaft 354
Einrede der Bereicherung 96, 290, 319
 – aus dem Grundverhältnis 318 f
 –, persönliche 318, 328 f
 – des Rücktritts 319
 – aus Sonderabreden 319, 329
 – der Vorausklage 286
 – der Wandlung 185, 319
Einspruch gegen Versäumnisurteil 395
 – gegen Vollstreckungsbefehl 396
Eintragungsgrundsatz 266
Einwendung, dingliche 316 ff, 328
 – des fehlenden Verpflichtungs-
  vertrages 316 ff
Einzelübertragung (Singular-
 sukzession) 381
Eltern 97
Enumerationsprinzip 125, 168
Erbbaurecht 218 f, 222
Erbschaft 436
Erbengemeinschaft 373
Erfüllungsgehilfe 125, 148
Erfüllungsinteresse (pos. Interesse) 70
Erfüllungsort (Leistungsort) 151 f, 154
Erkenntnisverfahren 386, 390
Erklärung, abhanden gekommene 85

 – unter Abwesenden 84
 – unter Anwesenden 85 f
 –, ausdrückliche 58
 -sbewußtsein 68 f, 318
 –, empfangsbedürftige 83
 – an Mittelpersonen 86
 –, nicht empfangsbedürftige 83
 –, nicht verkörperte 85
 – an die Öffentlichkeit 304
 –, stillschweigende 58
 –, verkörperte 85
 -sirrtum 71
Ermächtigung 240
Ersatzvornahme 401
Erwerb, gutgläubiger, s. Glaube, guter
Euroscheck 288
Exkulpationsbeweis 132
EWG 37

Fahrlässigkeit 127
 –, grobe 149
falsa demonstratio 74
falsus procurator (Vertreter ohne
 Vertretungsmacht) 103
Fälscher 324
Falschlieferung (aliud) 179
 –, Rüge bei 192 f
Familiengericht 389
Fehlerbegriff,
 subjektiver (konkreter) 177
Feststellungsklage 391
Firma 128, 296
Fixgeschäft 159
Forderungsverletzung,
 positive 161 f, 195 f
Formkaufmann 292, 294, 296, 348
Formmangel, Berufung auf 54
Formvorschriften 52, 120, 422
Forstwirtschaft 293, 299
Freirechtsschule 7
Fremdbesitz 225
Fremdorganschaft (Drittorganschaft) 351
Führerprinzip 365

Fund 230
Fürsorgepflicht 165

Garantiehaftung 147, 210
Garantieschein 182
 -vertrag, selbständiger 181, 287
Garderobenmarke 334
Gattungsschuld 151 f, 158
Gattungskauf 187 f
Gebietskörperschaft 37
Gebrauchsmuster 128
Gebrauchsüberlassungsverträge 275
Gefährdungshaftung 136
Gefahrtragung 148 ff
Gefälligkeitsakzept 283, 319, 329
Gegenleistungsgefahr
 (Vergütungsgefahr) 154
Gegenstand (Rechtsobjekt) 37
Geldentwertung 81
Gemeinschuldner 403
Generalexekution 498
Genossenschaft, eingetragene 338, 355, 359, 366, 372, 381
Gepäckschein 334
Gerichtsvollzieher 400
Gesamtrechtsnachfolge
 (Generalsukzession) 382
Gesamthand 345, 356, 384
Gesellschaft 340 ff
 – mit beschränkter Haftung 345, 349, 352, 355, 359, 364, 366
 – bürgerlichen Rechts 341 ff, 352, 362, 368, 384
 – faktische (fehlerhafte) 119, 375, 378
 – stille 345, 352, 356, 363, 370, 381
Gesellschafterdarlehen 355
Gesellschaftergeschäftsführer 354
Gesetz im formellen Sinne 34
 – im materiellen Sinne 33
Gesetzesanalogie 16
Geschäft wen es angeht 97
Geschäftsanteil 372
Geschäftsbedingungen, Allg. 51 f, 65 f, 173, 191, 245, 331

Geschäftsbesorgungsvertrag 307 f, 330 f
Geschäftsfähigkeit 55
 – beschränkte 55 f
Geschäftsführung
 – ohne Auftrag, berechtigte 202, 204 f, 429
 – ohne Auftrag, unberechtigte 203, 204, 205, 429
 – im Gesellschaftsrecht 357 ff, 362 ff
Geschäftsgrundlage 80 f, 199
Geschäftsirrtum 71, 95
Geschäftsunfähiger 56, 255, 318
Geschäftsübernahme 304, 435
Geschäftswille 45, 67, 69
Geschlechtsverkehr, Sinn und
 Folge des 12
Geschmacksmuster 128
Gestaltungsklage 391
Gewährleistung 174
Gewalt, höhere 137
Gewaltenteilung 387
Gewerbe 114, 292
Gewerbebetrieb, Recht am eingerichteten
 ausgeübten 128
Gewinn, entgangener 142
Gewohnheitsrecht 34
Gift 139
Glaube, guter, an das Eigentum 257 ff
– –, an die Ermächtigung 261, 314
– –, an die Geschäftsfähigkeit 314, 318
– –, an die Identität (Nämlichkeit) 314, 325
– –, an die Lastenfreiheit 264
– –, an die Verfügungsbefugnis 261 f, 314
– –, an die Vertretungsmacht 261 f, 314
Gläubigerausschuß 404
Gläubigerversammlung 404
Gläubigerverzeichnis im Vergleich 399
Gläubigerverzug (Annahmeverzug) 149
Globalzession 242, 258
GmbH & Co KG 354
Grundbuch 267 f

Grundhandelsgewerbe 294
Grundlagen der Gesellschaft 359, 368
Grundpfandrechte 222, 269
Grundrechte 31 f
– Drittwirkung der 32
Grundschema 420
Grundschuld 269 ff
Grundstücksrecht 266 ff
Gründung von Gesellschaften 373 ff
Gründungskonsortium 343
Gründungsprüfung 374, 377 f
Güterstände, eheliche 49
Gutglaubensschutz bei beweglichen Sachen 253 ff
– bei Forderungen 257 f
– bei Grundstücken 267
– bei Pfandrechten 262 f
Gutachtenstil 413, 416

Haftung
– für Atomenergie 138
– der Eisenbahn 137
– des Fälschers 324
– im Gesellschaftsrecht 368 ff
– der jur. Personen 133 ff
– für Kraftfahrzeuge 137 f, 145
– für Leistungen 138
– für Luftfahrzeuge 138
– des Tierhalters 136
– für Verbindlichkeiten Dritter 289
– des Vertretenen im Wechselrecht 321
– des Vertreters im Wechselrecht 322
– des Wechselakzeptanten 315
– des Wechselausstellers 315
– des Wechselindossanten 315
– für Wildschäden 136
Handeln unter falschem Namen 323
Handelsbrauch 34, 51, 61, 302
Handelsgesellschaft 355
–, offene 344, 352, 355, 362 f, 369
Handelsgeschäft 291, 300 ff
–, beiderseitiges 301 f
–, einseitiges 301 f

Handelsregister 111 f, 374, 378
Handlung, unerlaubte 44, 126 ff
Handlungsgehilfe 261
Handlungsvollmacht 105 f
Handlungswille 68, 318
Haupttermin 392
Hauptversammlung der AG 359
Herrenreiterfall 129, 143
Herstellungstheorie 184[35]
Hilfspersonen des Kaufmanns 30
Höchstbetragshypothek 270, 282, 399
Holschuld 152
Hypothek 171, 218, 221, 269 f, 282, 286

Idealverein 346
Immobiliarkredit 231, 233
Indossament 313, 315
Indossant 314
Indossatar 314
Industrieobligationen 338
Inhaberaktie 338, 353
Inhaberpapier 343, 337 f
–, hinkendes 336
Inhaberschuldverschreibung 338 f
Inhaltsirrtum 71
Inkassoermächtigung 240
Inkassoindossament 322 f
Innengesellschaft 344 f
Innenverhältnis 117, 357 f
Insichgeschäft (Selbstkontrahieren) 101 f, 242
Insolvenzrecht 26, 252, 273
Interesse, negatives (Vertrauensschaden) 70, 103
–, positives (Erfüllungsinteresse) 70, 103
Interessenjurisprudenz 9
Interimsschein (Zwischenschein) 336
Interventionsklage (Drittwiderspruchsklage) 406
irgendwie abhanden gekommen 314
Istkaufmann 296[2]

jus variandi 183

Kaduzierung bei der AG und GmbH 371
Kalkulationsirrtum 75
Kammer für Handelssachen 389
Kannkaufmann 293, 298 f, 300
Kapitalgesellschaft 351, 356, 359, 384
Kauf nach Muster 181
Kauf nach Probe 181
Kaufmann 291 ff
– kraft Betätigung 296[2]
– kraft Pflichteintragung 296[3]
– kraft Rechtsform 292
Kausalität 141 f
Kellerwechsel 306
Kennen müssen 70, 99
Kino 297
Klage 391
– auf vorzugsweise Befriedigung 251, 408
Klageschrift 391
Kommanditgesellschaft 344 f, 352, 355, 363, 369, 384
– auf Aktien 349, 353, 355, 366, 371, 381
Kommissionär 108, 170
Kommune 343
Konkretisierung (Konzentration) 151 f, 156
Konnexität 275
Konkurs 402 ff
Konkursanfechtung 407
Konkurseröffnung 403
Konkursgericht 405
Konkursgläubiger 405, 409
Konkursmasse 404
Konkursquote 406, 409
Konkurstabelle 399, 405, 409
Konkursverwalter 404
Konnossement 337
Konsens 63, 120
Kontokorrent 270, 285
Kontokorrentvorbehalt 248
Kontrahierungszwang 49 f
Konversion (Umdeutung) 54

Konzentration (Konkretisierung) 260, 151
Körperschaft des öffentlichen Rechts 37
Kraftfahrzeugbrief 177, 226, 253 f
Kraftfahrzeughalter 137
Krankenhaus 135
Krankenkasse 164
Kranzgeld 126
Kreditauftrag 287, 434
Künstler 294

Ladeschein 337
Lndgericht 389, 394
Landwirtschaft 293, 298
Legitimationspapier, einfaches (schlichtes) 334 f
–, qualifiziertes 335 f
Legitimationswirkung zugunsten des Besitzers 266
– zugunsten des Eingetragenen 266
– zugunsten des Erwerbers 266
– zugunsten des Inhabers 320, 333, 335
Leichnam 215
Leistungserfolg 152, 156
Leistungsgefahr 148 f, 157
Leistungshandlung 152, 156
Leistungsklage 391
Leistungskondiktion 276 f
Leistungsort (Erfüllungsort) 151, 154
Leistungsstörung 123
Liberationspapier, einfaches (schlichtes) 336 f
Liberationswirkung (Legitimationswirkung zugunsten des Schuldners) 321, 333, 335, 336, 338
Lieferbedingungen
s. Allgemeine Geschäftsbedingungen 191
Liquidation (Abwicklung) im Gesellschaftsrecht 380
Lombardkredit 234
Lottogemeinschaft 345

Mahnbescheid 396
Mahnung 157
Mahnverfahren, gerichtliches 396
Mantelzession 242
Marktwirtschaft, soziale 33
Massegläubiger 408
Massekosten 408
Masseschulden 406, 408
Mehrdeutigkeit 62
Metzger 295
Militärluftfahrzeuge 137
Minderjähriger 55, 116, 318
Minderkaufmann 292, 296, 299, 301, 343
Minderung 174, 185 f
Mobiliarkredit 231 ff
Montanunion 37
Motiv 69, 75, 78, 95
Mußkaufmann 292, 296, 299

Nachbesserung 174, 188 ff, 199
Nachlieferung 187 f
Nachsichtwechsel 311
Nachschußpflicht 350, 368, 371
Nachwirkungen von Verträgen 163
Namensaktie 336, 353
Namenspapier (Rektapapier) 334 ff
Naturalrestitution 142
Naturkräfte 215
Naturrecht 9 ff, 33
Nebengewerbe 298
Nichtberechtigter 108, 257, 278
Nichtleistungskondiktion 277 f
Normenkontrolle 31
Notvorstand 350

Oberlandesgericht 389
Öffentlichkeit der Verhandlung 387
Okkupation 229
Orderlagerschein 337
Orderpapier 114, 336 f

Parteien, politische 347 f
Parteifähigkeit 348, 390

Parteivernehmung 394
Patent 38, 128
Person (Rechtssubjekt) 36
–, juristische 36 f, 133 ff
–, natürliche 36
Personalkredit 280 ff
Personengesellschaft 118, 351, 358, 384
Personenhandelsgesellschaft 344, 359
Persönlichkeitsrecht, allgemeines 129
Pfandrecht 231 ff, 251, 275
–, gutgläubiger Erwerb 262 f
Pfändung 400 f
Pflichtbeteiligung bei Genossenschaft 372
Plauderstunde 38
Positivismus 6, 10
Primärpflicht (Primäranspruch) 123, 424
Priorität 257
Privatautonomie 45 ff, 81
Privatrecht 17 f
Prokura 105 f, 303
Prolongation 319, 329
Prozeßfähigkeit 55, 390
Prozeßvergleich 399
Publizität, negative 111
Publizitätsprinzip 223, 226

Quantitätsmangel 178, 193 f, 201
Quittung 99, 254

Ratenwechsel 311
Reaktor 138
Realakt (Tathandlung) 43, 229 f
Realkredit 231, 233
Reallast 28
Recht, absolutes 25 ff, 38, 49, 128 f
– zum Besitz 275 f
–, dingliches 25 f, 49
– am eingerichteten und ausgeübten Gewerbebetrieb 128
–, germanisch-deutsches 20
–, obligatorisches 25, 48
–, öffentliches 19
–, relatives 26, 38, 48, 129

–, römisches 20
– auf Wandlung 183
– aus der Wandlung 183 f
Rechtsanalogie 16, 70
Rechtsanwalt 294
Rechtsausübung, unzulässige 103
Rechtsfähigkeit 36, 390
Rechtsfortbildung 6, 13, 15 ff, 70, 110, 203
Rechtsgeschäft 38 ff, 45 ff
–, abstraktes 57, 88 ff
–, einseitiges 39, 45
–, mehrseitiges 39 f, 45
Rechtsgrund 88
Rechtshängigkeit 90, 279, 391
Rechtskauf 171
Rechtslehre 35
Rechtsmangel 170 ff, 174
Rechtsmittel 388, 394 f
Rechtsobjekt (Gegenstand) 37 f
Rechtspflicht zum Handeln 139 ff
Rechtssicherheit 7 f, 14, 17
Rechtsprechung, ständige 35
Rechtssubjekt (Person) 36
Rechtsschein 111 ff, 288
Rechtsscheintheorie 317
Rechtsverordnung 34
Rechtswidrigkeit 127
Regreß des Bürgen 286
– des Remittenten 308
Rektapapier (Namenspapier) 334 ff
Relativismus 10
Remittent 307, 309, 312 f
Rentenschuld 28, 269, 272
Reparaturschein 334
Reparaturwerkstatt 297
Revision 388, 394 f
Rezeption 20
Rücktrittsrecht 90
Rundfunkanstalt 37

Sachbegriff 215
Sacheinlage 370, 377
Sachenrecht 24 ff, 49
Sachmängelhaftung 173 ff, 199 ff

Sachschadengesetz 137
Sachverständiger 393
Saldo 285
Satzung, autonome 34
Schadensersatz 142 ff
Schadensliquidation im Drittinteresse 169 f
Scheck 306 f, 309, 329 ff
Scheckkarte 288, 329
Scheckprozeß 308, 392
Scheingeschäft 74, 82
Scheinhandelsgesellschaft 375
Scheinkaufmann 113 f, 293, 296 f, 299, 301
Scheinvollmacht 99 f, 115
Schenkungsversprechen 53
Scherz 73
Schickschuld 152
Schiedsgericht, privates 173, 390, 396
Schiedsgutachter 390, 397
Schlechterfüllung
s. positive Vertragsverletzung
Schlüssigkeit der Klage 392 f
Schmerzensgeld 126, 143
Schneider 295
Schriftform 52 f
Schuldanerkenntnis, abstraktes 53, 96, 281
Schuldmitübernahme (Schuldbeitritt) 287, 435
Schuldnerverzug 157 ff, 167 f, 211 f
Schuldrecht 24 ff, 48
Schuldschein 280 f, 301
Schuldübernahme, kumulative (Schuldbeitritt) 287
–, private (befreiende) 287, 435
Schuldverhältnis 24, 40 f
–, bürgschaftsähnliches 286
–, einseitiges 148
–, nicht streng einseitiges 41
–, streng einseitiges 40
–, unvollkommen zweiseitiges 41
Schuldversprechen, abstraktes 53, 96, 281
Schuldvertrag 123

Schulwesen 135
Schußwaffe 139
Schutzgesetz 130
Schweigen 58 f, 68
Seerecht 30
Sekundärpflichten
 (Sekundäranspruch) 123, 424 ff
Selbsthilfe 387
Selbstkontrahieren 101 ff, 242 f
Selbstorganschaft 351
Senat 390
Sicherungshypothek 270
Sicherungsübereignung 232, 236 ff, 253
Sicherungszession 232, 236 ff, 253
Sichtwechsel 311
Singularexekution 250, 398
Singularsukzession (Einzelrechtsnachfolge) 381
Sitten, gute 49 f, 66, 93 f, 117, 131
Sollkaufmann 293, 297, 299
Sorgfalt, konkrete 149
Sparbuch 335, 354
Sparkasse 37
Spediteur 232
Sperrung von Schecks 332
Sprengstoff 139
Staatsverträge 35
Steinbruch 133, 295
Stellvertreter 97 ff
 – im Empfang 86
 –, mittelbarer 108, 110, 169
 – im Wechselrecht 321
Steuerberater 294
Stiftung 37, 134
 – des öffentlichen Rechts 37
Streik 151
Subsumtion 2, 416
Sukzessivlieferungsvertrag 163

Tagwechsel 311
Taschengeldparagraph 57
Tatbestand, haftungsbegründender 170
Tathandlung (Realakt) 43, 229 f
Tätigkeit, fiskalische 135

–, hoheitliche 134 f
Täuschung 76, 95, 116, 198 f, 317
Theorie, subjektive 305[11]
Tierhalterhaftung 136, 143
Titel, vollstreckbarer 269, 271, 282, 398 f
Totogemeinschaft 345
Traditionspapier 337
Traditionsprinzip 223, 227, 266
Trennungsprinzip 88 f
Treu und Glauben 50 f, 59, 61, 66, 68,
 87, 165, 185, 189
Treuhand 109 f, 237, 345, 348
Trunkenheit 84
Typenzwang 28, 48 f, 222

Übereignung von beweglichen Sachen
 226 ff
Übertragung des Wechsels 313
Umdeutung (Konversion) 54, 260
Umkehrschluß (arg. e contrario)
 16, 147[9], 263
Umwandlung 359, 381 ff
Universität 134
Unmöglichkeit 145 ff
 –, nachträgliche 146 ff
 –, subjektive, s. Unvermögen
 –, ursprüngliche (anfängliche) 146 f,
 172 f
UNO 37
Unpfändbarkeit 400
Unterlassungsanspruch 279
Unternehmen, kaufmännisches 304
 – Übertragung 304
Unvermögen 146 ff
 – bei der Gattungsschuld 151
 –, nachträgliches 146 ff
 –, ursprüngliches (anfängliches),
 146, 171 f
Unzucht 12
 –, Belohnung der 50, 94
 –, Förderung der 50
 –, Sicherung der 94
Urheberrecht 128
Urkunde, vollstreckbare 282, 399

Urkundenbeweis 394
Urkundenprozeß 281
Urproduktion 295, 297
Urteil 394 f
 –, rechtskräftiges 386, 398
 –, vorläufig vollstreckbares 387, 398

Valutaverhältnis 307
venire contra factum proprium 87
Verarbeitung 43, 228 f
Veranlassungsprinzip 70
Verarbeitungsvorbehalt 247
Verbindung 43, 228, 248
Verein 36, 340 ff
 –, eingetragener 346, 367, 372
 –, nichtrechtsfähiger 347, 367, 373
 –, wirtschaftlicher 346
 -sregister 345
Verfügung 41, 88
 –, einstweilige 387, 399, 402
 –, gerichtliche 394
Verfügungsgeschäft (Verfügung) 41, 88
Vergleich im Prozeß 399
Vergleichsverfahren 410
Vergütungsgefahr (Preisgefahr) 154. 157
Verhältnis, faktisches 116
Verhandlung, mündliche 392
Verität 173
Verjährung bei Sachmängeln 175, 189, 190
Verkauf von Erwerbsgeschäften 190
Verkehrshypothek 269
Verkehrssicherungspflicht, allgemeine 135, 140
Verkehrssitte 34, 61
Vermischung 43, 228
Vermögen 129
Vermögensübernahme 304, 385, 435
Verpfändung von Forderungen 232, 236
 – von Rechten 235
 – von Sachen 235, 237
Verpflichtungsgeschäft 25, 40
 –, abstraktes 96
Verpflichtungsvertrag, abstrakter 312

Verrichtungsgehilfe 125, 131
Versäumnisurteil 395
Versendungskauf 152, 156, 176
Versicherungsverein auf Gegenseitigkeit 37, 292, 294
Verschmelzung 359, 381 ff
Verschulden bei der Vertrags-
 verhandlung (culpa in contrahendo) 70, 163, 196 f
Verschuldensprinzip 127, 148 f, 150
Vertrag 63, 125
 –, gegenseitiger 40, 153, 162, 406
 – zugunsten Dritter 164, 168, 287, 308
 – mit Schutzwirkung für Dritte 165
Vertragsfreiheit 23, 27, 47, 287
Vertragstheorie 184[35]
Vertragsverletzung (Forderungs-
 verletzung), positive 161 f, 195 f
Vertrauensschaden (neg. Interesse) 70
Vertrauensschutz, abstrakter 113
Vertreter, gesetzlicher 97
 – ohne Vertretungsmacht 103
Vertretung im Gesellschaftsrecht 355, 357 f, 362 ff
Vertretungsmacht im Handelsrecht 303
Verzögerungsschaden 156
Verzug 157
Viehmangel 194 f
Völkerrecht 35
Vollkaufmann 294, 435
Vollmacht 99 ff
Vollstreckungsbescheid 369, 399
Vollstreckungsklausel 399
Vorausabtretung 242
Vorbehalt, geheimer 73
Vorbehaltsurteil 281
Vorkaufsrecht 222
Vormerkung 267 f
Vormund 97
Vorverfahren, schriftliches 392, 395

Wahrheit, formelle 393
Währungsverfall 81
Wandlung 174, 182 ff

Warenzeichen 128
Wechsel 282 f, 306 f, 309 ff, 339
– an eigene Order 312
–, trassiert – eigener 310
Wechselbestandteile 310 ff
Wechselfälschung 318, 323 f, 328
Wechselinhaber, rechtmäßiger 320 f
Wechselübertragungsvertrag
 313, 316, 318, 328
Wechselverfälschung 318, 325 f, 328
Wechselverpflichtungsvertrag 312, 315 ff,
 318 f, 321, 325
Wechselprotest 316, 321
Wechselprozeß 282
Weisungsgebundenheit des Gehilfen
 131
– im Gesellschaftsrecht 361
Werkvertrag 188
Wert 178
Wertpapierarten 333 ff
Wertpapierbegriff 333
Wertpapiere 306 ff
Widerrechtlichkeit 127
Widerspruch im Grundbuch 268
Wildschäden 136 f
Wille, natürlicher 255
Willenserklärung s. Erklärung
Wirksamwerden der Erklärung 82
Wirtschaftsprüfer 294
Wucher 94, 317

Zeitungsanzeige 63, 114
Zession, stille 239
Zeuge 393
Ziegelei 295, 297
Zoo 292
Zubehör 217, 221

Zugang der Erklärung 84
Zurückbehaltungsrecht 253, 275 f
–, kaufmännisches 253, 276
–, sachenrechtliches 253, 276
–, schuldrechtliches 275
Zuständigkeit des Gerichts 389
Zuviellieferung 178, 193 f
Zuweniglieferung 178, 193 f
Zusammenfassung
 abstrakte Rechtsgeschäfte 92
– Gefährdungshaftung und
 unerlaubte Handlung 144
– Haftung für Verbindlichkeiten
 Dritter kraft Gesetzes 289
– Kaufleute 299
– Mängel der unerlaubten Handlung
 133
– Rechtsbehelfe Dritter in der
 Zwangsvollstreckung und im
 Konkurs 250 ff
– Rechtsgeschäft 120 ff
– Sachenrecht 272 ff
– Sachmängelhaftung 199 ff
– Stellvertretung, Ermächtigung,
 Treuhand 110
– Vertrag und unerlaubte Handlung
 205 ff
– Vertrag und Vertragsverhandlung
 165 ff
– Wechselrecht 327 ff
– Wirksamwerden der Erklärung 87
– Zustandekommen von Verträgen 82
Zwangshypothek 401
Zwangsvergleich 409 f
Zwangsverwaltung 401
Zwangsvollstreckung 250 f, 386, 398 ff
Zwischenschein (Interimsschein) 337

PARAGRAPHENREGISTER

Paragraphenregister

Fette Zahlen geben die Paragraphen bzw. Artikel der Gesetze, magere Zahlen die Seiten dieses Buches an.

AbzG
249

AGBG
52, 65, 182, 189, 191

AktG
1	370
23	379
26	379
27	379
28	379
29	379
30	379
32	379
33	379
34	379
37	379
38	379
39	379
41	379
46	379
47	379
48	379
49	379
50	379
51	379
52	379
54	371
55	371
56	371
57	371
63	371
64	371
65	371
66	371
76	365
77	361, 365
78	365
82	365
83	365
85	350
111	365
119	365
275	379
276	379
277	379
278	366, 371
339	383
359	383
360	383

ArzneimittelG
138

BGB
1	36
22	346
26	367
27	367
28	367
29	350
31	134, 144, 347, 369, 373
32	346, 367
54	347, 367, 373
55	380
56	380
57	380
58	380
59	380
60	380
61	380

62	380	158	91
63	380	162	260
64	380	164	97, 321
65	380	164 II	97
66	380	167	98
68	367	168	101
70	367	170	99
89	135	171	99
90	38	172	99
93	218 ff	179	103, 322
94	218 ff	180	103
95	218 f	181	101 f, 242
97	221	185	108, 240, 261, 322
98	221		
104	55 f	208	190
105	55 f	226	189
110	57	229	127, 387
112	57	241	25, 287
113	57	242	50, 66
116	73, 74	243	151 f
117	74	249	142
118	70, 73	252	142
119 I	69, 71, 95	253	126, 143, 162
119 II	77, 198	254	58, 127, 137
121	71	269	152
122	70, 71, 74, 85, 285	271	157
		273	275
123	76, 95	275 I	148, 150, 154
124	76	275 II	146 f, 166
125	284	276	127, 148 f
126	52, 284	277	149
129	53	278	125, 148
130	56, 60, 84 f	279	151, 158
131	56	280	148, 153
132	87	281	148, 153
133	61	284	157
134	49, 376	285	158
138	93 f, 243, 376	286	158
139	52, 92	287	149 f
140	54, 260	288	158
151	83	294	149
154	64	295	149
155	64	296	149
157	59, 61	300 I	155

300 II	152	472	185
306	146, 147	477	79, 175, 183, 190, 196
307	146, 285		
313	181, 374	478	185
314	221	480	174, 187
323	153, 154	481	194
324 I	154	485	194
324 II	155, 157	487	195
325	153	490	195
326	159	491	195
328	164, 308	494	181
329	290	559	236
346	90, 183, 184, 185	560	265
347	184	561	265
348	184	613 a	305, 436
351	184	633	188
352	185	634	188
354	184	635	188
361	160	639	189
362	25, 317	647	236
370	99	675	307
389	317	670	203
398	89, 239 ff, 334 f	677	202 ff
401	286	678	202 ff
404	258	679	202
405	258	680	205
412	286	681	204, 205
414	287	683	202
415	287		
419	244, 304	690	149
421	368	704	236, 264
427	368, 373	705	343, 368, 373
433 I	170	706	368
436	172	707	350, 368
437	172, 173	709	362
440	172	710	367
446	154, 157, 176	714	358, 362, 367
447	154, 157, 176	719	356
455	159, 246 ff	723	375
459	173 ff	741	357
462	174, 185, 186	747	357
463	175, 186	765	40, 284 ff
465	183, 186	766	284, 286
467	183	767	284

768	285	926	221
770	285	929	25 f, 88, 226, 334, 353, 381
771	286		
778	287	930	226 f, 237 f, 265
780	281	931	227
781	281	932	253, 259
782	281	933	259
783	309	934	260
784	309	935	171, 254 ff
790	332	936	265
794	338	937	254
796	338	943	254
797	338	946	43, 228, 248
808	335 f	947	43, 228, 248
812	89, 96, 276 ff, 319	948	43, 228
		950	43, 228, 247
816	257, 278	951	43, 229
818	89, 278	952	334
821	270	958	229 f
822	278	959	230
823	128, 139, 279	960	230
826	48, 130	965	230
827	57	971	230
828	44, 57	973	230
829	57, 127	977	230
831	131, 161, 369	985	274
833	58, 136	986	275
839	134	994	276
844	144, 169	1000	276
845	144, 169	1004	279
847	126, 143	1006	224, 266
854	224	1113	269
855	225, 256	1117	269
856	224	1120	221, 269
868	225	1121	269
872	225	1123	269
873	270, 381	1138	270
883	268	1142	269
885	268	1147	269
891	266	1153	269 f
892	267	1154	269
894	268	1163	271
899	268	1177	271
906	280	1184	270

1185	270
1190	270
1191	270
1192	269
1199	272
1200	269
1205	234
1207	262
1221	234
1228	234
1229	234
1252	234
1253	265
1257	234, 262
1274	235
1280	237
1300	126, 143
1357	98
1365	244, 374
1626	139
1643	56, 376
1822	56, 376
1922	382
1967	436
1975	436
1990	436

BImSchG

14	280

GenG

7	372
7 a	372
25	367
27	366 f

GerichtsVerfG

22	389
23	389
23 a	389
59	389
60	389
71	389
72	389
93	389
115	390
116	390
119	389
133	390
139	390

GmbHG

13	350
15	352
19	371
20	371
21	371
22	371
23	371
24	352, 371
25	371
26	371
27	371
28	371
35	364
37	352, 364
46	352, 364

GrundG

1	14, 31
2	33, 45, 50
3	16, 97
19	31 f
20	8, 32
28	33
34	135
79	32
97	387
100	31

HaftpflG

1	137
2	138
3	133

HGB	
1	291 ff, 375
2	293, 297
3	293, 298 f
4	292, 296, 301, 304, 343
5	114, 293, 296 f, 375
6	294
10	112
15	111, 113, 363
17	304
22	304
25	287, 304
28	437
48	58, 105
49	106
53	107, 112
54	105 f
55	106
56	106
105	344
106	374
107	374
108	374
114	362, 366
115	362, 366
116	362, 363, 366
123	374 f
124	356, 369
125	363
126	363, 366
128	369, 371
130	437
142	384
161	344, 356, 366, 369, 371, 376
163	363
164	352, 363, 366
166	352
170	352, 363
171	344, 352, 369
172	370
173	437
176	375
177	352
335	345, 352, 356, 370
338	345, 352, 364
339	352, 375
343	284, 300 f
344	301
345	302
346	59, 293
347	148, 302 f
348	302
349	302
350	281, 302
351	281, 284
352	302
353	302
355	285, 302
356	285
358	302
359	302
360	302
361	302
362	59, 303
363	336
366	261, 263
367	160, 167
369	276, 303
377	192, 201, 303
378	193
383	108
397	236
410	236
421	236
424	337
450	337
650	337

KO	
6	404, 405
7	404
26	404
43	252, 407
47	252

58	408
59	408
71	405
78	404
80	404
82	404
83	404
86	405
87	405
88	405
94	405
102	403
103	403
117	404
123	404
124	404
131	405
138	405
144	406
146	406
182	409
193	285

LuftVG

44	138
45	138
53	143

ParteienG

3	348

RVO

636	133

ScheckG

1	329
2	329
3	329
4	309, 329
5	330
12	308
21	314
28	330

29	330
32	330, 332
40	330
41	330

StVG

7	137, 145, 432
8 a	137

VglO

2	410
3	410
7	410
9	410
74	410
78	410
85	411
102	411

WechselG

1	310
2	311, 327
3	311
4	327
7	311, 324
8	322
9	315
10	327
15	315
16	314 f, 316 f 320 f, 325, 328
17	312, 319, 328
18	323
25	311 f
26	312
28	309, 312, 315
29	312
33	311
34	311
35	311
36	311
40	321, 325
69	318, 325
72	311

ZPO			
		546	394
		604	282, 392
12	391	605 a	392
30	392	699	396
50	390	700	396
114	388	704	398
115	389	717	398
138	393	725	399
253	391	750	399
256	391	771	250, 407
272	392	794	399
274	392	805	251
307	392	808	400
330	395	811	400
331	395	829	400
338	395	835	400
342	395	866	401
345	395	883	401
371	393	885	401
373	393	887	402
402	393	888	402
415	394	894	402
495	392	916	402
499	392	917	402
511	394	1025	396
511 a	394	1034	397
513	395	1040	397
545	394	1042	397